U0920869

公司成立于1995年，2007年底进行了股份制改造，并于2010年成功在深圳交易所上市。

The Company was established in 1995 and carried out shareholding reform at the end of 2007. It successfully went public in Shenzhen Stock Exchange in 2010.

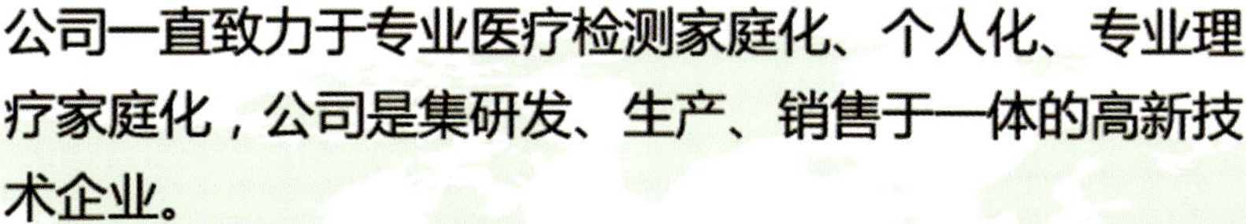

公司一直致力于专业医疗检测家庭化、个人化、专业理疗家庭化，公司是集研发、生产、销售于一体的高新技术企业。

Our company is oriented to develop and manufacture medical testing systems and devices for domestic use. We have our professional teams dedicated to R&D, manufacture and sales which allow us to build a strong profile in the high-tech area of healthcare industry.

公司拥有现代化管理水平的制造工厂，占地15000m²，年产能600万台,空港新工厂今年年底建成后产能可达1000万台。

The Company has a manufacturing plant adopting modern management. The manufacturing plant has a floor area of 15,000 m² and produces 6 million sphygmomanometers annually. The Company will be able to produce 10 million sphygmomanometers each year after the new manufacturing plant in the Airport Economic Zone is built at the end of 2013.

## 一次性使用 管型消化道吻合器

适用于临床食道、胃、肠等消化道手术中的端-端、端-侧和侧-侧吻合。视窗可清晰地显示组织厚度。合理的吻合钉密度，减少术后渗血。进口钛丝，提供更高强度和拉伸度。整体成型的顶钻，确保吻合钉成形完整。较大的内外径比，有效防止吻合口狭窄。设有最小吻合间隙，避免过度压迫造成组织损伤。符合人体工程学的外形设计，舒适有力的操作手感。

## 一次性使用 弧形切割吻合器

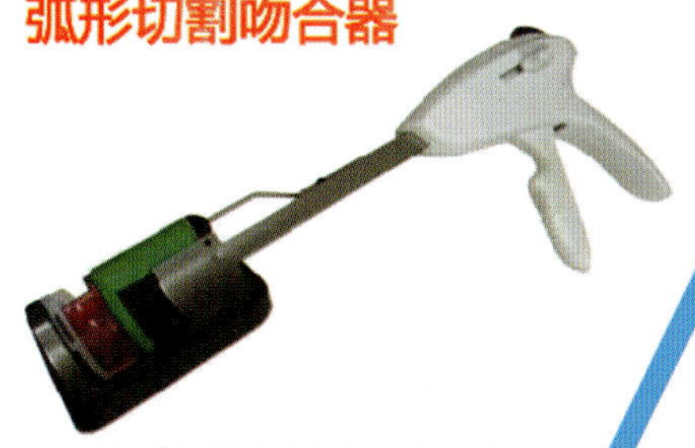

适用于胃肠道手术中组织的吻合和切除手术。进口钛丝，提供更高强度和拉伸度。整体成形的顶钻，确保吻合钉成形完整。提供四排弧型吻合钉，吻合组织更为致密。提供手术视野可视性弧形设计，更好暴露解剖结构。盆腔空间狭窄，独特而弧形头部设计，便于深部操作。同步完成切割和吻合，简化了直肠远端切除操作，减少污染。

## 一次性使用 直线型切割吻合器

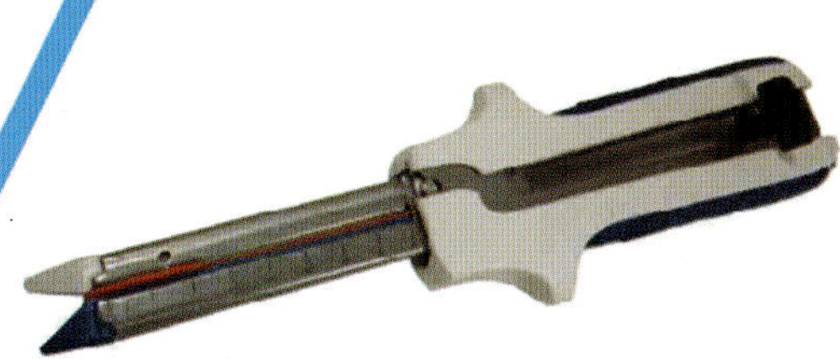

适用于临床胃、肠等消化道的离断、切除和吻合。开合口较大，有助于调整位置。独特的击发按钮，有利于左右手操作。中间锁定装置，锁定更加方便可靠。进口肽丝，提供更高强度和拉伸度。整体成形的顶钻，确保吻合钉成形完整。刀片与钉仓一体设计，具有更加切割效果。

## 一次性使用 直线缝合器

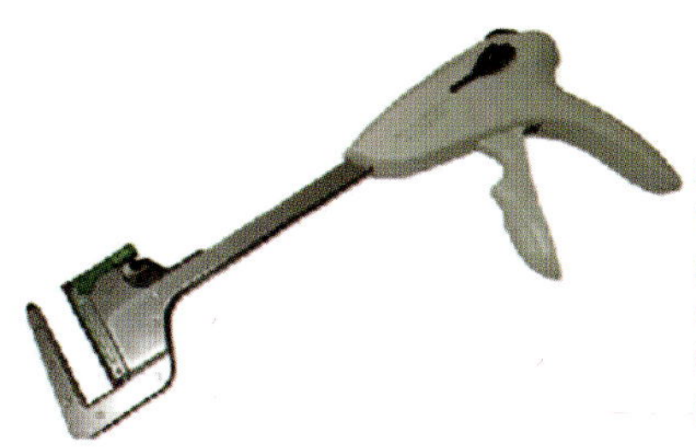

适用于消化道胃、肠手术中封闭残端和切口。自动加紧组织，单手击发更为容易。可根据组织厚度调节钉仓闭合高度。两段式闭合，便于调节闭合的组织。进口钛丝，提供更高强度和拉伸度。整体成形的顶钻，确保吻合钉成形完整。手动一体式组织定位针，使操作更加灵活。

## 一次性使用 管型痔吻合器

适用于肛管内直肠粘膜脱垂或痔粘膜组织缝合修复。合理的吻合钉密度，减少术后渗血。进口肽丝，提供更高强度和拉伸度。整体成形的顶钻，确保吻合钉成形完整。较大的钉仓空间，确保足够的组织容纳空间。根据组织脱垂的实际情况，可调节切除厚度。设有最小吻合间隙，避免过度压迫造成组织损伤。

## · 光纤水瓶洁牙机　· 彩屏光纤水瓶洁牙机

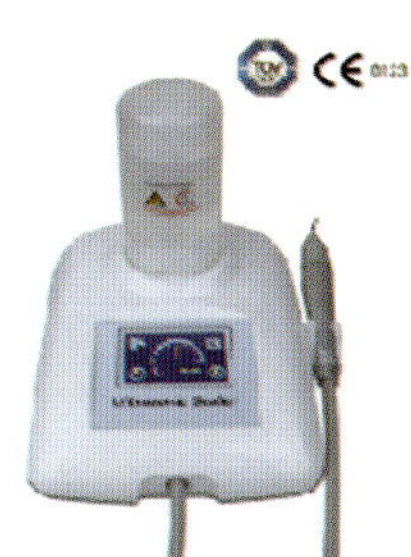

CE 0123

全球首创光纤水瓶洁牙机，将LED光源应用于洁牙机手柄内，帮助医生在诊疗过程中看得更清晰，准确操作。液晶显示，数控开关控制所有功能，操作简单。一触式脚踏开关，灵敏轻巧。插拔式光纤手柄可135℃和0.22MPa高温高压消毒，有效防止交叉感染。特制储水瓶，可满足纯净水与消毒液互换。

## · 新款超声波洁牙机

CE 0123

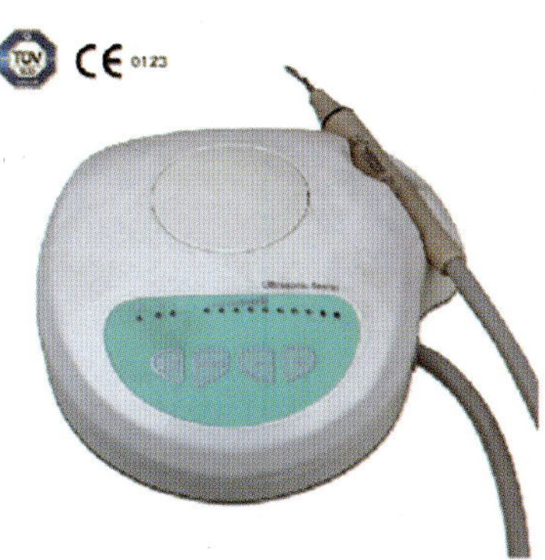

数控开关控制所有功能，操作简单。一触式脚踏开关，灵敏轻巧。插拔式手柄可135℃和0.22MPa高温高压消毒，有效防止交叉感染。

## · 超声洁牙机

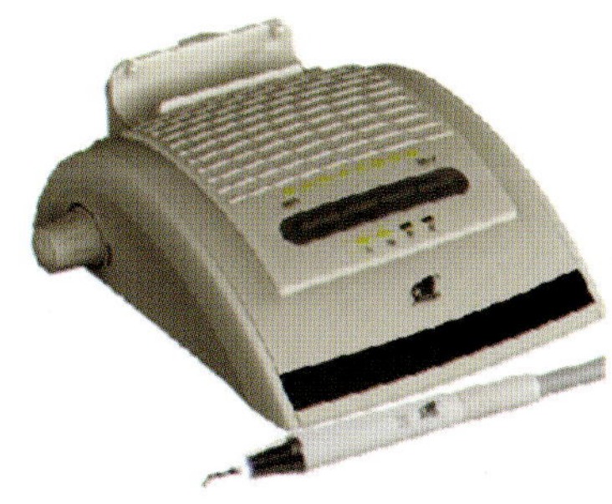

世界首创自动洁牙功能，操作更放便，避免长时间踩脚踏而造成腰肌劳损。插拔式带灯手柄，可高温高压消毒。视野更清晰，洁牙更彻底！独创挂机设计，挂架还能高温高压消毒，避免交叉感染！独创可拆式按键设计，按键也可以高温高压消毒。洁牙、牙周、根管荡洗功能齐全！独有滤波技术，洁牙有力，针头不发烫，手柄不产热，洁牙更舒适！微电脑控件，频率自动跟踪！

## · 牙齿美白仪

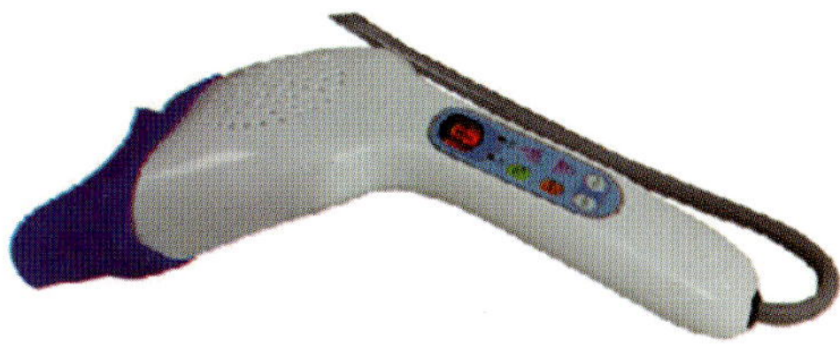

LED超强蓝色冷光，波长450-490nm，光源600mw\cm2，有效催化美白剂，快速深层美白。特别设计，无毒硅胶枪口，安全卫生，防止交叉感染。创新型供电模式(AV110V-240V伏)，确保持续稳定电压，可长期联续工作。超强液晶显示，帮助医生准确掌握操作时间和进度，有效提升工作效益。

# 驼人健康科技产业园

## 中国医疗器械商城

驼人集团经过二十年的奋力拼搏和充分发展，具备强大的品牌影响力和成熟广泛的销售渠道，商业信誉和业界地位获得公众的广泛认可；与此同时，驼人集团与高校、科研机构达成的全面合作，能够实现科研资源的有效共享，通过缩短产品研发周期来抢占市场先机。与国外其他生产产品互补,技术创新升级,抱团跨越发展,成为三十万人参与的中国医疗器械产业集群县,打造中国医疗器械的批发城,最终像义乌一样,成为国际商人来采购的中国医疗器械集散地。

## 中国医疗耗材GPO，全国医械大物流

全国性整合收拢供方，对国内与国外大量使用驼人品牌OEM，形成驼人GPO的后方供应商。使医疗器械集团采购，与制造商、经销商和其他卖方进行价格协商、帮助医疗机构节约财务费用、提高财务效益的实体。打造中国第一家医疗耗材GPO，形成全国医疗器械大物流。

## 中国医学历史博物馆

中国医学历史博物馆筹建工作已经全面展开，博物馆拟投资5000万元，展览面积6000平米。博物馆旨在提供启发性环境，让国内外访客领略到中华医学文明遗产，成为医学历史研究、保存及展出医疗与健康科学发展等文物的中心。也为不同年龄人士提供高质量的教育及文化活动，增进公众对维持健康的认识，激励他们勇对未来的挑战。

驼人健康科技产业园位于长垣县产业集聚区木岗高新技术专业园，项目计划投资20亿元，规划占地500亩，主要建设高标准医疗器械及生物医药生产厂房、国家级实验室（孵化中心）、公共技术平台、研发及检测平台、医疗器械展览培训中心、医疗器械交易中心、物流仓储中心、产业园配套设施等。

项目建成达产后，预计年实现销售收入40亿元、利税5.6亿元，可吸纳4000个劳动力就业。

# 无线视频喉镜

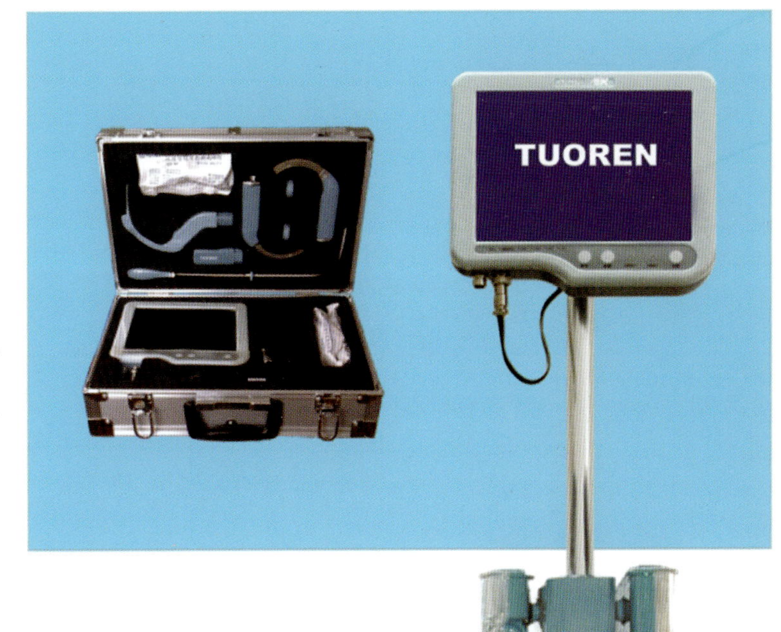

## 产品特点：

>>系统采用无线视频信号传输技术；
>>喉镜前端压舌板60-70° 的人性化设计；
>>喉镜内置的高清数码影像装置具备自动放大功能；
>>视频喉镜前端玻璃镜窗的"隐蔽式"设计；
>>视频喉镜具有45-50° 的视场角，增大观察范围；
>>系统内置高科技防雾化系统；
>>系统配置2G内存卡，可连续存储视频图像40分钟以上，为医务教学提供第一手可靠资料；
>>四组独立信号传输频道，确保四套系统可在一定范围内（30㎡）同时使用，而不互相干扰；
>>进口德国拜尔公司的医用级高分子材料，确保产品的可靠性及安全性；
>>移动机架的设计采用了"不倒翁"原理，机架在任何方向倾斜10° 后，会慢慢复位，不会翻倒。

## 使用范围：

>>使用于麻醉中心、呼吸科、ICU病房、急救中心等。

## 产品规格

| 规格 | 大号\中号\小号 |
|---|---|

## KT2020IIA无线视频麻醉喉镜配置组合

| 标准配置（ⅡP1） | 组合配置（ⅡP2） | 全套配置（ⅡP3） |
|---|---|---|
| | | |
| 04HJ-HJ-OM2 | 04HJ-HJ-OS2/OM2 | 04HJ-HJ-OS2/OM2/OL2 |
| 用于正常体型病患插管使用 | 用于儿童/正常体型病患插管使用 | 用于儿童/正常/肥胖体型病患插管使用 |

## 可更换前端外壳分类

| 可更换前端外壳 SD1 | 可更换前端外壳 MD1 | 可更换前端外壳 LD1 | 可更换前端外壳 LD2 |
|---|---|---|---|
| | | | |
| 用于儿童病患插管使用 | 用于正常体型病患插管使用 | 用于肥胖体型病患插管使用 | 用于肥胖体型病患插管使用并可直接携带气管插管同时插入,更为方便使用 |

# 上海市医药保健品进出口有限公司

成立于1986年，专业从事医药保健产品的国际贸易服务。

业务范围包括进出口贸易，国内贸易，贸易服务，药械产品的仓储物流。产品涉及医药原料、医药制剂、药材及提取物、营养保健品、医疗器械、医用耗材、医用敷料等等。公司拥有SPIC上药、雪花、北极熊、双鹿、HECOS等出口品牌，其中雪花牌医用敷料在东南亚广受欢迎，HECOS医疗器械远销拉美和亚欧地区。公司通过ISO9001:2008质量认证体系和药品经营质量管理规范认证（GSP)。公司还拥有设备完善地理位置优越的符合GSP的药械仓库。公司为现任中国医药保健品进出口商会副会长单位，上海进出口商会理事单位。公司秉持以质量和服务赢得市场和业务的经营理念，积极参与促进中国医药保健产品国际推广活动，竭诚为国内外业界人士提供优质周到的贸易服务。

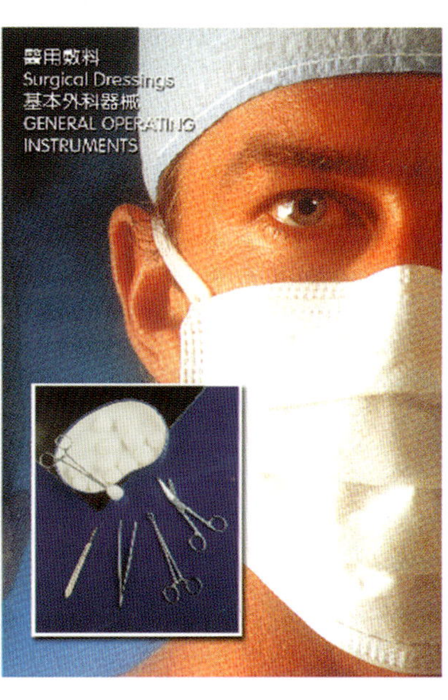

## "HECOS"牌医疗器械用品

"HECOS" BRAND MEDICAL INSTRUMENTS AND SUPPLIES

### 标准轮椅

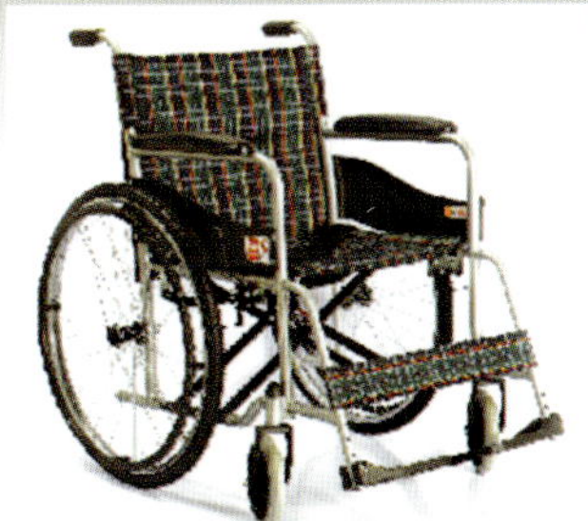

### 彩色轮椅

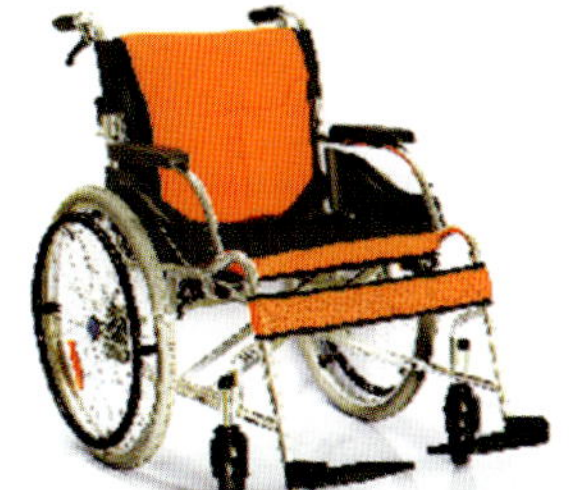

### 高背轮椅

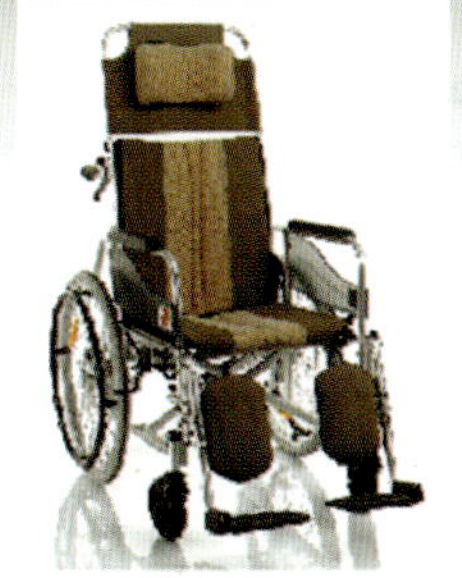

### 电动轮椅

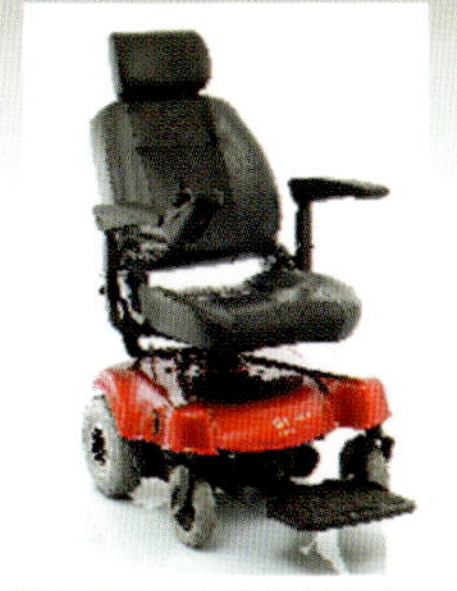

### 导管

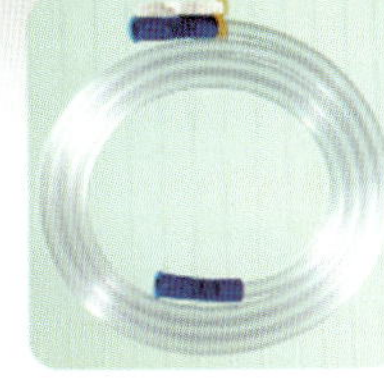

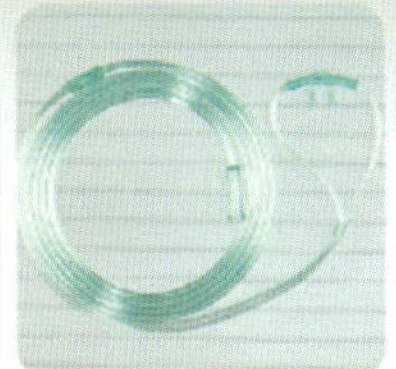

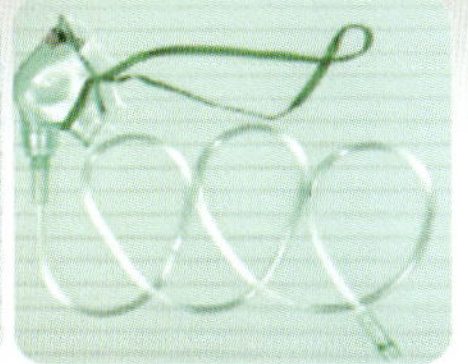

### 电子血压计

### 磁贴

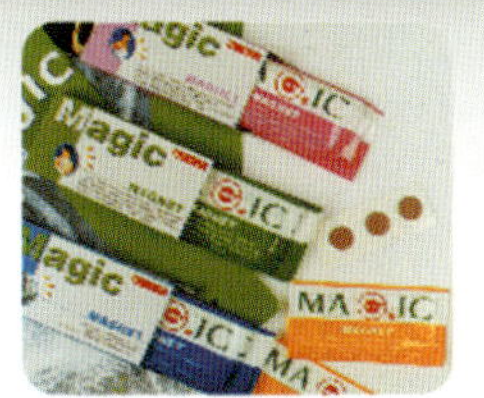

### 医用口罩

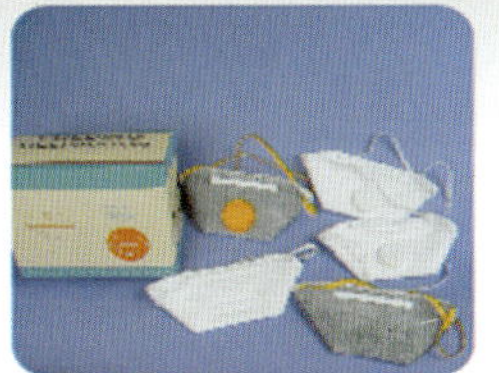

### 医用护目镜

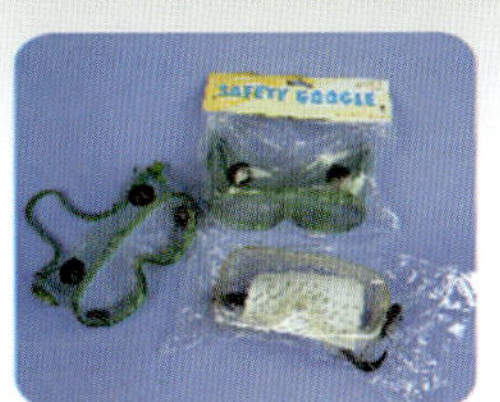


### 热水袋

### 医用手套

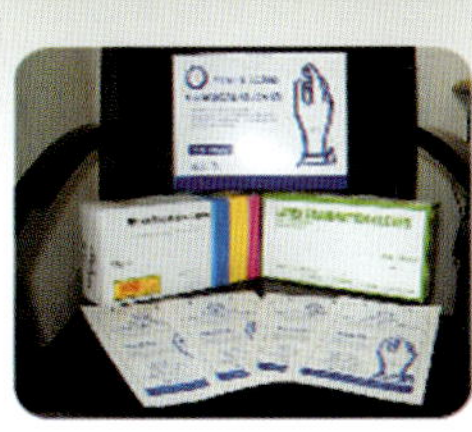

## "雪花"牌医用敷料

"SNOWFLAKE" BRAND MEDICAL DRESSINGS

### 医用敷料

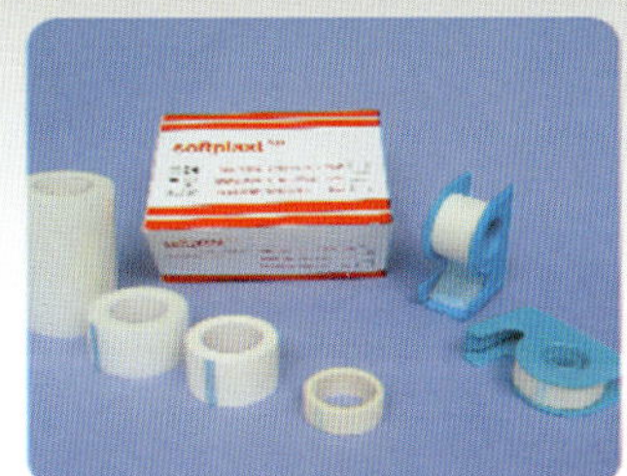

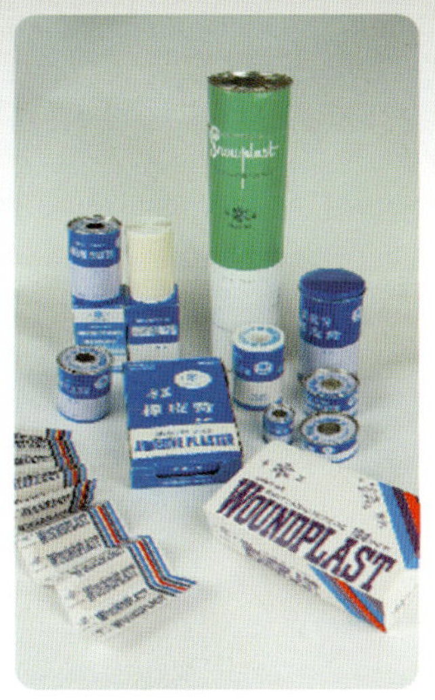


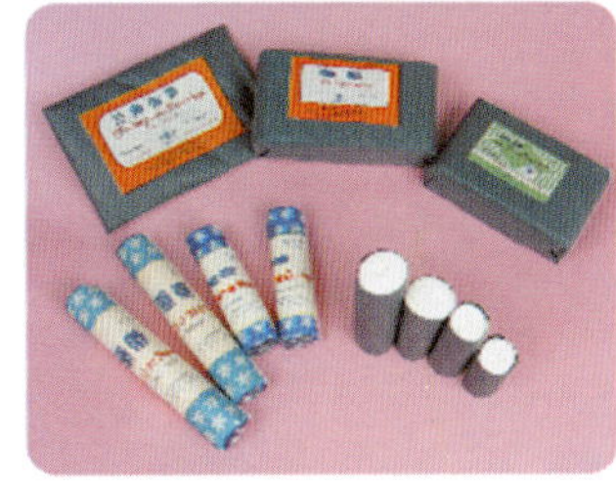

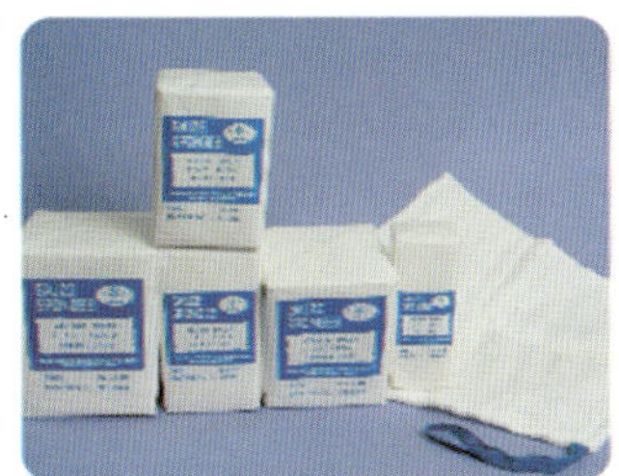

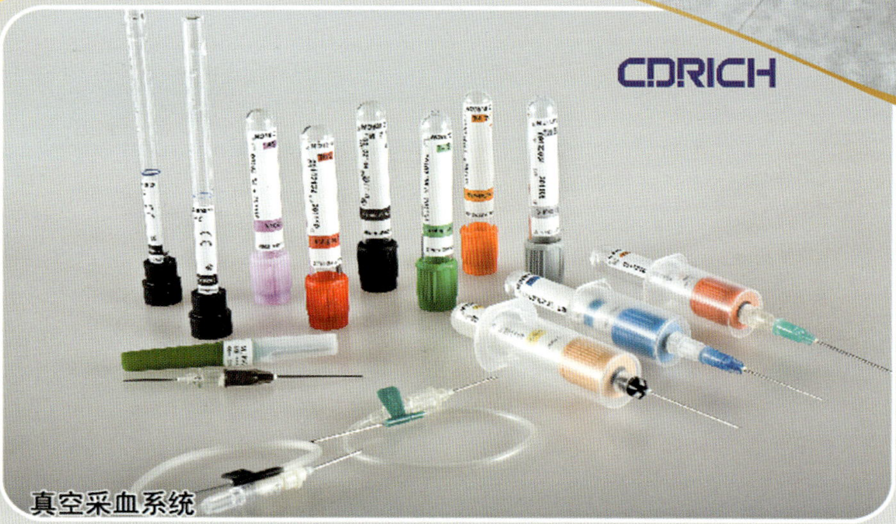

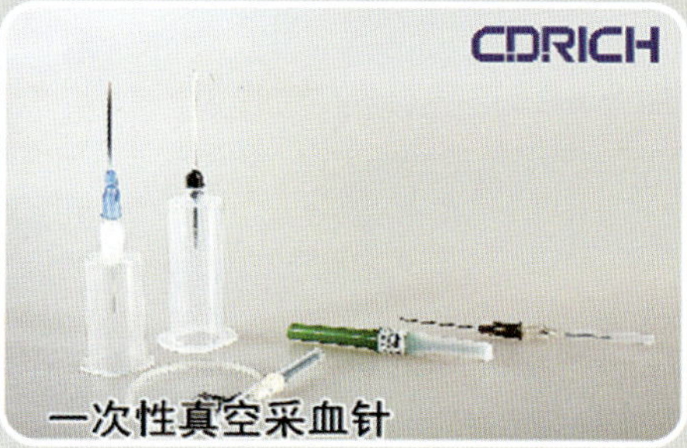

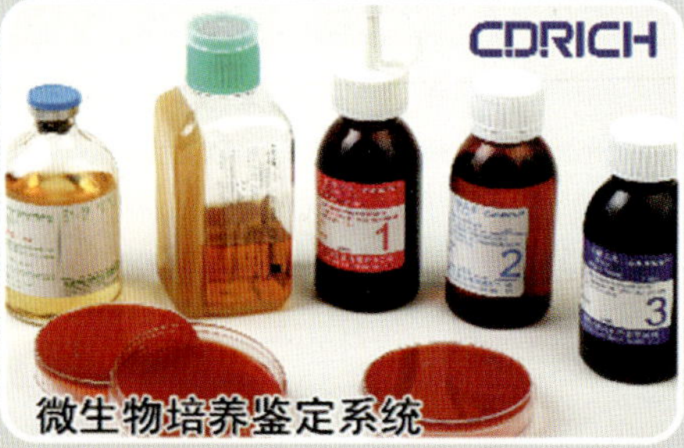

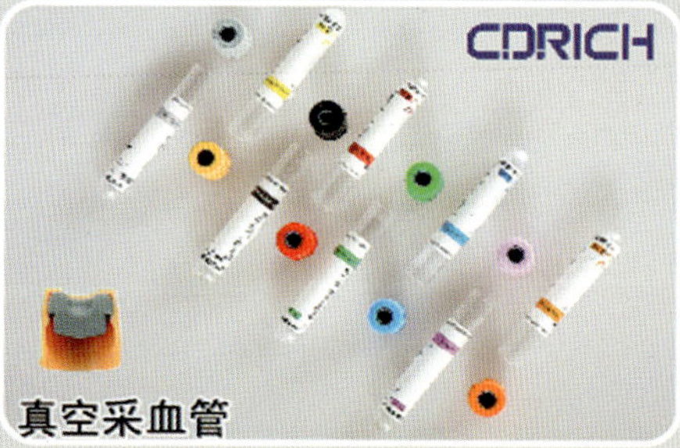

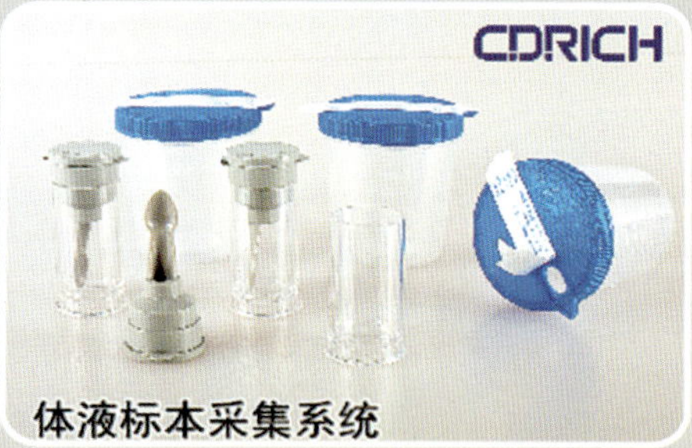

北京市海森医药进出口有限公司是2006年2月成立的国有相对控股的有限责任公司。前身为北京市医药保健品进出口公司。公司拥有长期、稳定的国外客户。公司的产品销往美、加、欧洲、东南亚、港、澳等几十个国家和地区。主要经营西药原料药、西药成药、中药材、中药成药、医疗器械、保健品等进出口业务以及国内销售业务。公司的年销售额为4.5亿人民币。

公司具有专门从事医疗器械进口部，出口部，并拥有存放医疗器械库房。能为国内外客户提供医疗器械进出口代理，产品分销，仓储物流等全方位服务。公司与国外许多供应商包括GE,西门子，飞利浦，百多邦，意大利百盛，德国贝朗，瑞士罗氏公司在内的多家大公司有着良好的合作关系。公司进口的大型医疗设备、出口的医疗器械康复用品等销往国内外各大医疗机构。为国家和北京市的医疗卫生事业做出了积极的贡献。

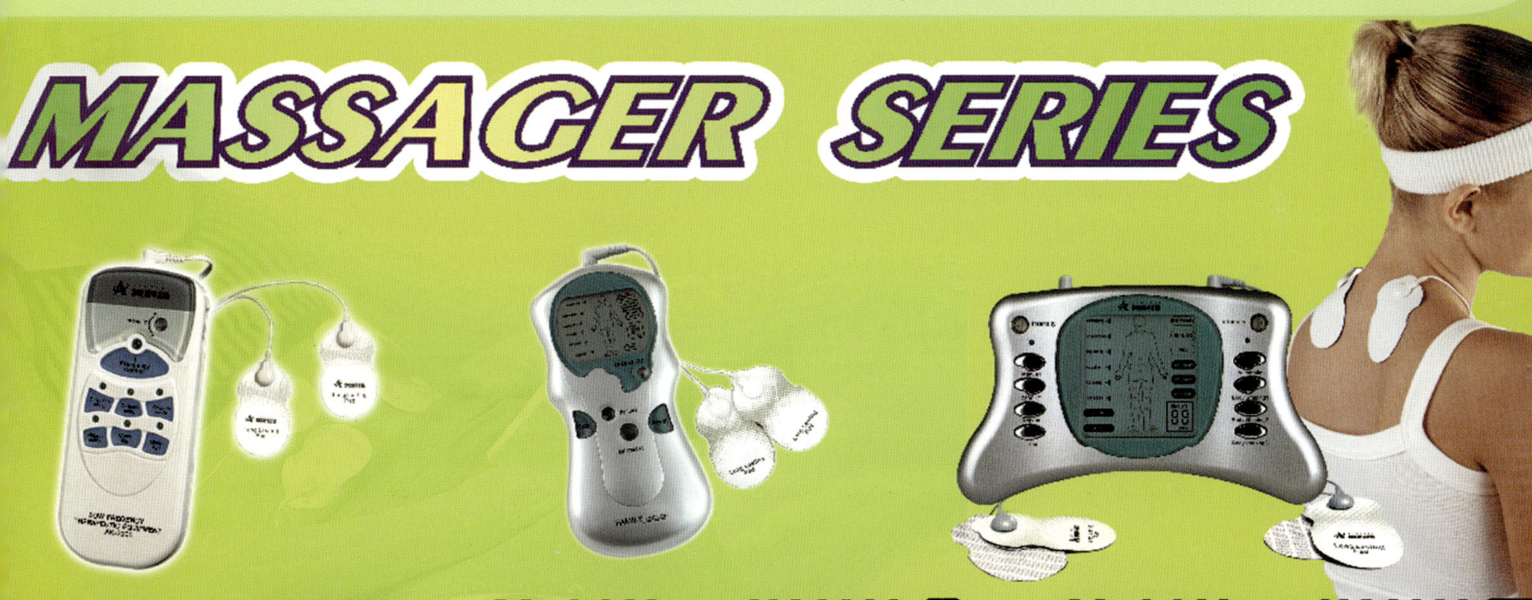


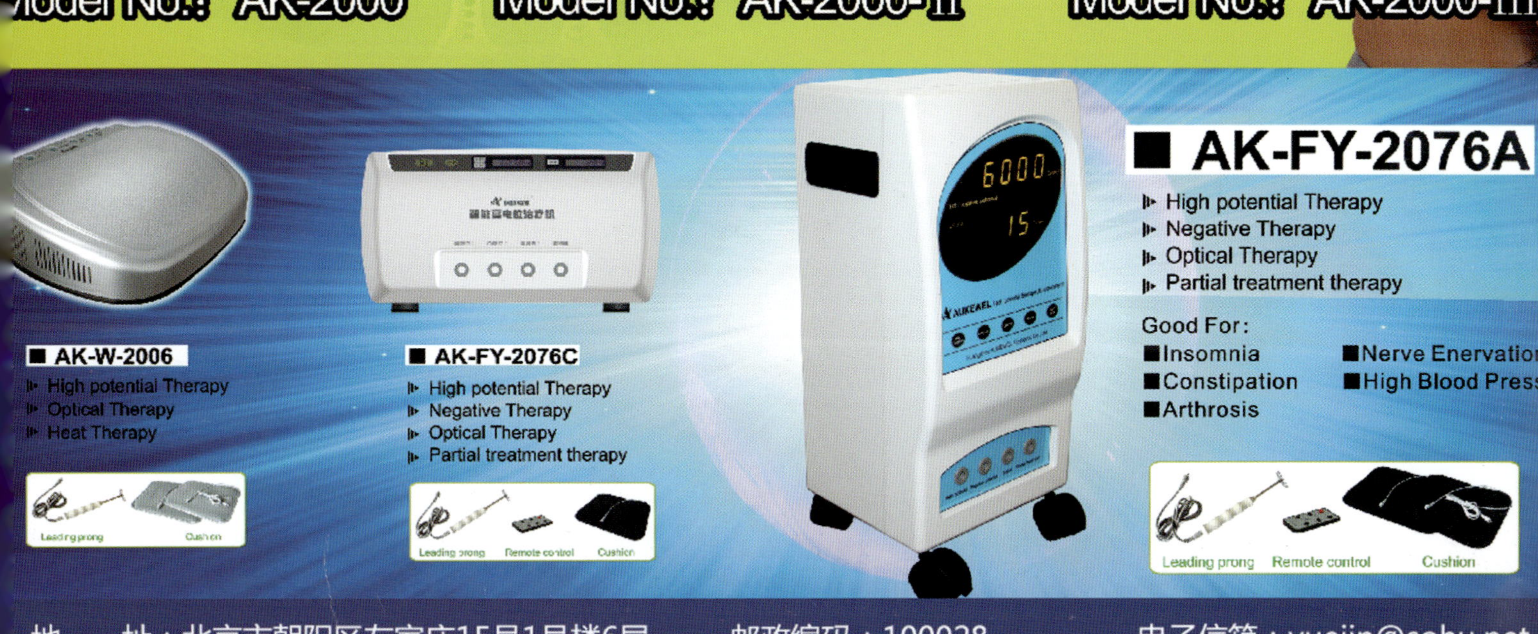


地　　址：北京市朝阳区左家庄15号1号楼6层　　邮政编码：100028　　电子信箱：yuejin@sohu.net
电　　话：86-010-84281603　　传　　真：86-010-84281606

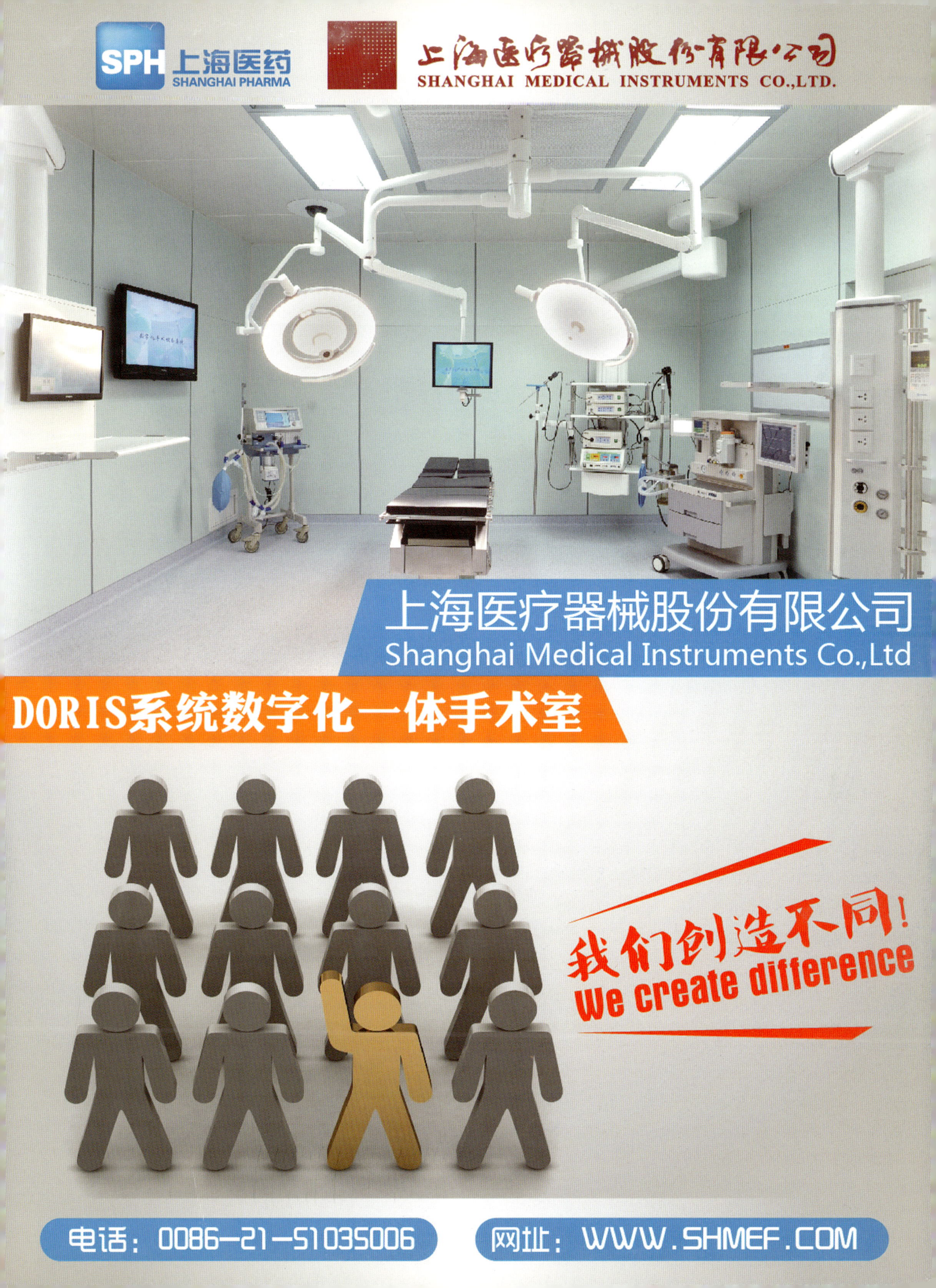

# 2013 中国医疗器械年鉴

2013
总第3期

倪如林　王宝亭　主编

中 国 医 药 保 健 品 进 出 口 商 会
北 京 华 通 人 商 用 信 息 有 限 公 司　编
中关村医疗器械产业技术创新联盟

中国商务出版社
2013 年 6 月

**图书在版编目（CIP）数据**

2013 中国医疗器械年鉴/中国医药保健品进出口商会，北京华通人商用信息有限公司，中关村医疗器械产业技术创新联盟编. —北京：中国商务出版社，2013. 7

ISBN 978-7-5103-0359-3

Ⅰ. ①2… Ⅱ. ①中…②北…③中… Ⅲ. ①医疗器械—进出口商会—中国—2013—年鉴 Ⅳ. ①F745

中国版本图书馆 CIP 数据核字（2013）第 485034 号

---

2013 中国医疗器械年鉴

2013ZHONG GUO YI LIAO QI XIE NIAN JIAN

中 国 医 药 保 健 品 进 出 口 商 会
北 京 华 通 人 商 用 信 息 有 限 公 司　编
中关村医疗器械产业技术创新联盟

---

**出　版**：中国商务出版社

**发　行**：北京中商图出版物发行有限责任公司

**社　址**：北京市东城区安定门外大街东后巷 28 号

**邮　编**：100710

**电　话**：010—64269744（编辑室）

010—64283818（发行部）

**网　址**：www. cctpress. com

**邮　箱**：cctp@ cctpress. com

**照　排**：唐人佳悦

**开　本**：890 毫米×1168 毫米　1/16

**印　张**：30

**字　数**：880 千字

**版　次**：2013 年 7 月第 1 版　　2013 年 7 月第 1 次印刷

---

**书　号**：ISBN 978-7-5103-0359-3

**定　价**：980. 00 元

# 《2013中国医疗器械年鉴》编辑委员会

## 协作支持行业组织

中国生物医学工程学会
上海医疗器械行业协会
深圳医疗器械行业协会
成都医疗器械行业协会
中华医学会医学工程学分会
中国医学装备协会
中国医疗器械行业协会外科植入物专业委员会
上海市医用高分子耗材产业技术创新战略联盟

## 协作支持媒体

《中华医学杂志》　《中国医药报》　《医药经济报》
《世界医疗器械》　《中国医药经贸》

## 协作支持企业

深圳迈瑞生物医疗电子股份有限公司
上海浦东金环医疗用品股份有限公司
上海市医药保健品进出口公司
上海荣泰健身科技发展有限公司
上海医疗器械股份有限公司
上海浦卫医疗器械厂有限公司
上海仙申医教仪器厂
力新仪器（上海）有限公司
上海医疗器械（集团）有限公司手术器械厂
稳健医疗集团有限公司
北京理贝尔生物工程研究所有限公司
奥泰医疗系统有限责任公司
中国医药保健品股份有限公司
驼人集团
威高集团有限公司
北京市海森医药进出口有限公司
广东百合医疗科技有限公司
广州市保科力贸易公司
成都瑞奇科技实业有限责任公司
天津九安医疗电子股份有限公司
奥美医疗用品用限公司
常州市三联星海医疗器械制造有限公司
重庆金山科技（集团）有限公司
北京国医械华光认证有限公司

## 《编　辑　部》

**主　任：** 蔡天智
**副主任：** 王晓庆　朱晓红
**成　员：** 王　聪　秦永清　李　娜　陈婧婧　蒋英杰

## 《编写人员》

蔡天智、王晓庆、朱晓红、秦永清、李　娜、王　聪、陈婧婧、蒋英杰、董春玲
储照伟、屈　灏、任冠华、孙京昇、池　慧、欧阳昭连、赵柯磊

# 序

2012年是我国实施“十二五”规划承上启下的一年。回顾2012年，随着科技部、工信部、卫生部和国家药监总局等部门“十二五”发展规划的实施，我国医疗器械监管政策、产业结构、市场机制、临床应用和人才培养等方面得以不断完善，医疗器械种类日益丰富，产品质量不断提高，企业规模不断扩大，超导磁共振、X线CT等一些国产品牌高技术产品已经出口到多个发达国家。2012年，我国的医疗器械进出口贸易持续向好，进出口总额以较大幅度继续增加，出口产品结构继续优化。我国医疗器械产品在国际市场的竞争力和认可度不断提高。

2013年，随着我国改革开放的深化和经济的不断发展、特别是监管法规政策的不断完善，我国医疗器械产业的发展和产业结构的优化将进一步加速。我国医疗器械企业参与全球价值链的分工专业化水平和生产率将会进一步提高，产业集群与结构转型将进一步加快，对外贸易依存度将会增加。医疗器械生产经营企业应根据形势的变化，及时调整生产经营策略，通过加强技术创新研发、实施兼并重组等途径提高自身的核心竞争力，以获得更好更快的发展。

为了方便医疗器械行业的朋友查阅国内外医疗器械相关方面的资料，中国医药保健品进出口商会、北京华通人商用信息有限公司和中关村医疗器械产业技术创新联盟，在编纂《2011中国医疗器械贸易年鉴》和《2012中国医疗器械贸易年鉴》的基础上，推出了《2013中国医疗器械年鉴》。与前两本年鉴相比，《2013中国医疗器械年鉴》体例更合理，内容更加全面详实。《2013中国医疗器械年鉴》不仅记载了国内外医疗器械进出口贸易状况，而且还增加了有关国家和地区医疗器械产业发展概况，以及医疗器械专利、标准和医疗技术等资料，供从事医疗器械研发、生产和经营的朋友参考。

在编撰过程中，由于编写人员经验与资料等方面的限制，缺点错误在所难免。望读者提出宝贵意见，以便日趋完善。

王宝亭

2013年6月

# 目　录



## 上篇　国际医疗器械贸易概况

## 中篇　中国医疗器械贸易概况

## 下篇　医疗器械产业概况

## 附 录

## 索　引

# 2013 China's Medical Device Year Book

## CONTENT

## Chapter I Overview of Global Trade Market for Medical Devices

## Outline of Chapter I

## Chapter II Overview of China's International Trade Market for Medical Devices

## Outline of Chapter II

## Chapter III Overview of Medical Device Industry

## Outline of Chapter III

## Appendix

## Index

# 专　文

# 中国医疗器械注册管理工作的现状与思考

王兰明　国家食品药品监督管理总局医疗器械监管司（北京 100053）

**内容提要：**对中国医疗器械注册管理工作的现状进行了回顾分析，分析了存在的问题和薄弱环节，并就加强和完善相关工作进行了初步讨论。

**关 键 词：**医疗器械　注册　薄弱环节　改进

**Situation and Assessment on the Medical Device Registration System in China**

**WANG Lan-ming** Department of Medical Devices Supervision, State Food and Drug Administration (Beijing 100053)

**Abstract:** The situation and recent progress in medical device registration system in China were reviewed, the existing weakness and challenges were assessed, and the future trend was discussed.

**Key words:** medical device, registration, weakness, improvement

中国医疗器械注册管理制度是伴随着经济社会发展，特别是医疗器械产业发展而不断完善的。2000 年 1 月，国务院发布《医疗器械监督管理条例》（国务院令第 276 号）并自 2000 年 4 月 1 日起实施，标志着中国医疗器械监督管理全面进入依法行政和依法监管的新阶段，医疗器械注册管理的法规体系和运行体系逐步建立并不断完善，为保障公众用械安全和促进产业健康发展发挥了重要作用。

医疗器械注册管理是医疗器械监督管理体系的重要组成部分，同时又处于监督管理的源头，事关公众健康、生命安全与社会和谐稳定。随着近年来医疗器械产业的迅速发展和公众对医疗产品安全性、有效性以及数量、品种的期望不断提高，也逐渐暴露出许多薄弱环节，需要深入研究和解决。

本文拟对中国医疗器械注册管理工作进行回顾分析，找出存在的问题和薄弱环节，并就加强和完善相关工作进行初步讨论。

## 1．中国医疗器械注册管理工作的现状

### 1.1　法规状况

自 1949 年中华人民共和国成立以来，随着社会经济发展的进程，中国的医疗器械监督管理经历了不同的发展阶段。从解放初期到改革开放前夕，中国处于计划经济体制下，医疗器械管理的方式主要是依靠标准来引导、约束企业生产合格的医疗器械，并制定了大量的医疗器械国家标准和行业标准。对于企业不执行标准、生产不合格产品的行为，政府

主要采用行政手段给予批评，严重者追究其行政责任[1]。1989 年，中国开始引入医疗器械市场准入的概念，明确政府监督管理的核心是保障产品安全、有效，开始建立医疗器械新产品需经过对其安全性、有效性进行行政审查才可以上市的管理措施。1992 年，借鉴欧洲的监管模式，中国启动了医疗器械产品安全认证工作。1996 年，原国家医药管理局发布了《医疗器械产品注册管理办法》，第一次正式规定上市医疗器械必须申请注册，未经注册的医疗器械不得进入市场。2000 年，国务院颁布了《医疗器械监督管理条例》（简称《条例》），作为中国医疗器械监管的专项行政法规，明确规定实施医疗器械注册管理制度，中国医疗器械监督管理进入了一个新的发展阶段。

根据《条例》的授权和有关规定，国家食品药品监督管理局等部门先后组织制订发布了 12 个现行有效的部门规章，包括《医疗器械分类规则》、《医疗器械标准管理办法》、《医疗器械注册管理办法》、《医疗器械生产监督管理办法》、《医疗器械经营企业许可证管理办法》、《医疗器械生产企业质量体系考核办法》、《医疗器械临床试验规定》、《一次性使用无菌医疗器械监督管理办法》、《医疗器械说明书、标签和包装标识管理规定》、《医疗器械召回管理办法》、《医疗器械广告审查办法》和《医疗器械广告审查发布标准》。为了全面贯彻上述行政法规和部门规章，进一步加强医疗器械监督管理，国家食品药品监督管理局还陆续发布了 200 余个规范性文件，初步形成了较为完整的、既借鉴国际上发达国家的监管理念又基本适合中国国情的医疗器械监管法规体系。

围绕医疗器械注册管理，主要涉及《医疗器械注册管理办法》、《医疗器械说明书、标签和包装标识管理规定》、《医疗器械临床试验规定》、《医疗器械标准管理办法》、《医疗器械分类规则》等部门规章。同时，还涉及一系列规范性文件，例如：《体外诊断试剂注册管理办法》、《医疗器械分类目录》、《注册证书补办、纠错、延期、暂缓检测、自行撤销、通关证明、申请注销办理程序》等。此外，为了统一和规范注册受理和审评审批的尺度，还先后印发了《境内第三类、境外医疗器械注册审批操作规范》、《境内第一类、第二类医疗器械注册审批操作规范》、《境内第三类、境外医疗器械注册申报资料受理标准》等文件和 50 多个医疗器械产品注册技术审查指导原则，就有关法规的执行进行了细化和补充，对于不断提高医疗器械注册管理工作水平发挥了重要作用。

医疗器械标准在医疗器械注册管理工作中发挥着重要作用。截止到 2011 年底，中国共颁布医疗器械标准 1，051 项，包括国家标准 187 项，行业标准 864 项。在这些标准中，“产品标准”约占 85%，“基础标准”约占 10%，“安全标准”约占 5%。一批通用标准和管理标准，例如《医疗器械生物学评价系列标准》（GB/T 16886）、《医用电气设备安全系列标准》（GB 9706）、《医疗器械：风险管理对医疗器械的应用》（YY/T 0316）、《医疗器械临床调查》（YY/T 0297）、《医疗器械质量体系用于法规的要求》（YY/T 0287）等，积极消化吸收了国际最新标准化成果，对全面推动中国医疗器械质量水平和管理水平发挥了重要作用。

### 1.2 机构设置

1949 年中华人民共和国成立后，中国医疗器械管理的相关职能先后分别由卫生部、轻工业部、一机部和国家医药管理局等承担。1998 年 3 月，国务院决定组建国家药品监督管理局，统一承担对医疗器械研究、生产、流通、使用全过程进行行政监督和技术监督的执法职能，揭开了对医疗器械实施集中、统一监管的新篇章。2003 年，国家食品药品监督管理局成立，进一步强化了对医疗器械的统一执法职能。与此同时，全国相继成立了 31 个省（自治区、直辖市）级、340 多个设区的市级、2，500 多个县级食品药品监管机构，形成了高效统一、分级管理、覆盖全国的组织体系。

总体上说，目前全国医疗器械监管的组织体系由行政监管部门和技术支持机构两部分组成。围绕医疗器械注册管理，根据工作职能分工，包括申请受理、技术审评、行政审批等环节，分别由相关行政部门和技术支持机构承担。以国家局为例，主要包括：（1）国家局行政受理服务中心：负责对依照法规向国家局提出境内第三类和进口医疗器械注册申请的形式审查、行政受理和行政审批决定的送达工作。(2) 国家局医疗器械技术审评中心：负责境内第三类和进口医疗器械注册申请的技术审评工作。(3) 国家局医疗器械监管司：负责全国医疗器械注册监督管理工作，包括有关法规制定、组织协调、对境内第一、二类医疗器械注册工作的指导、境内第三类和进口医疗器械注册申请的行政审批等工作。省级及省级以下食品药品监督管理部门根据当地实际，参照上述模式分别设置职能机构。

### 1.3　产品分类

根据《条例》的规定，医疗器械的定义为："单独或者组合使用于人体的仪器、设备、器具、材料或者其他物品，包括所需要的软件；其用于人体体表及体内的作用不是用药理学、免疫学或者代谢的手段获得，但是可能有这些手段参与并起一定的辅助作用；其使用旨在达到下列预期目的：a. 对疾病的预防、诊断、治疗、监护、缓解；b. 对损伤或残疾的诊断、治疗、监护、缓解、补偿；c. 对解剖或者生理过程的研究、替代、调节；d. 妊娠控制"。这一定义明确了中国医疗器械监督管理的产品范围，它与国际发达国家的法规规定是基本一致的。

医疗器械的技术结构和作用方式差异很大，这就决定了其风险性迥然不同。根据产品的风险程度，中国目前把医疗器械分为三类进行管理。

第一类为通过常规管理足以保证其安全性、有效性的医疗器械。例如：外科用手术器械（刀、剪、钳、镊夹、针、钩）、听诊器（无电能）、反光镜、反光灯、医用放大镜、（中医用）刮痧板、橡皮膏、透气胶带、手术衣、手术帽、检查手套、集液袋等。

第二类为对其安全性、有效性应当加以控制的医疗器械。例如：血压计、体温计、心电图机、脑电图机、手术显微镜、（中医用）针灸针、助听器、皮肤缝合钉、避孕套、避孕帽、无菌医用手套、睡眠监护系统软件、超声三维系统软件、脉象仪软件等。

第三类为植人人体、用于支持、维持生命或对人体具有潜在危险，对其安全性、有效性必须严格控制的医疗器械。例如：心脏起搏器、体外反搏装置、血管内窥镜、超声肿瘤聚焦刀、医用磁共振成像设备、正电子发射断层扫描装置（PECT）、植人器材（骨钉、骨板等）、植人式人工器官、血管支架等。

中国实施分类规则指导下的分类目录制度。根据《医疗器械分类目录（2002 版）》的规定，中国将医疗器械分为 43 大类、306 小类，其中按第一类医疗器械管理的有 108 种，按第二类医疗器械管理的有 127 种，按第三类医疗器械管理的有 71 种。自 2002 年以来，国家局先后下发了 100 多个规范性文件，对约 1，400 多个产品进一步明确了产品管理类别。

### 1.4　审评审批程序

按照《条例》的规定，中国医疗器械注册实施分级管理。其中，境内第一类医疗器械由设区的市级药品监督管理部门审查批准，境内第二类医疗器械由省级药品监督管理部门审查批准，境内第三类和境外第一、二、三类医疗器械由国家食品药品监督管理局审查批准。市级、省级和国家食品药品监督管理局分别自受理注册申请之日起 30、60、90 个工作日内，做出是否给予注册的决定：予以注册的，发给《医疗器械注册证》，注册证有效期均为 4 年；不予注册的，送达书面通知并说明理由。同时，根据《中华人民共和国行政许可法》的规定，医疗器械注册的受理和送达时限分别为 5 个、10 个工作日。

根据《医疗器械注册管理办法》，医疗器械注册申请事项分为 3 种，即首次注册申请、重新注册申请（包括到期重新注册和变更重新注册）和医疗器械注册证书变更（补办）申请。其中，需要提交医疗器械变更重新注册申请的情形包括：(1) 型号、规格改变；(2) 生产地址改变；(3) 产品标准改变；(4) 产品性能结构及组成改变；(5) 产品适用范围改变；需要提交医疗器械注册证书变更申请的情形包括。(1) 生产企业实体不变，企业名称改变；(2) 生产企业注册地址改变；(3) 生产地址的文字性改变；(4) 产品名称、商品名称的文字性改变；(5) 型号、规格的文字性改变；(6) 产品标准的名称或代号的文字性改变；(7) 代理人改变；(8) 售后服务机构改变。

申请人提出医疗器械注册申请，应当按照法规的要求提交注册申请资料。以境内第二类、第三类医疗器械注册申请为例，其首次注册申请材料为：（1）境内医疗器械注册申请表；（2）医疗器械生产企业资格证明；（3）产品技术报告；（4）安全风险分析报告；（5）适用的产品标准及说明；（6）产品性能自测报告；（7）医疗器械检测机构出具的产品注册检测报告；（8）医疗器械临床试验资料；（9）医疗器械说明书；（10）产品生产质量体系考核（认证）的有效证明文件；（11）所提交材料真实性的自我保证声明。境内第二类、第三类医疗器械重新注册申请材料为：（1）境内医疗器械注册申请表；（2）医疗器械生产企业资格证明；（3）原医疗器械注册证书；（4）医疗器械检测机构出具的产品注册检测报告；（5）适用的产品标准及说明；（6）产品质量跟踪报告；（7）医疗器械说明书；（8）产品生产质量体系考核（认证）的有效证明文件；（9）属于本办法第五章第三十四条情形的，应当提交相应的情况说明和证明性文件；（10）所提交材料真实性的自我保证声明。

如前所述，以国家局为例，医疗器械注册申请及审评审批的流程为：（1）受理：由国家局行政受理服务中心负责，经形式审查合格后向申请人出具《受理通知单》，并将相关申请资料移交技术审评机构；（2）技术审评：由国家局医疗器械技术审评中心负责，完成技术审评后形成《技术审评报告》，连同相关资料移交行政审批部门；（3）行政审批：由国家局医疗器械监管司负责，经审查出具行政审批意见并按照规定程序形成审批决定转交送达部门；（4）送达：由国家局行政受理服务中心负责实施。

### 1.5 临床试验管理

根据《条例》的规定，申请第二类、第三类医疗器械注册，应当通过临床试用或者临床验证；第二类、第三类医疗器械的临床试用或者临床验证，分别由省级和国家局负责审批。医疗机构进行临床试用或者临床验证，应当符合国家食品药品监督管理局的规定，其资格由国家食品药品监督管理局会同卫生部进行认定。

根据《医疗器械注册管理办法》中关于申请医疗器械注册时提交临床试验资料的规定，对于第三类植入型医疗器械，如果申请企业尚无产品进入过中国市场，应当提供在中国境内进行的临床试验资料；如果申请企业已有产品进入中国市场，且本企业其他产品在中国销售有 4 年以上无抱怨的记录，境内产品提供相应规定的临床试验资料，境外产品可以提供境外政府医疗器械主管部门批准该产品上市时的临床试验资料。对于其他第三类产品，境内产品提供相应规定的临床试验资料，境外产品可以提供境外政府医疗器械主管部门批准该产品上市时的临床试验资料；如果申请企业已有产品进入中国市场，申请产品与已注册产品属同类产品，本企业其他产品在中国销售有 4 年以上无抱怨的记录，且申请产品不属于采用超声、微波、激光、X 射线、伽玛射线以及其他放射性粒子作治疗源的治疗设备，无论境内、境外产品，均可以提供本企业同类产品注册上市时的临床试验资料。对于第二类医疗器械，境外产品应当提供境外政府医疗器械主管部门批准产品上市时的临床试验资料，境内产品如果中国政府已批准同类产品在中国上市，可以提交同类产品的临床试验资料和对比说明。此外，2011 年国家局发布了《豁免提交临床试验资料的第二类医疗器械目录》，规定对部分机理明确、技术成熟的第二类医疗器械产品在申请首次注册时可以豁免提交临床试验资料。

综上所述，中国医疗器械注册依产品风险程度不同实施分类管理，对不同类别产品的注册申报资料和审查标准设定不同的要求，同时在内部审核批准的权限上也做了相应的区分。在审评审批的组织模式上，实施分级审批、分段操作的体制，这与美国实施的集中审批不同，也与欧盟通过政府主管部门认定的第三方机构（通告机构）实施审批有所不同，其优点是有利于促进专业化水平的提高，同时使各级行政资源得到较好利用，也大体适应我国幅员辽阔、企业众多的国情特点。此外，与其他国家医疗器械上市许可制度相比较，医疗器械标准及其型式检测等作为产品设计输出和设计验证资料，在中国医疗器械注册审查中具有较重要的位置。

## 2. 中国医疗器械注册管理存在的薄弱环节

经过十几年来的努力，中国已经初步建立起与国际监管框架趋同的医疗器械注册管理制度，为保障公众使用医疗器械安全发挥了重要作用。然而，随着科学技术进步和医疗器械产业发展，越来越多的新产品涌入市场，客观上也同时带来了新的、需要深入研究和控制的潜在风险。同时随着经济社会发展和公众生活水平的不断提高，医疗服务需求不断升级，公众对医疗器械安全性有效性的预期迅速提高。此外，中国医疗器械市场发展空间广阔，产业发展迅速，产品结构不断调整，新的生产、经营方式陆续出现。这些给中国医疗器械注册工作不断带来新的挑战，也是我们必须面对的严峻课题。

现就目前中国医疗器械注册管理制度及其实践中存在的薄弱环节及其原因进行初步分析。

### 2.1　审评审批的法规体系有待完善

中国虽然在较短的时间内建立起了比较完整的医疗器械注册管理的法规体系，但仍然比较粗放和单一，适应性不足，不同类型产品的注册申报和审查要求不够具体，技术指导层面的规定不足。与此同时，也还有一些环节存在缺失。例如，定制医疗器械、“人道主义”产品审批等还没有明确的管理规定，医疗器械临床试验审批办法医疗器械临床试验管理规范、医疗器械命名规则医疗器械编码规则等尚未完整出台，委托生产方式注册、分包装注册、医疗器械与药品相结合产品审查要求等问题尚需深入研究和统一。从政府规制的角度来看，“规制不足”和“规制过度”并存，既存在“好不好”的问题，也仍然存在“有没有”的问题。这些基础层面的问题，有些是在《条例》的层面没有明确设定和授权，有些是在监管实践中亟待补充完善的监管措施。

### 2.2　审评审批的尺度有待统一

从全国范围来看，目前仍然存在少数品种审评审批尺度不一致的现象。例如，产品类别划分不一致，个别地区出现“高类低批”甚至将非医疗器械作为医疗器械审批注册的现象；即使是同一类产品，不同审批机关（甚至在同一审批机关内部）在审评审批的严格程度、核准的产品适用范围、说明书、产品标准等方面也存在一些差别。这种现象既与审评审批队伍的专业水平有关，也暴露出在体制机制上的弊端。首先，中国实行分级审批体制，导致全国有 400 多个监管机构具有医疗器械注册审批权限。由于各地审评审批队伍组建时间不长，人员素质和能力存在差别，审批尺度的掌握存在差异，因而造成实际审批尺度不一致，这也给后续监管工作带来困难。从国外情况来看，欧盟实施分权审查，即通过第三方公告机构实施审查，也存在各通告机构审查尺度不一的问题。可见，分级管理是可能造成注册审查尺度不一的体制性原因。其次，在医疗器械注册的审查标准方面尚有待进一步细化，否则势必造成在实际操作过程中较大的自由裁量权。虽然医疗器械注册具有专业性强、品种跨度大、申请事项纷繁复杂的特点，但是，如果不对许可标准加以规范和统一，势必造成审评审批尺度不一，给上市产品安全留下隐患，并损害行政相对人的合法权益，甚至容易滋生腐败现象。

### 2.3　审评审批的效率有待提高

从全国来看，部分医疗器械审评审批超出法定时限的问题还没有完全解决，某些注册申请虽然由于需要补充资料等原因没有超出法定时限，但与行政环节有关的时间较长，与行政相对人和公众的预期存在差距。究其原因，这与高风险产品的法定时限规定过短、审评审批需要涉及的部门和环节过多、注册申请的条件和标准不够明确、审评审批机关的专业水平有待提高、企业申报数量急剧上升、审评审批资源严重不足、企业申报质量不高等都有密切的关系。以技术审评资源为例，目前各级技术审评人员数量严重不足，专业结构、技术水平参差不齐，专业化的技术队伍亟待建立和充实[2]。从比较研究看，美国 FDA 从事医疗器械上市审查的人员有 300 余人，而欧盟进行医疗器械审查的公告机构有 74 个，进行体外诊断试剂审查的公告机构有 23 个[3]，而中国目前在国家局层面从事医疗器械注册技术审评的人员为70余人，各省级药品监管部门从事医疗器械注册技术审评的人员仅为140余人。与此同时，由于生产企业自身的原因，使得注册申报质量不高，导致需要补充申请资料或者被退审后再次申报，不仅延缓了产品上市进程，还额外耗费了有限的行政资源。

### 2.4 审评审批的体制机制有待改革和完善

中国医疗器械注册审评审批实施分段操作的工作体制。以境内第三类医疗器械注册为例，不仅划分为申请受理、技术审评、行政审批等环节，事实上质量体系考核（检查）、产品注册检测、临床试验等也和行政监管部门密切相关，这种体制虽然存在许多优点，但其弊端是审查环节过多，影响产品评价的系统性，与其他监管环节的衔接不够协调顺畅。医疗器械注册制度是医疗器械监管的源头，与医疗器械分类、生产管理、上市后监管等环节都存在着密切的联系。以《医疗器械生产企业许可证》的核发为例，由于只有获得医疗器械注册后才可以上市销售，而从拿到生产企业许可证到产品上市之间存在较长的时间，因而有的学者认为从本质看，《医疗器械生产企业许可证》存在的意义不大[4]。又如，在中国约20%的医疗器械被作为第三类医疗器械管理，而在美国和欧盟这一比例只有8%～10%，由于第三类医疗器械品种过多，导致国家局注册审查任务负担沉重，影响了管理上的总体成本和效率。

### 2.5 审评审批的科学性有待进一步提高

建立医疗器械注册管理制度的目的是通过系统评价，保证医疗器械风险与其所获得的收益相比处于可接受的水平。虽然中国的医疗器械注册制度从整体架构上与其他国家相比差别不大，但是在细节上还有很多需要完善的地方，特别是在注册申请及审查的灵活性、系统性方面，与国际发达国家相比还存在较大差距。首先，虽然《医疗器械注册管理办法》对所有医疗器械注册应提交的资料提出了要求，但这一通用要求对于特定种类的产品如何适用，还面临很多具体问题。例如，对于中医类医疗器械，有人提出“不能机械套用现代医学的试验模式来衡量所有中医类器械”[5]。再如，软件类产品如何科学审查的问题也需要进一步深入研究[6]。其次，某些注册审评缺乏系统性和灵活性，指导性不足，难以完全达到预期目的。从比较研究看，有学者认为，中国医疗器械注册审评缺少“医疗器械安全性、有效性基本原则”这一核心，没有将风险分析原则贯彻到全部注册资料文件的审查中，各项注册申报资料之间关联度较低[7]。第三，在医疗器械准入尺度的整体把握上，需要根据具体情况进一步平衡。实际上，这些问题即使在美国等发达国家也很突出，一方面企业希望审查部门加快审查[8]，而审查部门又经常觉得审查标准需要更加严格[9]。由此可见，如何既使注册审查要求更加灵活和科学，又能充分保障产品安全、有效，是一个需要与时俱进深入研究的课题。

### 2.6 鼓励和支持技术创新的措施有待加强

医疗器械是技术密集的产品，随科学技术发展更新换代较快，而现行医疗器械注册制度对此显得适应性不足。虽然中国已建立了变更重新注册的申请程序，但与产品技术变化程度相比有时仍然显得比较复杂，申请程序单一，并且在许多情形下必须按照首次注册程序提出申请。对于一些具有重大创新的产品，缺乏提前介入和先期沟通的法定渠道，客观上可能影响产品上市用于疾病治疗的进程。目前，除《医疗器械注册管理办法》和《关于印发进一步加强和规范医疗器械注册管理暂行规定的通知》中规定的部分重新注册项目可以不再提交注册检测报告等文件外，其他情形下尚缺少简略途径。这些情况既反映出监管理念和监管能力的问题，也部分说明医疗器械注册审查体制和审查要求总体上刚性大，灵活性小，效率不够高，科学性不够强。从比较研究看，美国FDA器械和辐射卫生中心（CDRH）具有与生产企业的常规沟通交流机制[10]，可以根据企业研发进展提供较详细的咨询意见，并建立了针对中小企业的法规援助部门；欧盟的注册流程根据产品风险程度不同也有不同的申报途径及简化要求。

### 2.7 上市前准入管理存在交叉重复

除了前文提到的监管法规体系存在缺失外，目前医疗器械市场准入管理还存在一些交叉重复现象。以强制性产品安全认证和产品计量认证为例，部分医疗器械产品尚存在双重甚至多重准入审查制度。此外，医疗器械产品标准也存在不同职能部门的双重审查体系。这些问题不仅容易造成管理职责不清，公共资源浪费，同时也加大了企业运行成本，延缓产品上市进程。生产企业增加管理成本，将导致产品价格上升，最终转嫁到病消费者身上。以上这些问题，说明法律法规尚欠周密完善，部门之间协调不够。此外，法规层级较低也是导致上述问题产生的原因之一。从比较研究看，与美国《食品药品化妆品法案》、欧盟《医疗器械指令》等法规相比，法规层级较低直接影响行政监管的权威和执行力度。

## 3. 思考与讨论

医疗器械注册管理制度是公共安全管理的重要组成部分和政府公共服务的重要内容。医疗器械与药品一样是特殊商品，事关公众健康与生命安全，事关民生与社会和谐。医疗器械作为疾病治疗的重要物质基础和经常被动性消费的特点具有准公共产品的属性，但在现实中它又是通过市场机制提供的工业产品，这些特点决定了不断改革和完善医疗器械注册管理制度具有重要的社会意义和政治价值。

如前所述，目前中国医疗器械注册管理工作存在的薄弱环节，既有基础层面的问题，例如法规体系设置和分级管理方式的变革等；也有操作层面的问题，例如如何科学设置审查标准、提高审查的科学性等。如何围绕保障上市医疗器械产品安全、有效这一核心问题，进一步完善医疗器械注册法规体系，科学设置医疗器械注册程序和要求，提高医疗器械注册审查的科学性、系统性和灵活性，保证注册审查的质量和效率是目前改进和完善中国医疗器械注册管理制度的紧迫任务。

笔者认为，中国的医疗器械注册管理制度，应以确保产品安全、有效为核心目标，并在实施科学评价的基础上坚持慎重从严、宽严适度、鼓励创新的理念，全面贯彻行政许可法定、公开、公平、公正、效率和便民等基本原则。当前，进一步提高法律层级、改善管理体制等制度建设具有迫切性，但通过完善机制进一步保证制度运行的优质、高效同样是十分重要的。因此，应当在统筹规划的基础上，结合政府规制和行政许可的基本理论，按照国务院推进行政审批制度改革的工作部署，分层次、有步骤地稳妥推进相应改革工作。首先，要注重做好长期性、基础性的制度设计，做好法律层级、分级管理等改革的准备工作。对于此类问题应作为战略性课题深入研究，充分调研论证，把握和适应医疗器械监管的整体要求和发展方向，选择合适的时机及时予以调整。与此同时，要在现有法律法规和机构设置等条件下，加快推进提升科学审查要求、提高审查效率等局部改革，完善注册申报和审查标准，合理调整工作流程，提高注册审查效率，并通过局部改革推动整个管理制度的完善。

从目前工作来看，应继续加强对各地医疗器械注册工作的监督、协调和指导，开展全国医疗器械注册检查和质量评价工作，研究制定《医疗器械注册质量管理规范》，保证全国注册工作的规范性和一致性。其次，要大力推进医疗器械产品注册技术审查指导原则的编写工作。通过技术审查指导原则的实施，指导医疗器械产品的注册申报，规范和统一审评审批的尺度，提高注册审查的效率和水平。第三，应从部分高风险产品人手，深入开展注册法规和技术要求的区分化研究，解决产品注册申报资料的针对性、关联性和系统性问题，进一步提升注册审查的科学性。第四，应积极开展监管效果评价方法的研究，及时对医疗器械注册管理制度及其改革的成效做出客观评价，并在此基础上不断改进和完善，以逐步提高中国医疗器械注册管理制度的法制化和科学化水平，更好地实现保障公众用械安全的根本目标。

## 参考文献


[1] 王兰明. 中国医疗器械监督管理 [J]. 华夏医药, 2003, 7 (5): 63-66.

[2] 孙勤、严墚. 欧美医疗器械管理经验及对中国医疗器械法规体系改革的启示 [J]. 中国医疗器械杂志, 2006, 30 (1): 47-56.

[3] http://ec.europa.eu/enterprise/newapproach/nando/index.cfm? fuseaction = notifiedbody.main, 2011-9-30.

[4] 龚声瑾. 我国医疗器械许可证审批体系对产业发展的影响 [J]. 中国医疗器械信息, 2010, 16 (4): 62-64.

[5] 杨学智、张治国、李海燕, 等. 中医类医疗器械注册实践的关键 [C]. 全国第十一次中医诊断学术年会论文集, 2010: 107-123.

[6] 王张明. 漫谈医疗器械软件监管. http://www. smianet com/content.aspx? id=14297, 2012-3-1.

[7] 徐研诺. 论医疗器械评价 (注册技术审查) 的系统性 [J]. 中国医疗器械信息, 2011, 17 (6): 46-47.

[8] 张文燕. 美国医疗器械审批混沌 [J]. 中国医院院长, 2011, 8: 29.

[9] 王迪. 医疗器械审批体系: 宽松而不放任 [N]. 医药经济报, 2011, 8 (5): A04.

[10] U.S. FDA, Medical Device Innovation Initiative, February 8, 2011.

# 实施风险管理是确保医疗器械安全的必然选择

陈志刚　北京国医械华光认证有限公司（CMD）董事长

YY/T0316/ISO14971《医疗器械风险管理对医疗器械的医用》标准自上个世纪末发布以来，我国医疗器械行业启动宣贯 YY/T0316 标准。国家食品药品监督管理局在医疗器械市场准入和日常监管的法规中规定了风险管理的要求。YY/T0287/ISO13485《医疗器械质量管理体系用于法规的要求》标准中规定了在产品实现全过程中实施风险管理的要求。在政府和市场的推动下，YY/T0316 标准得到传播，很多企业运用 YY/T0316 标准的理念、要求和方法开始实施风险管理，有些企业积极地贯彻和实施 YY/T0316 标准，取得良好的效果。虽然我国的医疗器械行业贯彻实施 YY/T0316 标准已有多年，取得了进步和突破，但总体上实施风险管理的力度不够大，进展不够快，效果不尽人意，离政府监管部门的要求有差距，离 YY/T0316 标准要求更有差距，和医疗器械安全性的新需求不相适应，和医疗器械产业迅速发展的形势不相适应。为此需要进一步提高贯彻 YY/T0316 标准的重要性和必要性的认识。企业的医疗器械安全管理也要与时俱进，企业贯彻 YY/T0316 标准实施风险管理实质上是企业从传统医疗器械安全管理向风险管理的转型，是企业医疗器械安全管理创新发展的必然选择，是确保医疗器械安全的必由之路。企业应从战略的高度理解企业向风险管理转型的内涵和意义，厘清贯彻 YY/T0316 标准实施风险管理的思路和目标，勇于实践、积极实践、不断提高风险管理水平，将贯彻 YY/T0316 标准推向新阶段。

## 一、企业由传统安全管理向风险管理转型是确保医疗器械安全的必然选择

为了确保医疗器械的安全，企业需要实施有效的医疗器械安全管理，这既是为保证医疗器械造福于公众生命安全健康和生活的需要，也是决定着企业的生存和发展的根本问题。长期以来，企业的医疗器械安全管理主要采取以医疗器械产品安全标准为中心，通过产品是否符合产品安全标准要求的检测来评价医疗器械安全性的医疗器械安全管理模式，可称之为传统医疗器械安全管理。上世纪末，医疗器械传统安全管理也在发展，即和企业的质量管理体系进一步相结合，但基本框架还是以医疗器械产品安全标准为中心的传统医疗器械安全管理。传统医疗器械安全管理对于确保医疗器械安全有效发挥着重大作用，为医疗器械产业的发展作出了巨大贡献。但是随着医疗器械产业的快速发展，医疗器械新产品更新换代周期缩短，新材料和新技术应用速度加快，医疗器械产品多学科、多技术领域的交叉和定制及个性化程度进一步提升，医疗器械类别规格的多样性进一步增加，从而医疗器械安全性面临许多新问题和新矛盾并呈现出新特点。企业以医疗器械产品安全标准为中心的传统医疗器械安全管理面临巨大的挑战，创新和发展传统医疗器械安全管理模式成为医疗器械产业界的必然应对的课题。上世纪九十年代，国际标准化组织 ISO 组织了医疗器械产业的各相关方，总结医疗器械安全管理实践，借鉴了航天航空和军事等领域的风险管理的成果，集成医疗器械产业各相关方的知识、经验和智慧，提出了医疗器械安全管理的新模式即医疗器械风险管理。ISO 以标准的形式阐述企业的医疗器械风险

管理，并于 1998 年、2000 年、2007 年先后三次制修订发布 ISO14971 风险管理标准，不断地完善风险管理的要求。当前有效版本为 ISO 于 2007 年发布的 ISO14971：2007《医疗器械风险管理对医疗器械的应用》标准。ISO14971 标准发布在世界医疗器械产业界立即产生巨大反响，认为该标准的发布实施将使企业医疗器械安全管理提高到一个新水平，进入了风险管理的新阶段。为此很多国家将该标准转化为本国标准，并在医疗器械产业界推广运用，收到了良好的效果。我国 CFDA 也高度重视企业的医疗器械安全管理工作，对 ISO 发布的三个版本的风险管理标准都及时等同采用转化为 YY/T0316 行业标准，目前有效版本为 YY/T0316 - 2008/ISO14971：2007《医疗器械风险管理对医疗器械的应用》标准。CFDA 还在一系列医疗器械法规中规定了风险管理要求并在医疗器械企业中贯彻实施。医疗器械风险管理是在以产品安全标准为中心的传统医疗器械安全管理模式的基础上发展创新，将企业传统医疗器械安全管理模式转型跨越到医疗器械风险管理的新阶段。企业贯彻 YY/T0316 标准向风险管理转型是适应医疗器械安全性的新特点和新要求，是和国际接轨促进医疗器械产业健康发展的需要。企业从传统医疗器械安全管理向医疗器械风险管理转型，笔者认为主要有以下四个方面的转变：

**1. 企业传统安全管理进一步向全面的医疗器械风险管理转变**

YY/T0316 标准指出“制造商应编写在正常和故障两种条件下，与医疗器械有关的已知或可预见的危害文件”。这就是既要实施医疗器械正常运行条件下的风险管理，也要实施医疗器械故障情况下的风险管理。传统的医疗器械安全管理是以医疗器械产品安全标准为中心，而医疗器械产品安全标准主要关注的是医疗器械在正常运行条件下的安全问题，即标准的各项定性和定量指标以及相关要求都是产品在正常运行条件下的要求。有的标准如 GB9706.1 标准也有少量的条款规定了医疗器械产品在单一故障情况下的安全性要求，但大部分的医疗器械产品标准都不包括医疗器械故障情况下的安全要求。企业实施风险管理不仅仅关注产品安全标准规定的产品在正常运行条件下的风险，而且要关注医疗器械产品在正常和故障两种条件下及其相关过程的所有风险。企业应对所有的风险在风险分析的基础之上进行风险评价，以确定哪些风险是可接受的，哪些风险是不可接受的，对不能接受的风险采取措施控制到可接受水平，从而更加全面地保障医疗器械的安全。因此，实施风险管理是企业以产品安全标准为中心的传统医疗器械安全管理向全面的医疗器械风险管理转变，这种转变对于确保医疗器械的安全有着重大的意义。

**2. 企业传统安全管理进一步向医疗器械全生命周期风险管理转变**

YY/T0316 标准指出“本标准的要求适用于医疗器械生命周期的所有阶段”，这就规定企业医疗器械风险管理的范围是医疗器械全生命周期，并进一步明确了从产品的初始概念、设计开发、制造、安装、销售、使用、售后服务、最终停用和处置的医疗器械全生命周期各个阶段都要实施风险管理。而传统医疗器械安全管理更多关注在企业内部通过产品设计、制造等环节后产品是否符合特定医疗器械产品安全性标准的各项定性和定量指标及相关要求。由此可见两者是有区别的。首先风险管理相比较于产品安全标准的要求进一步明确了和扩大了管理的范围，风险管理范围是医疗器械全生命周期各阶段的所有过程。这是因为医疗器械全生命周期的各个阶段均可引入风险，并且某一阶段的风险可在生命周期的不同阶段采取措施加以管理。医疗器械产品安全标准的各项具体要求尽管也涉及到生命周期很多阶段的安全要求，但往往未能包括医疗器械全生命周期各个阶段所有过程的安全要求。其次传统安全管理模式更多关注产品本身的安全性要求，产品通过检测符合产品安全标准及相关技术规范要求就可放行。风险管理不仅仅关注企业内部的各个过程和产品的风险，还要关注企业外部的医疗器械生命周期各个阶段的风险，即还要和医疗器械生命周期的各相关方协调沟通共同管理医疗器械风险，以能确保医疗器械生命周期的各个阶段的风险控制在可接受水平。YY/T0316 标准强调应在医疗器械全生命周期实施风险管理的重要性并阐明了具体要求，这是和传统医疗器械安全管理的一个重要区别。

**3. 企业传统安全管理进一步向系统性规范性的医疗器械风险管理转变**

传统的医疗器械安全管理是围绕产品安全标准的各项要求展开的，虽然对医疗器械安全管理有要求，但由于企业仅关心产品是否符合产品安全性标准要求而往往存在忽视系统性规范性的医疗器械安全管理的倾向。在认证审核现场，我们经常发现有些企业的医疗器械安全管理零乱而不系统，缺少文件化的流程和要求，随意性较强，存在着医疗器械安全管理的系统性和规范性的缺失，从而增加了医疗器械风险的不确定性，这已成为医疗器械安全性的一大隐患，也是发生产品质量安全事故的一个重要原因。因此进一步提升医疗器械安全管理的系统性和规范性成为医疗器械产业界需要解决的课题。YY/T0316 标准的发布为企业指出了实施系统性规范性安全管理的途径。YY/T0316 标准包含了范围、术语定义、风险管理通用要求、风险分析、风险评价、风险控制、综合剩余风险可接受评价、生产和生产信息等九个章节。全面系统地阐述了医疗器械风险管理要求，规定了风险管理过程及其相关的步骤和活动，阐述了风险管理流程及各要素的相互联系和相互作用，是一个系统性规范性很强的标准。标准同时规定了企业实施风险管理所需的文件，记录及其风险管理文档等要求，促使企业风险管理的规范性。企业贯彻 YY/T0316 标准实施风险管理就是从传统安全管理向系统规范的风险管理转变。企业应积极贯彻标准，尽早完成这种转变。

**4. 企业传统安全管理进一步向持续动态医疗器械风险管理转变**

医疗器械产品安全标准制修订是有一定的周期性的，标准的标龄通常是五年，甚至更长时间，标准的制修订进程往往难以满足医疗器械产业发展的实际需要。面对医疗器械新产品开发和新技术新材料应用的日新月异的形势，标准的滞后性往往给企业、使用者及各相关方和监管部门可能带来一系列困惑和矛盾，也容易引发医疗器械安全性的问题，不适应医疗器械产业创新发展的需要。医疗器械风险管理的一个重要特点是持续动态地管理风险，主要体现在两个方面，一是 YY/T0316 标准要求制造商应在医疗器械全生命周期内“保持一个持续的过程”，强调了风险管理的持续性。这项要求既包括生产上市的医疗器械也包括创新和改进的医疗器械，在医疗器械全生命周期企业都要监视风险是否持续保持可接受和是否发现了新的危害和风险，一旦发现某个风险不能接受，应对现存的风险分析进行重新检查并采取措施以满足风险可接受准则。在医疗器械全生命周期中由于产品、过程、预期用途及内外环境的变化情况下，企业应持续动态地实施风险管理，将风险控制在可接受水平。二是标准规定了生产和生产后信息过程，该过程是指医疗器械投入生产和批准上市后，风险管理并未停止，企业要加强医疗器械生产和生产后信息监视，以便获得可能影响风险管理决策的数据信息，并及时输入到风险管理过程，需要时采取措施将风险控制在可接受水平，从而使风险管理成为循环闭环持续动态的过程。由此可见，企业贯彻 YY/T0316 标准实施风险管理是从传统安全管理进一步向持续动态的风险管理转变，只有持续动态的风险管理，才能持续确保医疗器械安全，才能适应医疗器械创新发展的形势。

企业的传统安全管理向医疗器械风险管理转型重要的是理念的转变、思维方式的改进。YY/T0316 标准主要引入以下的当代风险管理理念。一是以人为本的理念，标准强调医疗器械风险管理要以人为本，要充分发挥领导的作用，并对风险管理作出承诺。强调全员参与并发挥员工风险管理的主人作用。企业的风险管理决不能是“躲进小楼成一统”式的管理，要和医疗器械生命周期各利益相关方包括医疗器械使用者、患者等相关方密切合作，在人的成长发展中不断提高风险管理水平。二是预防在先的理念，这是标准最重要的思想。在医疗器械入市前企业必须实施风险管理，确保风险控制在可接受水平，而不是事中事后消防灭火式的安全管理，努力避免在发生医疗器械质量事故并给使用者或患者造成生命安全和健康损害后才亡羊补牢式的采取措施，保障上市医疗器械的安全性。三是医疗器械受益和风险相平衡的理念。风险管理的目的不是消除所有的风险，而是在保持医疗器械的可行性和功能性同时，医疗器械受益要大于风险，并且医疗器械的综合剩余风险是可接受的，这既是风险管理的理念也是风险管理重要的原则。四是风险管理完整性的理念。完整性主要有两层含义，第一层含义是管理风险的范围。标准要求对医疗器械全生命周期实施风险管理，只有管理特定医疗器械的所有风险，风险管理才可能是完整的。第二层含义是管理风险的方法。标准提出必须按照标准要求和规定的风险管理过程管理风险，才能确保风险管理的完整性。医疗器械风险管理是一个系统，在风险管理系统中各要素相互联系、相互作用，必须按照标准的风险管理流程，一个过程一个过程实施，一项活动一项活动落实，任何随意的删减和遗漏将会偏离标准要求而引发某些风险失控造成风险管理的不完整。当然要辨证的认识风险管理的完整性，如同要保障医疗器械的安全性，实际上不存在绝对的安全，同样风险管理的完整性也不是绝对的，完整性只是相对于当时社会发展的程度、科学技术水平以及人们的认识所决定的，不存在绝对的完整性。

综上所述，企业由传统安全管理向风险管理转型，是确保医疗器械安全的必然选择。当前在有些医疗器械产品安全标准中增加了风险管理内容，提出了风险管理要求，充分说明了风险管理是医疗器械安全管理发展的必然趋势。因此需要认清传统医疗器械安全管理向风险管理转型的重要性和必要性，抓住时机积极主动地贯彻 YY/T0316 标准。

## 二、贯彻 YY/T0316 标准实施风险管理基本思路和目标

企业贯彻 YY/T0316 标准实施医疗器械风险管理的基本思路是遵循风险管理的理念，以 YY/T0316 标准要求为核心，以 YY/T0287 标准或《医疗器械生产质量管理规范》的质量管理体系为基础，以相应特定的医疗器械产品安全标准和技术规范要求为关键，全面融入相关的法规要求，将 YY/T0316 标准要求整合进入 YY/T0287 标准或《医疗器械生产质量管理规范》的质量管理体系，全面贯彻实施 YY/T0316 标准风险管理过程的要求，使用适宜的风险管理技术，在医疗器械全生命周期实施持续动态的系统性风险管理，实现医疗器械风险管理的完整性和有效性。

任何一个医疗器械企业客观上都有一个质量管理体系，我国医疗器械监管部门对企业的质量管理体系一贯高度重视，YY/T0287/ISO13485 标准发布以来在医疗器械监管部门和市场的推动下，我国医疗器械行业掀起了学习贯彻高潮，企业纷纷按照该标准要求建立医疗器械质量管理体系，不少企业通过了 YY/T0287 标准质量管理体系认证。SFDA2009 年出台了包含 YY/T0287 标准大部分内容的《医疗器械生产质量管理规范》，进一步推动企业建立和保持规范的质量管理体系，这对于企业实施风险管理打下了良好的基础。YY/T0316 标准指出“风险管理可以是质量管理体系的一个组成部分”。标准的该要求是非常重要并有实际的指导意义。企业若将风险管理单独建立一个系统，脱离企业已经运行的质量管理体系另搞一套，势必重复的投入人力、物力、财力等资源，形成职能交叉重叠、部门接口繁琐，企业的质量管理体系运行和风险管理运行还会产生许多不必要的矛盾和问题。因此全球医疗器械产业界普遍认为风险管理过程整合融入质量管理体系并成为医疗器械质量管理体系的组成部分是实施风险管理的有效途径。实际上国内外的医疗器械企业在贯彻 YY/T0316 标准时基本上都将风险管理要求融入整合到 YY/T0287 标准或法规规定的质量管理体系之中，这样一举两得，既优化和节约资源，又提高了质量管理体系和风险管理运行的效率，达到了事半功倍的效果。风险管理成为企业质量管理体系的组成部分，企业就要将标准的风险管理要求整合融入到质量管理中形成一体化的质量管理体系。为鼓励企业将风险管理要求整合融入质量管理体系，YY/T0316 标准在标准编排结构的设计上是和 YY/T0287 标准的结构相互呼应，有利于企业比较方便容易的将风险管理要求和质量管理体系整合形成一个体系。为指导企业实施风险管理，全球医疗器械协调组织（GHTF）发布了《风险管理原则和活动在质量管理体系活动中的实施》的文件，其中对于企业将风险管理如何整合融入质量管理体系和实施风险管理提供了有实用价值的途径和方法，对于企

业实施风险管理有着重要的指导作用。

企业实施风险管理要 YY/T0316 标准要求为核心，就是要全面贯彻 YY/T0316 标准的要求，一是要实施标准中规定的和质量管理体系要求紧密相关的内容，如管理职责、人员资格、风险管理计划、风险管理文档文件化等一系列的要求，二是要牢牢把握 YY/T0316 标准规定的风险管理过程。风险管理过程要求是标准的重中之重，要弄懂风险管理每个过程、每个步骤和每项活动的要求，扎实推进落实到位。

在实施特定医疗器械的风险管理时，特定的医疗器械产品安全性标准和相关标准及技术规范是关键。医疗器械产品安全标准是人类长期医疗器械实践的总结，是医疗器械各相关方智慧的结晶。医疗器械产品各项安全性的定量和定性指标及要求，是医疗器械质量经验和事故教训的集成，标准的很多要求是人类用惨痛的鲜血和生命的代价换来的宝贵财富，是确保医疗器械安全有效的重要途径和方法，要格外珍惜这个成果。医疗器械产品安全性标准规定了产品的安全性要求，阐述了医疗器械产品固有安全性、防护措施和安全性信息。例如 GB9706.1 规定了有源医疗器械通用安全性要求，GB/T16886 规定了医疗器械生物相容性通用要求。企业在实施风险管理时，首先要将医疗器械产品安全标准所提出的安全性要求作为风险管理的输入，这是最有效的捷径，避免了不必要的重复劳动，还将加快风险管理的进程，提升风险管理的效率。当然由于医疗器械产品安全标准的局限性，产品安全性标准可能没有阐述所有和医疗器械相关的风险，为此要在医疗器械产品安全性标准已阐明的风险基础上，要继续全面关注医疗器械随机失效的风险，以实现风险管理的完整性。总之，医疗器械产品安全性标准及其技术规范贯彻实施，促进了医疗器械的有效性和完整性。医疗器械风险管理的实施有助于全面贯彻医疗器械标准。ISO、IEC 等国际标准化组织提出在制修订医疗器械安全性标准时要以风险管理为框架的思路，即在 YY/T0316 标准的风险管理框架内应用医疗器械产品安全性标准，通过医疗器械产品安全性标准促进 YYT0316 标准贯彻实施，进一步明确了医疗器械安全性标准和风险管理的关系。ISO/TC210 正在制定 ISO/TR24971《ISO14971 应用指南》技术报告，为我们实施 YY/T0316 标准提供了指南。技术报告草案中强调在实施风险管理时要充分利用有效的医疗器械产品安全性标准并提出了具体方法，具有指导作用。该技术报告正式发布后，我们可学习贯彻以有助于贯彻 YY/T0316 标准。

YY/T0316 标准反复指出风险管理适用于医疗器械全生命周期，正如前述医疗器械风险不仅仅产生于设计开发和制造阶段，而在医疗器械生命周期的每个阶段都有可能引入风险。如医疗器械在运输储存过程中，未对环境和运输条件采取风险控制措施，可致使医疗器械损坏或变质，又如医疗器械使用期间未采取保养维护等风险控制措施，可能对患者使用者造成生命安全健康的损害，还有最终停用或报废处置的医疗器械措施不当可能引发对环境的污染和对公众健康损害的群发事件。还有医疗器械全生命周期各个阶段是相互联系相互作用的，设计开发阶段的风险可以在生命周期的其他阶段采取措施予以管理，如隐形眼镜在设计开发时，使用者佩戴时间过长将会引起眼睛角膜感染或损伤，因此在使用阶段采取措施要求使用者应定期摘下镜片清洗，不要连续佩戴，以控制眼睛角膜感染或损伤的风险。医疗器械生命周期各个阶段涉及多个相关方，因此医疗器械企业要加强这些相关方的沟通交流和合作，要了解各相关方及其对应的工作过程，要有的放矢的和这些相关方共同实施风险管理，这也反映了风险管理的复杂性和工作的艰巨性。但是为了控制医疗器械风险，医疗器械企业必须坚持在医疗器械全生命周期实施风险管理的要求。

标准提出医疗器械企业在实施风险管理时要使用适宜的风险管理技术，要求运用系统方法开展风险分析。风险管理技术实际上就是指统计技术，标准列出几项统计技术作为风险管理技术。为此标准提供了附录 G《风险管理技术资料》，该附录为风险分析提供了一些可用的风险管理技术。风险管理技术仅是风险管理的工具，企业可以选择一个或几个风险管理技术开展风险分析。有些企业可能对统计技术有畏难情绪，但要说明不是对统计技术本身进行研究而只是统计技术的应用，就如同应用计算机不是对计算机结构原理进行研究，而是将计算机作为工具，主要是掌握和使用计算机。因此通过学习培训是不难掌握风险管理技术的。

企业全面贯彻 YY/T0316 标准实施风险管理的目标是按照 YY/T0316 标准要求管理医疗器械的每一个风险，促使医疗机构、经销服务单位等相关方在医疗器械生命周期的相关阶段按标准要求实施风险管理。将特定的医疗器械生命周期的所有风险控制在可接受水平，保持风险管理的持续完整性和有效性，确保医疗器械的安全有效，有助于我国医疗器械风险管理和国际接轨，促进企业持续成功，促进医疗器械产业健康发展。

第三方医疗器械质量认证机构应对全面贯彻 YY/T0316 标准的企业提供合格评定的认证服务，通过认证服务，促进企业贯彻 YY/T0316 标准符合性和有效性，不断提升企业医疗器械风险管理水平。

第三方医疗器械质量认证机构的 YY/T0316 标准风险管理的合格评定工作，应积极服务于医疗器械监管，企业全面贯彻 YY/T0316 标准实施风险管理有助于医疗器械监管部门进一步明确医疗器械监管思路，突出监管的重点；进一步发挥第三方医疗器械质量认证机构实施医疗器械风险管理合格评定服务于监管的技术支撑作用，缓解监管任务和监管资源的矛盾；进一步降低监管的风险，提升监管的有效性。

近年来，ISO、IEC 国际标准化组织发布的部分医疗器械产品标准增加了风险管理要求，而且有进一步扩大的趋势，由此医疗器械检测机构在实施医疗器械产品检测的同时，也要按 YY/T0316 标准检查企业实施风险管理符合性和有效性，为此医疗器械检测机构可考虑充分利用第三方医疗器械质量认证机构对企业实施 YY/T0316 标准风险管理合格评定的结果，加强双方的合作。既有效利用了资源，又提高了医疗器械产品标准的检测检查的有效性和效率，构建双赢的局面，共同为保障医疗器械安全有效贡献力量。

企业是贯彻 YY/T0316 标准实施风险管理的主体，是医疗器械质量安全的第一责任人。医疗器械生命周期各个阶段的相关方如医疗机构、营销单位、售后服务单位也承担着相应的风险管理责任。医疗器械风险管理的利益相关方监管部门、检测单位、认证机构以及患者、医护人员、操作维护人员及公众度都有密切关系和相应的责任义务，因此，只有医疗器械企业和各相关方齐心协力，营造贯彻 YY/T0316 标准的良好的政策环境和市场环境。大力推动医疗器械行业贯彻 YY/T0316 标准才能实现风险管理的目标，造福于公众的生命安全健康和生活质量。

## 三、积极实践提高贯彻 YY/T0316 标准的水平

YY/T0316 标准指出“本标准专门为用于建立风险管理原则的医疗器械/系统的制造商而制订”。这表明了医疗器械制造商是实施风险管理的主体，承担风险管理的职责，是和企业是医疗器械质量安全第一责任人的法规要求是一致的。企业贯彻 YY/T0316 标准实施风险管理正是落实企业是医疗器械质量安全第一责任人的最重要的具体体现。YY/T0316 标准是一个严谨的逻辑性系统性很强的标准，标准的各项要求和规定的过程是缺一不可的，企业应全面贯彻落实。但目前我国大部分企业在实施风险管理时，只是部分地贯彻标准的要求。出现这种情况是有客观原因的，YY/T0287 标准虽然提出实施风险管理要求，但仅要求在产品实现过程中实施风险管理，而没有要求在医疗器械全生命周期实施风险管理。在医疗器械市场准入和日常监管中虽也要求企业实施风险管理，但也未明确要求全面贯彻 YY/T0316 标准。虽然考虑贯彻 YY/T0316 标准的复杂性和艰巨性，采取先易后难逐步贯彻 YY/T0316 标准的做法有一定的合理性，但也产生了新问题。由于 YY/T0316 标准作为实施风险管理的指南，于是企业按各自对标准的理解选择标准的部分要求实施风险管理，从而导致标准贯彻不到位的局面。这种各自为政式的风险管理势必容易偏离标准的要求，形式主义的风险管理也不易得到有效的遏制。在医疗器械监管部门的日常监管和第三方认证审核中也缺少强制的明确统一的要求，从而缺乏一致性和重复性。总之企业贯彻 YY/T0316 标准总体水平不尽

人意，既有企业动力不足的主观因素，也有外部推动不力的客观原因。要改变这种现状就要努力学习贯彻 YY/T0316 标准。企业最高管理者要带头学习 YY/T0316 标准，组织风险管理标准明白人队伍，组织员工学习标准。克服标准语言难不好懂，标准概念多不好理解，标准专业技术性高不好掌握等畏难情绪，把 YY/T0316 标准的学习引向深入。我们可以回顾上世纪启动学习 YY/T0287 标准的情景，当时有些企业反映标准写的像天书看不懂，感到十分困难，但是经过反复的宣贯学习，YY/T0287 标准在医疗器械产业家喻户晓，逐步深入人心，得到广泛应用。不少企业将标准和企业实际相结合，创造性的运用标准取得优秀的绩效，有些企业在贯彻 YY/T0287 标准取得成绩的基础上，又向卓越绩效模式迈进，以创造新的辉煌。历史的经验告诉我们，只要迎难而上、持之以恒，扫除种种拦路虎，要切实改变当前有些企业存在的风险管理口号喊得多、实际行动少、应付审查多、真抓实干少的不良倾向。勇于实践积极实践，YY/T0316 标准一定会在医疗器械产业生根、开花、结果。

企业在贯彻 YY/T0316 标准的实践中需要关注的几个问题：

首先是关于风险管理策划，实施风险管理策划。风险管理策划一要确定风险管理职责权限，需要包括最高管理者和与医疗器械风险有关的所有部门机构和人员的职责权限，要明确风险管理的主管部门或人员，确保责任落实到位。二要制定风险管理方针和目标。三要抓好风险管理过程的策划，企业应按照标准规定的五个风险管理过程及其步骤和活动要求进行策划，确保每一个风险管理过程能得到正确实施。四要保障资源。要按标准提出的条件建立风险管理有资格人员即明白人的队伍，还要保障风险管理必要的硬件和软件资源。企业在实施风险管理策划时还要关注：第一风险管理策划要覆盖医疗器械全生命周期，也就是要在医疗器械全生命周期的各个阶段和过程实施风险管理、开展风险管理活动；第二要突出重点，医疗器械设计开发的风险管理策划是重点，要予以高度重视，风险管理的五大过程是和医疗器械设计开发各个阶段紧密相连不可或缺的，也是预防在先理念的具体体现；第三在风险管理策划时要关注过程的迭代特性，主要指医疗器械生命周期的各个阶段，特别是医疗器械设计开发过程的各个阶段及活动、医疗器械风险管理的各个过程及步骤，需要反复频繁地循环进行。一个过程或步骤的结果，不仅输出给下一个过程或步骤，而且往往需要反馈给前面的过程或步骤。过程或步骤之间经常不间断进行反复频繁交互的迭代特性是系统工程的属性。企业在实施风险管理策划是应予以考虑；第四对于有些特定的医疗器械（如医疗器械软件）在风险管理策划时要关注 ISO、IEC 已发布的有关应用特定风险管理方法要求的标准。

其次关于风险管理文件化。文件化是实施风险管理的必要前提和基本要求，企业应高度重视将 YY/T0316 标准要求转化为企业的风险管理文件。在认证审核中发现不少企业的风险管理文件缺失，造成风险管理偏离了 YY/T0316 标准要求。因此强调企业应全面贯彻标准中规定的文件、记录、清单及风险管理文档等文件化要求。当然要关注文件的适用性即文件的数量和复杂程度与医疗器械的风险及企业的实际需求相关。但企业在开始实施风险管理时，一定要按标准要求建立风险管理文件。虽然企业的风险管理范围可能仅仅是医疗器械产品实现过程而非医疗器械全生命周期，即使 YY/T0316 标准仍然作为指南，但企业只有按标准要求建立风险管理文件，才能保证企业部分范围的风险管理的规范性。当然前面已叙述企业在建立风险管理文件时仍然要和质量管理体系文件整合，以实现质量管理体系和风险管理的有效性。

继之关于风险管理计划。风险管理计划也属于上述风险管理文件的一部分，有一些特殊性和重要性必须要以高度关注。标准指出“对于所考虑特定的医疗器械，制造商应按照风险管理过程，建立一项风险管理计划并形成文件”。因此企业要对特定的医疗器械制定风险管理计划。例如企业生产 B 型超声诊断仪、麻醉机、监护仪等，就需要对每一类型的医疗器械产品制定风险管理计划。企业可根据自身的实际情况，将特定医疗器械风险管理计划编制成一个独立的文件，也可以整合进企业的质量管理体系文件中。企业特定医疗器械风险管理计划无论采取哪种文件形式，都应满足标准规定的关于风险管理计划的基本要求。风险管理计划的重要性在于能为风险管理提供路线图，是企业按照标准要求一步一步的实施风险管理过程的具体行动计划，以能保障特定医疗器械风险管理的完整性。标准详细阐述风险管理计划的要求并规定了具体内容，具有可操作性。YY/T0316 标准还提供了附录 F《风险管理计划》指导企业编制规范的风险管理计划。

再之关于医疗器械数据信息。企业在实施特定医疗器械风险管理时要有相关的数据信息。需要掌握相同或类似医疗器械的经验、本企业和其他企业的经验、特定医疗器械临床使用的数据信息、监管信息、医疗器械不良事件数据库、科学文献出版物等等相关的数据信息。这既是标准的重要要求，也是不少企业面临的挑战。如果缺少特定医疗器械的数据信息，开展风险管理将是困难的甚至是不可能的。标准还具体提出了可获得资料和数据信息的七个渠道，有助于企业获得所需的资料和数据信息。另一方面数据信息的应用也是极其重要的，例如风险分析是第一个风险管理过程，标准对风险分析规定了“系统运用可获得资料，判定危害并估计风险”的要求。标准强调了系统应用，因此如何系统应用获得的数据信息，如何系统判定危害，包括危害处境及损害的各种事件序列，就成为风险分析成败的关键。在企业实施风险分析过程的第一步骤“预期用途和与安全性有关特征判定”时，标准提供的附录 C《用于判定医疗器械安全性有关问题》中提出了企业需要回答的 34 个问题，从而为企业实施这一步骤提出了系统应用数据信息和系统判定危害与危害处境的要求：一是要从医疗器械制造、预期使用者、预期用途、合理可预见的误用和最终处置提出一系列的问题。二是要从医疗器械所涉及的人员如使用者、操作维修人员、患者以及利益相关方的观点提出问题。三是不但要从企业人员角度而且要从其他相关人员角度考虑每一个问题。四是不但要考虑每一个问题本身，还要考虑问题之间的相互关系。在认证审核中发现有些企业风险分析过程的系统运用可获得资料和系统判断危害和危害处境还是相当薄弱的，企业需要全面实施有关系统应用资料数据信息和系统判定危害与危害处境的标准要求，才有可能系统地判定危害与危害处境，否则企业就不易找到可能危害的完整概貌，就会引发后续风险管理过程的返工或者风险管理不完整的后果。总之企业要高度重视医疗器械数据信息的收集、分析和利用，这既是实施风险管理的前提和重要条件，也是企业质量管理体系有效运行必不可少的内容。

企业医疗器械安全管理在向风险管理转型过程中必然面临许多复杂的问题和严峻的挑战。为此要树立风险管理理念，加强相关方的合作交流，集思广益，边实践、边学习、边摸索、边解决问题，努力实现风险管理完整性和有效性。医疗器械安全管理向风险管理转型不仅是企业的任务，也向医疗器械利益相关方即医疗器械使用单位和人员、监管部门、认证检测机构、行业协会、患者、公众和社会各方等提出了新要求。企业应和各医疗器械利益相关方共同凝聚力量，推动各个层面上贯彻 YY/T0316 标准，提升风险管理水平。为推动企业贯彻 YY/T0316 标准向风险管理转型，CMD 今年将启动 YY/T0316 标准医疗器械风险管理评价服务项目，其宗旨是 CMD 以 YY/T0316 标准、YY/T0287 标准、医疗器械法规、相关医疗器械产品安全标准及相关要求为准则，公正客观地对申请企业特定医疗器械的风险管理实施符合性和有效性的审核评定，帮促企业全面领会 YY/T0316 标准要求、系统规范地实施风险管理并与国际接轨、不断提升医疗器械风险管理水平、将医疗器械风险控制在可接受水平，保障医疗器械的安全有效，提升企业的核心竞争力。CMD 将为通过风险管理审核评价的企业颁发符合 YY/T0316 标准的风险管理评价证书，传递医疗器械风险管理信任，服务医疗器械企业持续发展。CMD 将和企业紧密合作，积极争取医疗器械各相关方的支持和指导，不断总结经验，努力提升医疗器械风险管理评价服务质量，发挥医疗器械风险管理评价服务项目的作用，将贯彻 YY/T0316 标准实施风险管理推向新阶段。

企业贯彻 YY/T0316 标准从传统医疗器械安全

管理向风险管理转型，是医疗器械安全管理的突破和创新，是确保医疗器械安全性有效性的必由之路，是企业医疗器械安全管理的新里程碑。为此需要勇于实践、积极实践，实践、认识、再实践、再认识，不断提高贯彻 YY/T0316 标准水平，提高风险管理有效性，为确保医疗器械安全有效、促进医疗器械企业持续成功和医疗器械产业的健康发展而努力奋斗！

# 抓住关键领域，迎接新一轮科技革命

王晓庆　中关村医疗器械产业技术创新联盟

回顾历次科技革命可以发现，科学认识、工程技术、社会需求在其中扮演了相辅相成的角色，当三者同时处于高度发展状态时，意味着重大科技革命即将到来。比如，热力学的发展、蒸汽技术的革命、市场对大机器生产的需求共同成就了以蒸气机为标志的第二次工业革命；计算机理论的发展、电子技术的不断突破、人们对效率的巨大需求造就了以信息技术为标志的第三次浪潮。

历史不止一次地向人们表明，抓住关键领域是实现跨越发展的重要举措。以往，人们愿意从技术推动的角度理解科技革命，但正如马克斯所说："社会的需求胜过十所大学"，在历次科技革命中都存在着一些关键需求领域，只有抓准了这些需求领域，科技革命才会真正落地，科技才最终会开花结果。铁路和纺织的发展需求让英国抓住了第二次浪潮所带来的机遇，而军事的发展需求则让美国实现了在计算机、互联网方面的领先地位。未来学家托夫勒指出，知识在"社会权力"的转移中扮演着关键角色，的确，从关键需求领域的迁移可以看出，那些知识密集的领域最有可能成为的这样的领域，站在更高的层面看，军事、医学都具有这样的属性。

如今，我们正在经历着新一轮的科技革命，它是在生命科学、医学、临床方面不断取得认识上突破、工程技术手段日新月异、人类健康需求呈井喷式放量的大背景下发生的，可以预言，医疗器械领域将是新一轮科技革命的关键性产业领域之一。比起其它领域，医疗器械有几个鲜明的特点，首先它对创新极度敏感，是典型的知识密集型行业，也正因如此，它还是当今的高利润行业，受到风投的广泛追捧；其次，医疗器械对技术、可靠性、安全性的要求极高，这一点让医疗器械具有很强的辐射性，也即，一旦新技术在医疗器械领域中有所应用，它便可以轻易地被移至其它领域，在医疗器械发展史上，这样事例枚不胜举；再次，医疗器械产品的种类繁多，技术几乎覆盖了所有的学科。也正因为医疗器械具有上述这些特点，国家将医疗器械列为了战略性新兴产业，并相继推行了一系列相关政策，相信医疗器械将在新一轮科技革命中扮演重要角色。

近年来，人类关于生物、医学、临床方面的认识不断取得突破，新医学渐露曙光。借助现代科学仪器的发展和丰富的技术手段，人类关于分子生物学、细胞工程、组织工程、器官移植、认知科学等领域不断取得进展，对健康、疾病、心理有了更深刻的认识，这些都将极大地促进临床医学的发展，同时也为医疗器械提供了巨大的发展空间。比如用不了多久，针对个人的 DNA 测序将有望降至两千元，这意味着人们将更加清楚地了解自身，预测自己未来的疾患倾向，不仅如此，DNA 测序技术还将在多个方面为临床提供有效的预防、诊断、个性化医疗、疗效评估手段，颠覆传统黑箱式的疾病诊疗和卫生保健，使这一过程成为白箱操作，多年来的临床梦想将成为现实。

在相当长的一个时期内，与医疗器械相关的工程技术持续高速发展，医疗器械领域已成为高新技术角逐的制高点。历史地看，最新技术往往在医疗器械领域中首先实现广泛应用，比如，X 射线探测技术、超声无损检测技术等即是如此，就连超导材料的最主要应用也来自超导磁共振成像系统（MRI）的磁体。正因为医疗器械对创新如此敏感，如今它已成为创新型国家的战略高地。近几十年，新科技正在被越来越多地应用于医疗器械领域，涌现出许多梦幻般的研究成果。仅以医学影像领域为例，以往的医学影像大都在组织产生形态学改变之后才能进行甄别，如果能在更早期，在组织刚刚发生功能的改变时就能诊断，那么，治愈率就会大幅度地提高，为了这个临床上的梦想，人们在多个方面展开了富有成效的探索，已有诸多手段开始应用或即将应用于临床，如 PET-CT、PET-MRI、磷核 MRI 成像、脑功能成像、分子成像等，不一而足，有些手段不仅被用来诊断，而且还被应用于脑认知科学的探索，借助这些手段，人类对生理过程、疾病诊疗将会在认识上有一个飞跃，人类攻克癌症的曙光就在眼前。

随着经济持续向好发展，医疗模式的转变，医改的深入，医疗需求已成为增长最快的需求。一方面经济发展、医疗改革、医疗保险制度完善意味着极大的潜在市场需求，另一方面医疗模式正在发生着深刻的变革，人们从关注疾病走向关注健康，这一趋势将创造出一个斩新的市场，可以设想，健康状态监测装置、家用康复机器人、带有生理指标测量功能的运动器械将越来越多地走向寻常百姓家，基于物联网的个人健康数据库、健康数据分析以及与此相关的大数据分析将巅覆临床过去信息孤岛式的诊断模式。不过，应当看到，中国广大民众的医疗需求还远远没有释放出来，以 2005 年中国开始试行的新农合为例，当时每人每年政府补贴 20 元，此后政府逐年加大补贴力度，2013 年的补贴将达到每人每年 340 元，八年间政府补贴提高到了 17 倍，如今，新农合推广范围已经覆盖了全国 90% 以上的地区，每年仅新农合就将有近 3000 亿的市场。

可见，医疗器械行业在科学认识、工程技术、需求规模三个方面均处于高速发展状态，具备了新科技革命关键领域的所有特征，应当成为国家重点发展领域。

当然，必须清醒地认识到，科学认识的进步、工程技术的提升、市场需求的发展，这三者能否形成有机的结合考验着产业的应对措施。日本的工程技术一度处于世界领先地位，其电器产品将美国产品几乎赶出了市场，WALKMAN、DISCMAN 曾是年青一代人手一个的时髦电器，不仅如此，日本在许多工程技术领域中都超过了美国，其基于模拟技术的高清电视在获得了突破性进展之后，率先进入了实用化阶段，但是，日本企业忽略了与科学认识的结合，甚至到了非常固执的程度，日本的产业界曾与美国相关方面就高清电视的未来是数字化方式还是模拟方式展开了激烈的辩论，辩论自然是不会有结果的，但是时间说明了一切，如今，无论是通讯、还是个人和家庭数字用品，日本的往日风光也经不再。反观美国，为了解决企业缺少创新热情的问题，美国建立了 NASDAQ，让创新变成看得见、可交易，从而解决了科学认识、工程技术、市场需求的对接机制问题，不仅如此，经美国政府的批准，互联网、GPS 等军用技术向民用敞开，创造了巨大的需求，最终一举奠定了美国在数字革命中的其领先地位。

新科技革命正在向我们走来，和以往科技革命有所不同，这一轮科技革命具有更大的巅覆性，其影响不仅局限于科技领域，而且在多个方面都将产生深刻的影响。一方面，新科技革命将令世界在更广的意义上实现一体化，这表现在科技发展呈现出交叉特性，产业发展呈现出系统特性，学科间的界限、产业链上、创新链上的界限趋于模糊，这一趋势是在无线互联发展的大背景下悄然进行的，它将改变人们的行为，包括已有的生产方式和竞争手段，竞争将不再是企业间、而是表现为体系间的竞争；另一方面，知识工程将成为科技活动的重要形式，它表现在有形产品的研发背后是一系列以知识为核心的需求挖掘以及知识创新、产权、管理、交易、标准、服务等相关活动，产品模仿的难度将不断加大，技术壁垒越来越高，需求拉动的成份将在新产品的推出中占有越来越重要的地位，知识产权、标准、法律将交融在一起，构成企业、行业、国家的核心竞争力，与此相伴的是，以知识为重要内容的新经济秩序正在形成，正如历史上的科技革命一样，这一秩序将由先行者创建，必然地，先行者或是通过领先的观念、或是通过构筑壁垒，在对已有霸主进行挑战的同时，也对后来者进行盘剥，就像以往任何一次科技革命一样。

托夫勒在分析新浪潮到来时曾指出：既得利益者和新浪潮的开创者之间将难免有一场涉及根本利益的大争战，以“知识储备”为财富工具的社会将占领战略制高点。显然，中国过去通过模仿的发展之路将会遇到越来越多的问题，只有站在体系的层面系统性地布局未来、通过实施知识创新工程才能迅速抢占战略高地。托夫勒曾呼吁：人类不只在过渡，而是在转型；我们要面对的不仅是一个新社会，而是一个崭新文明的再创造。

（2013 年 6 月 26 日）

# 深圳医疗器械产业发展历程及展望

张晓华　深圳市医疗器械行业协会

2013 年 3 月

深圳是我国改革开放的窗口城市，自上世纪八十年代，深圳迅速崛起，成为世界上发展最快的城市之一。作为全球公认的标志着一个城市或地区科技和工业发展水平的医疗器械产业，在深圳也得到了迅速的成长。短短的三十年的时间，深圳已经拥有 600 多家医疗器械生产企业，1500 多家医疗器械经营企业，年产值超过 240 亿，产品外销比例超过 60%，成为了我国最重要的医疗器械产业聚集区之一。

深圳建设之初，深圳的工业主要是来料加工业，为深圳的发展奠定了坚实的工业品加工的基础。随着深圳电子信息产业的迅速崛起，迎来了深圳工业的第一次成功转型，高科技产业逐渐成为深圳工业的核心支柱。上世纪八十年代末，深圳安科高科技股份有限公司的成立，标志着以高科技为主的深圳医疗器械产业的起步。此后，一大批创业者在深圳开始了艰难的创业之旅，这些创业企业中的佼佼者，正是如今已成长为产业龙头企业的迈瑞、理邦、蓝韵、开立等公司。自主品牌企业的成长，成就了深圳如今的产业规模。完全缺乏产业基础的深圳医疗器械产业，从产业起步的最初，就直接将产品定位在高新技术领域。高端起步注定了深圳医疗器械产业日后发展的不同凡响。

深圳医疗器械产业有着显著的高科技产业的特征。自主创新，是深圳医疗器械产业的发展之路，创新成为了深圳医疗器械产业发展的主旋律。多年的行业统计数据表明，深圳医疗器械产业超过 70% 的企业，研发投入都超过销售额的 10%，部分企业甚至高达 30% 以上。核磁、彩超、多参监护、全自动血球、全自动生化……，众多的“中国第一”，印证了深圳医疗器械产业一条创新崛起之路。品质保障，是深圳医疗器械产业发展之根基。严格的行业自律，规范的质量管理，成就了“深圳医疗器械”区域大品牌，也使得深圳医疗器械产业在国内国际市场上的影响力不断上升。

与深圳医疗器械产业同步发展的是产业环境的建设。2003 年，深圳市医疗器械行业协会正式成立。行业协会的成立，强化了企业间的协调与合作，建立了与政府沟通的桥梁，行业的发展更加有序化。同一年，深圳医疗器械检测中心正式成立，产业创新环境逐渐完善。如今，深圳医疗器械行业协会已拥有 300 多会员单位，每年组织各类活动近百期；深圳检测中心的检测范围已涵盖医电、超声、临床检验、植入介入、高分子材料、体外诊断试剂等 600 多个产品和项目，年检测业务近 2000 批。此外，深圳的电子加工、机械/模具加工、物流、工业设计等相关行业成长迅速，在国内均居领先地位，为深圳医疗器械产业营造出良好的发展环境。2011 年，深圳市南山区被国家商务部授予医疗器械诊断设备外贸转型升级专业型示范基地。

回顾深圳医疗器械产业发展的历程，在我们倍感自豪的同时，也深感压力。经历了国际金融危机的洗礼，面对国际跨国集团技术优势的向下辐射和内地医疗器械产业的迅速提升，深圳医疗器械产业正面临着新的转型。产业向高端发展、产业基地向外辐射转移，其趋势已不可逆转。伴随着产业向高端发展，以往的企业独立研发的创新模式将逐渐被淘汰，产学研医相结合的创新模式已成为必然；技术跟踪创新对企业的吸引力开始减弱，更多的原创技术进入产业化。社会化创新资源与企业自有创新资源相互融合。在创新资源的合理运用中，企业对创新环节的控制也有着更高的要求。产业转移的出现，表明深圳医疗器械产业的发展已经受到本地资源条件的限制，各企业已经意识到资源的重要性，尤其是场地资源、人力资源、合作研发资源等。从表象上看，规模企业开始在内地或国外构建生产或研发基地，增加固定资产投资，以及以资本运作的方式收购有发展前景的企业；实际上这说明，从市场竞争到资源竞争，深圳医疗器械产业的发展已经逐渐步入了一个新的发展层次。可以预期，未来的深圳在全球医疗器械产业界的地位将愈加重要。

**作者简介：**

张晓华，深圳市医疗器械行业协会。多年来，一直从事深圳医疗器械行业发展研究工作，组织编撰《深圳市医疗器械行业年度分析报告》；曾主持参与“医疗器械国际法规研究”、“南山医疗器械产业创新支撑平台建设与产业技术路线图研究”等软科学研究项目；曾撰写《深圳市医疗器械产业转移现状与发展》、《试论深圳医疗器械产业创新模式与创新体系的未来之路》、《试论行业协会在医疗器械行业监管中的作用》等文章。

# 成都市医疗器械发展现状及展望

石保社　成都市医疗器械行业协会

## 一、成都医疗器械产业发展现状

近年来，在国家和地方政策的持续引导和推动下，成都医疗器械产业总体保持持续稳步发展，正呈现出一个较为庞大的生物材料及医疗器械产业群落，已成为西部最具影响力的医疗器械产业聚集地之一，2011 年成都市被科技部批准为国家生物医用材料及医疗器械高新技术产业化基地。

### （一）产业规模

2012 年，医疗器械产业产值 46.5021 亿元人民币，较 2011 年增长 21.86%。医疗器械产业实现营业收入 43.9726 亿元，同 2011 年增长 22.17%；纳税 4.5294 亿元，同比增长 32.40%。2012 年成都医疗器械生产企业 20 强排名最后一位企业的年产值达到 3065 万元，与 2011 年相比，增长了 19.68%。表明成都医疗器械产业克服了金融危机影响而进入稳定发展和产业转型时期。

**表 1　2011 –2012 成都生物材料、医疗器械产业主要版块年度产值及增长率**

| 类别 | 2011 年度产值（亿元） | 2012 年度产值（亿元） | 增长率（%） |
|---|---|---|---|
| 医疗器械 | 39.9548 | 46.5021 | 21.86% |

**表 2　2011 –2012 成都医疗产业年度营业收入及纳税增长**

| 项目 | 2011 年度（亿元） | 2012 年度（亿元） | 增长率（%） |
|---|---|---|---|
| 营业收入 | 37.8067 | 43.9726 | 22.17% |
| 纳税 | 2.6658 | 4.5294 | 32.40% |

### （二）出口情况

在成都医疗器械产业，2012 年度出口额为 3.0101 亿元人民币，占总产值的 5.51%，销售总额的 5.92%。目前成都出口的医疗器械还是以一次性耗材等低端产品为主。

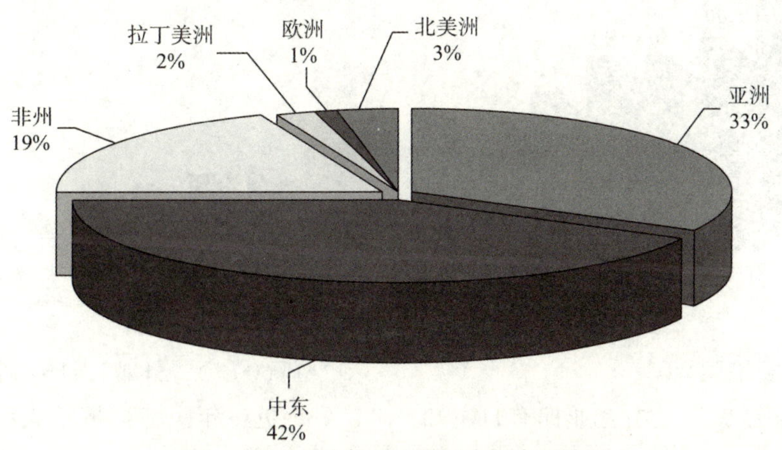


图 1　2012 年成都医疗器械主要出口地区

从地域看，成都医疗器械出口市场格局近年来变化不大，亚洲、中东和非洲是出口主要目的地。

**（三）产业结构不断优化**

成都产品涉及的医疗器械产品种类主要有：一次性高分子材料制品及耗材、医用设备、体外诊断试剂、生物材料制品四大领域。其中一次性无菌医疗器械耗材、体外诊断试剂具有一定的规模，消毒设备在全国具有自己的市场、医用磁共振影像医疗系统产品已经上市填补了国内空白，生物材料超高分子量聚—DL——乳酸（PDLLA）可吸收骨螺钉及其隔离膜国内首创。

成都医疗器械产业以一次性高分子材料制品及耗材和体外诊断为主产品结构的情况正在改变，产品以中低端产品为主逐步往高端发展。产品的自主知识产权含量与产品附加值明显增高，部分产品在功能与性能上已经接近或达到国际先进水平。如锦江电子研制开发高端心血管介入耗材接近世界先进水平。以生物技术为基础的生物材料植入介入类产品、医用磁共振影像医疗系统、人工肾透析机（器）、体外诊断试剂类产品均有较大的发展。

从产值规模结构来看，成都医疗器械企业以中小企业为主，大企业所占比例较低。约有 68% 的企业年度产值低于 1000 万元；还有 23% 左右的企业，年度产值在 1000 万元至 5000 万元之间，属于中等规模的企业；剩余 9% 左右的企业，年度产值超过 5000 万元，在成都医疗器械产业中，可纳入较大规模的企业。

成都医疗器械产业以本土创业企业为主体，规模投资创建的企业数量较少。如新津事丰、迈克、奥泰、楠格尔、威力生等一批行业龙头企业，都是在成都创业从小企业逐步发展壮大的本土企业。

**（四）产业集群效应逐步显现**

我市医疗器械企业主要分布在高新区、双流县、武侯区、青羊区、成华区、金牛区等几个区域，产业方向主要集中在无菌医疗器械（医用高分子消耗材料）、设备类医疗器械、体外诊断试剂产业、生物医学材料产业四大领域，针对医疗器械发展的高端化，我市医疗器械行业总产值将在 2015 年超过 100 亿元，成为辐射全国、具有核心竞争优势的医疗器械产业集群。

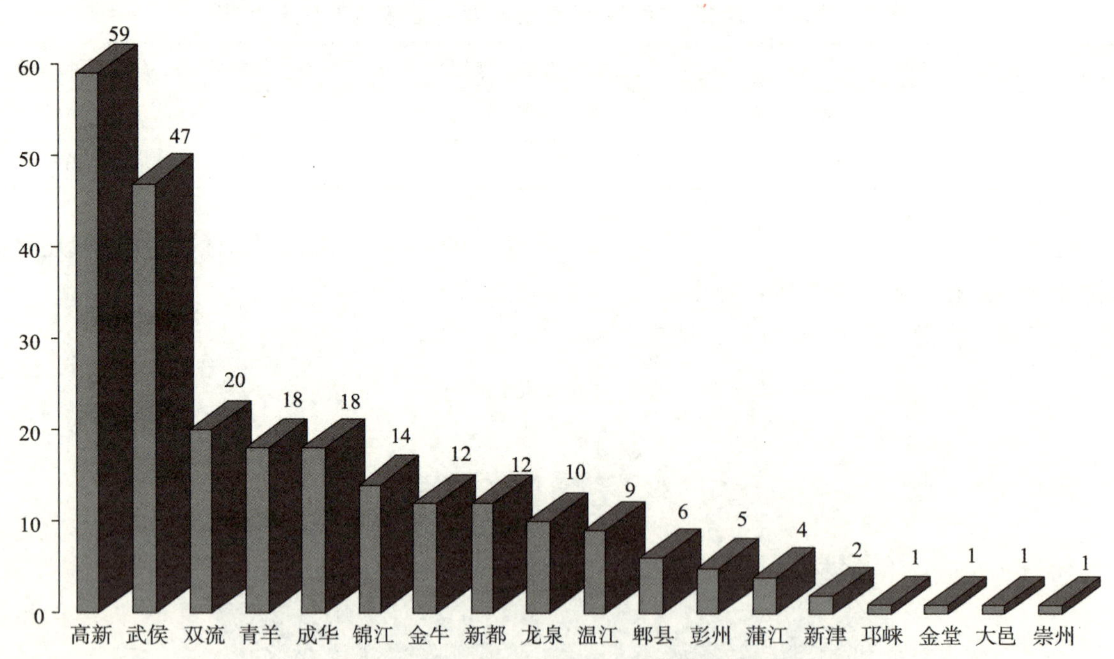

**图 2　2012 年成都疗器械产业区域分布**

**（五）创新能力不断增强**

2012 年，我市医疗器械产业中企业拥有自主知识产权数量为 688 项，其中发明专利 24 项，实用新型专利 600 项，外观设计专利 64 项。科研转化效果良好，近三年医疗器械重大科技成果转化项目都具有自主知识产权。

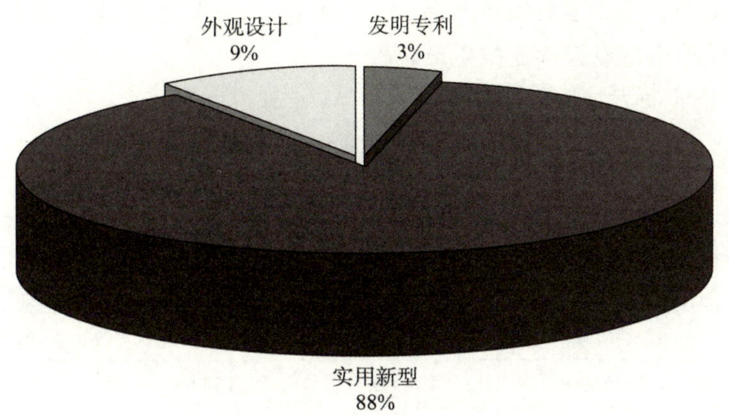


**图3　成都医疗器械专利类型构成情况**

**表3　成都市近三年重点支持具有自主知识产权医疗器械成果转化项目**

| 序号 | 项目名称 | 承担单位 | 项目简介 |
|---|---|---|---|
| 1 | 心电介入治疗系统 | 四川锦江电子科技有限公司 | 该项目标提供了全套复杂性心律失常的解决方案。包括多道生理记录在案系统、心脏射频消融仪、3Ding心脏三维标测系统和配套电生理耗材。公司于2011年全资收购美国Cardinma公司，成为全球第二家能完整提供上述解决方案的企业。 |
| 2 | 医用低速离心机及配套耗材产业化 | 四川南格尔生物医学股份有限公司 | 该项目为血液成份高效自动分离、收集效率较高的监控系统，该项目优化设计了新的结构部件，项目技术水平国内领先。 |
| 3 | 全自动化学发光免疫分析测定仪及其配套试剂产业化 | 四川迈克生物科技股份有限公司 | 该项目为诊断仪器及配套的各类疾病诊断试剂及耗材，采用化学发光免疫分析技术，设计出全自动检测仪器，达到国内领先水平，替代进口。 |
| 4 | 新型HIV无创快速检测试剂产业化 | 成都协和生物技术有限公司 | 该项目以口腔粘膜渗出液为检测对象的HIV抗体快速检测试剂，使用方便，无需抽血，30分钟内即可目测结果。 |
| 5 | 胎膜早破检测试剂盒的成果转化 | 成都创宜生物科技有限公司 | 该项目用于对胎膜早破进行诊断，项目筛选出全新靶点，是全球目前唯一能进行了胎膜早破诊断的产品。 |
| 6 | 一次性使用精密过滤袋式输液器成果转化 | 成都市新津事丰医疗器械有限公司 | 该项目为静脉输液时使用的输液器，采用材料实现过滤小微粒，起草了一次性使用袋式输液器行业标准。 |
| 7 | 超导磁共振医学成像系统的成果转化 | 奥泰医疗系统有限公司 | 该项目由奥泰医疗系统有限公司与电子科技大学等单位合作开发生，为中国第一台具有自主知识产权的超导磁共振医学成像系统，该系统支持丰富的高级临床应用，并提供智能化、友好的图形界面和扫描工作流程管理方案。该产品不仅填补了国内空白，而且打破国际巨头公司长达30年的技术垄断。 |
| 8 | 过氧化氢低温等离子灭菌器的成果转化 | 成都老肯科技股份有限公司 | 项目产品用于器械消毒特别是不耐高温和具有狭长孔腔的器械，采用了针对管道式医疗器械的狭长管腔内壁的灭菌技术，过氧化氢的提纯灭菌，集成灭菌检测功能，大容量灭菌腔内的均匀灭菌等新技术。 |

### （六）重点企业发展良好、重点培育优势产品

2010 年到 2011 年，成都市重点医疗器械生产企业名单如下，同时，结合企业研发情况和市场需求，确定了一批在科技方面有一定先进性的重点培育产品。

**表 4　成都医疗器械重点生产企业生产经营情况列表**

| 项目指标 / 公司名称 | 产值（万元） | | 销售收入（万元） | | 预计 2015 年产值（万元） |
|---|---|---|---|---|---|
| | 2010 年 | 2011 年 | 2010 年 | 2011 年 | |
| 奥泰医疗系统有限责任公司 | 4552 | 9408 | 4854 | 6217 | 220000 |
| 四川迈克生物科技有限公司 | 15600 | 18600 | 15340 | 17900 | 210000 |
| 成都市新津事丰医疗器械有限公司 | 22620 | 24800 | 19610 | 20532 | 100000 |
| 四川南格尔生物医学股份有限公司 | 9940 | 12000 | 10077 | 14800 | 1000000 |
| 成都老肯科技股份有限公司 | 12000 | 20347 | 11877 | 19378 | 40000 |
| 成都威力生生物科技有限公司 | 1543 | 2250 | 1147 | 1950 | 70000 |
| 成都市双陆医疗器械有限公司 | 11604 | 11715 | 11592 | 11713 | 60000 |
| 成都联帮氧气工程有限公司 | 8742 | 10833 | 4645 | 6258 | 20000 |
| 成都市浩瀚医疗设备有限公司 | 7190 | 8200 | 6560 | 7482 | 18000 |
| 四川省新成生物科技有限责任公司 | 2400 | 4000 | 2399.22 | 3873.04 | 15000 |
| 成都华信电子设备厂 | 3200 | 3300 | 3500 | 3600 | 12000 |
| 四川国纳科技有限公司 | 1338 | 3170 | 538 | 1251 | 10000 |
| 维信电子 | 2356 | 3067 | 2149 | 2745 | 12000 |
| 成都迪康中科生物医学材料有限公司 | 4162 | 1873 | 4186 | 3591 | 12000 |
| 成都市九九医疗设备有限公司 | 2021.23 | 1719.63 | 2021.23 | 1719.63 | 15000 |

**表 5　成都医疗器械产业近三年重点培育产品**

| 序号 | 产品名称 | 实施主体 |
|---|---|---|
| 1 | 高端医疗影像诊断设备 | 奥泰医疗系统有限公司四川西南医用设备有限公司 |
| 2 | 全自动化学发光免疫分析系统 | 四川迈克生物科技股份有限公司 |
| 3 | 血液成份分离机 | 四川南格尔生物医学股份有限公司 |
| 4 | 胱抑素 C 检测试剂盒 | 四川迈克生物科技股份有限公司 |
| 5 | 血液透析机 | 成都威力生生物科技有限公司 |
| 6 | 透析器复用机 | 成都威力生生物科技有限公司 |

| 序号 | 产品名称 | 实施主体 |
|---|---|---|
| 7 | 镀药球囊 | 成都维德医疗器械有限公司 |
| 8 | 纳米骨填充材料 | 成都维德医疗器械有限公司 |
| 9 | 非 PVC 一次性使用袋式输液器 | 成都市新津事丰医疗器械有限公司 |

### （七）产业服务平台与配套机构建设卓有成效

在医疗器械领域中，目前成都共有公共技术服务平台 5 个，重点实验室 7 个。产业配套服务机构的建设在 2011 年也取得了一定的进展，产业服务能力有所提升。

**表 6　成都医疗器械产业在建公共技术服务平台**

| 公共技术服务平台 | 建设单位 |
|---|---|
| 国家生物医学材料工程技术研究中心 | 四川大学 |
| 国家医用植入器械工程和检验评价中心 | 四川大学 |
| 四川大学华西医院国家药物临床试验基地 | 四川大学华西医院 |
| 中小企业的公共技术服务平台 | 成都市生产力创业中心 |
| 华西生物医药公共服务平台 | 四川大学华西医院 |

**表 7　成都市医疗器械产业重点实验室名单**

| 实验室名称 | 研究类型 |
|---|---|
| 高分子材料国家重点实验室 | 基础应用和研究 |
| 生物材料研究中心 | 应用和研究 |
| 国家生物医学材料工程技术研究中心 | 基础应用和研究 |
| 口腔医学新技术四川省重点实验室 | 教学和研究 |
| 国家医用植入器械工程和检验评价中心 | 基础应用和研究 |
| 分子生物学及生物技术四川省重点实验室 | 教学和研究 |
| 康复医学四川省重点实验室 | 教学和研究 |

**表 8　2011 年部分成都医疗器械产业配套机构**

| 行业组织 | 成都市医疗器械行业协会 |
|---|---|
| 人才培养 | 四川大学高分子学院 |
| | 西南交通大学材料学院 |
| | 四川大学口腔学院 |
| | 四川大学研究生院 |
| | 电子科技大学 |
| 工业园区 | 成都市新材料园区 |
| | 新都医疗器械产业园区 |

| 行业组织 | 成都市医疗器械行业协会 |
| --- | --- |
| 研发机构 | 国家生物医学材料工程技术研究中心 |
| | 成都生物制品研究所技术中心 |
| | 成都市新津事丰医疗器械有限公司技术中心 |
| | 国嘉生物科技集团技术中心 |
| 检验机构 | 四川省医疗器械检测中心 |
| | 四川生物材料检测中心 |
| 临床机构 | 四川大学华西医院第一附属医院 |
| | 四川大学华西医院第二附属医院 |
| | 四川大学华西口腔医院 |
| | 成都中医药大学附属医院 |
| | 成都军区总医院 |
| | 四川省人民医院 |
| | 四川省肿瘤医院 |

### （八）多渠道引进培养人才，政策支持鼓励创新

与国内其他大中型城市相比，成都的高等教育机构有四川大学、电子科技大学、西南交通大学、西华大学、成都大学、成都理工大学、成都信息工程学院等一批高等学院为成都医疗器械的发展输送人才。这在全国也排在前面，另外成都每年都会出台一些新的人才优惠政策，以吸引更多的人才，尤其是高端人才到成都就业、创业。

近年来，成都市医疗器械生产企业始终注重基础研究工作，通过和各大院校、研究机构进行产学研通力合作，致力于源头技术的创新，为产业的发展注入新的活力。

另外，成都市政府也在政策扶持上鼓励科技创新发展，为产业的科技发展提供有力的助力，推动着产业科技的升级。科技就是第一生产力，科技的发展就是产业发展的生命力。成都医疗器械产业具有强大的生命力，与成都的科技发展是密不可分的。

### （九）电子商务蓬勃发展

以成都医贸通电子商务有限公司为代表的电子商务企业的出现，实现了医疗机构和企业面对面沟通交流降低了成本，大大地减少了中间环节。

## 二、成都医疗器械产业发展的优势和问题

### （一）主要优势

#### 1. 政策环境发展良好

从宏观环境看，国务院把医疗器械产业确定为新兴战略性产业，科技部《医疗器械科技产业十二五专项规划》确了发展的方向重点、目标、以及产业布局和保障措施。《医疗器械生产质量管理规范)》（下简称 GMP”）的实施，有利于提升医疗器械行业的集中度、推动医疗器械产业升级和国际化，从而推动整个医疗器械行业向更健康的方向发展。从西部地区看，2011 年成都市被科技部批准为国家生物医用材料及医疗器械高新技术产业化基地，市委市政府高度重视医疗器械产业发展，出台了《成都市新药及医疗器械新产品研发资助管理暂行办法》等政策，为我市医疗器械产业发展提供了良好的政策支撑。

#### 2. 产业配套具有一定基础

产业集群具备了一定基础，形成了包括新津事丰、奥泰、迈克生物、楠格尔威力生等一批重点企业，并拥有一批具有自主知识产权的重点产品。在输采血器械、体外诊断试剂、医用设备、生物医学材料及植入器械等方面具有较强的优势。电子信息产业、国际贸易、机械加工业和现代物流行业同步

高速发展，为成都高新技术产业的发展提供了良好的支撑环境，也为成都医疗器械产业提供了肥沃的土壤。同时，我市是我国西部现代物流业的重地和电子商务试点城市，拥有一些海外星辰等流通企业，物流业和电子商务的发展为成都医疗器械产业在内的制造业的国际化发展，提供了十分便利条件。

**3. 社会化服务体系较为健全**

我市具有良好的医疗器械产业配套服务机构，成都有包括国家生物医学材料工程技术研究中心、四川大学华西医院国家药物临床试验基地等在内 5 个公共技术服务平台，和包括高分子材料国家重点实验室、生物材料研究中心等 7 个重点实验室。拥有从人才培养、产品研发检测检验、临床应用等在内的一系列较为健全的社会化服务链条。

**4. 科技研发实力雄厚**

我市作为中西部地区的科技、文化中心，具有较强的医疗器械产业创新能力。拥有四川大学国家生物材料工程技术研究中心等知名医疗器械研发和检验检测机构，在生物活性人工骨和涂层材料、人工关节、牙种植体等植入器械，医用聚氨酯、医用聚乳酸等合成和可生物降解高分子材料及制品，表面抗凝血改性心血管系统修复和介入治疗材料和制品、纳米生物医学复合材料、牙科材料等的研究开发等方面，已形成国内领先的技术和人才优势。新津事丰、迈克生物、奥泰、普川生物等部分医疗器械企业注重产学研结合，凝聚了一批优秀科技研发人才，在输采血器械、体外诊断试剂、医用设备、生物医学材料及植入器械等方面具有较强的研发优势。如新津事丰等企业把新产品、新技术研发上升到企业战略高度，建立自己技术开发中心，和四川大学、西南交大等科研院所建立良好的合作互动关系。

**（二）存在的不足**

**1. 企业整体规模偏小**

整体上，我市医疗器械生产企业规模较小，2012 年，产值在亿元以上企业仅 9 家，产值在一百万以下企业居多，尚未有产值在十亿元以上的大企业。约有 69% 的企业年度产值低于 1000 万元，其中除个别规模投资的新企业外基本都是小企业；还有 23% 左右的企业，年度产值在 1000 万元至 5000 万元之间，属于中等规模的企业；剩余 8% 左右的企业，年度产值超过 5000 万元，在成都医疗器械产业中，可纳入较大规模的企业。

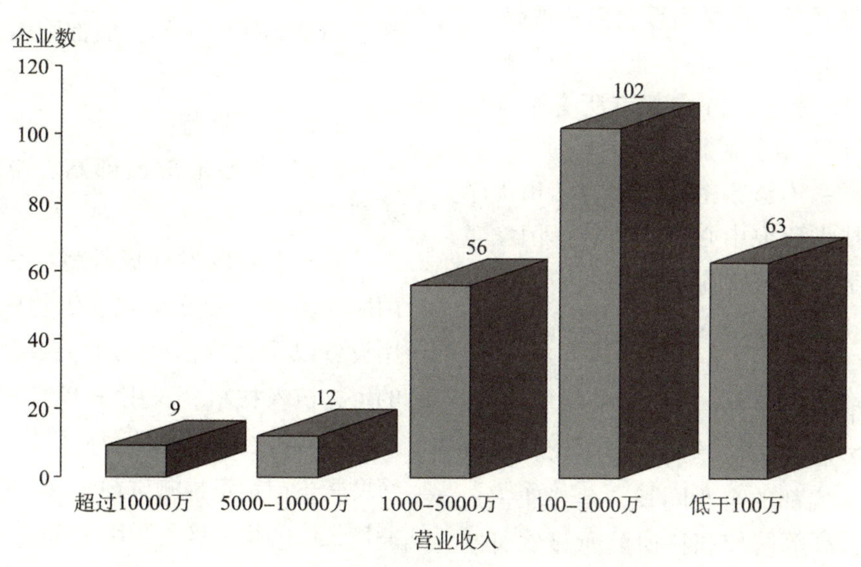


**图 9　成都医疗器械生产企业规模分布情况**

**2. 产品结构仍以低端为主**

产品结构转化较慢，高端产品不多。我市有注册产品 701 个，其中三类 159 个、二类 302 个、一类 240 个。一次性耗材 204 个、医用设备 316 个、体外诊断试剂 101 个、生物材料 80 个。从 2009 - 2011 年新发注册证企业 39 家，其中高端产品企业 36 家，主要包括生物制品、体外诊断和设备类；低端产品企业 3 家，主要是医用卫生材料及敷料。

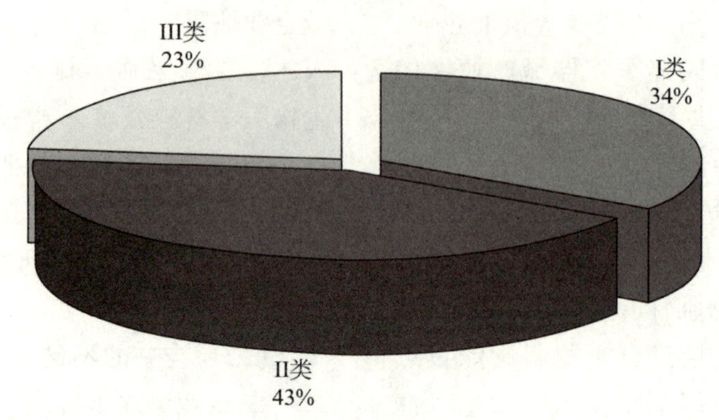


**图 10　成都医疗器械产业分类情况**

**3. 产业集聚规模效应不明显。**

成都有医疗器械共 242 家，分别分布在成都的各区和郊县。到目前为止，我市没有成型的政府规划下的医疗器械产业园，制约了成都医疗器械产业的发展。和沿海省份相比，江苏有国家级的泰州医疗器械产业园、苏州医疗器械产业园，深圳有坪山生物产业园、百盈医疗器械产业园、尚荣工业园三大医疗器械产业园，专业产业园区推动了当地医疗器械产业的发展。

**4. 研发能力尚待提升，产学研联合急需增强。**

在成都具有自己的研发中心、企业技术中心、工程中心的企业共 15 家，仅占成都市所有企业的 6.1%。近几年产品开发很多企业是以仿制为主，企业和研发机构之间联系不够紧密。成都有四川大学国家生物材料工程技术研究中心、口腔医学国家重点实验室、中国医学科学院输血研究所、中科院成都有机化学研究所、西南交通大学材料学院、四川大学高分子学院等一系列的全国知名的高等院校和科研院所，但在成果的转化和产学研集合上存在问题。适合市场的发展和临床需要的成果不多。同时在科研成果的转化上成都的企业同长三角、珠三角相比还是比较滞后，高等院校和科研院所显然研制开发出的很多科研成果，真正适合市场发展和临床需要的成果不多。

**5. 基础研究需要加强、临床研究缺失**

成都医疗器械产业的发展与产品技术的进步有着必然的关联。在成都，科研的主力来自于企业。我们应当清醒地看到，成都的研发主要是工程问题的解决，也就是产业化、产品化、以及商品化的过程，而基础研究的薄弱，其负面影响已逐渐显现。其最主要的特征就是缺乏突破性的成果，产业发展不快。从我国医疗器械产业发展现状来分析，国外产品始终占据着技术的高端，成都的发展大多是跟踪加创新，以应用研究为主。其特点在于，跟踪是基础，在跟踪的前提下创新。而对于源头技术的创新，即基础研究工作，成都则相对薄弱。

## 三、发展展望

### （一）初步形成西部高、中端医疗器械产品的集群区

通过 5 年的发展成都将成为中国西部一次性无菌医疗器械、诊断试剂、生物医用材料及制品、医用设备以及生物活性人工关节、牙种植体、可吸收的生物植入材料、医用非 PVC 材料的应用、核磁共振、X 光机、遗传性耳聋分子诊断检测产品、氧化低密度脂蛋白定量检测试剂盒、医用影像等中高端医疗器械生产的集群区。2018 年超过 100 亿元，成为辐射全国、具有核心竞争优势的医疗器械产业集群。

### （二）将培育一批大中型企业

到 2018 年成都将通过企业重组、内地培育、外部引进等措施将培育 10 - 15 家产值过 5 亿的企，推

动成都医疗器械产业向高端发展。

**（三）产业发展重点突出，竞争优势的特色产业形成**

1. 依托国纳科技、普川生物、成都维德等企业，重点发展生物活性人工骨（关节）、牙种植体、可吸收椎间融合器等生物医学材料制品及植入器械；是依托新津事丰、双陆医疗、普什医塑、佳颖等企业，重点发展等医用聚氨酯、医用聚乳酸、医用胶原、壳聚糖、医用非 PVC 材料等医用基层原材料及耗材、一次性医用器具及采输血器具等一次性使用高端医用耗材。

2. 依托奥泰医疗系统有限公司、四川西南医用设备有限公司、成都市威力生生物科技有限公司等，重点发展核磁共振、X 光机等高端医疗器械设备、透析机抢占高端医疗设备市场和国际市场。

3. 依托、迈克科技、华神生物、成都协和、博奥生物等企业，重点发展遗传性耳聋分子诊断检测产品、氧化低密度脂蛋白定量检测试剂盒、艾滋病快速检测试剂盒等临床诊断试剂及产品，促进诊断产品产业集群发展。

4. 将形成医电智能化产品生产集群

发挥我市电子、软件以及计算机技术方面的优势，大力发展计算机辅助诊断器械、智能器械、生物传感器械等，培育智能化医疗产品及市场。如集成化病人医学信息系统、病人智能卡、计算机辅助临床实验系统和生物传感器等。

**（四）形成覆盖全国的电子商务体系**

形成以成都医贸通电子商务有限公司为代表的电子商务企业，建立医疗器械电子商务平台，使医疗器械电子商务服务体系覆盖全国，最终实现到1018 年销售产值达 50 个亿。

**作者：**石保社四川省政协文体医卫特邀委员、中国医疗器械行业协会副理事长、四川省医药行业协会副理事长、成都市医疗器械行业协会会长、成都市医疗器械技术创新联盟理事长、成都市新津事丰医疗器械有限公司董事长。

# 骨科内植入材料涵盖的领域概述

聂洪鑫　中国医疗器械行业协会外科植物专业委员会

骨科修复替代材料和植入器械作为医疗器械行业最重要的子行业之一，其行业产品主要用于治疗人体骨骼系统相关的疾病，是目前生物材料应用最为成功的领域，约占高技术生物材料市场的27%。2010年全球市场已近400亿美元（美国60%）。根据Frost&Sullivan的数据，2009－2015全球骨科市场的复合增长率将维持在8.1%左右。骨科医用生物材料作为重要的医学专科之一，属于医疗保健开支的重要部分，其植入性器械产业更汇及了医学、材料、计算机辅助仿生设计、精密加工及自动化生产技术、生物力学等多学科的交叉领域。是一个受外部经济周期影响小，技术含量高、附加值高、低污染、低能耗的新兴朝阳产业。骨科生物材料所用的修复替代材料和植入器械涵盖了人工关节、创伤固定器械、脊柱内植入物、运动医学和其他骨生物材料，包括天然和人工合成骨或骨粘合剂植入材料、关节软骨和肌腱等软组织修复材料等五大类。

## 一、国外骨科内植入材料的现状及发展趋势概述

全球骨科医疗器械市场在近10年中获得了极大的发展，根据独立市场调研机构GlobalData公司的数据资料，全球骨科器械市场规模从2003年的177亿美元上升至2008年的260亿美元，5年复合增长率接近8%。而2011年全球骨科市场规模在431亿美元（THEORTHOPAEDICINDUSTRYANNUALREPORT2011）。全球骨科医疗器械的发展的驱动力来源于老龄化加剧、人们对健康生活的意识改变、医疗技术的普及与发展、精密加工技术的飞跃。知名的跨国公司以其先进的产品技术和管理经验及成熟的商业模式，瓜分了全球骨科市场的绝大部分份额，全球骨科销售收入的60%来自源于美国，全球骨科销售收入的80%集中在美国、欧洲和日本，而这些地区仅有全球20%的人口。分布在这些地区的大公司掌握了全球的市场，先进的技术和前沿的研究成果也集中在这些公司手中。这几大跨国公司的销售占全球市场份额的95%，比2010年上升了3%，其中人工关节市场是关节、脊柱、创伤市场三大块中最大的一块，2011年全球人工关节138亿美元的市场被世界上Zimmer，DePuy，Stryker，Smith&Nephew，Biomet，WrightMedica，AesculapandTornier八个大公司所垄断，这些公司大多是美国公司，八大公司的销售占据关节全球销售总量的95%．占据市场第二位的产品脊柱植入器械占整个骨科材料市场金额共计74亿美金，其市场的86%亦为欧美八大公司所占据，依次包括：Medtronic，DePuy，Synthes，Stryker，NuVasive，Globus，Zimmer，Globus；占据市场第三位的创伤修复材料目前全球56亿美金份额的87%被美国七大公司所占据，他们分别是：Synthes，Stryker，Smith&Nephew，Zimmer，DePuy，Biomet，Acumed和Orthofix。

近年来由于发达国家和地区受健保开支和预算的压力，跨国骨科医疗器械公司为提高竞争力和保持市场份额，开始看好并重点开发包括中国和巴西等新兴市场国家，新兴市场（emergingmarket）成为拉动全球骨科增长的主要动力。以印度和中国为代表的亚洲地区2009－2015年复合增长率都超过了15%，市场规模相应从2009年22亿美元增加至2015年的54亿美元，拉丁美洲地区的2009－2015年复合增长率也超过15%，为了加快对新兴市场的

开发和占有速度，跨国公司的整合力度进一步加强，兼并与收购交易频繁，以中国为例，跨国公司纷纷来华设厂，最早的一批在华设立生产基地的有创伤巨头辛迪斯（Synthes）（目前已经被强生2011年收购）、关节巨头史赛克（Stryker）和Biomet（邦美）等，跨国公司也同时通过并购途径进入中国生产领域，如关节巨头捷迈（Zimmer）通过并购国内关节企业蒙太因，施乐辉（Smith&Nephew）并购国内关节企业普鲁斯、史赛克和美敦力并购创生和康辉等达到本土化生产的目的。同时跨国公司纷纷在华的京沪等大城市设立研发中心，延揽本土人才，进一步靠近和满足本土客户的需求。目前所有跨国公司的销售收入的30%以上都来自于国际市场，对中国和印度市场的占有率扩大成为所有跨国公司战略的主线。

**二、国内骨科内植入材料的现状及发展趋势概述**

我国的骨科医疗器械行业起步于80年代末、90年代初，仅有30年的历史，尤其是在2000年至2009年10年间，骨科医疗器械行业市场和产业规模都得到了长足的发展，年复合增长率超过18%，经过近15年的持续高速发展，中国的骨科医疗器械产业初步建立了品类齐全、产业链比较完善、有一定市场规模和成熟商业模式的体系。国产产品基本能覆盖各类的骨外科疾病，在关节、脊柱、创伤医疗器械的金属材料为主的领域都能满足临床的需求，根据ChinaOrthopaedics披露的公开信息，2006年中国三大块骨科材料的市场总规模达到27.2亿人民币，2008年达到40.7亿人民币，2009年则为49.6亿人民币，近10年来中国骨科市场的复合增长率都超过16.2%，远远高于国际市场9%的增长率。驱动骨科材料高速发展的因素主要有以下几个方面：人口老龄化因素、人民生活水平的提高生活方式的改变和健康意识的增强、医疗技术的发展、加工技术和材料等上游配套的增强。目前，骨科器械及辅助配套上中游加工产业主要集中在江苏、北京、天津等地域。国内骨科行业呈现的主要特点如下：

1. 目前国内骨科材料市场的规模虽然很小，但增长潜力和市场需求仍然很大。除了中国的人口基数大、老龄化人口的增长快、医疗保健的支出增长等驱动因素外，高植入率将是有效推动骨科医疗器械需求的主要驱动力，据Forst&Sullivan估计，骨植入率方面，美国三大骨科植入率分别是中国的8倍（创伤）、4倍（脊柱）和108倍（关节），2014年和2020年中国创伤、脊柱和关节的植入率分别会提高到5.2%、1.9%、0.6%和9.5%、3.6%、0.9%。

2. 跨国公司在中国市场仍然占据主导地位，占领了北京上海等最核心的三甲级医院，国产产品的市场份额处于弱势地位，拿技术含量最高的产品关节产品来说，国产关节仅占到35.3%的市场份额。技术含量同样较高的脊柱产品，国产产品占到35%的份额。加工难度相对低的创伤产品中国产产品占到37.9%的市场份额，外资品牌仅辛迪斯一家就在中国市场上占到24.1%的市场。由于国内产品的同质性，国内企业缺乏互相并购扩张的动力，市场集中度不高。

3. 目前国内的骨科材料还未真正走到欧美发达国家市场，出口产品技术含量偏低、拥有自主知识产权的产品少，仿制较多。国内骨科生物材料的贸易出口目前由于贸易壁垒、质量口碑、体系认证、贸易经验、专业性人才短缺等原因仍集中在国外发展中国家如中东、南美、南亚等地区，没有进入美国和欧洲、日本等发达国家和地区。

四、法律和政策层面的有待于进一步放宽：骨科生产企业具有投资回报周期长、投资大、风险高等行业特点。骨科医疗器械本身具有技术含量高、生产和科研、临床投入大、上市准入周期、专业人才短缺等特点使行业进入门槛较高。

五、研发及知识产权意识的加强：加大对新材料的开发及应用。同时国内骨科医疗器械企业和行业必须不断开发有自主知识产权的高技术含量的新产品才能在国内保持竞争优势的同时真正走向国际市场，同时运用专业机构注重国际上知识产权的注册和保护。

未来的5年，随着在外资骨科医疗器械在华设立的工厂规模生产并投放国内市场、外资并购高潮暂落、第二梯队国内企业登陆资本市场、更多的海外人才回归在新领域进行研发和产业化这几个因素的影响下，骨科产业体系和规模会进一步完善和上一个台阶，真正有核心竞争实力的新一批中国骨科医疗器械企业将会涌现，并在国际舞台尤其是欧美先进国家和地区发挥实际的影响力。

（作者为中国医疗器械行业协会
外科植入物专业委员会理事长 2013 年 5 月）

# 上　篇

# 国际医疗器械贸易概况

## 本篇概要：

主要介绍2011年-2012年1-6月全球主要国家和地区医疗器械的贸易情况，介绍15个国家和地区的医疗器械进出口贸易情况，介绍10类主要医疗器械产品的世界贸易情况。

## 简要说明：

1. 本篇数据来源于全球贸易统计数据库（Global Trade Atlas，GTA）。因全球各地海关统计数据时间不统一，所以GTA数据具有一定的延迟性，数据仅提供2012年1-6月的统计数据。其中中国的数据统计来源于中国海关，与GTA的统计略有出入。

2. 在对15个国家和地区的医疗器械进出口贸易情况介绍中，因各国和各地区差异较大，本部分仅介绍进、出口金额前十位的贸易国家和地区。在10类主要医疗器械产品的全球进出口贸易情况中，仅介绍进、出口金额前十位的贸易国家及地区。

3. 在同比分析中，上一年数据为零时同比增长用“-”表示。

4. 2013年贸易篇中主要介绍澳大利亚、巴西、德国、俄罗斯、法国、韩国、美国、墨西哥、南非、日本、瑞典、土耳其、委内瑞拉、印度、英国等国家和地区医疗器械贸易情况。

5. 产品贸易主要介绍急救基本用品、心电图机、心脏起博器、超声、磁共振、CT、牙科产品、助听器、注射器、按摩器具等产品。

# 上篇概览

# 1　全球医疗器械进出口贸易概况

本部分中不包含中国进出口数据。

## 1.1　基本概况

2011 年，全球医疗器械进出口贸易 4523. 16 亿美元，同比增长 9. 08%；进口 2199. 54 亿美元，同比增长 9. 39%；出口 2323. 62 亿美元，同比增长 8. 8%。2012 年 1 - 6 月，全球医疗器械进出口贸易 2158. 66 亿美元，同比减少 3. 18%；进口 1049. 33 亿美元，同比减少 3%；出口 1109. 33 亿美元，同比减少 3. 35%。

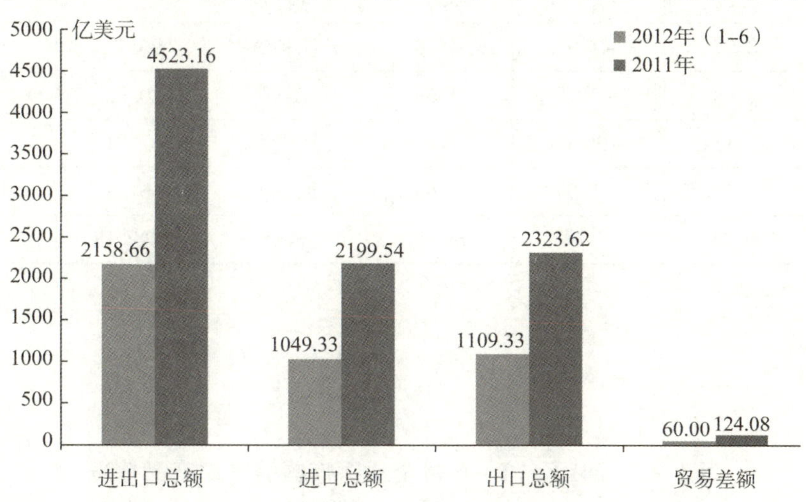


**图 1 - 1　2011 - 2012 年 1 - 6 月全球医疗器械进出口情况**

## 1.2　进口市场

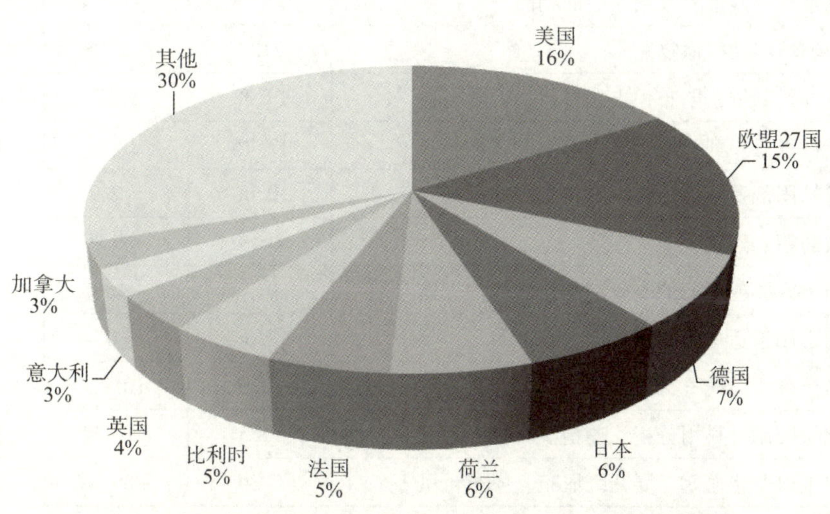


**图 1 - 2　2012 年 1 - 6 月全球各国医疗器械进口贸易市场分布**

表 1－1　2011－2012 年 1－6 月全球及进口贸易额排前十市场情况

单位：亿美元，%

| 排序 | 2012 年 1－6 月 | | | | 2011 年 | | | |
|---|---|---|---|---|---|---|---|---|
| | 来源地 | 进口总额 | 同比 | 占比 | 来源地 | 进口总额 | 同比 | 占比 |
| | **全球** | **1049.33** | **－3** | **100** | **全球** | **2199.54** | **9.39** | **100** |
| 1 | 美国 | 167.5 | －0.82 | 15.96 | 美国 | 344.95 | 8.46 | 15.68 |
| 2 | 欧盟 27 国 | 163 | －3.2 | 15.53 | 欧盟 27 国 | 333.56 | 6.45 | 15.17 |
| 3 | 德国 | 78.67 | －6.91 | 7.50 | 德国 | 169.19 | 12.09 | 7.69 |
| 4 | 日本 | 63.45 | 8.45 | 6.05 | 日本 | 120.61 | 9.59 | 5.48 |
| 5 | 荷兰 | 61.19 | 16.67 | 5.83 | 法国 | 117.97 | 3.71 | 5.36 |
| 6 | 法国 | 53.22 | －13.24 | 5.07 | 荷兰 | 110.66 | 4.6 | 5.03 |
| 7 | 比利时 | 48.07 | －1.91 | 4.58 | 比利时 | 96.75 | 14.24 | 4.40 |
| 8 | 英国 | 38.68 | －3.38 | 3.69 | 英国 | 80.90 | 5.55 | 3.68 |
| 9 | 意大利 | 29.11 | －20.09 | 2.77 | 意大利 | 67.91 | 4.8 | 3.09 |
| 10 | 加拿大 | 28.26 | －1.97 | 2.69 | 加拿大 | 56.68 | 10.31 | 2.58 |
| 合计 | | **731.15** | **－** | **69.68** | **合计** | **1499.18** | **－** | **68.16** |

## 1.3　进口产品

表 1－2　2012 年 1－6 月全球医疗器械进口产品情况

单位：亿美元，%

| HS 编码 | 商品名称/描述 | 进口总额 | 同比 | 占比 | 进口排序 |
|---|---|---|---|---|---|
| | **全球** | **1049.33** | **－3** | **100** | |
| 300510 | 胶粘敷料及其他有胶粘涂层的物品 | 14.93 | －6.76 | 70.42 | 21 |
| 300590 | 其他软填料及类似物品 | 21.2 | －1.08 | 100.00 | 14 |
| 300610 | 无菌外科肠线，昆布，止血材料，阻隔材料 | 19.38 | 3.17 | 91.42 | 19 |
| 300630 | X 光检查造影剂；用于病人的诊断试剂 | 13.74 | 0.5 | 64.81 | 23 |
| 300640 | 牙科粘固剂及其他牙科填料；骨骼粘固剂 | 10.66 | －2.7 | 50.28 | 28 |
| 300650 | 急救药箱、药包 | 1.19 | －2.29 | 5.61 | 44 |
| 300670 | 专用于人类或兽药的凝胶制品，润滑剂，偶合剂 | 0.7 | －4.07 | 3.30 | 46 |
| 300691 | 可确定用于造口术的用具 | 7.5 | 4.05 | 35.38 | 29 |
| 330620 | 清洁牙缝用纱线（牙线） | 1.39 | 10.93 | 6.56 | 43 |
| 401511 | 硫化橡胶制外科用分指、连指及露指手套 | 11.5 | －7.54 | 54.25 | 27 |
| 481840 | 纸卫生巾及止血塞、婴儿纸尿布、尿布衬里等 | 5.36 | －89.87 | 25.28 | 31 |

| HS 编码 | 商品名称/描述 | 进口总额 | 同比 | 占比 | 进口排序 |
|---|---|---|---|---|---|
| 900130 | 隐形眼镜片 | 24.5 | -1.51 | 115.57 | 10 |
| 902000 | 其他呼吸器具及防毒面具 | 5.83 | -0.21 | 27.50 | 30 |
| 902110 | 矫形或骨折用器具 | 39.96 | -4.29 | 188.49 | 7 |
| 902121 | 假牙 | 3.32 | -0.51 | 15.66 | 36 |
| 902129 | 牙齿固定件 | 12.81 | -5.18 | 60.42 | 25 |
| 902131 | 人造关节 | 40.31 | -3.61 | 190.14 | 6 |
| 902139 | 其他人造的人体部分 | 61.85 | 9.84 | 291.75 | 4 |
| 902140 | 助听器，不包括零件、附件 | 20.21 | 4.42 | 95.33 | 16 |
| 902150 | 心脏起搏器，不包括零件、附件 | 36.7 | 2.34 | 173.11 | 8 |
| 902190 | 其他弥补生理缺陷残疾穿戴或植入人体的器具 | 64.55 | 2.97 | 304.48 | 3 |
| 902212 | X 射线断层检查仪 | 13.32 | 4.59 | 62.83 | 24 |
| 902213 | 其他，牙科用 X 射线应用设备 | 3.4 | -4 | 16.04 | 34 |
| 902214 | 其他，医疗、外科或兽医用 X 射线应用设备 | 23.35 | 9.53 | 110.14 | 11 |
| 902511 | 液体温度计，可直接读数 | 0.82 | -12.69 | 3.87 | 45 |
| 940210 | 牙科椅和理发椅及类似椅及其零件 | 1.92 | -7.28 | 9.06 | 41 |
| 940290 | 其他医用家具 | 14.59 | 1.43 | 68.82 | 22 |
| 401410 | 硫化橡胶制避孕套 | 2.76 | 8.2 | 13.02 | 37 |
| 401490 | 硫化橡胶制其他卫生及医疗用品 | 3.38 | -0.18 | 15.95 | 35 |
| 871310 | 非机械驱动残疾人用车 | 3.74 | 3.25 | 17.66 | 33 |
| 871390 | 其他残疾人用车 | 2.47 | -9.74 | 11.67 | 38 |
| 901811 | 心电图记录仪 | 3.91 | 6.91 | 18.43 | 32 |
| 901812 | 超声波扫描装置 | 20.00 | -1.53 | 94.33 | 17 |
| 901813 | 核磁共振成像装置 | 22.82 | 9.72 | 107.62 | 13 |
| 901814 | 闪烁摄影装置 | 2.43 | -1.72 | 11.48 | 39 |
| 901819 | 其他电气诊断装置 | 43.26 | 3.19 | 204.03 | 5 |
| 901820 | 紫外线及红外线装置 | 1.53 | 25.42 | 7.21 | 42 |
| 901831 | 注射器，不论是否装有针头 | 23.03 | -5.56 | 108.62 | 12 |
| 901832 | 管状金属针头及缝合用针 | 12.04 | 2.52 | 56.79 | 26 |
| 901839 | 其他针、导管、插管及类似品 | 106.50 | 3.54 | 502.37 | 2 |
| 901841 | 牙钻机，可与其他牙科设备组装在同一底座上 | 2.18 | 5.15 | 10.30 | 40 |
| 901849 | 牙科用其他仪器及器具 | 20.45 | -1.03 | 96.45 | 15 |
| 901850 | 眼科用其他仪器及器具 | 18.59 | 2.66 | 87.70 | 20 |
| 901890 | 其他医疗、外科、牙科或兽医用仪器及器具 | 233.75 | 0.16 | 1102.61 | 1 |
| 901910 | 机械疗法器具、按摩器具及心理功能测验装置 | 19.88 | -3.19 | 93.77 | 18 |
| 901920 | （臭氧、氧气、喷雾）治疗器、人工呼吸器等 | 31.60 | 11.22 | 149.07 | 9 |

## 1.4 出口市场

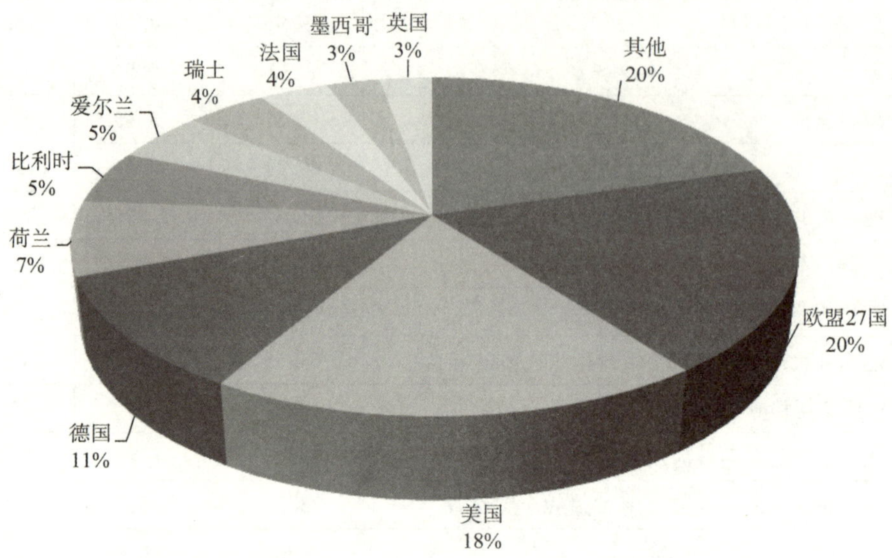


图 1－3　2012 年 1－6 月全球各国医疗器械出口贸易市场分布

表 1－3　2011－2012 年 1－6 月全球及出口贸易额前十位市场情况

单位：亿美元，%

| 排序 | 2012 年 1－6 月 | | | | 2011 年 | | | |
|---|---|---|---|---|---|---|---|---|
| | 目的地 | 出口总额 | 同比 | 占比 | 目的地 | 出口总额 | 同比 | 占比 |
| | **全球** | **1109.00** | **－3.35** | **100** | **全球** | **2323.62** | **8.8** | **100** |
| 1 | 欧盟 27 国 | 217.80 | －0.62 | 19.64 | 欧盟 27 国 | 453.34 | 10.11 | 19.51 |
| 2 | 美国 | 205.20 | 3.68 | 18.50 | 美国 | 398.45 | 5.42 | 17.15 |
| 3 | 德国 | 120.50 | －5.83 | 10.86 | 德国 | 264.37 | 11.5 | 11.38 |
| 4 | 荷兰 | 78.52 | 2.89 | 7.08 | 荷兰 | 158.10 | 15.21 | 6.80 |
| 5 | 比利时 | 56.73 | －10.76 | 5.11 | 比利时 | 117.29 | 3.55 | 5.05 |
| 6 | 爱尔兰 | 53.46 | 2.42 | 4.82 | 爱尔兰 | 104.89 | 7.06 | 4.51 |
| 7 | 瑞士 | 48.15 | －7.44 | 4.34 | 瑞士 | 101.99 | 12.41 | 4.39 |
| 8 | 法国 | 40.90 | －10.86 | 3.69 | 法国 | 87.71 | －2.28 | 3.77 |
| 9 | 墨西哥 | 32.11 | －1.69 | 2.89 | 英国 | 68.87 | 6.3 | 2.96 |
| 10 | 英国 | 31.12 | －10.45 | 2.81 | 日本 | 66.45 | 5.03 | 2.86 |
| 合计 | | **885.00** | － | **79.73** | 合计 | **1821.47** | － | **78.39** |

## 1.5 出口产品

**表 1－4 2012 年 1－6 月全球医疗器械出口产品情况**

单位：亿美元，%

| HS 编码 | 商品名称/描述 | 出口总额 | 同比 | 占比 | 出口排序 |
|---|---|---|---|---|---|
| | **全球** | **1109.33** | **－3.35** | **100** | |
| 300510 | 胶粘敷料及其他有胶粘涂层的物品 | 15.05 | －23.06 | 1.36 | 23 |
| 300590 | 其他软填料及类似物品 | 15.16 | －18.46 | 1.37 | 22 |
| 300610 | 无菌外科肠线，昆布，止血材料，阻隔材料 | 24.28 | －10.28 | 2.19 | 15 |
| 300630 | X 光检查造影剂；用于病人的诊断试剂 | 18.83 | 1.74 | 1.70 | 18 |
| 300640 | 牙科粘固剂及其他牙科填料；骨骼粘固剂 | 12.41 | 3.68 | 1.12 | 24 |
| 300650 | 急救药箱、药包 | 0.94 | 3.84 | 0.08 | 45 |
| 300670 | 专用于人类或兽药的凝胶制品，润滑剂，偶合剂 | 1.29 | 13.96 | 0.12 | 43 |
| 300691 | 可确定用于造口术的用具 | 10.24 | 8.92 | 0.92 | 27 |
| 330620 | 清洁牙缝用纱线（牙线） | 1.06 | 5.18 | 0.10 | 44 |
| 401511 | 硫化橡胶制外科用分指、连指及露指手套 | 5.7 | －1.7 | 0.51 | 30 |
| 481840 | 纸卫生巾及止血塞、婴儿纸尿布、尿布衬里等 | 3.91 | －93.84 | 0.35 | 34 |
| 900130 | 隐形眼镜片 | 32.67 | 1.43 | 2.95 | 10 |
| 902000 | 其他呼吸器具及防毒面具 | 7.45 | 1.53 | 0.67 | 29 |
| 902110 | 矫形或骨折用器具 | 38.65 | －7.52 | 3.48 | 9 |
| 902121 | 假牙 | 2.6 | －3.51 | 0.23 | 35 |
| 902129 | 牙齿固定件 | 11.04 | 2.77 | 1.00 | 25 |
| 902131 | 人造关节 | 45.08 | 2.54 | 4.06 | 6 |
| 902139 | 其他人造的人体部分 | 48.15 | 3.39 | 4.34 | 4 |
| 902140 | 助听器，不包括零件、附件 | 17.24 | 4.59 | 1.55 | 20 |
| 902150 | 心脏起搏器，不包括零件、附件 | 39.17 | －2.78 | 3.53 | 8 |
| 902190 | 其他弥补生理缺陷残疾穿戴或植入人体的器具 | 79.64 | 6.43 | 7.18 | 3 |
| 902212 | X 射线断层检查仪 | 17.6 | 11.42 | 1.59 | 19 |
| 902213 | 其他，牙科用 X 射线应用设备 | 5.54 | 8.39 | 0.50 | 31 |
| 902214 | 其他，医疗、外科或兽医用 X 射线应用设备 | 40.17 | 13.16 | 3.62 | 7 |
| 902511 | 液体温度计，可直接读数 | 0.53 | －20.02 | 0.05 | 46 |
| 940210 | 牙科椅和理发椅及类似椅及其零件 | 1.73 | 11.53 | 0.16 | 42 |
| 940290 | 其他医用家具 | 16.33 | 7.57 | 1.47 | 21 |
| 401410 | 硫化橡胶制避孕套 | 2.43 | －7.42 | 0.22 | 36 |
| 401490 | 硫化橡胶制其他卫生及医疗用品 | 4.71 | 4.34 | 0.42 | 32 |

| HS 编码 | 商品名称/描述 | 出口总额 | 同比 | 占比 | 出口排序 |
|---|---|---|---|---|---|
| 871310 | 非机械驱动残疾人用车 | 2. 02 | －1. 57 | 0. 18 | 38 |
| 871390 | 其他残疾人用车 | 1. 97 | －3. 42 | 0. 18 | 39 |
| 901811 | 心电图记录仪 | 4. 37 | －1. 77 | 0. 39 | 33 |
| 901812 | 超声波扫描装置 | 20. 30 | 2. 77 | 1. 83 | 16 |
| 901813 | 核磁共振成像装置 | 31. 38 | 8. 96 | 2. 83 | 11 |
| 901814 | 闪烁摄影装置 | 1. 83 | －15. 28 | 0. 17 | 41 |
| 901819 | 其他电气诊断装置 | 47. 99 | 6. 23 | 4. 33 | 5 |
| 901820 | 紫外线及红外线装置 | 1. 94 | 33. 94 | 0. 17 | 40 |
| 901831 | 注射器，不论是否装有针头 | 24. 64 | 6. 68 | 2. 22 | 13 |
| 901832 | 管状金属针头及缝合用针 | 9. 96 | 8. 17 | 0. 90 | 28 |
| 901839 | 其他针、导管、插管及类似品 | 119. 75 | 3. 28 | 10. 79 | 2 |
| 901841 | 牙钻机，可与其他牙科设备组装在同一底座上 | 2. 39 | 3. 72 | 0. 22 | 37 |
| 901849 | 牙科用其他仪器及器具 | 24. 60 | 3. 74 | 2. 22 | 14 |
| 901850 | 眼科用其他仪器及器具 | 19. 76 | 5. 23 | 1. 78 | 17 |
| 901890 | 其他医疗、外科、牙科或兽医用仪器及器具 | 241. 60 | 1. 73 | 21. 78 | 1 |
| 901910 | 机械疗法器具、按摩器具及心理功能测验装置 | 10. 54 | －1. 91 | 0. 95 | 26 |
| 901920 | （臭氧、氧气、喷雾）治疗器、人工呼吸器等 | 24. 70 | －2. 45 | 2. 23 | 12 |

# 2 全球主要国家和地区医疗器械进出口贸易概况

## 2.1 澳大利亚

### 2.1.1 总体概况

2011 年，澳大利亚医疗器械进出口贸易 62.06 亿美元，同比增长 13.11%；进口 44.57 亿美元，同比增长 13.95%；出口 17.49 亿美元，同比增长 11.02%。2012 年 1－6 月，澳大利亚医疗器械进出口贸易 29.71 亿美元，同比减少 2.22%；进口 21.84 亿美元，同比减少 1.73%；出口 7.86 亿美元，同比减少 3.55%。

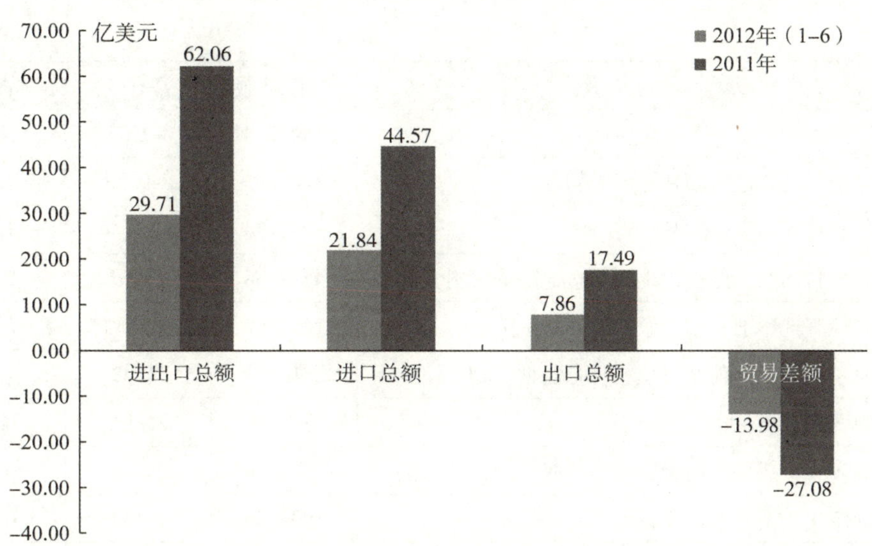


图 2－1　2011－2012 年 1－6 月澳大利亚医疗器械进出口情况

### 2.1.2 进口市场

表 2－1　2011－2012 年 1－6 月澳大利亚医疗器械进口市场情况

单位：亿美元，%

| 排序 | 2012 年 1－6 月 | | | | 2011 年 | | | |
|---|---|---|---|---|---|---|---|---|
| | 来源地 | 进口总额 | 同比 | 占比 | 来源地 | 进口总额 | 同比 | 占比 |
| | **全球** | **21.84** | **－1.73** | **100.00** | **全球** | **44.57** | **13.95** | **100.00** |
| 1 | 美国 | 8.12 | 5.99 | 37.19 | 美国 | 15.55 | 14.00 | 34.90 |
| 2 | 爱尔兰 | 1.88 | 5.55 | 8.60 | 爱尔兰 | 3.65 | 27.01 | 8.20 |
| 3 | 德国 | 1.71 | －0.36 | 7.85 | 德国 | 3.50 | 3.97 | 7.86 |
| 4 | 中国 | 1.36 | －3.09 | 6.22 | 中国 | 2.89 | 20.27 | 6.49 |

| 排序 | 2012 年 1 – 6 月 | | | | 2011 年 | | | |
|---|---|---|---|---|---|---|---|---|
| | 来源地 | 进口总额 | 同比 | 占比 | 来源地 | 进口总额 | 同比 | 占比 |
| 5 | 瑞士 | 1.32 | 0.43 | 6.05 | 瑞士 | 2.64 | 27.32 | 5.91 |
| 6 | 英国 | 0.96 | –31.69 | 4.40 | 英国 | 2.19 | –2.91 | 4.92 |
| 7 | 日本 | 0.75 | 6.65 | 3.42 | 日本 | 1.39 | 15.26 | 3.11 |
| 8 | 新加坡 | 0.74 | –2.65 | 3.41 | 新加坡 | 1.38 | 59.18 | 3.09 |
| 9 | 墨西哥 | 0.55 | 11.14 | 2.51 | 墨西哥 | 1.06 | 12.64 | 2.38 |
| 10 | 荷兰 | 0.47 | 42.37 | 2.16 | 丹麦 | 0.92 | 3.74 | 2.07 |
| 合计 | | **17.87** | – | **81.81** | 合计 | **35.18** | – | **78.93** |

### 2.1.3 进口产品

**表 2 – 2 2012 年 1 – 6 月澳大利亚医疗器械进口产品情况**

单位：万美元，%

| HS 编码 | 名称 | 进口总额 | 同比 | 占比 | 进口排序 |
|---|---|---|---|---|---|
| | 全球 | **218447.81** | **–1.73** | **100** | |
| 300510 | 胶粘敷料及其他有胶粘涂层的物品 | 3247.93 | –9.33 | 1.49 | 19 |
| 300590 | 其他软填料及类似物品 | 3901.29 | –31.44 | 1.79 | 17 |
| 300610 | 无菌外科肠线，昆布，止血材料，阻隔材料 | 4592.38 | 21.69 | 2.10 | 11 |
| 300630 | X 光检查造影剂；用于病人的诊断试剂 | 1685.54 | –4.37 | 0.77 | 29 |
| 300640 | 牙科粘固剂及其他牙科填料；骨骼粘固剂 | 2516.34 | 11.43 | 1.15 | 22 |
| 300650 | 急救药箱、药包 | 306.07 | 31.91 | 0.14 | 38 |
| 300670 | 专用于人类或兽药的凝胶制品，润滑剂，偶合剂 | 130.73 | 25.39 | 0.06 | 41 |
| 300691 | 可确定用于造口术的用具 | 1994.46 | 15.39 | 0.91 | 26 |
| 330620 | 清洁牙缝用纱线（牙线） | 311.89 | 36.41 | 0.14 | 37 |
| 4014 | 硫化橡胶（硬质橡胶除外）制卫生及医疗用品 | 767.18 | –4.02 | 0.35 | 34 |
| 401511 | 硫化橡胶制外科用分指、连指及露指手套 | 997.41 | –25.32 | 0.46 | 31 |
| 481840 | 纸卫生巾及止血塞、婴儿纸尿布、尿布衬里等 | 0.00 | –100 | 0.00 | 44 |
| 8713 | 残疾人用车，不论是否机动或其他机械驱动 | 1416.80 | –1.26 | 0.65 | 30 |
| 900130 | 隐形眼镜片 | 2354.68 | –23.49 | 1.08 | 23 |
| 901811 | 心电图记录仪 | 771.09 | –4.08 | 0.35 | 33 |
| 901812 | 超声波扫描装置 | 4412.68 | 1.89 | 2.02 | 13 |
| 901813 | 核磁共振成像装置 | 2978.10 | 12.33 | 1.36 | 20 |
| 901814 | 闪烁摄影装置 | 247.27 | 47.49 | 0.11 | 39 |
| 901819 | 其他电气诊断装置 | 7167.26 | 7.77 | 3.28 | 8 |
| 901820 | 紫外线及红外线装置 | 216.22 | 119.26 | 0.10 | 40 |

| HS 编码 | 名称 | 进口总额 | 同比 | 占比 | 进口排序 |
|---|---|---|---|---|---|
| 901831 | 注射器，不论是否装有针头 | 2297.71 | -3.77 | 1.05 | 24 |
| 901832 | 管状金属针头及缝合用针 | 1832.89 | 10.4 | 0.84 | 28 |
| 901839 | 其他针、导管、插管及类似品 | 11187.46 | 3.08 | 5.12 | 4 |
| 901841 | 牙钻机，可与其他牙科设备组装在同一底座上 | 107.45 | -1.44 | 0.05 | 42 |
| 901849 | 牙科用其他仪器及器具 | 4362.55 | 12.31 | 2.00 | 14 |
| 901850 | 眼科用其他仪器及器具 | 3923.78 | 7.61 | 1.80 | 16 |
| 901890 | 其他医疗、外科、牙科或兽医用仪器及器具 | 60685.79 | 4.73 | 27.78 | 1 |
| 901910 | 机械疗法器具、按摩器具及心理功能测验装置 | 3458.57 | 8.65 | 1.58 | 18 |
| 901920 | （臭氧、氧气、喷雾）治疗器、人工呼吸器等 | 5645.66 | -16.78 | 2.58 | 10 |
| 9020 | 其他呼吸器具及防毒面具 | 1860.30 | -8.59 | 0.85 | 27 |
| 902110 | 矫形或骨折用器具 | 10032.58 | -2.81 | 4.59 | 6 |
| 902121 | 假牙 | 607.94 | 2.4 | 0.28 | 35 |
| 902129 | 牙齿固定件 | 2167.43 | -1.99 | 0.99 | 25 |
| 902131 | 人造关节 | 14677.06 | 15.29 | 6.72 | 3 |
| 902139 | 其他人造的人体部分 | 17072.38 | -16.03 | 7.82 | 2 |
| 902140 | 助听器，不包括零件、附件 | 4085.08 | -0.49 | 1.87 | 15 |
| 902150 | 心脏起搏器，不包括零件、附件 | 8044.34 | 6.8 | 3.68 | 7 |
| 902190 | 其他弥补生理缺陷残疾穿戴或植入人体的器具 | 10741.36 | -17.65 | 4.92 | 5 |
| 902212 | X 射线断层检查仪 | 4572.96 | 78.38 | 2.09 | 12 |
| 902213 | 其他，牙科用 X 射线应用设备 | 845.08 | 14.88 | 0.39 | 32 |
| 902214 | 其他，医疗、外科或兽医用 X 射线应用设备 | 7140.72 | 41.74 | 3.27 | 9 |
| 902511 | 液体温度计，可直接读数 | 48.30 | -20.64 | 0.02 | 43 |
| 940210 | 牙科椅和理发椅及类似椅及其零件 | 434.59 | -8.37 | 0.20 | 36 |
| 940290 | 其他医用家具 | 2600.55 | 18.29 | 1.19 | 21 |

### 2.1.4 出口市场

**表 2-3 2011-2012 年 1-6 月澳大利亚医疗器械出口市场情况**

单位：亿美元，%

| 排序 | 2012 年 1-6 月 | | | | 2011 年 | | | |
|---|---|---|---|---|---|---|---|---|
| | 目的地 | 出口总额 | 同比 | 占比 | 目的地 | 出口总额 | 同比 | 占比 |
| | **全球** | **7.86** | **-3.55** | **100.00** | **全球** | **17.49** | **11.02** | **100.00** |
| 1 | 美国 | 2.69 | -3.26 | 34.16 | 美国 | 6.04 | 2.17 | 34.52 |
| 2 | 新西兰 | 1.21 | -15.50 | 15.33 | 新西兰 | 2.93 | 15.34 | 16.73 |
| 3 | 英国 | 1.04 | -2.12 | 13.26 | 英国 | 2.21 | 17.23 | 12.65 |

| 排序 | 2012 年 1 -6 月 | | | | 2011 年 | | | |
|---|---|---|---|---|---|---|---|---|
| | 目的地 | 出口总额 | 同比 | 占比 | 目的地 | 出口总额 | 同比 | 占比 |
| 4 | 荷兰 | 0.54 | 99.04 | 6.85 | 荷兰 | 0.99 | 71.33 | 5.67 |
| 5 | 日本 | 0.44 | 26.80 | 5.58 | 德国 | 0.75 | 26.41 | 4.30 |
| 6 | 中国 | 0.31 | -9.28 | 3.91 | 日本 | 0.73 | - 15.81 | 4.20 |
| 7 | 德国 | 0.27 | -32.31 | 3.48 | 中国 | 0.61 | 44.29 | 3.51 |
| 8 | 新加坡 | 0.23 | 35.66 | 2.98 | 丹麦 | 0.50 | 64.26 | 2.83 |
| 9 | 丹麦 | 0.15 | -34.14 | 1.94 | 新加坡 | 0.48 | 28.18 | 2.73 |
| 10 | 韩国 | 0.10 | -27.79 | 1.27 | 韩国 | 0.24 | - 7.17 | 1.35 |
| 合计 | | **6.98** | | **88.76** | 合计 | **15.48** | | **88.49** |

### 2.1.5 出口产品

**表 2 -4 2012 年 1 -6 月澳大利亚医疗器械出口产品情况**

单位：万美元，%

| HS 编码 | 商品名称/描述 | 出口总额 | 同比 | 占比 | 出口排序 |
|---|---|---|---|---|---|
| | 全球 | **78648.25** | **-3.55** | **100** | |
| 300510 | 胶粘敷料及其他有胶粘涂层的物品 | 133.92 | 26.12 | 0.17 | 27 |
| 300590 | 其他软填料及类似物品 | 180.08 | -69.68 | 0.23 | 22 |
| 300610 | 无菌外科肠线，昆布，止血材料，阻隔材料 | 160.47 | -7.95 | 0.20 | 24 |
| 300630 | X 光检查造影剂；用于病人的诊断试剂 | 23.51 | -44.68 | 0.03 | 36 |
| 300640 | 牙科粘固剂及其他牙科填料；骨骼粘固剂 | 1363.25 | -5.51 | 1.73 | 8 |
| 300650 | 急救药箱、药包 | 30.95 | -21.55 | 0.04 | 34 |
| 300670 | 专用于人类或兽药的凝胶制品，润滑剂，偶合剂 | 145.69 | -56.03 | 0.19 | 26 |
| 300691 | 可确定用于造口术的用具 | 634.85 | 780.8 | 0.81 | 14 |
| 330620 | 清洁牙缝用纱线（牙线） | 49.38 | -2.91 | 0.06 | 33 |
| 4014 | 硫化橡胶（硬质橡胶除外）制卫生及医疗用品 | 30.68 | -33.06 | 0.04 | 35 |
| 401511 | 硫化橡胶制外科用分指、连指及露指手套 | 53.11 | 47.42 | 0.07 | 32 |
| 481840 | 纸卫生巾及止血塞、婴儿纸尿布、尿布衬里等 | 0.00 | -100 | 0.00 | 44 |
| 8713 | 残疾人用车，不论是否机动或其他机械驱动 | 146.84 | 60.46 | 0.19 | 25 |
| 900130 | 隐形眼镜片 | 811.55 | -41.21 | 1.03 | 9 |
| 901811 | 心电图记录仪 | 68.44 | -46.94 | 0.09 | 30 |
| 901812 | 超声波扫描装置 | 594.17 | 23.28 | 0.76 | 15 |
| 901813 | 核磁共振成像装置 | 191.88 | -15.37 | 0.24 | 20 |
| 901814 | 闪烁摄影装置 | 6.76 | -75.13 | 0.01 | 39 |
| 901819 | 其他电气诊断装置 | 2204.08 | -34.2 | 2.80 | 6 |

| HS 编码 | 商品名称/描述 | 出口总额 | 同比 | 占比 | 出口排序 |
|---|---|---|---|---|---|
| 901820 | 紫外线及红外线装置 | 21.47 | -77.31 | 0.03 | 37 |
| 901831 | 注射器，不论是否装有针头 | 238.54 | -1.04 | 0.30 | 18 |
| 901832 | 管状金属针头及缝合用针 | 639.54 | 3611.77 | 0.81 | 13 |
| 901839 | 其他针、导管、插管及类似品 | 718.10 | -40.65 | 0.91 | 11 |
| 901841 | 牙钻机，可与其他牙科设备组装在同一底座上 | 1.60 | -47.49 | 0.00 | 43 |
| 901849 | 牙科用其他仪器及器具 | 790.65 | -6.89 | 1.01 | 10 |
| 901850 | 眼科用其他仪器及器具 | 1436.02 | 4.25 | 1.83 | 7 |
| 901890 | 其他医疗、外科、牙科或兽医用仪器及器具 | 14122.68 | 13.62 | 17.96 | 3 |
| 901910 | 机械疗法器具、按摩器具及心理功能测验装置 | 197.16 | -9.33 | 0.25 | 19 |
| 901920 | （臭氧、氧气、喷雾）治疗器、人工呼吸器等 | 24551.56 | -1.77 | 31.22 | 1 |
| 9020 | 其他呼吸器具及防毒面具 | 699.08 | -45.18 | 0.89 | 12 |
| 902110 | 矫形或骨折用器具 | 252.32 | -61.06 | 0.32 | 17 |
| 902121 | 假牙 | 4.01 | 37.08 | 0.01 | 42 |
| 902129 | 牙齿固定件 | 161.92 | 121.24 | 0.21 | 23 |
| 902131 | 人造关节 | 90.58 | -5.25 | 0.12 | 29 |
| 902139 | 其他人造的人体部分 | 3284.72 | -25.05 | 4.18 | 5 |
| 902140 | 助听器，不包括零件、附件 | 9335.65 | 7.47 | 11.87 | 4 |
| 902150 | 心脏起搏器，不包括零件、附件 | 112.25 | 15.47 | 0.14 | 28 |
| 902190 | 其他弥补生理缺陷残疾穿戴或植入人体的器具 | 14529.62 | 2.11 | 18.47 | 2 |
| 902212 | X 射线断层检查仪 | 5.56 | -87.7 | 0.01 | 40 |
| 902213 | 其他，牙科用 X 射线应用设备 | 19.71 | -89.3 | 0.03 | 38 |
| 902214 | 其他，医疗、外科或兽医用 X 射线应用设备 | 182.67 | 38.22 | 0.23 | 21 |
| 902511 | 液体温度计，可直接读数 | 4.54 | -47.15 | 0.01 | 41 |
| 940210 | 牙科椅和理发椅及类似椅及其零件 | 56.48 | -69.72 | 0.07 | 31 |
| 940290 | 其他医用家具 | 362.21 | 6.82 | 0.46 | 16 |

## 2.2 巴　西

### 2.2.1 总体概况

2011 年，巴西医疗器械进出口贸易 31.69 亿美元，同比增长 10.96%；进口 25.45 亿美元，同比增长 10.46%；出口 6.24 亿美元，同比增长 13.04%。2012 年 1 - 6 月，巴西医疗器械进出口贸易 15.82 亿美元，同比增长 5.91%；进口 13.16 亿美元，同比增长 9.88%；出口 2.66 亿美元，同比减少 10.17%。

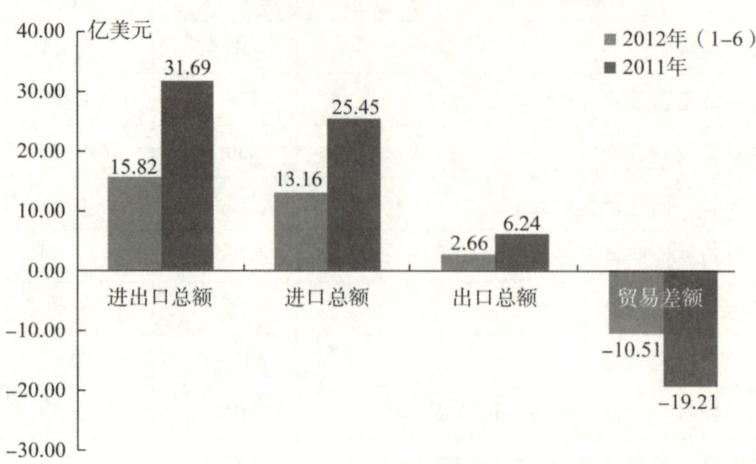


图 2－2　2011－2012 年 1－6 月巴西医疗器械进出口情况

### 2.2.2　进口市场

**表 2－5　2011－2012 年 1－6 月巴西医疗器械进口市场情况**

单位：亿美元，%

| 排序 | 2012 年 1－6 月 | | | | 2011 年 | | | |
|---|---|---|---|---|---|---|---|---|
| | 来源地 | 进口总额 | 同比 | 占比 | 来源地 | 进口总额 | 同比 | 占比 |
| | **全球** | **13.16** | **9.88** | **100.00** | **全球** | **25.45** | **10.46** | **100.00** |
| 1 | 美国 | 4.54 | 13.96 | 34.53 | 美国 | 8.38 | 7.12 | 32.94 |
| 2 | 德国 | 1.74 | 3.72 | 13.21 | 德国 | 3.59 | 13.96 | 14.10 |
| 3 | 中国 | 1.07 | 18.37 | 8.13 | 中国 | 1.98 | 18.04 | 7.77 |
| 4 | 瑞士 | 0.72 | 20.28 | 5.46 | 瑞士 | 1.33 | 38.27 | 5.22 |
| 5 | 爱尔兰 | 0.70 | 16.57 | 5.33 | 日本 | 1.29 | 10.98 | 5.08 |
| 6 | 日本 | 0.52 | －8.81 | 3.98 | 爱尔兰 | 1.14 | －6.33 | 4.48 |
| 7 | 法国 | 0.38 | －10.29 | 2.85 | 法国 | 0.85 | 36.35 | 3.35 |
| 8 | 荷兰 | 0.33 | －12.02 | 2.48 | 荷兰 | 0.62 | －32.02 | 2.44 |
| 9 | 英国 | 0.29 | 65.36 | 2.17 | 波多黎各（美国） | 0.52 | 204.53 | 2.05 |
| 10 | 波多黎各（美国） | 0.28 | 21.89 | 2.14 | 韩国 | 0.52 | 18.93 | 2.04 |
| 合计 | | **10.56** | － | **80.28** | 合计 | **20.22** | － | **79.47** |

### 2.2.3 进口产品

表 2-6 2012 年 1-6 月巴西医疗器械进口产品情况

单位：万美元，%

| HS 编码 | 名称 | 进口总额 | 同比 | 占比 | 进口排序 |
|---|---|---|---|---|---|
| | 全球 | 131619.90 | 9.88 | 100 | |
| 300510 | 胶粘敷料及其他有胶粘涂层的物品 | 1176.43 | 36.88 | 0.89 | 26 |
| 300590 | 其他软填料及类似物品 | 2134.06 | 52.53 | 1.62 | 19 |
| 300610 | 无菌外科肠线，昆布，止血材料，阻隔材料 | 1002.60 | 12.63 | 0.76 | 27 |
| 300630 | X 光检查造影剂；用于病人的诊断试剂 | 2459.94 | -8.26 | 1.87 | 17 |
| 300640 | 牙科粘固剂及其他牙科填料；骨骼粘固剂 | 1462.07 | 34.93 | 1.11 | 22 |
| 300650 | 急救药箱、药包 | 2.53 | -43.62 | 0.00 | 44 |
| 300670 | 专用于人类或兽药的凝胶制品，润滑剂，偶合剂 | 74.01 | -18.94 | 0.06 | 42 |
| 300691 | 可确定用于造口术的用具 | 676.31 | -8.39 | 0.51 | 32 |
| 330620 | 清洁牙缝用纱线（牙线） | 104.56 | -50.22 | 0.08 | 41 |
| 4014 | 硫化橡胶（硬质橡胶除外）制卫生及医疗用品 | 1335.15 | -4.67 | 1.01 | 24 |
| 401511 | 硫化橡胶制外科用分指、连指及露指手套 | 170.28 | 106.34 | 0.13 | 35 |
| 481840 | 纸卫生巾及止血塞、婴儿纸尿布、尿布衬里等 | 9.65 | -99.67 | 0.01 | 43 |
| 8713 | 残疾人用车，不论是否机动或其他机械驱动 | 128.07 | 33.09 | 0.10 | 37 |
| 900130 | 隐形眼镜片 | 856.33 | 2.17 | 0.65 | 30 |
| 901811 | 心电图记录仪 | 126.77 | -39.58 | 0.10 | 38 |
| 901812 | 超声波扫描装置 | 5241.21 | 4.98 | 3.98 | 8 |
| 901813 | 核磁共振成像装置 | 5824.77 | 0.29 | 4.43 | 7 |
| 901814 | 闪烁摄影装置 | 1713.04 | 37.27 | 1.30 | 21 |
| 901819 | 其他电气诊断装置 | 5996.61 | -13.06 | 4.56 | 6 |
| 901820 | 紫外线及红外线装置 | 1261.41 | 50.99 | 0.96 | 25 |
| 901831 | 注射器，不论是否装有针头 | 3017.99 | -15.53 | 2.29 | 13 |
| 901832 | 管状金属针头及缝合用针 | 1785.73 | 39.71 | 1.36 | 20 |
| 901839 | 其他针、导管、插管及类似品 | 13539.51 | 20.15 | 10.29 | 3 |
| 901841 | 牙钻机，可与其他牙科设备组装在同一底座上 | 173.66 | 61.82 | 0.13 | 34 |
| 901849 | 牙科用其他仪器及器具 | 1404.17 | 38.62 | 1.07 | 23 |
| 901850 | 眼科用其他仪器及器具 | 2618.17 | 18.36 | 1.99 | 15 |
| 901890 | 其他医疗、外科、牙科或兽医用仪器及器具 | 21176.41 | 4.27 | 16.09 | 1 |
| 901910 | 机械疗法器具、按摩器具及心理功能测验装置 | 982.89 | 68.12 | 0.75 | 28 |
| 901920 | （臭氧、氧气、喷雾）治疗器、人工呼吸器等 | 3888.49 | 12.11 | 2.95 | 11 |
| 9020 | 其他呼吸器具及防毒面具 | 851.24 | 15.69 | 0.65 | 31 |

| HS 编码 | 名称 | 进口总额 | 同比 | 占比 | 进口排序 |
|---|---|---|---|---|---|
| 902110 | 矫形或骨折用器具 | 6945.45 | 19.55 | 5.28 | 5 |
| 902121 | 假牙 | 119.55 | 117.08 | 0.09 | 40 |
| 902129 | 牙齿固定件 | 670.16 | 52.42 | 0.51 | 33 |
| 902131 | 人造关节 | 2406.51 | 4.44 | 1.83 | 18 |
| 902139 | 其他人造的人体部分 | 8094.43 | 54.57 | 6.15 | 4 |
| 902140 | 助听器，不包括零件、附件 | 3454.71 | 19.83 | 2.62 | 12 |
| 902150 | 心脏起搏器，不包括零件、附件 | 2502.86 | 19.88 | 1.90 | 16 |
| 902190 | 其他弥补生理缺陷残疾穿戴或植入人体的器具 | 13574.33 | 12.74 | 10.31 | 2 |
| 902212 | X 射线断层检查仪 | 4345.97 | 11.36 | 3.30 | 10 |
| 902213 | 其他，牙科用 X 射线应用设备 | 870.12 | -14.19 | 0.66 | 29 |
| 902214 | 其他，医疗、外科或兽医用 X 射线应用设备 | 4377.65 | -9.34 | 3.33 | 9 |
| 902511 | 液体温度计，可直接读数 | 121.64 | -12.34 | 0.09 | 39 |
| 940210 | 牙科椅和理发椅及类似椅及其零件 | 155.04 | 60.87 | 0.12 | 36 |
| 940290 | 其他医用家具 | 2787.45 | 149.55 | 2.12 | 14 |

### 2.2.4 出口市场

**表 2-7 2011-2012 年 1-6 月巴西医疗器械出口市场情况**

单位：万美元，%

| 排序 | 2012 年 1-6 月 | | | | 2011 年 | | | |
|---|---|---|---|---|---|---|---|---|
| | 目的地 | 出口总额 | 同比 | 占比 | 目的地 | 出口总额 | 同比 | 占比 |
| | **全球** | **26564.49** | **-10.17** | **100.00** | **全球** | **62398.40** | **13.04** | **100.00** |
| 1 | 美国 | 7920.17 | 1.18 | 29.81 | 美国 | 15475.68 | 20.53 | 24.80 |
| 2 | 委内瑞拉 | 1543.08 | - 7.99 | 5.81 | 阿根廷 | 5824.76 | 29.12 | 9.33 |
| 3 | 阿根廷 | 1538.50 | -44.91 | 5.79 | 委内瑞拉 | 4798.63 | 2.98 | 7.69 |
| 4 | 比利时 | 1503.91 | 15.64 | 5.66 | 墨西哥 | 3254.81 | -9.34 | 5.22 |
| 5 | 墨西哥 | 1221.58 | -24.19 | 4.60 | 哥伦比亚 | 2733.60 | 7.74 | 4.38 |
| 6 | 哥伦比亚 | 1178.66 | -10.36 | 4.44 | 智利 | 2432.47 | 8.36 | 3.90 |
| 7 | 德国 | 1063.88 | -5.52 | 4.00 | 比利时 | 2407.38 | -11.85 | 3.86 |
| 8 | 智利 | 941.11 | -20.48 | 3.54 | 德国 | 2301.03 | 2.78 | 3.69 |
| 9 | 秘鲁 | 606.92 | -32.26 | 2.28 | 秘鲁 | 1923.60 | 20.06 | 3.08 |
| 10 | 厄瓜多尔 | 588.24 | 4.80 | 2.21 | 巴拉圭 | 1462.11 | 23.40 | 2.34 |
| 合计 | | **18106.03** | | **68.14** | 合计 | **42600.00** | | **68.29** |

### 2.2.5 出口产品

**表2－8 2012年1－6月巴西医疗器械出口产品情况**

单位：万美元，%

| HS编码 | 商品名称/描述 | 出口总额 | 同比 | 占比 | 出口排序 |
|---|---|---|---|---|---|
| | **全球** | **26564.49** | **－10.17** | **100** | |
| 300510 | 胶粘敷料及其他有胶粘涂层的物品 | 4298.87 | －8.08 | 16.18 | 1 |
| 300590 | 其他软填料及类似物品 | 130.89 | －8.19 | 0.49 | 25 |
| 300610 | 无菌外科肠线，昆布，止血材料，阻隔材料 | 3744.06 | 5.33 | 14.09 | 2 |
| 300630 | X光检查造影剂；用于病人的诊断试剂 | 284.78 | －42.5 | 1.07 | 18 |
| 300640 | 牙科粘固剂及其他牙科填料；骨骼粘固剂 | 631.71 | 6.53 | 2.38 | 12 |
| 300650 | 急救药箱、药包 | 3.91 | 39.76 | 0.01 | 41 |
| 300670 | 专用于人类或兽药的凝胶制品，润滑剂，偶合剂 | 73.39 | 6.63 | 0.28 | 29 |
| 300691 | 可确定用于造口术的用具 | 8.53 | 2193.15 | 0.03 | 38 |
| 330620 | 清洁牙缝用纱线（牙线） | 634.57 | －3.43 | 2.39 | 11 |
| 4014 | 硫化橡胶（硬质橡胶除外）制卫生及医疗用品 | 87.88 | 0.89 | 0.33 | 28 |
| 401511 | 硫化橡胶制外科用分指、连指及露指手套 | 1.09 | 54.22 | 0.00 | 42 |
| 481840 | 纸卫生巾及止血塞、婴儿纸尿布、尿布衬里等 | 11.80 | －99.51 | 0.04 | 36 |
| 8713 | 残疾人用车，不论是否机动或其他机械驱动 | 16.25 | 96.27 | 0.06 | 35 |
| 900130 | 隐形眼镜片 | 498.48 | 86.76 | 1.88 | 13 |
| 901811 | 心电图记录仪 | 5.43 | －81.14 | 0.02 | 40 |
| 901812 | 超声波扫描装置 | 36.67 | －28.09 | 0.14 | 31 |
| 901813 | 核磁共振成像装置 | 246.57 | －9.12 | 0.93 | 20 |
| 901814 | 闪烁摄影装置 | 0.77 | 40.85 | 0.00 | 43 |
| 901819 | 其他电气诊断装置 | 328.38 | 1.97 | 1.24 | 16 |
| 901820 | 紫外线及红外线装置 | 19.30 | －62.92 | 0.07 | 34 |
| 901831 | 注射器，不论是否装有针头 | 435.37 | －38.35 | 1.64 | 14 |
| 901832 | 管状金属针头及缝合用针 | 2284.28 | 6.15 | 8.60 | 4 |
| 901839 | 其他针、导管、插管及类似品 | 933.78 | －18.32 | 3.52 | 9 |
| 901841 | 牙钻机，可与其他牙科设备组装在同一底座上 | 304.86 | －7.48 | 1.15 | 17 |
| 901849 | 牙科用其他仪器及器具 | 1455.08 | 3.54 | 5.48 | 7 |
| 901850 | 眼科用其他仪器及器具 | 53.44 | 12.71 | 0.20 | 30 |
| 901890 | 其他医疗、外科、牙科或兽医用仪器及器具 | 1826.28 | －9.34 | 6.87 | 5 |
| 901910 | 机械疗法器具、按摩器具及心理功能测验装置 | 99.16 | －21.71 | 0.37 | 27 |
| 901920 | （臭氧、氧气、喷雾）治疗器、人工呼吸器等 | 239.35 | 25.65 | 0.90 | 21 |

| HS 编码 | 商品名称/描述 | 出口总额 | 同比 | 占比 | 出口排序 |
|---|---|---|---|---|---|
| 9020 | 其他呼吸器具及防毒面具 | 33. 21 | -70. 33 | 0. 13 | 32 |
| 902110 | 矫形或骨折用器具 | 1369. 87 | -6. 11 | 5. 16 | 8 |
| 902121 | 假牙 | 329. 82 | -13. 33 | 1. 24 | 15 |
| 902129 | 牙齿固定件 | 272. 73 | 23. 41 | 1. 03 | 19 |
| 902131 | 人造关节 | 1656. 05 | 32. 52 | 6. 23 | 6 |
| 902139 | 其他人造的人体部分 | 2772. 45 | -5. 09 | 10. 44 | 3 |
| 902140 | 助听器，不包括零件、附件 | 20. 91 | 88. 54 | 0. 08 | 33 |
| 902150 | 心脏起搏器，不包括零件、附件 | 7. 66 | -90. 81 | 0. 03 | 39 |
| 902190 | 其他弥补生理缺陷残疾穿戴或植入人体的器具 | 186. 83 | 31. 53 | 0. 70 | 24 |
| 902212 | X 射线断层检查仪 | 0. 00 | n/a | 0. 00 | 44 |
| 902213 | 其他，牙科用 X 射线应用设备 | 188. 80 | -12. 17 | 0. 71 | 23 |
| 902214 | 其他，医疗、外科或兽医用 X 射线应用设备 | 124. 72 | 10. 9 | 0. 47 | 26 |
| 902511 | 液体温度计，可直接读数 | 9. 72 | 6. 69 | 0. 04 | 37 |
| 940210 | 牙科椅和理发椅及类似椅及其零件 | 665. 71 | -3. 59 | 2. 51 | 10 |
| 940290 | 其他医用家具 | 231. 07 | 33. 85 | 0. 87 | 22 |

## 2.3 德 国

### 2.3.1 总体概况

2011 年，德国医疗器械进出口贸易 433. 56 亿美元，同比增长 11. 73%；进口 169. 19 亿美元，同比增长 12. 09%；出口 264. 37 亿美元，同比增长 11. 50%。2012 年 1－6 月，德国医疗器械进出口贸易 199. 16 亿美元，同比减少 6. 26%；进口 78. 67 亿美元，同比减少 6. 91%；出口 120. 48 亿美元，同比减少 5. 93%。

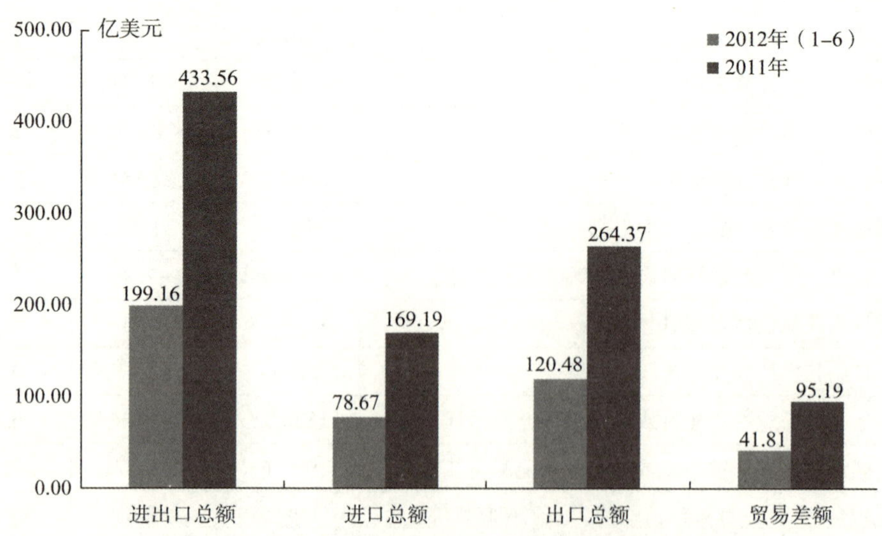


图 2－3 2011－2012 年 1－6 月德国医疗器械进出口情况

### 2.3.2 进口市场

表 2-9 2011-2012 年 1-6 月德国医疗器械进口市场情况

单位：亿美元，%

| 排序 | 2012 年 1-6 月 | | | | 2011 年 | | | |
|---|---|---|---|---|---|---|---|---|
| | 来源地 | 进口总额 | 同比 | 占比 | 来源地 | 进口总额 | 同比 | 占比 |
| | **全球** | **78.67** | **-6.91** | **100.00** | **全球** | **169.19** | **12.09** | **100.00** |
| 1 | 美国 | 13.06 | -4.88 | 16.60 | 美国 | 27.57 | 21.99 | 16.30 |
| 2 | 荷兰 | 10.28 | -10.86 | 13.07 | 荷兰 | 22.08 | 8.15 | 13.05 |
| 3 | 瑞士 | 8.45 | 6.83 | 10.74 | 瑞士 | 15.99 | 15.98 | 9.45 |
| 4 | 比利时 | 7.29 | -5.80 | 9.26 | 比利时 | 15.40 | 6.50 | 9.10 |
| 5 | 法国 | 4.63 | -17.97 | 5.88 | 法国 | 10.84 | 7.65 | 6.41 |
| 6 | 中国 | 3.82 | -5.05 | 4.86 | 英国 | 8.93 | 15.78 | 5.28 |
| 7 | 英国 | 3.59 | -19.54 | 4.56 | 中国 | 8.58 | 20.39 | 5.07 |
| 8 | 日本 | 3.04 | -10.23 | 3.86 | 日本 | 7.01 | 3.88 | 4.14 |
| 9 | 奥地利 | 2.85 | 15.77 | 3.62 | 奥地利 | 5.34 | 15.13 | 3.16 |
| 10 | 丹麦 | 2.00 | 1.22 | 2.54 | 意大利 | 4.77 | 7.41 | 2.82 |
| 合计 | | **59.00** | **-** | **74.99** | 合计 | **126.51** | **-** | **74.78** |

### 2.3.3 进口产品

表 2-10 2012 年 1-6 月德国医疗器械进口产品情况

单位：万美元，%

| HS 编码 | 名称 | 进口总额 | 同比 | 占比 | 进口排序 |
|---|---|---|---|---|---|
| | **全球** | **786747.80** | **-6.91** | **100** | |
| 300510 | 胶粘敷料及其他有胶粘涂层的物品 | 19911.46 | -6.18 | 2.53 | 15 |
| 300590 | 其他软填料及类似物品 | 22967.18 | -15.1 | 2.92 | 8 |
| 300610 | 无菌外科肠线，昆布，止血材料，阻隔材料 | 15914.29 | -2.66 | 2.02 | 18 |
| 300630 | X 光检查造影剂；用于病人的诊断试剂 | 12798.95 | 1.29 | 1.63 | 21 |
| 300640 | 牙科粘固剂及其他牙科填料；骨骼粘固剂 | 10888.65 | 2.35 | 1.38 | 22 |
| 300650 | 急救药箱、药包 | 2099.57 | 8.04 | 0.27 | 37 |
| 300670 | 专用于人类或兽药的凝胶制品，润滑剂，偶合剂 | 458.05 | 6.91 | 0.06 | 41 |
| 300691 | 可确定用于造口术的用具 | 9987.11 | -0.92 | 1.27 | 24 |
| 330620 | 清洁牙缝用纱线（牙线） | 1000.55 | -2.56 | 0.13 | 40 |
| 4014 | 硫化橡胶（硬质橡胶除外）制卫生及医疗用品 | 4713.46 | 14.61 | 0.60 | 32 |

| HS 编码 | 名称 | 进口总额 | 同比 | 占比 | 进口排序 |
|---|---|---|---|---|---|
| 401511 | 硫化橡胶制外科用分指、连指及露指手套 | 15984.36 | -24.49 | 2.03 | 17 |
| 481840 | 纸卫生巾及止血塞、婴儿纸尿布、尿布衬里等 | 0.00 | -100 | 0.00 | 44 |
| 8713 | 残疾人用车，不论是否机动或其他机械驱动 | 3892.98 | -8.82 | 0.49 | 34 |
| 900130 | 隐形眼镜片 | 14069.19 | -4.86 | 1.79 | 20 |
| 901811 | 心电图记录仪 | 3881.23 | 6.26 | 0.49 | 35 |
| 901812 | 超声波扫描装置 | 21412.07 | -0.27 | 2.72 | 11 |
| 901813 | 核磁共振成像装置 | 20195.75 | -1.15 | 2.57 | 14 |
| 901814 | 闪烁摄影装置 | 4790.86 | -10.36 | 0.61 | 31 |
| 901819 | 其他电气诊断装置 | 20743.45 | 2.81 | 2.64 | 12 |
| 901820 | 紫外线及红外线装置 | 262.70 | -9.35 | 0.03 | 43 |
| 901831 | 注射器，不论是否装有针头 | 22796.99 | -14.1 | 2.90 | 9 |
| 901832 | 管状金属针头及缝合用针 | 6991.36 | -13.56 | 0.89 | 28 |
| 901839 | 其他针、导管、插管及类似品 | 76672.44 | 4.05 | 9.75 | 2 |
| 901841 | 牙钻机，可与其他牙科设备组装在同一底座上 | 1459.20 | -2.92 | 0.19 | 38 |
| 901849 | 牙科用其他仪器及器具 | 20529.39 | 3.36 | 2.61 | 13 |
| 901850 | 眼科用其他仪器及器具 | 14337.76 | 3.12 | 1.82 | 19 |
| 901890 | 其他医疗、外科、牙科或兽医用仪器及器具 | 165355.42 | -5.2 | 21.02 | 1 |
| 901910 | 机械疗法器具、按摩器具及心理功能测验装置 | 8654.22 | -16.96 | 1.10 | 25 |
| 901920 | （臭氧、氧气、喷雾）治疗器、人工呼吸器等 | 22120.95 | 15.59 | 2.81 | 10 |
| 9020 | 其他呼吸器具及防毒面具 | 5274.24 | -26.37 | 0.67 | 30 |
| 902110 | 矫形或骨折用器具 | 28613.81 | 24.92 | 3.64 | 6 |
| 902121 | 假牙 | 4007.99 | -4.47 | 0.51 | 33 |
| 902129 | 牙齿固定件 | 10795.88 | -17.35 | 1.37 | 23 |
| 902131 | 人造关节 | 35186.72 | -2.35 | 4.47 | 4 |
| 902139 | 其他人造的人体部分 | 31793.58 | -7.17 | 4.04 | 5 |
| 902140 | 助听器，不包括零件、附件 | 19717.91 | -11.61 | 2.51 | 16 |
| 902150 | 心脏起搏器，不包括零件、附件 | 23157.55 | 1.68 | 2.94 | 7 |
| 902190 | 其他弥补生理缺陷残疾穿戴或植入人体的器具 | 57614.27 | -3.11 | 7.32 | 3 |
| 902212 | X 射线断层检查仪 | 6103.85 | 45.7 | 0.78 | 29 |
| 902213 | 其他，牙科用 X 射线应用设备 | 2673.23 | -35.03 | 0.34 | 36 |
| 902214 | 其他，医疗、外科或兽医用 X 射线应用设备 | 8161.56 | 24.92 | 1.04 | 26 |
| 902511 | 液体温度计，可直接读数 | 385.82 | -19.65 | 0.05 | 42 |
| 940210 | 牙科椅和理发椅及类似椅及其零件 | 1374.99 | -24.39 | 0.17 | 39 |
| 940290 | 其他医用家具 | 6996.80 | -12.95 | 0.89 | 27 |

### 2.3.4 出口市场

表 2-11 2011-2012 年 1-6 月德国医疗器械出口市场情况

单位：亿美元，%

| 排序 | 2012 年 1-6 月 | | | | 2011 年 | | | |
|---|---|---|---|---|---|---|---|---|
| | 目的地 | 出口总额 | 同比 | 占比 | 目的地 | 出口总额 | 同比 | 占比 |
| | **全球** | **120.48** | **-5.83** | **100.00** | **全球** | **264.37** | **11.50** | **100.00** |
| 1 | 美国 | 18.51 | -9.74 | 15.36 | 美国 | 40.74 | 15.66 | 15.41 |
| 2 | 法国 | 8.47 | -21.30 | 7.03 | 法国 | 21.80 | 8.33 | 8.25 |
| 3 | 中国 | 6.38 | 24.84 | 5.29 | 英国 | 13.25 | 0.93 | 5.01 |
| 4 | 英国 | 6.28 | -4.48 | 5.21 | 荷兰 | 13.18 | 15.25 | 4.99 |
| 5 | 日本 | 5.91 | 6.26 | 4.91 | 比利时 | 13.14 | 7.82 | 4.97 |
| 6 | 俄罗斯 | 5.83 | 57.57 | 4.84 | 俄罗斯 | 12.70 | 25.46 | 4.81 |
| 7 | 意大利 | 5.62 | -8.98 | 4.67 | 意大利 | 11.97 | 8.12 | 4.53 |
| 8 | 荷兰 | 5.39 | -21.77 | 4.47 | 瑞士 | 11.61 | 16.95 | 4.39 |
| 9 | 比利时 | 5.30 | -19.03 | 4.40 | 中国 | 11.17 | 30.36 | 4.23 |
| 10 | 瑞士 | 5.11 | -10.35 | 4.24 | 日本 | 10.75 | 8.72 | 4.07 |
| 合计 | | **72.80** | | **60.42** | **合计** | **160.32** | | **60.66** |

### 2.3.5 出口产品

表 2-12 2012 年 1-6 月德国医疗器械出口产品情况

单位：万美元，%

| HS 编码 | 商品名称/描述 | 出口总额 | 同比 | 占比 | 出口排序 |
|---|---|---|---|---|---|
| | **全球** | **1204837.88** | **-5.83** | **100** | |
| 300510 | 胶粘敷料及其他有胶粘涂层的物品 | 21234.19 | -8.99 | 1.76 | 21 |
| 300590 | 其他软填料及类似物品 | 19246.23 | -10.37 | 1.60 | 22 |
| 300610 | 无菌外科肠线，昆布，止血材料，阻隔材料 | 25966.61 | -1.14 | 2.16 | 18 |
| 300630 | X 光检查造影剂；用于病人的诊断试剂 | 47867.53 | -1.12 | 3.97 | 8 |
| 300640 | 牙科粘固剂及其他牙科填料；骨骼粘固剂 | 30203.78 | 1.41 | 2.51 | 11 |
| 300650 | 急救药箱、药包 | 1638.33 | -6.51 | 0.14 | 38 |
| 300670 | 专用于人类或兽药的凝胶制品，润滑剂，偶合剂 | 755.63 | -27.49 | 0.06 | 43 |
| 300691 | 可确定用于造口术的用具 | 15374.69 | -4.11 | 1.28 | 24 |
| 330620 | 清洁牙缝用纱线（牙线） | 805.07 | 6.5 | 0.07 | 42 |
| 4014 | 硫化橡胶（硬质橡胶除外）制卫生及医疗用品 | 6370.80 | 15.19 | 0.53 | 32 |
| 401511 | 硫化橡胶制外科用分指、连指及露指手套 | 5651.01 | -1.2 | 0.47 | 34 |

| HS 编码 | 商品名称/描述 | 出口总额 | 同比 | 占比 | 出口排序 |
|---|---|---|---|---|---|
| 481840 | 纸卫生巾及止血塞、婴儿纸尿布、尿布衬里等 | 0.00 | -100 | 0.00 | 44 |
| 8713 | 残疾人用车，不论是否机动或其他机械驱动 | 7992.75 | -4.94 | 0.66 | 28 |
| 900130 | 隐形眼镜片 | 28825.38 | -0.68 | 2.39 | 14 |
| 901811 | 心电图记录仪 | 3533.06 | -14.44 | 0.29 | 37 |
| 901812 | 超声波扫描装置 | 16616.82 | 8.42 | 1.38 | 23 |
| 901813 | 核磁共振成像装置 | 72748.34 | 7.16 | 6.04 | 2 |
| 901814 | 闪烁摄影装置 | 5671.84 | -15.37 | 0.47 | 33 |
| 901819 | 其他电气诊断装置 | 29076.49 | 5.09 | 2.41 | 12 |
| 901820 | 紫外线及红外线装置 | 1574.55 | -3.28 | 0.13 | 39 |
| 901831 | 注射器，不论是否装有针头 | 23250.51 | -3.09 | 1.93 | 20 |
| 901832 | 管状金属针头及缝合用针 | 6647.21 | -1.76 | 0.55 | 31 |
| 901839 | 其他针、导管、插管及类似品 | 59375.06 | 1.25 | 4.93 | 4 |
| 901841 | 牙钻机，可与其他牙科设备组装在同一底座上 | 4052.61 | 17.37 | 0.34 | 35 |
| 901849 | 牙科用其他仪器及器具 | 57891.88 | 2.7 | 4.80 | 5 |
| 901850 | 眼科用其他仪器及器具 | 29024.65 | -6.38 | 2.41 | 13 |
| 901890 | 其他医疗、外科、牙科或兽医用仪器及器具 | 276060.06 | -1.26 | 22.91 | 1 |
| 901910 | 机械疗法器具、按摩器具及心理功能测验装置 | 9559.63 | -5.91 | 0.79 | 26 |
| 901920 | （臭氧、氧气、喷雾）治疗器、人工呼吸器等 | 28742.66 | -1.58 | 2.39 | 15 |
| 9020 | 其他呼吸器具及防毒面具 | 9023.15 | -7.34 | 0.75 | 27 |
| 902110 | 矫形或骨折用器具 | 35355.12 | -13.5 | 2.93 | 10 |
| 902121 | 假牙 | 3641.48 | -5.99 | 0.30 | 36 |
| 902129 | 牙齿固定件 | 13560.10 | -6.42 | 1.13 | 25 |
| 902131 | 人造关节 | 52150.76 | 0.68 | 4.33 | 6 |
| 902139 | 其他人造的人体部分 | 27689.34 | 12.16 | 2.30 | 16 |
| 902140 | 助听器，不包括零件、附件 | 6815.43 | 2.67 | 0.57 | 30 |
| 902150 | 心脏起搏器，不包括零件、附件 | 27636.02 | 19.42 | 2.29 | 17 |
| 902190 | 其他弥补生理缺陷残疾穿戴或植入人体的器具 | 49548.50 | 12.82 | 4.11 | 7 |
| 902212 | X 射线断层检查仪 | 41126.69 | 25.87 | 3.41 | 9 |
| 902213 | 其他，牙科用 X 射线应用设备 | 7808.14 | -11.19 | 0.65 | 29 |
| 902214 | 其他，医疗、外科或兽医用 X 射线应用设备 | 67141.92 | -0.27 | 5.57 | 3 |
| 902511 | 液体温度计，可直接读数 | 1424.99 | -25.47 | 0.12 | 40 |
| 940210 | 牙科椅和理发椅及类似椅及其零件 | 1185.16 | -3.31 | 0.10 | 41 |
| 940290 | 其他医用家具 | 24973.71 | -13.05 | 2.07 | 19 |

# 2.4 俄罗斯

## 2.4.1 总体概况

2011 年，俄罗斯医疗器械进出口贸易 51.20 亿美元，同比增长 21.42%；进口 49.95 亿美元，同比增长 21.48%；出口 1.25 亿美元，同比增长 19.12%。2012 年 1－6 月，俄罗斯医疗器械进出口贸易 20.94 亿美元，同比增长 13.79%；进口 20.48 亿美元，同比增长 15.33%；出口 0.46 亿美元，同比减少 28.93%。

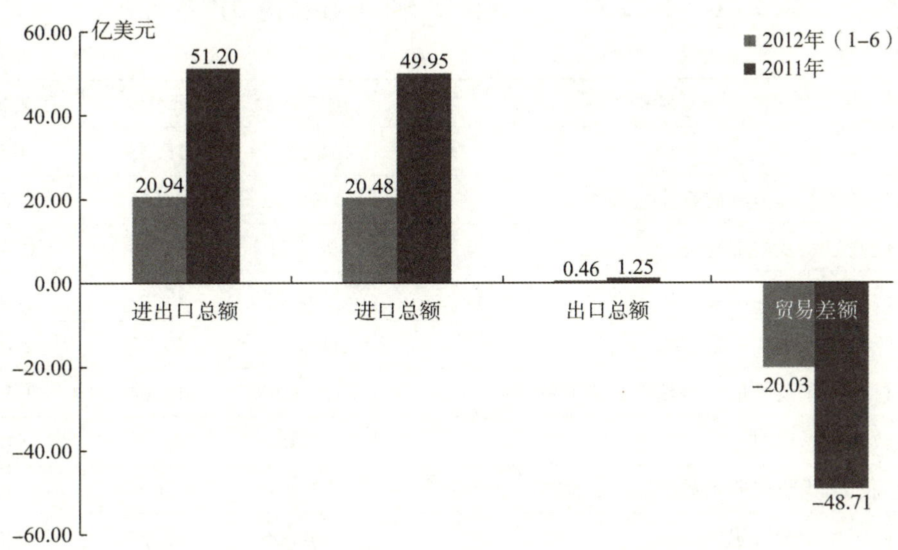


图 2－4 2011－2012 年 1－6 月俄罗斯医疗器械进出口情况

## 2.4.2 进口市场

表 2－13 2011－2012 年 1－6 月俄罗斯医疗器械进口市场情况

单位：亿美元，%

| 排序 | 2012 年 1－6 月 | | | | 2011 年 | | | |
|---|---|---|---|---|---|---|---|---|
| | 来源地 | 进口总额 | 同比 | 占比 | 来源地 | 进口总额 | 同比 | 占比 |
| | **全球** | **20.48** | **15.33** | **100.00** | **全球** | **49.95** | **21.48** | **100.00** |
| 1 | 德国 | 4.52 | 31.59 | 22.08 | 德国 | 10.70 | 15.94 | 21.41 |
| 2 | 美国 | 3.50 | 41.45 | 17.10 | 美国 | 8.03 | 21.94 | 16.08 |
| 3 | 中国 | 2.37 | 43.94 | 11.58 | 中国 | 4.39 | 17.62 | 8.79 |
| 4 | 日本 | 1.99 | 80.27 | 9.71 | 日本 | 4.19 | 17.97 | 8.39 |
| 5 | 意大利 | 0.86 | 26.46 | 4.18 | 波兰 | 2.57 | 23.73 | 5.15 |
| 6 | 瑞士 | 0.82 | 36.49 | 3.98 | 意大利 | 1.98 | 29.68 | 3.96 |
| 7 | 法国 | 0.68 | 43.42 | 3.32 | 韩国 | 1.67 | 39.20 | 3.34 |

| 排序 | 2012 年 1 -6 月 | | | | 2011 年 | | | |
|---|---|---|---|---|---|---|---|---|
| | 来源地 | 进口总额 | 同比 | 占比 | 来源地 | 进口总额 | 同比 | 占比 |
| 8 | 韩国 | 0.66 | 27.86 | 3.22 | 匈牙利 | 1.59 | 14.69 | 3.18 |
| 9 | 爱尔兰 | 0.64 | 6.12 | 3.14 | 瑞士 | 1.56 | 45.00 | 3.13 |
| 10 | 英国 | 0.57 | 53.52 | 2.78 | 法国 | 1.39 | 20.08 | 2.78 |
| 合计 | | **16.61** | – | **81.09** | 合计 | **38.07** | – | **76.21** |

### 2.4.3 进口产品

**表 2 -14 2012 年 1 -6 月俄罗斯医疗器械进口产品情况**

单位：万美元，%

| HS 编码 | 名称 | 进口总额 | 同比 | 占比 | 进口排序 |
|---|---|---|---|---|---|
| | 全球 | **204817.79** | **15.33** | **100** | |
| 300510 | 胶粘敷料及其他有胶粘涂层的物品 | 1796.42 | 31.55 | 0.88 | 26 |
| 300590 | 其他软填料及类似物品 | 989.11 | 22.78 | 0.48 | 33 |
| 300610 | 无菌外科肠线，昆布，止血材料，阻隔材料 | 2161.54 | 19.64 | 1.06 | 24 |
| 300630 | X 光检查造影剂；用于病人的诊断试剂 | 4199.47 | 19.57 | 2.05 | 15 |
| 300640 | 牙科粘固剂及其他牙科填料；骨骼粘固剂 | 2596.19 | 16.64 | 1.27 | 19 |
| 300650 | 急救药箱、药包 | 1.01 | 6.87 | 0.00 | 43 |
| 300670 | 专用于人类或兽药的凝胶制品，润滑剂，偶合剂 | 21.97 | -4.87 | 0.01 | 42 |
| 300691 | 可确定用于造口术的用具 | 1798.06 | 23.22 | 0.88 | 25 |
| 330620 | 清洁牙缝用纱线（牙线） | 198.42 | 13.88 | 0.10 | 40 |
| 4014 | 硫化橡胶（硬质橡胶除外）制卫生及医疗用品 | 1413.35 | -3.61 | 0.69 | 31 |
| 401511 | 硫化橡胶制外科用分指、连指及露指手套 | 1690.46 | 16.64 | 0.83 | 28 |
| 481840 | 纸卫生巾及止血塞、婴儿纸尿布、尿布衬里等 | 0.00 | -100 | 0.00 | 44 |
| 8713 | 残疾人用车，不论是否机动或其他机械驱动 | 1773.34 | 29.86 | 0.87 | 27 |
| 900130 | 隐形眼镜片 | 4336.10 | 6.29 | 2.12 | 14 |
| 901811 | 心电图记录仪 | 779.43 | 29.43 | 0.38 | 34 |
| 901812 | 超声波扫描装置 | 12709.66 | 76.87 | 6.21 | 4 |
| 901813 | 核磁共振成像装置 | 8362.54 | 68.07 | 4.08 | 7 |
| 901814 | 闪烁摄影装置 | 642.16 | ∞ | 0.31 | 36 |
| 901819 | 其他电气诊断装置 | 4428.10 | 71.68 | 2.16 | 13 |
| 901820 | 紫外线及红外线装置 | 533.12 | 31.87 | 0.26 | 37 |
| 901831 | 注射器，不论是否装有针头 | 3851.99 | -14.63 | 1.88 | 17 |
| 901832 | 管状金属针头及缝合用针 | 1420.80 | 4.66 | 0.69 | 30 |
| 901839 | 其他针、导管、插管及类似品 | 7270.47 | 15.79 | 3.55 | 9 |

| HS 编码 | 名称 | 进口总额 | 同比 | 占比 | 进口排序 |
|---|---|---|---|---|---|
| 901841 | 牙钻机，可与其他牙科设备组装在同一底座上 | 2254.30 | 0.27 | 1.10 | 23 |
| 901849 | 牙科用其他仪器及器具 | 4768.67 | 18.79 | 2.33 | 12 |
| 901850 | 眼科用其他仪器及器具 | 3334.08 | 57.97 | 1.63 | 18 |
| 901890 | 其他医疗、外科、牙科或兽医用仪器及器具 | 48474.39 | 41.47 | 23.67 | 1 |
| 901910 | 机械疗法器具、按摩器具及心理功能测验装置 | 8035.99 | 25.86 | 3.92 | 8 |
| 901920 | （臭氧、氧气、喷雾）治疗器、人工呼吸器等 | 13352.09 | 22.52 | 6.52 | 3 |
| 9020 | 其他呼吸器具及防毒面具 | 739.73 | -4.88 | 0.36 | 35 |
| 902110 | 矫形或骨折用器具 | 2426.85 | 29.88 | 1.18 | 20 |
| 902121 | 假牙 | 191.83 | -20 | 0.09 | 41 |
| 902129 | 牙齿固定件 | 2342.55 | 23.33 | 1.14 | 21 |
| 902131 | 人造关节 | 4028.19 | 16.72 | 1.97 | 16 |
| 902139 | 其他人造的人体部分 | 8721.37 | 17.82 | 4.26 | 6 |
| 902140 | 助听器，不包括零件、附件 | 2284.65 | -35.33 | 1.12 | 22 |
| 902150 | 心脏起搏器，不包括零件、附件 | 1087.81 | -3.25 | 0.53 | 32 |
| 902190 | 其他弥补生理缺陷残疾穿戴或植入人体的器具 | 6296.70 | 52.45 | 3.07 | 10 |
| 902212 | X 射线断层检查仪 | 10892.29 | 392.23 | 5.32 | 5 |
| 902213 | 其他，牙科用 X 射线应用设备 | 1467.86 | 26.1 | 0.72 | 29 |
| 902214 | 其他，医疗、外科或兽医用 X 射线应用设备 | 14883.07 | 440.42 | 7.27 | 2 |
| 902511 | 液体温度计，可直接读数 | 253.52 | -41.09 | 0.12 | 38 |
| 940210 | 牙科椅和理发椅及类似椅及其零件 | 201.13 | 18.83 | 0.10 | 39 |
| 940290 | 其他医用家具 | 5806.99 | 175.83 | 2.84 | 11 |

### 2.4.4 出口市场

**表 2-15 2011-2012 年 1-6 月俄罗斯医疗器械出口市场情况**

单位：万美元，%

| 排序 | 2012 年 1-6 月 | | | | 2011 年 | | | |
|---|---|---|---|---|---|---|---|---|
| | 目的地 | 出口总额 | 同比 | 占比 | 目的地 | 出口总额 | 同比 | 占比 |
| | **全球** | **4558.74** | **-28.93** | **100.00** | **全球** | **12464.33** | **19.12** | **100.00** |
| 1 | 乌克兰 | 1525.19 | -26.21 | 33.46 | 乌克兰 | 5037.78 | 53.44 | 40.42 |
| 2 | 乌兹别克斯坦 | 255.19 | 21.03 | 5.60 | 英国 | 1082.63 | 1060.10 | 8.69 |
| 3 | 美国 | 249.04 | 7.04 | 5.46 | 阿塞拜疆 | 635.79 | 24.53 | 5.10 |

| 排序 | 2012 年 1 – 6 月 | | | | 2011 年 | | | |
|---|---|---|---|---|---|---|---|---|
| | 目的地 | 出口总额 | 同比 | 占比 | 目的地 | 出口总额 | 同比 | 占比 |
| 4 | 吉尔吉斯斯坦 | 237.67 | 34.39 | 5.21 | 乌兹别克斯坦 | 479.18 | –4.46 | 3.84 |
| 5 | 印度 | 167.25 | 166.22 | 3.67 | 阿布哈兹 | 446.32 | 240.21 | 3.58 |
| 6 | 阿塞拜疆 | 167.11 | –40.12 | 3.67 | 德国 | 445.65 | 60.95 | 3.58 |
| 7 | 摩尔多瓦 | 165.36 | 30.02 | 3.63 | 美国 | 436.72 | 39.70 | 3.50 |
| 8 | 亚美尼亚 | 156.11 | 62.98 | 3.42 | 吉尔吉斯斯坦 | 398.39 | 14.19 | 3.20 |
| 9 | 尼加拉瓜 | 155.45 | 0.00 | 3.41 | 土库曼斯坦 | 341.74 | 50.50 | 2.74 |
| 10 | 拉脱维亚 | 138.71 | 96.59 | 3.04 | 摩尔多瓦 | 325.37 | 8.50 | 2.61 |
| 合计 | | **3217.06** | | **70.57** | 合计 | **9629.59** | | **77.26** |

### 2.4.5 出口产品

**表 2 – 16 2012 年 1 – 6 月俄罗斯医疗器械出口产品情况**

单位：万美元，%

| HS 编码 | 商品名称/描述 | 出口总额 | 同比 | 占比 | 出口排序 |
|---|---|---|---|---|---|
| | 全球 | **4558.74** | **–28.93** | **100** | |
| 300510 | 胶粘敷料及其他有胶粘涂层的物品 | 238.63 | 6.84 | 5.23 | 5 |
| 300590 | 其他软填料及类似物品 | 620.89 | –8.63 | 13.62 | 2 |
| 300610 | 无菌外科肠线，昆布，止血材料，阻隔材料 | 30.64 | 168.75 | 0.67 | 22 |
| 300630 | X 光检查造影剂；用于病人的诊断试剂 | 1.01 | –92.29 | 0.02 | 39 |
| 300640 | 牙科粘固剂及其他牙科填料；骨骼粘固剂 | 27.08 | –17.49 | 0.59 | 24 |
| 300650 | 急救药箱、药包 | 8.29 | –52.98 | 0.18 | 30 |
| 300670 | 专用于人类或兽药的凝胶制品，润滑剂，偶合剂 | 1.54 | –28.7 | 0.03 | 36 |
| 300691 | 可确定用于造口术的用具 | 0.23 | –99.75 | 0.01 | 42 |
| 330620 | 清洁牙缝用纱线（牙线） | 4.59 | 17.97 | 0.10 | 32 |
| 4014 | 硫化橡胶（硬质橡胶除外）制卫生及医疗用品 | 149.72 | –4.69 | 3.28 | 8 |
| 401511 | 硫化橡胶制外科用分指、连指及露指手套 | 29.82 | 469.19 | 0.65 | 23 |
| 481840 | 纸卫生巾及止血塞、婴儿纸尿布、尿布衬里等 | 0.00 | –100 | 0.00 | 43 |
| 8713 | 残疾人用车，不论是否机动或其他机械驱动 | 0.32 | –32.3 | 0.01 | 41 |
| 900130 | 隐形眼镜片 | 35.37 | 72.5 | 0.78 | 21 |
| 901811 | 心电图记录仪 | 66.19 | –10.93 | 1.45 | 15 |

| HS 编码 | 商品名称/描述 | 出口总额 | 同比 | 占比 | 出口排序 |
|---|---|---|---|---|---|
| 901812 | 超声波扫描装置 | 89.19 | -65.8 | 1.96 | 12 |
| 901813 | 核磁共振成像装置 | 76.40 | -37.3 | 1.68 | 14 |
| 901814 | 闪烁摄影装置 | 0.00 | -100 | 0.00 | 44 |
| 901819 | 其他电气诊断装置 | 377.96 | 17.07 | 8.29 | 4 |
| 901820 | 紫外线及红外线装置 | 62.83 | 109.47 | 1.38 | 16 |
| 901831 | 注射器，不论是否装有针头 | 20.94 | -33.27 | 0.46 | 26 |
| 901832 | 管状金属针头及缝合用针 | 12.03 | -10.1 | 0.26 | 29 |
| 901839 | 其他针、导管、插管及类似品 | 54.11 | -28.45 | 1.19 | 17 |
| 901841 | 牙钻机，可与其他牙科设备组装在同一底座上 | 3.96 | 66.66 | 0.09 | 34 |
| 901849 | 牙科用其他仪器及器具 | 131.75 | -25.44 | 2.89 | 10 |
| 901850 | 眼科用其他仪器及器具 | 191.13 | 41.98 | 4.19 | 6 |
| 901890 | 其他医疗、外科、牙科或兽医用仪器及器具 | 1089.74 | 7.33 | 23.90 | 1 |
| 901910 | 机械疗法器具、按摩器具及心理功能测验装置 | 41.78 | -18.22 | 0.92 | 19 |
| 901920 | （臭氧、氧气、喷雾）治疗器、人工呼吸器等 | 87.63 | -10.32 | 1.92 | 13 |
| 9020 | 其他呼吸器具及防毒面具 | 525.51 | 112.65 | 11.53 | 3 |
| 902110 | 矫形或骨折用器具 | 115.42 | 151.65 | 2.53 | 11 |
| 902121 | 假牙 | 1.16 | -73.89 | 0.03 | 38 |
| 902129 | 牙齿固定件 | 5.33 | -38.72 | 0.12 | 31 |
| 902131 | 人造关节 | 41.75 | 1.17 | 0.92 | 20 |
| 902139 | 其他人造的人体部分 | 137.47 | 12.09 | 3.02 | 9 |
| 902140 | 助听器，不包括零件、附件 | 2.79 | -76.17 | 0.06 | 35 |
| 902150 | 心脏起搏器，不包括零件、附件 | 19.74 | -65.89 | 0.43 | 27 |
| 902190 | 其他弥补生理缺陷残疾穿戴或植入人体的器具 | 15.12 | -7.62 | 0.33 | 28 |
| 902212 | X 射线断层检查仪 | 4.17 | -99.14 | 0.09 | 33 |
| 902213 | 其他，牙科用 X 射线应用设备 | 0.68 | -74.46 | 0.01 | 40 |
| 902214 | 其他，医疗、外科或兽医用 X 射线应用设备 | 164.13 | -69.87 | 3.60 | 7 |
| 902511 | 液体温度计，可直接读数 | 26.52 | -60.78 | 0.58 | 25 |
| 940210 | 牙科椅和理发椅及类似椅及其零件 | 1.28 | -64.24 | 0.03 | 37 |
| 940290 | 其他医用家具 | 43.86 | -37.64 | 0.96 | 18 |

## 2.5 法　国

### 2.5.1 总体概况

2011 年，法国医疗器械进出口贸易 205.67 亿美元，同比增长 1.07%；进口 117.97 亿美元，同比增长 3.71%；出口 87.71 亿美元，同比减少 2.28%。2012 年 1－6 月，法国医疗器械进出口贸易 94.12 亿美元，同比减少 12.22%；进口 53.22 亿美元，同比减少 13.24%；出口 40.90 亿美元，同比减少 10.86%。

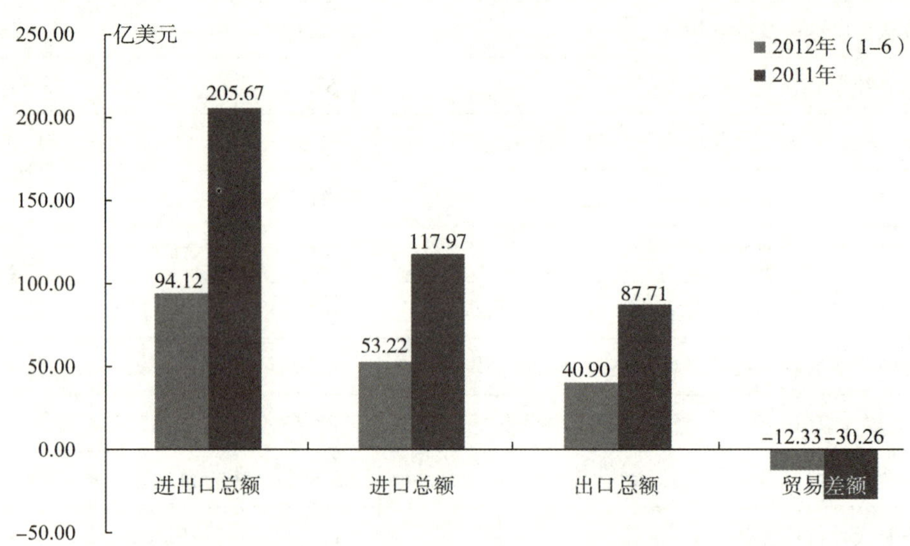


图 2－5　2011－2012 年 1－6 月法国医疗器械进出口情况

### 2.5.2 进口市场

表 2－17　2011－2012 年 1－6 月法国医疗器械进口市场情况

单位：亿美元，%

| 排序 | 2012 年 1－6 月 | | | | 2011 年 | | | |
|---|---|---|---|---|---|---|---|---|
| | 来源地 | 进口总额 | 同比 | 占比 | 来源地 | 进口总额 | 同比 | 占比 |
| | **全球** | **53.22** | **－13.24** | **100.00** | 全球 | **117.97** | **3.71** | **100.00** |
| 1 | 瑞士 | 9.73 | －19.03 | 18.29 | 瑞士 | 21.24 | －11.96 | 18.00 |
| 2 | 德国 | 7.99 | －16.83 | 15.01 | 德国 | 20.31 | 5.97 | 17.22 |
| 3 | 美国 | 6.83 | －2.56 | 12.84 | 比利时 | 15.88 | 10.81 | 13.46 |
| 4 | 荷兰 | 6.75 | －0.01 | 12.69 | 荷兰 | 13.31 | 13.25 | 11.29 |
| 5 | 比利时 | 6.66 | －19.17 | 12.52 | 美国 | 13.10 | －2.20 | 11.11 |
| 6 | 中国 | 1.98 | 4.83 | 3.72 | 中国 | 4.00 | 18.97 | 3.39 |
| 7 | 意大利 | 1.66 | －18.50 | 3.12 | 意大利 | 3.92 | 2.91 | 3.32 |

| 排序 | 2012 年 1－6 月 | | | | 2011 年 | | | |
|---|---|---|---|---|---|---|---|---|
| | 来源地 | 进口总额 | 同比 | 占比 | 来源地 | 进口总额 | 同比 | 占比 |
| 8 | 英国 | 1. 30 | －40. 56 | 2. 45 | 英国 | 3. 80 | －4. 11 | 3. 22 |
| 9 | 瑞典 | 1. 11 | －17. 41 | 2. 09 | 瑞典 | 2. 44 | 15. 90 | 2. 07 |
| 10 | 墨西哥 | 1. 04 | －1. 23 | 1. 96 | 爱尔兰 | 2. 20 | 5. 21 | 1. 87 |
| 合计 | | **45. 06** | **－** | **84. 69** | 合计 | **100. 02** | **－** | **84. 95** |

## 2. 5. 3　进口产品

**表 2－18　2012 年 1－6 月法国医疗器械进口产品情况**

单位：万美元，%

| HS 编码 | 名称 | 进口总额 | 同比 | 占比 | 进口排序 |
|---|---|---|---|---|---|
| | 全球 | **532204. 60** | **－13. 24** | **100** | |
| 300510 | 胶粘敷料及其他有胶粘涂层的物品 | 10172. 69 | －23. 49 | 1. 91 | 14 |
| 300590 | 其他软填料及类似物品 | 15172. 09 | －10. 77 | 2. 85 | 10 |
| 300610 | 无菌外科肠线，昆布，止血材料，阻隔材料 | 5376. 77 | －19. 42 | 1. 01 | 25 |
| 300630 | X 光检查造影剂；用于病人的诊断试剂 | 6895. 77 | －11. 49 | 1. 30 | 22 |
| 300640 | 牙科粘固剂及其他牙科填料；骨骼粘固剂 | 4976. 03 | 1. 15 | 0. 93 | 26 |
| 300650 | 急救药箱、药包 | 614. 93 | －1. 6 | 0. 12 | 39 |
| 300670 | 专用于人类或兽药的凝胶制品，润滑剂，偶合剂 | 784. 44 | －24. 83 | 0. 15 | 38 |
| 300691 | 可确定用于造口术的用具 | 3234. 07 | －2. 48 | 0. 61 | 30 |
| 330620 | 清洁牙缝用纱线（牙线） | 147. 57 | 6. 69 | 0. 03 | 43 |
| 4014 | 硫化橡胶（硬质橡胶除外）制卫生及医疗用品 | 2841. 21 | －22. 08 | 0. 53 | 32 |
| 401511 | 硫化橡胶制外科用分指、连指及露指手套 | 3239. 95 | 13. 15 | 0. 61 | 29 |
| 481840 | 纸卫生巾及止血塞、婴儿纸尿布、尿布衬里等 | 0. 00 | －100 | 0. 00 | 44 |
| 8713 | 残疾人用车，不论是否机动或其他机械驱动 | 3377. 70 | －7. 87 | 0. 63 | 28 |
| 900130 | 隐形眼镜片 | 7172. 32 | －18. 88 | 1. 35 | 20 |
| 901811 | 心电图记录仪 | 1012. 88 | －27. 3 | 0. 19 | 36 |
| 901812 | 超声波扫描装置 | 6375. 83 | －9. 85 | 1. 20 | 23 |
| 901813 | 核磁共振成像装置 | 8413. 50 | －14. 01 | 1. 58 | 19 |
| 901814 | 闪烁摄影装置 | 1273. 56 | 16. 52 | 0. 24 | 34 |
| 901819 | 其他电气诊断装置 | 9005. 03 | －13. 29 | 1. 69 | 17 |
| 901820 | 紫外线及红外线装置 | 430. 07 | 123. 8 | 0. 08 | 42 |
| 901831 | 注射器，不论是否装有针头 | 23530. 38 | －11. 54 | 4. 42 | 8 |
| 901832 | 管状金属针头及缝合用针 | 4228. 85 | 3. 4 | 0. 79 | 27 |
| 901839 | 其他针、导管、插管及类似品 | 36015. 28 | －1. 81 | 6. 77 | 3 |

| HS 编码 | 名称 | 进口总额 | 同比 | 占比 | 进口排序 |
|---|---|---|---|---|---|
| 901841 | 牙钻机，可与其他牙科设备组装在同一底座上 | 584.23 | -35.53 | 0.11 | 40 |
| 901849 | 牙科用其他仪器及器具 | 11571.54 | -8.06 | 2.17 | 13 |
| 901850 | 眼科用其他仪器及器具 | 11745.02 | -2.93 | 2.21 | 12 |
| 901890 | 其他医疗、外科、牙科或兽医用仪器及器具 | 100848.44 | -2.88 | 18.95 | 1 |
| 901910 | 机械疗法器具、按摩器具及心理功能测验装置 | 8991.75 | -3.48 | 1.69 | 18 |
| 901920 | （臭氧、氧气、喷雾）治疗器、人工呼吸器等 | 16404.33 | -5.81 | 3.08 | 9 |
| 9020 | 其他呼吸器具及防毒面具 | 2882.80 | -11.95 | 0.54 | 31 |
| 902110 | 矫形或骨折用器具 | 33405.52 | -4.63 | 6.28 | 4 |
| 902121 | 假牙 | 818.54 | -11.64 | 0.15 | 37 |
| 902129 | 牙齿固定件 | 13927.72 | 3.57 | 2.62 | 11 |
| 902131 | 人造关节 | 29466.95 | -7.88 | 5.54 | 6 |
| 902139 | 其他人造的人体部分 | 25816.86 | -13.92 | 4.85 | 7 |
| 902140 | 助听器，不包括零件、附件 | 9737.32 | -11.5 | 1.83 | 15 |
| 902150 | 心脏起搏器，不包括零件、附件 | 53647.68 | -12.11 | 10.08 | 2 |
| 902190 | 其他弥补生理缺陷残疾穿戴或植入人体的器具 | 33084.29 | -22.63 | 6.22 | 5 |
| 902212 | X 射线断层检查仪 | 5819.57 | -11.65 | 1.09 | 24 |
| 902213 | 其他，牙科用 X 射线应用设备 | 1400.16 | -45.89 | 0.26 | 33 |
| 902214 | 其他，医疗、外科或兽医用 X 射线应用设备 | 9278.69 | 1.44 | 1.74 | 16 |
| 902511 | 液体温度计，可直接读数 | 479.72 | -16.09 | 0.09 | 41 |
| 940210 | 牙科椅和理发椅及类似椅及其零件 | 1070.39 | -14.02 | 0.20 | 35 |
| 940290 | 其他医用家具 | 6932.19 | -2.82 | 1.30 | 21 |

### 2.5.4 出口市场

**表 2-19 2011-2012 年 1-6 月法国医疗器械出口市场情况**

单位：亿美元，%

| 排序 | 2012 年 1-6 月 | | | | 2011 年 | | | |
|---|---|---|---|---|---|---|---|---|
| | 目的地 | 出口总额 | 同比 | 占比 | 目的地 | 出口总额 | 同比 | 占比 |
| | **全球** | **40.90** | **-10.86** | **100.00** | **全球** | **87.71** | **-2.28** | **100.00** |
| 1 | 荷兰 | 6.48 | -21.11 | 15.85 | 荷兰 | 13.79 | -22.62 | 15.72 |
| 2 | 德国 | 5.92 | -12.72 | 14.47 | 德国 | 13.11 | 9.74 | 14.95 |
| 3 | 意大利 | 3.13 | -13.99 | 7.65 | 意大利 | 6.43 | -5.22 | 7.33 |
| 4 | 美国 | 2.89 | -7.88 | 7.07 | 西班牙 | 6.35 | -8.31 | 7.25 |
| 5 | 西班牙 | 2.76 | -21.34 | 6.75 | 比利时 | 6.24 | 3.05 | 7.11 |
| 6 | 比利时 | 2.63 | -19.17 | 6.44 | 美国 | 6.21 | -13.29 | 7.09 |

| 排序 | 2012 年 1－6 月 | | | | 2011 年 | | | |
|---|---|---|---|---|---|---|---|---|
| | 目的地 | 出口总额 | 同比 | 占比 | 目的地 | 出口总额 | 同比 | 占比 |
| 7 | 英国 | 2.45 | －5.44 | 5.99 | 英国 | 5.21 | － 3.58 | 5.93 |
| 8 | 瑞士 | 1.06 | －14.71 | 2.60 | 瑞士 | 2.37 | 1.92 | 2.70 |
| 9 | 俄罗斯 | 0.82 | 120.99 | 2.00 | 俄罗斯 | 1.70 | 47.26 | 1.93 |
| 10 | 日本 | 0.72 | 1.46 | 1.75 | 日本 | 1.41 | 16.68 | 1.61 |
| 合计 | | **28.86** | | **70.57** | 合计 | **62.82** | | **71.62** |

### 2.5.5 出口产品

**表 2－20 2012 年 1－6 月法国医疗器械出口产品情况**

单位：万美元，%

| HS 编码 | 商品名称/描述 | 出口总额 | 同比 | 占比 | 出口排序 |
|---|---|---|---|---|---|
| | **全球** | **408952.06** | **－10.86** | **100** | |
| 300510 | 胶粘敷料及其他有胶粘涂层的物品 | 4910.32 | 6.49 | 1.20 | 21 |
| 300590 | 其他软填料及类似物品 | 6276.09 | 22.84 | 1.53 | 15 |
| 300610 | 无菌外科肠线，昆布，止血材料，阻隔材料 | 12158.34 | 3.67 | 2.97 | 10 |
| 300630 | X 光检查造影剂；用于病人的诊断试剂 | 11438.83 | －8.35 | 2.80 | 11 |
| 300640 | 牙科粘固剂及其他牙科填料；骨骼粘固剂 | 3752.63 | 39.17 | 0.92 | 27 |
| 300650 | 急救药箱、药包 | 152.71 | 22.52 | 0.04 | 38 |
| 300670 | 专用于人类或兽药的凝胶制品，润滑剂，偶合剂 | 378.77 | －1.63 | 0.09 | 34 |
| 300691 | 可确定用于造口术的用具 | 2004.18 | －17.09 | 0.49 | 30 |
| 330620 | 清洁牙缝用纱线（牙线） | 29.03 | 10.78 | 0.01 | 43 |
| 4014 | 硫化橡胶（硬质橡胶除外）制卫生及医疗用品 | 6166.48 | －19.62 | 1.51 | 16 |
| 401511 | 硫化橡胶制外科用分指、连指及露指手套 | 483.59 | －28.27 | 0.12 | 33 |
| 481840 | 纸卫生巾及止血塞、婴儿纸尿布、尿布衬里等 | 0.00 | －100 | 0.00 | 44 |
| 8713 | 残疾人用车，不论是否机动或其他机械驱动 | 1008.31 | －4.22 | 0.25 | 31 |
| 900130 | 隐形眼镜片 | 312.69 | －17.12 | 0.08 | 35 |
| 901811 | 心电图记录仪 | 143.37 | －16.05 | 0.04 | 39 |
| 901812 | 超声波扫描装置 | 4729.24 | 26.46 | 1.16 | 23 |
| 901813 | 核磁共振成像装置 | 5812.01 | 8.84 | 1.42 | 18 |
| 901814 | 闪烁摄影装置 | 769.45 | 21.91 | 0.19 | 32 |
| 901819 | 其他电气诊断装置 | 4389.43 | 11.99 | 1.07 | 24 |
| 901820 | 紫外线及红外线装置 | 215.30 | 62.48 | 0.05 | 37 |

| HS 编码 | 商品名称/描述 | 出口总额 | 同比 | 占比 | 出口排序 |
|---|---|---|---|---|---|
| 901831 | 注射器，不论是否装有针头 | 18546.78 | -8.72 | 4.54 | 8 |
| 901832 | 管状金属针头及缝合用针 | 3576.86 | -5 | 0.87 | 28 |
| 901839 | 其他针、导管、插管及类似品 | 14302.60 | -1.23 | 3.50 | 9 |
| 901841 | 牙钻机，可与其他牙科设备组装在同一底座上 | 78.80 | -38.43 | 0.02 | 42 |
| 901849 | 牙科用其他仪器及器具 | 7799.53 | 0.48 | 1.91 | 12 |
| 901850 | 眼科用其他仪器及器具 | 6574.36 | -3.49 | 1.61 | 14 |
| 901890 | 其他医疗、外科、牙科或兽医用仪器及器具 | 84900.17 | -9.54 | 20.76 | 1 |
| 901910 | 机械疗法器具、按摩器具及心理功能测验装置 | 3758.51 | -11.52 | 0.92 | 26 |
| 901920 | （臭氧、氧气、喷雾）治疗器、人工呼吸器等 | 7793.84 | -0.93 | 1.91 | 13 |
| 9020 | 其他呼吸器具及防毒面具 | 2836.42 | -13.17 | 0.69 | 29 |
| 902110 | 矫形或骨折用器具 | 37495.66 | -18.02 | 9.17 | 2 |
| 902121 | 假牙 | 105.84 | 26.26 | 0.03 | 41 |
| 902129 | 牙齿固定件 | 5001.81 | -15.18 | 1.22 | 19 |
| 902131 | 人造关节 | 27439.83 | -12.78 | 6.71 | 4 |
| 902139 | 其他人造的人体部分 | 20976.42 | -12.52 | 5.13 | 6 |
| 902140 | 助听器，不包括零件、附件 | 4935.67 | 13.63 | 1.21 | 20 |
| 902150 | 心脏起搏器，不包括零件、附件 | 36929.93 | -12.97 | 9.03 | 3 |
| 902190 | 其他弥补生理缺陷残疾穿戴或植入人体的器具 | 24992.44 | -28.16 | 6.11 | 5 |
| 902212 | X 射线断层检查仪 | 6013.21 | 90.53 | 1.47 | 17 |
| 902213 | 其他，牙科用 X 射线应用设备 | 3795.92 | -7.35 | 0.93 | 25 |
| 902214 | 其他，医疗、外科或兽医用 X 射线应用设备 | 20751.72 | 6.58 | 5.07 | 7 |
| 902511 | 液体温度计，可直接读数 | 131.99 | 13.76 | 0.03 | 40 |
| 940210 | 牙科椅和理发椅及类似椅及其零件 | 220.89 | -24.16 | 0.05 | 36 |
| 940290 | 其他医用家具 | 4862.11 | 47.51 | 1.19 | 22 |

## 2.6 韩 国

### 2.6.1 总体概况

2011 年，韩国医疗器械进出口贸易 47.94 亿美元，同比增长 14.37%；进口 28.22 亿美元，同比增长 13.62%；出口 19.72 亿美元，同比增长 15.47%。2012 年 1－6 月，韩国医疗器械进出口贸易 22.45 亿美元，同比减少 3.37%；进口 13.13 亿美元，同比减少 9.29%；出口 9.32 亿美元，同比增长 6.41%。

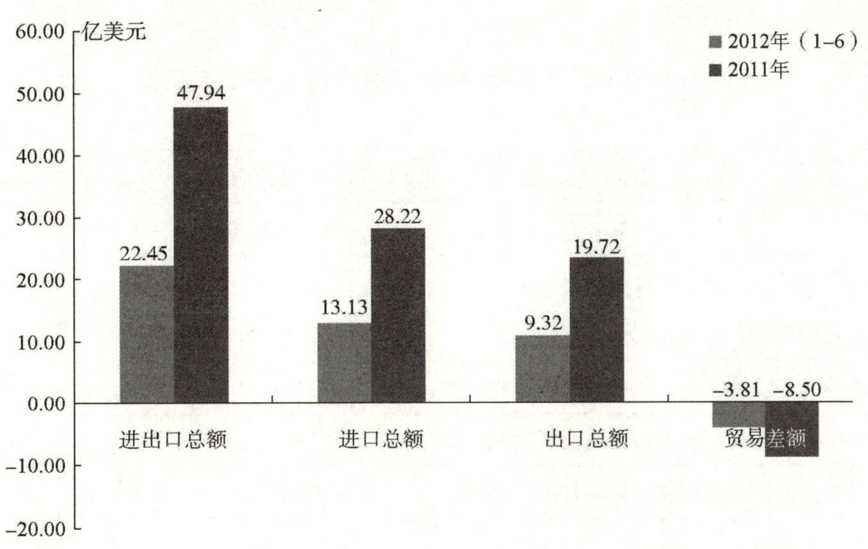


图 2－6　2011－2012 年 1－6 月韩国医疗器械进出口情况

## 2.6.2 进口市场

表 2－21　2011－2012 年 1－6 月韩国医疗器械进口市场情况

单位：亿美元，%

| 排序 | 2012 年 1－6 月 | | | | 2011 年 | | | |
|---|---|---|---|---|---|---|---|---|
| | 来源地 | 进口总额 | 同比 | 占比 | 来源地 | 进口总额 | 同比 | 占比 |
| | **全球** | **13.13** | **－9.29** | **100.00** | **全球** | **28.22** | **13.62** | **100.00** |
| 1 | 美国 | 4.40 | －7.02 | 33.54 | 美国 | 9.09 | 7.22 | 32.21 |
| 2 | 德国 | 1.65 | －10.94 | 12.54 | 德国 | 3.55 | 12.70 | 12.58 |
| 3 | 日本 | 1.33 | －23.99 | 10.13 | 日本 | 3.36 | 2.54 | 11.91 |
| 4 | 中国 | 1.31 | －2.47 | 10.00 | 中国 | 2.68 | 26.40 | 9.49 |
| 5 | 爱尔兰 | 0.98 | －10.92 | 7.45 | 爱尔兰 | 2.08 | 20.89 | 7.38 |
| 6 | 墨西哥 | 0.45 | －4.30 | 3.46 | 瑞士 | 0.98 | 19.22 | 3.48 |
| 7 | 瑞士 | 0.45 | －8.04 | 3.42 | 墨西哥 | 0.96 | 80.65 | 3.42 |
| 8 | 意大利 | 0.25 | 10.20 | 1.89 | 荷兰 | 0.59 | 5.62 | 2.08 |
| 9 | 荷兰 | 0.25 | －25.57 | 1.89 | 新加坡 | 0.47 | 49.85 | 1.65 |
| 10 | 新加坡 | 0.24 | 2.71 | 1.83 | 法国 | 0.46 | 8.51 | 1.62 |
| 合计 | | **11.31** | **－** | **86.15** | 合计 | **24.22** | **－** | **85.82** |

## 2.6.3 进口产品

**表 2－22 2012 年 1－6 月韩国医疗器械进口产品情况**

单位：万美元，%

| HS 编码 | 名称 | 进口总额 | 同比 | 占比 | 进口排序 |
|---|---|---|---|---|---|
|  | **全球** | **131308.30** | **－9.29** | **100** |  |
| 300510 | 胶粘敷料及其他有胶粘涂层的物品 | 833.14 | 0.63 | 60.36 | 24 |
| 300590 | 其他软填料及类似物品 | 2749.16 | 2.09 | －0.27 | 16 |
| 300610 | 无菌外科肠线，昆布，止血材料，阻隔材料 | 3030.32 | 2.31 | 2.11 | 13 |
| 300630 | X 光检查造影剂；用于病人的诊断试剂 | 4784.02 | 3.64 | 20.72 | 7 |
| 300640 | 牙科粘固剂及其他牙科填料；骨骼粘固剂 | 2268.34 | 1.73 | 13.14 | 18 |
| 300650 | 急救药箱、药包 | 28.52 | 0.02 | 94.45 | 40 |
| 300670 | 专用于人类或兽药的凝胶制品，润滑剂，偶合剂 | 77.87 | 0.06 | 18.29 | 39 |
| 300691 | 可确定用于造口术的用具 | 0.43 | 0.00 | 29.48 | 44 |
| 330620 | 清洁牙缝用纱线（牙线） | 119.67 | 0.09 | 97.86 | 37 |
| 4014 | 硫化橡胶（硬质橡胶除外）制卫生及医疗用品 | 602.92 | 0.46 | －1.9 | 27 |
| 401511 | 硫化橡胶制外科用分指、连指及露指手套 | 828.42 | 0.63 | －7.76 | 25 |
| 481840 | 纸卫生巾及止血塞、婴儿纸尿布、尿布衬里等 | 20.34 | 0.02 | －99.75 | 41 |
| 8713 | 残疾人用车，不论是否机动或其他机械驱动 | 608.67 | 0.46 | 16.89 | 26 |
| 900130 | 隐形眼镜片 | 5191.00 | 3.95 | 4.28 | 5 |
| 901811 | 心电图记录仪 | 542.74 | 0.41 | －14.87 | 28 |
| 901812 | 超声波扫描装置 | 2078.37 | 1.58 | －15.37 | 19 |
| 901813 | 核磁共振成像装置 | 4087.92 | 3.11 | 6.4 | 9 |
| 901814 | 闪烁摄影装置 | 15.29 | 0.01 | 7353.88 | 42 |
| 901819 | 其他电气诊断装置 | 7127.48 | 5.43 | －5.07 | 4 |
| 901820 | 紫外线及红外线装置 | 81.96 | 0.06 | －6.75 | 38 |
| 901831 | 注射器，不论是否装有针头 | 1601.92 | 1.22 | 74.68 | 21 |
| 901832 | 管状金属针头及缝合用针 | 1636.55 | 1.25 | 1.53 | 20 |
| 901839 | 其他针、导管、插管及类似品 | 12563.23 | 9.57 | 9.18 | 3 |
| 901841 | 牙钻机，可与其他牙科设备组装在同一底座上 | 318.69 | 0.24 | 26.76 | 34 |
| 901849 | 牙科用其他仪器及器具 | 2567.10 | 1.96 | 14.94 | 17 |
| 901850 | 眼科用其他仪器及器具 | 3676.98 | 2.80 | －16.46 | 11 |
| 901890 | 其他医疗、外科、牙科或兽医用仪器及器具 | 32573.81 | 24.81 | －11.24 | 1 |

| HS 编码 | 名称 | 进口总额 | 同比 | 占比 | 进口排序 |
|---|---|---|---|---|---|
| 901910 | 机械疗法器具、按摩器具及心理功能测验装置 | 5144.56 | 3.92 | 8.35 | 6 |
| 901920 | （臭氧、氧气、喷雾）治疗器、人工呼吸器等 | 1529.48 | 1.16 | 4.08 | 22 |
| 9020 | 其他呼吸器具及防毒面具 | 838.77 | 0.64 | 1.37 | 23 |
| 902110 | 矫形或骨折用器具 | 178.19 | 0.14 | 44.08 | 35 |
| 902121 | 假牙 | 163.16 | 0.12 | -30.73 | 36 |
| 902129 | 牙齿固定件 | 2823.65 | 2.15 | -18.47 | 15 |
| 902131 | 人造关节 | 4512.96 | 3.44 | -15.48 | 8 |
| 902139 | 其他人造的人体部分 | 3900.54 | 2.97 | -5.31 | 10 |
| 902140 | 助听器，不包括零件、附件 | 431.44 | 0.33 | 69 | 31 |
| 902150 | 心脏起搏器，不包括零件、附件 | 510.10 | 0.39 | 48.07 | 29 |
| 902190 | 其他弥补生理缺陷残疾穿戴或植入人体的器具 | 13815.14 | 10.52 | 7.25 | 2 |
| 902212 | X 射线断层检查仪 | 2876.88 | 2.19 | -46.66 | 14 |
| 902213 | 其他，牙科用 X 射线应用设备 | 330.08 | 0.25 | 6.21 | 33 |
| 902214 | 其他，医疗、外科或兽医用 X 射线应用设备 | 3398.00 | 2.59 | -31.66 | 12 |
| 902511 | 液体温度计，可直接读数 | 9.54 | 0.01 | -41.65 | 43 |
| 940210 | 牙科椅和理发椅及类似椅及其零件 | 349.68 | 0.27 | 492.39 | 32 |
| 940290 | 其他医用家具 | 481.25 | 0.37 | -24.86 | 30 |

### 2.6.4 出口市场

**表 2-23 2011-2012 年 1-6 月韩国医疗器械出口市场情况**

单位：亿美元，%

| 排序 | 2012 年 1-6 月 | | | | 2011 年 | | | |
|---|---|---|---|---|---|---|---|---|
| | 目的地 | 出口总额 | 同比 | 占比 | 目的地 | 出口总额 | 同比 | 占比 |
| | **全球** | **9.32** | **6.41** | **100.00** | **全球** | **19.72** | **15.47** | **100.00** |
| 1 | 美国 | 1.58 | 2.01 | 16.94 | 美国 | 3.22 | 11.40 | 16.33 |
| 2 | 中国 | 0.81 | -12.84 | 8.72 | 中国 | 2.18 | 15.70 | 11.06 |
| 3 | 日本 | 0.80 | 18.77 | 8.54 | 日本 | 1.57 | 26.49 | 7.96 |
| 4 | 德国 | 0.78 | 28.47 | 8.33 | 德国 | 1.56 | 11.91 | 7.91 |
| 5 | 俄罗斯 | 0.61 | 33.31 | 6.58 | 俄罗斯 | 1.22 | 34.26 | 6.19 |
| 6 | 新加坡 | 0.26 | -1.66 | 2.84 | 新加坡 | 0.55 | 22.84 | 2.80 |
| 7 | 印度 | 0.26 | 7.87 | 2.82 | 印度 | 0.48 | 31.54 | 2.45 |

| 排序 | 2012 年 1 - 6 月 | | | | 2011 年 | | | |
|---|---|---|---|---|---|---|---|---|
| | 目的地 | 出口总额 | 同比 | 占比 | 目的地 | 出口总额 | 同比 | 占比 |
| 8 | 巴西 | 0. 25 | 34. 42 | 2. 69 | 伊朗 | 0. 48 | 47. 83 | 2. 42 |
| 9 | 泰国 | 0. 20 | 35. 48 | 2. 19 | 中国香港 | 0. 48 | 16. 18 | 2. 41 |
| 10 | 越南 | 0. 19 | 42. 06 | 2. 05 | 中国台湾 | 0. 44 | - 7. 97 | 2. 25 |
| 合计 | | **5. 75** | | **61. 70** | 合计 | **12. 18** | | **61. 78** |

## 2. 6. 5 出口产品

**表 2 - 24 2012 年 1 - 6 月韩国医疗器械出口产品情况**

单位：万美元，%

| HS 编码 | 商品名称/描述 | 出口总额 | 同比 | 占比 | 出口排序 |
|---|---|---|---|---|---|
| | **全球** | **93181. 95** | **6. 41** | **100** | |
| 300510 | 胶粘敷料及其他有胶粘涂层的物品 | 1060. 96 | 26. 04 | 1. 14 | 21 |
| 300590 | 其他软填料及类似物品 | 1522. 32 | - 6. 8 | 1. 63 | 14 |
| 300610 | 无菌外科肠线，昆布，止血材料，阻隔材料 | 1507. 28 | 15. 15 | 1. 62 | 17 |
| 300630 | X 光检查造影剂；用于病人的诊断试剂 | 363. 76 | 35. 45 | 0. 39 | 27 |
| 300640 | 牙科粘固剂及其他牙科填料；骨骼粘固剂 | 1094. 14 | 20. 71 | 1. 17 | 20 |
| 300650 | 急救药箱、药包 | 0. 01 | - 99. 93 | 0. 00 | 38 |
| 300670 | 专用于人类或兽药的凝胶制品，润滑剂，偶合剂 | 133. 40 | 16. 16 | 0. 14 | 33 |
| 300691 | 可确定用于造口术的用具 | 0. 29 | n/a | 0. 00 | 43 |
| 330620 | 清洁牙缝用纱线（牙线） | 34. 62 | 52. 26 | 0. 04 | 35 |
| 4014 | 硫化橡胶（硬质橡胶除外）制卫生及医疗用品 | 1018. 55 | - 13. 76 | 1. 09 | 18 |
| 401511 | 硫化橡胶制外科用分指、连指及露指手套 | 40. 19 | ∞ | 0. 04 | 42 |
| 481840 | 纸卫生巾及止血塞、婴儿纸尿布、尿布衬里等 | 0. 00 | - 100 | 0. 00 | 3 |
| 8713 | 残疾人用车，不论是否机动或其他机械驱动 | 7. 33 | - 5. 69 | 0. 01 | 39 |
| 900130 | 隐形眼镜片 | 5195. 98 | 17. 81 | 5. 58 | 7 |
| 901811 | 心电图记录仪 | 1191. 90 | 1. 37 | 1. 28 | 19 |
| 901812 | 超声波扫描装置 | 17877. 74 | 35. 18 | 19. 19 | 2 |
| 901813 | 核磁共振成像装置 | 281. 86 | - 17. 19 | 0. 30 | 25 |
| 901814 | 闪烁摄影装置 | 1. 24 | n/a | 0. 00 | 44 |
| 901819 | 其他电气诊断装置 | 9310. 51 | 22. 91 | 9. 99 | 4 |
| 901820 | 紫外线及红外线装置 | 221. 12 | - 8. 82 | 0. 24 | 28 |

| HS 编码 | 商品名称/描述 | 出口总额 | 同比 | 占比 | 出口排序 |
|---|---|---|---|---|---|
| 901831 | 注射器，不论是否装有针头 | 1476.92 | 1.13 | 1.58 | 16 |
| 901832 | 管状金属针头及缝合用针 | 2508.28 | 16.73 | 2.69 | 12 |
| 901839 | 其他针、导管、插管及类似品 | 3669.03 | -17.5 | 3.94 | 6 |
| 901841 | 牙钻机，可与其他牙科设备组装在同一底座上 | 186.14 | 32.95 | 0.20 | 32 |
| 901849 | 牙科用其他仪器及器具 | 2090.66 | 29.37 | 2.24 | 15 |
| 901850 | 眼科用其他仪器及器具 | 2515.28 | 7.76 | 2.70 | 11 |
| 901890 | 其他医疗、外科、牙科或兽医用仪器及器具 | 16975.15 | 18.71 | 18.22 | 1 |
| 901910 | 机械疗法器具、按摩器具及心理功能测验装置 | 2075.23 | 0.48 | 2.23 | 13 |
| 901920 | （臭氧、氧气、喷雾）治疗器、人工呼吸器等 | 211.54 | -2.87 | 0.23 | 29 |
| 9020 | 其他呼吸器具及防毒面具 | 774.07 | 82.67 | 0.83 | 22 |
| 902110 | 矫形或骨折用器具 | 282.24 | -22.3 | 0.30 | 23 |
| 902121 | 假牙 | 16.30 | 37.12 | 0.02 | 36 |
| 902129 | 牙齿固定件 | 6137.44 | 36.61 | 6.59 | 5 |
| 902131 | 人造关节 | 182.31 | 199 | 0.20 | 34 |
| 902139 | 其他人造的人体部分 | 234.54 | -31.45 | 0.25 | 24 |
| 902140 | 助听器，不包括零件、附件 | 25.44 | 130.04 | 0.03 | 37 |
| 902150 | 心脏起搏器，不包括零件、附件 | 8.11 | 27.91 | 0.01 | 40 |
| 902190 | 其他弥补生理缺陷残疾穿戴或植入人体的器具 | 4629.48 | 15.94 | 4.97 | 8 |
| 902212 | X 射线断层检查仪 | 199.30 | -1.57 | 0.21 | 30 |
| 902213 | 其他，牙科用 X 射线应用设备 | 3751.68 | 3.07 | 4.03 | 9 |
| 902214 | 其他，医疗、外科或兽医用 X 射线应用设备 | 3754.76 | 27.65 | 4.03 | 10 |
| 902511 | 液体温度计，可直接读数 | 11.05 | 990.3 | 0.01 | 41 |
| 940210 | 牙科椅和理发椅及类似椅及其零件 | 259.72 | 38.68 | 0.28 | 31 |
| 940290 | 其他医用家具 | 344.07 | 4.62 | 0.37 | 26 |

## 2.7 美　国

### 2.7.1 总体概况

2011 年，美国医疗器械进出口贸易 743.40 亿美元，同比增长 6.81%；进口 344.95 亿美元，同比增长 8.46%；出口 398.45 亿美元，同比增长 8.46%。2012 年 1 -6 月，美国医疗器械进出口贸易 372.69 亿美元，同比增长 1.61%；进口 167.50 亿美元，同比减少 0.82%；出口 205.20 亿美元，同比增长 3.68%。

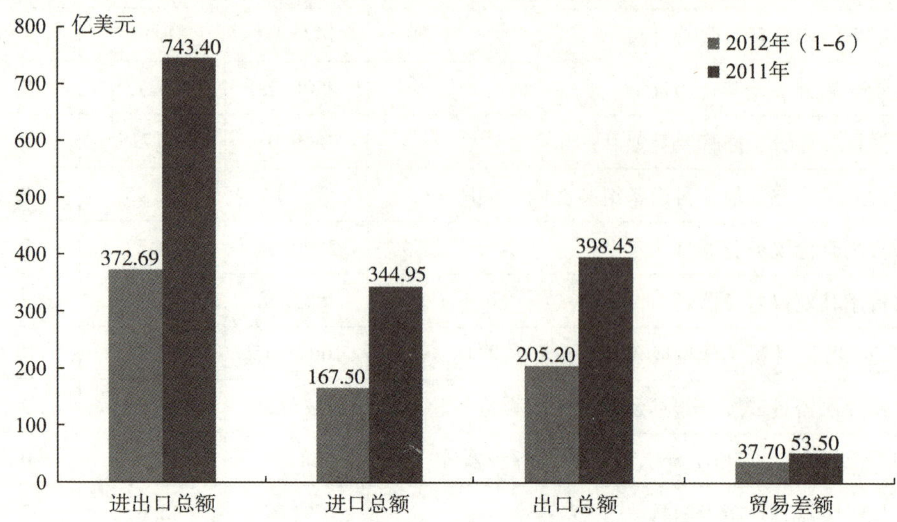


图 2－7　2011－2012 年 1－6 月美国医疗器械进出口情况

### 2.7.2　进口市场

表 2－25　2011－2012 年 1－6 月美国医疗器械进口市场情况

单位：亿美元，%

| 排序 | 2012 年 1－6 月 | | | | 2011 年 | | | |
|---|---|---|---|---|---|---|---|---|
| | 来源地 | 进口总额 | 同比 | 占比 | 来源地 | 进口总额 | 同比 | 占比 |
| | 全球 | **167.50** | **－0.82** | **100** | 全球 | **344.95** | **8.46** | **100** |
| 1 | 墨西哥 | 29.05 | －0.77 | 17.34 | 墨西哥 | 57.43 | 7.40 | 16.65 |
| 2 | 爱尔兰 | 25.98 | 6.18 | 15.51 | 爱尔兰 | 51.98 | 2.54 | 15.07 |
| 3 | 德国 | 20.93 | －6.20 | 12.50 | 德国 | 45.21 | 16.47 | 13.11 |
| 4 | 中国 | 16.26 | 2.43 | 9.70 | 中国 | 33.40 | 9.65 | 9.68 |
| 5 | 日本 | 9.69 | 3.67 | 5.78 | 瑞士 | 21.49 | 23.61 | 6.23 |
| 6 | 瑞士 | 9.54 | －13.41 | 5.70 | 日本 | 19.05 | －0.55 | 5.52 |
| 7 | 哥斯达黎加 | 5.27 | 20.39 | 3.15 | 加拿大 | 12.46 | 5.75 | 3.61 |
| 8 | 英国 | 5.17 | 2.14 | 3.09 | 英国 | 10.95 | 16.99 | 3.17 |
| 9 | 新加坡 | 3.88 | 22.59 | 2.31 | 哥斯达黎加 | 8.90 | 1.73 | 2.58 |
| 10 | 加拿大 | 3.68 | －42.14 | 2.20 | 法国 | 7.17 | －6.56 | 2.08 |
| 合计 | | **129.44** | **－** | **77.28** | 合计 | **268.03** | **－** | **77.70** |

### 2.7.3 进口产品

**表 2－26 2012 年 1－6 月美国医疗器械进口产品情况**

单位：万美元，%

| HS 编码 | 名称 | 进口总额 | 同比 | 占比 | 进口排序 |
|---|---|---|---|---|---|
| | **全球** | **1674956.45** | **－0.82** | **100** | |
| 300510 | 胶粘敷料及其他有胶粘涂层的物品 | 18620.90 | －13.09 | 1.11 | 18620.90 |
| 300590 | 其他软填料及类似物品 | 20745.32 | 1.22 | 1.24 | 20745.32 |
| 300610 | 无菌外科肠线，昆布，止血材料，阻隔材料 | 15356.64 | －0.94 | 0.92 | 15356.64 |
| 300630 | X 光检查造影剂；用于病人的诊断试剂 | 32746.16 | 3.03 | 1.96 | 32746.16 |
| 300640 | 牙科粘固剂及其他牙科填料；骨骼粘固剂 | 17151.79 | －14.2 | 1.02 | 17151.79 |
| 300650 | 急救药箱、药包 | 1237.60 | 24.2 | 0.07 | 1237.60 |
| 300670 | 专用于人类或兽药的凝胶制品，润滑剂，偶合剂 | 549.29 | 29.05 | 0.03 | 549.29 |
| 300691 | 可确定用于造口术的用具 | 3991.67 | 3.51 | 0.24 | 3991.67 |
| 330620 | 清洁牙缝用纱线（牙线） | 3890.75 | 12.74 | 0.23 | 3890.75 |
| 4014 | 硫化橡胶（硬质橡胶除外）制卫生及医疗用品 | 2642.99 | －7.86 | 0.16 | 2642.99 |
| 401511 | 硫化橡胶制外科用分指、连指及露指手套 | 16069.61 | 3.94 | 0.96 | 16069.61 |
| 481840 | 纸卫生巾及止血塞、婴儿纸尿布、尿布衬里等 | 0.00 | －100 | 0.00 | 0.00 |
| 8713 | 残疾人用车，不论是否机动或其他机械驱动 | 11711.36 | －10.79 | 0.70 | 11711.36 |
| 900130 | 隐形眼镜片 | 25207.48 | 4.41 | 1.50 | 25207.48 |
| 901811 | 心电图记录仪 | 8215.24 | －3.97 | 0.49 | 8215.24 |
| 901812 | 超声波扫描装置 | 12891.11 | －7.78 | 0.77 | 12891.11 |
| 901813 | 核磁共振成像装置 | 28892.76 | 18.27 | 1.72 | 28892.76 |
| 901814 | 闪烁摄影装置 | 1237.14 | 0.71 | 0.07 | 1237.14 |
| 901819 | 其他电气诊断装置 | 151734.87 | 5.28 | 9.06 | 151734.87 |
| 901820 | 紫外线及红外线装置 | 1090.66 | 32.33 | 0.07 | 1090.66 |
| 901831 | 注射器，不论是否装有针头 | 17909.96 | 10.6 | 1.07 | 17909.96 |
| 901832 | 管状金属针头及缝合用针 | 23255.66 | 8.11 | 1.39 | 23255.66 |
| 901839 | 其他针、导管、插管及类似品 | 141309.28 | 0.82 | 8.44 | 141309.28 |
| 901841 | 牙钻机，可与其他牙科设备组装在同一底座上 | 4715.97 | 27.62 | 0.28 | 4715.97 |
| 901849 | 牙科用其他仪器及器具 | 31648.33 | －1.85 | 1.89 | 31648.33 |
| 901850 | 眼科用其他仪器及器具 | 13681.62 | －0.64 | 0.82 | 13681.62 |
| 901890 | 其他医疗、外科、牙科或兽医用仪器及器具 | 386404.39 | 0.31 | 23.07 | 386404.39 |

| HS 编码 | 名称 | 进口总额 | 同比 | 占比 | 进口排序 |
|---|---|---|---|---|---|
| 901910 | 机械疗法器具、按摩器具及心理功能测验装置 | 29820.06 | 6.58 | 1.78 | 29820.06 |
| 901920 | （臭氧、氧气、喷雾）治疗器、人工呼吸器等 | 81564.04 | 12.29 | 4.87 | 81564.04 |
| 9020 | 其他呼吸器具及防毒面具 | 6257.31 | 18.47 | 0.37 | 6257.31 |
| 902110 | 矫形或骨折用器具 | 74645.86 | -20.7 | 4.46 | 74645.86 |
| 902121 | 假牙 | 5927.20 | 7.3 | 0.35 | 5927.20 |
| 902129 | 牙齿固定件 | 11723.14 | 0.57 | 0.70 | 11723.14 |
| 902131 | 人造关节 | 69622.10 | 5.33 | 4.16 | 69622.10 |
| 902139 | 其他人造的人体部分 | 150346.81 | 22.76 | 8.98 | 150346.81 |
| 902140 | 助听器，不包括零件、附件 | 50648.78 | 29.56 | 3.02 | 50648.78 |
| 902150 | 心脏起搏器，不包括零件、附件 | 36368.40 | -11.8 | 2.17 | 36368.40 |
| 902190 | 其他弥补生理缺陷残疾穿戴或植入人体的器具 | 44270.22 | -22.43 | 2.64 | 44270.22 |
| 902212 | X 射线断层检查仪 | 18294.66 | -4.9 | 1.09 | 18294.66 |
| 902213 | 其他，牙科用 X 射线应用设备 | 8724.48 | 41.68 | 0.52 | 8724.48 |
| 902214 | 其他，医疗、外科或兽医用 X 射线应用设备 | 53518.80 | -6.92 | 3.20 | 53518.80 |
| 902511 | 液体温度计，可直接读数 | 662.61 | 4.88 | 0.04 | 662.61 |
| 940210 | 牙科椅和理发椅及类似椅及其零件 | 2420.96 | 0.36 | 0.14 | 2420.96 |
| 940290 | 其他医用家具 | 37232.44 | 15.79 | 2.22 | 37232.44 |

### 2.7.4 出口市场

**表 2-27 2011-2012 年 1-6 月美国医疗器械出口市场情况**

单位：亿美元，%

| 排序 | 2012 年 1-6 月 | | | | 2011 年 | | | |
|---|---|---|---|---|---|---|---|---|
| | 目的地 | 出口总额 | 同比 | 占比 | 目的地 | 出口总额 | 同比 | 占比 |
| | **全球** | **205.20** | **3.68** | **100** | **全球** | **398.45** | **5.42** | **100** |
| 1 | 日本 | 25.85 | 5.42 | 12.60 | 日本 | 49.87 | 4.05 | 16.65 |
| 2 | 荷兰 | 21.66 | 10.36 | 10.56 | 加拿大 | 42.39 | 10.54 | 15.07 |
| 3 | 加拿大 | 20.34 | - 6.32 | 9.91 | 荷兰 | 39.88 | -0.21 | 13.11 |
| 4 | 比利时 | 16.94 | 25.72 | 8.26 | 德国 | 28.69 | 4.84 | 9.68 |
| 5 | 德国 | 14.97 | 7.13 | 7.30 | 比利时 | 28.62 | 32.63 | 6.23 |
| 6 | 中国 | 11.61 | 31.86 | 5.66 | 墨西哥 | 20.80 | 2.03 | 5.52 |
| 7 | 墨西哥 | 10.84 | 4.50 | 5.28 | 中国 | 19.23 | 25.72 | 3.61 |

| 排序 | 2012 年 1 – 6 月 | | | | 2011 年 | | | |
|---|---|---|---|---|---|---|---|---|
| | 目的地 | 出口总额 | 同比 | 占比 | 目的地 | 出口总额 | 同比 | 占比 |
| 8 | 澳大利亚 | 7.92 | 0.91 | 3.86 | 澳大利亚 | 15.82 | 12.65 | 3.17 |
| 9 | 英国 | 6.07 | – 2.15 | 2.96 | 英国 | 11.85 | – 5.38 | 2.58 |
| 10 | 法国 | 6.05 | 1.90 | 2.95 | 法国 | 11.60 | –6.88 | 2.08 |
| 合计 | | **142.27** | | **69.34** | 合计 | **268.75** | | **67.45** |

### 2.7.5 出口产品

**表 2 – 28 2012 年 1 – 6 月美国医疗器械出口产品情况**

单位：万美元，%

| HS 编码 | 商品名称/描述 | 出口总额 | 同比 | 占比 | 出口排序 |
|---|---|---|---|---|---|
| | 全球 | **2051956.62** | **–0.82** | **100** | |
| 300510 | 胶粘敷料及其他有胶粘涂层的物品 | 15074.04 | 3.87 | 0.73 | 24 |
| 300590 | 其他软填料及类似物品 | 13420.57 | 4.4 | 0.65 | 25 |
| 300610 | 无菌外科肠线，昆布，止血材料，阻隔材料 | 42762.13 | 20.86 | 2.08 | 13 |
| 300630 | X 光检查造影剂；用于病人的诊断试剂 | 3901.98 | 4.25 | 0.19 | 34 |
| 300640 | 牙科粘固剂及其他牙科填料；骨骼粘固剂 | 11297.72 | –16.72 | 0.55 | 27 |
| 300650 | 急救药箱、药包 | 917.69 | 48.65 | 0.04 | 42 |
| 300670 | 专用于人类或兽药的凝胶制品，润滑剂，偶合剂 | 1738.51 | 23.49 | 0.08 | 39 |
| 300691 | 可确定用于造口术的用具 | 8785.67 | –8.93 | 0.43 | 28 |
| 330620 | 清洁牙缝用纱线（牙线） | 1385.72 | 1.55 | 0.07 | 40 |
| 4014 | 硫化橡胶（硬质橡胶除外）制卫生及医疗用品 | 5905.40 | 18.72 | 0.29 | 30 |
| 401511 | 硫化橡胶制外科用分指、连指及露指手套 | 1124.17 | 41.4 | 0.05 | 41 |
| 481840 | 纸卫生巾及止血塞、婴儿纸尿布、尿布衬里等 | 0.00 | –100 | 0.00 | 44 |
| 8713 | 残疾人用车，不论是否机动或其他机械驱动 | 3666.30 | 23.59 | 0.18 | 35 |
| 900130 | 隐形眼镜片 | 44198.08 | 1.18 | 2.15 | 12 |
| 901811 | 心电图记录仪 | 8399.46 | –2.58 | 0.41 | 29 |
| 901812 | 超声波扫描装置 | 48479.75 | 9.86 | 2.36 | 10 |
| 901813 | 核磁共振成像装置 | 30876.45 | 9.41 | 1.50 | 16 |
| 901814 | 闪烁摄影装置 | 4684.94 | –1.43 | 0.23 | 32 |
| 901819 | 其他电气诊断装置 | 179283.33 | –0.09 | 8.74 | 3 |
| 901820 | 紫外线及红外线装置 | 4380.16 | 15.49 | 0.21 | 33 |

| HS 编码 | 商品名称/描述 | 出口总额 | 同比 | 占比 | 出口排序 |
|---|---|---|---|---|---|
| 901831 | 注射器，不论是否装有针头 | 40958. 38 | 7. 42 | 2. 00 | 14 |
| 901832 | 管状金属针头及缝合用针 | 18159. 11 | 30. 35 | 0. 88 | 22 |
| 901839 | 其他针、导管、插管及类似品 | 262873. 37 | 3. 2 | 12. 81 | 2 |
| 901841 | 牙钻机，可与其他牙科设备组装在同一底座上 | 1997. 03 | -3. 58 | 0. 10 | 38 |
| 901849 | 牙科用其他仪器及器具 | 26855. 27 | 18. 52 | 1. 31 | 19 |
| 901850 | 眼科用其他仪器及器具 | 56852. 74 | 29. 29 | 2. 77 | 8 |
| 901890 | 其他医疗、外科、牙科或兽医用仪器及器具 | 537161. 65 | 3. 18 | 26. 18 | 1 |
| 901910 | 机械疗法器具、按摩器具及心理功能测验装置 | 18814. 22 | 6. 9 | 0. 92 | 21 |
| 901920 | （臭氧、氧气、喷雾）治疗器、人工呼吸器等 | 54711. 70 | 6. 33 | 2. 67 | 9 |
| 9020 | 其他呼吸器具及防毒面具 | 16968. 43 | -2. 32 | 0. 83 | 23 |
| 902110 | 矫形或骨折用器具 | 83447. 65 | -6. 27 | 4. 07 | 6 |
| 902121 | 假牙 | 5652. 19 | 1. 05 | 0. 28 | 31 |
| 902129 | 牙齿固定件 | 21156. 26 | 3. 5 | 1. 03 | 20 |
| 902131 | 人造关节 | 82564. 77 | 11. 1 | 4. 02 | 7 |
| 902139 | 其他人造的人体部分 | 140797. 38 | 21. 9 | 6. 86 | 4 |
| 902140 | 助听器，不包括零件、附件 | 11493. 93 | 27. 07 | 0. 56 | 26 |
| 902150 | 心脏起搏器，不包括零件、附件 | 28131. 82 | -12. 43 | 1. 37 | 18 |
| 902190 | 其他弥补生理缺陷残疾穿戴或植入人体的器具 | 93479. 67 | 6. 14 | 4. 56 | 5 |
| 902212 | X 射线断层检查仪 | 38547. 19 | 0. 3 | 1. 88 | 15 |
| 902213 | 其他，牙科用 X 射线应用设备 | 2959. 94 | -37. 44 | 0. 14 | 37 |
| 902214 | 其他，医疗、外科或兽医用 X 射线应用设备 | 45785. 00 | 16. 8 | 2. 23 | 11 |
| 902511 | 液体温度计，可直接读数 | 620. 60 | -41. 78 | 0. 03 | 43 |
| 940210 | 牙科椅和理发椅及类似椅及其零件 | 3197. 68 | 6. 07 | 0. 16 | 36 |
| 940290 | 其他医用家具 | 28488. 56 | 8. 77 | 1. 39 | 17 |

## 2.8 墨西哥

### 2.8.1 总体概况

2011 年，墨西哥医疗器械进出口贸易 92. 96 亿美元，同比增长 5. 73%；进口 28. 95 亿美元，同比增长 7. 95%；出口 64. 01 亿美元，同比增长 4. 76%。2012 年 1 -6 月，墨西哥医疗器械进出口贸易 46. 29 亿美元，同比减少 1. 12%；进口 14. 18 亿美元，同比增长 0. 20%；出口 32. 11 亿美元，同比减少 1. 69%。

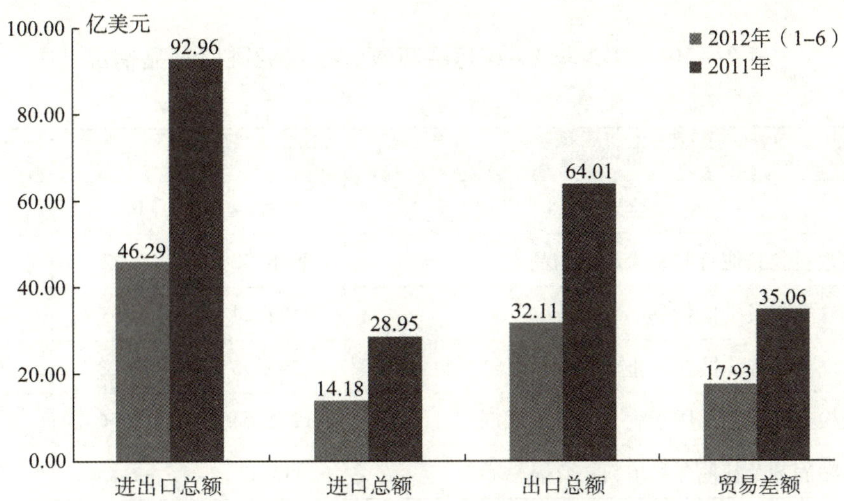


**图 2－8　2011－2012 年 1－6 月墨西哥医疗器械进出口情况**

## 2.8.2　进口市场

**表 2－29　2011－2012 年 1－6 月墨西哥医疗器械进口市场情况**

单位：亿美元，%

| 排序 | 2012 年 1－6 月 | | | | 2011 年 | | | |
|---|---|---|---|---|---|---|---|---|
| | 来源地 | 进口总额 | 同比 | 占比 | 来源地 | 进口总额 | 同比 | 占比 |
| | **全球** | **14. 18** | **0. 2** | **100** | **全球** | **28. 95** | **7. 95** | **100** |
| 1 | 美国 | 9. 70 | 0. 52 | 68. 41 | 美国 | 19. 47 | 6. 83 | 67. 25 |
| 2 | 中国 | 1. 07 | 8. 24 | 7. 51 | 中国 | 2. 12 | 22. 65 | 7. 31 |
| 3 | 德国 | 0. 67 | －16. 06 | 4. 70 | 德国 | 1. 65 | 6. 59 | 5. 71 |
| 4 | 日本 | 0. 24 | －20. 69 | 1. 69 | 日本 | 0. 67 | －8. 19 | 2. 32 |
| 5 | 中国台湾 | 0. 22 | 48. 89 | 1. 56 | 瑞士 | 0. 44 | 4. 77 | 1. 54 |
| 6 | 爱尔兰 | 0. 22 | 8. 91 | 1. 55 | 巴西 | 0. 42 | 8. 07 | 1. 46 |
| 7 | 瑞士 | 0. 21 | 1. 57 | 1. 48 | 爱尔兰 | 0. 40 | －13. 31 | 1. 38 |
| 8 | 巴西 | 0. 18 | －9. 10 | 1. 25 | 中国台湾 | 0. 32 | 13. 95 | 1. 12 |
| 9 | 法国 | 0. 15 | －7. 55 | 1. 06 | 法国 | 0. 31 | 30. 38 | 1. 08 |
| 10 | 加拿大 | 0. 12 | 69. 54 | 0. 87 | 意大利 | 0. 29 | －5. 71 | 1. 02 |
| 合计 | | **12. 78** | **－** | **90. 08** | **合计** | **26. 10** | **－** | **90. 19** |

## 2.8.3 进口产品

**表 2－30 2012 年 1－6 月墨西哥医疗器械进口产品情况**

单位：万美元，%

| HS 编码 | 名称 | 进口总额 | 同比 | 占比 | 进口排序 |
|---|---|---|---|---|---|
| | **全球** | **141822.49** | **0.2** | **100** | |
| 300510 | 胶粘敷料及其他有胶粘涂层的物品 | 3658.22 | 9.52 | 2.58 | 8 |
| 300590 | 其他软填料及类似物品 | 4482.24 | 5.56 | 3.16 | 7 |
| 300610 | 无菌外科肠线，昆布，止血材料，阻隔材料 | 1263.95 | 98.23 | 0.89 | 22 |
| 300630 | X 光检查造影剂；用于病人的诊断试剂 | 1226.64 | 18.56 | 0.86 | 23 |
| 300640 | 牙科粘固剂及其他牙科填料；骨骼粘固剂 | 953.42 | －6.04 | 0.67 | 26 |
| 300650 | 急救药箱、药包 | 4.71 | 64.82 | 0.00 | 44 |
| 300670 | 专用于人类或兽药的凝胶制品，润滑剂，偶合剂 | 439.53 | 123.25 | 0.31 | 32 |
| 300691 | 可确定用于造口术的用具 | 214.11 | 21.51 | 0.15 | 35 |
| 330620 | 清洁牙缝用纱线（牙线） | 89.35 | 30.04 | 0.06 | 39 |
| 4014 | 硫化橡胶（硬质橡胶除外）制卫生及医疗用品 | 748.10 | －16.56 | 0.53 | 27 |
| 401511 | 硫化橡胶制外科用分指、连指及露指手套 | 500.93 | 36.68 | 0.35 | 31 |
| 481840 | 纸卫生巾及止血塞、婴儿纸尿布、尿布衬里等 | 2179.20 | －8.35 | 1.54 | 15 |
| 8713 | 残疾人用车，不论是否机动或其他机械驱动 | 729.70 | 69.16 | 0.51 | 28 |
| 900130 | 隐形眼镜片 | 632.08 | －21.18 | 0.45 | 29 |
| 901811 | 心电图记录仪 | 95.23 | －11.96 | 0.07 | 38 |
| 901812 | 超声波扫描装置 | 1335.06 | －42.76 | 0.94 | 19 |
| 901813 | 核磁共振成像装置 | 1918.62 | 25.74 | 1.35 | 17 |
| 901814 | 闪烁摄影装置 | 6.42 | 92.55 | 0.00 | 43 |
| 901819 | 其他电气诊断装置 | 6116.96 | 5.99 | 4.31 | 5 |
| 901820 | 紫外线及红外线装置 | 97.30 | 155.49 | 0.07 | 37 |
| 901831 | 注射器，不论是否装有针头 | 2189.58 | －2.67 | 1.54 | 14 |
| 901832 | 管状金属针头及缝合用针 | 5999.85 | －10.75 | 4.23 | 6 |
| 901839 | 其他针、导管、插管及类似品 | 17135.25 | －2.14 | 12.08 | 2 |
| 901841 | 牙钻机，可与其他牙科设备组装在同一底座上 | 34.45 | 33.34 | 0.02 | 42 |
| 901849 | 牙科用其他仪器及器具 | 2366.22 | 22.2 | 1.67 | 13 |
| 901850 | 眼科用其他仪器及器具 | 2047.28 | 31.16 | 1.44 | 16 |
| 901890 | 其他医疗、外科、牙科或兽医用仪器及器具 | 52845.01 | －8.51 | 37.26 | 1 |

| HS 编码 | 名称 | 进口总额 | 同比 | 占比 | 进口排序 |
|---|---|---|---|---|---|
| 901910 | 机械疗法器具、按摩器具及心理功能测验装置 | 1398.87 | -14.89 | 0.99 | 18 |
| 901920 | （臭氧、氧气、喷雾）治疗器、人工呼吸器等 | 3265.73 | 22.2 | 2.30 | 9 |
| 9020 | 其他呼吸器具及防毒面具 | 1107.53 | 15.33 | 0.78 | 24 |
| 902110 | 矫形或骨折用器具 | 7148.21 | 21.63 | 5.04 | 3 |
| 902121 | 假牙 | 86.31 | -1.53 | 0.06 | 40 |
| 902129 | 牙齿固定件 | 427.42 | 2.74 | 0.30 | 33 |
| 902131 | 人造关节 | 975.26 | 31.86 | 0.69 | 25 |
| 902139 | 其他人造的人体部分 | 2705.78 | -11.59 | 1.91 | 11 |
| 902140 | 助听器，不包括零件、附件 | 1321.96 | 15.36 | 0.93 | 20 |
| 902150 | 心脏起搏器，不包括零件、附件 | 527.55 | 5.13 | 0.37 | 30 |
| 902190 | 其他弥补生理缺陷残疾穿戴或植入人体的器具 | 6348.23 | 27.17 | 4.48 | 4 |
| 902212 | X 射线断层检查仪 | 1293.77 | 37.3 | 0.91 | 21 |
| 902213 | 其他，牙科用 X 射线应用设备 | 63.18 | -30.99 | 0.04 | 41 |
| 902214 | 其他，医疗、外科或兽医用 X 射线应用设备 | 2924.65 | -0.55 | 2.06 | 10 |
| 902511 | 液体温度计，可直接读数 | 121.21 | 16.28 | 0.09 | 36 |
| 940210 | 牙科椅和理发椅及类似椅及其零件 | 262.36 | 16.52 | 0.18 | 34 |
| 940290 | 其他医用家具 | 2535.08 | 28.13 | 1.79 | 12 |

### 2.8.4 出口市场

**表 2-31 2011-2012 年 1-6 月墨西哥医疗器械出口市场情况**

单位：亿美元，%

| 排序 | 2012 年 1-6 月 | | | | 2011 年 | | | |
|---|---|---|---|---|---|---|---|---|
| | 目的地 | 出口总额 | 同比 | 占比 | 目的地 | 出口总额 | 同比 | 占比 |
| | **全球** | **32.11** | **-1.69** | **100** | **全球** | **64.01** | **4.76** | **100** |
| 1 | 美国 | 28.59 | -3.51 | 89.05 | 美国 | 57.76 | 3.27 | 90.25 |
| 2 | 爱尔兰 | 0.73 | 9.04 | 2.26 | 法国 | 1.44 | 17.90 | 2.25 |
| 3 | 法国 | 0.70 | -10.10 | 2.17 | 爱尔兰 | 1.44 | 18.52 | 2.24 |
| 4 | 比利时 | 0.19 | 304.22 | 0.60 | 委内瑞拉 | 0.47 | 89.64 | 0.74 |
| 5 | 荷兰 | 0.18 | 225.76 | 0.56 | 德国 | 0.25 | 21.21 | 0.39 |
| 6 | 德国 | 0.16 | 50.64 | 0.49 | 危地马拉 | 0.24 | 15.06 | 0.37 |
| 7 | 委内瑞拉 | 0.16 | -48.13 | 0.48 | 巴拿马 | 0.19 | 16.91 | 0.30 |

| 排序 | 2012 年 1 - 6 月 | | | | 2011 年 | | | |
|---|---|---|---|---|---|---|---|---|
| | 目的地 | 出口总额 | 同比 | 占比 | 目的地 | 出口总额 | 同比 | 占比 |
| 8 | 危地马拉 | 0.14 | 11.23 | 0.42 | 哥斯达黎加 | 0.17 | 4.14 | 0.27 |
| 9 | 巴拿马 | 0.13 | 43.01 | 0.41 | 巴西 | 0.17 | 42.78 | 0.26 |
| 10 | 巴西 | 0.11 | 132.88 | 0.36 | 荷兰 | 0.16 | - 44.79 | 0.25 |
| 合计 | | **31.08** | | **96.80** | 合计 | **62.29** | | **97.32** |

## 2.8.5 出口产品

**表 2 - 32 2012 年 1 - 6 月墨西哥医疗器械出口产品情况**

单位：万美元，%

| HS 编码 | 商品名称/描述 | 出口总额 | 同比 | 占比 | 出口排序 |
|---|---|---|---|---|---|
| | **全球** | **321101.06** | **-1.69** | **100** | |
| 300510 | 胶粘敷料及其他有胶粘涂层的物品 | 2603.04 | 54.74 | 0.81 | 16 |
| 300590 | 其他软填料及类似物品 | 3676.22 | -24.7 | 1.14 | 15 |
| 300610 | 无菌外科肠线，昆布，止血材料，阻隔材料 | 52.59 | 50.72 | 0.02 | 32 |
| 300630 | X 光检查造影剂；用于病人的诊断试剂 | 37.77 | -21.5 | 0.01 | 33 |
| 300640 | 牙科粘固剂及其他牙科填料；骨骼粘固剂 | 910.44 | -7.32 | 0.28 | 22 |
| 300650 | 急救药箱、药包 | 601.19 | 10.5 | 0.19 | 24 |
| 300670 | 专用于人类或兽药的凝胶制品，润滑剂，偶合剂 | 830.22 | 73.64 | 0.26 | 23 |
| 300691 | 可确定用于造口术的用具 | 25.64 | 260.72 | 0.01 | 36 |
| 330620 | 清洁牙缝用纱线（牙线） | 1518.97 | -13.27 | 0.47 | 20 |
| 4014 | 硫化橡胶（硬质橡胶除外）制卫生及医疗用品 | 130.75 | -39.48 | 0.04 | 27 |
| 401511 | 硫化橡胶制外科用分指、连指及露指手套 | 24.26 | -26.89 | 0.01 | 37 |
| 481840 | 纸卫生巾及止血塞、婴儿纸尿布、尿布衬里等 | 19264.41 | -4.48 | 6.00 | 3 |
| 8713 | 残疾人用车，不论是否机动或其他机械驱动 | 1697.17 | -22.99 | 0.53 | 18 |
| 900130 | 隐形眼镜片 | 280.23 | -44.43 | 0.09 | 25 |
| 901811 | 心电图记录仪 | 26.28 | 1235.24 | 0.01 | 35 |
| 901812 | 超声波扫描装置 | 270.13 | 30.21 | 0.08 | 26 |
| 901813 | 核磁共振成像装置 | 919.15 | 84.88 | 0.29 | 21 |
| 901814 | 闪烁摄影装置 | 3.25 | -34.37 | 0.00 | 41 |
| 901819 | 其他电气诊断装置 | 16328.96 | 47.67 | 5.09 | 4 |
| 901820 | 紫外线及红外线装置 | 80.99 | 20.43 | 0.03 | 30 |
| 901831 | 注射器，不论是否装有针头 | 12388.13 | -0.58 | 3.86 | 6 |

| HS 编码 | 商品名称/描述 | 出口总额 | 同比 | 占比 | 出口排序 |
|---|---|---|---|---|---|
| 901832 | 管状金属针头及缝合用针 | 8515.70 | -3.67 | 2.65 | 8 |
| 901839 | 其他针、导管、插管及类似品 | 91939.01 | -3.56 | 28.63 | 2 |
| 901841 | 牙钻机，可与其他牙科设备组装在同一底座上 | 1.85 | -60.85 | 0.00 | 42 |
| 901849 | 牙科用其他仪器及器具 | 1531.55 | -12.34 | 0.48 | 19 |
| 901850 | 眼科用其他仪器及器具 | 116.14 | 73.31 | 0.04 | 29 |
| 901890 | 其他医疗、外科、牙科或兽医用仪器及器具 | 95337.69 | -13.83 | 29.69 | 1 |
| 901910 | 机械疗法器具、按摩器具及心理功能测验装置 | 8172.65 | 8.79 | 2.55 | 9 |
| 901920 | （臭氧、氧气、喷雾）治疗器、人工呼吸器等 | 10396.16 | -0.85 | 3.24 | 7 |
| 9020 | 其他呼吸器具及防毒面具 | 1700.29 | 52.64 | 0.53 | 17 |
| 902110 | 矫形或骨折用器具 | 13094.63 | 5.52 | 4.08 | 5 |
| 902121 | 假牙 | 74.64 | -9.22 | 0.02 | 31 |
| 902129 | 牙齿固定件 | 3684.37 | 32.29 | 1.15 | 14 |
| 902131 | 人造关节 | 0.59 | 182.76 | 0.00 | 44 |
| 902139 | 其他人造的人体部分 | 5990.28 | 37.57 | 1.87 | 12 |
| 902140 | 助听器，不包括零件、附件 | 4817.66 | 13.75 | 1.50 | 13 |
| 902150 | 心脏起搏器，不包括零件、附件 | 7.88 | 211.96 | 0.00 | 39 |
| 902190 | 其他弥补生理缺陷残疾穿戴或植入人体的器具 | 7767.98 | 42.16 | 2.42 | 10 |
| 902212 | X 射线断层检查仪 | 1.23 | -98.68 | 0.00 | 43 |
| 902213 | 其他，牙科用 X 射线应用设备 | 28.07 | 118.92 | 0.01 | 34 |
| 902214 | 其他，医疗、外科或兽医用 X 射线应用设备 | 4.55 | -71.6 | 0.00 | 40 |
| 902511 | 液体温度计，可直接读数 | 8.56 | -80.55 | 0.00 | 38 |
| 940210 | 牙科椅和理发椅及类似椅及其零件 | 128.18 | -9.69 | 0.04 | 28 |
| 940290 | 其他医用家具 | 6111.61 | 79.53 | 1.90 | 11 |

## 2.9 南非共和国

### 2.9.1 总体概况

2011 年，南非共和国医疗器械进出口贸易 14.05 亿美元，同比增长 20.13%；进口 12.85 亿美元，同比增长 20.12%；出口 1.20 亿美元，同比增长 20.27%。2012 年 1-6 月，南非共和国医疗器械进出口贸易 6.37 亿美元，同比减少 7.52%；进口 5.89 亿美元，同比减少 6.83%；出口 0.47 亿美元，同比减少 15.36%。

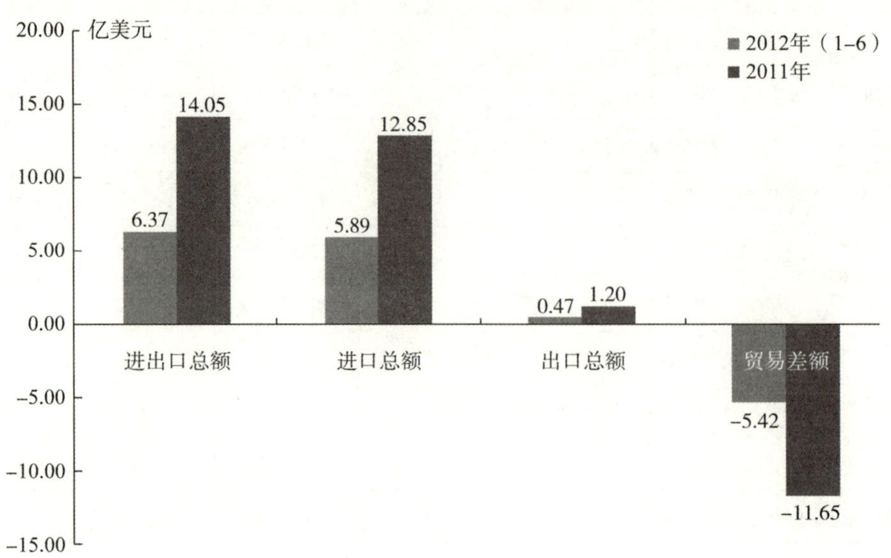


图 2－9　2011－2012 年 1－6 月南非共和国医疗器械进出口情况

## 2.9.2　进口市场

表 2－33　2011－2012 年 1－6 月南非共和国医疗器械进口市场情况

单位：亿美元，%

| 排序 | 2012 年 1－6 月 | | | | 2011 年 | | | |
|---|---|---|---|---|---|---|---|---|
| | 来源地 | 进口总额 | 同比 | 占比 | 来源地 | 进口总额 | 同比 | 占比 |
| | **全球** | **5.89** | **－6.83** | **100.00** | **全球** | **12.85** | **20.12** | **100.00** |
| 1 | 美国 | 1.58 | 0.44 | 26.83 | 美国 | 3.16 | 13.26 | 24.60 |
| 2 | 德国 | 0.73 | －18.63 | 12.39 | 德国 | 1.68 | 34.95 | 13.07 |
| 3 | 中国 | 0.52 | －1.86 | 8.83 | 中国 | 1.18 | 28.68 | 9.16 |
| 4 | 瑞士 | 0.35 | 3.54 | 5.93 | 瑞士 | 0.68 | 14.65 | 5.28 |
| 5 | 英国 | 0.29 | 32.62 | 4.99 | 英国 | 0.50 | 23.27 | 3.92 |
| 6 | 爱尔兰 | 0.28 | 6.38 | 4.77 | 日本 | 0.49 | 28.22 | 3.78 |
| 7 | 新加坡 | 0.21 | 415.05 | 3.58 | 爱尔兰 | 0.48 | －0.14 | 3.70 |
| 8 | 日本 | 0.19 | －18.31 | 3.17 | 法国 | 0.42 | 24.18 | 3.26 |
| 9 | 墨西哥 | 0.19 | －0.68 | 3.16 | 墨西哥 | 0.38 | 16.32 | 2.98 |
| 10 | 法国 | 0.18 | －14.36 | 3.11 | 荷兰 | 0.38 | 48.10 | 2.98 |
| 合计 | | **4.52** | － | **76.76** | 合计 | **9.34** | － | **72.73** |

### 2.9.3 进口产品

**表 2－34 2012 年 1－6 月南非共和国医疗器械进口产品情况**

单位：万美元，%

| HS 编码 | 名称 | 进口总额 | 同比 | 占比 | 进口排序 |
|---|---|---|---|---|---|
| | **全球** | **58930.42** | **－6.83** | **100** | |
| 300510 | 胶粘敷料及其他有胶粘涂层的物品 | 856.67 | －3.86 | 1.45 | 17 |
| 300590 | 其他软填料及类似物品 | 1389.32 | 35.83 | 2.36 | 13 |
| 300610 | 无菌外科肠线，昆布，止血材料，阻隔材料 | 1098.58 | －8.06 | 1.86 | 14 |
| 300630 | X 光检查造影剂；用于病人的诊断试剂 | 605.80 | －6.24 | 1.03 | 25 |
| 300640 | 牙科粘固剂及其他牙科填料；骨骼粘固剂 | 487.59 | 15.54 | 0.83 | 28 |
| 300650 | 急救药箱、药包 | 73.56 | 53.99 | 0.12 | 38 |
| 300670 | 专用于人类或兽药的凝胶制品，润滑剂，偶合剂 | 27.36 | －72.4 | 0.05 | 41 |
| 300691 | 可确定用于造口术的用具 | 153.49 | －17.31 | 0.26 | 33 |
| 330620 | 清洁牙缝用纱线（牙线） | 131.37 | 34.82 | 0.22 | 35 |
| 4014 | 硫化橡胶（硬质橡胶除外）制卫生及医疗用品 | 1702.41 | 117.06 | 2.89 | 8 |
| 401511 | 硫化橡胶制外科用分指、连指及露指手套 | 831.07 | －16.01 | 1.41 | 18 |
| 481840 | 纸卫生巾及止血塞、婴儿纸尿布、尿布衬里等 | 0.00 | －100 | 0.00 | 44 |
| 8713 | 残疾人用车，不论是否机动或其他机械驱动 | 218.75 | －3.68 | 0.37 | 31 |
| 900130 | 隐形眼镜片 | 728.76 | 9.86 | 1.24 | 21 |
| 901811 | 心电图记录仪 | 136.09 | －3.2 | 0.23 | 34 |
| 901812 | 超声波扫描装置 | 738.58 | －15.35 | 1.25 | 20 |
| 901813 | 核磁共振成像装置 | 536.09 | 27.76 | 0.91 | 26 |
| 901814 | 闪烁摄影装置 | 8.10 | －74.98 | 0.01 | 43 |
| 901819 | 其他电气诊断装置 | 1930.54 | －6.51 | 3.28 | 7 |
| 901820 | 紫外线及红外线装置 | 27.12 | －40.21 | 0.05 | 42 |
| 901831 | 注射器，不论是否装有针头 | 641.69 | －17.63 | 1.09 | 24 |
| 901832 | 管状金属针头及缝合用针 | 519.72 | 4.49 | 0.88 | 27 |
| 901839 | 其他针、导管、插管及类似品 | 3972.77 | 14.51 | 6.74 | 2 |
| 901841 | 牙钻机，可与其他牙科设备组装在同一底座上 | 32.10 | 44.17 | 0.05 | 40 |
| 901849 | 牙科用其他仪器及器具 | 749.24 | －9.45 | 1.27 | 19 |
| 901850 | 眼科用其他仪器及器具 | 1671.44 | 5.75 | 2.84 | 9 |
| 901890 | 其他医疗、外科、牙科或兽医用仪器及器具 | 20866.31 | 9.5 | 35.41 | 1 |

| HS 编码 | 名称 | 进口总额 | 同比 | 占比 | 进口排序 |
|---|---|---|---|---|---|
| 901910 | 机械疗法器具、按摩器具及心理功能测验装置 | 647.75 | 19.24 | 1.10 | 23 |
| 901920 | （臭氧、氧气、喷雾）治疗器、人工呼吸器等 | 1573.81 | 5.31 | 2.67 | 10 |
| 9020 | 其他呼吸器具及防毒面具 | 719.73 | -4.32 | 1.22 | 22 |
| 902110 | 矫形或骨折用器具 | 2751.82 | -10.71 | 4.67 | 4 |
| 902121 | 假牙 | 103.87 | 72.71 | 0.18 | 36 |
| 902129 | 牙齿固定件 | 340.53 | -32.1 | 0.58 | 29 |
| 902131 | 人造关节 | 2312.70 | 5.16 | 3.92 | 5 |
| 902139 | 其他人造的人体部分 | 2107.23 | -6.43 | 3.58 | 6 |
| 902140 | 助听器，不包括零件、附件 | 861.06 | -0.35 | 1.46 | 16 |
| 902150 | 心脏起搏器，不包括零件、附件 | 922.77 | 57.73 | 1.57 | 15 |
| 902190 | 其他弥补生理缺陷残疾穿戴或植入人体的器具 | 2816.24 | -3.4 | 4.78 | 3 |
| 902212 | X 射线断层检查仪 | 202.84 | -65.11 | 0.34 | 32 |
| 902213 | 其他，牙科用 X 射线应用设备 | 231.83 | -12.5 | 0.39 | 30 |
| 902214 | 其他，医疗、外科或兽医用 X 射线应用设备 | 1528.23 | -47.87 | 2.59 | 12 |
| 902511 | 液体温度计，可直接读数 | 47.91 | -4.35 | 0.08 | 39 |
| 940210 | 牙科椅和理发椅及类似椅及其零件 | 89.69 | -28.11 | 0.15 | 37 |
| 940290 | 其他医用家具 | 1537.86 | 15.47 | 2.61 | 11 |

### 2.9.4 出口市场

**表 2-35 2011-2012 年 1-6 月南非共和国医疗器械出口市场情况**

单位：万美元，%

| 排序 | 2012 年 1-6 月 | | | | 2011 年 | | | |
|---|---|---|---|---|---|---|---|---|
| | 目的地 | 出口总额 | 同比 | 占比 | 目的地 | 出口总额 | 同比 | 占比 |
| | **全球** | **4726.52** | **-15.36** | **100.00** | **全球** | **11973.92** | **20.27** | **100.00** |
| 1 | 美国 | 447.71 | -26.23 | 9.47 | 津巴布韦 | 1768.41 | 34.35 | 14.77 |
| 2 | 津巴布韦 | 396.21 | -44.75 | 8.38 | 美国 | 1116.73 | 33.94 | 9.33 |
| 3 | 赞比亚 | 305.69 | -35.67 | 6.47 | 赞比亚 | 1016.13 | 34.97 | 8.49 |
| 4 | 德国 | 286.44 | 29.14 | 6.06 | 莫桑比克 | 740.69 | 28.97 | 6.19 |
| 5 | 肯尼亚 | 280.41 | 37.10 | 5.93 | 英国 | 647.00 | 34.20 | 5.40 |
| 6 | 莫桑比克 | 279.60 | -21.97 | 5.92 | 安哥拉 | 577.51 | 51.22 | 4.82 |
| 7 | 英国 | 244.57 | -15.77 | 5.17 | 德国 | 478.57 | 14.15 | 4.00 |

<table>
<tr><td rowspan="2">排序</td><td colspan="4">2012 年 1 - 6 月</td><td colspan="4">2011 年</td></tr>
<tr><td>目的地</td><td>出口总额</td><td>同比</td><td>占比</td><td>目的地</td><td>出口总额</td><td>同比</td><td>占比</td></tr>
<tr><td>8</td><td>乌干达</td><td>240. 23</td><td>170. 72</td><td>5. 08</td><td>肯尼亚</td><td>466. 62</td><td>5. 57</td><td>3. 90</td></tr>
<tr><td>9</td><td>荷兰</td><td>229. 83</td><td>19. 99</td><td>4. 86</td><td>澳大利亚</td><td>414. 97</td><td>32. 81</td><td>3. 47</td></tr>
<tr><td>10</td><td>坦桑尼亚</td><td>194. 35</td><td>33. 22</td><td>4. 11</td><td>毛里求斯</td><td>389. 87</td><td>63. 82</td><td>3. 26</td></tr>
<tr><td colspan="2">合计</td><td>2905. 03</td><td></td><td>61. 45</td><td>合计</td><td>7616. 50</td><td></td><td>63. 63</td></tr>
</table>

### 2.9.5 出口产品

**表 2 - 36 2012 年 1 - 6 月南非共和国医疗器械出口产品情况**

单位：万美元，%

| HS 编码 | 商品名称/描述 | 出口总额 | 同比 | 占比 | 出口排序 |
|---|---|---|---|---|---|
| | 全球 | 4726. 52 | - 15. 36 | 100 | |
| 300510 | 胶粘敷料及其他有胶粘涂层的物品 | 774. 69 | 40. 63 | 16. 39 | 2 |
| 300590 | 其他软填料及类似物品 | 326. 82 | - 31. 18 | 6. 91 | 4 |
| 300610 | 无菌外科肠线，昆布，止血材料，阻隔材料 | 66. 66 | 19. 2 | 1. 41 | 15 |
| 300630 | X 光检查造影剂；用于病人的诊断试剂 | 7. 92 | - 38. 5 | 0. 17 | 32 |
| 300640 | 牙科粘固剂及其他牙科填料；骨骼粘固剂 | 3. 86 | - 9. 21 | 0. 08 | 37 |
| 300650 | 急救药箱、药包 | 94. 92 | 2. 98 | 2. 01 | 12 |
| 300670 | 专用于人类或兽药的凝胶制品，润滑剂，偶合剂 | 39. 88 | - 43. 97 | 0. 84 | 21 |
| 300691 | 可确定用于造口术的用具 | 5. 09 | - 36. 74 | 0. 11 | 34 |
| 330620 | 清洁牙缝用纱线（牙线） | 143. 87 | 154. 17 | 3. 04 | 8 |
| 4014 | 硫化橡胶（硬质橡胶除外）制卫生及医疗用品 | 10. 35 | - 30. 12 | 0. 22 | 29 |
| 401511 | 硫化橡胶制外科用分指、连指及露指手套 | 19. 62 | 119. 73 | 0. 42 | 24 |
| 481840 | 纸卫生巾及止血塞、婴儿纸尿布、尿布衬里等 | 0. 00 | - 100 | 0. 00 | 44 |
| 8713 | 残疾人用车，不论是否机动或其他机械驱动 | 11. 51 | - 50. 14 | 0. 24 | 28 |
| 900130 | 隐形眼镜片 | 4. 14 | - 19. 79 | 0. 09 | 36 |
| 901811 | 心电图记录仪 | 6. 39 | - 74. 53 | 0. 14 | 33 |
| 901812 | 超声波扫描装置 | 44. 06 | - 15. 94 | 0. 93 | 20 |
| 901813 | 核磁共振成像装置 | 16. 42 | 1043. 17 | 0. 35 | 27 |
| 901814 | 闪烁摄影装置 | 0. 85 | 72. 61 | 0. 02 | 42 |
| 901819 | 其他电气诊断装置 | 531. 04 | - 4. 77 | 11. 24 | 3 |
| 901820 | 紫外线及红外线装置 | 17. 34 | - 24. 49 | 0. 37 | 26 |

| HS 编码 | 商品名称/描述 | 出口总额 | 同比 | 占比 | 出口排序 |
|---|---|---|---|---|---|
| 901831 | 注射器，不论是否装有针头 | 22.21 | -12.9 | 0.47 | 23 |
| 901832 | 管状金属针头及缝合用针 | 18.50 | -48.88 | 0.39 | 25 |
| 901839 | 其他针、导管、插管及类似品 | 83.13 | -0.84 | 1.76 | 14 |
| 901841 | 牙钻机，可与其他牙科设备组装在同一底座上 | 3.35 | 1528.79 | 0.07 | 38 |
| 901849 | 牙科用其他仪器及器具 | 25.87 | 0.57 | 0.55 | 22 |
| 901850 | 眼科用其他仪器及器具 | 52.14 | 1113.43 | 1.10 | 18 |
| 901890 | 其他医疗、外科、牙科或兽医用仪器及器具 | 1276.55 | 6.78 | 27.01 | 1 |
| 901910 | 机械疗法器具、按摩器具及心理功能测验装置 | 96.04 | -19.95 | 2.03 | 11 |
| 901920 | （臭氧、氧气、喷雾）治疗器、人工呼吸器等 | 193.06 | 83.84 | 4.08 | 5 |
| 9020 | 其他呼吸器具及防毒面具 | 163.72 | -59.7 | 3.46 | 6 |
| 902110 | 矫形或骨折用器具 | 47.11 | 9.78 | 1.00 | 19 |
| 902121 | 假牙 | 9.53 | -92.36 | 0.20 | 30 |
| 902129 | 牙齿固定件 | 139.48 | 416.96 | 2.95 | 9 |
| 902131 | 人造关节 | 4.73 | 111.67 | 0.10 | 35 |
| 902139 | 其他人造的人体部分 | 54.89 | 4.31 | 1.16 | 17 |
| 902140 | 助听器，不包括零件、附件 | 55.94 | 340.27 | 1.18 | 16 |
| 902150 | 心脏起搏器，不包括零件、附件 | 1.19 | -78.56 | 0.03 | 41 |
| 902190 | 其他弥补生理缺陷残疾穿戴或植入人体的器具 | 103.24 | -61.29 | 2.18 | 10 |
| 902212 | X 射线断层检查仪 | 2.05 | -96.43 | 0.04 | 40 |
| 902213 | 其他，牙科用 X 射线应用设备 | 0.46 | -37.74 | 0.01 | 43 |
| 902214 | 其他，医疗、外科或兽医用 X 射线应用设备 | 89.73 | 0.23 | 1.90 | 13 |
| 902511 | 液体温度计，可直接读数 | 2.15 | 33.12 | 0.05 | 39 |
| 940210 | 牙科椅和理发椅及类似椅及其零件 | 9.45 | -10.41 | 0.20 | 31 |
| 940290 | 其他医用家具 | 146.58 | 44.13 | 3.10 | 7 |

## 2.10 日　本

### 2.10.1 总体概况

2011 年，日本医疗器械进出口贸易 187.07 亿美元，同比增长 7.93%；进口 120.61 亿美元，同比增长 9.59%；出口 66.45 亿美元，同比增长 5.03%。2012 年 1－6 月，日本医疗器械进出口贸易 93.85 亿美元，同比增长 4.04%；进口 63.45 亿美元，同比增长 8.45%；出口 30.40 亿美元，同比减少 4.1%。

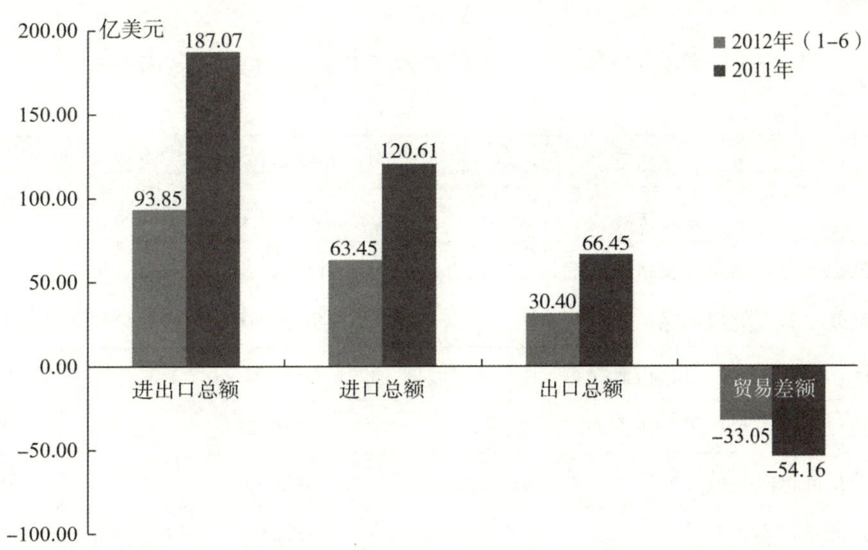


图 2-10　2011-2012 年 1-6 月日本医疗器械进出口情况

### 2.10.2　进口市场

表 2-37　2011-2012 年 1-6 月日本医疗器械进口市场情况

单位：亿美元，%

| 排序 | 2012 年 1-6 月 | | | | 2011 年 | | | |
|---|---|---|---|---|---|---|---|---|
| | 来源地 | 进口总额 | 同比 | 占比 | 来源地 | 进口总额 | 同比 | 占比 |
| | **全球** | **63.45** | **8.45** | **100.00** | **全球** | **120.61** | **9.59** | **100.00** |
| 1 | 美国 | 22.42 | 6.37 | 35.34 | 美国 | 43.31 | 6.48 | 35.91 |
| 2 | 爱尔兰 | 8.85 | 33.06 | 13.95 | 爱尔兰 | 14.95 | -4.30 | 12.39 |
| 3 | 德国 | 6.26 | 5.53 | 9.87 | 中国 | 12.05 | 19.83 | 9.99 |
| 4 | 中国 | 5.99 | 2.61 | 9.44 | 德国 | 11.55 | 10.12 | 9.58 |
| 5 | 墨西哥 | 2.58 | 28.68 | 4.07 | 瑞士 | 4.86 | 15.81 | 4.03 |
| 6 | 瑞士 | 2.22 | -9.15 | 3.50 | 墨西哥 | 4.31 | 20.26 | 3.57 |
| 7 | 新加坡 | 2.00 | 34.53 | 3.15 | 新加坡 | 3.33 | 54.17 | 2.76 |
| 8 | 英国 | 1.16 | 6.13 | 1.83 | 泰国 | 2.40 | 12.07 | 1.99 |
| 9 | 马来西亚 | 1.15 | 2.91 | 1.81 | 马来西亚 | 2.21 | 24.33 | 1.84 |
| 10 | 荷兰 | 1.05 | -8.97 | 1.66 | 英国 | 2.20 | 2.47 | 1.83 |
| **合计** | | **53.69** | **-** | **84.62** | **合计** | **101.17** | **-** | **83.89** |

## 2.10.3 进口产品

**表 2－38　2012 年 1－6 月日本医疗器械进口产品情况**

单位：万美元，%

| HS 编码 | 名称 | 进口总额 | 同比 | 占比 | 进口排序 |
|---|---|---|---|---|---|
| | 全球 | **634514.47** | **8.45** | **100** | |
| 300510 | 胶粘敷料及其他有胶粘涂层的物品 | 3024.12 | －17.17 | 0.48 | 29 |
| 300590 | 其他软填料及类似物品 | 9629.80 | 5.47 | 1.52 | 19 |
| 300610 | 无菌外科肠线，昆布，止血材料，阻隔材料 | 4900.51 | 5.49 | 0.77 | 23 |
| 300630 | X 光检查造影剂；用于病人的诊断试剂 | 13516.23 | －2.2 | 2.13 | 16 |
| 300640 | 牙科粘固剂及其他牙科填料；骨骼粘固剂 | 1609.11 | －9.04 | 0.25 | 32 |
| 300650 | 急救药箱、药包 | 8.81 | 667.41 | 0.00 | 43 |
| 300670 | 专用于人类或兽药的凝胶制品，润滑剂，偶合剂 | 84.47 | 3.34 | 0.01 | 41 |
| 300691 | 可确定用于造口术的用具 | 3101.36 | －11.44 | 0.49 | 28 |
| 330620 | 清洁牙缝用纱线（牙线） | 568.13 | －5.76 | 0.09 | 37 |
| 4014 | 硫化橡胶（硬质橡胶除外）制卫生及医疗用品 | 448.15 | －13.3 | 0.07 | 38 |
| 401511 | 硫化橡胶制外科用分指、连指及露指手套 | 2538.49 | 9.57 | 0.40 | 30 |
| 481840 | 纸卫生巾及止血塞、婴儿纸尿布、尿布衬里等 | 0.00 | －100 | 0.00 | 44 |
| 8713 | 残疾人用车，不论是否机动或其他机械驱动 | 3963.72 | 10.28 | 0.62 | 26 |
| 900130 | 隐形眼镜片 | 56876.47 | 13.23 | 8.96 | 3 |
| 901811 | 心电图记录仪 | 1238.87 | 16.48 | 0.20 | 33 |
| 901812 | 超声波扫描装置 | 9945.10 | 16.56 | 1.57 | 17 |
| 901813 | 核磁共振成像装置 | 25676.01 | 18.59 | 4.05 | 6 |
| 901814 | 闪烁摄影装置 | 1673.19 | 129.35 | 0.26 | 31 |
| 901819 | 其他电气诊断装置 | 23410.82 | 16.3 | 3.69 | 9 |
| 901820 | 紫外线及红外线装置 | 630.30 | 32.76 | 0.10 | 36 |
| 901831 | 注射器，不论是否装有针头 | 4235.28 | 10.18 | 0.67 | 25 |
| 901832 | 管状金属针头及缝合用针 | 15542.36 | 12.89 | 2.45 | 15 |
| 901839 | 其他针、导管、插管及类似品 | 102121.26 | 5.67 | 16.09 | 1 |
| 901841 | 牙钻机，可与其他牙科设备组装在同一底座上 | 74.18 | －47.76 | 0.01 | 42 |
| 901849 | 牙科用其他仪器及器具 | 8119.05 | 10.58 | 1.28 | 20 |
| 901850 | 眼科用其他仪器及器具 | 15612.77 | 14.3 | 2.46 | 14 |
| 901890 | 其他医疗、外科、牙科或兽医用仪器及器具 | 97470.66 | 12.86 | 15.36 | 2 |

| HS 编码 | 名称 | 进口总额 | 同比 | 占比 | 进口排序 |
|---|---|---|---|---|---|
| 901910 | 机械疗法器具、按摩器具及心理功能测验装置 | 18008.57 | -2.34 | 2.84 | 10 |
| 901920 | （臭氧、氧气、喷雾）治疗器、人工呼吸器等 | 17277.28 | -6.23 | 2.72 | 13 |
| 9020 | 其他呼吸器具及防毒面具 | 1099.16 | -14.12 | 0.17 | 34 |
| 902110 | 矫形或骨折用器具 | 28076.84 | 6.42 | 4.42 | 5 |
| 902121 | 假牙 | 692.90 | 28.19 | 0.11 | 35 |
| 902129 | 牙齿固定件 | 5639.57 | -9.64 | 0.89 | 22 |
| 902131 | 人造关节 | 25411.03 | 13.92 | 4.00 | 7 |
| 902139 | 其他人造的人体部分 | 48833.45 | 54.45 | 7.70 | 4 |
| 902140 | 助听器，不包括零件、附件 | 6531.78 | -0.91 | 1.03 | 21 |
| 902150 | 心脏起搏器，不包括零件、附件 | 17470.76 | 1.55 | 2.75 | 12 |
| 902190 | 其他弥补生理缺陷残疾穿戴或植入人体的器具 | 17712.54 | -38.93 | 2.79 | 11 |
| 902212 | X 射线断层检查仪 | 9832.52 | 8.55 | 1.55 | 18 |
| 902213 | 其他，牙科用 X 射线应用设备 | 3291.28 | 41.98 | 0.52 | 27 |
| 902214 | 其他，医疗、外科或兽医用 X 射线应用设备 | 23671.19 | 24.77 | 3.73 | 8 |
| 902511 | 液体温度计，可直接读数 | 153.21 | 3.72 | 0.02 | 40 |
| 940210 | 牙科椅和理发椅及类似椅及其零件 | 315.33 | 50.09 | 0.05 | 39 |
| 940290 | 其他医用家具 | 4477.82 | 29.58 | 0.71 | 24 |

### 2.10.4 出口市场

**表 2-39 2011-2012 年 1-6 月日本医疗器械出口市场情况**

单位：亿美元，%

| 排序 | 2012 年 1-6 月 | | | | 2011 年 | | | |
|---|---|---|---|---|---|---|---|---|
| | 目的地 | 出口总额 | 同比 | 占比 | 目的地 | 出口总额 | 同比 | 占比 |
| | **全球** | **30.40** | **-4.10** | **100.00** | **全球** | **66.45** | **5.03** | **100.00** |
| 1 | 美国 | 9.03 | 6.75 | 29.71 | 美国 | 17.47 | -2.93 | 26.29 |
| 2 | 中国 | 4.07 | 4.97 | 13.39 | 中国 | 8.61 | 17.98 | 12.96 |
| 3 | 德国 | 3.17 | -4.83 | 10.42 | 德国 | 6.81 | 3.10 | 10.24 |
| 4 | 荷兰 | 1.83 | 12.00 | 6.02 | 荷兰 | 3.45 | 5.79 | 5.18 |
| 5 | 比利时 | 1.40 | 6.76 | 4.59 | 韩国 | 2.94 | 0.10 | 4.43 |
| 6 | 韩国 | 1.04 | -32.93 | 3.43 | 比利时 | 2.58 | 1.83 | 3.89 |
| 7 | 新加坡 | 0.75 | -7.62 | 2.45 | 中国台湾 | 1.84 | 3.60 | 2.77 |

| 排序 | 2012 年 1 - 6 月 | | | | 2011 年 | | | |
|---|---|---|---|---|---|---|---|---|
| | 目的地 | 出口总额 | 同比 | 占比 | 目的地 | 出口总额 | 同比 | 占比 |
| 8 | 澳大利亚 | 0.68 | 6.58 | 2.22 | 俄罗斯 | 1.79 | 44.31 | 2.70 |
| 9 | 英国 | 0.65 | 7.19 | 2.13 | 中国香港 | 1.74 | 12.22 | 2.62 |
| 10 | 中国香港 | 0.59 | -24.31 | 1.94 | 新加坡 | 1.66 | 2.69 | 2.49 |
| 合计 | | **23.20** | | **76.30** | 合计 | **48.89** | | **73.57** |

## 2.10.5 出口产品

**表 2-40 2012 年 1-6 月日本医疗器械出口产品情况**

单位：万美元，%

| HS 编码 | 商品名称/描述 | 出口总额 | 同比 | 占比 | 出口排序 |
|---|---|---|---|---|---|
| | 全球 | **304031.74** | **-4.1** | **100** | |
| 300510 | 胶粘敷料及其他有胶粘涂层的物品 | 13253.17 | 2.79 | 4.36 | 8 |
| 300590 | 其他软填料及类似物品 | 317.88 | -20.53 | 0.10 | 28 |
| 300610 | 无菌外科肠线，昆布，止血材料，阻隔材料 | 237.05 | -14.67 | 0.08 | 31 |
| 300630 | X 光检查造影剂；用于病人的诊断试剂 | 273.85 | 12.9 | 0.09 | 29 |
| 300640 | 牙科粘固剂及其他牙科填料；骨骼粘固剂 | 7467.87 | 1.4 | 2.46 | 12 |
| 300650 | 急救药箱、药包 | 15.05 | 90.02 | 0.00 | 40 |
| 300670 | 专用于人类或兽药的凝胶制品，润滑剂，偶合剂 | 65.66 | -21.01 | 0.02 | 37 |
| 300691 | 可确定用于造口术的用具 | 105.58 | 33.03 | 0.03 | 35 |
| 330620 | 清洁牙缝用纱线（牙线） | 7.89 | -16.73 | 0.00 | 41 |
| 4014 | 硫化橡胶（硬质橡胶除外）制卫生及医疗用品 | 1610.62 | 19.55 | 0.53 | 18 |
| 401511 | 硫化橡胶制外科用分指、连指及露指手套 | 0.00 | n/a | 0.00 | 43 |
| 481840 | 纸卫生巾及止血塞、婴儿纸尿布、尿布衬里等 | 0.00 | -100 | 0.00 | 44 |
| 8713 | 残疾人用车，不论是否机动或其他机械驱动 | 194.51 | -31.73 | 0.06 | 32 |
| 900130 | 隐形眼镜片 | 241.58 | -8.16 | 0.08 | 30 |
| 901811 | 心电图记录仪 | 1499.79 | 11.66 | 0.49 | 19 |
| 901812 | 超声波扫描装置 | 25657.95 | -12.16 | 8.44 | 4 |
| 901813 | 核磁共振成像装置 | 10381.18 | 10.45 | 3.41 | 11 |
| 901814 | 闪烁摄影装置 | 42.89 | 194.68 | 0.01 | 38 |
| 901819 | 其他电气诊断装置 | 48259.36 | 8.46 | 15.87 | 2 |
| 901820 | 紫外线及红外线装置 | 337.85 | 208.83 | 0.11 | 27 |

| HS 编码 | 商品名称/描述 | 出口总额 | 同比 | 占比 | 出口排序 |
|---|---|---|---|---|---|
| 901831 | 注射器，不论是否装有针头 | 2341.24 | -0.1 | 0.77 | 16 |
| 901832 | 管状金属针头及缝合用针 | 11726.66 | 5.74 | 3.86 | 9 |
| 901839 | 其他针、导管、插管及类似品 | 30787.76 | 9.54 | 10.13 | 3 |
| 901841 | 牙钻机，可与其他牙科设备组装在同一底座上 | 408.64 | -38.26 | 0.13 | 25 |
| 901849 | 牙科用其他仪器及器具 | 10864.71 | -2.78 | 3.57 | 10 |
| 901850 | 眼科用其他仪器及器具 | 14997.32 | 7.82 | 4.93 | 7 |
| 901890 | 其他医疗、外科、牙科或兽医用仪器及器具 | 58009.78 | 2.63 | 19.08 | 1 |
| 901910 | 机械疗法器具、按摩器具及心理功能测验装置 | 2929.42 | -19.01 | 0.96 | 14 |
| 901920 | （臭氧、氧气、喷雾）治疗器、人工呼吸器等 | 899.78 | -1.48 | 0.30 | 21 |
| 9020 | 其他呼吸器具及防毒面具 | 492.01 | -3.39 | 0.16 | 24 |
| 902110 | 矫形或骨折用器具 | 775.29 | 2.19 | 0.26 | 23 |
| 902121 | 假牙 | 401.53 | 10.75 | 0.13 | 26 |
| 902129 | 牙齿固定件 | 5113.22 | 113.54 | 1.68 | 13 |
| 902131 | 人造关节 | 189.61 | -33.09 | 0.06 | 33 |
| 902139 | 其他人造的人体部分 | 811.60 | 39.64 | 0.27 | 22 |
| 902140 | 助听器，不包括零件、附件 | 42.63 | -40.79 | 0.01 | 39 |
| 902150 | 心脏起搏器，不包括零件、附件 | 2.86 | -46.8 | 0.00 | 42 |
| 902190 | 其他弥补生理缺陷残疾穿戴或植入人体的器具 | 148.76 | -30.02 | 0.05 | 34 |
| 902212 | X 射线断层检查仪 | 23865.75 | -12.35 | 7.85 | 5 |
| 902213 | 其他，牙科用 X 射线应用设备 | 1741.03 | 3.78 | 0.57 | 17 |
| 902214 | 其他，医疗、外科或兽医用 X 射线应用设备 | 23804.56 | 12.06 | 7.83 | 6 |
| 902511 | 液体温度计，可直接读数 | 72.46 | 36.05 | 0.02 | 36 |
| 940210 | 牙科椅和理发椅及类似椅及其零件 | 925.08 | 29.52 | 0.30 | 20 |
| 940290 | 其他医用家具 | 2710.31 | 19.28 | 0.89 | 15 |

## 2.11 瑞　典

### 2.11.1 总体概况

2011 年，瑞典医疗器械进出口贸易 60.34 亿美元，同比增长 8.51%；进口 27.15 亿美元，同比增长 9.52%；出口 33.18 亿美元，同比增长 7.70%。2012 年 1－6 月，瑞典医疗器械进出口贸易 25.13 亿美元，同比减少 19.48%；进口 12.01 亿美元，同比减少 15.39%；出口 13.12 亿美元，同比减少 22.89%。

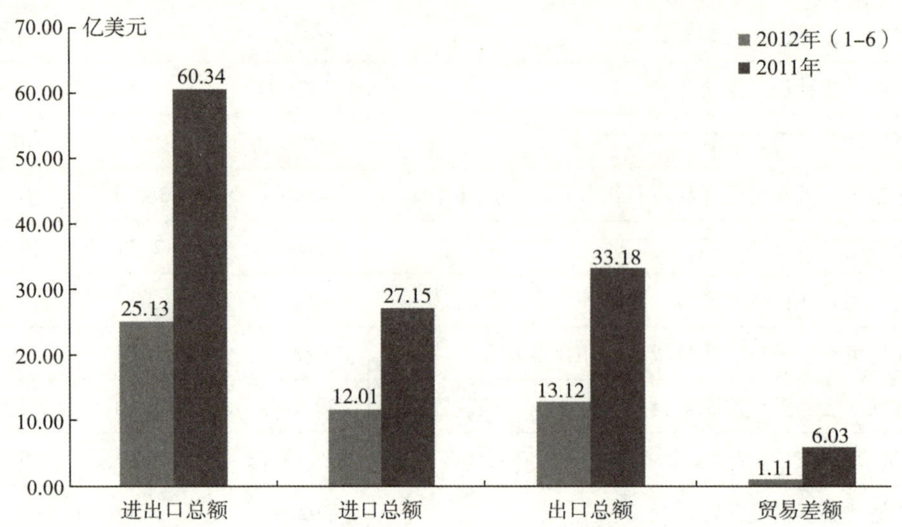


图 2－11　2011－2012 年 1－6 月瑞典医疗器械进出口情况

### 2.11.2　进口市场

表 2－41　2011－2012 年 1－6 月瑞典医疗器械进口市场情况

单位：亿美元，%

| 排序 | 2012 年 1－6 月 | | | | 2011 年 | | | |
|---|---|---|---|---|---|---|---|---|
| | 来源地 | 进口总额 | 同比 | 占比 | 来源地 | 进口总额 | 同比 | 占比 |
| | **全球** | **12.01** | **－15.39** | **100.00** | **全球** | **27.15** | **9.52** | **100.00** |
| 1 | 美国 | 3.57 | －17.68 | 29.70 | 美国 | 7.97 | 2.36 | 29.36 |
| 2 | 德国 | 2.15 | －20.24 | 17.89 | 德国 | 5.33 | 12.65 | 19.62 |
| 3 | 荷兰 | 1.27 | －19.65 | 10.53 | 荷兰 | 3.04 | 10.50 | 11.21 |
| 4 | 比利时 | 0.93 | －10.95 | 7.76 | 比利时 | 1.90 | 19.34 | 7.01 |
| 5 | 丹麦 | 0.78 | －15.27 | 6.46 | 丹麦 | 1.75 | 2.52 | 6.45 |
| 6 | 马来西亚 | 0.48 | 171.90 | 3.96 | 法国 | 0.97 | 12.77 | 3.57 |
| 7 | 法国 | 0.44 | －15.25 | 3.68 | 中国 | 0.72 | 17.25 | 2.66 |
| 8 | 中国 | 0.34 | －0.05 | 2.85 | 瑞士 | 0.69 | 16.28 | 2.52 |
| 9 | 芬兰 | 0.31 | －1.55 | 2.56 | 芬兰 | 0.61 | －9.88 | 2.26 |
| 10 | 瑞士 | 0.29 | －19.97 | 2.46 | 爱尔兰 | 0.57 | 12.89 | 2.09 |
| 合计 | | **10.55** | － | **87.85** | 合计 | **23.56** | － | **86.75** |

### 2.11.3 进口产品

**表2-42 2012年1-6月瑞典医疗器械进口产品情况**

单位：万美元，%

| HS编码 | 名称 | 进口总额 | 同比 | 占比 | 进口排序 |
|---|---|---|---|---|---|
| | **全球** | **120107.80** | **-15.39** | **100** | |
| 300510 | 胶粘敷料及其他有胶粘涂层的物品 | 1441.03 | -29.78 | 1.20 | 21 |
| 300590 | 其他软填料及类似物品 | 2159.74 | -15.03 | 1.80 | 10 |
| 300610 | 无菌外科肠线，昆布，止血材料，阻隔材料 | 1147.89 | -9.1 | 0.96 | 24 |
| 300630 | X光检查造影剂；用于病人的诊断试剂 | 1044.87 | 25.74 | 0.87 | 26 |
| 300640 | 牙科粘固剂及其他牙科填料；骨骼粘固剂 | 1696.11 | -3.54 | 1.41 | 19 |
| 300650 | 急救药箱、药包 | 182.96 | 14.45 | 0.15 | 37 |
| 300670 | 专用于人类或兽药的凝胶制品，润滑剂，偶合剂 | 9.05 | -46.27 | 0.01 | 43 |
| 300691 | 可确定用于造口术的用具 | 1729.65 | -6.27 | 1.44 | 18 |
| 330620 | 清洁牙缝用纱线（牙线） | 248.95 | 30.66 | 0.21 | 35 |
| 4014 | 硫化橡胶（硬质橡胶除外）制卫生及医疗用品 | 471.20 | -12.3 | 0.39 | 32 |
| 401511 | 硫化橡胶制外科用分指、连指及露指手套 | 950.02 | -22.21 | 0.79 | 29 |
| 481840 | 纸卫生巾及止血塞、婴儿纸尿布、尿布衬里等 | 0.00 | -100 | 0.00 | 44 |
| 8713 | 残疾人用车，不论是否机动或其他机械驱动 | 525.94 | -4.1 | 0.44 | 31 |
| 900130 | 隐形眼镜片 | 3983.79 | -6.53 | 3.32 | 6 |
| 901811 | 心电图记录仪 | 231.82 | -5.29 | 0.19 | 36 |
| 901812 | 超声波扫描装置 | 904.80 | 20.92 | 0.75 | 30 |
| 901813 | 核磁共振成像装置 | 1822.01 | -13.18 | 1.52 | 16 |
| 901814 | 闪烁摄影装置 | 36.47 | -73.37 | 0.03 | 42 |
| 901819 | 其他电气诊断装置 | 1873.30 | -14.25 | 1.56 | 14 |
| 901820 | 紫外线及红外线装置 | 45.57 | -23.91 | 0.04 | 41 |
| 901831 | 注射器，不论是否装有针头 | 1816.16 | -14.98 | 1.51 | 17 |
| 901832 | 管状金属针头及缝合用针 | 1049.89 | -7.44 | 0.87 | 25 |
| 901839 | 其他针、导管、插管及类似品 | 8072.27 | -0.15 | 6.72 | 4 |
| 901841 | 牙钻机，可与其他牙科设备组装在同一底座上 | 335.17 | -32.6 | 0.28 | 34 |
| 901849 | 牙科用其他仪器及器具 | 3465.30 | -0.14 | 2.89 | 8 |
| 901850 | 眼科用其他仪器及器具 | 1838.78 | -7.24 | 1.53 | 15 |
| 901890 | 其他医疗、外科、牙科或兽医用仪器及器具 | 20273.96 | -3.24 | 16.88 | 2 |

| HS 编码 | 名称 | 进口总额 | 同比 | 占比 | 进口排序 |
| --- | --- | --- | --- | --- | --- |
| 901910 | 机械疗法器具、按摩器具及心理功能测验装置 | 2133. 51 | -5. 52 | 1. 78 | 11 |
| 901920 | （臭氧、氧气、喷雾）治疗器、人工呼吸器等 | 1332. 15 | 20. 12 | 1. 11 | 23 |
| 9020 | 其他呼吸器具及防毒面具 | 984. 39 | 13. 2 | 0. 82 | 28 |
| 902110 | 矫形或骨折用器具 | 4759. 11 | -11. 26 | 3. 96 | 5 |
| 902121 | 假牙 | 102. 16 | -15. 72 | 0. 09 | 38 |
| 902129 | 牙齿固定件 | 1449. 05 | -19 | 1. 21 | 20 |
| 902131 | 人造关节 | 2712. 38 | -20. 93 | 2. 26 | 9 |
| 902139 | 其他人造的人体部分 | 3960. 14 | -16. 57 | 3. 30 | 7 |
| 902140 | 助听器，不包括零件、附件 | 1991. 76 | -6. 15 | 1. 66 | 12 |
| 902150 | 心脏起搏器，不包括零件、附件 | 28850. 28 | -11. 37 | 24. 02 | 1 |
| 902190 | 其他弥补生理缺陷残疾穿戴或植入人体的器具 | 9587. 14 | -10. 54 | 7. 98 | 3 |
| 902212 | X 射线断层检查仪 | 1394. 64 | 42. 08 | 1. 16 | 22 |
| 902213 | 其他，牙科用 X 射线应用设备 | 404. 31 | -32. 22 | 0. 34 | 33 |
| 902214 | 其他，医疗、外科或兽医用 X 射线应用设备 | 1880. 15 | 16. 47 | 1. 57 | 13 |
| 902511 | 液体温度计，可直接读数 | 96. 35 | -16. 55 | 0. 08 | 39 |
| 940210 | 牙科椅和理发椅及类似椅及其零件 | 75. 26 | -64. 85 | 0. 06 | 40 |
| 940290 | 其他医用家具 | 1038. 30 | -30. 16 | 0. 86 | 27 |

### 2.11.4 出口市场

表 2-43 2011-2012 年 1-6 月瑞典医疗器械出口市场情况

单位：亿美元，%

| 排序 | 2012 年 1-6 月 | | | | 2011 年 | | | |
| --- | --- | --- | --- | --- | --- | --- | --- | --- |
| | 目的地 | 出口总额 | 同比 | 占比 | 目的地 | 出口总额 | 同比 | 占比 |
| | **全球** | **13. 12** | **-22. 89** | **100. 00** | **全球** | **33. 18** | **7. 70** | **100. 00** |
| 1 | 德国 | 1. 33 | -24. 01 | 10. 12 | 德国 | 3. 53 | 20. 35 | 10. 62 |
| 2 | 挪威 | 1. 17 | -29. 51 | 8. 94 | 挪威 | 3. 33 | 1. 23 | 10. 03 |
| 3 | 法国 | 1. 17 | -11. 72 | 8. 90 | 荷兰 | 2. 46 | 17. 28 | 7. 40 |
| 4 | 美国 | 1. 03 | -9. 78 | 7. 87 | 法国 | 2. 39 | 26. 26 | 7. 21 |
| 5 | 荷兰 | 0. 93 | -20. 84 | 7. 07 | 美国 | 2. 31 | 6. 32 | 6. 97 |
| 6 | 意大利 | 0. 87 | -13. 09 | 6. 60 | 英国 | 2. 13 | 16. 09 | 6. 40 |
| 7 | 英国 | 0. 71 | -29. 83 | 5. 43 | 芬兰 | 1. 94 | 6. 75 | 5. 84 |

| 排序 | 2012 年 1 - 6 月 | | | | 2011 年 | | | |
|---|---|---|---|---|---|---|---|---|
| | 目的地 | 出口总额 | 同比 | 占比 | 目的地 | 出口总额 | 同比 | 占比 |
| 8 | 芬兰 | 0.65 | -37.76 | 4.92 | 意大利 | 1.82 | 12.03 | 5.49 |
| 9 | 比利时 | 0.61 | -29.39 | 4.66 | 比利时 | 1.57 | -0.68 | 4.74 |
| 10 | 丹麦 | 0.59 | -23.36 | 4.48 | 丹麦 | 1.51 | -3.96 | 4.55 |
| 合计 | | **9.05** | | **68.99** | 合计 | **22.98** | | **69.25** |

### 2.11.5 出口产品

**表 2 - 44 2012 年 1 - 6 月瑞典医疗器械出口产品情况**

单位：万美元，%

| HS 编码 | 商品名称/描述 | 出口总额 | 同比 | 占比 | 出口排序 |
|---|---|---|---|---|---|
| | **全球** | **131229.37** | **-22.89** | **100** | |
| 300510 | 胶粘敷料及其他有胶粘涂层的物品 | 1675.61 | -4.47 | 1.28 | 15 |
| 300590 | 其他软填料及类似物品 | 1819.76 | -65.38 | 1.39 | 13 |
| 300610 | 无菌外科肠线，昆布，止血材料，阻隔材料 | 432.21 | 13.12 | 0.33 | 26 |
| 300630 | X 光检查造影剂；用于病人的诊断试剂 | 1183.65 | -43.1 | 0.90 | 21 |
| 300640 | 牙科粘固剂及其他牙科填料；骨骼粘固剂 | 1640.61 | -16.68 | 1.25 | 17 |
| 300650 | 急救药箱、药包 | 187.81 | 6.51 | 0.14 | 29 |
| 300670 | 专用于人类或兽药的凝胶制品，润滑剂，偶合剂 | 12.69 | 80.53 | 0.01 | 42 |
| 300691 | 可确定用于造口术的用具 | 7.42 | 31.59 | 0.01 | 43 |
| 330620 | 清洁牙缝用纱线（牙线） | 151.56 | 129.26 | 0.12 | 31 |
| 4014 | 硫化橡胶（硬质橡胶除外）制卫生及医疗用品 | 897.09 | 1.85 | 0.68 | 22 |
| 401511 | 硫化橡胶制外科用分指、连指及露指手套 | 115.88 | -23.87 | 0.09 | 34 |
| 481840 | 纸卫生巾及止血塞、婴儿纸尿布、尿布衬里等 | 0.00 | -100 | 0.00 | 44 |
| 8713 | 残疾人用车，不论是否机动或其他机械驱动 | 3557.61 | -16.83 | 2.71 | 10 |
| 900130 | 隐形眼镜片 | 1538.90 | 1.66 | 1.17 | 18 |
| 901811 | 心电图记录仪 | 157.16 | -9.52 | 0.12 | 30 |
| 901812 | 超声波扫描装置 | 65.65 | -0.32 | 0.05 | 37 |
| 901813 | 核磁共振成像装置 | 100.34 | 36.43 | 0.08 | 35 |
| 901814 | 闪烁摄影装置 | 32.98 | -3.71 | 0.03 | 40 |
| 901819 | 其他电气诊断装置 | 3303.79 | 16.56 | 2.52 | 11 |
| 901820 | 紫外线及红外线装置 | 21.61 | -61.16 | 0.02 | 41 |

| HS 编码 | 商品名称/描述 | 出口总额 | 同比 | 占比 | 出口排序 |
|---|---|---|---|---|---|
| 901831 | 注射器，不论是否装有针头 | 1191. 61 | -59. 51 | 0. 91 | 20 |
| 901832 | 管状金属针头及缝合用针 | 615. 87 | 3. 75 | 0. 47 | 23 |
| 901839 | 其他针、导管、插管及类似品 | 7560. 68 | -15. 79 | 5. 76 | 4 |
| 901841 | 牙钻机，可与其他牙科设备组装在同一底座上 | 122. 63 | -30. 93 | 0. 09 | 33 |
| 901849 | 牙科用其他仪器及器具 | 5647. 61 | -1. 79 | 4. 30 | 5 |
| 901850 | 眼科用其他仪器及器具 | 542. 76 | 10. 2 | 0. 41 | 24 |
| 901890 | 其他医疗、外科、牙科或兽医用仪器及器具 | 27155. 88 | 1. 01 | 20. 69 | 2 |
| 901910 | 机械疗法器具、按摩器具及心理功能测验装置 | 386. 49 | -17. 49 | 0. 29 | 27 |
| 901920 | （臭氧、氧气、喷雾）治疗器、人工呼吸器等 | 4276. 57 | 4. 07 | 3. 26 | 6 |
| 9020 | 其他呼吸器具及防毒面具 | 1660. 80 | -12. 69 | 1. 27 | 16 |
| 902110 | 矫形或骨折用器具 | 3872. 04 | 9. 46 | 2. 95 | 8 |
| 902121 | 假牙 | 64. 19 | -20. 81 | 0. 05 | 38 |
| 902129 | 牙齿固定件 | 4006. 61 | 13. 46 | 3. 05 | 7 |
| 902131 | 人造关节 | 1224. 41 | -39. 55 | 0. 93 | 19 |
| 902139 | 其他人造的人体部分 | 3840. 81 | -28. 68 | 2. 93 | 9 |
| 902140 | 助听器，不包括零件、附件 | 1888. 58 | 0. 28 | 1. 44 | 12 |
| 902150 | 心脏起搏器，不包括零件、附件 | 34663. 63 | -11. 79 | 26. 41 | 1 |
| 902190 | 其他弥补生理缺陷残疾穿戴或植入人体的器具 | 12775. 18 | -8. 63 | 9. 73 | 3 |
| 902212 | X 射线断层检查仪 | 500. 53 | n/a | 0. 38 | 25 |
| 902213 | 其他，牙科用 X 射线应用设备 | 37. 36 | -85. 99 | 0. 03 | 39 |
| 902214 | 其他，医疗、外科或兽医用 X 射线应用设备 | 312. 47 | -53. 03 | 0. 24 | 28 |
| 902511 | 液体温度计，可直接读数 | 73. 29 | -8. 13 | 0. 06 | 36 |
| 940210 | 牙科椅和理发椅及类似椅及其零件 | 127. 19 | 56. 34 | 0. 10 | 32 |
| 940290 | 其他医用家具 | 1779. 83 | 0. 88 | 1. 36 | 14 |

## 2. 12 土耳其

### 2. 12. 1 总体概况

2011 年，土耳其医疗器械进出口贸易 28. 27 亿美元，同比增长 17. 78%；进口 20. 12 亿美元，同比增长 18. 76%；出口 8. 14 亿美元，同比增长 15. 43%。2012 年 1 - 6 月，土耳其医疗器械进出口贸易 10. 47 亿美元，同比减少 25. 29%；进口 9. 11 亿美元，同比减少 9. 89%；出口 1. 37 亿美元，同比减少 65. 07%。

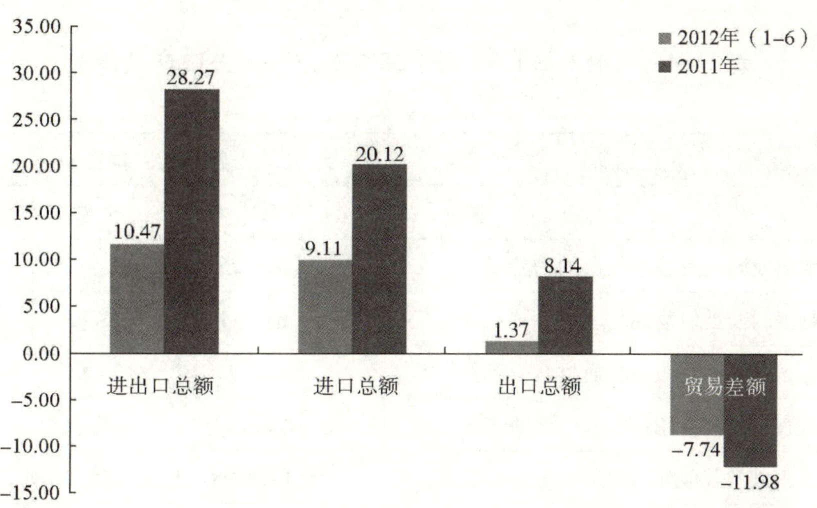


图 2 - 12　2011 - 2012 年 1 - 6 月土耳其医疗器械进出口情况

## 2.12.2　进口市场

表 2 - 45　2011 - 2012 年 1 - 6 月土耳其医疗器械进口市场情况

单位：亿美元，%

| 排序 | 2012 年 1 - 6 月 | | | | 2011 年 | | | |
|---|---|---|---|---|---|---|---|---|
| | 来源地 | 进口总额 | 同比 | 占比 | 来源地 | 进口总额 | 同比 | 占比 |
| | **全球** | **9.11** | **- 9.89** | **100.00** | **全球** | **20.12** | **18.76** | **100.00** |
| 1 | 美国 | 2.21 | -5.17 | 24.25 | 美国 | 4.30 | 11.84 | 21.35 |
| 2 | 德国 | 1.40 | -11.86 | 15.35 | 德国 | 3.39 | 18.22 | 16.85 |
| 3 | 中国 | 0.86 | -14.06 | 9.41 | 中国 | 2.14 | 21.03 | 10.62 |
| 4 | 爱尔兰 | 0.48 | 11.67 | 5.22 | 马来西亚 | 0.91 | 132.05 | 4.52 |
| 5 | 马来西亚 | 0.42 | -11.33 | 4.64 | 意大利 | 0.88 | 16.93 | 4.39 |
| 6 | 英国 | 0.38 | -3.96 | 4.21 | 日本 | 0.85 | 15.32 | 4.25 |
| 7 | 瑞士 | 0.35 | 9.09 | 3.85 | 爱尔兰 | 0.76 | 20.79 | 3.77 |
| 8 | 意大利 | 0.35 | -29.36 | 3.82 | 英国 | 0.67 | 22.52 | 3.35 |
| 9 | 日本 | 0.34 | -22.32 | 3.77 | 瑞士 | 0.61 | -8.50 | 3.05 |
| 10 | 法国 | 0.26 | -18.65 | 2.90 | 法国 | 0.61 | 1.41 | 3.03 |
| 合计 | | **7.05** | **-** | **77.42** | 合计 | **15.12** | **-** | **75.18** |

## 2.12.3 进口产品

**表 2－46 2012 年 1－6 月土耳其医疗器械进口产品情况**

单位：万美元，%

| HS 编码 | 名称 | 进口总额 | 同比 | 占比 | 进口排序 |
|---|---|---|---|---|---|
| | **全球** | **91054.47** | **－9.89** | **100** | |
| 300510 | 胶粘敷料及其他有胶粘涂层的物品 | 600.26 | 13.41 | 0.66 | 28 |
| 300590 | 其他软填料及类似物品 | 637.11 | －15.83 | 0.70 | 27 |
| 300610 | 无菌外科肠线，昆布，止血材料，阻隔材料 | 932.02 | －20.01 | 1.02 | 26 |
| 300630 | X 光检查造影剂；用于病人的诊断试剂 | 2450.41 | －15.52 | 2.69 | 8 |
| 300640 | 牙科粘固剂及其他牙科填料；骨骼粘固剂 | 1328.98 | 7.9 | 1.46 | 20 |
| 300650 | 急救药箱、药包 | 22.85 | －76.57 | 0.03 | 43 |
| 300670 | 专用于人类或兽药的凝胶制品，润滑剂，偶合剂 | 87.98 | 2.49 | 0.10 | 41 |
| 300691 | 可确定用于造口术的用具 | 425.31 | －2.88 | 0.47 | 32 |
| 330620 | 清洁牙缝用纱线（牙线） | 66.79 | 23.42 | 0.07 | 42 |
| 4014 | 硫化橡胶（硬质橡胶除外）制卫生及医疗用品 | 471.49 | －20.68 | 0.52 | 31 |
| 401511 | 硫化橡胶制外科用分指、连指及露指手套 | 3970.38 | －14.04 | 4.36 | 5 |
| 481840 | 纸卫生巾及止血塞、婴儿纸尿布、尿布衬里等 | 0.00 | －100 | 0.00 | 44 |
| 8713 | 残疾人用车，不论是否机动或其他机械驱动 | 345.83 | －24.37 | 0.38 | 33 |
| 900130 | 隐形眼镜片 | 939.12 | 5.88 | 1.03 | 25 |
| 901811 | 心电图记录仪 | 344.39 | －14.71 | 0.38 | 35 |
| 901812 | 超声波扫描装置 | 2068.03 | －10.83 | 2.27 | 15 |
| 901813 | 核磁共振成像装置 | 1211.63 | －24.93 | 1.33 | 22 |
| 901814 | 闪烁摄影装置 | 115.83 | －81.04 | 0.13 | 39 |
| 901819 | 其他电气诊断装置 | 2980.58 | －6.28 | 3.27 | 7 |
| 901820 | 紫外线及红外线装置 | 345.52 | 47.79 | 0.38 | 34 |
| 901831 | 注射器，不论是否装有针头 | 1250.48 | －35.39 | 1.37 | 21 |
| 901832 | 管状金属针头及缝合用针 | 2165.46 | 2.27 | 2.38 | 14 |
| 901839 | 其他针、导管、插管及类似品 | 8486.79 | 9.1 | 9.32 | 3 |
| 901841 | 牙钻机，可与其他牙科设备组装在同一底座上 | 506.67 | －7.62 | 0.56 | 30 |
| 901849 | 牙科用其他仪器及器具 | 2197.47 | －6.84 | 2.41 | 13 |
| 901850 | 眼科用其他仪器及器具 | 2206.76 | 4.41 | 2.42 | 12 |
| 901890 | 其他医疗、外科、牙科或兽医用仪器及器具 | 19443.50 | －12.21 | 21.35 | 1 |

| HS 编码 | 名称 | 进口总额 | 同比 | 占比 | 进口排序 |
|---|---|---|---|---|---|
| 901910 | 机械疗法器具、按摩器具及心理功能测验装置 | 2208.67 | -22.59 | 2.43 | 11 |
| 901920 | （臭氧、氧气、喷雾）治疗器、人工呼吸器等 | 2413.17 | -9.67 | 2.65 | 9 |
| 9020 | 其他呼吸器具及防毒面具 | 338.45 | -37.97 | 0.37 | 36 |
| 902110 | 矫形或骨折用器具 | 3906.68 | -11.31 | 4.29 | 6 |
| 902121 | 假牙 | 124.47 | -18.37 | 0.14 | 38 |
| 902129 | 牙齿固定件 | 1925.82 | 22.8 | 2.12 | 16 |
| 902131 | 人造关节 | 2287.00 | -1.09 | 2.51 | 10 |
| 902139 | 其他人造的人体部分 | 9339.92 | 6.15 | 10.26 | 2 |
| 902140 | 助听器，不包括零件、附件 | 1630.44 | 5.09 | 1.79 | 18 |
| 902150 | 心脏起搏器，不包括零件、附件 | 1465.62 | -17.06 | 1.61 | 19 |
| 902190 | 其他弥补生理缺陷残疾穿戴或植入人体的器具 | 945.23 | -14.64 | 1.04 | 24 |
| 902212 | X 射线断层检查仪 | 1814.83 | -20.49 | 1.99 | 17 |
| 902213 | 其他，牙科用 X 射线应用设备 | 511.92 | -11.5 | 0.56 | 29 |
| 902214 | 其他，医疗、外科或兽医用 X 射线应用设备 | 5281.54 | -5.06 | 5.80 | 4 |
| 902511 | 液体温度计，可直接读数 | 88.13 | 40.67 | 0.10 | 40 |
| 940210 | 牙科椅和理发椅及类似椅及其零件 | 212.28 | 10.29 | 0.23 | 37 |
| 940290 | 其他医用家具 | 958.69 | -22.47 | 1.05 | 23 |

### 2.12.4 出口市场

**表 2-47 2011-2012 年 1-6 月土耳其医疗器械出口市场情况**

单位：万美元，%

| 排序 | 2012 年 1-6 月 | | | | 2011 年 | | | |
|---|---|---|---|---|---|---|---|---|
| | 目的地 | 出口总额 | 同比 | 占比 | 目的地 | 出口总额 | 同比 | 占比 |
| | **全球** | **13665.44** | **-65.07** | **100.00** | **全球** | **81426.14** | **15.43** | **100.00** |
| 1 | 伊拉克 | 1434.59 | -84.47 | 10.50 | 伊拉克 | 19344.99 | 27.75 | 23.76 |
| 2 | 德国 | 1432.48 | -5.63 | 10.48 | 阿塞拜疆 | 5061.15 | 23.49 | 6.22 |
| 3 | 法国 | 863.19 | -11.63 | 6.32 | 以色列 | 3204.09 | 14.68 | 3.93 |
| 4 | 阿塞拜疆 | 744.14 | -62.70 | 5.45 | 俄罗斯 | 3167.20 | -7.36 | 3.89 |
| 5 | 中国 | 607.92 | 116.52 | 4.45 | 伊朗 | 3086.21 | 6.02 | 3.79 |
| 6 | 伊朗 | 487.26 | -70.59 | 3.57 | 埃及 | 2896.29 | 80.19 | 3.56 |
| 7 | 中国香港 | 418.36 | 485.51 | 3.06 | 德国 | 2842.38 | 21.57 | 3.49 |

| 排序 | 2012 年 1 – 6 月 | | | | 2011 年 | | | |
|---|---|---|---|---|---|---|---|---|
| | 目的地 | 出口总额 | 同比 | 占比 | 目的地 | 出口总额 | 同比 | 占比 |
| 8 | 北塞浦路斯土耳其共和国 | 400.86 | –38.19 | 2.93 | 格鲁吉亚 | 2450.52 | 34.93 | 3.01 |
| 9 | 利比亚 | 384.08 | 86.43 | 2.81 | 乌克兰 | 2287.35 | –10.33 | 2.81 |
| 10 | 哈萨克斯坦 | 335.70 | 64.90 | 2.46 | 希腊 | 2017.75 | 3.23 | 2.48 |
| 合计 | | **7108.58** | | **52.03** | 合计 | **46357.93** | | **56.94** |

## 2.12.5 出口产品

**表 2 – 48 2012 年 1 – 6 月土耳其医疗器械出口产品情况**

单位：万美元，%

| HS 编码 | 商品名称/描述 | 出口总额 | 同比 | 占比 | 出口排序 |
|---|---|---|---|---|---|
| | 全球 | **13665.44** | **–65.07** | **100** | |
| 300510 | 胶粘敷料及其他有胶粘涂层的物品 | 411.58 | 0.25 | 3.01 | 10 |
| 300590 | 其他软填料及类似物品 | 805.32 | 15.56 | 5.89 | 6 |
| 300610 | 无菌外科肠线，昆布，止血材料，阻隔材料 | 239.72 | 5.67 | 1.75 | 12 |
| 300630 | X 光检查造影剂；用于病人的诊断试剂 | 4.80 | –23.94 | 0.04 | 39 |
| 300640 | 牙科粘固剂及其他牙科填料；骨骼粘固剂 | 25.90 | 74.3 | 0.19 | 32 |
| 300650 | 急救药箱、药包 | 109.76 | –43.02 | 0.80 | 23 |
| 300670 | 专用于人类或兽药的凝胶制品，润滑剂，偶合剂 | 113.25 | 42.94 | 0.83 | 22 |
| 300691 | 可确定用于造口术的用具 | 0.09 | –29.1 | 0.00 | 42 |
| 330620 | 清洁牙缝用纱线（牙线） | 2.43 | –8.38 | 0.02 | 41 |
| 4014 | 硫化橡胶（硬质橡胶除外）制卫生及医疗用品 | 97.11 | 12.35 | 0.71 | 25 |
| 401511 | 硫化橡胶制外科用分指、连指及露指手套 | 230.76 | 105.63 | 1.69 | 14 |
| 481840 | 纸卫生巾及止血塞、婴儿纸尿布、尿布衬里等 | 0.00 | –100 | 0.00 | 43 |
| 8713 | 残疾人用车，不论是否机动或其他机械驱动 | 21.41 | –43.82 | 0.16 | 33 |
| 900130 | 隐形眼镜片 | 116.93 | 308.84 | 0.86 | 19 |
| 901811 | 心电图记录仪 | 59.16 | 81.25 | 0.43 | 28 |
| 901812 | 超声波扫描装置 | 50.66 | 35.09 | 0.37 | 30 |
| 901813 | 核磁共振成像装置 | 113.88 | 65.1 | 0.83 | 21 |
| 901814 | 闪烁摄影装置 | 0.00 | –100 | 0.00 | 44 |
| 901819 | 其他电气诊断装置 | 238.67 | –27.32 | 1.75 | 13 |
| 901820 | 紫外线及红外线装置 | 10.74 | 33.23 | 0.08 | 36 |

| HS 编码 | 商品名称/描述 | 出口总额 | 同比 | 占比 | 出口排序 |
|---|---|---|---|---|---|
| 901831 | 注射器，不论是否装有针头 | 704.65 | 51.7 | 5.16 | 7 |
| 901832 | 管状金属针头及缝合用针 | 140.68 | 172.56 | 1.03 | 17 |
| 901839 | 其他针、导管、插管及类似品 | 1110.28 | 17.61 | 8.12 | 4 |
| 901841 | 牙钻机，可与其他牙科设备组装在同一底座上 | 43.42 | 37.95 | 0.32 | 31 |
| 901849 | 牙科用其他仪器及器具 | 155.93 | -13.47 | 1.14 | 15 |
| 901850 | 眼科用其他仪器及器具 | 147.90 | -29.28 | 1.08 | 16 |
| 901890 | 其他医疗、外科、牙科或兽医用仪器及器具 | 3559.57 | 61.49 | 26.05 | 1 |
| 901910 | 机械疗法器具、按摩器具及心理功能测验装置 | 248.43 | 16.84 | 1.82 | 11 |
| 901920 | （臭氧、氧气、喷雾）治疗器、人工呼吸器等 | 419.18 | -34.23 | 3.07 | 9 |
| 9020 | 其他呼吸器具及防毒面具 | 97.10 | 83.3 | 0.71 | 26 |
| 902110 | 矫形或骨折用器具 | 1000.18 | 29.29 | 7.32 | 5 |
| 902121 | 假牙 | 1119.55 | 3.44 | 8.19 | 3 |
| 902129 | 牙齿固定件 | 14.62 | 296.39 | 0.11 | 35 |
| 902131 | 人造关节 | 75.27 | -18.47 | 0.55 | 27 |
| 902139 | 其他人造的人体部分 | 518.33 | 19.72 | 3.79 | 8 |
| 902140 | 助听器，不包括零件、附件 | 21.16 | -39.2 | 0.15 | 34 |
| 902150 | 心脏起搏器，不包括零件、附件 | 7.22 | -35.17 | 0.05 | 38 |
| 902190 | 其他弥补生理缺陷残疾穿戴或植入人体的器具 | 116.30 | 11.61 | 0.85 | 20 |
| 902212 | X 射线断层检查仪 | 104.47 | n/a | 0.76 | 24 |
| 902213 | 其他，牙科用 X 射线应用设备 | 3.95 | -28.75 | 0.03 | 40 |
| 902214 | 其他，医疗、外科或兽医用 X 射线应用设备 | 55.60 | -26.63 | 0.41 | 29 |
| 902511 | 液体温度计，可直接读数 | 9.31 | -13.39 | 0.07 | 37 |
| 940210 | 牙科椅和理发椅及类似椅及其零件 | 136.43 | 3.3 | 1.00 | 18 |
| 940290 | 其他医用家具 | 1203.72 | 15.92 | 8.81 | 2 |

## 2.13 委内瑞拉

### 2.13.1 总体概况

2011 年，委内瑞拉医疗器械进出口贸易 21.12 亿美元，同比增长 43.62%；进口 21.05 亿美元，同比增长 43.46%；出口 0.07 亿美元，同比增长 119.31%。2012 年 1-6 月，委内瑞拉医疗器械进出口贸易 6.19 亿美元，同比减少 11.07%；进口 6.18 亿美元，同比减少 16.84%；出口 0.01 亿美元，同比减少 70.43%。

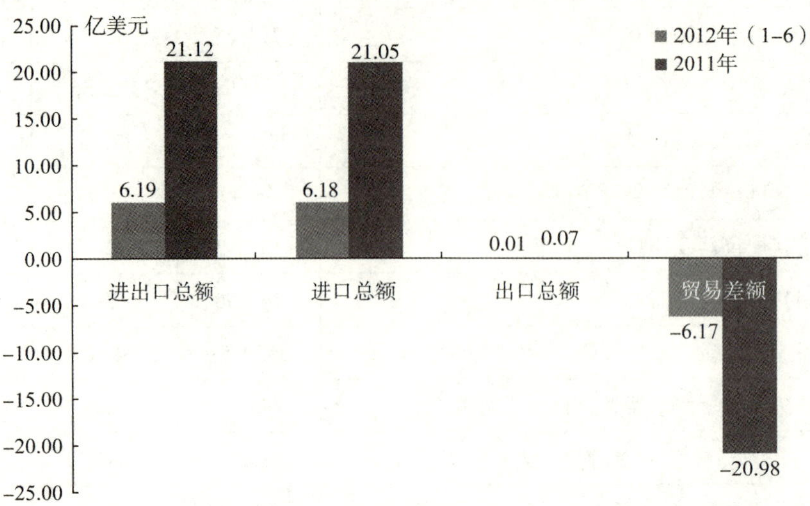


图 2-13　2011-2012 年 1-6 月委内瑞拉医疗器械进出口情况

## 2.13.2　进口市场

表 2-49　2011-2012 年 1-6 月委内瑞拉医疗器械进口市场情况

单位：万美元，%

| 排序 | 2012 年 1-6 月 | | | | 2011 年 | | | |
|---|---|---|---|---|---|---|---|---|
| | 来源地 | 进口总额 | 同比 | 占比 | 来源地 | 进口总额 | 同比 | 占比 |
| | **全球** | **61818.59** | **-16.84** | **100.00** | **全球** | **210500** | **43.46** | **100.00** |
| 1 | 美国 | 28676.97 | 6.31 | 46.39 | 智利 | 70644.00 | 2212.96 | 33.56 |
| 2 | 中国 | 7043.62 | 1.99 | 11.39 | 美国 | 66945.02 | -0.44 | 31.81 |
| 3 | 巴拿马 | 3324.11 | -25.01 | 5.38 | 中国 | 16668.70 | -2.62 | 7.92 |
| 4 | 哥伦比亚 | 3107.99 | 15.87 | 5.03 | 巴拿马 | 14754.79 | 184.73 | 7.01 |
| 5 | 巴西 | 3013.23 | 10.31 | 4.87 | 巴西 | 7479.21 | 18.03 | 3.55 |
| 6 | 智利 | 2865.84 | -84.64 | 4.64 | 哥伦比亚 | 6228.44 | 11.67 | 2.96 |
| 7 | 墨西哥 | 2609.95 | 34.91 | 4.22 | 墨西哥 | 4443.26 | 86.90 | 2.11 |
| 8 | 德国 | 1894.80 | 28.99 | 3.07 | 德国 | 3559.12 | -24.43 | 1.69 |
| 9 | 荷兰 | 935.90 | 184.11 | 1.51 | 西班牙 | 1475.19 | 53.40 | 0.70 |
| 10 | 法国 | 796.83 | 44.44 | 1.29 | 古巴 | 1221.47 | 6634.40 | 0.58 |
| 合计 | | **54269.25** | - | **87.79** | 合计 | **193000** | - | **91.89** |

### 2.13.3 进口产品

**表 2－50 2012 年 1－6 月委内瑞拉医疗器械进口产品情况**

单位：万美元，%

| HS 编码 | 名称 | 进口总额 | 同比 | 占比 | 进口排序 |
|---|---|---|---|---|---|
| | **全球** | **61818.59** | **－16.84** | **100** | |
| 300510 | 胶粘敷料及其他有胶粘涂层的物品 | 515.23 | 54.13 | 0.83 | 21 |
| 300590 | 其他软填料及类似物品 | 479.88 | 155.84 | 0.78 | 24 |
| 300610 | 无菌外科肠线，昆布，止血材料，阻隔材料 | 1505.05 | 101.16 | 2.43 | 9 |
| 300630 | X 光检查造影剂；用于病人的诊断试剂 | 429.59 | 12.22 | 0.69 | 26 |
| 300640 | 牙科粘固剂及其他牙科填料；骨骼粘固剂 | 321.24 | －6.36 | 0.52 | 29 |
| 300650 | 急救药箱、药包 | 2.48 | 152.93 | 0.00 | 43 |
| 300670 | 专用于人类或兽药的凝胶制品，润滑剂，偶合剂 | 52.63 | －53.51 | 0.09 | 41 |
| 330620 | 清洁牙缝用纱线（牙线） | 83.59 | 281.85 | 0.14 | 39 |
| 4014 | 硫化橡胶（硬质橡胶除外）制卫生及医疗用品 | 222.05 | －52.74 | 0.36 | 34 |
| 401511 | 硫化橡胶制外科用分指、连指及露指手套 | 922.78 | 39.02 | 1.49 | 13 |
| 481840 | 纸卫生巾及止血塞、婴儿纸尿布、尿布衬里等 | 9953.62 | 23.89 | 16.10 | 2 |
| 8713 | 残疾人用车，不论是否机动或其他机械驱动 | 95.39 | 389.8 | 0.15 | 38 |
| 900130 | 隐形眼镜片 | 208.71 | －14.9 | 0.34 | 35 |
| 901811 | 心电图记录仪 | 1973.13 | 284.17 | 3.19 | 8 |
| 901812 | 超声波扫描装置 | 2723.65 | －38.03 | 4.41 | 5 |
| 901813 | 核磁共振成像装置 | 607.56 | －38.95 | 0.98 | 19 |
| 901814 | 闪烁摄影装置 | 514.75 | 1001.77 | 0.83 | 22 |
| 901819 | 其他电气诊断装置 | 1445.25 | －38.31 | 2.34 | 10 |
| 901820 | 紫外线及红外线装置 | 597.07 | 405.54 | 0.97 | 20 |
| 901831 | 注射器，不论是否装有针头 | 446.89 | －16.96 | 0.72 | 25 |
| 901832 | 管状金属针头及缝合用针 | 830.66 | 17.52 | 1.34 | 15 |
| 901839 | 其他针、导管、插管及类似品 | 4253.13 | 60.87 | 6.88 | 3 |
| 901841 | 牙钻机，可与其他牙科设备组装在同一底座上 | 255.72 | 23.76 | 0.41 | 33 |
| 901849 | 牙科用其他仪器及器具 | 679.54 | －81.99 | 1.10 | 16 |
| 901850 | 眼科用其他仪器及器具 | 899.75 | －37.7 | 1.46 | 14 |
| 901890 | 其他医疗、外科、牙科或兽医用仪器及器具 | 18877.89 | 10.96 | 30.54 | 1 |
| 901910 | 机械疗法器具、按摩器具及心理功能测验装置 | 132.54 | －60.58 | 0.21 | 37 |
| 901920 | （臭氧、氧气、喷雾）治疗器、人工呼吸器等 | 1991.93 | －37 | 3.22 | 7 |

| HS 编码 | 名称 | 进口总额 | 同比 | 占比 | 进口排序 |
|---|---|---|---|---|---|
| 9020 | 其他呼吸器具及防毒面具 | 926.99 | 235.46 | 1.50 | 12 |
| 902110 | 矫形或骨折用器具 | 2808.70 | -68.84 | 4.54 | 4 |
| 902121 | 假牙 | 67.73 | -38.67 | 0.11 | 40 |
| 902129 | 牙齿固定件 | 259.58 | -32.23 | 0.42 | 32 |
| 902131 | 人造关节 | 417.65 | 6.35 | 0.68 | 27 |
| 902139 | 其他人造的人体部分 | 2119.65 | -18.37 | 3.43 | 6 |
| 902140 | 助听器，不包括零件、附件 | 180.56 | -25.7 | 0.29 | 36 |
| 902150 | 心脏起搏器，不包括零件、附件 | 643.80 | 35.06 | 1.04 | 18 |
| 902190 | 其他弥补生理缺陷残疾穿戴或植入人体的器具 | 299.76 | 207.96 | 0.48 | 31 |
| 902212 | X 射线断层检查仪 | 503.17 | 53.23 | 0.81 | 23 |
| 902213 | 其他，牙科用 X 射线应用设备 | 303.36 | 61.63 | 0.49 | 30 |
| 902214 | 其他，医疗、外科或兽医用 X 射线应用设备 | 649.31 | 27.94 | 1.05 | 17 |
| 902511 | 液体温度计，可直接读数 | 373.77 | 4.73 | 0.60 | 28 |
| 940210 | 牙科椅和理发椅及类似椅及其零件 | 13.78 | -45.32 | 0.02 | 42 |
| 940290 | 其他医用家具 | 1229.10 | -87.12 | 1.99 | 11 |

## 2.13.4 出口市场

**表 2-51 2011-2012 年 1-6 月委内瑞拉医疗器械出口市场情况**

单位：万美元，%

| 排序 | 2012 年 1-6 月 | | | | 2011 年 | | | |
|---|---|---|---|---|---|---|---|---|
| | 目的地 | 出口总额 | 同比 | 占比 | 目的地 | 出口总额 | 同比 | 占比 |
| | **全球** | **93.40** | **-70.43** | **100.00** | **全球** | **704.35** | **119.31** | **100.00** |
| 1 | 哥伦比亚 | 61.55 | 615.49 | 65.90 | 美国 | 252.24 | 99.64 | 35.81 |
| 2 | 美国 | 16.60 | -89.98 | 17.77 | 哥伦比亚 | 169.84 | 551.96 | 24.11 |
| 3 | 古巴 | 7.34 | 207.23 | 7.86 | 巴拿马 | 97.91 | 543.83 | 13.90 |
| 4 | 智利 | 5.48 | -79.78 | 5.87 | 智利 | 51.84 | 121.80 | 7.36 |
| 5 | Curacao | 2.04 | 0.00 | 2.18 | 厄瓜多尔 | 39.50 | 24.30 | 5.61 |
| 6 | 荷属安的列斯 | 0.22 | 0.00 | 0.23 | 德国 | 27.68 | 576.32 | 3.93 |
| 7 | 巴拿马 | 0.17 | -99.70 | 0.18 | 古巴 | 21.01 | ∞ | 2.98 |
| 8 | 阿鲁巴 | 0.00 | -100.00 | 0.00 | 秘鲁 | 15.47 | 47.50 | 2.20 |
| 9 | 德国 | 0.00 | 0.00 | 0.00 | 日本 | 11.69 | -21.73 | 1.66 |
| 10 | 厄瓜多尔 | 0.00 | -100.00 | 0.00 | 荷兰 | 8.46 | 0.00 | 1.20 |
| 合计 | | **93.40** | | **99.99** | 合计 | **695.65** | | **98.76** |

### 2.13.5 出口产品

表 2－52　2012 年 1－6 月委内瑞拉医疗器械出口产品情况

单位：万美元，%

| HS 编码 | 商品名称/描述 | 出口总额 | 同比 | 占比 | 出口排序 |
|---|---|---|---|---|---|
| | 全球 | **93.40** | **－70.43** | **100** | |
| 300590 | 其他软填料及类似物品 | 5.46 | －84.27 | 5.84 | 4 |
| 300610 | 无菌外科肠线，昆布，止血材料，阻隔材料 | 0.00 | －100 | 0.00 | 18 |
| 300630 | X 光检查造影剂；用于病人的诊断试剂 | 0.00 | －100 | 0.00 | 19 |
| 300650 | 急救药箱、药包 | 0.00 | －100 | 0.00 | 20 |
| 300670 | 专用于人类或兽药的凝胶制品，润滑剂，偶合剂 | 0.60 | －78.71 | 0.64 | 12 |
| 4014 | 硫化橡胶（硬质橡胶除外）制卫生及医疗用品 | 0.00 | n/a | 0.00 | 21 |
| 481840 | 纸卫生巾及止血塞、婴儿纸尿布、尿布衬里等 | 58.94 | 1139.01 | 63.10 | 1 |
| 8713 | 残疾人用车，不论是否机动或其他机械驱动 | 0.00 | －100 | 0.00 | 22 |
| 900130 | 隐形眼镜片 | 0.00 | －100 | 0.00 | 23 |
| 901811 | 心电图记录仪 | 2.00 | n/a | 2.14 | 7 |
| 901812 | 超声波扫描装置 | 0.00 | n/a | 0.00 | 17 |
| 901819 | 其他电气诊断装置 | 0.62 | －97.65 | 0.66 | 11 |
| 901831 | 注射器，不论是否装有针头 | 0.00 | －100 | 0.00 | 24 |
| 901839 | 其他针、导管、插管及类似品 | 0.16 | －98.54 | 0.17 | 14 |
| 901849 | 牙科用其他仪器及器具 | 1.20 | 695.48 | 1.28 | 8 |
| 901850 | 眼科用其他仪器及器具 | 0.63 | －78.07 | 0.67 | 10 |
| 901890 | 其他医疗、外科、牙科或兽医用仪器及器具 | 4.32 | －90.15 | 4.63 | 5 |
| 901910 | 机械疗法器具、按摩器具及心理功能测验装置 | 0.04 | n/a | 0.04 | 15 |
| 901920 | （臭氧、氧气、喷雾）治疗器、人工呼吸器等 | 2.02 | －76.29 | 2.16 | 6 |
| 9020 | 其他呼吸器具及防毒面具 | 1.10 | n/a | 1.17 | 9 |
| 902110 | 矫形或骨折用器具 | 0.00 | －99.99 | 0.00 | 16 |
| 902129 | 牙齿固定件 | 0.00 | n/a | 0.00 | 25 |
| 902139 | 其他人造的人体部分 | 10.07 | n/a | 10.78 | 2 |
| 902212 | X 射线断层检查仪 | 0.23 | －99.53 | 0.25 | 13 |
| 902214 | 其他，医疗、外科或兽医用 X 射线应用设备 | 0.00 | n/a | 0.00 | 26 |
| 940210 | 牙科椅和理发椅及类似椅及其零件 | 0.00 | －100 | 0.00 | 27 |
| 940290 | 其他医用家具 | 6.03 | 17.24 | 6.45 | 3 |

## 2.14 印 度

### 2.14.1 总体概况

2011 年，印度医疗器械进出口贸易 29.04 亿美元，同比增长 17.78%；进口 20.10 亿美元，同比增长 15.96%；出口 8.94 亿美元，同比增长 22.10%。2012 年 1－6 月，印度医疗器械进出口贸易 15.20 亿美元，同比增长 12.78%；进口 10.86 亿美元，同比增长 21.19%；出口 4.33 亿美元，同比减少 3.94%。

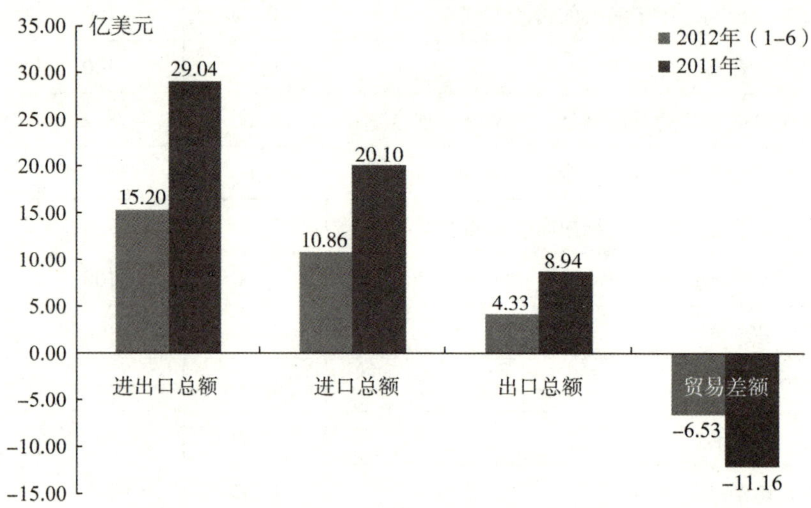


图 2－14　2011－2012 年 1－6 月印度医疗器械进出口情况

### 2.14.2 进口市场

表 2－53　2011－2012 年 1－6 月印度医疗器械进口市场情况

单位：亿美元，%

| 排序 | 2012 年 1－6 月 | | | | 2011 年 | | | |
|---|---|---|---|---|---|---|---|---|
| | 来源地 | 进口总额 | 同比 | 占比 | 来源地 | 进口总额 | 同比 | 占比 |
| | 全球 | 10.86 | 21.19 | 100.00 | 全球 | 20.10 | 15.96 | 100.00 |
| 1 | 美国 | 2.81 | 24.56 | 25.86 | 美国 | 4.78 | －7.94 | 23.78 |
| 2 | 德国 | 1.58 | 18.07 | 14.56 | 德国 | 3.06 | 10.28 | 15.22 |
| 3 | 中国 | 1.54 | 32.69 | 14.15 | 中国 | 2.85 | 75.90 | 14.17 |
| 4 | 日本 | 0.66 | 1.42 | 6.10 | 日本 | 1.38 | 10.60 | 6.84 |
| 5 | 爱尔兰 | 0.54 | 120.88 | 4.98 | 新加坡 | 0.77 | －22.73 | 3.84 |
| 6 | 新加坡 | 0.45 | 22.04 | 4.12 | 瑞士 | 0.64 | 12.54 | 3.20 |
| 7 | 瑞士 | 0.35 | 28.11 | 3.20 | 韩国 | 0.56 | 66.77 | 2.80 |

| 排序 | 2012 年 1-6 月 | | | | 2011 年 | | | |
|---|---|---|---|---|---|---|---|---|
| | 来源地 | 进口总额 | 同比 | 占比 | 来源地 | 进口总额 | 同比 | 占比 |
| 8 | 韩国 | 0.30 | 9.14 | 2.78 | 爱尔兰 | 0.53 | -5.51 | 2.65 |
| 9 | 法国 | 0.26 | 62.33 | 2.43 | 英国 | 0.51 | 54.79 | 2.56 |
| 10 | 英国 | 0.25 | 17.47 | 2.28 | 荷兰 | 0.43 | 1.26 | 2.16 |
| 合计 | | **17.87** | - | **89.49** | 合计 | **15.52** | - | **77.22** |

### 2.14.3 进口产品

**表 2-54 2012 年 1-6 月印度医疗器械进口产品情况**

单位：万美元，%

| HS 编码 | 名称 | 进口总额 | 同比 | 占比 | 进口排序 |
|---|---|---|---|---|---|
| | **全球** | **108635.79** | **21.19** | **100** | |
| 300510 | 胶粘敷料及其他有胶粘涂层的物品 | 494.13 | 27.06 | 0.45 | 31 |
| 300590 | 其他软填料及类似物品 | 661.35 | 26.12 | 0.61 | 27 |
| 300610 | 无菌外科肠线，昆布，止血材料，阻隔材料 | 536.98 | 46.19 | 0.49 | 29 |
| 300630 | X 光检查造影剂；用于病人的诊断试剂 | 1017.88 | 39.24 | 0.94 | 22 |
| 300640 | 牙科粘固剂及其他牙科填料；骨骼粘固剂 | 1009.41 | 25.88 | 0.93 | 23 |
| 300650 | 急救药箱、药包 | 196.64 | 4034.62 | 0.18 | 37 |
| 300670 | 专用于人类或兽药的凝胶制品，润滑剂，偶合剂 | 42.78 | 11.27 | 0.04 | 42 |
| 300691 | 可确定用于造口术的用具 | 118.43 | 11.73 | 0.11 | 39 |
| 330620 | 清洁牙缝用纱线（牙线） | 17.88 | 83.97 | 0.02 | 44 |
| 4014 | 硫化橡胶（硬质橡胶除外）制卫生及医疗用品 | 606.09 | 107.46 | 0.56 | 28 |
| 401511 | 硫化橡胶制外科用分指、连指及露指手套 | 697.31 | 222.12 | 0.64 | 26 |
| 481840 | 纸卫生巾及止血塞、婴儿纸尿布、尿布衬里等 | 2565.60 | -45.31 | 2.36 | 13 |
| 8713 | 残疾人用车，不论是否机动或其他机械驱动 | 362.57 | 21.43 | 0.33 | 33 |
| 900130 | 隐形眼镜片 | 703.64 | 17.41 | 0.65 | 25 |
| 901811 | 心电图记录仪 | 322.73 | 131.07 | 0.30 | 34 |
| 901812 | 超声波扫描装置 | 4251.05 | 5.22 | 3.91 | 8 |
| 901813 | 核磁共振成像装置 | 5156.43 | 34.91 | 4.75 | 7 |
| 901814 | 闪烁摄影装置 | 139.82 | -35.27 | 0.13 | 38 |
| 901819 | 其他电气诊断装置 | 5665.47 | 7.86 | 5.22 | 6 |
| 901820 | 紫外线及红外线装置 | 32.19 | -36.98 | 0.03 | 43 |
| 901831 | 注射器，不论是否装有针头 | 1957.12 | 56.94 | 1.80 | 15 |
| 901832 | 管状金属针头及缝合用针 | 1728.31 | 20.56 | 1.59 | 16 |
| 901839 | 其他针、导管、插管及类似品 | 9120.26 | 19.87 | 8.40 | 2 |

| HS 编码 | 名称 | 进口总额 | 同比 | 占比 | 进口排序 |
|---|---|---|---|---|---|
| 901841 | 牙钻机，可与其他牙科设备组装在同一底座上 | 43.76 | 231.15 | 0.04 | 41 |
| 901849 | 牙科用其他仪器及器具 | 1652.48 | 39.52 | 1.52 | 17 |
| 901850 | 眼科用其他仪器及器具 | 6999.96 | 40.94 | 6.44 | 3 |
| 901890 | 其他医疗、外科、牙科或兽医用仪器及器具 | 26037.79 | 16.46 | 23.97 | 1 |
| 901910 | 机械疗法器具、按摩器具及心理功能测验装置 | 1003.57 | 5.41 | 0.92 | 24 |
| 901920 | （臭氧、氧气、喷雾）治疗器、人工呼吸器等 | 2991.71 | 41.25 | 2.75 | 12 |
| 9020 | 其他呼吸器具及防毒面具 | 1110.16 | 157.78 | 1.02 | 21 |
| 902110 | 矫形或骨折用器具 | 1182.54 | 158 | 1.09 | 20 |
| 902121 | 假牙 | 93.34 | 77.59 | 0.09 | 40 |
| 902129 | 牙齿固定件 | 512.09 | 99.69 | 0.47 | 30 |
| 902131 | 人造关节 | 3284.62 | 48.6 | 3.02 | 11 |
| 902139 | 其他人造的人体部分 | 6544.95 | 13.82 | 6.02 | 5 |
| 902140 | 助听器，不包括零件、附件 | 2262.04 | 10.1 | 2.08 | 14 |
| 902150 | 心脏起搏器，不包括零件、附件 | 1239.43 | 9.43 | 1.14 | 18 |
| 902190 | 其他弥补生理缺陷残疾穿戴或植入人体的器具 | 6680.36 | 97.97 | 6.15 | 4 |
| 902212 | X 射线断层检查仪 | 3892.83 | 14.53 | 3.58 | 9 |
| 902213 | 其他，牙科用 X 射线应用设备 | 244.44 | 79.56 | 0.23 | 35 |
| 902214 | 其他，医疗、外科或兽医用 X 射线应用设备 | 3590.77 | -19.8 | 3.31 | 10 |
| 902511 | 液体温度计，可直接读数 | 207.41 | 39.27 | 0.19 | 36 |
| 940210 | 牙科椅和理发椅及类似椅及其零件 | 422.76 | 34.94 | 0.39 | 32 |
| 940290 | 其他医用家具 | 1234.72 | 26.78 | 1.14 | 19 |

## 2.14.4 出口市场

**表 2-55 2011-2012 年 1-6 月印度医疗器械出口市场情况**

单位：万美元，%

| 排序 | 2012 年 1-6 月 | | | | 2011 年 | | | |
|---|---|---|---|---|---|---|---|---|
| | 目的地 | 出口总额 | 同比 | 占比 | 目的地 | 出口总额 | 同比 | 占比 |
| | **全球** | **43347.54** | **-3.94** | **100.00** | **全球** | **89408.67** | **22.10** | **100.00** |
| 1 | 美国 | 6334.64 | -16.19 | 14.61 | 新加坡 | 15560.13 | 26.03 | 17.40 |
| 2 | 新加坡 | 3623.14 | -58.97 | 8.36 | 美国 | 13926.65 | 7.27 | 15.58 |
| 3 | 德国 | 2055.32 | -8.82 | 4.74 | 德国 | 4194.07 | -5.93 | 4.69 |
| 4 | 中国 | 1950.79 | 18.18 | 4.50 | 中国 | 3830.70 | 57.15 | 4.28 |
| 5 | 阿联酋 | 1788.68 | 223.93 | 4.13 | 法国 | 3065.64 | 49.96 | 3.43 |
| 6 | 法国 | 1605.95 | 12.70 | 3.70 | 巴西 | 2243.73 | 9.57 | 2.51 |

| 排序 | 2012 年 1 - 6 月 | | | | 2011 年 | | | |
|---|---|---|---|---|---|---|---|---|
| | 目的地 | 出口总额 | 同比 | 占比 | 目的地 | 出口总额 | 同比 | 占比 |
| 7 | 巴西 | 1140.06 | 4.84 | 2.63 | 肯尼亚 | 2149.54 | 247.35 | 2.40 |
| 8 | 日本 | 1038.40 | 14.93 | 2.40 | 南非 | 1936.43 | 39.76 | 2.17 |
| 9 | 莫桑比克 | 1000.71 | 547.84 | 2.31 | 英国 | 1905.83 | 7.81 | 2.13 |
| 10 | 西班牙 | 905.13 | 41.55 | 2.09 | 比利时 | 1734.07 | 42.87 | 1.94 |
| 合计 | | **21442.83** | | **49.47** | 合计 | **50546.81** | | **56.53** |

### 2.14.5 出口产品

**表 2 - 56 2012 年 1 - 6 月印度医疗器械出口产品情况**

单位：万美元，%

| HS 编码 | 商品名称/描述 | 出口总额 | 同比 | 占比 | 出口排序 |
|---|---|---|---|---|---|
| | 全球 | **43347.54** | **-3.94** | **100** | |
| 300510 | 胶粘敷料及其他有胶粘涂层的物品 | 176.71 | -37.43 | 0.41 | 28 |
| 300590 | 其他软填料及类似物品 | 1823.60 | -50.41 | 4.21 | 6 |
| 300610 | 无菌外科肠线，昆布，止血材料，阻隔材料 | 1377.22 | 52.21 | 3.18 | 12 |
| 300630 | X 光检查造影剂；用于病人的诊断试剂 | 197.80 | 18.47 | 0.46 | 27 |
| 300640 | 牙科粘固剂及其他牙科填料；骨骼粘固剂 | 278.98 | 16.14 | 0.64 | 26 |
| 300650 | 急救药箱、药包 | 100.37 | 43.98 | 0.23 | 33 |
| 300670 | 专用于人类或兽药的凝胶制品，润滑剂，偶合剂 | 108.10 | -21.42 | 0.25 | 32 |
| 300691 | 可确定用于造口术的用具 | 2117.60 | 206.44 | 4.89 | 4 |
| 330620 | 清洁牙缝用纱线（牙线） | 4.70 | -22.22 | 0.01 | 44 |
| 4014 | 硫化橡胶（硬质橡胶除外）制卫生及医疗用品 | 1564.40 | -36.33 | 3.61 | 8 |
| 401511 | 硫化橡胶制外科用分指、连指及露指手套 | 1706.98 | 25.5 | 3.94 | 7 |
| 481840 | 纸卫生巾及止血塞、婴儿纸尿布、尿布衬里等 | 376.87 | 172.82 | 0.87 | 22 |
| 8713 | 残疾人用车，不论是否机动或其他机械驱动 | 624.95 | 41.32 | 1.44 | 17 |
| 900130 | 隐形眼镜片 | 489.95 | 23.04 | 1.13 | 20 |
| 901811 | 心电图记录仪 | 620.41 | 27.05 | 1.43 | 18 |
| 901812 | 超声波扫描装置 | 1428.66 | 37.54 | 3.30 | 10 |
| 901813 | 核磁共振成像装置 | 714.98 | 5.77 | 1.65 | 16 |
| 901814 | 闪烁摄影装置 | 31.05 | 175.11 | 0.07 | 39 |
| 901819 | 其他电气诊断装置 | 2101.85 | -48.27 | 4.85 | 5 |
| 901820 | 紫外线及红外线装置 | 14.70 | 32.17 | 0.03 | 43 |

| HS 编码 | 商品名称/描述 | 出口总额 | 同比 | 占比 | 出口排序 |
|---|---|---|---|---|---|
| 901831 | 注射器，不论是否装有针头 | 1491.86 | 32.44 | 3.44 | 9 |
| 901832 | 管状金属针头及缝合用针 | 1398.36 | 16.74 | 3.23 | 11 |
| 901839 | 其他针、导管、插管及类似品 | 7070.24 | 11.25 | 16.31 | 2 |
| 901841 | 牙钻机，可与其他牙科设备组装在同一底座上 | 29.56 | 262.79 | 0.07 | 40 |
| 901849 | 牙科用其他仪器及器具 | 289.38 | 23.62 | 0.67 | 24 |
| 901850 | 眼科用其他仪器及器具 | 535.32 | -32.52 | 1.23 | 19 |
| 901890 | 其他医疗、外科、牙科或兽医用仪器及器具 | 7367.03 | 11.63 | 17.00 | 1 |
| 901910 | 机械疗法器具、按摩器具及心理功能测验装置 | 25.29 | 64.34 | 0.06 | 41 |
| 901920 | （臭氧、氧气、喷雾）治疗器、人工呼吸器等 | 109.29 | 12.13 | 0.25 | 31 |
| 9020 | 其他呼吸器具及防毒面具 | 1045.95 | 2704.9 | 2.41 | 13 |
| 902110 | 矫形或骨折用器具 | 861.99 | 34.62 | 1.99 | 14 |
| 902121 | 假牙 | 279.86 | -7.03 | 0.65 | 25 |
| 902129 | 牙齿固定件 | 159.81 | 67.13 | 0.37 | 29 |
| 902131 | 人造关节 | 51.59 | 280.21 | 0.12 | 37 |
| 902139 | 其他人造的人体部分 | 419.27 | 85.72 | 0.97 | 21 |
| 902140 | 助听器，不包括零件、附件 | 87.86 | 270.47 | 0.20 | 34 |
| 902150 | 心脏起搏器，不包括零件、附件 | 67.41 | -21.04 | 0.16 | 35 |
| 902190 | 其他弥补生理缺陷残疾穿戴或植入人体的器具 | 341.98 | 47.73 | 0.79 | 23 |
| 902212 | X 射线断层检查仪 | 41.59 | 136.5 | 0.10 | 38 |
| 902213 | 其他，牙科用 X 射线应用设备 | 19.49 | 45.84 | 0.04 | 42 |
| 902214 | 其他，医疗、外科或兽医用 X 射线应用设备 | 4854.25 | -46.6 | 11.20 | 3 |
| 902511 | 液体温度计，可直接读数 | 67.38 | 72.49 | 0.16 | 36 |
| 940210 | 牙科椅和理发椅及类似椅及其零件 | 153.98 | 19.54 | 0.36 | 30 |
| 940290 | 其他医用家具 | 718.92 | 46.04 | 1.66 | 15 |

## 2.15 英　国

### 2.15.1 总体概况

2011 年，英国医疗器械进出口贸易 149.77 亿美元，同比增长 5.89%；进口 80.90 亿美元，同比增长 5.55%；出口 68.87 亿美元，同比增长 6.30%。2012 年 1 - 6 月，英国医疗器械进出口贸易 69.80 亿美元，同比减少 6.67%；进口 38.68 亿美元，同比减少 3.38%；出口 31.12 亿美元，同比减少 10.45%。

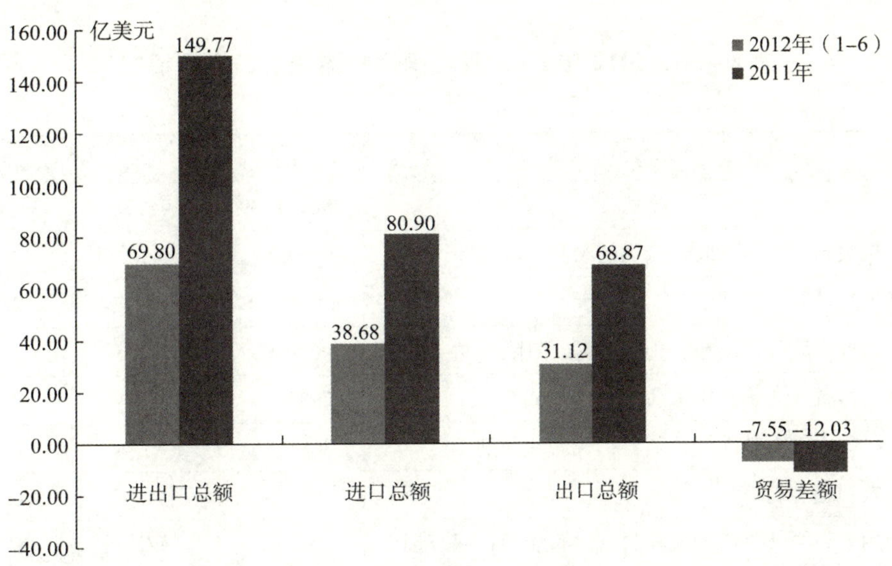


**图 2－15　2011－2012 年 1－6 月英国医疗器械进出口情况**

### 2.15.2 进口市场

**表 2－57　2011－2012 年 1－6 月英国医疗器械进口市场情况**

单位：亿美元，%

| 排序 | 2012 年 1－6 月 | | | | 2011 年 | | | |
|---|---|---|---|---|---|---|---|---|
| | 来源地 | 进口总额 | 同比 | 占比 | 来源地 | 进口总额 | 同比 | 占比 |
| | **全球** | **38.68** | **－3.38** | **100.00** | **全球** | **80.90** | **5.55** | **100.00** |
| 1 | 德国 | 6.16 | －6.52 | 15.93 | 德国 | 13.60 | －0.07 | 16.81 |
| 2 | 美国 | 5.92 | －10.35 | 15.30 | 美国 | 12.15 | －5.27 | 15.02 |
| 3 | 荷兰 | 5.30 | －0.27 | 13.71 | 荷兰 | 10.47 | －0.13 | 12.95 |
| 4 | 比利时 | 4.43 | 17.22 | 11.45 | 比利时 | 8.07 | 17.19 | 9.97 |
| 5 | 中国 | 2.37 | 10.60 | 6.13 | 爱尔兰 | 5.69 | 27.03 | 7.04 |
| 6 | 法国 | 2.16 | －11.10 | 5.59 | 法国 | 4.69 | －2.57 | 5.80 |
| 7 | 爱尔兰 | 1.70 | －32.52 | 4.41 | 中国 | 4.54 | 9.92 | 5.61 |
| 8 | 澳大利亚 | 1.12 | 6.98 | 2.90 | 瑞典 | 2.66 | 44.00 | 3.29 |
| 9 | 丹麦 | 0.95 | －9.88 | 2.45 | 澳大利亚 | 2.32 | 16.11 | 2.86 |
| 10 | 瑞典 | 0.88 | －31.32 | 2.26 | 丹麦 | 2.10 | －1.81 | 2.60 |
| 合计 | | **30.99** | **－** | **80.13** | **合计** | **66.30** | **－** | **81.95** |

## 2.15.3 进口产品

**表 2－58 2012 年 1－6 月英国医疗器械进口产品情况**

单位：万美元，%

| HS 编码 | 名称 | 进口总额 | 同比 | 占比 | 进口排序 |
|---|---|---|---|---|---|
| | **全球** | **386761.39** | **－3.38** | **100** | |
| 300510 | 胶粘敷料及其他有胶粘涂层的物品 | 9368.57 | 6.52 | 2.42 | 14 |
| 300590 | 其他软填料及类似物品 | 11390.11 | 5.74 | 2.94 | 9 |
| 300610 | 无菌外科肠线，昆布，止血材料，阻隔材料 | 9629.00 | 65.06 | 2.49 | 12 |
| 300630 | X 光检查造影剂；用于病人的诊断试剂 | 2987.74 | 14.73 | 0.77 | 30 |
| 300640 | 牙科粘固剂及其他牙科填料；骨骼粘固剂 | 3681.46 | －1.8 | 0.95 | 28 |
| 300650 | 急救药箱、药包 | 389.94 | 14.5 | 0.10 | 39 |
| 300670 | 专用于人类或兽药的凝胶制品，润滑剂，偶合剂 | 296.01 | 72 | 0.08 | 42 |
| 300691 | 可确定用于造口术的用具 | 5789.47 | 0.1 | 1.50 | 22 |
| 330620 | 清洁牙缝用纱线（牙线） | 491.14 | 29.4 | 0.13 | 38 |
| 4014 | 硫化橡胶（硬质橡胶除外）制卫生及医疗用品 | 2847.69 | 20.61 | 0.74 | 31 |
| 401511 | 硫化橡胶制外科用分指、连指及露指手套 | 6286.72 | －3.91 | 1.63 | 21 |
| 481840 | 纸卫生巾及止血塞、婴儿纸尿布、尿布衬里等 | 0.00 | －100 | 0.00 | 44 |
| 8713 | 残疾人用车，不论是否机动或其他机械驱动 | 4138.28 | 9.84 | 1.07 | 26 |
| 900130 | 隐形眼镜片 | 20756.80 | －12.89 | 5.37 | 4 |
| 901811 | 心电图记录仪 | 2166.45 | 43.26 | 0.56 | 32 |
| 901812 | 超声波扫描装置 | 5402.57 | 62.9 | 1.40 | 24 |
| 901813 | 核磁共振成像装置 | 6978.12 | 3.82 | 1.80 | 19 |
| 901814 | 闪烁摄影装置 | 385.05 | －12.78 | 0.10 | 40 |
| 901819 | 其他电气诊断装置 | 11412.66 | －5.96 | 2.95 | 8 |
| 901820 | 紫外线及红外线装置 | 693.56 | 29.18 | 0.18 | 35 |
| 901831 | 注射器，不论是否装有针头 | 9475.49 | －6.42 | 2.45 | 13 |
| 901832 | 管状金属针头及缝合用针 | 3212.48 | 32.01 | 0.83 | 29 |
| 901839 | 其他针、导管、插管及类似品 | 29033.76 | 6.74 | 7.51 | 2 |
| 901841 | 牙钻机，可与其他牙科设备组装在同一底座上 | 588.71 | 0.18 | 0.15 | 37 |
| 901849 | 牙科用其他仪器及器具 | 6779.42 | 0.44 | 1.75 | 20 |
| 901850 | 眼科用其他仪器及器具 | 6981.49 | 3.38 | 1.81 | 18 |
| 901890 | 其他医疗、外科、牙科或兽医用仪器及器具 | 94639.03 | 9.71 | 24.47 | 1 |
| 901910 | 机械疗法器具、按摩器具及心理功能测验装置 | 7163.30 | 1.65 | 1.85 | 16 |
| 901920 | （臭氧、氧气、喷雾）治疗器、人工呼吸器等 | 11160.63 | 17.41 | 2.89 | 10 |
| 9020 | 其他呼吸器具及防毒面具 | 5296.06 | 12.18 | 1.37 | 25 |

| HS 编码 | 名称 | 进口总额 | 同比 | 占比 | 进口排序 |
|---|---|---|---|---|---|
| 902110 | 矫形或骨折用器具 | 12329.52 | -27.7 | 3.19 | 7 |
| 902121 | 假牙 | 649.61 | -22.54 | 0.17 | 36 |
| 902129 | 牙齿固定件 | 1842.58 | 10.16 | 0.48 | 33 |
| 902131 | 人造关节 | 13744.42 | -6.64 | 3.55 | 6 |
| 902139 | 其他人造的人体部分 | 9881.24 | -1.56 | 2.55 | 11 |
| 902140 | 助听器，不包括零件、附件 | 15706.76 | 24.79 | 4.06 | 5 |
| 902150 | 心脏起搏器，不包括零件、附件 | 8332.58 | -5.45 | 2.15 | 15 |
| 902190 | 其他弥补生理缺陷残疾穿戴或植入人体的器具 | 26455.27 | -9.85 | 6.84 | 3 |
| 902212 | X 射线断层检查仪 | 3831.10 | 8.24 | 0.99 | 27 |
| 902213 | 其他，牙科用 X 射线应用设备 | 358.84 | -30.43 | 0.09 | 41 |
| 902214 | 其他，医疗、外科或兽医用 X 射线应用设备 | 7061.45 | 4.85 | 1.83 | 17 |
| 902511 | 液体温度计，可直接读数 | 261.12 | 11.52 | 0.07 | 43 |
| 940210 | 牙科椅和理发椅及类似椅及其零件 | 1382.57 | -16.34 | 0.36 | 34 |
| 940290 | 其他医用家具 | 5502.61 | 7.37 | 1.42 | 23 |

### 2.15.4 出口市场

**表 2-59 2011-2012 年 1-6 月英国医疗器械出口市场情况**

单位：亿美元，%

| 排序 | 2012 年 1-6 月 | | | | 2011 年 | | | |
|---|---|---|---|---|---|---|---|---|
| | 目的地 | 出口总额 | 同比 | 占比 | 目的地 | 出口总额 | 同比 | 占比 |
| | **全球** | **31.12** | **-10.45** | **100.00** | **全球** | **68.87** | **6.30** | **100.00** |
| 1 | 美国 | 5.37 | -3.30 | 17.25 | 美国 | 11.42 | 15.12 | 16.58 |
| 2 | 德国 | 4.15 | -20.91 | 13.32 | 德国 | 10.53 | 16.13 | 15.29 |
| 3 | 比利时 | 2.98 | 5.73 | 9.59 | 比利时 | 5.70 | 24.30 | 8.28 |
| 4 | 荷兰 | 1.97 | -7.71 | 6.34 | 爱尔兰 | 4.48 | 1.50 | 6.51 |
| 5 | 法国 | 1.72 | -27.82 | 5.51 | 法国 | 4.35 | -9.64 | 6.31 |
| 6 | 爱尔兰 | 1.43 | -35.11 | 4.61 | 荷兰 | 4.20 | -6.57 | 6.10 |
| 7 | 意大利 | 1.20 | -16.72 | 3.87 | 意大利 | 2.68 | 5.23 | 3.90 |
| 8 | 日本 | 1.06 | -1.18 | 3.40 | 西班牙 | 2.04 | -13.80 | 2.97 |
| 9 | 西班牙 | 1.04 | -7.93 | 3.33 | 日本 | 1.95 | -33.92 | 2.83 |
| 10 | 中国 | 0.79 | -0.17 | 2.55 | 中国 | 1.58 | 28.56 | 2.30 |
| 合计 | | **21.71** | | **69.77** | 合计 | **48.94** | | **71.07** |

## 2.15.5 出口产品

**表 2－60 2012 年 1－6 月英国医疗器械出口产品情况**

单位：万美元，%

| HS 编码 | 商品名称/描述 | 出口总额 | 同比 | 占比 | 出口排序 |
|---|---|---|---|---|---|
| | 全球 | 311212.75 | －10.45 | 100 | |
| 300510 | 胶粘敷料及其他有胶粘涂层的物品 | 11343.02 | 6.85 | 3.64 | 13 |
| 300590 | 其他软填料及类似物品 | 11750.59 | 4.05 | 3.78 | 11 |
| 300610 | 无菌外科肠线，昆布，止血材料，阻隔材料 | 12947.66 | 9.9 | 4.16 | 6 |
| 300630 | X 光检查造影剂；用于病人的诊断试剂 | 3690.55 | 25.2 | 1.19 | 21 |
| 300640 | 牙科粘固剂及其他牙科填料；骨骼粘固剂 | 3380.83 | －21.43 | 1.09 | 23 |
| 300650 | 急救药箱、药包 | 1074.88 | －6.19 | 0.35 | 29 |
| 300670 | 专用于人类或兽药的凝胶制品，润滑剂，偶合剂 | 1208.47 | －2.42 | 0.39 | 27 |
| 300691 | 可确定用于造口术的用具 | 7720.81 | 0.18 | 2.48 | 16 |
| 330620 | 清洁牙缝用纱线（牙线） | 419.21 | －21.58 | 0.13 | 38 |
| 4014 | 硫化橡胶（硬质橡胶除外）制卫生及医疗用品 | 1067.74 | －30.34 | 0.34 | 30 |
| 401511 | 硫化橡胶制外科用分指、连指及露指手套 | 365.92 | 18.59 | 0.12 | 39 |
| 481840 | 纸卫生巾及止血塞、婴儿纸尿布、尿布衬里等 | 0.00 | －100 | 0.00 | 44 |
| 8713 | 残疾人用车，不论是否机动或其他机械驱动 | 808.81 | －7.61 | 0.26 | 35 |
| 900130 | 隐形眼镜片 | 38974.34 | －4.3 | 12.52 | 2 |
| 901811 | 心电图记录仪 | 4774.09 | －7.44 | 1.53 | 18 |
| 901812 | 超声波扫描装置 | 1084.71 | －3.68 | 0.35 | 28 |
| 901813 | 核磁共振成像装置 | 17607.59 | －11.84 | 5.66 | 3 |
| 901814 | 闪烁摄影装置 | 179.80 | 87.99 | 0.06 | 42 |
| 901819 | 其他电气诊断装置 | 11950.03 | －8.22 | 3.84 | 9 |
| 901820 | 紫外线及红外线装置 | 898.40 | －14.12 | 0.29 | 33 |
| 901831 | 注射器，不论是否装有针头 | 3997.23 | －9.5 | 1.28 | 19 |
| 901832 | 管状金属针头及缝合用针 | 1539.83 | 4.56 | 0.49 | 26 |
| 901839 | 其他针、导管、插管及类似品 | 14680.64 | －6.83 | 4.72 | 5 |
| 901841 | 牙钻机，可与其他牙科设备组装在同一底座上 | 887.98 | 10.12 | 0.29 | 34 |
| 901849 | 牙科用其他仪器及器具 | 2852.64 | 28.75 | 0.92 | 24 |
| 901850 | 眼科用其他仪器及器具 | 3945.17 | 7.89 | 1.27 | 20 |
| 901890 | 其他医疗、外科、牙科或兽医用仪器及器具 | 53900.70 | －8.79 | 17.32 | 1 |
| 901910 | 机械疗法器具、按摩器具及心理功能测验装置 | 1761.32 | －16.25 | 0.57 | 25 |
| 901920 | （臭氧、氧气、喷雾）治疗器、人工呼吸器等 | 10057.79 | －5.95 | 3.23 | 14 |

| HS 编码 | 商品名称/描述 | 出口总额 | 同比 | 占比 | 出口排序 |
|---|---|---|---|---|---|
| 9020 | 其他呼吸器具及防毒面具 | 11842.06 | 3.06 | 3.81 | 10 |
| 902110 | 矫形或骨折用器具 | 3640.73 | -10.96 | 1.17 | 22 |
| 902121 | 假牙 | 616.92 | -13.6 | 0.20 | 36 |
| 902129 | 牙齿固定件 | 262.34 | -26.61 | 0.08 | 40 |
| 902131 | 人造关节 | 17605.19 | -18.04 | 5.66 | 4 |
| 902139 | 其他人造的人体部分 | 8699.80 | -2.06 | 2.80 | 15 |
| 902140 | 助听器，不包括零件、附件 | 12080.71 | -0.53 | 3.88 | 8 |
| 902150 | 心脏起搏器，不包括零件、附件 | 955.86 | -15.16 | 0.31 | 31 |
| 902190 | 其他弥补生理缺陷残疾穿戴或植入人体的器具 | 11381.48 | -48.72 | 3.66 | 12 |
| 902212 | X 射线断层检查仪 | 531.45 | -74.5 | 0.17 | 37 |
| 902213 | 其他，牙科用 X 射线应用设备 | 135.74 | -13.53 | 0.04 | 43 |
| 902214 | 其他，医疗、外科或兽医用 X 射线应用设备 | 12222.12 | 46.23 | 3.93 | 7 |
| 902511 | 液体温度计，可直接读数 | 260.01 | -16.63 | 0.08 | 41 |
| 940210 | 牙科椅和理发椅及类似椅及其零件 | 949.08 | 270.77 | 0.30 | 32 |
| 940290 | 其他医用家具 | 5158.51 | -1.22 | 1.66 | 17 |

# 3　全球主要医疗器械产品进出口贸易概况

## 3.1　急救药箱、药包

全球海关 HS 编码：300650

表 3－1　全球及主要国家和地区急救药箱、药包进口情况

单位：万美元，%

| 排序 | 2012 年 1－6 月 | | | 2011 年 | | |
|---|---|---|---|---|---|---|
| | 来源地 | 进口总额 | 同比 | 来源地 | 进口总额 | 同比 |
| | 全球总计 | － | － | 全球总计 | **23465.39** | **16.98** |
| 1 | 欧盟 27 国 | 2761.61 | －11.37 | 欧盟 27 国 | 5722.66 | 12.41 |
| 2 | 德国 | 2099.57 | 8.04 | 德国 | 3530.81 | 16.96 |
| 3 | 美国 | 1237.60 | 24.2 | 美国 | 2051.60 | 15.18 |
| 4 | 法国 | 614.93 | －1.6 | 荷兰 | 1182.90 | 55.69 |
| 5 | 荷兰 | 573.83 | －18.32 | 法国 | 1137.04 | 60.35 |
| 6 | 英国 | 389.94 | 14.5 | 比利时 | 898.29 | －11.84 |
| 7 | 比利时 | 371.89 | －19.55 | 英国 | 824.38 | 28.7 |
| 8 | 加拿大 | 336.29 | 25.2 | 塞尔维亚 | 630.35 | － |
| 9 | 澳大利亚 | 306.07 | 31.91 | 捷克共和国 | 575.68 | －56.85 |
| 10 | 丹麦 | 295.02 | 28.81 | 丹麦 | 558.75 | 44.72 |
| 合计 | | **8986.76** | － | 合计 | **17112.45** | － |

表 3－2　全球及主要国家和地区急救药箱、药包出口情况

单位：万美元，%

| 排序 | 2012 年 1－6 月 | | | 2011 年 | | |
|---|---|---|---|---|---|---|
| | 目的地 | 出口总额 | 同比 | 目的地 | 出口总额 | 同比 |
| | 全球总计 | － | － | 全球总计 | **27005.43** | **8.43** |
| 1 | 中国 | 4824.29 | 18.32 | 中国 | 8788.75 | 14.34 |
| 2 | 欧盟 27 国 | 1658.35 | 4.88 | 欧盟 27 国 | 3313.76 | 17.64 |
| 3 | 德国 | 1638.33 | －6.51 | 德国 | 2908.44 | 2.56 |
| 4 | 英国 | 1074.88 | －6.19 | 英国 | 2676.20 | －30.37 |
| 5 | 美国 | 917.69 | 48.65 | 美国 | 1380.19 | 13.15 |

| 排序 | 2012年1-6月 | | | 2011年 | | |
|---|---|---|---|---|---|---|
| | 目的地 | 出口总额 | 同比 | 目的地 | 出口总额 | 同比 |
| 6 | 墨西哥 | 601.19 | 10.5 | 比利时 | 1188.57 | -4.3 |
| 7 | 比利时 | 516.02 | -23.18 | 墨西哥 | 1113.00 | -4.13 |
| 8 | 葡萄牙 | 406.69 | 326.99 | 荷兰 | 1056.74 | 155.11 |
| 9 | 荷兰 | 386.40 | -26.19 | 丹麦 | 539.42 | 62.59 |
| 10 | 丹麦 | 320.31 | 27.82 | 葡萄牙 | 473.53 | 205.81 |
| 合计 | | **11258.95** | - | 合计 | **23438.60** | - |

## 3.2 心电图记录仪

全球海关HS编码：901811

**表3-3 全球及主要国家和地区心电图记录仪进口情况**

单位：万美元，%

| 排序 | 2012年1-6月 | | | 2011年 | | |
|---|---|---|---|---|---|---|
| | 来源地 | 进口总额 | 同比 | 来源地 | 进口总额 | 同比 |
| | 全球总计 | - | - | 全球总计 | **78630.95** | **12.51** |
| 1 | 美国 | 8215.24 | -3.97 | 美国 | 16942.66 | 4.96 |
| 2 | 欧盟27国 | 6755.70 | 10.45 | 欧盟27国 | 12526.55 | 14.36 |
| 3 | 德国 | 3881.23 | 6.26 | 德国 | 7325.50 | -4.48 |
| 4 | 英国 | 2166.45 | 43.26 | 委内瑞拉 | 3973.43 | - |
| 5 | 委内瑞拉 | 1973.13 | 284.17 | 英国 | 3187.69 | 25.02 |
| 6 | 加拿大 | 1467.87 | 2.4 | 加拿大 | 2879.16 | 3.57 |
| 7 | 丹麦 | 1258.43 | 2.95 | 丹麦 | 2500.82 | 31.25 |
| 8 | 日本 | 1238.87 | 16.48 | 法国 | 2409.24 | 31.8 |
| 9 | 意大利 | 1154.60 | -9.97 | 日本 | 2275.53 | 22.65 |
| 10 | 中国 | 1060.16 | 54.2 | 意大利 | 2212.42 | -11.87 |
| 合计 | | **29171.68** | - | 合计 | **56233.00** | - |

**表3-4 全球及主要国家和地区心电图记录仪出口情况**

单位：万美元，%

| 排序 | 2012年1-6月 | | | 2011年 | | |
|---|---|---|---|---|---|---|
| | 目的地 | 出口总额 | 同比 | 目的地 | 出口总额 | 同比 |
| | 全球总计 | - | - | 全球总计 | **92511.03** | **26.59** |
| 1 | 美国 | 8399.46 | -2.58 | 欧盟27国 | 18663.04 | 61.99 |

| 排序 | 2012 年 1－6 月 | | | 2011 年 | | |
|---|---|---|---|---|---|---|
| | 目的地 | 出口总额 | 同比 | 目的地 | 出口总额 | 同比 |
| 2 | 欧盟 27 国 | 7923.75 | －7.73 | 美国 | 16828.12 | －0.59 |
| 3 | 加拿大 | 5431.66 | －1.27 | 英国 | 10924.66 | 114.25 |
| 4 | 英国 | 4774.09 | －7.44 | 加拿大 | 10896.21 | 7.73 |
| 5 | 德国 | 3533.06 | －14.44 | 德国 | 8200.49 | 1.64 |
| 6 | 丹麦 | 3085.61 | 19.23 | 丹麦 | 5986.17 | 45.65 |
| 7 | 中国 | 2730.50 | 8.22 | 中国 | 5303.73 | 15.08 |
| 8 | 日本 | 1499.79 | 11.66 | 瑞士 | 3213.29 | 21.25 |
| 9 | 瑞士 | 1285.06 | －13.11 | 日本 | 2928.57 | 7.16 |
| 10 | 马来西亚 | 1221.47 | 82.23 | 韩国 | 2337.47 | －2.41 |
| 合计 | | **39884.50** | – | 合计 | **85281.75** | – |

## 3.3 超声波扫描装置

全球海关 HS 编码：901812

**表 3－5 全球及国家和地区超声波扫描装置进口情况**

单位：万美元，%

| 排序 | 2012 年 1－6 月 | | | 2011 年 | | |
|---|---|---|---|---|---|---|
| | 来源地 | 进口总额 | 同比 | 来源地 | 进口总额 | 同比 |
| | 全球总计 | – | – | 全球总计 | **525621.34** | **9.66** |
| 1 | 欧盟 27 国 | 42173.40 | －7.13 | 欧盟 27 国 | 95651.91 | 3.35 |
| 2 | 中国 | 38934.13 | 17.97 | 中国 | 77027.90 | 23.42 |
| 3 | 德国 | 21412.07 | －0.27 | 德国 | 48704.45 | 3.8 |
| 4 | 荷兰 | 17215.67 | －13.95 | 荷兰 | 40103.92 | 0.95 |
| 5 | 美国 | 12891.11 | －7.78 | 俄罗斯 | 35634.07 | 34.76 |
| 6 | 俄罗斯 | 12709.66 | 76.87 | 美国 | 29186.32 | 23.09 |
| 7 | 日本 | 9945.10 | 16.56 | 日本 | 18852.60 | 27.09 |
| 8 | 法国 | 6375.83 | －9.85 | 法国 | 13345.24 | 12.78 |
| 9 | 英国 | 5402.57 | 62.9 | 巴西 | 11483.27 | 4.68 |
| 10 | 巴西 | 5241.21 | 4.98 | 意大利 | 10517.85 | 3.8 |
| 合计 | | **172300.75** | – | 合计 | **380507.53** | – |

表 3－6　全球及国家和地区超声波扫描装置出口情况

单位：万美元，%

| 排序 | 2012 年 1－6 月 | | | 2011 年 | | |
|---|---|---|---|---|---|---|
| | 目的地 | 出口总额 | 同比 | 目的地 | 出口总额 | 同比 |
| | 全球总计 | – | – | 全球总计 | **495266.6** | **10.86** |
| 1 | 美国 | 48479.75 | 9.86 | 美国 | 96169.52 | 6.5 |
| 2 | 欧盟 27 国 | 32621.90 | 7.29 | 欧盟 27 国 | 73185.06 | 15.02 |
| 3 | 中国 | 26766.44 | 8.13 | 日本 | 60177.41 | 3.65 |
| 4 | 日本 | 25657.95 | –12.16 | 中国 | 53885.66 | 24.6 |
| 5 | 荷兰 | 17884.33 | –10.15 | 荷兰 | 41137.05 | 2.29 |
| 6 | 韩国 | 17877.74 | 35.18 | 德国 | 38879.57 | 19.6 |
| 7 | 德国 | 16616.82 | 8.42 | 韩国 | 33506.68 | 13.59 |
| 8 | 奥地利 | 10859.52 | –13.42 | 奥地利 | 26043.59 | –4.17 |
| 9 | 意大利 | 4801.12 | 50.73 | 挪威 | 9818.70 | 37.06 |
| 10 | 法国 | 4729.24 | 26.46 | 法国 | 8394.06 | 15.56 |
| 合计 | | **206294.81** | – | 合计 | **441197.3** | – |

## 3.4　核磁共振成像装置

全球海关 HS 编码：901813

表 3－7　全球主要国家和地区核磁共振成像装置进口情况

单位：万美元，%

| 排序 | 2012 年 1－6 月 | | | 2011 年 | | |
|---|---|---|---|---|---|---|
| | 来源地 | 进口总额 | 同比 | 来源地 | 进口总额 | 同比 |
| | 全球总计 | – | – | 全球总计 | **522463.49** | **15.81** |
| 1 | 欧盟 27 国 | 35589.76 | –0.34 | 欧盟 27 国 | 79021.71 | 17.92 |
| 2 | 荷兰 | 29545.42 | 20.59 | 中国 | 58775.60 | 36.57 |
| 3 | 美国 | 28892.76 | 18.27 | 荷兰 | 54627.48 | 24.37 |
| 4 | 中国 | 27427.98 | – | 美国 | 52105.95 | 23.3 |
| 5 | 日本 | 25676.01 | 18.59 | 德国 | 44680.90 | 2.85 |
| 6 | 德国 | 20195.75 | –1.15 | 日本 | 40455.46 | 10.01 |
| 7 | 法国 | 8413.50 | –14.01 | 法国 | 22264.14 | 33.42 |

| 排序 | 2012 年 1－6 月 | | | 2011 年 | | |
|---|---|---|---|---|---|---|
| | 来源地 | 进口总额 | 同比 | 来源地 | 进口总额 | 同比 |
| 8 | 俄罗斯 | 8362.54 | 68.07 | 俄罗斯 | 18045.59 | 0.26 |
| 9 | 英国 | 6978.12 | 3.82 | 英国 | 14518.18 | 13.35 |
| 10 | 巴西 | 5824.77 | 0.29 | 巴西 | 13649.84 | －0.54 |
| 合计 | | **196906.61** | – | 合计 | **398144.85** | – |

**表 3－8　全球主要国家和地区核磁共振成像装置出口情况**

单位：万美元，%

| 排序 | 2012 年 1－6 月 | | | 2011 年 | | |
|---|---|---|---|---|---|---|
| | 目的地 | 出口总额 | 同比 | 目的地 | 出口总额 | 同比 |
| | 全球总计 | – | – | 全球总计 | **657142.24** | **13.22** |
| 1 | 欧盟 27 国 | 106676.98 | 13.03 | 中国 | 23783.15 | 18.81 |
| 2 | 德国 | 72748.34 | 7.16 | 欧盟 27 国 | 207554.05 | 18.82 |
| 3 | 荷兰 | 52791.57 | 14.97 | 德国 | 146302.98 | 10.32 |
| 4 | 美国 | 30876.45 | 9.41 | 荷兰 | 105912.62 | 13.05 |
| 5 | 英国 | 17607.59 | －11.84 | 美国 | 60661.71 | －1.2 |
| 6 | 中国 | 16679.52 | – | 英国 | 43501.68 | 26.16 |
| 7 | 日本 | 10381.18 | 10.45 | 日本 | 21637.53 | －9.48 |
| 8 | 法国 | 5812.01 | 8.84 | 法国 | 12929.90 | 21.05 |
| 9 | 匈牙利 | 4256.18 | 14.23 | 匈牙利 | 8044.21 | 17.99 |
| 10 | 意大利 | 2024.69 | －22.41 | 意大利 | 5572.69 | 28.12 |
| 合计 | | **319854.51** | – | 合计 | **635900.52** | – |

## 3.5　注射器（不论是否装有针头）

全球海关 HS 编码：901831

**表 3－9　全球主要国家和地区注射器进口情况**

单位：万美元，%

| 排序 | 2012 年 1－6 月 | | | 2011 年 | | |
|---|---|---|---|---|---|---|
| | 来源地 | 进口总额 | 同比 | 来源地 | 进口总额 | 同比 |
| | 全球总计 | – | – | 全球总计 | **501053.54** | **14.05** |

| 排序 | 2012 年 1－6 月 | | | 2011 年 | | |
|---|---|---|---|---|---|---|
| | 来源地 | 进口总额 | 同比 | 来源地 | 进口总额 | 同比 |
| 1 | 欧盟 27 国 | 42883.56 | －8.69 | 欧盟 27 国 | 97446.17 | 21.52 |
| 2 | 法国 | 23530.38 | －11.54 | 比利时 | 53522.01 | 35.9 |
| 3 | 德国 | 22796.99 | －14.1 | 德国 | 51269.40 | 14.12 |
| 4 | 比利时 | 22207.99 | －15.16 | 法国 | 50470.83 | 6.88 |
| 5 | 美国 | 17909.96 | 10.6 | 美国 | 33486.03 | 7.46 |
| 6 | 意大利 | 10501.17 | 6.3 | 意大利 | 21253.37 | 4.71 |
| 7 | 英国 | 9475.49 | －6.42 | 英国 | 19466.60 | 3.9 |
| 8 | 荷兰 | 8214.11 | 18.47 | 加拿大 | 14486.50 | 8.24 |
| 9 | 加拿大 | 7533.59 | 5.63 | 荷兰 | 14301.12 | －11.46 |
| 10 | 中国 | 6537.64 | 4.16 | 中国 | 12650.14 | 12.79 |
| 合计 | | **171590.88** | － | 合计 | **368352.17** | － |

**表 3－10 全球及主要国家和地区注射器出口情况**

单位：万美元，%

| 排序 | 2012 年 1－6 月 | | | 2011 年 | | |
|---|---|---|---|---|---|---|
| | 目的地 | 出口总额 | 同比 | 目的地 | 出口总额 | 同比 |
| | **全球总计** | － | － | **全球总计** | **513322.64** | **20.85** |
| 1 | 美国 | 40958.38 | 7.42 | 美国 | 76258.68 | 10.11 |
| 2 | 欧盟 27 国 | 39785.62 | 30.5 | 欧盟 27 国 | 68077.70 | 40.41 |
| 3 | 比利时 | 31434.20 | －7.26 | 比利时 | 65134.75 | 23.78 |
| 4 | 德国 | 23250.51 | －3.09 | 德国 | 46485.27 | 9.59 |
| 5 | 中国 | 21466.74 | 14.79 | 中国 | 40546.79 | 21.96 |
| 6 | 法国 | 18546.78 | －8.72 | 法国 | 37779.33 | 4.3 |
| 7 | 爱尔兰 | 16516.53 | 43.91 | 爱尔兰 | 26746.95 | 31.35 |
| 8 | 墨西哥 | 12388.13 | －0.58 | 墨西哥 | 24154.68 | 19.91 |
| 9 | 瑞士 | 11695.06 | 54.83 | 瑞士 | 23591.03 | 30.18 |
| 10 | 西班牙 | 8336.56 | －2.65 | 荷兰 | 19965.01 | 74.77 |
| 合计 | | **224378.51** | － | 合计 | **428740.19** | － |

## 3.6 按摩器具

全球海关 HS 编码：901910

表 3－11 全球及主要国家和地区按摩器具进口情况

单位：万美元，%

| 排序 | 2012 年 1－6 月 | | | 2011 年 | | |
|---|---|---|---|---|---|---|
| | 来源地 | 进口总额 | 同比 | 来源地 | 进口总额 | 同比 |
| | **全球总计** | – | – | **全球总计** | **436020. 31** | **5. 12** |
| 1 | 欧盟 27 国 | 35589. 03 | －10. 52 | 欧盟 27 国 | 81330. 68 | －4. 33 |
| 2 | 美国 | 29820. 06 | 6. 58 | 美国 | 62767. 28 | 16. 99 |
| 3 | 日本 | 18008. 57 | －2. 34 | 日本 | 39818. 54 | 16. 53 |
| 4 | 加拿大 | 11051. 36 | 3. 77 | 加拿大 | 21871. 98 | 4. 67 |
| 5 | 法国 | 8991. 75 | －3. 48 | 德国 | 21648. 34 | 5. 14 |
| 6 | 德国 | 8654. 22 | －16. 96 | 法国 | 18158. 15 | －10. 75 |
| 7 | 俄罗斯 | 8035. 99 | 25. 86 | 俄罗斯 | 14829. 28 | 13. 41 |
| 8 | 英国 | 7163. 30 | 1. 65 | 英国 | 14696. 99 | 7. 61 |
| 9 | 中国香港 | 6707. 92 | 15. 76 | 荷兰 | 13347. 74 | 2. 13 |
| 10 | 荷兰 | 6045. 22 | －2. 05 | 中国香港 | 12078. 21 | 4. 08 |
| 合计 | | **140067. 43** | – | 合计 | **300547. 18** | – |

表 3－12 全球及主要国家和地区按摩器具出口情况

单位：万美元，%

| 排序 | 2012 年 1－6 月 | | | 2011 年 | | |
|---|---|---|---|---|---|---|
| | 目的地 | 出口总额 | 同比 | 目的地 | 出口总额 | 同比 |
| | **全球总计** | – | – | **全球总计** | **345226. 55** | **8. 73** |
| 1 | 中国 | 63121. 9 | 17. 89 | 中国 | 123090. 82 | 12. 84 |
| 2 | 美国 | 18814. 22 | 6. 9 | 美国 | 36010. 06 | 7. 18 |
| 3 | 欧盟 27 国 | 12986. 54 | －2. 4 | 欧盟 27 国 | 27623. 80 | 0. 44 |
| 4 | 德国 | 9559. 63 | －5. 91 | 德国 | 21579. 12 | 4. 61 |
| 5 | 墨西哥 | 8172. 65 | 8. 79 | 荷兰 | 17171. 02 | 46. 52 |
| 6 | 荷兰 | 7633. 66 | －2. 44 | 墨西哥 | 14920. 64 | 54. 55 |
| 7 | 中国香港 | 6103. 12 | －9. 79 | 中国香港 | 14527. 90 | －1. 35 |
| 8 | 加拿大 | 4964. 89 | －11. 64 | 加拿大 | 10661. 03 | 7. 11 |
| 9 | 法国 | 3758. 51 | －11. 52 | 法国 | 8125. 14 | －1. 42 |
| 10 | 比利时 | 3430. 71 | －2. 72 | 意大利 | 8067. 27 | －4. 49 |
| 合计 | | **138545. 83** | – | 合计 | **281776. 8** | – |

## 3.7 假　牙

全球海关 HS 编码：902121

表 3－13　全球及主要国家和地区假牙进口情况

单位：万美元，%

| 排序 | 2012 年 1－6 月 | | | 2011 年 | | |
|---|---|---|---|---|---|---|
| | 来源地 | 进口总额 | 同比 | 来源地 | 进口总额 | 同比 |
| | 全球总计 | － | － | 全球总计 | **64856.73** | **8.53** |
| 1 | 欧盟 27 国 | 7071.39 | －8.17 | 欧盟 27 国 | 14588.98 | 6.82 |
| 2 | 美国 | 5927.20 | 7.3 | 美国 | 10593.11 | 13.66 |
| 3 | 德国 | 4007.99 | －4.47 | 德国 | 8157.21 | －1.98 |
| 4 | 中国香港 | 2210.66 | 18.83 | 中国香港 | 3696.02 | 38.62 |
| 5 | 瑞士 | 1803.72 | 2.16 | 瑞士 | 3382.49 | －4.1 |
| 6 | 加拿大 | 1524.18 | 23.07 | 荷兰 | 3327.27 | 32.38 |
| 7 | 荷兰 | 1344.46 | －27.03 | 加拿大 | 2512.60 | 3.17 |
| 8 | 意大利 | 1255.22 | 0.22 | 意大利 | 2245.86 | 11.04 |
| 9 | 法国 | 818.54 | －11.64 | 法国 | 1717.75 | 187.74 |
| 10 | 西班牙 | 717.80 | 37.86 | 英国 | 1490.42 | 37.09 |
| 合计 | | **26681.16** | － | 合计 | **51711.70** | － |

表 3－14　全球及主要国家和地区假牙出口情况

单位：万美元，%

| 排序 | 2012 年 1－6 月 | | | 2011 年 | | |
|---|---|---|---|---|---|---|
| | 目的地 | 出口总额 | 同比 | 目的地 | 出口总额 | 同比 |
| | 全球总计 | － | － | 全球总计 | **62129.6** | **－0.39** |
| 1 | 中国 | 5981.70 | 20.81 | 美国 | 10825.71 | －21.16 |
| 2 | 美国 | 5652.19 | 1.05 | 中国 | 10365.44 | 32.66 |
| 3 | 德国 | 3641.48 | －5.99 | 瑞士 | 7659.89 | －9.85 |
| 4 | 瑞士 | 3570.35 | －13.24 | 德国 | 7249.42 | －4.4 |
| 5 | 欧盟 27 国 | 2854.96 | －2.12 | 欧盟 27 国 | 5612.90 | 4.21 |
| 6 | 中国香港 | 1769.80 | 3.23 | 中国香港 | 3542.72 | 32.03 |
| 7 | 意大利 | 1417.23 | －3.81 | 意大利 | 2725.97 | 0.61 |
| 8 | 土耳其 | 1119.55 | 3.44 | 土耳其 | 2143.40 | 37.92 |
| 9 | 加拿大 | 847.39 | －0.87 | 加拿大 | 1644.39 | －0.44 |

| 排序 | 2012 年 1－6 月 | | | 2011 年 | | |
|---|---|---|---|---|---|---|
| | 目的地 | 出口总额 | 同比 | 目的地 | 出口总额 | 同比 |
| 10 | 奥地利 | 635. 97 | 5. 58 | 英国 | 1429. 54 | 276. 85 |
| 合计 | | **27490. 62** | – | 合计 | **10365. 44** | – |

## 3. 8　助听器（不包括零件、附件）

全球海关 HS 编码：902140

**表 3－15　全球及主要国家和地区助听器进口情况**

单位：万美元，%

| 排序 | 2012 年 1－6 月 | | | 2011 年 | | |
|---|---|---|---|---|---|---|
| | 来源地 | 进口总额 | 同比 | 来源地 | 进口总额 | 同比 |
| | 全球总计 | – | – | 全球总计 | **404419. 73** | **7. 31** |
| 1 | 美国 | 50648. 78 | 29. 56 | 美国 | 90227. 96 | 25. 55 |
| 2 | 欧盟 27 国 | 34220. 29 | －0. 78 | 欧盟 27 国 | 70220. 92 | 7. 33 |
| 3 | 德国 | 19717. 91 | －11. 61 | 德国 | 43710. 65 | 0. 35 |
| 4 | 英国 | 15706. 76 | 24. 79 | 英国 | 28798. 17 | 47. 75 |
| 5 | 法国 | 9737. 32 | －11. 5 | 法国 | 21520. 62 | －2. 38 |
| 6 | 新加坡 | 9205. 31 | 0. 52 | 新加坡 | 13738. 98 | －48. 18 |
| 7 | 加拿大 | 6545. 55 | 10. 61 | 日本 | 13314. 95 | 11. 69 |
| 8 | 日本 | 6531. 78 | －0. 91 | 加拿大 | 12176. 91 | 2. 14 |
| 9 | 澳大利亚 | 4085. 08 | －0. 49 | 澳大利亚 | 9653. 11 | 19. 94 |
| 10 | 巴西 | 3454. 71 | 19. 83 | 西班牙 | 7478. 39 | 41. 99 |
| 合计 | | **159853. 49** | – | 合计 | **310840. 67** | – |

**表 3－16　全球及主要国家和地区助听器出口情况**

单位：万美元，%

| 排序 | 2012 年 1－6 月 | | | 2011 年 | | |
|---|---|---|---|---|---|---|
| | 目的地 | 出口总额 | 同比 | 目的地 | 出口总额 | 同比 |
| | 全球总计 | – | – | 全球总计 | **377044. 15** | **9. 57** |
| 1 | 丹麦 | 42358. 19 | －3. 02 | 丹麦 | 89578. 43 | 17. 08 |
| 2 | 欧盟 27 国 | 37658. 60 | 16. 43 | 欧盟 27 国 | 69190. 14 | 19. 37 |
| 3 | 瑞士 | 17973. 14 | 3. 55 | 瑞士 | 34624. 64 | 0. 13 |
| 4 | 中国 | 14972. 43 | 18. 86 | 中国 | 29096. 34 | 19. 20 |
| 5 | 新加坡 | 13575. 52 | －6. 49 | 新加坡 | 28789. 42 | －37. 92 |

| 排序 | 2012年1－6月 | | | 2011年 | | |
|---|---|---|---|---|---|---|
| | 目的地 | 出口总额 | 同比 | 目的地 | 出口总额 | 同比 |
| 6 | 英国 | 12080.71 | －0.53 | 英国 | 26234.94 | 20.61 |
| 7 | 美国 | 11493.93 | 27.07 | 美国 | 20834.82 | 15.1 |
| 8 | 澳大利亚 | 9335.65 | 7.47 | 澳大利亚 | 18924.47 | 19.9 |
| 9 | 德国 | 6815.43 | 2.67 | 德国 | 13422.12 | －2.98 |
| 10 | 法国 | 4935.67 | 13.63 | 波兰 | 11660.25 | 127.4 |
| 合计 | | **171199.27** | － | 合计 | **342355.57** | － |

## 3.9 心脏起搏器（不包括零件、附件）

全球海关HS编码：902150

**表3－17 全球及主要国家和地区心脏起搏器进口情况**

单位：万美元，%

| 排序 | 2012年1－6月 | | | 2011年 | | |
|---|---|---|---|---|---|---|
| | 来源地 | 进口总额 | 同比 | 来源地 | 进口总额 | 同比 |
| | 全球总计 | － | － | 全球总计 | **691607.3** | **－7.88** |
| 1 | 欧盟27国 | 78978.69 | －5.69 | 欧盟27国 | 150289.18 | －19.31 |
| 2 | 法国 | 53647.68 | －12.11 | 法国 | 106694.05 | －30.51 |
| 3 | 美国 | 36368.40 | －11.8 | 美国 | 81310.81 | －0.32 |
| 4 | 荷兰 | 35854.12 | － | 瑞典 | 59025.14 | 6.03 |
| 5 | 瑞典 | 28850.28 | －11.37 | 德国 | 42967.63 | 27.43 |
| 6 | 德国 | 23157.55 | 1.68 | 日本 | 35161.44 | 3.3 |
| 7 | 日本 | 17470.76 | 1.55 | 意大利 | 34620.40 | 10.55 |
| 8 | 意大利 | 16875.68 | －13.34 | 西班牙 | 24465.58 | 50.98 |
| 9 | 西班牙 | 11741.38 | －10.17 | 荷兰 | 18936.18 | －33.26 |
| 10 | 英国 | 8332.58 | －5.45 | 英国 | 18238.53 | 32.3 |
| 合计 | | **311277.14** | － | 合计 | **571708.94** | － |

**表3－18 全球及主要国家和地区心脏起搏器出口情况**

单位：万美元，%

| 排序 | 2012年1－6月 | | | 2011年 | | |
|---|---|---|---|---|---|---|
| | 目的地 | 出口总额 | 同比 | 目的地 | 出口总额 | 同比 |
| | 全球总计 | － | － | 全球总计 | **786984.5** | **－9.73** |
| 1 | 欧盟27国 | 90686.35 | －0.14 | 欧盟27国 | 182511.92 | －4.65 |

| 排序 | 2012 年 1－6 月 | | | 2011 年 | | |
|---|---|---|---|---|---|---|
| | 目的地 | 出口总额 | 同比 | 目的地 | 出口总额 | 同比 |
| 2 | 爱尔兰 | 63899.20 | －8.22 | 爱尔兰 | 143816.11 | －5.12 |
| 3 | 瑞士 | 58871.01 | 11.66 | 瑞士 | 102584.09 | －17.95 |
| 4 | 法国 | 36929.93 | －12.97 | 瑞典 | 74685.46 | 17.31 |
| 5 | 瑞典 | 34663.63 | －11.79 | 法国 | 72964.87 | －40.54 |
| 6 | 荷兰 | 32873.21 | －7.7 | 荷兰 | 65610.28 | －22.47 |
| 7 | 美国 | 28131.82 | －12.43 | 美国 | 61317.62 | 1.51 |
| 8 | 德国 | 27636.02 | 19.42 | 德国 | 49148.22 | 16.85 |
| 9 | 意大利 | 9026.39 | －7.26 | 意大利 | 18597.95 | －1.4 |
| 10 | 马来西亚 | 2994.14 | 174.2 | 中国香港 | 7098.58 | 12.06 |
| 合计 | | **385711.69** | － | 合计 | **778335.11** | － |

## 3.10 X 射线断层检查仪（CT 机）

全球海关 HS 编码：902212

**表 3－19 全球及主要国家和地区 X 射线断层检查仪进口情况**

单位：万美元，%

| 排序 | 2012 年 1－6 月 | | | 2011 年 | | |
|---|---|---|---|---|---|---|
| | 来源地 | 进口总额 | 同比 | 来源地 | 进口总额 | 同比 |
| | 全球总计 | － | － | 全球总计 | **376746.06** | **12.30** |
| 1 | 中国 | 32427.63 | 7.72 | 中国 | 68813.65 | 36.8 |
| 2 | 欧盟 27 国 | 21553.53 | －5.52 | 欧盟 27 国 | 55321.89 | 16.62 |
| 3 | 美国 | 18294.66 | －4.90 | 美国 | 39161.84 | 7.7 |
| 4 | 俄罗斯 | 10892.29 | 392.23 | 荷兰 | 28656.49 | 9.3 |
| 5 | 荷兰 | 10504.48 | －10.47 | 俄罗斯 | 22256.53 | －19.18 |
| 6 | 日本 | 9832.52 | 8.55 | 日本 | 18175.02 | 2.16 |
| 7 | 德国 | 6103.85 | 45.70 | 法国 | 17696.86 | 30.47 |
| 8 | 法国 | 5819.57 | －11.65 | 德国 | 11177.11 | 19.01 |
| 9 | 澳大利亚 | 4572.96 | 78.38 | 巴西 | 9927.14 | 8.58 |
| 10 | 巴西 | 4345.97 | 11.36 | 意大利 | 9386.92 | 38.09 |
| 合计 | | **124347.46** | － | 合计 | **280573.45** | － |

**表 3-20 全球及主要国家和地区 X 射线断层检查仪出口情况**

单位：万美元,%

| 排序 | 2012 年 1-6 月 | | | 2011 年 | | |
|---|---|---|---|---|---|---|
| | 目的地 | 出口总额 | 同比 | 目的地 | 出口总额 | 同比 |
| | 全球总计 | - | - | 全球总计 | **408248.69** | **6.98** |
| 1 | 美国 | 47470.21 | 28.85 | 欧盟 27 国 | 97078.09 | 12.03 |
| 2 | 欧盟 27 国 | 41126.69 | 25.87 | 美国 | 85218.02 | -0.72 |
| 3 | 德国 | 38547.19 | 0.3 | 德国 | 78632.85 | 1.18 |
| 4 | 日本 | 23865.75 | -12.35 | 日本 | 54792.18 | 2.4 |
| 5 | 中国 | 14193.89 | -10.29 | 中国 | 32688.86 | 21.62 |
| 6 | 荷兰 | 12542.61 | 8.62 | 荷兰 | 29669.81 | 2.7 |
| 7 | 法国 | 6013.21 | 90.53 | 法国 | 12331.44 | 32.66 |
| 8 | 英国 | 1483.96 | 17.87 | 中国香港 | 3274.64 | 42.93 |
| 9 | 中国香港 | 1122.35 | 15.33 | 新加坡 | 2851.26 | 265.6 |
| 10 | 比利时 | 531.45 | -74.5 | 比利时 | 2277.18 | 82.59 |
| 合计 | | **186897.31** | - | 合计 | **398814.33** | - |

# 中 篇

# ::: 中国医疗器械贸易概况

## 本篇概要：

本篇主要介绍2010－2012年中国医疗器械进出口贸易情况。详细介绍了20类主要医疗器械产品的中国贸易情况，及长三角、珠三角和环渤海湾地区的医疗器械进出口贸易情况。

## 简要说明：

1. 中国医疗器械进出口数据出自中国海关，由于2012年HS海关编码对医疗器械产品进行了细化分类，故此增加了相应的产品编码，如血管支架（9021901100）、核磁共振成像装置用零件（9018139000），使数据能够更加真实反映具体产品的进出口情况，因此，医疗器械行业的整体进出口数据不能与前几年进行绝对比较。

2. 本篇数据来源于中国海关。

3. 进、出口市场、企业和省区市主要介绍金额排名前十位的情况。产品对应的进、出口企业主要介绍金额排名前十的情况。

4. 产品贸易主要介绍按摩器具、注射器、彩色超声波诊断仪、矫形或骨折用器具、监护仪、CT机、核磁共振成像装置、假牙、B型超声波诊断仪、心脏起搏器、内窥镜、医用直线加速器、肾脏透析设备、麻醉设备、输血设备、听诊器和X射线管等贸易情况。

# 中篇概览

# 4 中国医疗器械进出口贸易总体概况

## 4.1 基本概况

2010－2012 年我国医疗器械进出口额持续增长，2010 年贸易总额为 226.56 亿美元，2012 年为 300.62 亿美元，年复合增长率达 15.19%。2012 年我国医疗器械贸易总额达 300.62 亿美元，同比增长 13.03%。其中，出口额为 175.9 亿美元，同比增长 11.96%；进口额为 124.72 亿美元，同比增长 14.56%；贸易顺差 51.17 亿美元，同比增长 6.09%。

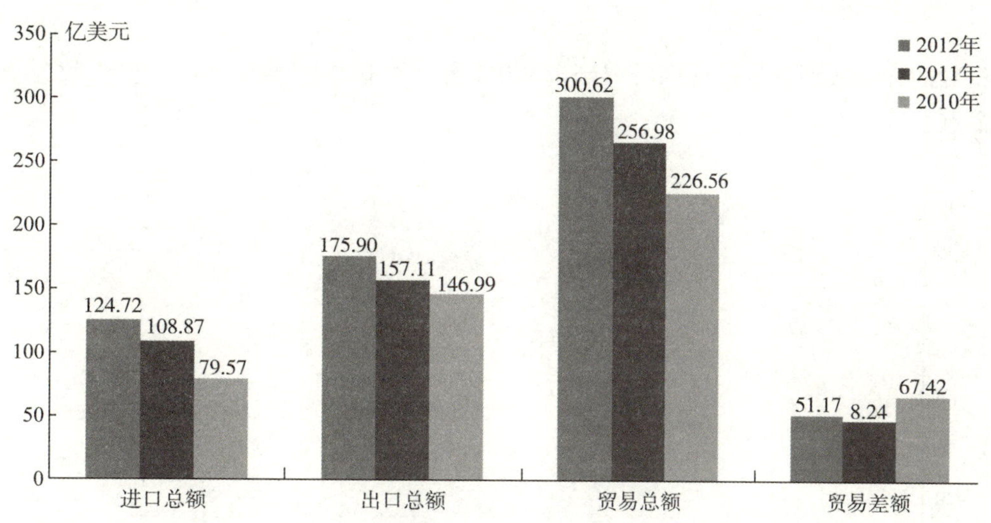


图 4－1 2010－2012 年中国医疗器械产品进出口情况

## 4.2 中国医疗器械产品出口价格指数

中国医疗器械进出口价格指数模型是反映一定时期内中国医疗器械商品进口或出口贸易价格的变动趋势及影响程度的动态相对数，用于观察中国医疗器械进出口市场走势。该模型采用费氏指数体系编制，价格和进/出口值均按美元计价和计算；进出口商品的单位均采用《中国（保税区）海关统计商品目录》中规定的计量单位；医疗器械进出口价格指数涵盖了医疗器械 119 类产品。2012 年，中国医疗器械出口价格指数为 107.09，比 2011 年下降 49.72 个点。

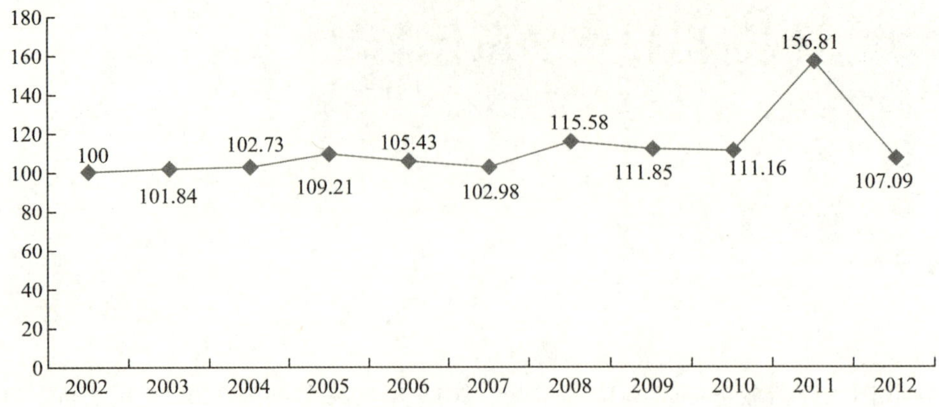


图 4－2　2002－2012 年我国医疗器械出口价格指数变化和趋势情况

## 4.3　中国医疗器械产品进口价格指数

进口价格指数的计算按到岸价格（CIF）计算。2012 年，中国医疗器械进口价格指数为 96.66，比 2011 年下降 32.13 个点。

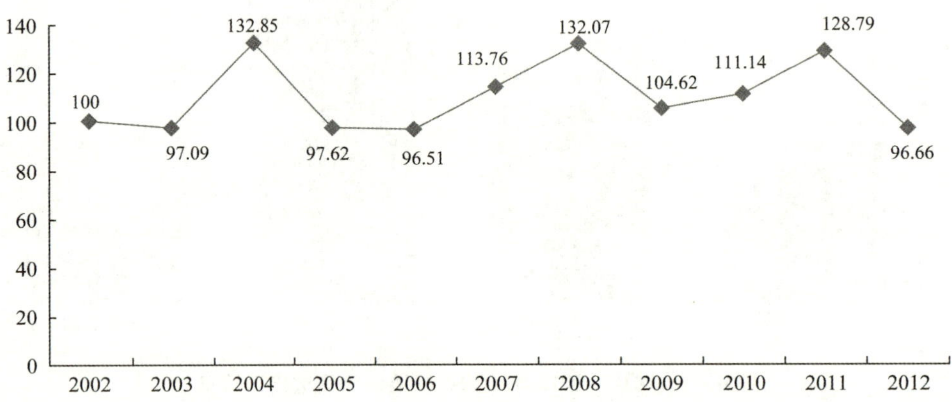


图 4－3　2002－2012 年我国医疗器械进口价格指数变化和趋势情况

# 5 中国医疗器械产品进口贸易概况

## 5.1 进口产品

从产品类型上看，2010－2012年，中国医用敷料、医用耗材、诊疗设备、康复器具和口腔设材进口金额情况见图5－1。2012年，中国医用敷料、医用耗材、诊疗设备、康复器具和口腔设材进口金额同比增长12.55%、61.04%、17.27%、－56.03%、21.17%，占比为1.77%、14.45%、77.37%、3.78%、2.62%。

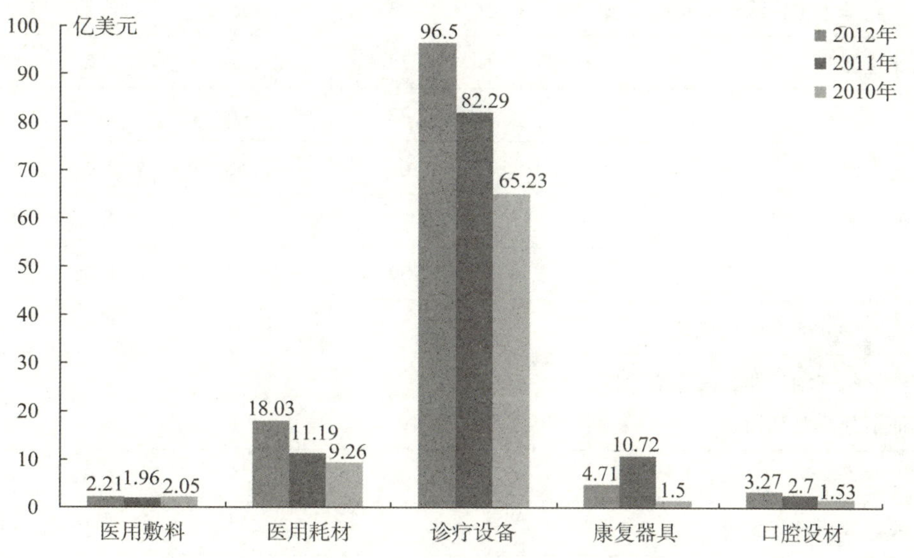


图5－1 2010－2012年中国医疗器械进口产品构结情况

从具体产品看，2012年我国进口医疗器械金额达到亿美元的产品有31个品种，其中，通用诊疗设备、彩色超声波诊断仪、弥补生理缺陷的康复用具、CT机、内窥镜、医用导管、核磁共振成像装置等，进口的产品中多以高附加值的产品为主。其中，矫形类产品增幅最大为72.59%，部分产品涉及整形美容器械，表明该类产品最近受到普遍的欢迎，也与中国近年生活水平提高，人们对外在美的重视，此类产品多从韩国进口为主，故韩国成为中国医疗器械第四大进口国。

表5－1 2012年中国医疗器械主要产品进口贸易情况

单位：亿美元，%

| 排名 | 商品名称 | 进口金额 | 同比 | 占比 | 主要来源地 |
|---|---|---|---|---|---|
| 1 | 使用紫外线、可见光、红外线的诊疗设备 | 9.27 | 20.53 | 7.43 | 中国香港、美、德 |
| 2 | 彩色超声波诊断仪 | 8.59 | 18.51 | 6.89 | 美、韩、日 |
| 3 | 其他诊疗仪器与设备 | 8.41 | 27.47 | 6.74 | 美、德、墨西哥 |
| 4 | 注射器、针、导管、插管及类似品 | 8.08 | 36.71 | 6.48 | 美、日、新加坡 |

| 排名 | 商品名称 | 进口金额 | 同比 | 占比 | 主要来源地 |
|---|---|---|---|---|---|
| 5 | X 射线断层检查仪 | 7.44 | 8.08 | 5.97 | 美、日、德 |
| 6 | 医疗或兽医用 X 射线应用设备 | 6.84 | 23.24 | 5.48 | 德、荷、美 |
| 7 | 核磁共振成像装置 | 5.17 | – | 4.15 | 德、美、荷 |
| 8 | 使用紫外线、可见光、红外线的分光仪、分光光度计及摄谱仪 | 4.96 | 11.66 | 3.98 | 德、美、日 |
| 9 | 9022 所列其他设备及零件 | 4.48 | 8.54 | 3.59 | 美、德、日 |
| 10 | 内窥镜 | 3.57 | 25.62 | 2.86 | 日、德、美 |
| 11 | 矫形或骨折用器具 | 2.88 | 72.59 | 2.31 | 美、瑞士、德 |
| 12 | 任何材料制的尿裤及尿布 | 2.87 | – | 2.30 | 韩、日、中国台湾 |
| 13 | 显微镜，但光学显微镜除外；衍射设备 | 2.83 | 3.86 | 2.27 | 日、捷克、德 |
| 14 | 医用直线加速器 | 2.74 | 20.84 | 2.20 | 美、英、德 |
| 15 | 血管支架 | 2.72 | – | 2.18 | 爱尔兰、美、德 |
| 16 | 其他人造的人体部分 | 2.64 | 33.58 | 2.12 | 美、法、新加坡 |
| 17 | 眼科用其他仪器及器具 | 2.53 | 11.08 | 2.03 | 美、德、日 |
| 18 | X 射线管 | 2.37 | 16.18 | 1.90 | 美、德、印度 |
| 19 | 附于衬背上的诊断或实验用试剂 | 2.30 | 9.36 | 1.84 | 美、英、日 |
| 20 | 臭氧治疗器、氧气治疗器、喷雾治疗器、人工呼吸器及其他治疗用呼吸器具 | 2.27 | 18.03 | 1.82 | 德、美、爱尔兰 |
| 21 | 人造关节 | 2.02 | 53.6 | 1.62 | 美、德、瑞士 |
| 22 | 核磁共振成像的零件、附件 | 1.87 | – | 1.50 | 美、日、德 |
| 23 | 肾脏透析设备（人工肾） | 1.85 | 19.89 | 1.48 | 德、日、瑞典 |
| 24 | 病员监护仪 | 1.58 | –2.47 | 1.27 | 美、德、日 |
| 25 | 注射器，不论是否装有针头 | 1.36 | 7.72 | 1.09 | 美、德、瑞士 |
| 26 | 外科肠线、缝合材料，外科或牙科止血、阻隔材料，不论是否可吸收 | 1.30 | 11.97 | 1.04 | 美、韩、墨西哥 |
| 27 | 其他医学显微镜 | 1.20 | –1.96 | 0.96 | 日、德、美 |
| 28 | X 光检查造影剂；用于病人的诊断试剂 | 1.17 | 47.98 | 0.94 | 德、爱尔兰、法 |
| 29 | 医疗、外科、牙科或兽医用家具 | 1.15 | 18.55 | 0.92 | 德、中国台湾、美 |
| 30 | 心脏起搏器，不包括零件、附件 | 1.12 | 20.06 | 0.90 | 瑞士、德、美 |
| 31 | 其他电气诊断装置（包括功能检查或生理参数检查用装置） | 1.01 | 14.22 | 0.81 | 美、日、德 |
| 合计 | | **108.59** | – | **87.07** | |

## 5.2　进口市场

2012 年我国医疗器械产品进口的主要地域为欧洲、北美洲和亚洲，进口额分布图 5－2，同比增长 10.97%、17.93%和 19.71%，占比为 37.64%、32.1%和 27.83%。

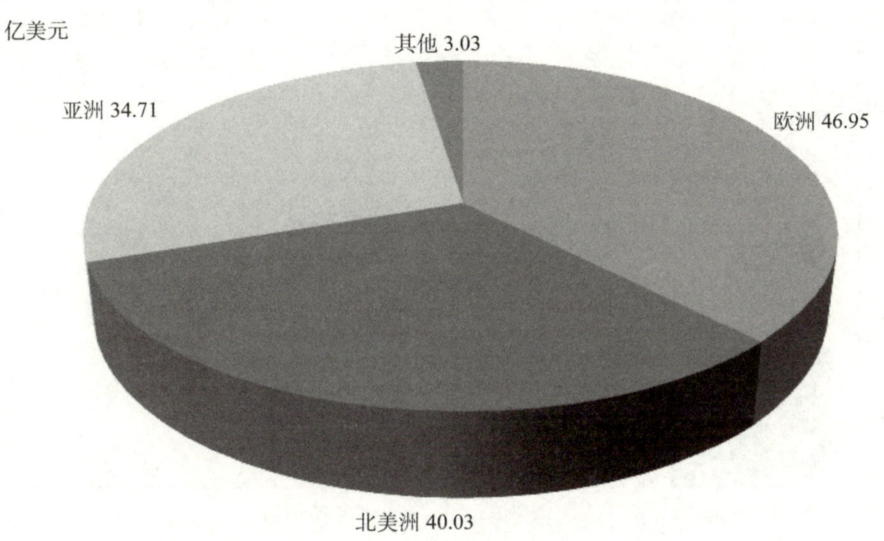


**图 5－2　2012 年中国医疗器械产品进口市场分布**

2012 年，我国共从 103 国家及地区进口医疗器械产品，排前十位进口市场情况见表 5－2。

**表 5－2　2012 年中国医疗器械主要进口来源地**

单位：亿美元，%

|  | 来源地 | 进口金额 | 同比 | 占比 |
|---|---|---|---|---|
| 1 | 美国 | 39.16 | 17.64 | 31.4 |
| 2 | 德国 | 22.30 | 16.73 | 17.88 |
| 3 | 日本 | 20.12 | 12.76 | 16.13 |
| 4 | 韩国 | 4.20 | 43.42 | 3.37 |
| 5 | 爱尔兰 | 3.74 | 28.61 | 3 |
| 6 | 瑞士 | 3.66 | －11.25 | 2.93 |
| 7 | 英国 | 3.52 | 29.83 | 2.82 |
| 8 | 荷兰 | 3.12 | －7.8 | 2.5 |
| 9 | 法国 | 2.87 | 12.96 | 2.3 |
| 10 | 新加坡 | 2.02 | 24.59 | 1.62 |
| 合计 |  | **104.70** | **－** | **83.95** |

## 5.3 进口企业

2012 年，国有企业、三资企业、民营企业和其他企业进口金额分别同比增长 4.29%、15.87%、22.65% 和 -40.32%，占比分别为 25.67%、38.82%、35.2% 和 0.25%。2010-2012 年我国国有、三资、民营企业进口贸易情况见图 5-3。

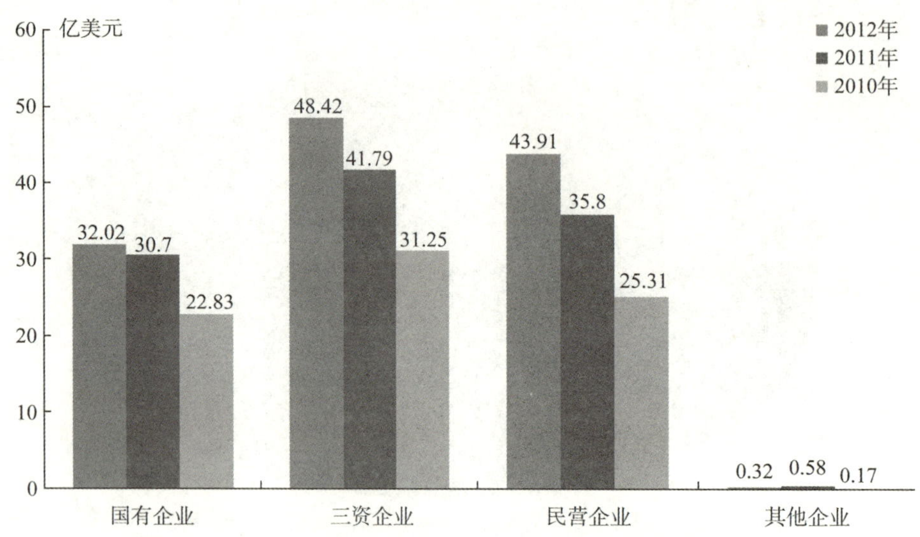


**图 5-3　2010-2012 年中国医疗器械进口企业构结情况**

2012 年，我国超过 11852 家企业经营医疗器械进口，有 251 家企业进口额超过千万美元，同比增长 33.51%。其中国有企业 1227 家，三资企业 5097 家，民营企业 5491 家，其他企业 37 家。进口金额排前十企业、排前十国有企业、排前十位三资企业、排前十民营企业情况见表 5-3、5-4、5-5 和 5-6。

**表 5-3　2012 年中国医疗器械进口金额排名前十位企业**

单位：%

| 排名 | 企业名称 | 同比 | 排名 | 企业名称 | 同比 |
|---|---|---|---|---|---|
| 1 | 美敦力医疗用品技术服务（上海）有限公司 | 9.85 | 6 | 罗氏诊断产品（上海）有限公司 | -0.27 |
| 2 | 上海东松国际贸易有限公司 | 52.47 | 7 | 上海益联进出口有限公司 | -4.27 |
| 3 | 概腾国际贸易（上海）有限公司 | 40.05 | 8 | 中建材集团进出口公司 | -4.84 |
| 4 | 强生（上海）医疗器材有限公司 | -2.37 | 9 | 奥林巴斯贸易（上海）有限公司 | 21.6 |
| 5 | 金佰利（中国）有限公司 | 66.21 | 10 | 中国医疗器械技术服务公司 | -0.21 |

**表 5-4　2012 年中国医疗器械进口金额排名前十位国有企业**

单位：%

| 排名 | 企业名称 | 同比 | 排名 | 企业名称 | 同比 |
|---|---|---|---|---|---|
| 1 | 上海东松国际贸易有限公司 | 52.47 | 6 | 上海三凯进出口有限公司 | -27.79 |
| 2 | 中建材集团进出口公司 | -4.84 | 7 | 中国医药对外贸易公司 | 16.38 |

| 排名 | 企业名称 | 同比 | 排名 | 企业名称 | 同比 |
|---|---|---|---|---|---|
| 3 | 中国医疗器械技术服务公司 | -0.21 | 8 | 北京东方天旭国际贸易有限公司 | 17.09 |
| 4 | 广东省中科进出口有限公司 | 70.13 | 9 | 中国仪器进出口（集团）公司 | 20.5 |
| 5 | 中国科学器材进出口总公司 | -2.9 | 10 | 广东省医药保健品进出口公司 | 10.36 |

**表5-5　2012年中国医疗器械进口金额排名前十位三资企业**

单位:%

| 排名 | 企业名称 | 同比 | 排名 | 企业名称 | 同比 |
|---|---|---|---|---|---|
| 1 | 美敦力医疗用品技术服务（上海）有限公司 | 9.85 | 6 | 奥林巴斯贸易（上海）有限公司 | 21.6 |
| 2 | 概腾国际贸易（上海）有限公司 | 40.05 | 7 | 泰科医疗器材国际贸易（上海）有限公司 | 48.18 |
| 3 | 强生（上海）医疗器材有限公司 | -2.37 | 8 | 永裕（上海）医药物流营运有限公司 | 72.8 |
| 4 | 金佰利（中国）有限公司 | 66.21 | 9 | 碧迪医疗器械（上海）有限公司 | 34.61 |
| 5 | 罗氏诊断产品（上海）有限公司 | -0.27 | 10 | 波科国际医疗贸易（上海）有限公司 | 19.42 |

**表5-6　2012年中国医疗器械进口金额排名前十位民营企业**

单位:%

| 排名 | 企业名称 | 同比 | 排名 | 企业名称 | 同比 |
|---|---|---|---|---|---|
| 1 | 上海益联进出口有限公司 | -4.27 | 6 | 宁波康导进出口有限公司 | -4.47 |
| 2 | 海关编码111166K001的公司 | - | 7 | 海关编码5005260088的公司 | 39753.84 |
| 3 | 青岛美赫尔国际贸易有限公司 | 16.94 | 8 | 安徽亚美亚进出口贸易有限公司 | 11.77 |
| 4 | 中外运·敦豪保税仓储（北京）有限公司 | -0.75 | 9 | 江苏省科技发展有限公司 | -8.64 |
| 5 | 深圳市怡亚通供应链股份有限公司 | 74.75 | 10 | 海关编码3204561008的公司 | - |

因企业经营性质、战略和定位有所不同，故国有、三资和民营进口产品各有侧重，具体情况见表5-7、5-8和5-9。

**表5-7　2012年国有企业进口医疗器械产品情况**

单位：亿美元,%

| 排名 | 商品名称 | 海关编码 | 进口金额 | 同比 | 占比 |
|---|---|---|---|---|---|
| 1 | X射线断层检查仪 | 9022120000 | 3.21 | 17.18 | 10.03 |
| 2 | 使用光学射线（紫外线、可见光、红外线）的其他仪器及装置 | 9027500000 | 2.93 | 14.52 | 9.14 |
| 3 | 彩色超声波诊断仪 | 9018129100 | 2.81 | 4.91 | 8.76 |

| 排名 | 商品名称 | 海关编码 | 进口金额 | 同比 | 占比 |
|---|---|---|---|---|---|
| 4 | 其他医疗或兽医用 X 射线应用设备 | 9022140090 | 2.50 | 8.1 | 7.81 |
| 5 | 海关编码 9018131000 的产品 | 9018131000 | 2.00 | – | 6.25 |
| 6 | 其他仪器及器具 | 9018909000 | 1.76 | 3.71 | 5.49 |
| 7 | 使用光学射线（紫外线、可见光、红外线）的分光仪、分光光度计及摄谱仪 | 9027300000 | 1.52 | –6.68 | 4.74 |
| 8 | 医用直线加速器 | 9022140010 | 1.51 | 39.36 | 4.71 |
| 9 | 显微镜，但光学显微镜除外；衍射设备 | 9012100000 | 1.31 | 10.52 | 4.1 |
| 10 | 其他注射器、针、导管、插管及类似品 | 9018390000 | 1.29 | 32.52 | 4.02 |

### 表 5 –8 2012 年三资企业进口医疗器械产品情况

单位：亿美元，%

| 排名 | 商品名称 | 海关编码 | 进口金额 | 同比 | 占比 |
|---|---|---|---|---|---|
| 1 | 其他注射器、针、导管、插管及类似品 | 9018390000 | 4.38 | 34.96 | 9.04 |
| 2 | 其他仪器及器具 | 9018909000 | 4.15 | 29.45 | 8.56 |
| 3 | 使用光学射线（紫外线、可见光、红外线）的其他仪器及装置 | 9027500000 | 3.01 | 24.77 | 6.21 |
| 4 | 编号 9022 所列其他设备及零件（包括高压发生器、控制板及控制台、荧光屏等） | 9022909090 | 2.90 | 8.81 | 5.99 |
| 5 | 海关编码 9021901100 的产品 | 9021901100 | 2.48 | – | 5.13 |
| 6 | 海关编码 9619001000 的产品 | 9619001000 | 2.17 | – | 4.49 |
| 7 | 肾脏透析设备（人工肾） | 9018904000 | 1.64 | 35.85 | 3.39 |
| 8 | 彩色超声波诊断仪 | 9018129100 | 1.60 | –2.09 | 3.3 |
| 9 | 内窥镜 | 9018903000 | 1.57 | 26.82 | 3.25 |
| 10 | 其他人造的人体部分 | 9021390000 | 1.56 | 71.98 | 3.23 |

### 表 5 –9 2012 年民营企业进口医疗器械产品情况

单位：亿美元，%

| 排名 | 商品名称 | 海关编码 | 进口金额 | 同比 | 占比 |
|---|---|---|---|---|---|
| 1 | 彩色超声波诊断仪 | 9018129100 | 4.16 | 42.05 | 9.48 |
| 2 | X 射线断层检查仪 | 9022120000 | 4.11 | 4.92 | 9.36 |
| 3 | 其他医疗或兽医用 X 射线应用设备 | 9022140090 | 3.79 | 25.47 | 8.62 |
| 4 | 使用光学射线（紫外线、可见光、红外线）的其他仪器及装置 | 9027500000 | 3.32 | 22.23 | 7.57 |
| 5 | 海关编码 9018131000 的产品 | 9018131000 | 2.98 | – | 6.78 |
| 6 | 其他仪器及器具 | 9018909000 | 2.51 | 47.4 | 5.71 |

| 排名 | 商品名称 | 海关编码 | 进口金额 | 同比 | 占比 |
|---|---|---|---|---|---|
| 7 | 其他注射器、针、导管、插管及类似品 | 9018390000 | 2.42 | 42.46 | 5.51 |
| 8 | 使用光学射线（紫外线、可见光、红外线）的分光仪、分光光度计及摄谱仪 | 9027300000 | 2.31 | 17.61 | 5.27 |
| 9 | 矫形或骨折用器具 | 9021100000 | 1.27 | 336.06 | 2.9 |
| 10 | 内窥镜 | 9018903000 | 1.07 | 67.23 | 2.44 |

## 5.4 省区市进口贸易情况

2012 年，我国医疗器械进口贸易额排前十个省市占比达到 90.03%，其中，上海多年来一直排在第一位，金额占比为 36.77%，三资企业进口占比达到 69.51%，这与上海区域三资企业集中有一定的关联；北京地区主要进口整机为主，故国有企业比重达到 45.12%；山东省民营企业比重最高为 73.15%。

**表 5-10　2012 年中国各省区市进口前十位医疗器械金额**

单位：亿美元,%，家

| 序号 | 省区市 | 进口金额 | 同比 | 占比 | 企业数量 | 主要来源地 | 企业金额占比 |
|---|---|---|---|---|---|---|---|
| 1 | 上海 | 45.86 | 17.11 | 36.77 | 2607 | 美、德、日、爱尔兰、韩 | 三资 69.51，国有 16.28，民营 14.09 |
| 2 | 北京 | 30.16 | 9.95 | 24.18 | 1634 | 美、德、日、法、英 | 国有 45.12，民营 35.35，三资 19.51 |
| 3 | 广东 | 12.76 | 17.3 | 10.23 | 1932 | 美、德、日、韩、荷 | 民营 49.15，国有 24.90，三资 23.66 |
| 4 | 江苏 | 8.24 | 11.18 | 6.6 | 1617 | 美、日、德、新加坡、英 | 三资 40.28，民营 36.78，国有 22.93 |
| 5 | 浙江 | 4.18 | 22.91 | 3.36 | 622 | 美、德、日、荷、意 | 民营 59.61，国有 23.95，三资 16.44 |
| 6 | 山东 | 3.32 | 25.24 | 2.66 | 560 | 美、德、日、新加坡、荷 | 民营 73.15，三资 15.63，国有 11.22 |
| 7 | 辽宁 | 2.30 | 3.17 | 1.85 | 458 | 日、美、德、英、法 | 三资 46.41，民营 33.66，国有 19.93 |
| 8 | 天津 | 2.20 | 42.29 | 1.77 | 444 | 日、美、德、瑞士、英 | 三资 47.77，民营 29.34，国有 22.09 |
| 9 | 重庆 | 1.66 | -5.99 | 1.33 | 98 | 美、日、德、荷、法 | 民营 67.50，国有 29.96，三资 2.55 |
| 10 | 湖北 | 1.60 | 28.99 | 1.28 | 155 | 美、德、日、泰、英 | 民营 62.38，国有 23.39，三资 14.23 |
| 合计 | | **112.29** | – | **90.03** | **10127** | – | – |

## 5.5 贸易方式

表 5－11　2012 年中国医疗器械不同贸易方式进口情况

单位：万美元，%

| 序号 | 贸易方式 | 进口金额 | 同比 | 占比 |
|---|---|---|---|---|
| 1 | 一般贸易 | 828953.44 | 11.04 | 66.46 |
| 2 | 加工贸易 | 57038.92 | 3.43 | 4.57 |
| 3 | 其它 | 4214.19 | 26.55 | 0.34 |
| | **合计** | **890206.55** | **－** | **71.37** |

# 6 中国医疗器械产品出口贸易概况

## 6.1 出口产品

从产品类型上看，2010－2012 年，中国医用敷料、医用耗材、诊疗设备、康复器具和口腔设材出口金额情况见图 6－1。2012 年，中国医用敷料、医用耗材、诊疗设备、康复器具和口腔设材出口金额同比增长 －6.98%、23.05%、14.73%、11.47%、12.21%，占比为 13.02%、18.60%、44.03%、21.45%、2.90%。

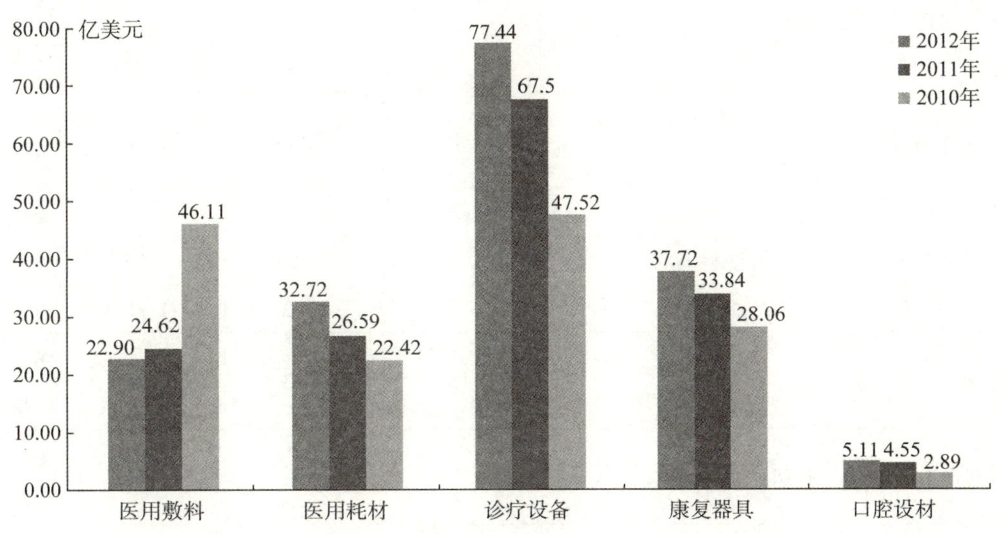


图 6－1 2010－2012 年中国医疗器械出口产品结构情况

从具体产品看，2012 年我国医疗器械产品出口超过亿美元的有 43 个类别的产品，与去年 35 个类别产品相比增长 22.86%。其中，按摩器具金额最大为 13.39 亿美元；矫形骨科类产品增幅最大为 210.66%，该类产品因受委内瑞拉国民健康计划项目的实施导致年度数据变化显著。

表 6－1 2012 年中国医疗器械主要产品出口情况

单位：亿美元，%

| 排名 | 商品名称 | 出口金额 | 同比 | 占比 | 主要目的地 |
|---|---|---|---|---|---|
| 1 | 按摩器具 | 13.39 | 8.76 | 7.61 | 日、美、韩 |
| 2 | 矫正视力、保护眼睛或其他用途的眼镜、挡风镜及类似品 | 9.61 | 14.79 | 5.46 | 美、中国香港、俄 |
| 3 | 注射器、针、导管、插管及类似品 | 9.39 | 21 | 5.34 | 日、美、德 |
| 4 | 药棉、纱布、绷带 | 8.75 | －2.33 | 4.97 | 美、日、德 |
| 5 | 其他仪器及器具 | 7.09 | 13.46 | 4.03 | 美、日、德 |

| 排名 | 商品名称 | 出口金额 | 同比 | 占比 | 主要目的地 |
|---|---|---|---|---|---|
| 6 | 任何材料制的尿裤及尿布 | 6.12 | – | 3.48 | 菲律宾、加纳、安哥拉 |
| 7 | 化纤制一次性或医用无纺织物服装 | 6.10 | 11.06 | 3.47 | 美、荷、德 |
| 8 | 钢铁制卫生器具，包括零件 | 5.78 | 20.73 | 3.29 | 美、英、德 |
| 9 | 不锈钢制洗涤槽及脸盆的卫生器具 | 5.21 | 23.77 | 2.96 | 美、俄、澳大利亚 |
| 10 | 9022 所列其他设备及零件 | 5.15 | 1.38 | 2.93 | 美、日、德 |
| 11 | 注射器，不论是否装有针头 | 4.53 | 11.84 | 2.58 | 美、德、俄 |
| 12 | 体重计，包括婴儿秤；家用秤 | 4.47 | –0.52 | 2.54 | 美、德、英 |
| 13 | 医疗、外科、牙科或兽医用家具 | 4.38 | 26.09 | 2.49 | 美、日、英 |
| 14 | 臭氧治疗器、氧气治疗器、喷雾治疗器、人工呼吸器及其他治疗用呼吸器具 | 4.31 | 31.15 | 2.45 | 美、新加坡、德 |
| 15 | 彩色超声波诊断仪 | 4.28 | 17.39 | 2.43 | 美、中国香港、荷 |
| 16 | 矫形或骨折用器具 | 4.15 | 210.66 | 2.36 | 委内瑞拉、中国香港、美 |
| 17 | 助听器，不包括零件、附件 | 3.70 | 27.21 | 2.10 | 美、英、瑞士 |
| 18 | X 光检查造影剂；用于病人的诊断试剂 | 3.64 | 30.99 | 2.07 | 美、爱尔兰、印度 |
| 19 | 非机械驱动残疾人用车 | 3.30 | 10.2 | 1.88 | 日、美、德 |
| 20 | 病员监护仪 | 3.28 | 9.03 | 1.86 | 美、中国香港、印度 |
| 21 | 任何材料制的卫生巾（护垫）及止血塞 | 3.27 | – | 1.86 | 美、印度、中国台湾 |
| 22 | X 射线断层检查仪 | 3.20 | –2.1 | 1.82 | 美、法、日 |
| 23 | 血压测量仪器及器具 | 3.17 | –4.47 | 1.80 | 美、中国香港、德 |
| 24 | 铜制卫生器具及其零件 | 3.04 | 2.06 | 1.73 | 美、德、英 |
| 25 | 硫化橡胶制其他分指、连指及露指手套 | 2.88 | 11.2 | 1.64 | 美、日、俄 |
| 26 | 胶粘敷料及有胶粘涂层的其他物品 | 2.31 | 21.06 | 1.31 | 美、英、日 |
| 27 | 硫化橡胶制外科用手套 | 2.19 | –2.84 | 1.25 | 美、加、秘鲁 |
| 28 | 棉制手术用巾及其他毛巾 | 1.91 | –1.51 | 1.09 | 美、日、伊拉克 |
| 29 | 成套的核磁共振成像 | 1.76 | – | 1.00 | 日、印度、美 |
| 30 | 电气诊断装置（包括功能检查或生理参数检查用装置） | 1.66 | 50.17 | 0.94 | 美、日、荷 |
| 31 | B 型超声波诊断仪 | 1.63 | –1.29 | 0.93 | 日、美、中国香港 |
| 32 | 残疾人用车 | 1.56 | –3.59 | 0.89 | 美、英、荷 |
| 33 | 其他软填料及类似物品，经过药物浸涂或制成零售包装提供医疗、外科、牙科或兽医用 | 1.34 | –0.61 | 0.76 | 美、法、德 |

| 排名 | 商品名称 | 出口金额 | 同比 | 占比 | 主要目的地 |
|---|---|---|---|---|---|
| 34 | 假牙 | 1.27 | 22.52 | 0.72 | 中国香港、中国澳门、德 |
| 35 | 核磁共振成像的零件、附件 | 1.15 | - | 0.65 | 德、美、日 |
| 36 | 医疗或兽医用 X 射线应用设备 | 1.14 | 2.21 | 0.65 | 日、德、法 |
| 37 | 机械疗法器具；心理功能测验装置 | 1.12 | -0.24 | 0.64 | 美、德、英 |
| 38 | 其他材料制一次性或医用无纺织物服装 | 1.10 | -16.15 | 0.63 | 美、卢森堡、英 |
| 39 | 附于衬背上的诊断或实验用试剂 | 1.08 | 10.13 | 0.61 | 美、波兰、日 |
| 40 | 其他显微镜 | 1.04 | 19.47 | 0.59 | 日、美、德 |
| 41 | 管状金属针头 | 1.03 | -0.69 | 0.59 | 美、日、巴西 |
| 42 | 急救药箱、药包 | 1.03 | 16.71 | 0.59 | 德、美、英 |
| 43 | 使用光学射线（紫外线、可见光、红外线）的分光仪、分光光度计及摄谱仪 | 1.01 | 21.58 | 0.57 | 美、中国香港、伊朗 |
| 合计 | | **157.52** | **-** | **89.55** | |

## 6.2 出口市场

2012 年，我国医疗器械产品出口的主要地域为亚洲、欧洲和北美洲，进口额分布见图 6-2，同比增长 15.49%、8.69% 和 7.89%，占比为 32.08%、27.47% 和 25.77%。对欧洲和北美洲市场出口与前两年相比下降幅度也较大，这与欧债危机和美国经济危机整体需求不振关联较大。开拓非洲市场取得了较好成效，出口额为 9.08 亿美元，同比增长 25.86%，与去年相比增长了 7 个百分点。

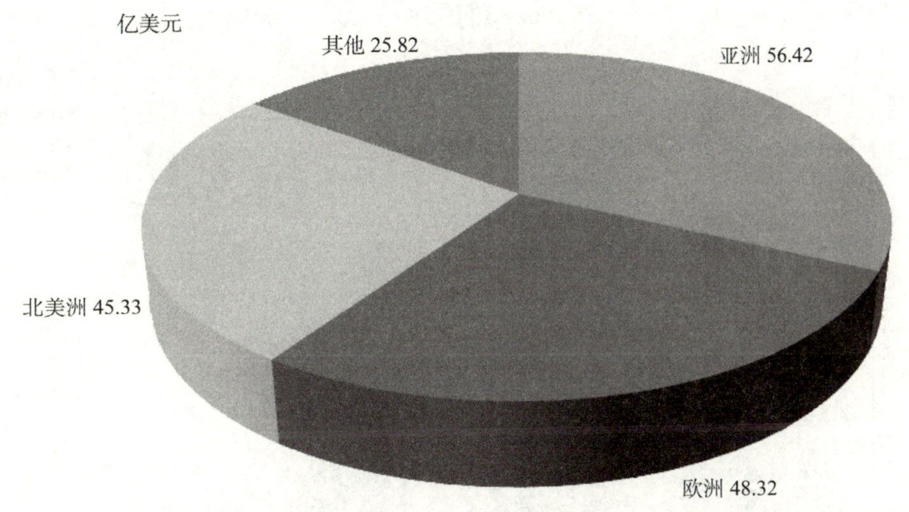


**图 6-2　2012 年中国医疗器械产品出口市场分布**

2012 年，美国、日本和德国仍然是我国医疗器械出口的前三大市场，2012 年三大市场所占比重达 39.35%，与去年相比下降了近 3 个百分点，表明我国医疗器械出口市场进一步多元化，我国前十出口市场情况见表 6－2。

**表 6－2 2012 年中国医疗器械主要出口目的地**

单位：亿美元，%

| | 目的地 | 出口金额 | 同比 | 占比 |
|---|---|---|---|---|
| 1 | 美国 | 43.13 | 7.9 | 24.52 |
| 2 | 日本 | 15.35 | 4.46 | 8.73 |
| 3 | 德国 | 10.74 | 2.67 | 6.1 |
| 4 | 中国香港 | 9.54 | 30.75 | 5.42 |
| 5 | 英国 | 6.04 | 15.51 | 3.43 |
| 6 | 俄罗斯联邦 | 5.38 | 39.78 | 3.06 |
| 7 | 荷兰 | 4.42 | 10.57 | 2.51 |
| 8 | 法国 | 4.04 | 10.23 | 2.29 |
| 9 | 印度 | 3.71 | 14.2 | 2.11 |
| 10 | 澳大利亚 | 3.52 | 6.92 | 2 |
| 合计 | | **105.86** | – | **60.17** |

## 6.3 出口企业

2012 年，国有企业、三资企业、民营企业和其他企业出口金额分别同比增长 8.97%、7.18%、19.56% 和 6.14%，占比分别为 9.52%、50.34%、39.86% 和 0.2%。2010－2012 年国有企业、三资企业、民营企业出口贸易情况。

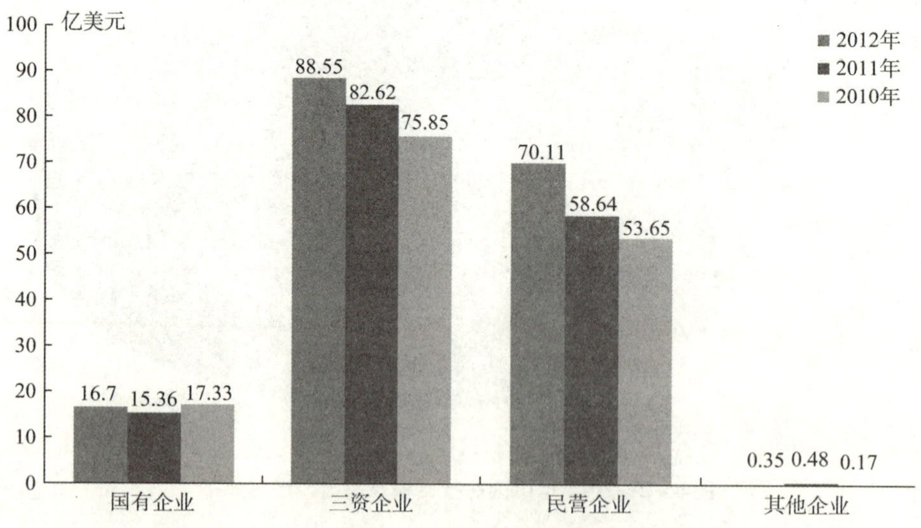


**图 6－3 2010－2012 年中国医疗器械出口企业结构情况**

2012年，我国超过2.11万家企业经营医疗器械出口，有308家企业出口额超过千万美元，同比增长20.31%。其中国有企业1302家，三资企业3343家，民营企业16415家，其他企业15家。出口额排前十企业、排前十国有企业、排前十位三资企业、排前十民营企业情况见表6－3、6－4、6－5和6－6。

**表6－3　2012年中国医疗器械出口金额排名前十位企业**

单位：%

| 排名 | 企业名称 | 同比 | 排名 | 企业名称 | 同比 |
|---|---|---|---|---|---|
| 1 | 通用电气药业（上海）有限公司 | 32.64 | 6 | 欧姆龙（大连）有限公司 | 24.07 |
| 2 | 航卫通用电气医疗系统有限公司 | －5.19 | 7 | 厦门蒙发利科技（集团）股份有限公司 | －13.49 |
| 3 | 深圳迈瑞生物医疗电子股份有限公司 | 15.83 | 8 | 通用电气医疗系统（中国）有限公司 | 34.21 |
| 4 | 捷普科技（上海）有限公司 | 40.54 | 9 | 厦门瑞欣冠物流有限公司 | 86.8 |
| 5 | 中国医药保健品股份有限公司 | 148.8 | 10 | 上海盟通物流有限公司 | 20.23 |

**表6－4　2012年中国医疗器械出口金额排名前十位国有企业**

单位：%

| 排名 | 企业名称 | 同比 | 排名 | 企业名称 | 同比 |
|---|---|---|---|---|---|
| 1 | 中国医药保健品股份有限公司 | 148.8 | 6 | 北京华腾橡塑乳胶制品有限公司 | 5.24 |
| 2 | 上海盟通物流有限公司 | 20.23 | 7 | 北京东方天旭国际贸易有限公司 | 23.76 |
| 3 | 深圳龙岗区对外经济发展有限公司 | 20.8 | 8 | 浙江省医药保健品进出口有限责任公司 | －7.72 |
| 4 | 深圳中外运物流有限公司 | 15.11 | 9 | 安徽华文国际经贸股份有限公司 | 168.25 |
| 5 | 深圳长城开发科技股份有限公司 | 85.34 | 10 |  | －0.51 |

**表6－5　2012年中国医疗器械出口金额排名前十位三资企业**

单位：%

| 排名 | 企业名称 | 同比 | 排名 | 企业名称 | 同比 |
|---|---|---|---|---|---|
| 1 | 通用电气药业（上海）有限公司 | 32.64 | 6 | 通用电气医疗系统（中国）有限公司 | 34.21 |
| 2 | 航卫通用电气医疗系统有限公司 | －5.19 | 7 | 海关编码4403042108的公司 | 271.47 |
| 3 | 深圳迈瑞生物医疗电子股份有限公司 | 15.83 | 8 | 优利康听力技术（苏州）有限公司 | 126.08 |
| 4 | 捷普科技（上海）有限公司 | 40.54 | 9 | 上海西门子医疗器械有限公司 | －8.26 |
| 5 | 欧姆龙（大连）有限公司 | 24.07 | 10 | 泰尔茂医疗产品（杭州）有限公司 | 1.05 |

**表6－6　2012年中国医疗器械出口金额排名前十位民营企业**

单位：%

| 排名 | 企业名称 | 同比 | 排名 | 企业名称 | 同比 |
|---|---|---|---|---|---|
| 1 | 厦门蒙发利科技（集团）股份有限公司 | －13.49 | 6 | 安徽久工科技实业有限公司 | 792.34 |
| 2 | 厦门瑞欣冠物流有限公司 | 86.8 | 7 | 深圳市开立科技有限公司 | 30.73 |

| 排名 | 企业名称 | 同比 | 排名 | 企业名称 | 同比 |
|---|---|---|---|---|---|
| 3 | 杭州侨资纸业有限公司 | 18.93 | 8 | 嘉兴市舒福德电动床有限公司 | -3.25 |
| 4 | 海关编码 3204561008 的公司 | - | 9 | 浙江飞神车业有限公司 | 75.36 |
| 5 | 深圳市奥美迪贸易发展有限公司 | -41.98 | 10 | 山东淄博山川医用器材有限公司 | 1.13 |

因企业经营性质、战略和定位有所不同，故国有、三资和民营出口产品各有侧重，具体情况见表 6-7、6-8 和 6-9。

### 表 6-7 2012 年国有企业出口医疗器械产品情况

单位：万美元,%

| 排名 | 商品名称 | 海关编码 | 出口金额 | 同比 | 占比 |
|---|---|---|---|---|---|
| 1 | 其他仪器及器具 | 9018909000 | 20216 | -1.1 | 12.08 |
| 2 | 矫形或骨折用器具 | 9021100000 | 16282.1 | 1459.12 | 9.73 |
| 3 | 其他矫正视力、保护眼睛或其他用途的眼镜、挡风镜及类似品 | 9004909000 | 12419.7 | 12.19 | 7.42 |
| 4 | 臭氧治疗器、氧气治疗器、喷雾治疗器、人工呼吸器及其他治疗用呼吸器具 | 9019200000 | 7861.76 | 11.62 | 4.7 |
| 5 | 体重计，包括婴儿秤；家用秤 | 8423100000 | 6719.07 | -25.16 | 4.01 |
| 6 | 编号 9022 所列其他设备及零件（包括高压发生器、控制板及控制台、荧光屏等） | 9022909090 | 6418.18 | 20.81 | 3.83 |
| 7 | 化纤制一次性或医用无纺织物服装 | 6210103020 | 5963.1 | 63.18 | 3.56 |
| 8 | 按摩器具 | 9019101000 | 5439.19 | -18.46 | 3.25 |
| 9 | 硫化橡胶制其他分指、连指及露指手套 | 4015190000 | 5345.21 | 18.96 | 3.19 |
| 10 | 海关编码 9619001000 的产品 | 9619001000 | 4652.02 | - | 2.78 |

### 表 6-8 2012 年三资企业出口医疗器械产品情况

单位：亿美元,%

| 排名 | 商品名称 | 海关编码 | 出口金额 | 同比 | 占比 |
|---|---|---|---|---|---|
| 1 | 其他注射器、针、导管、插管及类似品 | 9018390000 | 5.67 | 21.87 | 6.4 |
| 2 | 按摩器具 | 9019101000 | 4.81 | 22.22 | 5.43 |
| 3 | 药棉、纱布、绷带 | 3005901000 | 4.52 | -0.73 | 5.11 |
| 4 | 编号 9022 所列其他设备及零件（包括高压发生器、控制板及控制台、荧光屏等） | 9022909090 | 3.94 | -6.7 | 4.45 |
| 5 | 化纤制一次性或医用无纺织物服装 | 6210103020 | 3.88 | 2.63 | 4.39 |
| 6 | X 光检查造影剂；用于病人的诊断试剂 | 3006300000 | 3.56 | 31.49 | 4.03 |
| 7 | 彩色超声波诊断仪 | 9018129100 | 3.51 | 15.58 | 3.97 |

| 排名 | 商品名称 | 海关编码 | 出口金额 | 同比 | 占比 |
|---|---|---|---|---|---|
| 8 | 其他矫正视力、保护眼睛或其他用途的眼镜、挡风镜及类似品 | 9004909000 | 3. 45 | 0. 84 | 3. 89 |
| 9 | X 射线断层检查仪 | 9022120000 | 2. 93 | -5. 78 | 3. 3 |
| 10 | 臭氧治疗器、氧气治疗器、喷雾治疗器、人工呼吸器及其他治疗用呼吸器具 | 9019200000 | 2. 67 | 31. 27 | 3. 01 |

**表 6 -9　2012 年民营企业出口医疗器械产品情况**

单位：亿美元，%

| 排名 | 商品名称 | 海关编码 | 出口金额 | 同比 | 占比 |
|---|---|---|---|---|---|
| 1 | 按摩器具 | 9019101000 | 8. 03 | 4. 31 | 11. 45 |
| 2 | 其他矫正视力、保护眼睛或其他用途的眼镜、挡风镜及类似品 | 9004909000 | 4. 91 | 27. 99 | 7. 01 |
| 3 | 其他钢铁制卫生器具，包括零件 | 7324900000 | 4. 37 | 31. 88 | 6. 24 |
| 4 | 不锈钢制洗涤槽及脸盆的卫生器具 | 7324100000 | 4. 11 | 31. 96 | 5. 86 |
| 5 | 药棉、纱布、绷带 | 3005901000 | 3. 74 | -5. 01 | 5. 34 |
| 6 | 其他注射器、针、导管、插管及类似品 | 9018390000 | 3. 38 | 21. 44 | 4. 82 |
| 7 | 注射器，不论是否装有针头 | 9018310000 | 2. 74 | 4. 28 | 3. 91 |
| 8 | 其他仪器及器具 | 9018909000 | 2. 55 | 14. 13 | 3. 63 |
| 9 | 体重计，包括婴儿秤；家用秤 | 8423100000 | 2. 26 | 5. 39 | 3. 22 |
| 10 | 助听器（不包括零件、附件） | 9021400000 | 1. 63 | 100. 18 | 2. 33 |

## 6. 4　省区市出口贸易情况

2012 年，我国医疗器械出口额排前十的省市占比达到 92. 08%，其中，广东多年来一直排在第一位，金额占比为 23. 66%，三资企业出口金额占比达到 53. 91%，香港作为广东省出口市场排在第二位，这与粤港澳经济紧密联系有一定的关联；北京地区主要出口地区委内瑞拉排第二位，这与执行委内瑞拉国民健康计划项目有关，导致国有企业出口金额比重攀升达到 34. 51%；辽宁省三资企业出口金额比重最高为 73. 21%。

**表 6 -10　2012 年中国各省区市出口前十位医疗器械金额**

单位：亿美元，%，家

| 序号 | 省区市 | 出口金额 | 同比 | 占比 | 企业数量 | 主要目的地 | 企业金额占比 |
|---|---|---|---|---|---|---|---|
| 1 | 广东 | 41. 62 | 5. 12 | 23. 66 | 6781 | 美、香港、德、日、俄 | 三资 53. 91、民营 33. 85、国有 11. 39 |
| 2 | 江苏 | 31. 07 | 19. 15 | 17. 66 | 2365 | 美、德、日、香港、英 | 三资 63. 12、民营 33. 41、国有 3. 38 |

| 序号 | 省区市 | 出口金额 | 同比 | 占比 | 企业数量 | 主要目的地 | 企业金额占比 |
|---|---|---|---|---|---|---|---|
| 3 | 上海 | 24.62 | 9.6 | 13.99 | 1937 | 美、日、德、爱尔兰、澳大利亚 | 三资 67.20、民营 19.97、国有 12.84 |
| 4 | 浙江 | 23.05 | 10.41 | 13.11 | 3420 | 美、日、英、德、菲律宾 | 民营 65.41、三资 28.67、国有 5.81 |
| 5 | 福建 | 12.05 | 13.83 | 6.85 | 978 | 美、日、安哥拉、德、菲律宾 | 民营 58.62、三资 36.09、国有 5.30 |
| 6 | 北京 | 11.45 | 13.15 | 6.51 | 703 | 美、委内瑞拉、日、法、德 | 三资 53.88、国有 34.51、民营 11.56 |
| 7 | 山东 | 5.10 | -1.67 | 2.9 | 781 | 美、德、韩、日、俄 | 三资 53.98、民营 43.23、国有 2.80 |
| 8 | 辽宁 | 5.0 | 10.39 | 2.83 | 396 | 日、美、荷、芬、新加坡 | 三资 73.21、民营 20.04、国有 5.43 |
| 9 | 湖北 | 4.84 | 24.88 | 2.75 | 407 | 美、德、法、日、意 | 民营 51.27、三资 48.21、国有 0.53 |
| 10 | 安徽 | 3.19 | 63.93 | 1.82 | 502 | 美、日、德、法、荷 | 民营 61.37、国有 21.03、三资 17.61 |
| 合计 | | **161.97** | - | **92.08** | **18270** | - | - |

## 6.5 贸易方式

**表 6-11 2012 年中国医疗器械不同贸易方式出口情况**

单位：万美元，%

| 序号 | 贸易方式 | 出口金额 | 同比 | 占比 |
|---|---|---|---|---|
| 1 | 一般贸易 | 1030676.24 | 12.79 | 58.6 |
| 2 | 加工贸易 | 597916.55 | 5.32 | 33.99 |
| 3 | 其它 | 24559.43 | 31.55 | 1.4 |
| | 合计 | **1653152.22** | - | **93.99** |

# 7 中国主要医疗器械产品贸易概况

## 7.1 按摩器具

中国海关 HS 编码：9019101000

### 7.1.1 进口情况

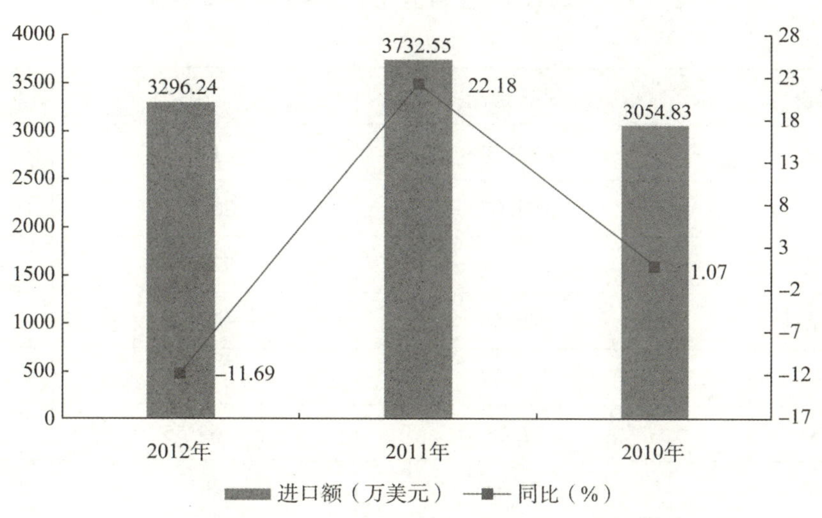


图 7－1 2010－2012 年按摩器具进口情况

表 7－1 2012 年按摩器具进口企业构成

单位：万美元，%

| 序号 | 企业性质 | 进口金额 | 同比 | 占比 |
|---|---|---|---|---|
| 1 | 国有企业 | 221.6 | －51.56 | 6.72 |
| 2 | 三资企业 | 1603.7 | －19.02 | 48.65 |
| 3 | 民营企业 | 1470.92 | 13.69 | 44.62 |
| 4 | 其他企业 | 0.02 | －88.75 | 0 |
| 合计 | | **3296.24** | **－11.69** | **100** |

### 表 7－2　2012 年按摩器具前十位进口企业名单

单位：%

| 排名 | 企业名称 | 同比 | 排名 | 企业名称 | 同比 |
|---|---|---|---|---|---|
| 1 | 上海恩诺物流有限公司 | 50.08 | 6 | 李尔长春汽车内饰件系统有限公司 | － |
| 2 | 安利（中国）日用品有限公司 | 434.57 | 7 | 科勒（中国）投资有限公司 | －36.63 |
| 3 | 乔山健康科技（上海）有限公司 | 169.67 | 8 | 上海松下电工有限公司 | －38.3 |
| 4 | 杭州百年翠丽实业有限公司 | 140.86 | 9 | 珠海双安世诚进出口有限公司 | －49.74 |
| 5 | 东明仓储（深圳）有限公司 | － | 10 | 上海心嘉物流有限公司 | 68.91 |

### 表 7－3　2012 年各省区市按摩器具进口情况

单位：万美元，%

| 排名 | 省区市 | 进口金额 | 同比 | 占比 |
|---|---|---|---|---|
| 1 | 上海 | 1458.38 | －11.42 | 44.24 |
| 2 | 广东 | 804.07 | 76.87 | 24.39 |
| 3 | 浙江 | 317.84 | 93.07 | 9.64 |
| 4 | 北京 | 246.58 | －75.79 | 7.48 |
| 5 | 吉林 | 132.49 | － | 4.02 |
| 6 | 重庆 | 77.68 | －63.55 | 2.36 |
| 7 | 江苏 | 67.03 | －30.8 | 2.03 |
| 8 | 山东 | 55.96 | 5.84 | 1.7 |
| 9 | 福建 | 48.86 | 379.51 | 1.48 |
| 10 | 天津 | 47.13 | 12.24 | 1.43 |
| 11 | 辽宁 | 17.99 | 5.3 | 0.55 |
| 12 | 四川 | 16.55 | 308.29 | 0.5 |
| 13 | 河南 | 3.34 | －22.85 | 0.1 |
| 14 | 黑龙江 | 1.3 | 321.31 | 0.04 |
| 15 | 湖北 | 0.9 | － | 0.03 |
| 16 | 云南 | 0.15 | － | 0 |
| 合计 | | **3296.24** | **－11.69** | **100** |

### 7.1.2 出口情况

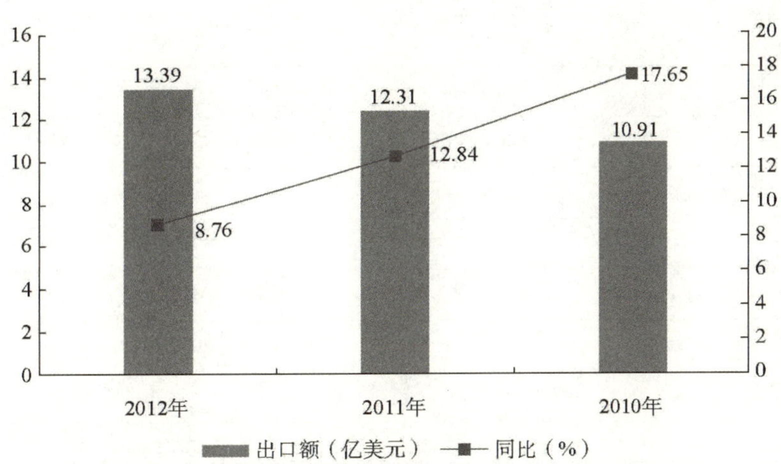


图7－2 2010－2012年按摩器具出口情况

**表7－4 2012年按摩器具出口企业构成**

单位：万美元，%

| 序号 | 企业性质 | 金额 | 同比 | 占比 |
|---|---|---|---|---|
| 1 | 国有企业 | 5439.19 | －18.46 | 4.06 |
| 2 | 三资企业 | 48079.65 | 22.22 | 35.92 |
| 3 | 民营企业 | 80273.99 | 4.31 | 59.96 |
| 合计 | | **133869.89** | **－** | **99.94** |

**表7－5 2012年按摩器具前十位出口企业名单**

单位：%

| 排名 | 企业名称 | 同比 | 排名 | 企业名称 | 同比 |
|---|---|---|---|---|---|
| 1 | 厦门蒙发利科技（集团）股份有限公司 | －13.59 | 6 | 嘉兴市舒福德电动床有限公司 | －3.25 |
| 2 | 大东傲胜保健器（苏州）有限公司 | 18.12 | 7 | 浙江豪中豪健康产品有限公司 | －4.48 |
| 3 | 上海松下电工有限公司 | 80.77 | 8 | 上海荣泰健身科技发展有限公司 | 3.69 |
| 4 | 发美利健康器械（上海）有限公司 | 35.84 | 9 | 深圳市凯得克科技有限公司 | －15.69 |
| 5 | 安徽久工科技实业有限公司 | 792.34 | 10 | 积美实业（深圳）有限公司 | －3.76 |

**表7－6 2012年各省区市按摩器具出口情况**

单位：万美元，%

| 排名 | 省区市 | 出口金额 | 同比 | 占比 |
|---|---|---|---|---|
| 1 | 广东 | 36824.28 | 11.83 | 27.51 |
| 2 | 浙江 | 30014.27 | －2.38 | 22.42 |

| 排名 | 省区市 | 出口金额 | 同比 | 占比 |
|---|---|---|---|---|
| 3 | 福建 | 25174.54 | -5.43 | 18.81 |
| 4 | 江苏 | 17219.1 | 15.85 | 12.86 |
| 5 | 上海 | 15661.09 | 35.82 | 11.7 |
| 6 | 安徽 | 4864.58 | 70.45 | 3.63 |
| 7 | 山东 | 2415.59 | -7.77 | 1.8 |
| 8 | 天津 | 531.95 | 371.38 | 0.4 |
| 9 | 辽宁 | 467.18 | 4.87 | 0.35 |
| 10 | 北京 | 208.4 | 297.49 | 0.16 |
| 11 | 重庆 | 93.81 | - | 0.07 |
| 12 | 黑龙江 | 86.64 | -36.09 | 0.06 |
| 13 | 河北 | 61.86 | 166.24 | 0.05 |
| 14 | 湖北 | 58.79 | 8.35 | 0.04 |
| 15 | 江西 | 39.46 | 1768.14 | 0.03 |
| 16 | 山西 | 31.89 | 42.22 | 0.02 |
| 17 | 新疆 | 30.82 | 97.17 | 0.02 |
| 18 | 陕西 | 23.21 | 60.04 | 0.02 |
| 19 | 四川 | 15.46 | 239.23 | 0.01 |
| 20 | 西藏 | 10.98 | 84.53 | 0.01 |
| 21 | 广西 | 7.6 | -15.8 | 0.01 |
| 22 | 甘肃 | 6.71 | 1948.7 | 0.01 |
| 23 | 吉林 | 6.13 | 1405.85 | 0 |
| 24 | 湖南 | 5.57 | -48.65 | 0 |
| 25 | 云南 | 4.03 | -70.89 | 0 |
| 26 | 宁夏 | 3.35 | - | 0 |
| 27 | 贵州 | 1.65 | - | 0 |
| 28 | 河南 | 0.67 | -83.79 | 0 |
| 29 | 内蒙古 | 0.3 | - | 0 |
| 合计 | | **133869.89** | **8.76** | **100** |

## 7.2 其他注射器、针、导管、插管及类似品

中国海关 HS 编码：9018390000

### 7.2.1 进口情况

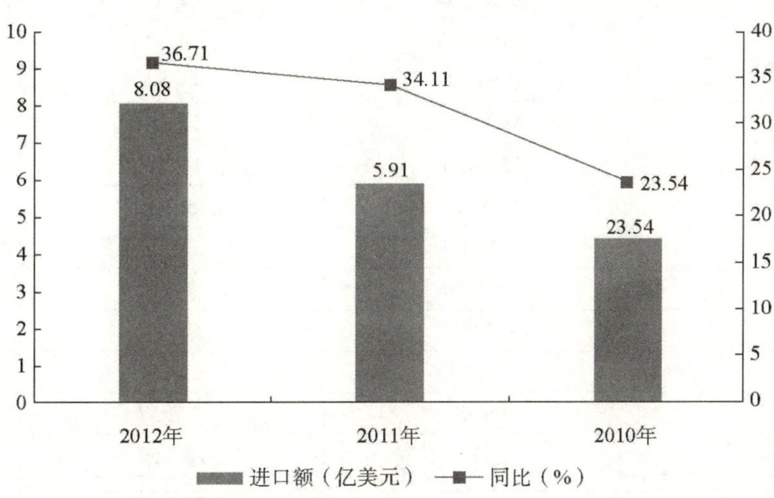


图 7-3 2010-2012 年其他注射器、针、导管、插管及类似品进口情况

**表 7-7 2012 年其他注射器、针、导管、插管及类似品进口企业构成**

单位：万美元，%

| 序号 | 企业性质 | 进口金额 | 金额同比 | 金额占比 |
|---|---|---|---|---|
| 1 | 国有企业 | 12879.65 | 32.52 | 15.94 |
| 2 | 三资企业 | 43763.98 | 34.96 | 54.15 |
| 3 | 民营企业 | 24172.19 | 42.46 | 29.91 |
| 合计 | | **80815.82** | – | **100** |

**表 7-8 2012 年导其他注射器、针、导管、插管及类似品进口额前十位企业名单**

单位：%

| 排名 | 企业名称 | 同比 | 排名 | 企业名称 | 同比 |
|---|---|---|---|---|---|
| 1 | 库克（中国）医疗贸易有限公司 | 85.98 | 6 | 巴德医疗科技（上海）有限公司 | 46.95 |
| 2 | 碧迪医疗器械（上海）有限公司 | 35.68 | 7 | 概腾国际贸易（上海）有限公司 | 34.44 |
| 3 | 上海益联进出口有限公司 | 70.24 | 8 | 中国牧工商（集团）总公司 | 36.37 |
| 4 | 美敦力医疗用品技术服务（上海）有限公司 | 44.6 | 9 | 波科国际医疗贸易（上海）有限公司 | 59.06 |
| 5 | 海关编码 111166K001 的公司 | – | 10 | 弘图盛大（天津）科技发展有限公司 | 3.07 |

表 7－9　2012 年各省区市其他注射器、针、导管、插管及类似品进口情况

单位：万美元，%

| 排名 | 省区市 | 进口金额 | 同比 | 占比 |
|---|---|---|---|---|
| 1 | 上海 | 43012. 52 | 38. 73 | 53. 22 |
| 2 | 北京 | 22507. 4 | 45. 84 | 27. 85 |
| 3 | 广东 | 4870. 52 | 11. 34 | 6. 03 |
| 4 | 天津 | 2598. 09 | 18. 96 | 3. 21 |
| 5 | 江苏 | 2138. 11 | 5. 87 | 2. 65 |
| 6 | 浙江 | 1992. 66 | 52. 19 | 2. 47 |
| 7 | 山东 | 1977. 74 | 28. 1 | 2. 45 |
| 8 | 辽宁 | 935. 56 | 52. 54 | 1. 16 |
| 9 | 湖北 | 451. 94 | 25. 35 | 0. 56 |
| 10 | 江西 | 108. 78 | －7. 57 | 0. 13 |
| 11 | 重庆 | 83 | 126. 67 | 0. 1 |
| 12 | 河南 | 42. 82 | 177. 34 | 0. 05 |
| 13 | 陕西 | 24. 19 | －6. 87 | 0. 03 |
| 14 | 黑龙江 | 21. 03 | －30. 09 | 0. 03 |
| 15 | 福建 | 19. 87 | 277. 05 | 0. 02 |
| 16 | 安徽 | 11. 92 | －7. 85 | 0. 01 |
| 17 | 海南 | 8. 81 | － | 0. 01 |
| 18 | 广西 | 6. 07 | － | 0. 01 |
| 19 | 四川 | 3. 15 | 1857. 55 | 0 |
| 20 | 吉林 | 2. 85 | 24093. 22 | 0 |
| 21 | 湖南 | 2. 17 | － | 0 |
| 22 | 河北 | 0. 61 | －96. 47 | 0 |
| 合计 | | **80819. 83** | **36. 71** | **100** |

## 7. 2. 2　出口情况

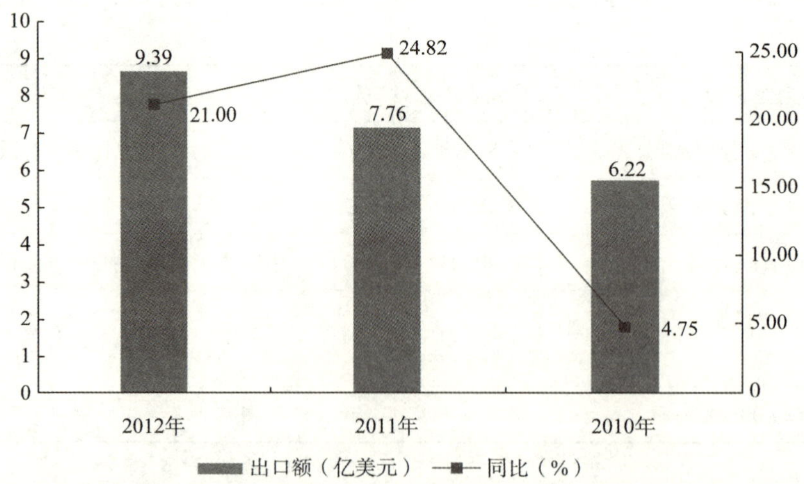


图 7－4　2010－2012 年其他注射器、针、导管、插管及类似品出口情况

表 7－10 2012 年其他注射器、针、导管、插管及类似品出口企业构成

单位：万美元，%

| 序号 | 企业性质 | 出口金额 | 同比 | 占比 |
|---|---|---|---|---|
| 1 | 国有企业 | 3402.55 | 5.66 | 3.62 |
| 2 | 三资企业 | 56662.49 | 21.87 | 60.32 |
| 3 | 民营企业 | 33815.79 | 21.44 | 36 |
| 4 | 个体工商户 | 48.14 | －27.81 | 0.05 |
| 合计 | | **93928.97** | **21.00** | **100** |

表 7－11 2012 年其他注射器、针、导管、插管及类似品出口额前十企业名单

单位：%

| 排名 | 企业名称 | 同比 | 排名 | 企业名称 | 同比 |
|---|---|---|---|---|---|
| 1 | 泰尔茂医疗产品（杭州）有限公司 | 0.72 | 6 | 天津哈娜好医材有限公司 | 8.51 |
| 2 | 康乐保（中国）有限公司 | 12.93 | 7 | 纽迪希亚制药（无锡）有限公司 | 619.67 |
| 3 | 克林尼科医疗器械（南昌）有限公司 | 7.45 | 8 | 贝恩医疗设备（广州）有限公司 | 59.76 |
| 4 | 尼普洛（上海）有限公司 | 0 | 9 | 大连库利艾特医疗制品有限公司 | 36.62 |
| 5 | 库克（中国）医疗贸易有限公司 | 337.93 | 10 | 大连 JMS 医疗器具有限公司 | 7.14 |

表 7－12 2012 年各省区市其他注射器、针、导管、插管及类似品出口情况

单位：万美元，%

| 排名 | 省区市 | 出口金额 | 同比 | 占比 |
|---|---|---|---|---|
| 1 | 浙江 | 19750.03 | 8.69 | 21.03 |
| 2 | 广东 | 16053.82 | 24.28 | 17.09 |
| 3 | 江苏 | 15343.3 | 44.79 | 16.34 |
| 4 | 上海 | 14639.55 | 22.09 | 15.59 |
| 5 | 山东 | 7451.15 | 17.9 | 7.93 |
| 6 | 江西 | 4720.55 | 14.65 | 5.03 |
| 7 | 天津 | 4690.71 | 11.4 | 4.99 |
| 8 | 辽宁 | 4378.99 | 22.07 | 4.66 |
| 9 | 北京 | 1742.91 | 8.06 | 1.86 |
| 10 | 安徽 | 1579.85 | 30.55 | 1.68 |
| 11 | 福建 | 720.29 | －19.34 | 0.77 |
| 12 | 河北 | 584.57 | 35.18 | 0.62 |
| 13 | 四川 | 485.86 | 10.37 | 0.52 |
| 14 | 湖南 | 419.55 | 31.95 | 0.45 |
| 15 | 吉林 | 344.71 | 69.92 | 0.37 |

| 排名 | 省区市 | 出口金额 | 同比 | 占比 |
|---|---|---|---|---|
| 16 | 陕西 | 286.16 | 27.85 | 0.3 |
| 17 | 湖北 | 221.71 | 113.65 | 0.24 |
| 18 | 重庆 | 118.14 | 153.52 | 0.13 |
| 19 | 河南 | 107.55 | 294.98 | 0.11 |
| 20 | 黑龙江 | 98.2 | -16.89 | 0.1 |
| 21 | 广西 | 68.47 | 33.68 | 0.07 |
| 22 | 新疆 | 38.45 | 233.83 | 0.04 |
| 23 | 西藏 | 30.3 | - | 0.03 |
| 24 | 云南 | 24.62 | 44.46 | 0.03 |
| 25 | 甘肃 | 18.46 | 1053.25 | 0.02 |
| 26 | 山西 | 5.43 | -4.71 | 0.01 |
| 27 | 内蒙古 | 3 | 990.65 | 0 |
| 28 | 贵州 | 1.71 | - | 0 |
| 29 | 宁夏 | 0.96 | - | 0 |
| 合计 | | **93928.97** | **21.00** | **100** |

## 7.3 药棉、纱布、绷带

中国海关 HS 编码：3005901000

### 7.3.1 进口情况

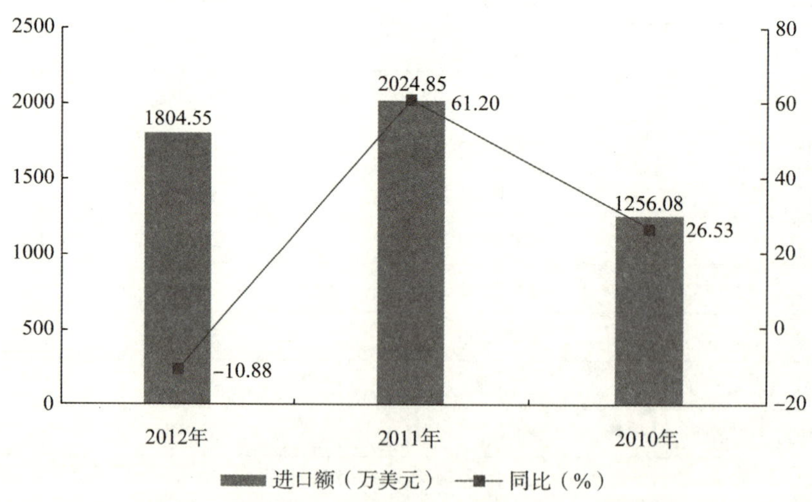


**图 7-5 2010-2012 年药棉、纱布、绷带进口情况**

表 7－13　2012 年药棉、纱布、绷带进口企业构成

单位：万美元，%

| 序号 | 企业性质 | 进口金额 | 同比 | 占比 |
|---|---|---|---|---|
| 1 | 国有企业 | 75.28 | －26.55 | 4.17 |
| 2 | 三资企业 | 1373.12 | －12.54 | 76.09 |
| 3 | 民营企业 | 356.03 | 1.08 | 19.73 |
| 合计 | | **1804.55** | **－10.88** | **100** |

表 7－14　2012 年药棉、纱布、绷带进口额前十位企业名单

单位：%

| 排名 | 企业名称 | 同比 | 排名 | 企业名称 | 同比 |
|---|---|---|---|---|---|
| 1 | 施乐辉医用产品（苏州）有限责任公司 | 17.55 | 6 | 明尼苏达矿业制造（上海）国际贸易有限公司 | 59.33 |
| 2 | 泰尔茂医疗产品（上海）有限公司 | 48.86 | 7 | 美欣医用材料（苏州）有限公司 | －57.9 |
| 3 | 保赫曼（青岛）医用器材有限公司 | 50786.49 | 8 | 保赫曼（上海）有限公司 | 8.63 |
| 4 | 艾博生物医药（杭州）有限公司 | －53.38 | 9 | 浙江优特格尔医疗用品有限公司 | 140.83 |
| 5 | 北京捷航盛达商贸发展有限公司 | 6.93 | 10 | 海关编码 4403046451 的公司 | － |

表 7－15　2012 年各省区市药棉、纱布、绷带进口情况

单位：万美元，%

| 排名 | 省区市 | 进口金额 | 同比 | 占比 |
|---|---|---|---|---|
| 1 | 江苏 | 531.29 | －40.64 | 29.44 |
| 2 | 上海 | 400.57 | 21.6 | 22.2 |
| 3 | 北京 | 247.35 | －2.65 | 13.71 |
| 4 | 浙江 | 192.06 | －22.58 | 10.64 |
| 5 | 山东 | 133.2 | 1691.94 | 7.38 |
| 6 | 广东 | 99.24 | －12.87 | 5.5 |
| 7 | 天津 | 63.45 | －18.32 | 3.52 |
| 8 | 辽宁 | 33.14 | －0.93 | 1.84 |
| 9 | 福建 | 30.61 | 62.72 | 1.7 |
| 10 | 河南 | 24.02 | 8.35 | 1.33 |
| 11 | 湖北 | 14.65 | 68 | 0.81 |
| 12 | 安徽 | 14.16 | 258.19 | 0.78 |
| 13 | 西藏 | 11.83 | 25.23 | 0.66 |

| 排名 | 省区市 | 进口金额 | 同比 | 占比 |
|---|---|---|---|---|
| 14 | 四川 | 8.92 | 17853.52 | 0.49 |
| 15 | 陕西 | 0.03 | -97.77 | 0 |
| 16 | 海南 | 0.03 | 7.5 | 0 |
| 17 | 重庆 | <0.01 | - | 0 |
| 合计 | | **1804.55** | **-10.88** | **100** |

## 7.3.2 出口情况

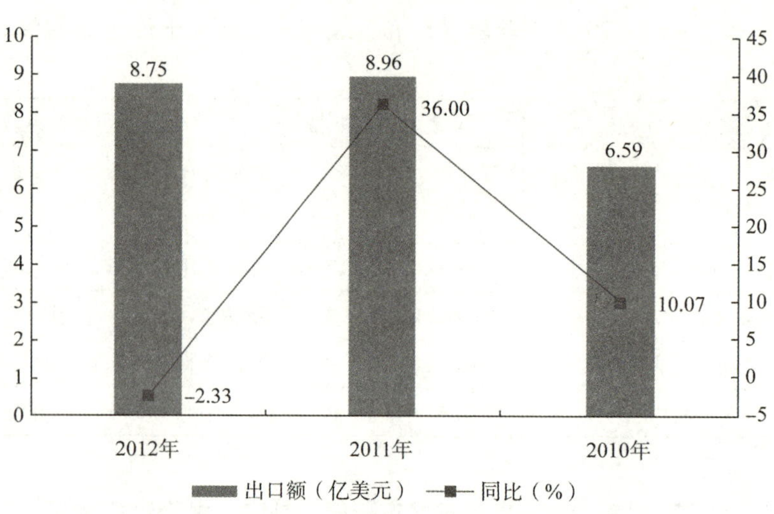


图 7-6　2010-2012 年药棉、纱布、绷带出口情况

**表 7-16　2012 年药棉、纱布、绷带出口企业构成**

单位：万美元，%

| 序号 | 企业性质 | 出口金额 | 同比 | 占比 |
|---|---|---|---|---|
| 1 | 国有企业 | 4508.04 | 4.49 | 5.15 |
| 2 | 三资企业 | 45221.41 | -0.73 | 51.69 |
| 3 | 民营企业 | 37404.48 | -5.01 | 42.76 |
| 合计 | | **87133.93** | **-** | **99.60** |

**表 7-17　2012 年药棉、纱布、绷带出口额前十位企业名单**

单位：%

| 排名 | 企业名称 | 同比 | 排名 | 企业名称 | 同比 |
|---|---|---|---|---|---|
| 1 | 绍兴振德医用敷料有限公司 | 2.92 | 6 | 江苏省健尔康医用敷料有限公司 | 23.5 |
| 2 | 稳健实业（深圳）有限公司 | 7.32 | 7 | 武汉杰怡工贸有限公司 | 35.62 |
| 3 | 枝江奥美医疗用品有限公司 | 79.91 | 8 | 上海铃兰卫生用品有限公司 | -2.73 |
| 4 | 保赫曼（青岛）医用器材有限公司 | -31.02 | 9 | 绍兴易邦医用品有限公司 | -13.93 |
| 5 | 深圳市奥美迪贸易发展有限公司 | -55.66 | 10 | 绍兴福清卫生用品有限公司 | 9.04 |

表 7－18　2012 年各省区市药棉、纱布、绷带出口情况

单位：万美元，%

| 排名 | 省区市 | 出口金额 | 同比 | 占比 |
|---|---|---|---|---|
| 1 | 浙江 | 19777.05 | 7.06 | 22.61 |
| 2 | 江苏 | 19185.7 | －5.69 | 21.93 |
| 3 | 湖北 | 15177.72 | 24.98 | 17.35 |
| 4 | 广东 | 10725.35 | －25.46 | 12.26 |
| 5 | 上海 | 9102.83 | －0.47 | 10.41 |
| 6 | 山东 | 6514.05 | －20.48 | 7.45 |
| 7 | 江西 | 1716.74 | 4.81 | 1.96 |
| 8 | 北京 | 1115.45 | 41.83 | 1.28 |
| 9 | 安徽 | 1053.53 | 44.44 | 1.2 |
| 10 | 辽宁 | 967.33 | 27.43 | 1.11 |
| 11 | 天津 | 524.05 | －15.68 | 0.6 |
| 12 | 重庆 | 294.36 | －67.51 | 0.34 |
| 13 | 四川 | 240.2 | －29.72 | 0.27 |
| 14 | 河北 | 236.38 | 154.33 | 0.27 |
| 15 | 福建 | 236.14 | －2.72 | 0.27 |
| 16 | 甘肃 | 151.02 | 40.84 | 0.17 |
| 17 | 河南 | 137.58 | －35.64 | 0.16 |
| 18 | 贵州 | 73.72 | ＞100000 | 0.08 |
| 19 | 新疆 | 73.48 | 147.75 | 0.08 |
| 20 | 黑龙江 | 57.97 | －44.37 | 0.07 |
| 21 | 云南 | 38.88 | －83.18 | 0.04 |
| 22 | 西藏 | 21.17 | 2.5 | 0.02 |
| 23 | 湖南 | 14.87 | －54.48 | 0.02 |
| 24 | 陕西 | 14.12 | 55.44 | 0.02 |
| 25 | 内蒙古 | 7.74 | 137.31 | 0.01 |
| 26 | 山西 | 6.89 | － | 0.01 |
| 27 | 吉林 | 5.89 | 56.23 | 0.01 |
| 28 | 广西 | 3.1 | －65.31 | 0 |
| 29 | 青海 | 2.9 | 238.5 | 0 |
| 30 | 宁夏 | 2.36 | － | 0 |
| 31 | 海南 | 0.78 | － | 0 |
| 合计 | | **87479.34** | **－2.33** | **100** |

## 7.4 化纤制一次性或医用无纺织物服装

中国海关 HS 编码：6210103020，该编码于 2011 年新增，2010 年没有此数据

### 7.4.1 进口情况

**表 7－19 2010－2012 年化纤制一次性或医用无纺织物服装进口情况**

单位：万美元，%

| 年份 | 进口金额 | 同比 |
|---|---|---|
| 2012 | 82.93 | 457.54 |
| 2011 | 14.87 | – |
| 2010 | – | – |

**表 7－20 2012 年化纤制一次性或医用无纺织物服装进口企业构成**

单位：万美元，%

| 序号 | 企业性质 | 进口金额 | 同比 | 占比 |
|---|---|---|---|---|
| 1 | 国有企业 | 1.06 | －76.09 | 1.28 |
| 2 | 三资企业 | 81.54 | 1093.71 | 98.32 |
| 3 | 民营企业 | 0.33 | －90.85 | 0.4 |
| 合计 | | **82.93** | **457.54** | **100** |

**表 7－21 2012 年化纤制一次性或医用无纺织物服装进口额前十位企业名单**

单位：%

| 排名 | 企业名称 | 同比 | 排名 | 企业名称 | 同比 |
|---|---|---|---|---|---|
| 1 | 上海亚澳医用保健品有限公司 | – | 6 | 海关编码 3505933871 的公司 | 535.84 |
| 2 | 欣意企业（平湖）有限公司 | – | 7 | 上海麦智工业装备有限公司 | – |
| 3 | 湖北海兴卫生用品有限公司 | – | 8 | 世源科技（嘉兴）医疗电子有限公司 | 38347.06 |
| 4 | 河北德华康洁贸易有限公司 | 71.17 | 9 | 泰华医药化工（杭州）有限公司 | – |
| 5 | 天津日进汽车系统有限公司 | – | 10 | 牙得安（南宁）生物科技有限公司 | 242.22 |

**表 7－22 2012 年化纤制一次性或医用无纺织物服装各省区市进口情况**

单位：万美元，%

| 排名 | 省区市 | 进口金额 | 同比 | 占比 |
|---|---|---|---|---|
| 1 | 上海 | 50.81 | 678 | 61.27 |
| 2 | 浙江 | 14.87 | 651.77 | 17.93 |
| 3 | 湖北 | 5.33 | 1658.33 | 6.43 |

| 排名 | 省区市 | 进口金额 | 同比 | 占比 |
|---|---|---|---|---|
| 4 | 河北 | 4.51 | 71.17 | 5.44 |
| 5 | 天津 | 4.02 | 1239.25 | 4.85 |
| 6 | 福建 | 2.16 | 657.39 | 2.6 |
| 7 | 山东 | 0.31 | 530.35 | 0.37 |
| 8 | 广西 | 0.31 | 242.22 | 0.37 |
| 9 | 广东 | 0.25 | -83.04 | 0.31 |
| 10 | 江苏 | 0.19 | -82.04 | 0.23 |
| 11 | 辽宁 | 0.14 | 1287.13 | 0.17 |
| 12 | 甘肃 | 0.03 | - | 0.03 |
| 13 | 北京 | 0.01 | -91.12 | 0.01 |
| 合计 | | **82.93** | **457.54** | **100** |

### 7.4.2 出口情况

**表7-23 2010-2012年化纤制一次性或医用无纺织物服装出口情况**

单位：亿美元，%

| 年份 | 进口金额 | 同比 |
|---|---|---|
| 2012 | 6.10 | 11.06 |
| 2011 | 5.49 | - |
| 2010 | - | - |

**表7-24 2012年化纤制一次性或医用无纺织物服装出口企业构成**

单位：万美元，%

| 序号 | 企业性质 | 出口金额 | 同比 | 占比 |
|---|---|---|---|---|
| 1 | 国有企业 | 5963.1 | 63.18 | 9.78 |
| 2 | 三资企业 | 38841.82 | 2.63 | 63.7 |
| 3 | 民营企业 | 16170.81 | 20.66 | 26.52 |
| 合计 | | **60975.73** | **-** | **100** |

**表7-25 2012年化纤制一次性或医用无纺织物服装前十位出口企业名单**

单位：%

| 排名 | 企业名称 | 同比 | 排名 | 企业名称 | 同比 |
|---|---|---|---|---|---|
| 1 | 东莞欣意医疗保健制品厂 | 0.62 | 6 | 欣意企业（平湖）有限公司 | -1.22 |
| 2 | 安徽华文国际经贸股份有限公司 | 166.14 | 7 | 仙桃新发塑料制品有限公司 | 46.03 |
| 3 | 连云港柏兴无纺布制品有限公司 | 3.75 | 8 | 湖北裕民防护用品有限公司 | 70.25 |

| 排名 | 企业名称 | 同比 | 排名 | 企业名称 | 同比 |
|---|---|---|---|---|---|
| 4 | 河源万盟医保用品有限公司 | 14.61 | 9 | 苏州艾兴无纺布制品有限公司 | -57.34 |
| 5 | 连云港艾业无纺布制品有限公司 | -19.78 | 10 | 常州好利医用品有限公司 | 76.67 |

**表7-26　2012年化纤制一次性或医用无纺织物服装各省区市出口情况**

单位：万美元,%

| 排名 | 省区市 | 出口金额 | 同比 | 占比 |
|---|---|---|---|---|
| 1 | 湖北 | 20215.95 | 24.2 | 33.15 |
| 2 | 江苏 | 11481.26 | -10.94 | 18.83 |
| 3 | 安徽 | 8672.24 | 44.67 | 14.22 |
| 4 | 广东 | 8229.44 | 4.42 | 13.5 |
| 5 | 浙江 | 4500.14 | 14.88 | 7.38 |
| 6 | 山东 | 2906.56 | 0.43 | 4.77 |
| 7 | 上海 | 2596.07 | -37.81 | 4.26 |
| 8 | 福建 | 1015.52 | 652.87 | 1.67 |
| 9 | 河南 | 299.24 | 964.27 | 0.49 |
| 10 | 北京 | 281.76 | 1.19 | 0.46 |
| 11 | 天津 | 217.15 | -7.38 | 0.36 |
| 12 | 江西 | 133 | 176.13 | 0.22 |
| 13 | 新疆 | 114.4 | 818.73 | 0.19 |
| 14 | 河北 | 114.05 | 1634.58 | 0.19 |
| 15 | 山西 | 52.15 | 23.77 | 0.09 |
| 16 | 重庆 | 42.83 | - | 0.07 |
| 17 | 甘肃 | 30.01 | - | 0.05 |
| 18 | 辽宁 | 24.89 | 27.12 | 0.04 |
| 19 | 湖南 | 14.16 | -42.67 | 0.02 |
| 20 | 四川 | 13.93 | - | 0.02 |
| 21 | 陕西 | 11.78 | -45.92 | 0.02 |
| 22 | 黑龙江 | 5.07 | -73.36 | 0.01 |
| 23 | 云南 | 1.86 | 231.98 | 0 |
| 24 | 吉林 | 1.32 | - | 0 |
| 25 | 内蒙古 | 0.74 | -69.12 | 0 |
| 26 | 广西 | 0.29 | -24.75 | 0 |
| 27 | 贵州 | 0.02 | - | 0 |
| 合计 | | **60975.82** | **11.06** | **100** |

## 7.5 注射器

中国海关 HS 编码：9018310000

### 7.5.1 进口情况

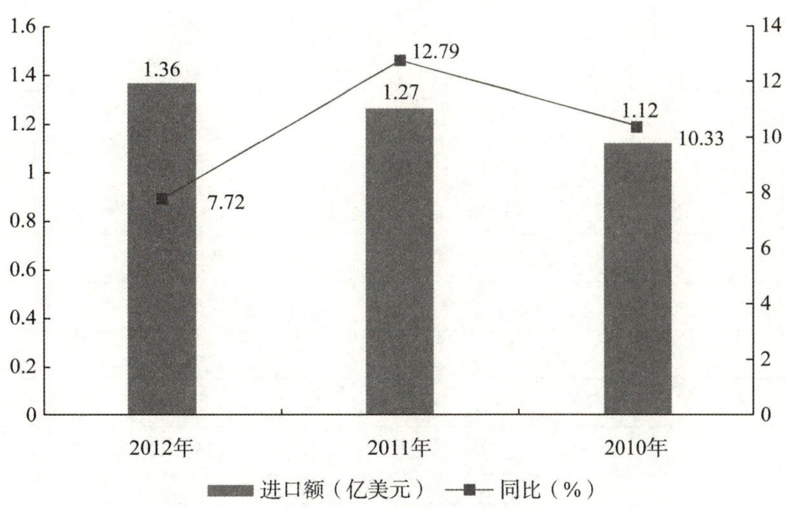


图 7－7　2010－2012 年注射器进口情况

**表 7－27　2012 年注射器进口企业构成**

单位：万美元，%

| 序号 | 企业性质 | 进口金额 | 同比 | 占比 |
|---|---|---|---|---|
| 1 | 国有企业 | 1263.11 | 5.1 | 9.27 |
| 2 | 三资企业 | 9093.76 | 2.79 | 66.74 |
| 3 | 民营企业 | 3269.68 | 25.68 | 23.99 |
| 合计 | | **13626.55** | **7.72** | **100** |

**表 7－28　2012 年注射器进口额前十位企业名单**

单位：%

| 排名 | 企业名称 | 同比 | 排名 | 企业名称 | 同比 |
|---|---|---|---|---|---|
| 1 | 碧迪医疗器械（上海）有限公司 | 19.99 | 6 | 上海医药分销控股有限公司 | 4.19 |
| 2 | 伟创力实业（深圳）有限公司 | 31.52 | 7 | 山东威高集团医用高分子制品股份有限公司 | －35.72 |
| 3 | 通化东宝进出口有限公司 | 35.56 | 8 | 上海嘉蓝仪器设备有限公司 | 22.07 |
| 4 | 诺和诺德（中国）制药有限公司 | 1.47 | 9 | 贝朗医疗（上海）国际贸易有限公司 | 11.83 |
| 5 | 礼来国际贸易（上海）有限公司 | －23.49 | 10 | 上海诗威馥特仓储有限公司 | － |

**表 7-29　2012 年各省区市注射器进口情况**

单位：万美元，%

| 排名 | 省区市 | 进口金额 | 同比 | 占比 |
|---|---|---|---|---|
| 1 | 上海 | 6343.37 | 9.5 | 46.55 |
| 2 | 广东 | 2182.27 | 25.07 | 16.01 |
| 3 | 吉林 | 1705.52 | 35.45 | 12.52 |
| 4 | 天津 | 1527.53 | 4.15 | 11.21 |
| 5 | 北京 | 1042.13 | -17.35 | 7.65 |
| 6 | 山东 | 428.33 | -38.09 | 3.14 |
| 7 | 江苏 | 135.81 | 15.53 | 1 |
| 8 | 辽宁 | 83.66 | -16.8 | 0.61 |
| 9 | 福建 | 57.63 | 999.11 | 0.42 |
| 10 | 江西 | 57.13 | -60.53 | 0.42 |
| 11 | 浙江 | 28.59 | 30.92 | 0.21 |
| 12 | 黑龙江 | 12.52 | -23.49 | 0.09 |
| 13 | 湖北 | 11.86 | 9957.42 | 0.09 |
| 14 | 安徽 | 6.91 | -40 | 0.05 |
| 15 | 四川 | 3.07 | 1851.59 | 0.02 |
| 16 | 湖南 | 0.2 | -96.12 | 0 |
| 17 | 河南 | 0.01 | -90.96 | 0 |
| **合计** | | **13626.55** | **7.72** | **100** |

## 7.5.2　出口情况

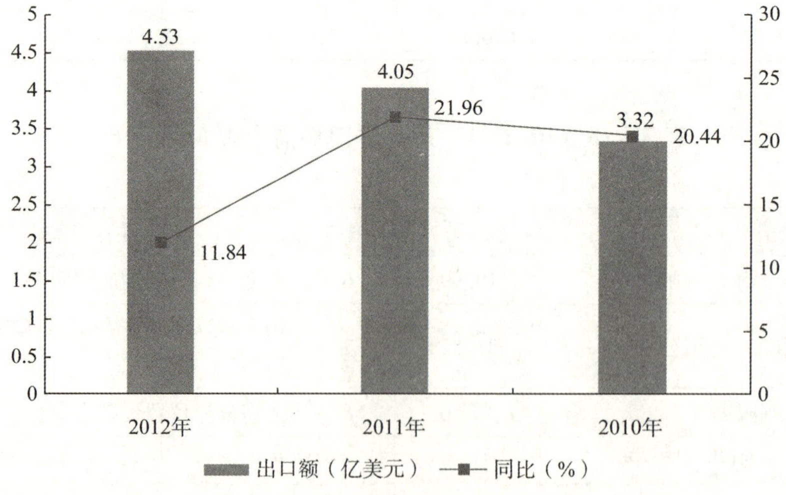


**图 7-8　2010-2012 年注射器出口情况**

### 表 7 - 30　2012 年注射器出口企业构成

单位：万美元，%

| 序号 | 企业性质 | 出口金额 | 同比 | 占比 |
|---|---|---|---|---|
| 1 | 国有企业 | 1639.21 | -34.03 | 3.61 |
| 2 | 三资企业 | 16302.83 | 38.43 | 35.95 |
| 3 | 民营企业 | 27392.88 | 4.28 | 60.4 |
| 合计 | | **45334.92** | - | **99.96** |

### 表 7 - 31　2012 年注射器前十位出口企业名单

单位：%

| 排名 | 企业名称 | 同比 | 排名 | 企业名称 | 同比 |
|---|---|---|---|---|---|
| 1 | 伟创力实业（深圳）有限公司 | 22.64 | 6 | 上海康德莱企业发展集团有限公司 | -5.47 |
| 2 | 诺和诺德（中国）制药有限公司 | 17.12 | 7 | 无锡市宇寿医疗器械有限公司 | 88.55 |
| 3 | 捷普科技（上海）有限公司 | 5762.03 | 8 | 温州五洲进出口有限公司 | -22.82 |
| 4 | 江苏康华医疗器材有限公司 | 9.34 | 9 | 常州市回春医疗器材有限公司 | 41.23 |
| 5 | 山东淄博山川医用器材有限公司 | -7.02 | 10 | 浙江双鸽贸易有限公司 | 32.85 |

### 表 7 - 32　2012 年注射器各省区市出口情况

单位：万美元，%

| 排名 | 省区市 | 出口金额 | 同比 | 占比 |
|---|---|---|---|---|
| 1 | 江苏 | 13168.54 | 16 | 33.15 |
| 2 | 广东 | 7419.46 | 16.24 | 18.83 |
| 3 | 上海 | 6992.5 | 54.13 | 14.22 |
| 4 | 天津 | 5073.76 | 17.32 | 13.5 |
| 5 | 浙江 | 4233.45 | -10.55 | 7.38 |
| 6 | 山东 | 3670.14 | -13.15 | 4.77 |
| 7 | 安徽 | 1455.57 | -14.88 | 4.26 |
| 8 | 江西 | 1307.94 | -9.75 | 1.67 |
| 9 | 北京 | 444.94 | 52.28 | 29.04 |
| 10 | 辽宁 | 359.38 | 32.91 | 16.36 |
| 11 | 福建 | 273.24 | 18.22 | 15.42 |
| 12 | 四川 | 235.38 | -28.11 | 11.19 |
| 13 | 河南 | 114.44 | -5.38 | 9.34 |
| 14 | 广西 | 97.33 | - | 8.09 |
| 15 | 湖南 | 90.08 | -14.48 | 3.21 |

| 排名 | 省区市 | 出口金额 | 同比 | 占比 |
|---|---|---|---|---|
| 16 | 重庆 | 83.06 | -21.25 | 2.88 |
| 17 | 河北 | 65.82 | -37.67 | 0.98 |
| 18 | 湖北 | 51.43 | 153.73 | 0.79 |
| 19 | 新疆 | 50.29 | -10.79 | 0.6 |
| 20 | 黑龙江 | 45.88 | -35.89 | 0.52 |
| 21 | 云南 | 34 | -27.97 | 0.25 |
| 22 | 宁夏 | 25.18 | -31.32 | 0.21 |
| 23 | 吉林 | 21.14 | 11.38 | 0.2 |
| 24 | 西藏 | 11.09 | 609 | 0.18 |
| 25 | 山西 | 10.75 | - | 0.15 |
| 26 | 甘肃 | 8.42 | 42.18 | 0.11 |
| 27 | 内蒙古 | 3.72 | - | 0.11 |
| 28 | 陕西 | 1.85 | -36.84 | 0.1 |
| 29 | 贵州 | 0.22 | - | 0.07 |
| 合计 | | **45349.03** | **11.84** | **100** |

## 7.6 彩色超声波诊断仪

中国海关 HS 编码：9018129100

### 7.6.1 进口情况

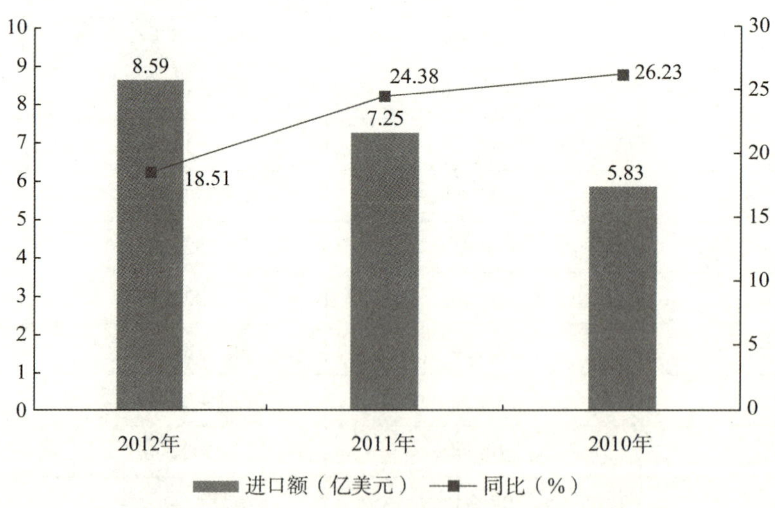


图 7-9 2010-2012 年彩色超声波诊断仪进口情况

表 7－33　2012 年彩色超声波诊断仪进口企业构成

单位：万美元，%

| 序号 | 企业性质 | 进口金额 | 同比 | 占比 |
|---|---|---|---|---|
| 1 | 国有企业 | 28060.65 | 4.91 | 32.68 |
| 2 | 三资企业 | 16002.03 | －2.09 | 18.64 |
| 3 | 民营企业 | 41629.77 | 42.05 | 48.48 |
| 合计 | | **85692.45** | － | **100** |

表 7－34　2012 年彩色超声波诊断仪进口额前十位企业名单

单位：%

| 排名 | 企业名称 | 同比 | 排名 | 企业名称 | 同比 |
|---|---|---|---|---|---|
| 1 | 深圳市怡亚通供应链股份有限公司 | 70.07 | 6 | 中国医药对外贸易公司 | 70.17 |
| 2 | 上海东松国际贸易有限公司 | 55.02 | 7 | 中国医药保健品股份有限公司 | 4.32 |
| 3 | 通用电气医疗系统贸易发展（上海）有限公司 | 90.69 | 8 | 青岛美赫尔国际贸易有限公司 | 155.92 |
| 4 | 北京中润伟业投资有限公司 | 89.51 | 9 | 中国医疗器械技术服务公司 | 91.24 |
| 5 | 阿洛卡国际贸易（上海）有限公司 | －27.47 | 10 | 深圳市普路通供应链管理股份有限公司 | 20.23 |

表 7－35　2012 年各省区市彩色超声波诊断仪进口情况

单位：万美元，%

| 排名 | 省区市 | 进口金额 | 同比 | 占比 |
|---|---|---|---|---|
| 1 | 北京 | 24031.47 | 27.81 | 27.99 |
| 2 | 广东 | 17534.97 | 20.76 | 20.42 |
| 3 | 上海 | 13830.57 | 15.87 | 16.11 |
| 4 | 江苏 | 4999.44 | 7.92 | 5.82 |
| 5 | 山东 | 3553.26 | 49.77 | 4.14 |
| 6 | 浙江 | 3293.93 | 15.17 | 3.84 |
| 7 | 辽宁 | 2747.26 | －23.55 | 3.2 |
| 8 | 福建 | 2425.67 | 42.7 | 2.82 |
| 9 | 安徽 | 1783.98 | 20.07 | 2.08 |
| 10 | 重庆 | 1744.41 | 27.15 | 2.03 |
| 11 | 河南 | 1408.75 | －4.8 | 1.64 |
| 12 | 新疆 | 1239.9 | 14.57 | 1.44 |
| 13 | 黑龙江 | 1061.98 | 63.84 | 1.24 |
| 14 | 河北 | 968.96 | －15.35 | 1.13 |

| 排名 | 省区市 | 进口金额 | 同比 | 占比 |
|---|---|---|---|---|
| 15 | 云南 | 816.74 | 39.55 | 0.95 |
| 16 | 陕西 | 774.59 | -23.56 | 0.9 |
| 17 | 四川 | 725.8 | 59.45 | 0.85 |
| 18 | 吉林 | 683.61 | 90.93 | 0.8 |
| 19 | 江西 | 522.08 | 61.98 | 0.61 |
| 20 | 天津 | 371.65 | -52.65 | 0.43 |
| 21 | 湖北 | 368.08 | 26.11 | 0.43 |
| 22 | 湖南 | 323.81 | -36.96 | 0.38 |
| 23 | 山西 | 227.48 | 79.97 | 0.26 |
| 24 | 内蒙古 | 204.4 | 27.36 | 0.24 |
| 25 | 海南 | 141.45 | 13.91 | 0.16 |
| 26 | 贵州 | 52.85 | 4.79 | 0.06 |
| 27 | 甘肃 | 28.24 | -28.07 | 0.03 |
| **合计** | | **85865.32** | **18.51** | **100** |

## 7.6.2 出口情况

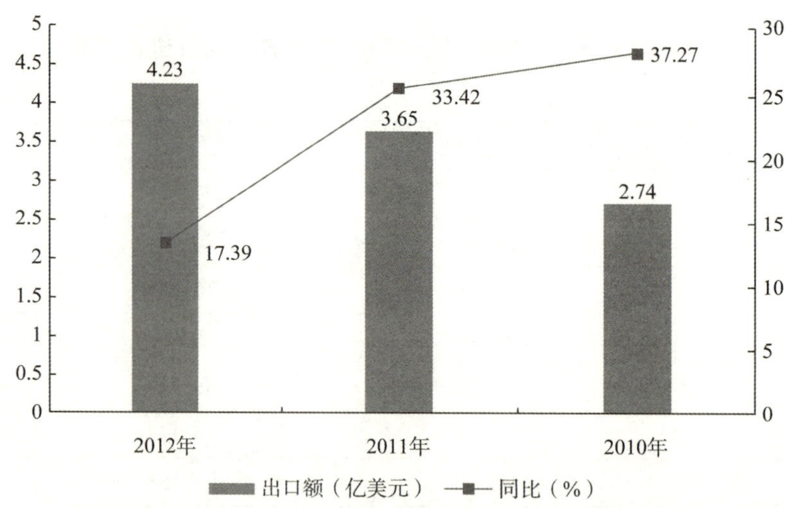


**图 7-10 2010-2012 年彩色超声波诊断仪出口情况**

**表 7-36 2012 年彩色超声波诊断仪出口企业构成**

**单位：万美元，%**

| 序号 | 企业性质 | 出口金额 | 同比 | 占比 |
|---|---|---|---|---|
| 1 | 国有企业 | 1806.28 | -8.19 | 4.22 |
| 2 | 三资企业 | 35134.31 | 15.58 | 82 |

| 序号 | 企业性质 | 出口金额 | 同比 | 占比 |
|---|---|---|---|---|
| 3 | 民营企业 | 5904.94 | 42.94 | 13.78 |
| 合计 | | **42845.53** | **17.39** | **100** |

表 7－37　2012 年彩色超声波诊断仪前十位出口企业名单

单位：%

| 排名 | 企业名称 | 同比 | 排名 | 企业名称 | 同比 |
|---|---|---|---|---|---|
| 1 | 通用电气医疗系统（中国）有限公司 | 43.51 | 6 | 深圳百胜医疗科技有限公司 | －11.94 |
| 2 | 深圳迈瑞生物医疗电子股份有限公司 | 10.55 | 7 | 上海阿洛卡医用仪器有限公司 | －7.89 |
| 3 | 捷普科技（上海）有限公司 | 33.56 | 8 | 无锡祥生医学影像有限责任公司 | 17.75 |
| 4 | 深圳市开立科技有限公司 | 34.77 | 9 | 汕头市超声仪器研究所有限公司 | 28.79 |
| 5 | 东软飞利浦医疗设备系统有限责任公司 | －46.05 | 10 | 飞利浦医疗（苏州）有限公司 | － |

表 7－38　2012 年各省区市彩色超声波诊断仪出口情况

单位：万美元，%

| 排名 | 省区市 | 出口金额 | 同比 | 占比 |
|---|---|---|---|---|
| 1 | 广东 | 17125.09 | 12.29 | 39.97 |
| 2 | 江苏 | 14490.91 | 53.52 | 33.82 |
| 3 | 上海 | 6916.83 | 22.09 | 16.14 |
| 4 | 辽宁 | 3289.84 | －34.17 | 7.68 |
| 5 | 北京 | 856.37 | －12.15 | 2 |
| 6 | 浙江 | 102.81 | －13.71 | 0.24 |
| 7 | 安徽 | 32.01 | 2138.57 | 0.07 |
| 8 | 湖北 | 10.8 | 849.34 | 0.03 |
| 9 | 四川 | 8.52 | 12.95 | 0.02 |
| 10 | 新疆 | 5 | 25.89 | 0.01 |
| 11 | 天津 | 2.58 | － | 0.01 |
| 12 | 福建 | 2.55 | － | 0.01 |
| 13 | 云南 | 2.22 | －1.12 | 0.01 |
| 合计 | | **42845.53** | **17.39** | **100** |

## 7.7　矫形或骨折用器具

中国海关 HS 编码：9021100000

### 7.7.1 进口情况

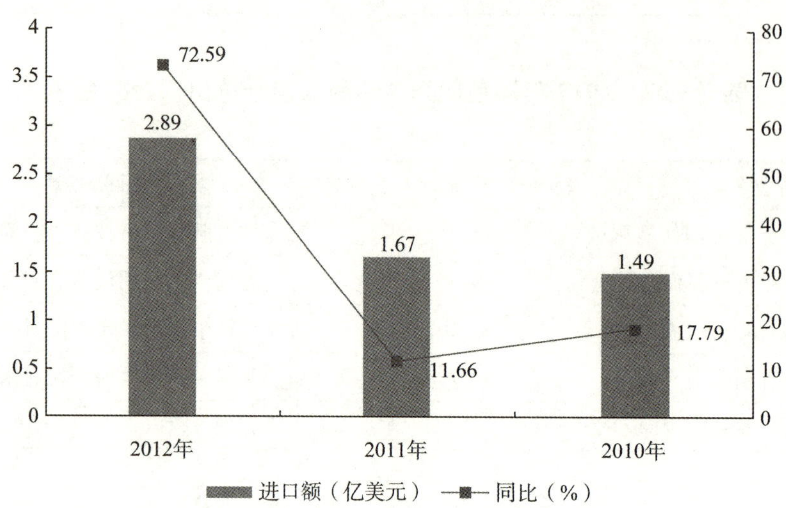


**图 7－11　2010－2012 年矫形或骨折用器具进口情况**

**表 7－39　2012 年矫形或骨折用器具进口企业构成**

单位：万美元，%

| 序号 | 企业性质 | 进口金额 | 同比 | 占比 |
|---|---|---|---|---|
| 1 | 国有企业 | 2145.62 | －21.48 | 7.45 |
| 2 | 三资企业 | 13908.21 | 26.08 | 48.29 |
| 3 | 民营企业 | 12745.03 | 336.06 | 44.25 |
| 合计 | | **28798.86** | **－** | **99.99** |

**表 7－40　2012 年矫形或骨折用器具进口额前十位企业名单**

单位：%

| 排名 | 企业名称 | 同比 | 排名 | 企业名称 | 同比 |
|---|---|---|---|---|---|
| 1 | 海关编码 3204561008 的公司 | － | 6 | 捷迈（上海）医疗国际贸易有限公司 | 79.89 |
| 2 | 强生（上海）医疗器材有限公司 | 13.06 | 7 | 上海三凯进出口有限公司 | －26.94 |
| 3 | 海关编码 3204560010 的公司 | － | 8 | 施乐辉医用产品国际贸易（上海）有限公司 | 53.83 |
| 4 | 永裕（上海）医药物流营运有限公司 | 35.29 | 9 | 辛迪思（苏州）医疗器械有限公司 | 132.41 |
| 5 | 美敦力医疗用品技术服务（上海）有限公司 | 6.6 | 10 | 深圳市普天阳实业发展有限公司 | 10.4 |

表 7－41 2012 年各省区市矫形或骨折用器具进口情况

单位：万美元，%

| 排名 | 省区市 | 进口金额 | 金额同比 | 金额占比 |
|---|---|---|---|---|
| 1 | 上海 | 15585.52 | 18.31 | 54.12 |
| 2 | 江苏 | 10443.57 | – | 36.26 |
| 3 | 北京 | 1257.44 | –14.5 | 4.37 |
| 4 | 广东 | 1182.66 | 14.96 | 4.11 |
| 5 | 湖南 | 86.96 | 6.02 | 0.3 |
| 6 | 浙江 | 74.93 | 171.43 | 0.26 |
| 7 | 四川 | 50.57 | 17.61 | 0.18 |
| 8 | 河南 | 39.69 | 73.87 | 0.14 |
| 9 | 辽宁 | 36.93 | 30.12 | 0.13 |
| 10 | 天津 | 18.11 | –64.99 | 0.06 |
| 11 | 山东 | 9.3 | –61.87 | 0.03 |
| 12 | 河北 | 7.7 | – | 0.03 |
| 13 | 福建 | 4.43 | 45.1 | 0.02 |
| 14 | 云南 | 1.31 | –80.56 | 0 |
| 15 | 山西 | 0.28 | – | 0 |
| 16 | 吉林 | 0.17 | 13.42 | 0 |
| 17 | 黑龙江 | 0.09 | –6.9 | 0 |
| 18 | 安徽 | 0.05 | –51.87 | 0 |
| 19 | 贵州 | 0.04 | – | 0 |
| **合计** | | **28799.76** | **72.59** | **100** |

## 7.7.2 出口情况

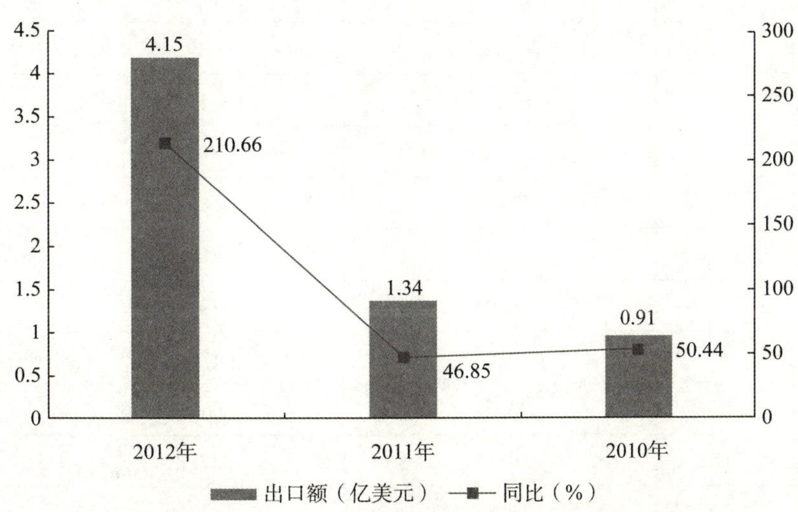


图 7－12 2010－2012 年矫形或骨折用器具出口情况

**表 7－42　2012 年矫形或骨折用器具出口企业构成**

单位：万美元，%

| 序号 | 企业性质 | 进口金额 | 同比 | 占比 |
|---|---|---|---|---|
| 1 | 国有企业 | 16282. 05 | 1459. 12 | 39. 23 |
| 2 | 三资企业 | 12346. 78 | 35. 04 | 29. 75 |
| 3 | 民营企业 | 12850. 06 | 306. 71 | 30. 96 |
| 合计 | | **41478. 89** | **－** | **99. 94** |

**表 7－43　2012 年矫形或骨折用器具出口额前十位企业名单**

单位：%

| 排名 | 企业名称 | 同比 | 排名 | 企业名称 | 同比 |
|---|---|---|---|---|---|
| 1 | 中国医药保健品股份有限公司 | － | 6 | 常州奥斯迈医疗器械有限公司 | －31. 16 |
| 2 | 海关编码 3204561008 的公司 | － | 7 | 挪度医疗器械（苏州）有限公司 | －7. 55 |
| 3 | 常州巴奥米特医疗器械有限公司 | 64. 99 | 8 | 辛迪思（苏州）医疗器械有限公司 | 85. 43 |
| 4 | 海关编码 3204560010 的公司 | － | 9 | 安保（厦门）塑胶工业有限公司 | 241. 74 |
| 5 | 得泰医疗卫生用品（苏州）有限公司 | 54. 42 | 10 | 强生（苏州）医疗器材有限公司 | － |

**表 7－44　2012 年矫形或骨折用器具各省区市出口情况**

单位：万美元，%

| 排名 | 省区市 | 进口金额 | 同比 | 占比 |
|---|---|---|---|---|
| 1 | 江苏 | 18551. 99 | 168. 32 | 44. 7 |
| 2 | 北京 | 15442. 44 | 3214. 91 | 37. 21 |
| 3 | 广东 | 3082. 43 | 54. 1 | 7. 43 |
| 4 | 福建 | 1972. 21 | 49. 35 | 4. 75 |
| 5 | 浙江 | 837. 16 | 11. 31 | 2. 02 |
| 6 | 上海 | 809. 63 | －29. 05 | 1. 95 |
| 7 | 天津 | 355. 04 | －14. 91 | 0. 86 |
| 8 | 山东 | 155. 27 | 6. 07 | 0. 37 |
| 9 | 四川 | 114. 6 | 9. 46 | 0. 28 |
| 10 | 陕西 | 34. 14 | 304. 97 | 0. 08 |
| 11 | 河北 | 26. 95 | 19. 89 | 0. 06 |
| 12 | 黑龙江 | 21. 69 | 156. 4 | 0. 05 |
| 13 | 安徽 | 20. 68 | 773. 32 | 0. 05 |
| 14 | 辽宁 | 19. 87 | 27. 83 | 0. 05 |
| 15 | 重庆 | 16. 86 | － | 0. 04 |

| 排名 | 省区市 | 进口金额 | 同比 | 占比 |
|---|---|---|---|---|
| 16 | 湖北 | 10.09 | 550.08 | 0.02 |
| 17 | 湖南 | 7.35 | 16.65 | 0.02 |
| 18 | 贵州 | 7.21 | – | 0.02 |
| 19 | 新疆 | 5.01 | –72.59 | 0.01 |
| 20 | 海南 | 3.21 | 41.87 | 0.01 |
| 21 | 广西 | 3.12 | 160.89 | 0.01 |
| 22 | 甘肃 | 2.7 | – | 0.01 |
| 23 | 江西 | 2.66 | 21.29 | 0.01 |
| 24 | 山西 | 1.85 | –58.16 | 0 |
| 25 | 河南 | 0.58 | 109.45 | 0 |
| 26 | 吉林 | 0.4 | –90.5 | 0 |
| 27 | 西藏 | 0.38 | – | 0 |
| 合计 | | **41505.51** | **210.66** | **100** |

## 7.8 助听器（不包括零件、附件）

中国海关 HS 编码：9021400000

### 7.8.1 进口情况

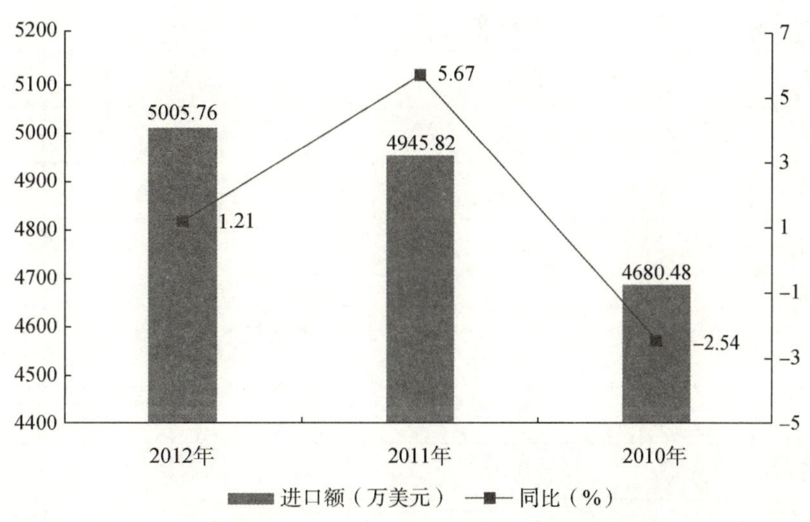


**图 7–13 2010–2012 年助听器进口情况**

### 表 7－45　2012 年助听器进口企业构成

单位：万美元，%

| 序号 | 企业性质 | 进口金额 | 同比 | 占比 |
|---|---|---|---|---|
| 1 | 国有企业 | 1.16 | 71.26 | 0.02 |
| 2 | 三资企业 | 4250.41 | 7.24 | 84.91 |
| 3 | 民营企业 | 754.19 | －23.17 | 15.07 |
| 合计 | | **5005.76** | **1.21** | **100** |

### 表 7－46　2012 年助听器进口额前十位企业名单

单位：%

| 排名 | 企业名称 | 同比 | 排名 | 企业名称 | 同比 |
|---|---|---|---|---|---|
| 1 | 优利康听力技术（苏州）有限公司 | 112.49 | 6 | 唯听助听器（上海）有限公司 | 0.62 |
| 2 | 西门子听力仪器（苏州）有限公司 | 13.29 | 7 | 斯达克听力技术（苏州）有限公司 | 164.72 |
| 3 | 峰力听力技术（上海）有限公司 | 49.4 | 8 | 江苏贝泰福医疗科技有限公司 | 144.08 |
| 4 | 厦门瑞欣冠物流有限公司 | －37.23 | 9 | 厦门爱耳通电声科技有限公司 | － |
| 5 | 上海客为尊机电进出口有限公司 | 0.58 | 10 | 杭州惠耳听力技术设备有限公司 | 108.02 |

### 表 7－47　2012 年各省区市助听器进口情况

单位：万美元，%

| 排名 | 省区市 | 进口金额 | 同比 | 占比 |
|---|---|---|---|---|
| 1 | 江苏 | 3536.99 | 4.34 | 70.66 |
| 2 | 上海 | 1055.81 | 15.55 | 21.09 |
| 3 | 福建 | 403 | －35.99 | 8.05 |
| 4 | 北京 | 4.82 | －8.18 | 0.1 |
| 5 | 浙江 | 4.36 | 112.83 | 0.09 |
| 6 | 云南 | 0.33 | － | 0.01 |
| 7 | 天津 | 0.2 | － | 0 |
| 8 | 四川 | 0.17 | － | 0 |
| 9 | 广东 | 0.09 | －98.41 | 0 |
| 合计 | | **5005.76** | **1.21** | **100** |

### 7.8.2 出口情况

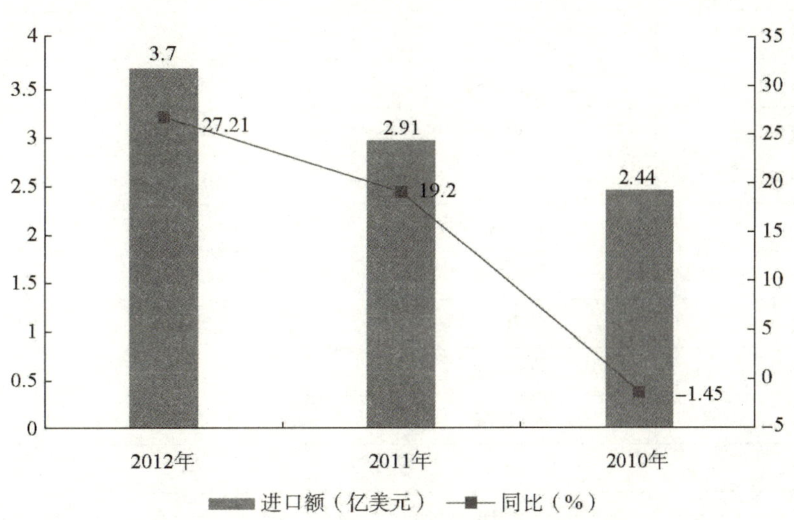


图 7－14 2010－2012 年助听器出口情况

表 7－48 2012 年助听器出口企业构成

单位：万美元，%

| 序号 | 企业性质 | 出口金额 | 同比 | 占比 |
|---|---|---|---|---|
| 1 | 国有企业 | 162. 33 | 6. 51 | 0. 44 |
| 2 | 三资企业 | 20531. 36 | －1. 81 | 55. 47 |
| 3 | 民营企业 | 16320. 24 | 103. 18 | 44. 09 |
| 合计 | | **37013. 94** | **27. 21** | **100** |

表 7－49 2012 年助听器出口额前十位企业名单

单位：%

| 排名 | 企业名称 | 同比 | 排名 | 企业名称 | 同比 |
|---|---|---|---|---|---|
| 1 | 厦门瑞欣冠物流有限公司 | 105. 82 | 6 | 厦门新声科技有限公司 | 6. 17 |
| 2 | 优利康听力技术（苏州）有限公司 | 143. 41 | 7 | 广州番禺对外贸易有限公司 | 19183. 36 |
| 3 | 瑞声达听力技术（中国）有限公司 | －32 | 8 | 建光达电子（深圳）有限公司 | 23. 67 |
| 4 | 西门子听力仪器（苏州）有限公司 | －0. 79 | 9 | 易力声科技（深圳）有限公司 | 55. 01 |
| 5 | 斯达克听力技术（苏州）有限公司 | 47. 07 | 10 | 中国医药保健品股份有限公司 | － |

表 7－50 2012 年各省区市助听器出口情况

单位：万美元，%

| 排名 | 省区市 | 出口金额 | 同比 | 占比 |
|---|---|---|---|---|
| 1 | 福建 | 19275. 25 | 51. 11 | 52. 08 |
| 2 | 江苏 | 16842. 12 | 7. 29 | 45. 5 |

| 排名 | 省区市 | 出口金额 | 同比 | 占比 |
|---|---|---|---|---|
| 3 | 广东 | 585. 13 | 24. 62 | 1. 58 |
| 4 | 北京 | 67. 48 | 21. 68 | 0. 18 |
| 5 | 西藏 | 42. 36 | – | 0. 11 |
| 6 | 江西 | 39. 29 | 193. 95 | 0. 11 |
| 7 | 浙江 | 38 | –29. 97 | 0. 1 |
| 8 | 上海 | 33. 9 | 166. 31 | 0. 09 |
| 9 | 重庆 | 30. 5 | 58. 5 | 0. 08 |
| 10 | 辽宁 | 24. 05 | – | 0. 06 |
| 11 | 黑龙江 | 11. 62 | –4. 27 | 0. 03 |
| 12 | 甘肃 | 10. 13 | – | 0. 03 |
| 13 | 山东 | 9. 14 | – | 0. 02 |
| 14 | 宁夏 | 2. 4 | – | 0. 01 |
| 15 | 安徽 | 1. 12 | – | 0 |
| 16 | 湖北 | 0. 78 | – | 0 |
| 17 | 新疆 | 0. 38 | – | 0 |
| 18 | 贵州 | 0. 13 | – | 0 |
| 19 | 天津 | 0. 11 | –83. 71 | 0 |
| 20 | 四川 | 0. 04 | –97. 95 | 0 |
| **合计** | | **37013. 94** | **27. 21** | **100** |

## 7.9 非机械驱动残疾人用车

中国海关 HS 编码：8713100000

### 7.9.1 进口情况

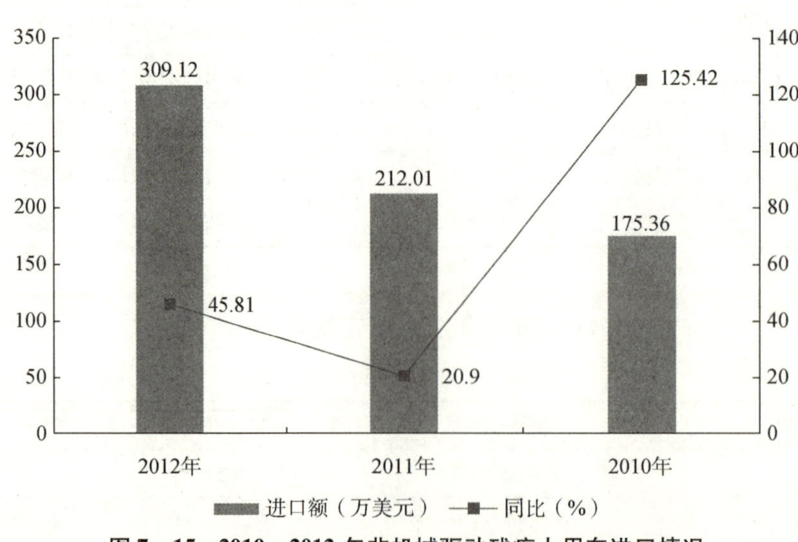


**图 7 –15　2010 –2012 年非机械驱动残疾人用车进口情况**

### 表7－51 2012年非机械驱动残疾人用车进口企业构成

单位：万美元，%

| 序号 | 企业性质 | 进口金额 | 金额同比 | 金额占比 |
|---|---|---|---|---|
| 1 | 国有企业 | 5.8 | 6.95 | 1.88 |
| 2 | 三资企业 | 98.57 | -9.13 | 31.89 |
| 3 | 民营企业 | 28.66 | -54.13 | 9.27 |
| 合计 | | **133.03** | **-** | **43.04** |

### 表7－52 2012年非机械驱动残疾人用车进口额前十位企业名单

单位：%

| 排名 | 企业名称 | 同比 | 排名 | 企业名称 | 同比 |
|---|---|---|---|---|---|
| 1 | 海关编号120199L00Q的公司 | - | 6 | 海关编号1102960796的公司 | 512.51 |
| 2 | 上海杰开扬医疗器械有限公司 | -17.08 | 7 | 英科金属制品（镇江）有限公司 | 19617.79 |
| 3 | 海关编号120199L004的公司 | - | 8 | 北京奥托博克假肢矫形器工业有限 | 55.25 |
| 4 | 海关编号1201999346的公司 | - | 9 | 海关编号3201517006的公司 | - |
| 5 | 北京勤利嘉德国际科贸有限公司 | 1954.29 | 10 | 柯凡特无障碍升降设备（上海）有限公司 | 936.23 |

### 表7－53 2012年各省区市非机械驱动残疾人用车进口情况

单位：万美元，%

| 排名 | 省区市 | 进口金额 | 同比 | 占比 |
|---|---|---|---|---|
| 1 | 天津 | 175.72 | 298.76 | 56.85 |
| 2 | 上海 | 73.48 | -15.51 | 23.77 |
| 3 | 北京 | 32.1 | -11.37 | 10.39 |
| 4 | 江苏 | 24.04 | -6.8 | 7.78 |
| 5 | 广东 | 1.47 | -73.59 | 0.48 |
| 6 | 吉林 | 1.19 | - | 0.38 |
| 7 | 福建 | 0.41 | -52.03 | 0.13 |
| 8 | 黑龙江 | 0.37 | -29.81 | 0.12 |
| 9 | 浙江 | 0.2 | -95.88 | 0.07 |
| 10 | 河北 | 0.07 | -20.44 | 0.02 |
| 11 | 辽宁 | 0.03 | -98.59 | 0.01 |
| 12 | 安徽 | 0.02 | - | 0.01 |
| 合计 | | **309.12** | **45.81** | **100** |

### 7.9.2 出口情况

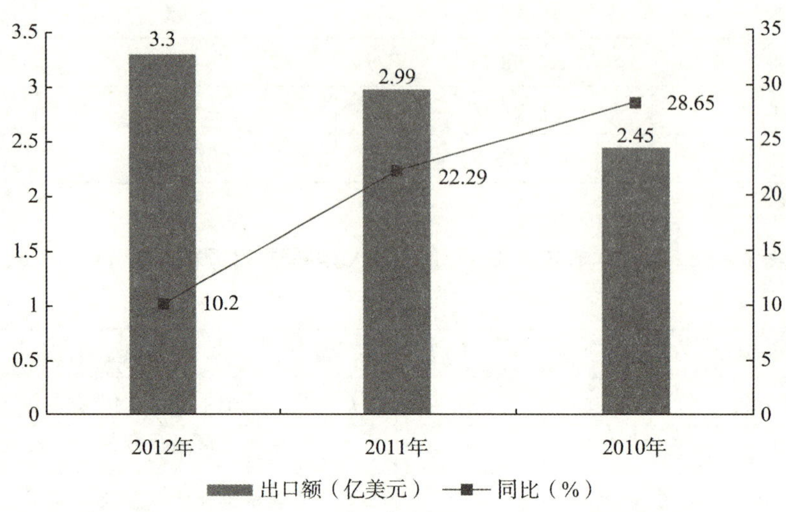


图 7－16 2010－2012 年非机械驱动残疾人用车出口情况

**表 7－54 2012 年非机械驱动残疾人用车出口企业构成**

单位：万美元，%

| 序号 | 企业性质 | 出口金额 | 同比 | 占比 |
|---|---|---|---|---|
| 1 | 国有企业 | 763.09 | －24.33 | 2.31 |
| 2 | 三资企业 | 18980.49 | 4.67 | 57.52 |
| 3 | 民营企业 | 13045.83 | 24.17 | 39.53 |
| 合计 | | **32789.41** | － | **99.37** |

**表 7－55 2012 年非机械驱动残疾人用车出口额前十企业名单**

单位：%

| 排名 | 企业名称 | 同比 | 排名 | 企业名称 | 同比 |
|---|---|---|---|---|---|
| 1 | 佛山市南海凯洋医疗设备有限公司 | 3.11 | 6 | 丹阳市巨贸康健器材有限公司 | 52.83 |
| 2 | 佛山市顺德区安爱工业有限公司 | －4.33 | 7 | 深圳信隆实业股份有限公司 | 125.21 |
| 3 | 松永福利器具制造（上海）有限公司 | －2.34 | 8 | 镇江艾康医疗器械有限公司 | 56.16 |
| 4 | 三贵康复器材（上海）有限公司 | 21.23 | 9 | 佛山市东方医疗设备厂有限公司 | －0.12 |
| 5 | 漳州立泰医疗康复器材有限公司 | 21.32 | 10 | 美利驰医疗器械（苏州）有限公司 | －29.15 |

表 7－56　2012 年各省区市非机械驱动残疾人用车出口情况

单位：万美元，%

| 排名 | 省区市 | 出口金额 | 同比 | 占比 |
|---|---|---|---|---|
| 1 | 广东 | 11949. 61 | 6. 73 | 36. 21 |
| 2 | 江苏 | 10875. 55 | 6. 43 | 32. 96 |
| 3 | 上海 | 5394. 41 | 7. 97 | 16. 35 |
| 4 | 福建 | 3031. 76 | 29. 07 | 9. 19 |
| 5 | 浙江 | 518. 28 | 15. 84 | 1. 57 |
| 6 | 天津 | 238. 68 | －8. 56 | 0. 72 |
| 7 | 重庆 | 212. 7 | － | 0. 64 |
| 8 | 北京 | 165. 61 | －9. 9 | 0. 5 |
| 9 | 山东 | 119. 27 | 49. 15 | 0. 36 |
| 10 | 江西 | 111. 4 | 88. 22 | 0. 34 |
| 11 | 四川 | 92. 27 | － | 0. 28 |
| 12 | 安徽 | 72. 92 | 448. 69 | 0. 22 |
| 13 | 辽宁 | 42. 67 | 878. 35 | 0. 13 |
| 14 | 新疆 | 34. 16 | 761. 29 | 0. 1 |
| 15 | 甘肃 | 20. 76 | 122. 09 | 0. 06 |
| 16 | 广西 | 17. 44 | －31. 16 | 0. 05 |
| 17 | 西藏 | 17. 4 | － | 0. 05 |
| 18 | 湖北 | 17. 03 | 66. 85 | 0. 05 |
| 19 | 陕西 | 15. 47 | － | 0. 05 |
| 20 | 河北 | 13. 69 | 333. 17 | 0. 04 |
| 21 | 贵州 | 9. 53 | － | 0. 03 |
| 22 | 黑龙江 | 8. 88 | －81. 57 | 0. 03 |
| 23 | 湖南 | 7. 35 | － | 0. 02 |
| 24 | 宁夏 | 6. 67 | － | 0. 02 |
| 25 | 内蒙古 | 2. 54 | 677. 21 | 0. 01 |
| 26 | 河南 | 1. 24 | －85. 2 | 0 |
| 27 | 海南 | 0. 8 | －15. 25 | 0 |
| 28 | 吉林 | 0. 44 | － | 0 |
| 29 | 云南 | 0. 18 | －97. 23 | 0 |
| 合计 | | **32998. 72** | **10. 2** | **100** |

## 7.10 监护仪

中国海关 HS 编码：9018193000

### 7.10.1 进口情况

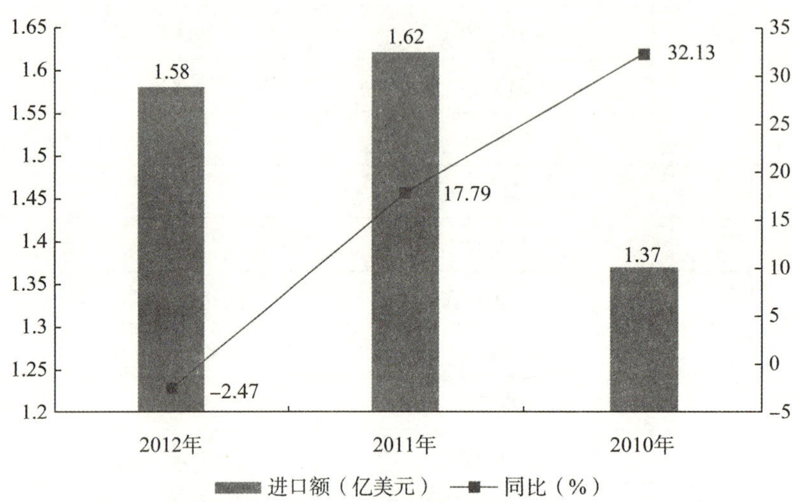


图 7－17　2010－2012 年监护仪进口情况

表 7－57　2012 年监护仪进口企业构成

单位：万美元，%

| 序号 | 企业性质 | 进口金额 | 同比 | 占比 |
|---|---|---|---|---|
| 1 | 国有企业 | 6726.73 | 1.21 | 42.61 |
| 2 | 三资企业 | 6829.84 | －1.43 | 43.26 |
| 3 | 民营企业 | 2231.78 | －13.26 | 14.14 |
| 合计 | | **15788.35** | **－2.47** | **100** |

表 7－58　2012 年监护仪进口额前十位企业名单

单位：%

| 排名 | 企业名称 | 同比 | 排名 | 企业名称 | 同比 |
|---|---|---|---|---|---|
| 1 | 中建材集团进出口公司 | －11.96 | 6 | 强生（上海）医疗器材有限公司 | 92.3 |
| 2 | 上海东松国际贸易有限公司 | － | 7 | 上海光电医用电子仪器有限公司 | － |
| 3 | 通用电气医疗系统贸易发展（上海）有限公司 | －40.48 | 8 | 中国医疗器械技术服务公司 | 72.11 |
| 4 | 深圳市金科威实业有限公司 | 485.14 | 9 | 德尔格医疗设备（上海）有限公司 | 19.59 |
| 5 | 深圳迈瑞生物医疗电子股份有限公司 | －50.71 | 10 | 中外运·敦豪保税仓储（北京）有限公司 | －16.21 |

表 7－59　2012 年病员监护仪各省区市进口情况

单位：万美元，%

| 排名 | 省区市 | 进口金额 | 同比 | 占比 |
|---|---|---|---|---|
| 1 | 上海 | 6575.23 | 24.62 | 41.65 |
| 2 | 北京 | 5431.76 | －7.4 | 34.4 |
| 3 | 广东 | 3315.99 | －18.52 | 21 |
| 4 | 江苏 | 342.44 | －4.72 | 2.17 |
| 5 | 浙江 | 31.65 | 344.26 | 0.2 |
| 6 | 湖北 | 23.8 | －29.65 | 0.15 |
| 7 | 四川 | 23.6 | 20.1 | 0.15 |
| 8 | 河北 | 14.76 | － | 0.09 |
| 9 | 河南 | 12.39 | － | 0.08 |
| 10 | 山东 | 8.34 | －8.78 | 0.05 |
| 11 | 陕西 | 3.25 | －95.92 | 0.02 |
| 12 | 福建 | 2.22 | －98.59 | 0.01 |
| 13 | 安徽 | 1.31 | －96.25 | 0.01 |
| 14 | 新疆 | 0.8 | －81.21 | 0.01 |
| 15 | 辽宁 | 0.8 | 92.86 | 0.01 |
| **合计** | | **15788.35** | **－2.47** | **100** |

## 7.10.2　出口情况

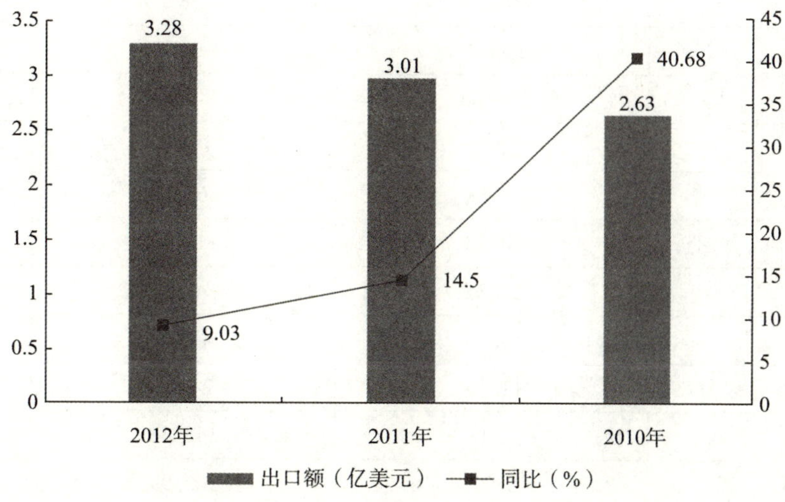


图 7－18　2010－2012 年病员监护仪出口情况

### 表 7-60 2012 年病员监护仪出口企业构成

单位：万美元，%

| 序号 | 企业性质 | 出口金额 | 同比 | 占比 |
|---|---|---|---|---|
| 1 | 国有企业 | 1538.54 | -18.51 | 4.69 |
| 2 | 三资企业 | 24082.52 | 11.25 | 73.41 |
| 3 | 民营企业 | 7184.9 | 9.64 | 21.9 |
| 合计 | | **32805.95** | **9.03** | **100** |

### 表 7-61 2012 年病员监护仪出口额前十位企业名单

单位：%

| 排名 | 企业名称 | 同比 | 排名 | 企业名称 | 同比 |
|---|---|---|---|---|---|
| 1 | 深圳迈瑞生物医疗电子股份有限公司 | 12.65 | 6 | 广东宝莱特医用科技股份有限公司 | 23.33 |
| 2 | 旭电（苏州）科技有限公司 | 6.82 | 7 | 上海光电医用电子仪器有限公司 | 141.22 |
| 3 | 捷普科技（上海）有限公司 | -12.78 | 8 | 深圳市尤迈医疗用品有限公司 | 19.45 |
| 4 | 深圳市理邦精密仪器有限公司 | -4.2 | 9 | 深圳市金科威实业有限公司 | 2.49 |
| 5 | 通用电气医疗系统（中国）有限公司 | 31.16 | 10 | 秦皇岛市康泰医学系统有限公司 | -22.2 |

### 表 7-62 2012 年各省区市病员监护仪出口情况

单位：万美元，%

| 排名 | 省区市 | 出口金额 | 同比 | 占比 |
|---|---|---|---|---|
| 1 | 广东 | 21188.67 | 12.86 | 64.59 |
| 2 | 江苏 | 5492.98 | 12.66 | 16.74 |
| 3 | 上海 | 4314.12 | 3.35 | 13.15 |
| 4 | 北京 | 883.35 | -26.29 | 2.69 |
| 5 | 河北 | 534.2 | -22.47 | 1.63 |
| 6 | 湖北 | 226.36 | -7.64 | 0.69 |
| 7 | 浙江 | 32.1 | 17.01 | 0.1 |
| 8 | 重庆 | 31.88 | 563.83 | 0.1 |
| 9 | 辽宁 | 30.58 | 1187.5 | 0.09 |
| 10 | 天津 | 22.36 | -62.45 | 0.07 |
| 11 | 广西 | 14.18 | 44.76 | 0.04 |
| 12 | 山东 | 11.15 | 24.01 | 0.03 |
| 13 | 安徽 | 7.04 | 143.36 | 0.02 |
| 14 | 山西 | 5.97 | 203.99 | 0.02 |
| 15 | 黑龙江 | 3.05 | -76.92 | 0.01 |
| 16 | 吉林 | 2.98 | - | 0.01 |

| 排名 | 省区市 | 出口金额 | 同比 | 占比 |
|---|---|---|---|---|
| 17 | 江西 | 2.61 | – | 0.01 |
| 18 | 湖南 | 1.25 | 1031.86 | 0 |
| 19 | 福建 | 0.7 | -3.66 | 0 |
| 20 | 河南 | 0.19 | – | 0 |
| 21 | 新疆 | 0.1 | – | 0 |
| 22 | 陕西 | 0.09 | -84.24 | 0 |
| 23 | 贵州 | 0.01 | – | 0 |
| 合计 | | **32805.95** | **9.03** | **100** |

## 7.11 X射线断层检查仪（CT机）

中国海关HS编码：9022120000

### 7.11.1 进口情况

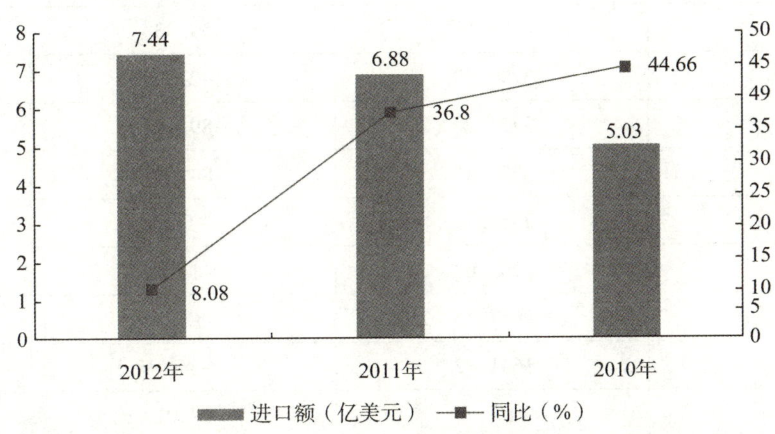


**图7-19 2010-2012年X射线断层检查仪进口情况**

**表7-63 2012年X射线断层检查仪进口企业构成**

单位：万美元，%

| 序号 | 企业性质 | 进口金额 | 同比 | 占比 |
|---|---|---|---|---|
| 1 | 国有企业 | 32121.81 | 17.18 | 43.19 |
| 2 | 三资企业 | 1147.64 | -48.39 | 1.54 |
| 3 | 民营企业 | 41106.53 | 4.92 | 55.27 |
| 合计 | | **74375.98** | **8.08** | **100** |

表 7－64　2012 年 X 射线断层检查仪进口额前十位企业名单

单位：%

| 排名 | 企业名称 | 同比 | 排名 | 企业名称 | 同比 |
|---|---|---|---|---|---|
| 1 | 中建材集团进出口公司 | 10.83 | 6 | 海关编码 312261K002 的公司 | － |
| 2 | 青岛美赫尔国际贸易有限公司 | 8.76 | 7 | 海关编码 5005260088 的公司 | － |
| 3 | 黑龙江省西麦克国际贸易有限公司 | 97.04 | 8 | 河南润通贸易有限公司 | 224.31 |
| 4 | 宁波康导进出口有限公司 | －45.44 | 9 | 广州华炜实业有限公司 | 354.58 |
| 5 | 中国科学器材进出口总公司 | 13.6 | 10 | 中国仪器进出口（集团）公司 | 130.31 |

表 7－65　2012 年 X 射线断层检查仪各省区市进口情况

单位：万美元，%

| 排名 | 省区市 | 进口金额 | 同比 | 占比 |
|---|---|---|---|---|
| 1 | 北京 | 19552.66 | －3.23 | 26.29 |
| 2 | 广东 | 7955.43 | 26.19 | 10.7 |
| 3 | 山东 | 5543.02 | 33.53 | 7.45 |
| 4 | 浙江 | 5393.85 | －5.59 | 7.25 |
| 5 | 上海 | 4780.67 | 59.33 | 6.43 |
| 6 | 江苏 | 3795.63 | －23.48 | 5.1 |
| 7 | 河南 | 3721.26 | 89.61 | 5 |
| 8 | 黑龙江 | 3552.46 | 84.49 | 4.78 |
| 9 | 重庆 | 2555.72 | －5.56 | 3.44 |
| 10 | 湖北 | 2265.63 | 41.75 | 3.05 |
| 11 | 天津 | 1657.15 | 5.77 | 2.23 |
| 12 | 安徽 | 1641.82 | －48.9 | 2.21 |
| 13 | 吉林 | 1467.5 | 97.01 | 1.97 |
| 14 | 四川 | 1390.79 | 9.93 | 1.87 |
| 15 | 陕西 | 1016.13 | －44.19 | 1.37 |
| 16 | 湖南 | 873.93 | 12.13 | 1.18 |
| 17 | 福建 | 867.35 | －25.04 | 1.17 |
| 18 | 云南 | 861.54 | －18.96 | 1.16 |
| 19 | 贵州 | 856.93 | 358.25 | 1.15 |
| 20 | 辽宁 | 825 | 65.32 | 1.11 |
| 21 | 内蒙古 | 820 | 243.69 | 1.1 |
| 22 | 海南 | 789.12 | － | 1.06 |
| 23 | 新疆 | 714.6 | －35.18 | 0.96 |
| 24 | 山西 | 470.3 | －31.11 | 0.63 |

| 排名 | 省区市 | 进口金额 | 同比 | 占比 |
|---|---|---|---|---|
| 25 | 河北 | 385.35 | -61.59 | 0.52 |
| 26 | 江西 | 342.47 | -57.66 | 0.46 |
| 27 | 甘肃 | 279.67 | - | 0.38 |
| 合计 | | **74375.98** | **8.08** | **100** |

## 7.11.2 出口情况

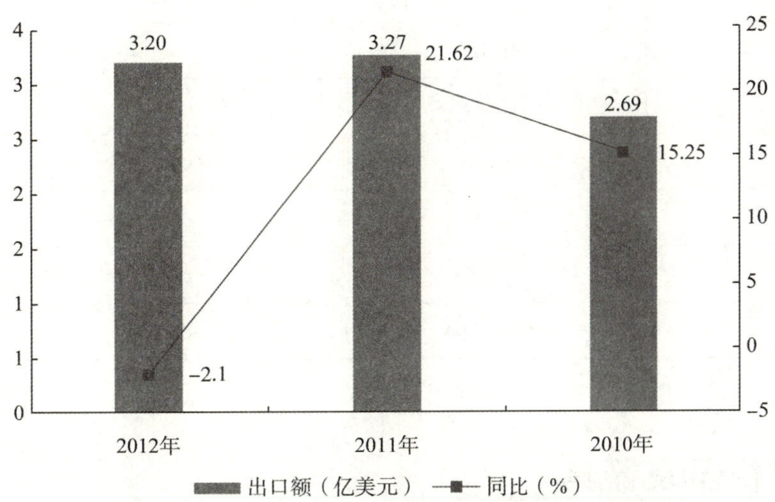


图 7-20 2010-2012 年 X 射线断层检查仪出口情况

**表 7-66 2012 年 X 射线断层检查仪出口企业构成**

单位：万美元，%

| 序号 | 企业性质 | 出口金额 | 同比 | 占比 |
|---|---|---|---|---|
| 1 | 国有企业 | 2622.3 | 65.04 | 8.19 |
| 2 | 三资企业 | 29260.73 | -5.78 | 91.43 |
| 3 | 民营企业 | 120.6 | 167.84 | 0.38 |
| 合计 | | **32003.64** | **-2.1** | **100** |

**表 7-67 2012 年 X 射线断层检查仪前十位出口企业名单**

单位：%

| 排名 | 企业名称 | 同比 | 排名 | 企业名称 | 同比 |
|---|---|---|---|---|---|
| 1 | 航卫通用电气医疗系统有限公司 | -4.11 | 6 | 海关编码 312261K002 的公司 | - |
| 2 | 上海西门子医疗器械有限公司 | -8.57 | 7 | 中国精密机械进出口总公司 | - |
| 3 | 东软飞利浦医疗设备系统有限责任公司 | -22.34 | 8 | 东芝大连有限公司 | - |
| 4 | 沈阳东软医疗系统进出口有限公司 | 21.84 | 9 | 中技国际招标公司 | - |
| 5 | 东芝物流（大连）有限公司 | - | 10 | 海关编码 3201962401 的公司 | - |

表 7－68　2012 年各省区市 X 射线断层检查仪出口情况

单位：万美元，%

| 排名 | 省区市 | 出口金额 | 同比 | 占比 |
|---|---|---|---|---|
| 1 | 北京 | 18234. 86 | －2. 5 | 56. 98 |
| 2 | 上海 | 8949. 11 | －5. 57 | 27. 96 |
| 3 | 辽宁 | 4616. 35 | 6. 09 | 14. 42 |
| 4 | 江苏 | 142. 75 | 303. 99 | 0. 45 |
| 5 | 安徽 | 39. 05 | － | 0. 12 |
| 6 | 福建 | 16. 47 | － | 0. 05 |
| 7 | 广东 | 3. 34 | －92. 4 | 0. 01 |
| 8 | 山东 | 0. 99 | － | 0 |
| 9 | 天津 | 0. 71 | － | 0 |
| 合计 | | **32003. 64** | **－2. 1** | **100** |

## 7. 12　血压测量仪器及器具

中国海关 HS 编码：9018902000

### 7. 12. 1　进口情况

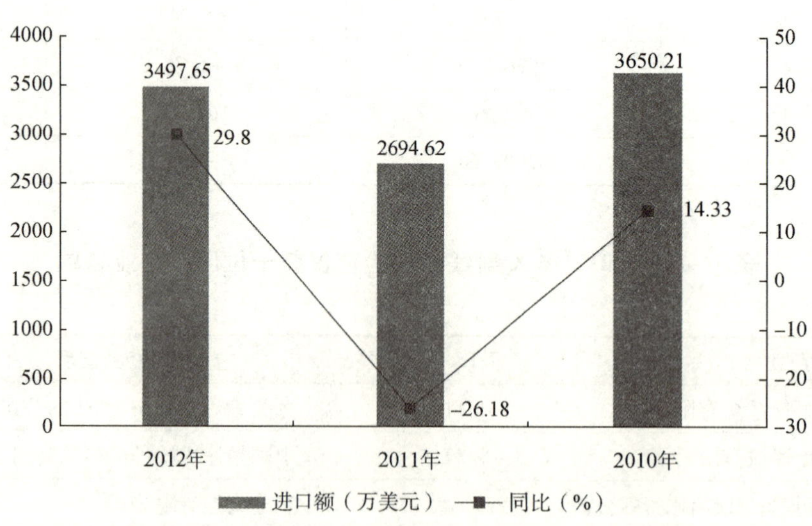


图 7－21　2010－2012 年血压测量仪器及器具进口情况

### 表 7-69　2012 年血压测量仪器及器具进口企业构成

单位：万美元，%

| 序号 | 企业性质 | 进口金额 | 同比 | 占比 |
|---|---|---|---|---|
| 1 | 国有企业 | 497.17 | 178.9 | 14.21 |
| 2 | 三资企业 | 2304.56 | 5.74 | 65.89 |
| 3 | 民营企业 | 695.92 | 106.55 | 19.9 |
| 合计 | | **3497.65** | **29.8** | **100** |

### 表 7-70　2012 年血压测量仪器及器具进口额前十位企业名单

单位：%

| 排名 | 企业名称 | 同比 | 排名 | 企业名称 | 同比 |
|---|---|---|---|---|---|
| 1 | 爱德华（上海）医疗用品有限公司 | 7.46 | 6 | 爱安德技研贸易（上海）有限公司 | 170.04 |
| 2 | 中国仪器进出口（集团）公司 | 2607.53 | 7 | 威海吉威重症医疗制品有限公司 | 11.49 |
| 3 | 北京金瑞恒基国际贸易有限公司 | - | 8 | 上海展通国际物流有限公司 | 506.73 |
| 4 | 日通国际物流（上海）有限公司 | 119.21 | 9 | 苏州尼世精密仪器有限公司 | 114.48 |
| 5 | 北京松下电工有限公司 | -19.79 | 10 | 优盛医疗电子（上海）有限公司 | -11.24 |

### 表 7-71　2012 年血压测量仪器及器具各省区市进口情况

单位：万美元，%

| 排名 | 省区市 | 进口金额 | 同比 | 占比 |
|---|---|---|---|---|
| 1 | 上海 | 1588.24 | 25.87 | 45.41 |
| 2 | 北京 | 1030.53 | 107.76 | 29.46 |
| 3 | 广东 | 453.58 | 6.45 | 12.97 |
| 4 | 山东 | 188.86 | 6.11 | 5.4 |
| 5 | 江苏 | 143.37 | 119.17 | 4.1 |
| 6 | 浙江 | 59.05 | 108.68 | 1.69 |
| 7 | 天津 | 29.01 | - | 0.83 |
| 8 | 山西 | 2 | - | 0.06 |
| 9 | 陕西 | 1.46 | - | 0.04 |
| 10 | 新疆 | 0.82 | - | 0.02 |
| 11 | 江西 | 0.3 | -83.04 | 0.01 |
| 12 | 辽宁 | 0.22 | -99.91 | 0.01 |
| 13 | 安徽 | 0.11 | -93.65 | 0 |
| 14 | 福建 | 0.08 | - | 0 |
| 15 | 吉林 | 0.01 | -33 | 0 |
| 合计 | | **3497.65** | **29.8** | **100** |

## 7.12.2 出口情况

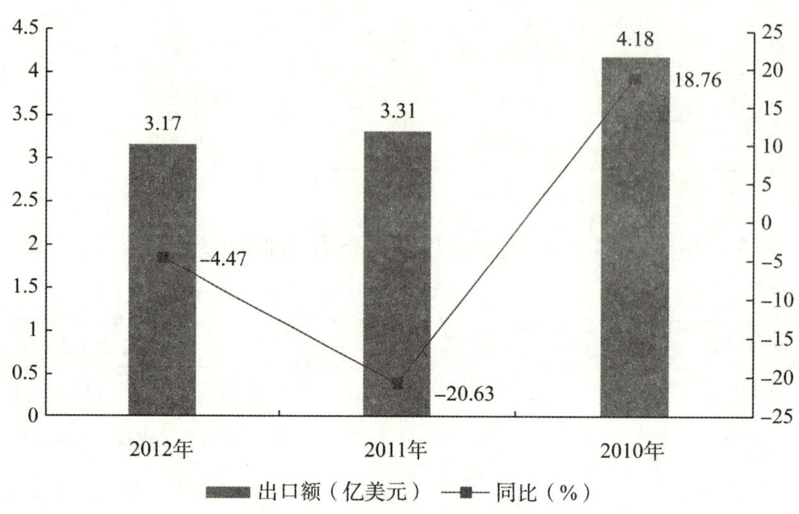


图 7-22 2010-2012 年血压测量仪器及器具出口情况

### 表 7-72 2012 年血压测量仪器及器具出口企业构成

单位：万美元，%

| 排名 | 省区市 | 出口金额 | 同比 | 占比 |
|---|---|---|---|---|
| 1 | 国有企业 | 1289.33 | -2.22 | 4.07 |
| 2 | 三资企业 | 23414.43 | -11.3 | 73.96 |
| 3 | 民营企业 | 6953.05 | 28.19 | 21.96 |
| 合计 | | **31656.81** | **-4.47** | **100** |

### 表 7-73 2012 年血压测量仪器及器具出口额前十位企业名单

单位：%

| 排名 | 企业名称 | 同比 | 排名 | 企业名称 | 同比 |
|---|---|---|---|---|---|
| 1 | 爱安德电子（深圳）有限公司 | 4.34 | 6 | 西铁城精电科技（江门）有限公司 | 9.45 |
| 2 | 鸿邦电子（深圳）有限公司 | 10.85 | 7 | 北京松下电工有限公司 | -5.37 |
| 3 | 天津九安医疗电子股份有限公司 | -26.86 | 8 | 海关编码 3206260707 的公司 | 428.12 |
| 4 | 合世医疗电子（苏州）有限公司 | 18.88 | 9 | 顺泰医疗器材（深圳）有限公司 | 19.31 |
| 5 | 优盛医疗电子（上海）有限公司 | -13.69 | 10 | 杭州世佳电子有限公司 | 77.07 |

表 7－74　2012 年血压测量仪器及器具各省区市出口情况

单位：万美元，%

| 排名 | 省区市 | 出口金额 | 同比 | 占比 |
|---|---|---|---|---|
| 1 | 广东 | 13952.11 | 8.54 | 44.07 |
| 2 | 江苏 | 5701.26 | 24.48 | 18.01 |
| 3 | 浙江 | 3772.73 | 27.67 | 11.92 |
| 4 | 上海 | 3066.02 | －11.69 | 9.69 |
| 5 | 天津 | 2944.57 | －26.43 | 9.3 |
| 6 | 北京 | 1156.84 | －4.71 | 3.65 |
| 7 | 山东 | 546.48 | －34.47 | 1.73 |
| 8 | 福建 | 88.13 | 204.86 | 0.28 |
| 9 | 安徽 | 77.39 | 189.22 | 0.24 |
| 10 | 辽宁 | 66.82 | －97.69 | 0.21 |
| 11 | 河北 | 54.11 | －41.76 | 0.17 |
| 12 | 西藏 | 54.07 | – | 0.17 |
| 13 | 重庆 | 36.31 | 63.01 | 0.11 |
| 14 | 河南 | 33.04 | 43.55 | 0.1 |
| 15 | 江西 | 22.5 | －18.73 | 0.07 |
| 16 | 陕西 | 20.09 | – | 0.06 |
| 17 | 湖北 | 14.15 | 117.05 | 0.04 |
| 18 | 黑龙江 | 12.37 | 45.24 | 0.04 |
| 19 | 云南 | 9.59 | －82.49 | 0.03 |
| 20 | 新疆 | 9.05 | – | 0.03 |
| 21 | 内蒙古 | 4.9 | 329.41 | 0.02 |
| 22 | 四川 | 4.46 | －10.22 | 0.01 |
| 23 | 甘肃 | 3.96 | －54.37 | 0.01 |
| 24 | 贵州 | 2.95 | – | 0.01 |
| 25 | 广西 | 2.17 | －91.92 | 0.01 |
| 26 | 吉林 | 0.45 | －86.21 | 0 |
| 27 | 湖南 | 0.3 | – | 0 |
| 合计 | | **31656.81** | **－4.47** | **100** |

## 7.13　成套的核磁共振成像装置

中国海关 HS 编码：9018130000，该编码为 2012 增加的新码，所以 2010 年、2011 年没有数据

### 7.13.1 进口情况

表 7－75　2010－2012 年核磁共振成像装置进口情况

单位：亿美元，%

| 年份 | 进口金额 | 同比 |
|---|---|---|
| 2012 | 5.17 | – |
| 2011 | – | – |
| 2010 | – | – |

表 7－76　2012 年核磁共振成像装置进口企业构成

单位：万美元，%

| 序号 | 企业性质 | 进口金额 | 同比 | 占比 |
|---|---|---|---|---|
| 1 | 国有企业 | 20026.81 | – | 38.75 |
| 2 | 三资企业 | 1870.63 | – | 3.62 |
| 3 | 民营企业 | 29780 | – | 57.63 |
| 合计 | | **51677.44** | **–** | **100** |

表 7－77　2012 年核磁共振成像装置进口额前十位企业名单

单位：%

| 排名 | 企业名称 | 同比 | 排名 | 企业名称 | 同比 |
|---|---|---|---|---|---|
| 1 | 深圳市格尚科技发展有限公司 | – | 6 | 江苏省科技发展有限公司 | – |
| 2 | 中建材集团进出口公司 | – | 7 | 国义招标股份有限公司 | – |
| 3 | 青岛美赫尔国际贸易有限公司 | – | 8 | 黑龙江省西麦克国际贸易有限公司 | – |
| 4 | 安徽亚美亚进出口贸易有限公司 | – | 9 | 宁波康导进出口有限公司 | – |
| 5 | 上海东松国际贸易有限公司 | – | 10 | 山东东岳国际经贸合作股份有限公司 | – |

表 7－78　2012 年各省区市核磁共振成像装置进口情况

单位：万美元，%

| 排名 | 省区市 | 进口金额 | 同比 | 占比 |
|---|---|---|---|---|
| 1 | 北京 | 11724.1 | – | 22.69 |
| 2 | 广东 | 7052.04 | – | 13.65 |
| 3 | 江苏 | 4106.72 | – | 7.95 |
| 4 | 浙江 | 3986.44 | – | 7.71 |
| 5 | 山东 | 3713.08 | – | 7.19 |
| 6 | 黑龙江 | 2772.95 | – | 5.37 |

| 排名 | 省区市 | 进口金额 | 同比 | 占比 |
| --- | --- | --- | --- | --- |
| 7 | 上海 | 2613.14 | – | 5.06 |
| 8 | 安徽 | 2420.12 | – | 4.68 |
| 9 | 河南 | 1876.78 | – | 3.63 |
| 10 | 天津 | 1484.12 | – | 2.87 |
| 11 | 湖北 | 1275.92 | – | 2.47 |
| 12 | 陕西 | 1237.95 | – | 2.4 |
| 13 | 吉林 | 1053.3 | – | 2.04 |
| 14 | 重庆 | 921.81 | – | 1.78 |
| 15 | 江西 | 918.36 | – | 1.78 |
| 16 | 云南 | 848.4 | – | 1.64 |
| 17 | 四川 | 830.93 | – | 1.61 |
| 18 | 福建 | 615.75 | – | 1.19 |
| 19 | 湖南 | 594.65 | – | 1.15 |
| 20 | 河北 | 408.55 | – | 0.79 |
| 21 | 内蒙古 | 371 | – | 0.72 |
| 22 | 新疆 | 281.4 | – | 0.54 |
| 23 | 山西 | 264.4 | – | 0.51 |
| 24 | 贵州 | 138 | – | 0.27 |
| 25 | 辽宁 | 84.74 | – | 0.16 |
| 26 | 海南 | 82.8 | – | 0.16 |
| 合计 | | **51677.44** | **–** | **100** |

### 7.13.2 出口情况

**表 7–79 2010–2012 年核磁共振成像装置出口情况**

单位：亿美元，%

| 年份 | 进口金额 | 同比 |
| --- | --- | --- |
| 2012 | 1.76 | – |
| 2011 | – | – |
| 2010 | – | – |

表 7－80　2012 年核磁共振成像装置出口企业构成

单位：万美元，%

| 排名 | 省区市 | 出口金额 | 同比 | 占比 |
|---|---|---|---|---|
| 1 | 国有企业 | 711.2 | – | 4.03 |
| 2 | 三资企业 | 15699.9 | – | 89.04 |
| 3 | 民营企业 | 1220.51 | – | 6.92 |
| 合计 | | **17631.61** | – | **100** |

表 7－81　2012 年核磁共振成像装置出口额前十位企业名单

单位：%

| 排名 | 企业名称 | 同比 | 排名 | 企业名称 | 同比 |
|---|---|---|---|---|---|
| 1 | 海关编码 4403042108 的公司 | – | 6 | 北京万东医疗装备股份有限公司 | – |
| 2 | 航卫通用电气医疗系统有限公司 | – | 7 | 海关编码 1310960878 的公司 | – |
| 3 | 深圳迈瑞生物医疗电子股份有限公司 | – | 8 | 沈阳东软医疗系统进出口有限公司 | – |
| 4 | 海关编码 4453966933 的公司 | – | 9 | 北京空港嘉里大通物流有限公司 | – |
| 5 | 宁波鑫高益磁材有限公司 | – | 10 | 包头市稀宝博为医疗系统有限公司 | – |

表 7－82　2012 年各省区市核磁共振成像装置出口情况

单位：万美元，%

| 排名 | 省区市 | 出口金额 | 金额同比 | 金额占比 |
|---|---|---|---|---|
| 1 | 广东 | 12834.15 | – | 72.79 |
| 2 | 北京 | 3720.96 | – | 21.1 |
| 3 | 浙江 | 371.39 | – | 2.11 |
| 4 | 河北 | 278.37 | – | 1.58 |
| 5 | 辽宁 | 220.55 | – | 1.25 |
| 6 | 内蒙古 | 71.81 | – | 0.41 |
| 7 | 四川 | 66.05 | – | 0.37 |
| 8 | 江苏 | 38.54 | – | 0.22 |
| 9 | 上海 | 21.76 | – | 0.12 |
| 10 | 陕西 | 8.02 | – | 0.05 |
| 合计 | | **17631.61** | – | **100** |

## 7.14　假　牙

中国海关 HS 编码：9021210000

### 7.14.1 进口情况

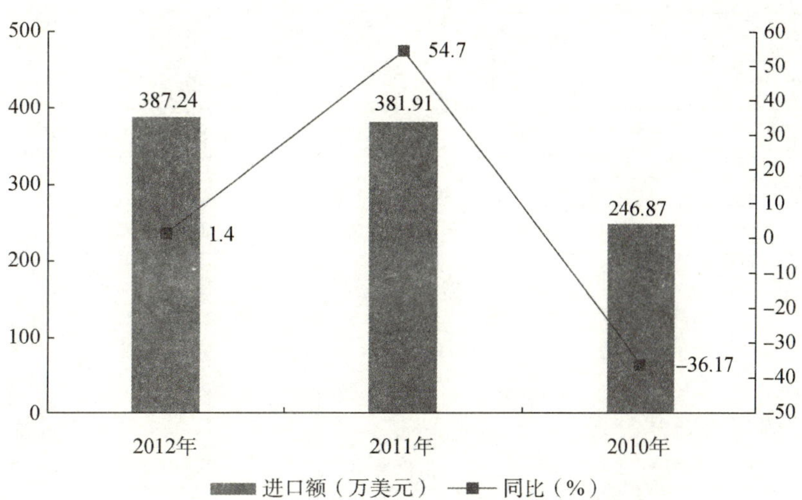


**图7－23 2010－2012年假牙进口情况**

**表7－83 2012年假牙进口企业构成**

单位：万美元，%

| 序号 | 企业性质 | 进口金额 | 同比 | 占比 |
|---|---|---|---|---|
| 1 | 国有企业 | 182.92 | 10.56 | 47.24 |
| 2 | 三资企业 | 145.57 | －3.36 | 37.59 |
| 3 | 民营企业 | 58.75 | －10.76 | 15.17 |
| 合计 | | **387.24** | **1.4** | **100** |

**表7－84 2012年假牙进口额前十位企业名单**

单位：%

| 排名 | 企业名称 | 同比 | 排名 | 企业名称 | 同比 |
|---|---|---|---|---|---|
| 1 | 上海中垦进出口公司 | 19.82 | 6 | 四洲义齿（深圳）有限公司 | 30.55 |
| 2 | 海关编码4403042530的公司 | － | 7 | 深圳市超今贸易有限公司 | －1.89 |
| 3 | 上海协源国际贸易有限公司 | 12.17 | 8 | 贺利氏古莎齿科有限公司 | －11.7 |
| 4 | 日进齿科材料（昆山）有限公司 | －25.51 | 9 | 北京联动商贸有限公司 | －20.63 |
| 5 | 丹沙中福货运代理有限公司 | － | 10 | 登士柏（天津）国际贸易有限公司 | －23.21 |

**表7－85 2012年各省区市假牙进口情况**

单位：万美元，%

| 排名 | 省区市 | 进口金额 | 同比 | 占比 |
|---|---|---|---|---|
| 1 | 上海 | 244.44 | 19.43 | 63.12 |
| 2 | 广东 | 95.87 | 57.02 | 24.76 |

| 排名 | 省区市 | 进口金额 | 同比 | 占比 |
|---|---|---|---|---|
| 3 | 江苏 | 23.8 | -70.48 | 6.14 |
| 4 | 北京 | 11.08 | -25.19 | 2.86 |
| 5 | 天津 | 11.08 | -30.43 | 2.86 |
| 6 | 辽宁 | 0.66 | -86.05 | 0.17 |
| 7 | 山东 | 0.31 | - | 0.08 |
| 合计 | | **387.24** | **1.4** | **100** |

## 7.14.2 出口情况

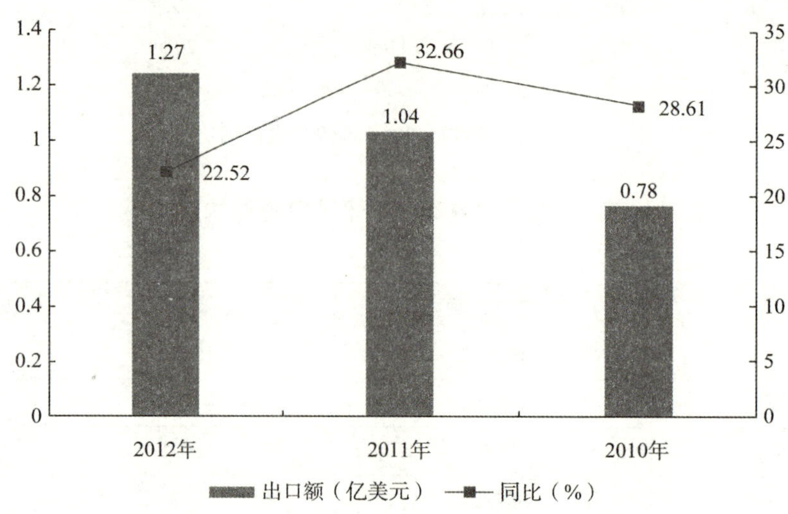


**图 7-24 2010-2012 年假牙出口情况**

**表 7-86 2012 年假牙出口企业构成**

单位：万美元，%

| 排名 | 企业性质 | 出口金额 | 同比 | 占比 |
|---|---|---|---|---|
| 1 | 国有企业 | 555.09 | -32.38 | 4.37 |
| 2 | 三资企业 | 10421.98 | 24.56 | 82.06 |
| 3 | 民营企业 | 1722.64 | 46.33 | 13.56 |
| 合计 | | **12699.7** | **22.52** | **100** |

**表 7-87 2012 年假牙出口额前十位企业名单**

单位：%

| 排名 | 企业名称 | 同比 | 排名 | 企业名称 | 同比 |
|---|---|---|---|---|---|
| 1 | 四洲义齿（深圳）有限公司 | 14.72 | 6 | 海关编码 4403042530 的公司 | - |
| 2 | 珠海维登国际义齿研发制造有限公司 | -9.84 | 7 | 深圳市顺安外资实业发展有限公司 | -31.66 |

| 排名 | 企业名称 | 同比 | 排名 | 企业名称 | 同比 |
|---|---|---|---|---|---|
| 3 | 浦单达（上海）口腔医疗器材有限公司 | 4.37 | 8 | 北京天拓义齿科技有限公司 | 12.2 |
| 4 | 珠海新茂义齿科技有限公司 | 40.36 | 9 | 山八齿材工业（常熟）有限公司 | 12.66 |
| 5 | 海关编码 4403137897 的公司 | 2587.05 | 10 | 固耐宝齿科（上海）有限公司 | 13.16 |

**表 7－88　2012 年各省区市假牙出口情况**

单位：万美元，%

| 排名 | 省区市 | 出口金额 | 同比 | 占比 |
|---|---|---|---|---|
| 1 | 广东 | 9016.53 | 29.8 | 71 |
| 2 | 上海 | 2044.83 | 2.99 | 16.1 |
| 3 | 江苏 | 775.37 | 10.88 | 6.11 |
| 4 | 北京 | 491.26 | 11.84 | 3.87 |
| 5 | 山东 | 207.2 | 39.72 | 1.63 |
| 6 | 福建 | 62.37 | 27.13 | 0.49 |
| 7 | 天津 | 34.9 | －27.91 | 0.27 |
| 8 | 浙江 | 20.37 | 135.67 | 0.16 |
| 9 | 辽宁 | 14.15 | 198.34 | 0.11 |
| 10 | 河南 | 8.13 | －29.18 | 0.06 |
| 11 | 四川 | 6.59 | －39.96 | 0.05 |
| 12 | 江西 | 5.12 | 246.34 | 0.04 |
| 13 | 安徽 | 3.69 | － | 0.03 |
| 14 | 甘肃 | 2.57 | 156.17 | 0.02 |
| 15 | 重庆 | 2.52 | －69.08 | 0.02 |
| 16 | 广西 | 2.19 | － | 0.02 |
| 17 | 黑龙江 | 1.05 | －12.3 | 0.01 |
| 18 | 湖北 | 0.66 | －35.44 | 0.01 |
| 19 | 新疆 | 0.13 | － | 0 |
| 20 | 贵州 | 0.07 | － | 0 |
| 21 | 湖南 | 0.01 | － | 0 |
| 合计 | | **12699.7** | **22.52** | **100** |

## 7.15　急救药箱、药包

中国海关 HS 编码：3006500000

## 7.15.1 进口情况

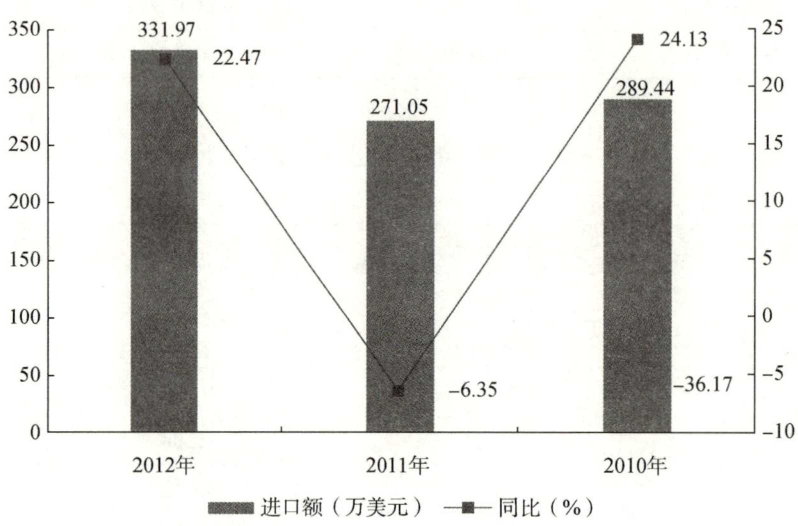


图 7－25　2010－2012 年急救药箱、药包进口情况

表 7－89　2012 年急救药箱、药包进口企业构成

单位：万美元，%

| 序号 | 企业性质 | 进口金额 | 同比 | 占比 |
|---|---|---|---|---|
| 1 | 国有企业 | 77.78 | 25.23 | 23.43 |
| 2 | 三资企业 | 233.83 | 19.22 | 70.44 |
| 3 | 民营企业 | 18.35 | 87.93 | 5.53 |
| 4 | 其他企业 | 2.01 | －34.11 | 0.6 |
| 合计 | | **331.97** | **22.47** | **100** |

表 7－90　2012 年急救药箱、药包进口额前十位企业名单

单位：%

| 排名 | 企业名称 | 同比 | 排名 | 企业名称 | 同比 |
|---|---|---|---|---|---|
| 1 | 华晨宝马汽车有限公司 | 53.28 | 6 | 武汉必凯尔救助用品有限公司 | － |
| 2 | 北京奔驰－戴姆勒克莱斯勒汽车有限公司 | 21.1 | 7 | 中国南方航空进出口贸易公司 | 586.27 |
| 3 | 东方航空进出口有限公司 | 108.38 | 8 | 厦门太古飞机工程有限公司 | －32.82 |
| 4 | 广州飞机维修工程有限公司 | 24.47 | 9 | 国航进出口有限公司 | －55.47 |
| 5 | 成都国航集团进出口有限公司 | 38.96 | 10 | 中国航空器材进出口有限责任公司 | 12.94 |

表 7－91　2012 年各省区市急救药箱、药包进口情况

单位：万美元，%

| 排名 | 省区市 | 进口金额 | 同比 | 占比 |
|---|---|---|---|---|
| 1 | 辽宁 | 120.51 | 47.01 | 36.3 |
| 2 | 北京 | 79.57 | 9.01 | 23.97 |
| 3 | 上海 | 52.45 | 59.03 | 15.8 |
| 4 | 广东 | 32.77 | 53.11 | 9.87 |
| 5 | 四川 | 16.5 | 25.51 | 4.97 |
| 6 | 福建 | 9 | －62.56 | 2.71 |
| 7 | 湖北 | 8.93 | 80.57 | 2.69 |
| 8 | 天津 | 4.07 | － | 1.22 |
| 9 | 江苏 | 3.16 | －77.65 | 0.95 |
| 10 | 陕西 | 1.76 | － | 0.53 |
| 11 | 山东 | 1.65 | － | 0.5 |
| 12 | 浙江 | 1.17 | 711.83 | 0.35 |
| 13 | 湖南 | 0.18 | 24.6 | 0.06 |
| 14 | 海南 | 0.09 | －96.84 | 0.03 |
| 15 | 安徽 | 0.06 | －83.97 | 0.02 |
| 16 | 吉林 | 0.04 | 88.07 | 0.01 |
| 17 | 黑龙江 | 0.02 | －63.43 | 0.01 |
| 18 | 重庆 | 0.01 | －90.71 | 0 |
| 19 | 河南 | 0.01 | － | 0 |
| 20 | 山西 | <0.01 | －33.33 | 0 |
| 21 | 甘肃 | <0.01 | － | 0 |
| 合计 | | **331.97** | **22.47** | **100** |

## 7.15.2　出口情况

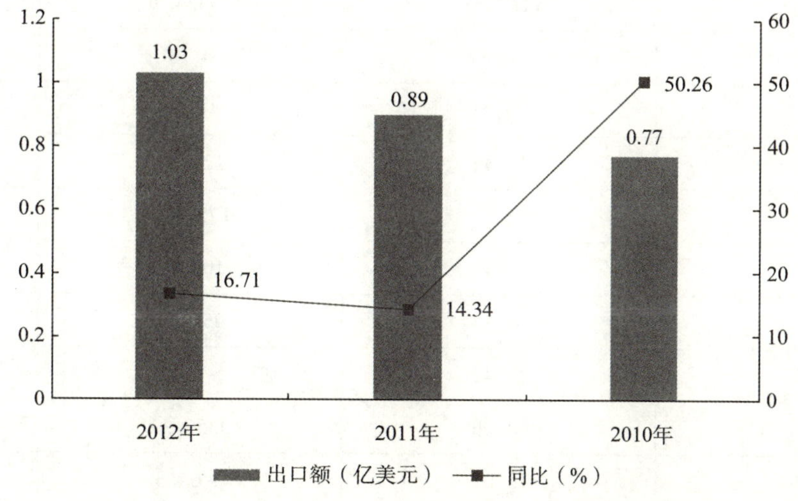


图 7－26　2010－2012 年急救药箱、药包出口情况

表 7－92　2012 年急救药箱、药包出口企业构成

单位：万美元，%

| 排名 | 企业性质 | 出口金额 | 同比 | 占比 |
|---|---|---|---|---|
| 1 | 国有企业 | 782.41 | －21.67 | 7.63 |
| 2 | 三资企业 | 5510.69 | 14.31 | 53.72 |
| 3 | 民营企业 | 3961.84 | 33.81 | 38.62 |
| 合计 | | **10254.94** | － | **99.97** |

表 7－93　2012 年急救药箱、药包出口额前十位企业名单

单位：%

| 排名 | 企业名称 | 同比 | 排名 | 企业名称 | 同比 |
|---|---|---|---|---|---|
| 1 | 武汉必凯尔救助用品有限公司 | 36.85 | 6 | 苏州苏勋医疗用品有限公司 | －6.82 |
| 2 | 稳健实业（深圳）有限公司 | 18.77 | 7 | 绍兴振德医用敷料有限公司 | －32.93 |
| 3 | 绍兴福清卫生用品有限公司 | 42.41 | 8 | 苏州市好护理医疗用品有限公司 | 421.62 |
| 4 | 枝江奥美医疗用品有限公司 | 47.23 | 9 | 绍兴瑞凯防护用品有限公司 | －8.98 |
| 5 | 上海亚澳医用保健品有限公司 | 28 | 10 | 武汉杰怡工贸有限公司 | 200.51 |

表 7－94　2012 年各省区市急救药箱、药包出口情况

单位：万美元，%

| 排名 | 省区市 | 出口金额 | 同比 | 占比 |
|---|---|---|---|---|
| 1 | 浙江 | 2474.55 | 0.94 | 24.12 |
| 2 | 湖北 | 2146.21 | 39.08 | 20.92 |
| 3 | 江苏 | 2033.96 | 22.07 | 19.83 |
| 4 | 广东 | 1505.41 | 0.04 | 14.68 |
| 5 | 上海 | 1183.68 | 33.45 | 11.54 |
| 6 | 福建 | 510.87 | 0.13 | 4.98 |
| 7 | 安徽 | 117.56 | 44.86 | 1.15 |
| 8 | 山东 | 81.36 | 124.02 | 0.79 |
| 9 | 重庆 | 52.12 | 1259.75 | 0.51 |
| 10 | 黑龙江 | 25.8 | 103.92 | 0.25 |
| 11 | 四川 | 24.57 | 955.14 | 0.24 |
| 12 | 北京 | 21.42 | －6.84 | 0.21 |
| 13 | 甘肃 | 20.06 | 3350.32 | 0.2 |
| 14 | 江西 | 15.91 | －64.3 | 0.16 |

| 排名 | 省区市 | 出口金额 | 同比 | 占比 |
|---|---|---|---|---|
| 15 | 西藏 | 15. 12 | – | 0. 15 |
| 16 | 河北 | 5. 47 | 521. 58 | 0. 05 |
| 17 | 河南 | 5. 43 | –21. 64 | 0. 05 |
| 18 | 新疆 | 4 | – | 0. 04 |
| 19 | 云南 | 3. 15 | 183. 86 | 0. 03 |
| 20 | 陕西 | 2. 93 | –13. 84 | 0. 03 |
| 21 | 广西 | 2. 54 | 20. 9 | 0. 02 |
| 22 | 辽宁 | 2. 2 | –11. 08 | 0. 02 |
| 23 | 湖南 | 1. 67 | – | 0. 02 |
| 24 | 贵州 | 0. 64 | – | 0. 01 |
| 25 | 天津 | 0. 41 | –75. 29 | 0 |
| 26 | 青海 | 0. 38 | – | 0 |
| **合计** | | **10257. 45** | **16. 71** | **100** |

## 7. 16 人造关节

中国海关 HS 编码：9021310000

### 7. 16. 1 进口情况

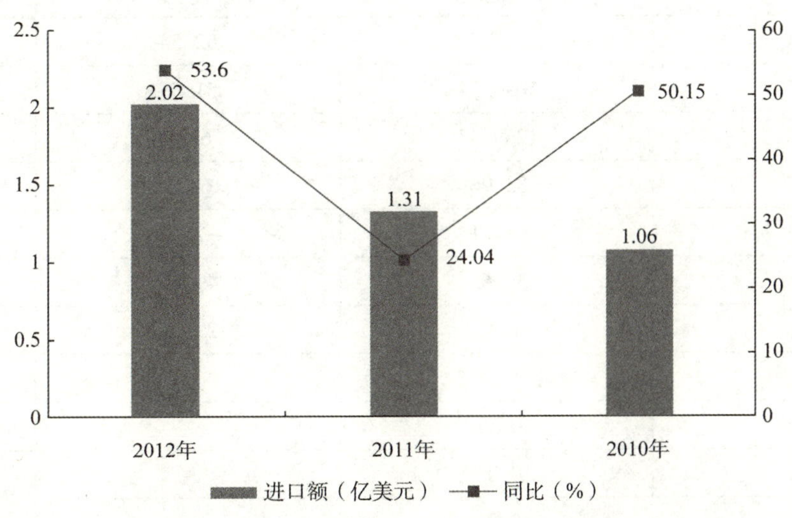


**图 7 – 27 2010 – 2012 年人造关节进口情况**

### 表 7-95　2012 年人造关节进口企业构成

单位：万美元，%

| 序号 | 企业性质 | 进口金额 | 同比 | 占比 |
|---|---|---|---|---|
| 1 | 国有企业 | 5039.16 | 40.01 | 24.97 |
| 2 | 三资企业 | 14364.81 | 58.36 | 71.19 |
| 3 | 民营企业 | 773.75 | 65.9 | 3.83 |
| 4 | 其他企业 | 1.41 | 27.94 | 0.01 |
| 合计 | | **20179.14** | **53.6** | **100** |

### 表 7-96　2012 年人造关节进口额前十位企业名单

单位：%

| 排名 | 企业名称 | 同比 | 排名 | 企业名称 | 同比 |
|---|---|---|---|---|---|
| 1 | 强生（上海）医疗器材有限公司 | 42.78 | 6 | 强生（苏州）医疗器材有限公司 | 5.81 |
| 2 | 北京威联德骨科技术有限公司 | 47.22 | 7 | 东方国际集团上海荣恒国际贸易有限公司 | 52.08 |
| 3 | 捷迈（上海）医疗国际贸易有限公司 | 41.51 | 8 | 邦美（上海）商贸有限公司 | 43.15 |
| 4 | 施乐辉医用产品国际贸易（上海）有限公司 | 1464.73 | 9 | 北京新星勤昌盛商贸有限公司 | 1053.66 |
| 5 | 永裕（上海）医药物流营运有限公司 | 38.48 | 10 | 海关编号 1108930900 的公司 | 338.69 |

### 表 7-97　2012 年各省区市人造关节进口情况

单位：万美元，%

| 排名 | 省区市 | 进口金额 | 同比 | 占比 |
|---|---|---|---|---|
| 1 | 上海 | 13634.17 | 62.54 | 67.57 |
| 2 | 北京 | 5096.54 | 51.55 | 25.26 |
| 3 | 江苏 | 1269.47 | 6.25 | 6.29 |
| 4 | 广东 | 83.96 | 6.74 | 0.42 |
| 5 | 四川 | 61.11 | -26.23 | 0.3 |
| 6 | 湖北 | 30.62 | 49.65 | 0.15 |
| 7 | 云南 | 1.41 | 29.25 | 0.01 |
| 8 | 山东 | 1.28 | 36.72 | 0.01 |
| 9 | 福建 | 0.52 | - | 0 |
| 10 | 河南 | 0.05 | - | 0 |
| 11 | 辽宁 | 0.01 | - | 0 |
| 合计 | | **20179.14** | **53.6** | **100** |

### 7.16.2 出口情况

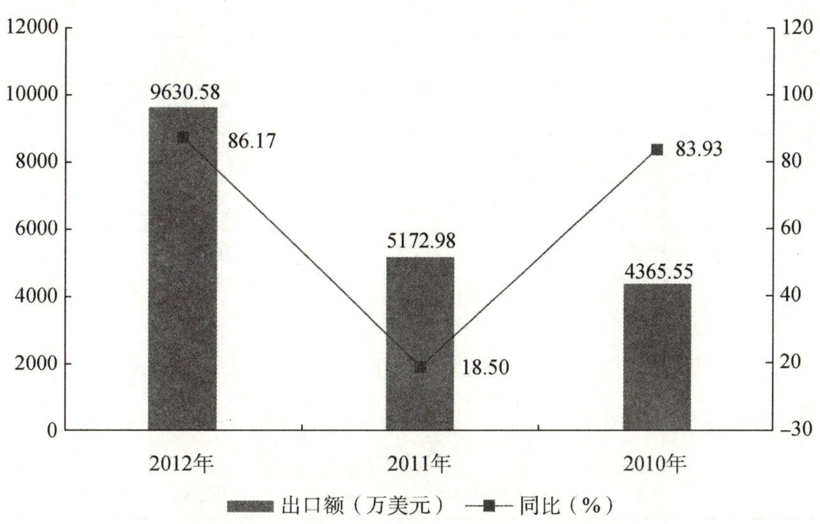


图 7－28 2010－2012 年人造关节出口情况

**表 7－98 2012 年人造关节出口企业构成**

单位：万美元，%

| 序号 | 企业性质 | 出口金额 | 同比 | 占比 |
|---|---|---|---|---|
| 1 | 国有企业 | 2308.41 | – | 23.97 |
| 2 | 三资企业 | 7010.02 | 43.81 | 72.79 |
| 3 | 民营企业 | 312.15 | 108.99 | 3.24 |
| **合计** | | **9630.58** | **86.17** | **100** |

**表 7－99 2012 年人造关节出口额前十企业名单**

单位：%

| 排名 | 企业名称 | 同比 | 排名 | 企业名称 | 同比 |
|---|---|---|---|---|---|
| 1 | 强生（苏州）医疗器材有限公司 | 35.71 | 6 | 北京市春立正达医疗器械股份有限公司 | 299.64 |
| 2 | 中国医药保健品股份有限公司 | – | 7 | 宝鸡华钛机电制造有限责任公司 | 1.42 |
| 3 | 西安安泰叶片技术有限公司 | 97.7 | 8 | 施乐辉外科植入物（北京）有限公司 | －7.25 |
| 4 | 常州巴奥米特医疗器械有限公司 | 79.33 | 9 | 上海嘉定对外贸易有限公司 | 31.7 |
| 5 | 林克骨科（中国）有限公司 | 423.54 | 10 | 上海雅衡进出口贸易有限公司 | 488.25 |

**表 7－100 2012 年各省区市人造关节出口情况**

单位：万美元，%

| 排名 | 省区市 | 出口金额 | 同比 | 占比 |
|---|---|---|---|---|
| 1 | 江苏 | 5902.4 | 38.09 | 61.29 |
| 2 | 北京 | 2743.35 | – | 28.49 |

| 排名 | 省区市 | 出口金额 | 同比 | 占比 |
|---|---|---|---|---|
| 3 | 陕西 | 686.87 | 61.05 | 7.13 |
| 4 | 上海 | 210.71 | 4.45 | 2.19 |
| 5 | 天津 | 32.94 | 58.21 | 0.34 |
| 6 | 河南 | 27.78 | 442.47 | 0.29 |
| 7 | 福建 | 11.36 | 178.86 | 0.12 |
| 8 | 广东 | 7.41 | 201.76 | 0.08 |
| 9 | 河北 | 5.02 | – | 0.05 |
| 10 | 山东 | 2.06 | – | 0.02 |
| 11 | 新疆 | 0.59 | – | 0.01 |
| 12 | 安徽 | 0.09 | – | 0 |
| 合计 | | **9630.58** | **86.17** | **100** |

## 7.17 心脏起搏器（不包括零件、附件）

中国海关 HS 编码：9021500000

### 7.17.1 进口情况

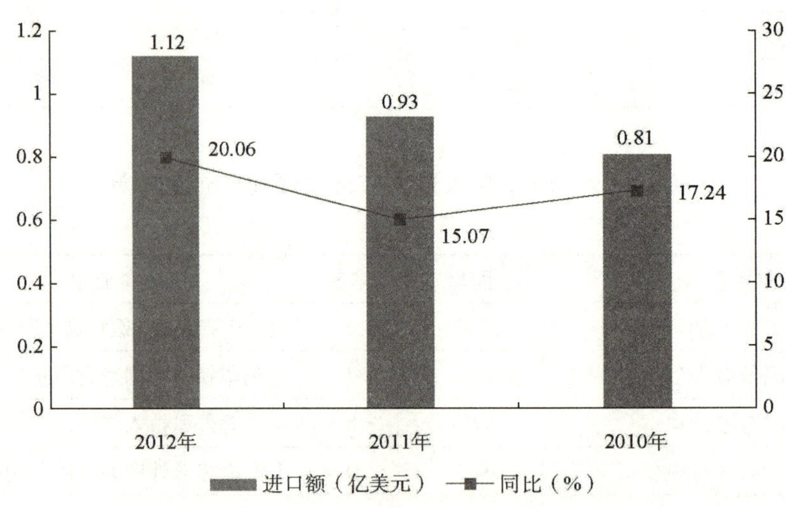


图 7－29　2010－2012 年心脏起搏器进口情况

表 7－101　2012 年心脏起搏器进口企业构成

单位：万美元，%

| 序号 | 企业性质 | 进口金额 | 同比 | 占比 |
|---|---|---|---|---|
| 1 | 国有企业 | 1021.12 | 35.65 | 9.12 |
| 2 | 三资企业 | 8939.81 | 15.67 | 79.87 |

| 序号 | 企业性质 | 进口金额 | 同比 | 占比 |
|---|---|---|---|---|
| 3 | 民营企业 | 1231.5 | 46.41 | 11 |
| 合计 | | **11192.43** | **20.06** | **100** |

**表 7-102　2012 年心心脏起搏器进口额前十位企业名单**

单位：%

| 排名 | 企业名称 | 同比 | 排名 | 企业名称 | 同比 |
|---|---|---|---|---|---|
| 1 | 美敦力医疗用品技术服务（上海）有限公司 | 39.21 | 6 | 百多力（北京）医疗器械有限公司 | 19.48 |
| 2 | 圣犹达医疗用品（上海）有限公司 | -17.06 | 7 | 上海铁联国际储运有限公司 | - |
| 3 | 北京美至奕成科技发展有限公司 | 46.36 | 8 | 永裕（上海）医药物流营运有限公司 | - |
| 4 | 陕西秦明医学仪器股份有限公司 | 16.8 | 9 | 迈柯唯（上海）医疗设备有限公司 | - |
| 5 | 波科国际医疗贸易（上海）有限公司 | 4.74 | 10 | 海关编码 3122610004 的公司 | - |

**表 7-103　2012 年各省区市心脏起搏器进口情况**

单位：万美元，%

| 排名 | 省区市 | 进口金额 | 同比 | 占比 |
|---|---|---|---|---|
| 1 | 上海 | 8820.51 | 17.52 | 78.81 |
| 2 | 北京 | 1499.75 | 40.47 | 13.4 |
| 3 | 陕西 | 871.54 | 16.8 | 7.79 |
| 4 | 福建 | 0.63 | - | 0.01 |
| 合计 | | **11192.43** | **20.06** | **100** |

## 7.17.2　出口情况

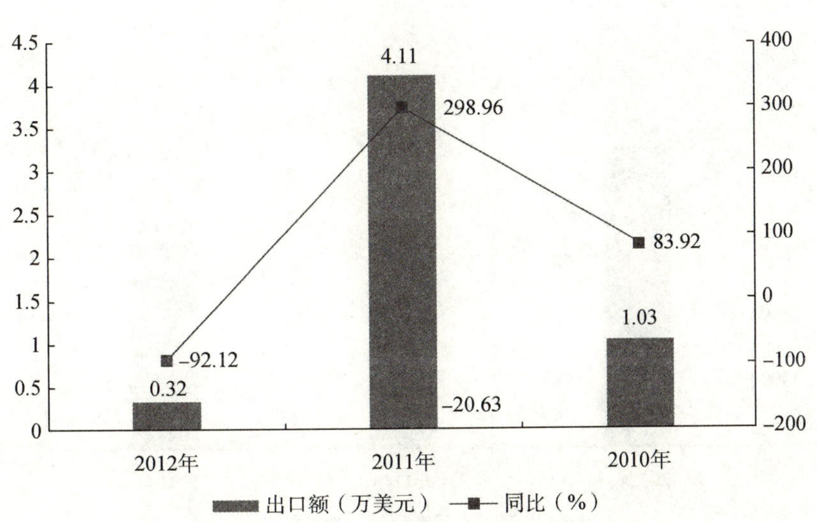


**图 7-30　2010-2012 年心脏起搏器出口情况**

表 7－104　2012 年心脏起搏器出口企业构成

单位：万美元，%

| 序号 | 企业性质 | 出口金额 | 同比 | 占比 |
|---|---|---|---|---|
| 1 | 国有企业 | 0.12 | －93.95 | 38.25 |
| 2 | 三资企业 | 0.2 | －90.32 | 61.75 |
| 合计 | | **0.32** | **－92.12** | **100** |

表 7－105　2012 年心脏起搏器出口企业名单

单位：%

| 排名 | 企业名称 | 同比 | 排名 | 企业名称 | 同比 |
|---|---|---|---|---|---|
| 1 | 圣犹达医疗用品（上海）有限公司 | －90.32 | 6 | － | － |
| 2 | 东方航空进出口有限公司 | － | 7 | － | － |
| 3 | － | － | 8 | － | － |
| 4 | － | － | 9 | － | － |
| 5 | － | － | 10 | － | － |

表 7－106　2012 年心脏起搏器出口情况

单位：万美元，%

| 排名 | 省区市 | 出口金额 | 同比 | 占比 |
|---|---|---|---|---|
| 1 | 上海 | 0.32 | －84.32 | 100 |
| 合计 | | **0.32** | **－92.12** | **100** |

## 7.18　心电图记录仪

中国海关 HS 编码：9018110000

### 7.18.1　进口情况

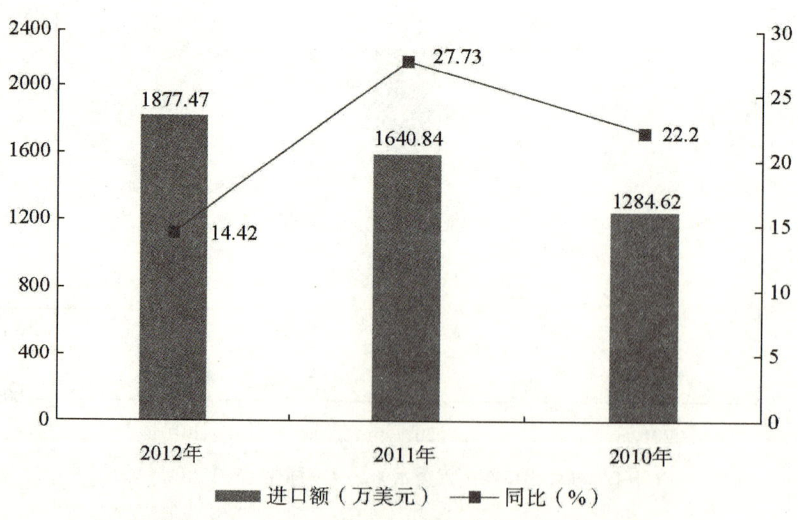


图 7－31　2010－2012 年心电图记录仪进口情况

表 7－107 2012 年心电图记录仪进口企业构成

单位：万美元，%

| 序号 | 企业性质 | 进口金额 | 同比 | 占比 |
|---|---|---|---|---|
| 1 | 国有企业 | 32.24 | －50.14 | 1.72 |
| 2 | 三资企业 | 1685.68 | 16.65 | 89.78 |
| 3 | 民营企业 | 159.55 | 21.74 | 8.5 |
| 合计 | | **1877.47** | **14.42** | **100** |

表 7－108 2012 年心电图记录仪进口额前十位企业名单

单位：%

| 排名 | 企业名称 | 同比 | 排名 | 企业名称 | 同比 |
|---|---|---|---|---|---|
| 1 | 明尼苏达矿业制造（上海）国际贸易有限公司 | 32.61 | 6 | 迪姆软件（北京）有限公司 | － |
| 2 | 尼虹光电贸易（上海）有限公司 | －25.85 | 7 | 通用电气医疗系统贸易发展（上海）有限公司 | －71.29 |
| 3 | 上海光电医用电子仪器有限公司 | － | 8 | 上海英科心电图医疗产品有限公司 | 30.19 |
| 4 | 圣犹达医疗用品（上海）有限公司 | 5.87 | 9 | 珠海市欣美贸易有限公司 | 268.67 |
| 5 | 北京福田电子医疗仪器有限公司 | 17.88 | 10 | 中国环球租赁有限公司 | 73.21 |

表 7－109 2012 年各省区市心电图记录仪进口情况

单位：万美元，%

| 排名 | 省区市 | 进口金额 | 同比 | 占比 |
|---|---|---|---|---|
| 1 | 上海 | 1294.74 | 6.5 | 68.96 |
| 2 | 北京 | 450.09 | 33.75 | 23.97 |
| 3 | 广东 | 119.42 | 105.51 | 6.36 |
| 4 | 江苏 | 6.18 | 448.15 | 0.33 |
| 5 | 四川 | 2.48 | 797.4 | 0.13 |
| 6 | 湖南 | 2.28 | － | 0.12 |
| 7 | 海南 | 2.28 | － | 0.12 |
| 合计 | | **1877.47** | **14.42** | **100** |

## 7.18.2 出口情况

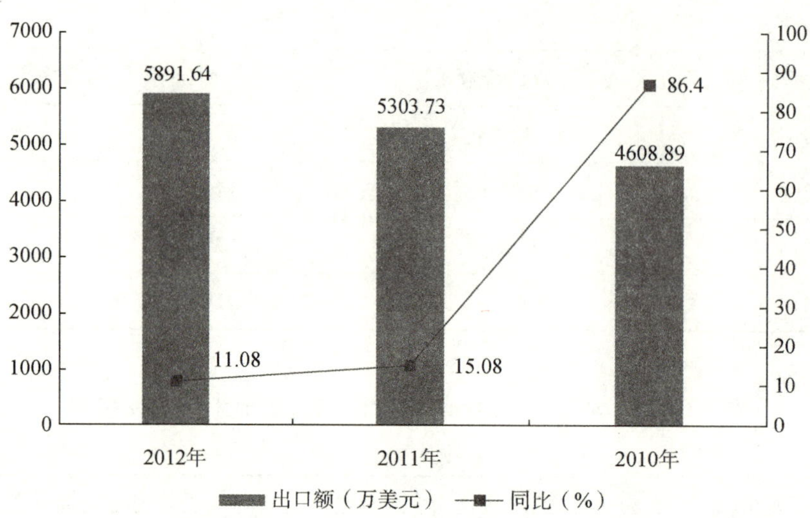


图 7－32　2010－2012 年心电图记录仪出口情况

表 7－110　2012 年心电图记录仪出口企业构成

单位：万美元，%

| 排名 | 省区市 | 出口金额 | 同比 | 占比 |
|---|---|---|---|---|
| 1 | 国有企业 | 397.6 | 11.54 | 6.75 |
| 2 | 三资企业 | 3370.87 | 8.01 | 57.21 |
| 3 | 民营企业 | 2123.17 | 16.24 | 36.04 |
| 合计 | | **5891.64** | **11.08** | **100** |

表 7－111　2012 年心电图记录仪出口额前十位企业名单

单位：%

| 排名 | 企业名称 | 同比 | 排名 | 企业名称 | 同比 |
|---|---|---|---|---|---|
| 1 | 捷普科技（上海）有限公司 | 4.54 | 6 | 深圳市邦健电子有限公司 | 55.81 |
| 2 | 深圳市理邦精密仪器有限公司 | 1.79 | 7 | 秦皇岛市康泰医学系统有限公司 | －15.93 |
| 3 | 北京福田电子医疗仪器有限公司 | 17.23 | 8 | 上海光电医用电子仪器有限公司 | －16.92 |
| 4 | 新美亚电子（深圳）有限公司 | －8.19 | 9 | 深圳市金科威实业有限公司 | 88.5 |
| 5 | 上海英科心电图医疗产品有限公司 | 26.16 | 10 | 深圳中外运物流有限公司 | 18.43 |

表 7－112　2012 年各省区市心电图记录仪出口情况

单位：万美元，%

| 排名 | 省区市 | 出口金额 | 同比 | 占比 |
|---|---|---|---|---|
| 1 | 广东 | 2432.78 | 14.55 | 41.29 |
| 2 | 上海 | 2137.37 | 4.77 | 36.28 |

| 排名 | 省区市 | 出口金额 | 同比 | 占比 |
|---|---|---|---|---|
| 3 | 北京 | 746.31 | 23.12 | 12.67 |
| 4 | 河北 | 222.84 | -18.79 | 3.78 |
| 5 | 江苏 | 205.11 | 11.11 | 3.48 |
| 6 | 黑龙江 | 38.51 | - | 0.65 |
| 7 | 湖北 | 34.57 | 91.51 | 0.59 |
| 8 | 山东 | 20.48 | 7.23 | 0.35 |
| 9 | 重庆 | 12.47 | 7.25 | 0.21 |
| 10 | 浙江 | 9.44 | 7.99 | 0.16 |
| 11 | 云南 | 6.2 | 153.22 | 0.11 |
| 12 | 河南 | 6.13 | 321.22 | 0.1 |
| 13 | 天津 | 5.84 | -0.66 | 0.1 |
| 14 | 辽宁 | 5.52 | - | 0.09 |
| 15 | 安徽 | 3.19 | -32.86 | 0.05 |
| 16 | 陕西 | 1.98 | 64.93 | 0.03 |
| 17 | 江西 | 1.49 | 290.09 | 0.03 |
| 18 | 福建 | 0.85 | 51.7 | 0.01 |
| 19 | 吉林 | 0.47 | 340.23 | 0.01 |
| 20 | 四川 | 0.07 | - | 0 |
| 合计 | | **5891.64** | **11.08** | **100** |

## 7.19 内窥镜

中国海关 HS 编码：9018903000

### 7.19.1 进口情况

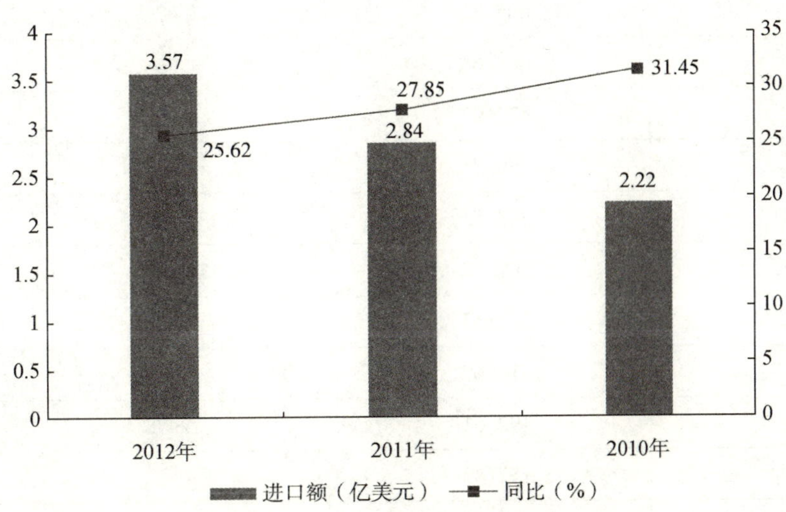


图 7-33 2010-2012 年内窥镜进口情况

### 表 7－113　2012 年内窥镜进口企业构成

单位：万美元，%

| 序号 | 企业性质 | 进口金额 | 同比 | 占比 |
|---|---|---|---|---|
| 1 | 国有企业 | 9261.82 | －3.64 | 25.93 |
| 2 | 三资企业 | 15746.17 | 26.82 | 44.08 |
| 3 | 民营企业 | 10710.09 | 67.23 | 29.99 |
| 合计 | | **35718.08** | **25.62** | **100** |

### 表 7－114　2012 年内窥镜进口额前十位企业名单

单位：%

| 排名 | 企业名称 | 同比 | 排名 | 企业名称 | 同比 |
|---|---|---|---|---|---|
| 1 | 奥林巴斯贸易（上海）有限公司 | 15.24 | 6 | 上海东松国际贸易有限公司 | 124.21 |
| 2 | 上海金桥（集团）有限公司 | －9.62 | 7 | 上海三凯进出口有限公司 | 0.07 |
| 3 | 海关编码 3122461162 的公司 | – | 8 | 永裕（上海）医药物流营运有限公司 | 13.3 |
| 4 | 富士胶片（上海）贸易有限公司 | 57.5 | 9 | 顺通世嘉国际贸易（北京）有限公司 | 117.36 |
| 5 | 海关编码 3104941152 的公司 | – | 10 | 北京汉华荣欣经贸有限公司 | 35.15 |

### 表 7－115　2012 年各省区市内窥镜进口情况

单位：万美元，%

| 排名 | 省区市 | 进口金额 | 同比 | 占比 |
|---|---|---|---|---|
| 1 | 上海 | 23647.16 | 31.31 | 66.21 |
| 2 | 北京 | 5092.31 | 35.14 | 14.26 |
| 3 | 广东 | 1732.22 | －9.27 | 4.85 |
| 4 | 重庆 | 825.77 | 1.36 | 2.31 |
| 5 | 浙江 | 685.81 | 47.37 | 1.92 |
| 6 | 江苏 | 668.68 | 83.56 | 1.87 |
| 7 | 山东 | 477.92 | －16.09 | 1.34 |
| 8 | 陕西 | 450.71 | 146.3 | 1.26 |
| 9 | 四川 | 388.55 | 137.23 | 1.09 |
| 10 | 新疆 | 307.52 | 116.34 | 0.86 |
| 11 | 吉林 | 230.53 | －49.82 | 0.65 |
| 12 | 黑龙江 | 212.69 | －41.35 | 0.6 |
| 13 | 山西 | 192.61 | －22.78 | 0.54 |
| 14 | 内蒙古 | 152.83 | – | 0.43 |
| 15 | 江西 | 145.55 | 128.57 | 0.41 |

| 排名 | 省区市 | 进口金额 | 同比 | 占比 |
|---|---|---|---|---|
| 16 | 安徽 | 128.92 | -47.49 | 0.36 |
| 17 | 辽宁 | 66.06 | -77.99 | 0.18 |
| 18 | 河南 | 65.4 | 385.07 | 0.18 |
| 19 | 河北 | 52.15 | 77.21 | 0.15 |
| 20 | 湖北 | 52.12 | -50.19 | 0.15 |
| 21 | 天津 | 45.8 | - | 0.13 |
| 22 | 贵州 | 39.8 | -66.8 | 0.11 |
| 23 | 湖南 | 33.48 | -45.68 | 0.09 |
| 24 | 云南 | 15.32 | 46.31 | 0.04 |
| 25 | 福建 | 8.19 | 50.45 | 0.02 |
| 合计 | | **35718.08** | **25.62** | **100** |

### 7.19.2 出口情况

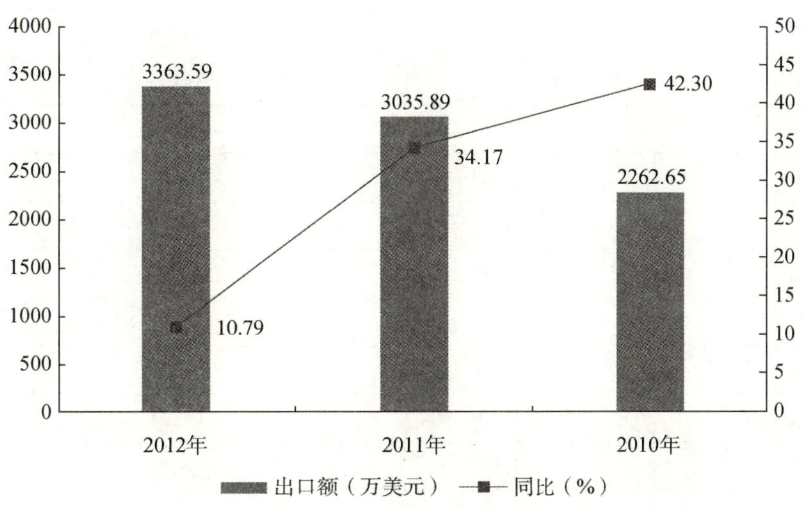


**图7-34 2010-2012年内窥镜出口情况**

**表7-116 2012年内窥镜出口企业构成**

单位：万美元，%

| 序号 | 企业性质 | 出口金额 | 同比 | 占比 |
|---|---|---|---|---|
| 1 | 国有企业 | 212.22 | -64.6 | 6.31 |
| 2 | 三资企业 | 1734.58 | 38.26 | 51.57 |
| 3 | 民营企业 | 1416.79 | 19.89 | 42.12 |
| 合计 | | **3363.59** | **10.79** | **100** |

### 表 7 – 117　2012 年内窥镜出口额前十位企业名单

单位：%

| 排名 | 企业名称 | 同比 | 排名 | 企业名称 | 同比 |
|---|---|---|---|---|---|
| 1 | 奥林巴斯贸易（上海）有限公司 | 49. 31 | 6 | 上海成运内窥镜设备有限公司 | 3. 43 |
| 2 | 上海澳华光电内窥镜有限公司 | 22. 2 | 7 | 珠海博导医疗器械有限公司 | 586. 79 |
| 3 | 锐珂（上海）医疗器材有限公司 | 11. 1 | 8 | 杭州好克光电仪器有限公司 | 39. 71 |
| 4 | 富士胶片（上海）贸易有限公司 | 70. 71 | 9 | 上海延顺内窥镜配件有限公司 | 12. 92 |
| 5 | 上海埃尔顿医疗器械有限公司 | 90. 82 | 10 | 杭州桐庐尖端内窥镜有限公司 | 85. 87 |

### 表 7 – 118　2012 年各省区市内窥镜出口情况

单位：万美元，%

| 排名 | 省区市 | 出口金额 | 同比 | 占比 |
|---|---|---|---|---|
| 1 | 上海 | 2303. 27 | 35. 75 | 68. 48 |
| 2 | 浙江 | 344. 51 | 75. 63 | 10. 24 |
| 3 | 广东 | 253. 6 | 24. 37 | 7. 54 |
| 4 | 北京 | 187. 22 | –66. 88 | 5. 57 |
| 5 | 辽宁 | 70. 16 | –31. 89 | 2. 09 |
| 6 | 江苏 | 62. 75 | –7. 43 | 1. 87 |
| 7 | 重庆 | 55. 03 | –12. 01 | 1. 64 |
| 8 | 天津 | 40. 32 | –64. 19 | 1. 2 |
| 9 | 安徽 | 21. 47 | 137. 72 | 0. 64 |
| 10 | 山东 | 7. 72 | – | 0. 23 |
| 11 | 河北 | 5. 39 | 133. 67 | 0. 16 |
| 12 | 云南 | 3. 43 | –15. 21 | 0. 1 |
| 13 | 广西 | 3. 23 | –59. 2 | 0. 1 |
| 14 | 福建 | 1. 13 | 190. 97 | 0. 03 |
| 15 | 黑龙江 | 1. 02 | – | 0. 03 |
| 16 | 新疆 | 0. 82 | –5. 77 | 0. 02 |
| 17 | 四川 | 0. 8 | –57. 84 | 0. 02 |
| 18 | 河南 | 0. 73 | 161. 51 | 0. 02 |
| 19 | 湖北 | 0. 57 | –30. 18 | 0. 02 |
| 20 | 江西 | 0. 28 | – | 0. 01 |
| 21 | 吉林 | 0. 13 | 24. 03 | 0 |
| 合计 | | **3363. 59** | **10. 79** | **100** |

## 7.20 血管支架

中国海关 HS 编码：9021901100，该编码为 2012 年新增，2010、2011 年没有数据

### 7.20.1 进口情况

**表 7－119 2010－2012 年血管支架进口情况**

单位：亿美元，%

| 年份 | 进口金额 | 同比 |
|---|---|---|
| 2012 | 2.73 | － |
| 2011 | 0 | － |
| 2010 | 0 | － |

**表 7－120 2012 年血管支架进口企业构成**

单位：万美元，%

| 序号 | 企业性质 | 进口金额 | 同比 | 占比 |
|---|---|---|---|---|
| 1 | 国有企业 | 774.36 | － | 2.84 |
| 2 | 三资企业 | 24834.09 | － | 91.12 |
| 3 | 民营企业 | 1645.31 | － | 6.04 |
| 合计 | | **27253.76** | **－** | **100** |

**表 7－121 2012 年血管支架进口额前十位企业名单**

单位：%

| 排名 | 企业名称 | 同比 | 排名 | 企业名称 | 同比 |
|---|---|---|---|---|---|
| 1 | 概腾国际贸易（上海）有限公司 | － | 6 | 永裕（上海）医药物流营运有限公司 | － |
| 2 | 美敦力医疗用品技术服务（上海）有限公司 | － | 7 | 广东省医药保健品进出口公司 | － |
| 3 | 波科国际医疗贸易（上海）有限公司 | － | 8 | 上海益联进出口有限公司 | － |
| 4 | 巴德医疗科技（上海）有限公司 | － | 9 | 海关编码 111166K001 的公司 | － |
| 5 | 上海中智科技应用发展公司 | － | 10 | 戈尔工业品贸易（上海）有限公司 | － |

**表 7－122 2012 年各省区市血管支架进口情况**

单位：万美元，%

| 排名 | 省区市 | 进口金额 | 同比 | 占比 |
|---|---|---|---|---|
| 1 | 上海 | 25826.06 | － | 94.76 |
| 2 | 北京 | 732.54 | － | 2.69 |

| 排名 | 省区市 | 进口金额 | 同比 | 占比 |
|---|---|---|---|---|
| 3 | 广东 | 647.36 | – | 2.38 |
| 4 | 辽宁 | 32.26 | – | 0.12 |
| 5 | 山东 | 13.98 | – | 0.05 |
| 6 | 江苏 | 1.57 | – | 0.01 |
| 合计 | | **27253.76** | **–** | **100** |

### 7.20.2 出口情况

**表 7－123 2010－2012 年血管支架出口情况**

单位：万美元，%

| 年份 | 出口金额 | 同比 |
|---|---|---|
| 2012 | 977.80 | – |
| 2011 | – | – |
| 2010 | – | – |

**表 7－124 2012 年血管支架出口企业构成**

单位：万美元，%

| 序号 | 企业性质 | 出口金额 | 同比 | 占比 |
|---|---|---|---|---|
| 1 | 国有企业 | 849.03 | – | 86.83 |
| 2 | 三资企业 | 147.72 | – | 15.11 |
| 3 | 民营企业 | 128.77 | – | 13.17 |
| | 私人企业 | 849.03 | – | 86.83 |
| 合计 | | **977.8** | **–** | **100** |

**表 7－125 2012 年血管支架出口额前十位企业名单**

单位：%

| 排名 | 企业名称 | 同比 | 排名 | 企业名称 | 同比 |
|---|---|---|---|---|---|
| 1 | 微创医疗器械（上海）有限公司 | – | 6 | 海关编码 3205947401 的公司 | – |
| 2 | 山东吉威医疗制品有限公司 | – | 7 | 海关编码 4453065026 的公司 | – |
| 3 | 业聚医疗器械（深圳）有限公司 | – | 8 | 武汉市思泰利医疗器械发展有限公司 | – |
| 4 | 上海益联进出口有限公司 | – | 9 | 北京空港宏远物流有限公司 | – |
| 5 | 海关编码 2102967229 的公司 | – | 10 | 北京康欣蓝图国际贸易有限公司 | – |

**表 7－126　2012 年各省区市血管支架出口情况**

单位：万美元，%

| 排名 | 省区市 | 出口金额 | 同比 | 占比 |
|---|---|---|---|---|
| 1 | 上海 | 691. 26 | – | 70. 7 |
| 2 | 山东 | 147. 72 | – | 15. 11 |
| 3 | 广东 | 133. 36 | – | 13. 64 |
| 4 | 辽宁 | 3. 74 | – | 0. 38 |
| 5 | 江苏 | 1. 04 | – | 0. 11 |
| 6 | 北京 | 0. 43 | – | 0. 04 |
| 7 | 湖北 | 0. 26 | – | 0. 03 |
| 合计 | | **977. 8** | **–** | **100** |

# 8　中国主要地区医疗器械产品贸易概况

## 8.1　长三角

长江三角洲指长江和浙江在入海处冲积成的三角洲。包括江苏省东南部和上海市，浙江省东北部。是长江中下游平原的一部分。面积约5万平方千米。在经济上指以上海为龙头的江苏、浙江经济带。

### 8.1.1　进口情况

2012年，长三角医疗器械进口贸易58.28亿美元，同比增长16.63%。

表8-1　2012年长三角医疗器械产品进口企业构成

单位：万美元,%

| 序号 | 企业性质 | 进口金额 | 同比 | 占比 |
|---|---|---|---|---|
| 1 | 国有企业 | 103552.55 | 13.07 | 17.77 |
| 2 | 三资企业 | 358788.64 | 18.96 | 61.57 |
| 3 | 民营企业 | 119839.33 | 13.06 | 20.56 |
| 合计 | | **582180.52** | – | **99.90** |

表8-2　2012年长三角医疗器械产品进口额前十位企业名单

单位:%

| 排名 | 企业名称 | 同比 | 排名 | 企业名称 | 同比 |
|---|---|---|---|---|---|
| 1 | 美敦力医疗用品技术服务（上海）有限公司 | 9.85 | 6 | 罗氏诊断产品（上海）有限公司 | -0.27 |
| 2 | 上海东松国际贸易有限公司 | 52.47 | 7 | 上海益联进出口有限公司 | -4.27 |
| 3 | 概腾国际贸易（上海）有限公司 | 40.05 | 8 | 奥林巴斯贸易（上海）有限公司 | 21.6 |
| 4 | 强生（上海）医疗器材有限公司 | -2.37 | 9 | 泰科医疗器材国际贸易（上海）有限公司 | 48.18 |
| 5 | 金佰利（中国）有限公司 | 66.21 | 10 | 永裕（上海）医药物流营运有限公司 | 72.8 |

**表 8－3 2012 年长三角医疗器械产品进口贸易方式**

单位：万美元，%

| 序号 | 贸易方式 | 进口金额 | 同比 | 占比 |
|---|---|---|---|---|
| 1 | 一般贸易 | 277126.01 | 10.1 | 47.55 |
| 2 | 加工贸易 | 27006.76 | －5.7 | 4.63 |
| 3 | 其它 | 278632.19 | － | 47.82 |
| 合计 | | **582764.96** | **16.63** | **100** |

**表 8－4 2012 年长三角医疗器械进口产品结构情况**

单位：亿美元，%

| 序号 | 产品结构 | 进口金额 | 同比 | 占比 |
|---|---|---|---|---|
| 1 | 医用敷料 | 1.52 | 11.83 | 2.61 |
| 2 | 医用耗材 | 11.44 | 80.13 | 19.62 |
| 3 | 诊疗设备 | 40.12 | 20.46 | 68.84 |
| 4 | 康复器具 | 3.63 | －53.73 | 6.22 |
| 5 | 口腔设材 | 1.58 | 40.7 | 2.71 |
| 合计 | | **58.28** | **16.63** | **100** |

### 8.1.2 出口情况

2012 年，长三角医疗器械出口贸易 78.74 亿美元，同比增长 13.43%。

**表 8－5 2012 年长三角医疗器械产品出口企业构成**

单位：万美元，%

| 序号 | 企业性质 | 出口金额 | 同比 | 占比 |
|---|---|---|---|---|
| 1 | 国有企业 | 55497.21 | 0.15 | 7.05 |
| 2 | 三资企业 | 427613.88 | 9.42 | 54.31 |
| 3 | 民营企业 | 303720.41 | 22.8 | 38.57 |
| 合计 | | **786831.50** | **－** | **99.93** |

**表 8－6 2012 年长三角医疗器械产品出口额前十位企业名单**

单位：%

| 排名 | 企业名称 | 同比 | 排名 | 企业名称 | 同比 |
|---|---|---|---|---|---|
| 1 | 通用电气药业（上海）有限公司 | 32.64 | 6 | 上海西门子医疗器械有限公司 | －8.26 |
| 2 | 捷普科技（上海）有限公司 | 40.54 | 7 | 泰尔茂医疗产品（杭州）有限公司 | 1.05 |
| 3 | 通用电气医疗系统（中国）有限公司 | 34.21 | 8 | 大东傲胜保健器（苏州）有限公司 | 18.12 |

| 排名 | 企业名称 | 同比 | 排名 | 企业名称 | 同比 |
|---|---|---|---|---|---|
| 4 | 上海盟通物流有限公司 | 20.23 | 9 | 绍兴振德医用敷料有限公司 | -1.79 |
| 5 | 优利康听力技术（苏州）有限公司 | 126.08 | 10 | 杭州侨资纸业有限公司 | 18.93 |

**表 8-7　2012 年长三角医疗器械产品出口贸易方式**

单位：万美元，%

| 序号 | 贸易方式 | 出口金额 | 同比 | 占比 |
|---|---|---|---|---|
| 1 | 一般贸易 | 460919.02 | 8.7 | 58.54 |
| 2 | 加工贸易 | 277858.87 | 13.62 | 35.29 |
| 3 | 其它 | 48602.2 | - | 6.17 |
| 合计 | | **787380.09** | **13.43** | **100** |

**表 8-8　2012 年长三角医疗器械出口产品结构情况**

单位：亿美元，%

| 序号 | 产品结构 | 出口金额 | 同比 | 占比 |
|---|---|---|---|---|
| 1 | 医用敷料 | 11.92 | -7.89 | 15.14 |
| 2 | 医用耗材 | 14.94 | 27.17 | 18.97 |
| 3 | 诊疗设备 | 34.76 | 16.56 | 44.15 |
| 4 | 康复器具 | 15.49 | 14.45 | 19.67 |
| 5 | 口腔设材 | 1.63 | 18.9 | 2.07 |
| 合计 | | **78.74** | **13.43** | **100** |

## 8.2　珠三角

珠江三角洲，简称珠三角，是组成南江的西江、北江和东江入海时冲击沉淀而成的一个三角洲，面积大约 8 万多平方公里。位于广东省的东南部，珠江下游，毗邻港澳，与东南亚地区隔海相望，海陆交通便利，被称为中国的“南大门”。

### 8.2.1　进口情况

2012 年，珠三角医疗器械进口贸易 10.38 亿美元，同比增长 16.62%。

**表 8－9 2012 年珠三角医疗器械产品进口企业构成**

单位：万美元，%

| 序号 | 企业性质 | 进口金额 | 同比 | 占比 |
|---|---|---|---|---|
| 1 | 国有企业 | 31704.11 | 29.09 | 30.54 |
| 2 | 三资企业 | 28419.15 | 18.43 | 27.37 |
| 3 | 民营企业 | 43385 | 8.34 | 41.79 |
| 4 | 其他企业 | 319.55 | －25.79 | 0.31 |
| 合计 | | **103827.81** | **16.62** | **100** |

**表 8－10 2012 年珠三角医疗器械产品进口额前十位企业名单**

单位：%

| 排名 | 企业名称 | 同比 | 排名 | 企业名称 | 同比 |
|---|---|---|---|---|---|
| 1 | 广东省中科进出口有限公司 | 70.13 | 6 | 深圳市格尚科技发展有限公司 | 109.1 |
| 2 | 广东省医药保健品进出口公司 | 10.36 | 7 | 深圳市普路通供应链管理股份有限公司 | 1.57 |
| 3 | 国义招标股份有限公司 | 146.5 | 8 | 伟创力实业（深圳）有限公司 | 11.2 |
| 4 | 海关编码 4403042108 的公司 | 261.57 | 9 | 富泰华工业（深圳）有限公司 | 615.56 |
| 5 | 广州华炜实业有限公司 | －4.1 | 10 | 广东南方富达进出口有限公司 | －18.19 |

**表 8－11 2012 年珠三角医疗器械产品进口贸易方式**

单位：万美元，%

| 序号 | 贸易方式 | 进口金额 | 同比 | 占比 |
|---|---|---|---|---|
| 1 | 一般贸易 | 89072.73 | 16.21 | 85.79 |
| 2 | 加工贸易 | 7318.27 | 13.89 | 7.05 |
| 3 | 其它 | 486373.96 | － | 7.16 |
| 合计 | | **582764.96** | **16.63** | **100** |

**表 8－12 2012 年珠三角医疗器械进口产品结构情况**

单位：亿美元，%

| 序号 | 产品结构 | 进口金额 | 同比 | 占比 |
|---|---|---|---|---|
| 1 | 医用敷料 | 0.14 | 0.57 | 1.35 |
| 2 | 医用耗材 | 1.50 | 31.54 | 14.47 |
| 3 | 诊疗设备 | 8.01 | 15.79 | 77.12 |
| 4 | 康复器具 | 0.42 | －6.33 | 4.06 |
| 5 | 口腔设材 | 0.31 | 21.48 | 3.00 |
| 合计 | | **10.38** | **16.62** | **100** |

### 8.2.2 出口情况

2012 年，珠三角医疗器械出口贸易 33.97 亿美元，同比增长 5.33%。

**表 8－13 2012 年珠三角医疗器械产品出口企业构成**

单位：万美元，%

| 序号 | 企业性质 | 出口金额 | 同比 | 占比 |
|---|---|---|---|---|
| 1 | 国有企业 | 47016.18 | -6.18 | 13.84 |
| 2 | 三资企业 | 198072.74 | 8.6 | 58.31 |
| 3 | 民营企业 | 94587.58 | 5.18 | 27.84 |
| 合计 | | **339676.50** | **-** | **99.99** |

**表 8－14 2012 年珠三角医疗器械产品出口额前十位企业名单**

单位：%

| 排名 | 企业名称 | 同比 | 排名 | 企业名称 | 同比 |
|---|---|---|---|---|---|
| 1 | 深圳迈瑞生物医疗电子股份有限公司 | 2.89 | 6 | 深圳长城开发科技股份有限公司 | - |
| 2 | 海关编码 4403042108 的公司 | 7571.21 | 7 | 伟创力实业（深圳）有限公司 | 37.65 |
| 3 | 稳健实业（深圳）有限公司 | 68.41 | 8 | 深圳市奥美迪贸易发展有限公司 | -28.64 |
| 4 | 深圳龙岗区对外经济发展有限公司 | -8.5 | 9 | 鸿邦电子（深圳）有限公司 | 12.78 |
| 5 | 深圳中外运物流有限公司 | -7.65 | 10 | 爱安德电子（深圳）有限公司 | -4.88 |

**表 8－15 2012 年珠三角医疗器械产品出口贸易方式**

单位：万美元，%

| 序号 | 贸易方式 | 出口金额 | 同比 | 占比 |
|---|---|---|---|---|
| 1 | 一般贸易 | 195280.8 | 9.61 | 57.48 |
| 2 | 加工贸易 | 121807.76 | -2.11 | 35.86 |
| 3 | 其它 | 22621.15 | - | 6.66 |
| 合计 | | **339709.71** | **5.33** | **100** |

**表 8－16 2012 年珠三角医疗器械出口产品结构情况**

单位：亿美元，%

| 序号 | 产品结构 | 出口金额 | 同比 | 占比 |
|---|---|---|---|---|
| 1 | 医用敷料 | 2.37 | -13.22 | 6.98 |
| 2 | 医用耗材 | 3.66 | 22.68 | 10.77 |

| 序号 | 产品结构 | 出口金额 | 同比 | 占比 |
|---|---|---|---|---|
| 3 | 诊疗设备 | 16.00 | 10.72 | 47.09 |
| 4 | 康复器具 | 10.15 | -3.21 | 29.87 |
| 5 | 口腔设材 | 1.80 | 11.91 | 5.29 |
| 合计 | | **33.97** | **5.33** | **100** |

## 8.3 环渤海

环渤海是一个内海，被辽东半岛、山东半岛和华北大平原“C”字形所环抱。覆盖面积遍及大半个中国，并且是东北、华北、西北和华东部分地区的主要出海口。

### 8.3.1 进口情况

2012 年，环渤海医疗器械进口贸易 39.07 亿美元，同比增长 11.65%。

**表 8－17　2012 年环渤海医疗器械产品进口企业构成**

单位：万美元，%

| 序号 | 企业性质 | 进口金额 | 同比 | 占比 |
|---|---|---|---|---|
| 1 | 国有企业 | 152417.72 | 0.56 | 39.01 |
| 2 | 三资企业 | 85661.84 | 9.41 | 21.92 |
| 3 | 民营企业 | 152427.19 | 27.41 | 39.01 |
| 4 | 个体工商户 | 0.03 | 24.9 | 0 |
| 5 | 其他企业 | 225.42 | -51.07 | 0.06 |
| 合计 | | **390732.21** | **11.65** | **100** |

**表 8－18　2012 年环渤海医疗器械产品进口额前十位企业名单**

单位：%

| 排名 | 企业名称 | 同比 | 排名 | 企业名称 | 同比 |
|---|---|---|---|---|---|
| 1 | 中建材集团进出口公司 | -4.84 | 6 | 中国医药对外贸易公司 | 16.38 |
| 2 | 中国医疗器械技术服务公司 | -0.21 | 7 | 北京东方天旭国际贸易有限公司 | 17.09 |
| 3 | 海关编码 111166K001 的公司 | - | 8 | 中外运·敦豪保税仓储（北京）有限公司 | -0.75 |
| 4 | 青岛美赫尔国际贸易有限公司 | 16.94 | 9 | 中国仪器进出口（集团）公司 | 20.5 |
| 5 | 中国科学器材进出口总公司 | -2.9 | 10 | 航卫通用电气医疗系统有限公司 | 18.56 |

表 8－19　2012 年环渤海医疗器械产品进口情况

单位：万美元，%

| 序号 | 贸易方式 | 进口金额 | 同比 | 占比 |
|---|---|---|---|---|
| 1 | 一般贸易 | 303821. 35 | 6. 82 | 77. 76 |
| 4 | 加工贸易 | 20843. 46 | 20. 75 | 5. 33 |
| 14 | 其它 | 66067. 4 | － | 16. 91 |
| 合计 | | **390732. 21** | **11. 65** | **100** |

表 8－20　2012 年环渤海医疗器械进口产品结构情况

单位：万美元，%

| 序号 | 产品结构 | 进口金额 | 同比 | 占比 |
|---|---|---|---|---|
| 1 | 医用敷料 | 5229. 17 | 18. 58 | 1. 34 |
| 2 | 医用耗材 | 43016. 76 | 39. 11 | 11. 01 |
| 3 | 诊疗设备 | 326765 | 13. 63 | 83. 63 |
| 4 | 康复器具 | 5262. 42 | －71. 76 | 1. 35 |
| 5 | 口腔设材 | 10458. 84 | 24. 35 | 2. 68 |
| 合计 | | **390732. 2** | **11. 65** | **100** |

## 8. 3. 2　出口情况

2012 年，环渤海医疗器械出口贸易 26. 49 亿美元，同比增长 5. 25%。

表 8－21　2012 年环渤海医疗器械产品出口企业构成

单位：万美元，%

| 序号 | 企业性质 | 出口金额 | 同比 | 占比 |
|---|---|---|---|---|
| 1 | 国有企业 | 46490. 38 | 40. 82 | 17. 55 |
| 2 | 三资企业 | 150809. 65 | －3. 72 | 56. 92 |
| 3 | 民营企业 | 66910. 77 | 8. 93 | 25. 26 |
| 合计 | | **264210. 81** | **－** | **99. 73** |

表 8－22　2012 年环渤海医疗器械产品出口额前十位企业名单

单位：%

| 排名 | 企业名称 | 同比 | 排名 | 企业名称 | 同比 |
|---|---|---|---|---|---|
| 1 | 航卫通用电气医疗系统有限公司 | －10. 53 | 6 | 北京金佰利个人卫生用品有限公司 | －12. 8 |
| 2 | 中国医药保健品股份有限公司 | 9818. 58 | 7 | 东软飞利浦医疗设备系统有限责任公司 | 1. 35 |
| 3 | 欧姆龙（大连）有限公司 | 18. 84 | 8 | 诺和诺德（中国）制药有限公司 | 1. 62 |

| 排名 | 企业名称 | 同比 | 排名 | 企业名称 | 同比 |
|---|---|---|---|---|---|
| 4 | 北京通用电气华伦医疗设备有限公司 | 245.23 | 9 | 保赫曼（青岛）医用器材有限公司 | -20.83 |
| 5 | 石家庄鸿欣橡胶制品有限公司 | -5.84 | 10 | 东芝大连有限公司 | -60.05 |

**表 8-23　2012 年环渤海医疗器械产品出口情况**

单位：万美元，%

| 序号 | 贸易方式 | 出口金额 | 同比 | 占比 |
|---|---|---|---|---|
| 1 | 一般贸易 | 125439.16 | 20.72 | 47.35 |
| 2 | 加工贸易 | 127223.35 | -9.03 | 48.02 |
| 3 | 其它 | 12273.31 | - | 4.63 |
| 合计 | | **264935.82** | **5.25** | **100** |

**表 8-24　2012 年环渤海医疗器械出口产品结构情况**

单位：万美元，%

| 序号 | 产品结构 | 出口金额 | 同比 | 占比 |
|---|---|---|---|---|
| 1 | 医用敷料 | 20380.15 | -21.63 | 7.69 |
| 2 | 医用耗材 | 68543.23 | 1.84 | 25.87 |
| 3 | 诊疗设备 | 142823.4 | 3.23 | 53.91 |
| 4 | 康复器具 | 29135.08 | 74.42 | 11 |
| 5 | 口腔设材 | 4053.94 | 20.86 | 1.53 |
| 合计 | | **264935.8** | **5.25** | **100** |

# 下篇

# 医疗器械产业概况

## 本篇概要：

本篇详细介绍了国内外医疗器械产业、专利、标准、十二五规划及2012年《中华医学杂志》刊载的医疗实践中涉及医疗器械技术情况。

## 简要说明：

1. 医疗器械产业篇主要介绍我国医疗器械用户卫生医疗机构、国内医疗器械产业、国外主要国家医疗器械产业、医疗器械标准及专利情况；

2. 医疗器械用户卫生医疗机构数量、规模、医疗服务、医疗机构资产、疾病构成等内容数据来源《中国卫生统计年鉴》及《卫生统计年报》；

3. 国内医疗器械产业主要介绍产业规模、企业数量、产值、收入、研发及资产投入等内容，数据来源国家统计局；

4. 国外医疗器械产业，由于数据来源限制主要介绍医疗器械发达的几个国家，即美国、德国、日本等，数据来源美国统计局、德国统计局、日本统计局；

5. 医疗器械产业标准，主要介绍国内外医疗器械标准数量、国内行业标准情况，数据来源：国家标准信息平台、国家药监总局。

6. 国内外医疗器械专利情况，主要介绍国内外申请与授权专利，数据来源ThomsonInnovation（TI）数据库和上海知识产权信息平台专利检索数据库。

# 下篇概览

# 9 中国医疗器械用户现状

医疗器械与其它产品最大区别之一是产品用户主要为医疗机构，本部分通过提供我国医疗机构数量、人员构成、床位、主要配置设备量、医疗服务规模及医疗费用支出等基本情况，为企业全面评估市场规模等提供参考依据。

## 9.1 中国医疗机构数量情况

截止2011年末，中国医疗机构（不包括村卫生室）总计954389个，其中三级医院1399个，二级医院6468个，乡镇卫生院37295个。这些医疗机构形成我国不同层级为百姓健康服务的主体机构。

1. 医院数量

表9－1 2009－2011年中国医院数量

单位：个

| 项目 | 2009 | 2010 | 2011 |
| --- | --- | --- | --- |
| 医院 | 20291 | 20918 | 21979 |
| 其中：综合医院 | 13364 | 13681 | 14328 |
| 中医医院 | 2728 | 2778 | 2831 |
| 专科医院 | 3716 | 3956 | 4283 |

表9－2 2009－2011年中国按经济类型分医院数量

单位：个

| 项目 | 2009 | 2010 | 2011 |
| --- | --- | --- | --- |
| 公立医院 | 14051 | 13850 | 13539 |
| 民营医院 | 6240 | 7068 | 8440 |

表9－3 2009－2011年中国按医院等级分医院数量

单位：个

| 项目 | 2009 | 2010 | 2011 |
| --- | --- | --- | --- |
| 三级医院 | 1233 | 1284 | 1399 |
| 二级医院 | 6523 | 6472 | 6468 |
| 一级医院 | 5110 | 5271 | 5636 |

### 表 9－4　2011 年按床位数分组的医院数

单位：张/个

| 机构分类 | 合计 | 0－49 | 50－99 | 100－199 | 200－299 | 300－399 | 400－499 | 500－799 | 800 以上 |
|---|---|---|---|---|---|---|---|---|---|
| 综合医院 | 14328 | 5699 | 2514 | 2022 | 1142 | 679 | 429 | 849 | 727 |
| 中医医院 | 2831 | 652 | 568 | 790 | 372 | 170 | 107 | 127 | 45 |
| 中西医结合医院 | 277 | 127 | 53 | 42 | 21 | 7 | 7 | 10 | 10 |
| 民族医院 | 200 | 101 | 55 | 33 | 7 | 2 | 2 | – | – |
| 专科医院 | 4283 | 2251 | 822 | 517 | 205 | 122 | 122 | 170 | 74 |

2. 乡镇卫生院、社区服务中心及村卫生室数量

### 表 9－5　2009－2011 年中国基层医疗卫生机构数量

单位：个

| 项目 | 2009 | 2010 | 2011 |
|---|---|---|---|
| 基层医疗机构 | 882153 | 901709 | 918003 |
| 社区卫生服务中心（站） | 27308 | 32739 | 32860 |
| 乡镇卫生院 | 38475 | 37836 | 37295 |
| 村卫生室 | 632770 | 648424 | 662894 |
| 门诊部（所） | 182448 | 181781 | 184287 |

### 表 9－6　2009－2011 年按经济类型分基层医疗机构数量

单位：个

| 项目 | 2009 | 2010 | 2011 |
|---|---|---|---|
| 公立医院 | 432803 | 460927 | 469624 |
| 非公立 | 449350 | 440782 | 448379 |

### 表 9－7　2011 年按床位数分组乡镇卫生院数量

单位：张/个

| 项目 | 合计 | 无床 | 1－9 | 10－29 | 30－49 | 50－99 | 100 及以上 |
|---|---|---|---|---|---|---|---|
| 乡镇卫生院 | 37295 | 1469 | 6447 | 16134 | 7228 | 4913 | 1104 |
| 中心卫生院 | 10590 | 154 | 732 | 3384 | 2796 | 2797 | 727 |
| 乡卫生院 | 26705 | 1315 | 5715 | 12750 | 4432 | 2116 | 377 |

3. 公共专业医疗机构数量

**表 9－8　2009－2011 年专业公共卫生机构数**

单位：个

| 机构类别 | 2009 | 2010 | 2011 |
| --- | --- | --- | --- |
| 合计 | 11665 | 11835 | 11926 |
| 疾病预防控制中心 | 3536 | 3513 | 3484 |
| 专科疾病防治院（所/站） | 1291 | 1274 | 1294 |
| 妇幼保健院（所/站） | 3020 | 3025 | 3036 |
| 卫生监督所（中心） | 2809 | 2992 | 3022 |

**表 9－9　2009－2011 年专业共公卫生机构数（按不同类别分）**

单位：个

| 机构类别 | 2009 | 2010 | 2011 |
| --- | --- | --- | --- |
| 总计 | 11665 | 11835 | 11926 |
| 按经济类型分 | | | |
| 公立 | 11526 | 11764 | 11845 |
| 非公立 | 139 | 71 | 81 |
| 按主办单位分 | | | |
| 政府办 | 11148 | 11421 | 11452 |
| 社会办 | 493 | 369 | 452 |
| 个人办 | 24 | 18 | 22 |
| 按机构类别分 | | | |
| 疾病预防控制中心 | 3536 | 3531 | 3484 |
| 专科疾病防治院（所/站） | 1291 | 1274 | 1294 |
| 健康教育所（站） | 137 | 139 | 147 |
| 妇幼保健院（所/站） | 3020 | 3025 | 3036 |
| 急救中心（站） | 245 | 245 | 270 |
| 采供血机构 | 526 | 530 | 525 |
| 卫生监督所（中心） | 2809 | 2992 | 3022 |
| 计划生育技术服务机构 | 101 | 117 | 148 |

4. 全国不同地区医疗机构数量

**表 9－10　2011 年全国各地区医疗机构数**

单位：个

| 机构类别/地区 | 东部地区 | 中部地区 | 西部地区 |
|---|---|---|---|
| 合计 | 342440 | 315298 | 296651 |
| 医院 | 8533 | 6745 | 6701 |
| 综合医院 | 5367 | 4286 | 4675 |
| 中医医院 | 1015 | 998 | 818 |
| 中西医结合医院 | 118 | 81 | 78 |
| 民族医院 | 7 | 11 | 182 |
| 专科医院 | 1972 | 1364 | 947 |
| 护理院 | 54 | 5 | 1 |
| 基层医疗卫生机构 | 328600 | 304039 | 285364 |
| 社区卫生服务中心 | 3909 | 2230 | 1722 |
| 社区卫生服务站 | 15823 | 5293 | 3883 |
| 街道卫生院 | 78 | 541 | 48 |
| 乡镇卫生院 | 9601 | 11442 | 16252 |
| 村卫生室 | 226097 | 235218 | 201579 |
| 门诊室 | 6272 | 1570 | 1367 |

**表 9－11　2011 年各地区医院不同等级情况**

单位：个

| 机构类别 | 东部地区 | 中部地区 | 西部地区 |
|---|---|---|---|
| 合计 | 8533 | 6745 | 6701 |
| 三级 | 653 | 400 | 346 |
| 其中：甲等 | 408 | 280 | 193 |
| 乙等 | 148 | 60 | 118 |
| 丙等 | 10 | 3 | 8 |
| 二级 | 2278 | 2136 | 2054 |
| 其中：甲等 | 1492 | 1118 | 1024 |
| 乙等 | 475 | 679 | 754 |
| 丙等 | 33 | 31 | 14 |
| 一级 | 2430 | 1732 | 1474 |

| 机构类别 | 东部地区 | 中部地区 | 西部地区 |
|---|---|---|---|
| 其中：甲等 | 983 | 768 | 514 |
| 乙等 | 216 | 194 | 122 |
| 丙等 | 92 | 28 | 27 |
| 未定级 | 3172 | 2477 | 2827 |

表 9－12 2011 年各地区按床位数分组医院数

单位：个

| 床位/地区 | 东部地区 | 中部地区 | 西部地区 |
|---|---|---|---|
| 合计 | 8533 | 6745 | 6701 |
| 0－49 张 | 3644 | 2704 | 2761 |
| 50－99 张 | 1381 | 1293 | 1354 |
| 100－199 张 | 1243 | 1142 | 1040 |
| 200－299 张 | 592 | 515 | 645 |
| 300－399 张 | 410 | 292 | 280 |
| 400－499 张 | 285 | 198 | 185 |
| 500－799 张 | 538 | 356 | 264 |
| 800 张及以上 | 440 | 245 | 172 |

表 9－13 2011 年各地区按床位数分组乡镇卫生院数

单位：个

| 床位/地区 | 东部地区 | 中部地区 | 西部地区 |
|---|---|---|---|
| 合计 | 9601 | 11442 | 16252 |
| 无床 | 700 | 193 | 576 |
| 1－9 张 | 675 | 1120 | 4652 |
| 10－29 张 | 3733 | 5153 | 7248 |
| 30－49 张 | 2274 | 2804 | 2150 |
| 50－99 张 | 1695 | 1870 | 1348 |
| 100 张及以上 | 524 | 302 | 278 |

## 9.2 中国医疗机构资源配置

对我国医疗机构人员配置及结构、床位数、设备配置等情况的介绍，主要是为了反映我国不同地区、不同类别医疗机构服务水平、服务能力和服务条件。

1. 中国医疗机构人员配置及结构情况

表 9－14　2009－2011 年医疗机构卫生人员情况

单位：人

| 人员类别 | 2009 | 2010 | 2011 |
|---|---|---|---|
| 卫生技术人员 | 5535124 | 5876158 | 6202858 |
| 执业（助理）医师 | 2329206 | 2413259 | 2466094 |
| 　执业医师 | 1905436 | 1972840 | 2020154 |
| 药师 | 341910 | 353916 | 363993 |
| 检验师 | 220695 | 230572 | 238874 |
| 乡村医生和卫生员 | 1050991 | 1091863 | 1126443 |

表 9－15　2011 年医院人员结构情况

单位：人

| 医院类别 | 执业（助理）医师 | 执业医师 | 药师 | 技师 | 检验师 |
|---|---|---|---|---|---|
| 医院 | 1306835 | 1205434 | 220004 | 214226 | 140146 |
| 综合医院 | 971022 | 901530 | 150736 | 159896 | 105050 |
| 中医医院 | 190732 | 172252 | 44920 | 28881 | 18202 |
| 中西医结合医院 | 15371 | 14117 | 2827 | 2272 | 1492 |
| 民族医院 | 4860 | 3996 | 1320 | 599 | 355 |
| 专科医院 | 124390 | 113126 | 20096 | 22542 | 14994 |

表 9－16　2011 年基层医疗卫生机构人员结构情况

单位：人

| 医院类别 | 执业（助理）医师 | 执业医师 | 药师 | 技师 | 检验师 |
|---|---|---|---|---|---|
| 基层医疗卫生机构 | 959965 | 644858 | 125698 | 79747 | 51637 |
| 社区卫生服务中心（站） | 158554 | 126029 | 29743 | 18611 | 12990 |
| 　社区卫生服务中心 | 117608 | 93201 | 23404 | 15889 | 10986 |
| 　社区卫生服务站 | 40946 | 32828 | 6339 | 2722 | 2004 |
| 卫生院 | 413363 | 242442 | 73330 | 52317 | 32474 |
| 　街道卫生院 | 4776 | 3136 | 843 | 541 | 392 |
| 　乡镇卫生院 | 408587 | 239306 | 72487 | 51776 | 32082 |
| 　　中心卫生院 | 177414 | 110270 | 31863 | 24435 | 14998 |
| 　　乡卫生院 | 231173 | 129036 | 40624 | 27341 | 17084 |

### 表 9－17 2011 年各地区卫生人员数

单位：人

| 人员类别/地区 | 东部地区 | 中部地区 | 西部地区 |
|---|---|---|---|
| 执业（助理）医师 | 1097260 | 740102 | 628732 |
| 其中：执业医师 | 927051 | 586135 | 506968 |
| 药师 | 167500 | 111351 | 85142 |
| 技师 | 152206 | 111023 | 84378 |
| 其他 | 321087 | 224550 | 225507 |
| 乡村医生和卫生员 | 390374 | 418367 | 317702 |
| 其他技术人员 | 143028 | 97118 | 65835 |

### 表 9－18 2011 年各地区城市和农村卫生人员数

单位：人

| 人员类别/地区 | 东部地区 | | 中部地区 | | 西部地区 | |
|---|---|---|---|---|---|---|
| | 城市 | 农村 | 城市 | 农村 | 城市 | 农村 |
| 执业（助理）医师 | 611463 | 485797 | 316529 | 423573 | 684227 | 366117 |
| 其中：执业医师 | 567512 | 359539 | 291890 | 294245 | 241548 | 265420 |
| 药师 | 93874 | 73626 | 43973 | 67378 | 36668 | 48474 |
| 技师 | 91652 | 60554 | 49476 | 61547 | 37868 | 46510 |
| 其他 | 148021 | 173066 | 69927 | 154623 | 65144 | 160363 |
| 乡村医生和卫生员 | – | 390374 | – | 418367 | – | 317702 |
| 其他技术人员 | 87221 | 55807 | 45118 | 52000 | 31121 | 34714 |
| 管理人员 | 109989 | 49699 | 62393 | 53616 | 50348 | 48840 |
| 工勤技术人员 | 171107 | 102969 | 81873 | 97945 | 73619 | 78360 |

### 表 9－19 2009－2011 年每千人口卫生技术人员数

单位：人

| 年度 | 2009 | 2010 | 2011 |
|---|---|---|---|
| 卫生技术人员 | 4.15 | 4.37 | 4.58 |
| 其中：城市 | 7.15 | 7.62 | 7.9 |
| 农村 | 2.94 | 3.04 | 3.19 |
| 执业（助理）医师 | 1.75 | 1.79 | 1.82 |
| 其中：城市 | 2.83 | 2.97 | 3 |

| 年度 | 2009 | 2010 | 2011 |
|---|---|---|---|
| 农村 | 1.31 | 1.32 | 1.33 |
| 其中：执业医师 | 1.43 | 1.47 | 1.49 |
| 注册护士 | 1.39 | 1.52 | 1.66 |
| 其中：城市 | 2.82 | 3.09 | 3.29 |
| 农村 | 0.81 | 0.89 | 0.98 |

**表 9－20　2011 年各地区城市和农村千人口卫生人员数**

单位：人

| 人员/地区 | 东部地区 | 中部地区 | 西部地区 |
|---|---|---|---|
| 卫生技术人员 | 5.49 | 4.04 | 4 |
| 其中：城市 | 8.82 | 7.41 | 6.78 |
| 农村 | 3.6 | 2.93 | 3.05 |
| 执业（助理）医师 | 2.18 | 1.61 | 1.6 |
| 其中：城市 | 3.36 | 2.79 | 2.6 |
| 农村 | 1.51 | 1.23 | 1.25 |
| 其中：执业医师 | 1.84 | 1.28 | 1.29 |
| 其中：城市 | 3.12 | 2.57 | 2.39 |
| 农村 | 1.12 | 0.85 | 0.91 |
| 注册护士 | 2.03 | 1.46 | 1.4 |
| 其中：城市 | 3.63 | 3.19 | 2.79 |
| 农村 | 1.13 | 0.89 | 0.93 |

**表 9－21　2009－2011 年乡村医生和卫生数**

| 人员类别/年份 | 东部地区 | 中部地区 | 西部地区 |
|---|---|---|---|
| 乡村医生和卫生员 | 1050991 | 1091863 | 1126443 |
| 其中：乡村医生 | 995449 | 1031828 | 1060548 |
| 卫生员 | 55542 | 60035 | 65895 |
| 平均每村乡村医生和卫生员 | 1.75 | 1.68 | 1.91 |
| 平均每千农业人口乡村医生和卫生员 | 1.19 | 1.23 | 1.27 |

2. 中国医疗机构床位情况

医疗机构床位数量多少反映其服务规模大小，从目前来看我国各层级医院床位仍处于供不应求状态。

表 9－22　2009－2011 年中国医院床位数

单位：万张

| 医院类别 | 2009 | 2010 | 2011 |
|---|---|---|---|
| 医院 | 312.08 | 338.74 | 370.51 |
| 其中：综合医院 | 227.11 | 244.95 | 267.07 |
| 中医医院 | 38.56 | 42.42 | 47.71 |
| 专科医院 | 41.67 | 45.95 | 49.65 |

表 9－23　2009－2011 不同等级医院床位数

单位：张

| 医院等级 | 2009 | 2010 | 2011 |
|---|---|---|---|
| 三级 | 946336 | 1065047 | 1223584 |
| 二级 | 1507918 | 1601407 | 1710135 |
| 一级 | 243233 | 256573 | 277233 |

表 9－24　2009－2011 年我国基层医疗卫生机构床位数

单位：万张

| 医疗机构类别 | 2009 | 2010 | 2011 |
|---|---|---|---|
| 基层医疗机构 | 109.98 | 119.22 | 123.37 |
| 其中：社区卫生服务中心（站） | 13.13 | 16.88 | 18.71 |
| 乡镇卫生院 | 93.34 | 99.43 | 102.63 |

表 9－25　2009－2011 年我国每千人口医疗卫生机构床位数

单位：张

| 类别 | 2009 | 2010 | 2011 |
|---|---|---|---|
| 医疗机构床位数 | 4416612 | 4786831 | 5159889 |
| 其中：城市 | 2126302 | 2302297 | 2475222 |
| 农村 | 2290310 | 2484534 | 2684667 |
| 每千人口医疗机构床位数 | 3.31 | 3.56 | 3.81 |
| 其中：城市 | 5.54 | 5.94 | 6.24 |
| 农村 | 2.41 | 2.6 | 2.8 |
| 医院和卫生院床位数 | 4080662 | 4401512 | 4742330 |
| 每千人医院和卫生院床位数 | 3.06 | 3.27 | 3.5 |
| 每千人农业人口乡镇卫生院床位数 | 1.05 | 1.12 | 1.16 |

3. 中国医疗机构设备配置情况

医疗机构设备配置数量及设备价值总额，不仅反映医疗机构硬件配置，同时也反映出医疗机构服务能力和水平。

**表 9－26　2011 年我国医院万元以以设备总价值及数量**

| 机构分类 | 万元以上设备总价值（万元） | 设备数量（台） | | | |
|---|---|---|---|---|---|
| | | 合计 | 50 万元以下 | 50－99 万元 | 100 万元及以上 |
| 医院 | 37382532 | 2363219 | 2239175 | 68905 | 55139 |
| 综合医院 | 29297125 | 1798087 | 1701898 | 52790 | 43399 |
| 中医医院 | 3829741 | 269073 | 255636 | 7689 | 5748 |
| 中西医结合医院 | 399578 | 26612 | 25352 | 723 | 537 |
| 民族医院 | 54023 | 4616 | 4418 | 128 | 70 |
| 专科医院 | 3795412 | 264109 | 251172 | 7559 | 5378 |

**表 9－27　2011 年基层医疗机构万元以上设备台数**

| 机构分类 | 万元以上设备总价值（万元） | 设备数量（台） | | | |
|---|---|---|---|---|---|
| | | 合计 | 50 万元以下 | 50－99 万元 | 100 万元及以上 |
| 基层医疗机构 | 3196926 | 435463 | 427359 | 6332 | 1772 |
| 社区卫生服务中心（站） | 862634 | 113207 | 110882 | 1869 | 456 |
| 社区卫生服务中心 | 788344 | 99392 | 97171 | 1786 | 435 |
| 社区卫生服务站 | 74290 | 13815 | 13711 | 83 | 21 |
| 卫生院 | 2059531 | 292292 | 287446 | 3802 | 1044 |
| 街道卫生院 | 24524 | 3111 | 3030 | 61 | 20 |
| 乡镇卫生院 | 2035007 | 289181 | 284416 | 3741 | 1024 |
| 中心卫生院 | 1026169 | 129791 | 126922 | 2222 | 647 |
| 乡卫生院 | 1008838 | 159390 | 157494 | 1519 | 377 |

**表 9－28　2011 年专业公共卫生机构及其它机构设备配置情况**

| 机构分类 | 万元以上设备总价值（万元） | 设备数量（台） | | | |
|---|---|---|---|---|---|
| | | 合计 | 50 万元以下 | 50－99 万元 | 100 万元及以上 |
| 专业公共卫生机构合计 | 3483846 | 336076 | 324763 | 7552 | 3761 |
| 疾病预防控制中心 | 935809 | 108775 | 105746 | 2404 | 625 |
| 专科疾病防治院（所/站） | 172773 | 15665 | 15069 | 410 | 186 |

| 机构分类 | 万元以上设备总价值（万元） | 设备数量（台） | | | |
|---|---|---|---|---|---|
| | | 合计 | 50 万元以下 | 50－99 万元 | 100 万元及以上 |
| 健康教育所（站） | 5606 | 710 | 705 | 2 | 3 |
| 妇幼保健院（所/站） | 1510863 | 133659 | 128482 | 3100 | 2077 |
| 急救中心（站） | 117538 | 12971 | 12531 | 379 | 61 |
| 采供血机构 | 637113 | 44558 | 42518 | 1237 | 803 |
| 卫生监督所（中心） | 90981 | 18209 | 18209 | – | – |
| 计划生育技术服务机构 | 13143 | 1529 | 1503 | 20 | 6 |
| 其它机构合计 | 466937 | 41599 | 40089 | 933 | 577 |
| 其中：疗养院 | 79899 | 4679 | 4345 | 191 | 143 |
| 卫生监督检验（监测）机构 | 4206 | 259 | 237 | 12 | 10 |
| 医学科学研究机构 | 232368 | 15144 | 14416 | 454 | 274 |
| 医学在职培训机构 | 69783 | 10262 | 10129 | 94 | 39 |
| 临床检验中心（所、站） | 24945 | 1849 | 1755 | 60 | 34 |
| 其他 | 55736 | 9406 | 9207 | 122 | 77 |

## 9.3 医疗机构服务与医疗费用

医疗机构门诊及住院服务量及医疗费用收支，反映出我国医疗机构服务规模和政府、医疗保险、个人等医疗费用负担情况及医院机构收支情况。

1. 医疗机构服务

我国人口多，所以医疗机构服务量相当庞大，2011 年我医疗机构诊疗人次达到 67. 17 亿人次，其中医院诊疗人次达到近 22. 59 亿人次，基层医疗卫生机构诊疗人次达到 38. 06 亿人次。2011 年全国医疗卫生机构入院人数为 1. 53 亿，其中医院入院人数为 1. 07 亿，基层医疗卫生机构为 0. 38 亿。

**表 9－29 2009－2011 年医院诊疗人次**

单位：万人次

| 医院类别 | 2009 | 2010 | 2011 |
|---|---|---|---|
| 医院 | 192193. 9 | 203963. 3 | 225883. 7 |
| 综合医院 | 143561. 2 | 151058. 2 | 167408. 1 |
| 中医医院 | 30145. 8 | 32770. 2 | 36120. 6 |
| 中西医结合医院 | 2449. 9 | 2702. 6 | 2958. 8 |

| 医院类别 | 2009 | 2010 | 2011 |
|---|---|---|---|
| 民族医院 | 537 | 553.8 | 589.1 |
| 专科医院 | 15446.8 | 16821.5 | 18756 |
| 护理院 | 53.1 | 57.1 | 51.2 |

## 表 9－30　2009－2011 年基层医疗卫生机构诊疗人次

单位：万人次

| 机构类别 | 2009 | 2010 | 2011 |
|---|---|---|---|
| 基层医疗卫生机构 | 339236.5 | 361155.6 | 380559.8 |
| 社区卫生服务中心（站） | 37697.5 | 48451.6 | 54653.7 |
| 社区卫生服务中心 | 26080.2 | 34740.4 | 40950 |
| 卫生院 | 91945.9 | 90118.7 | 87753.7 |
| 街道卫生院 | 4285.1 | 2698.7 | 1103.8 |
| 乡镇卫生院 | 87660.8 | 87420.1 | 86649.8 |

## 表 9－31　2011 年医院门急诊诊疗人次及健康检查人数

单位：万人次

| 医院类别 | 诊疗人次 | 健康检查人数 |
|---|---|---|
| 医院 | 2210850425 | 125611367 |
| 综合医院 | 1639833174 | 100820978 |
| 中医医院 | 352910255 | 14991355 |
| 中西医结合医院 | 28947666 | 1476644 |
| 民族医院 | 5704699 | 114786 |
| 专科医院 | 182979408 | 8200418 |
| 护理院 | 511509 | 1139916 |

## 表 9－32　2011 年基层医疗卫生机构门急诊诊疗人次及健康检查人数

| 医院类别 | 诊疗人次（万人次） | 健康检查人数（万人次） |
|---|---|---|
| 基层医疗卫生机构 | 3535623700 | 192699801 |
| 社区卫生服务中心（站） | 517316061 | 46427323 |
| 社区卫生服务中心 | 388285446 | 32913231 |
| 社区卫生服务站 | 129030615 | 13514092 |
| 卫生院 | 850959198 | 139881213 |
| 街道卫生院 | 10722556 | 1058055 |

| 医院类别 | 诊疗人次（万人次） | 健康检查人数（万人次） |
|---|---|---|
| 乡镇卫生院 | 840236642 | 138823158 |
| 中心卫生院 | 345954356 | 53785878 |
| 乡卫生院 | 494282286 | 85037280 |
| 门诊部 | 70842182 | 6390265 |
| 诊所、医务室、护理站 | 518616443 | 1000 |

**表 9－33　2011 年医疗卫生机构分科门急诊人次**

单位：人次

| 科室分类 | 门诊诊疗人次 | 其中：医院 |
|---|---|---|
| 预防保健科 | 64384435 | 17889829 |
| 全科医疗科 | 509237799 | 50105134 |
| 内科 | 923958232 | 456444419 |
| 外科 | 306606299 | 190122163 |
| 儿科 | 354469364 | 194177833 |
| 妇产科 | 378359459 | 197393013 |
| 眼科 | 74421969 | 66431181 |
| 耳鼻喉科 | 69876860 | 62334487 |
| 口腔科 | 91947393 | 66548128 |
| 皮肤科 | 76422563 | 67429423 |
| 医疗美容科 | 2997201 | 2478661 |
| 精神科 | 28239390 | 27405564 |
| 传染科 | 27180274 | 25118274 |
| 结核病科 | 6796416 | 3567746 |
| 肿瘤科 | 15632472 | 15603919 |
| 急诊医学科 | 104329980 | 89339626 |
| 康复医学科 | 24693599 | 16868615 |
| 职业病科 | 2618058 | 1335431 |
| 中医科 | 501365524 | 422604104 |
| 民族医学科 | 6286264 | 6245549 |
| 中西医结合科 | 38094284 | 36060949 |
| 其他 | 240346047 | 195346377 |

表 9－34　2011 年全国各省市公立医院门诊诊疗和健康检查人数

| 地区 | 诊疗人次数 | 健康检查人数 |
|---|---|---|
| 全国 | 2052543982 | 112122822 |
| 北京 | 95192579 | 2471985 |
| 天津 | 45174433 | 1352461 |
| 河北 | 74711310 | 4804071 |
| 山西 | 33412500 | 2370496 |
| 内蒙古 | 29263384 | 2002357 |
| 辽宁 | 65220743 | 3242728 |
| 吉林 | 34961817 | 1719415 |
| 黑龙江 | 44896736 | 2374427 |
| 上海 | 106751414 | 3850000 |
| 江苏 | 138540754 | 7806802 |
| 浙江 | 169706488 | 7293292 |
| 安徽 | 54009588 | 3570577 |
| 福建 | 66313233 | 2970112 |
| 江西 | 43541833 | 2541856 |
| 山东 | 121513347 | 7851695 |
| 河南 | 104664379 | 5879796 |
| 湖北 | 79560685 | 5150307 |
| 湖南 | 59171806 | 4016665 |
| 广东 | 271122688 | 16039757 |
| 广西 | 61583080 | 3421976 |
| 海南 | 12043933 | 457044 |
| 重庆 | 34891034 | 2400438 |
| 四川 | 97148034 | 6549399 |
| 贵州 | 24784409 | 1826097 |
| 云南 | 54259285 | 2416890 |
| 西藏 | 3605465 | 163482 |
| 陕西 | 46949068 | 2929921 |
| 甘肃 | 26261627 | 1503110 |
| 青海 | 8507151 | 393277 |
| 宁夏 | 11066996 | 497618 |
| 新疆 | 33714192 | 2254771 |

2. 医疗机构入院人数

**表 9－35 2009－2011 年医院入院人数**

单位：万人

| 医院类别 | 2009 | 2010 | 2011 |
| --- | --- | --- | --- |
| 医院 | 8488 | 9524 | 10755 |
| 综合医院 | 6713 | 7505 | 8431 |
| 中医医院 | 1034 | 1168 | 1349 |
| 中西医结合医院 | 77 | 91 | 98 |
| 民族医院 | 21 | 24 | 29 |
| 专科医院 | 641 | 733 | 844 |
| 护理院 | 2 | 2 | 2 |

**表 9－36 2009－2011 年基层医疗卫生机构入院人数**

单位：万人

| 医院类别 | 2009 | 2010 | 2011 |
| --- | --- | --- | --- |
| 基层医疗卫生机构 | 4111 | 3950 | 3775 |
| 社区卫生服务中心（站） | 225 | 262 | 290 |
| 社区卫生服务中心 | 164 | 218 | 247 |
| 卫生院 | 3870 | 3677 | 3472 |
| 街道卫生院 | 62 | 47 | 23 |
| 乡镇卫生院 | 3808 | 3630 | 3449 |
| 门诊部 | 16 | 11 | 13 |

**表 9－37 2009－2011 年不同等级医院入院人数**

单位：万人

| 医院等级 | 2009 | 2010 | 2011 |
| --- | --- | --- | --- |
| 三级 | 2668. 3 | 3096. 8 | 3717. 3 |
| 二级 | 4636 | 5115. 7 | 5567. 4 |
| 一级 | 432 | 463. 7 | 535. 8 |
| 未定级医院 | 751. 6 | 847. 5 | 934. 2 |

### 表 9－38　2011 年医院住院服务情况

单位：人

| 医院类别 | 入院人数 | 出院人数 | 住院病人手术人次 | 危重病人抢救人次 |
|---|---|---|---|---|
| 医院 | 107547387 | 107242276 | 30498947 | 6814453 |
| 综合医院 | 84312967 | 84136052 | 23989077 | 5587144 |
| 中医医院 | 13492646 | 13412885 | 3368391 | 698533 |
| 中西医结合医院 | 984419 | 982815 | 297955 | 146547 |
| 民族医院 | 292112 | 290840 | 24853 | 11837 |
| 专科医院 | 8441212 | 8398189 | 2818671 | 367924 |

### 表 9－39　2011 年医院床位利用情况

| 医院类别 | 实际开放总床日数（日） | 平均开放病床（张） | 实际占用总床日数（日） | 出院者占用总床日数（日） | 病床周转次数 | 病床工作日（日） | 病床使用率% |
|---|---|---|---|---|---|---|---|
| 医院 | 1297094201 | 3553683 | 1147607486 | 1105099476 | 30. 2 | 322. 9 | 88. 5 |
| 综合医院 | 936687060 | 2566266 | 836480262 | 813507427 | 32. 8 | 326 | 89. 3 |
| 中医医院 | 166798815 | 456983 | 144010075 | 140700735 | 29. 4 | 315. 1 | 86. 3 |
| 中西医结合医院 | 13358742 | 36599 | 1142668 | 10675049 | 26. 9 | 304. 5 | 83. 4 |
| 民族医院 | 4639453 | 12711 | 3446853 | 3460654 | 22. 9 | 271. 2 | 74. 3 |
| 专科医院 | 172777947 | 473364 | 150243775 | 135251881 | 17. 7 | 317. 4 | 87 |
| 护理医院 | 2832184 | 7759 | 2283853 | 1503730 | 32. 6 | 209. 2 | 57. 3 |

### 表 9－40　2011 年基层医疗卫生机构床位利用情况

| 医院类别 | 实际开放总床日数（日） | 平均开放病床（张） | 实际占用总床日数（日） | 出院者占用总床日数（日） | 病床周转次数 | 病床工作日（日） | 病床使用率% |
|---|---|---|---|---|---|---|---|
| 基层医疗卫生机构 | 422382040 | 1157211 | 242068928 | 221357676 | 32. 6 | 209. 2 | 57. 3 |
| 社区卫生服务中心（站） | 59629062 | 163367 | 31892141 | 26965240 | 18. 2 | 195. 2 | 53. 5 |
| 社区卫生服务中心 | 51769209 | 141833 | 28138351 | 25269554 | 17. 6 | 198. 4 | 54. 4 |
| 社区卫生服务站 | 7859853 | 21534 | 3753790 | 1695686 | 22. 5 | 174. 3 | 47. 8 |
| 卫生院 | 360029327 | 986382 | 209238537 | 193602933 | 35. 1 | 212. 1 | 58. 1 |
| 街道卫生院 | 3508902 | 9613 | 2021240 | 1684524 | 24. 2 | 210. 3 | 57. 6 |
| 乡镇卫生院 | 356520425 | 976768 | 207217297 | 191918049 | 35. 2 | 212. 1 | 58. 1 |
| 中心卫生院 | 155276915 | 425416 | 94347279 | 87905112 | 36. 7 | 221. 8 | 60. 8 |
| 乡卫生院 | 201243510 | 551352 | 112870018 | 104013297 | 34. 1 | 204. 7 | 56. 1 |

表 9－41　2009－2011 年不同等级医院病床使用率

| 医院等级 | 2009 | 2010 | 2011 |
|---|---|---|---|
| 三级 | 102.5 | 102.9 | 104.2 |
| 二级 | 84.8 | 87.3 | 88.7 |
| 一级 | 54.5 | 56.6 | 58.9 |

表 9－42　2010－2011 年乡镇卫生院医疗服务情况

| 服务项目/年份 | 2009 | 2010 | 2011 | 2011 年中心卫生院 | 2011 年乡镇卫生院 |
|---|---|---|---|---|---|
| 诊疗人次数（亿次） | 8.77 | 8.74 | 8.66 | 3.56 | 5.1 |
| 入院人数（万人） | 3808 | 3630 | 3449 | 1571 | 1878 |
| 病床周转次数（次） | 42.9 | 38.4 | 35.2 | 36.7 | 34.1 |
| 病床使用率（%） | 60.7 | 59 | 58.1 | 60.8 | 56.1 |
| 平均住院日（日） | 4.8 | 5.2 | 5.6 | 5.6 | 5.5 |

表 9－43　2009－2011 年县及县级市医院工作情况

| 项目 | 2009 | 2010 | 2011 |
|---|---|---|---|
| 县医院 | | | |
| 机构数（个） | 6111 | 6470 | 6973 |
| 床位数（张） | 765510 | 845737 | 946973 |
| 人员数（人） | 912765 | 976030 | 1059365 |
| 诊疗人次 | 398581659 | 421371135 | 465888834 |
| 入院人数 | 26228716 | 29450186 | 33610236 |
| 县级市医院 | | | |
| 机构数（个） | 3127 | 3221 | 3364 |
| 床位数（张） | 447101 | 483284 | 537858 |
| 人员数（人） | 555053 | 590804 | 637844 |
| 诊疗人次 | 247059157 | 263983433 | 293584397 |
| 入院人数 | 12962905 | 14513846 | 16342682 |

## 9.4　中国医疗机构医疗费用情况

医疗机构医疗费用收入与支出，反映出我国百姓医疗费用负担和国家医疗费用支出情况。

1. 医疗机构收入与支出

**表 9－44　2009－2011 年我国医院收入情况**

单位：万元

| 机构类别 | 2009 | 2010 | 2011 |
| --- | --- | --- | --- |
| 综合医院 | 66179674 | 78474095 | 94657434 |
| 中医医院 | 9444147.7 | 11655495 | 14317765 |
| 中西医结合医院 | 888950.4 | 1131859 | 1351733 |
| 民族医院 | 152215.5 | 174578 | 232071 |
| 专科医院 | 9251654.2 | 11366194 | 13909639 |

**表 9－45　2009－2011 年我国医院支出情况**

单位：万元

| 机构分类 | 2009 | 2010 | 2011 |
| --- | --- | --- | --- |
| 综合医院 | 61966687.9 | 75336058 | 91471247 |
| 中医医院 | 8781943.9 | 11086606 | 13864048 |
| 中西医结合医院 | 825744.4 | 1071412 | 1286160 |
| 民族医院 | 125454.9 | 160061 | 226130 |
| 专科医院 | 8408539.8 | 10662349 | 12907790 |

**表 9－46　2009－2011 年基层医疗机构收入情况**

单位：万元

| 项目 | 2009 | 2010 | 2011 |
| --- | --- | --- | --- |
| 社区卫生服务中心（站） | 4193902.5 | 5453707 | 6852920 |
| 社区卫生服务中心 | 3464175.8 | 4754386 | 6102473 |
| 社区卫生服务站 | 729726.7 | 699321 | 750447 |
| 卫生院 | 10339078.8 | 11589536 | 13372506 |
| 街道卫生院 | 487102.9 | 324946 | 157372 |
| 乡镇卫生院 | 9851975.9 | 11264590 | 13215133 |
| 中心卫生院 | 4361972.8 | 4966980 | 5870370 |
| 乡卫生院 | 5490003.1 | 6297610 | 7344764 |

**表 9－47　2009－2011 年基层医疗机构支出情况**

单位：万元

| 项目 | 2009 | 2010 | 2011 |
| --- | --- | --- | --- |
| 社区卫生服务中心（站） | 4036344.4 | 5300276 | 6677092 |
| 社区卫生服务中心 | 3356126.6 | 4626813 | 5961703 |

| 项目 | 2009 | 2010 | 2011 |
|---|---|---|---|
| 社区卫生服务站 | 680217.8 | 673464 | 715389 |
| 卫生院 | 9911157.4 | 11167458 | 13000748 |
| 街道卫生院 | 466678.8 | 311125 | 161333 |
| 乡镇卫生院 | 9444478.6 | 10856333 | 12839415 |
| 中心卫生院 | 4181635 | 4804424 | 5757315 |
| 乡卫生院 | 5262843.6 | 6051909 | 7082100 |

表9－48　2011年公立医院收入与支出构成情况

| 项目 | 公立医院 | 三级医院 | 二级医院 | 一级医院 | 公立医院中政府办医院 |
|---|---|---|---|---|---|
| 机构数（个） | 13180 | 1339 | 6001 | 2803 | 9415 |
| 总收入（万元） | 116406547 | 66226295 | 43686329 | 2415695 | 108855130 |
| 其中：财政补贴收入 | 10104993 | 4720258 | 4306691 | 336174 | 9843664 |
| 上级补助收入 | 645815 | 200552 | 294891 | 85590 | 277229 |
| 业务收入 | 105655739 | 61305485 | 39084747 | 1993932 | 98734237 |
| 其中：医疗收入 | 56690905 | 33231694 | 20730993 | 979814 | 53153888 |
| 门诊收入 | 17918999 | 9712924 | 7067519 | 473117 | 16684992 |
| 内：挂号费 | 380833 | 238360 | 122909 | 7837 | 360906 |
| 检查收入 | 6848611 | 3551485 | 2960026 | 132047 | 6462427 |
| 治疗收入 | 4134777 | 2284519 | 1515489 | 139833 | 3804245 |
| 手术收入 | 724421 | 402184 | 256364 | 28644 | 664992 |
| 住院收入 | 38771907 | 23518769 | 13663475 | 506698 | 36468896 |
| 内：床位收入 | 2875256 | 1544744 | 1158164 | 55683 | 2697250 |
| 检查收入 | 5018188 | 3055645 | 1769957 | 59701 | 4705581 |
| 治疗收入 | 12805550 | 8096839 | 4224362 | 144100 | 12087487 |
| 手术收入 | 5287046 | 3133942 | 1930863 | 75014 | 5049473 |
| 药品收入 | 47152180 | 27109860 | 17679809 | 948023 | 43991402 |
| 门诊收入 | 19050333 | 10786969 | 7030403 | 554516 | 17684820 |
| 西药收入 | 14128590 | 7883971 | 5271421 | 432858 | 13070421 |
| 中药收入 | 4921742 | 2902998 | 1758982 | 121658 | 4614399 |
| 住院收入 | 28101848 | 16322891 | 10649406 | 393506 | 26306582 |
| 西药收入 | 26360618 | 15372648 | 9956275 | 356825 | 24709465 |
| 中药收入 | 1741230 | 950242 | 693132 | 36682 | 1597118 |
| 其它收入 | 1812653 | 963931 | 673945 | 66095 | 1588947 |

| 项目 | 公立医院 | 三级医院 | 二级医院 | 一级医院 | 公立医院中政府办医院 |
| --- | --- | --- | --- | --- | --- |
| 总支出（万元） | 112307513 | 63796791 | 42185233 | 2340841 | 104747264 |
| 财政专项支出 | 3891841 | 2119028 | 1396431 | 84167 | 3782384 |
| 业务支出 | 108415672 | 61677763 | 40788802 | 2256674 | 100964879 |
| 医疗支出 | 62214795 | 35662712 | 23277191 | 1195057 | 58619374 |
| 药品支出 | 44178609 | 25272888 | 16644912 | 880584 | 41249065 |
| 内：药品费用 | 39526325 | 23236229 | 14408653 | 739606 | 37032816 |
| 西药费 | 34567116 | 20281583 | 12660281 | 627403 | 32389531 |
| 中药费 | 4959210 | 2954646 | 1748371 | 112204 | 4643285 |
| 其它支出 | 2022268 | 742163 | 866700 | 181032 | 1096441 |
| 总支出中：人员支出（万元） | 27376895 | 14571040 | 10941506 | 740822 | 25392642 |
| 离退休费（万元） | 2525413 | 1349439 | 1026195 | 50677 | 2408893 |
| 职工人均年业务收入（元） | 265512 | 386954 | 197795 | 113640 | 277455 |
| 医师人均年业务收入（元） | 913509 | 1375886 | 674648 | 350434 | 957365 |
| 门诊病人次均医药费（元） | 180.2 | 231.8 | 147.6 | 103.9 | 182 |
| 内：挂号费 | 1.9 | 2.7 | 1.3 | 0.8 | 1.9 |
| 药费 | 92.8 | 122 | 73.6 | 56.1 | 93.6 |
| 检查费 | 33.4 | 40.2 | 31 | 13.3 | 34.2 |
| 治疗费 | 20.1 | 25.8 | 15.9 | 14.1 | 20.1 |
| 出院病人人均医药费（元） | 6909.9 | 10935.9 | 4564.2 | 3121.3 | 6959.7 |
| 内：床位费 | 297.1 | 424 | 217.4 | 193.1 | 299 |
| 药费 | 2903.7 | 4480.4 | 1999.2 | 1364.4 | 2916.5 |
| 检查费 | 518.5 | 838.7 | 332.3 | 207 | 521.7 |
| 治疗费 | 1323.2 | 2222.5 | 793 | 499.6 | 1340.1 |
| 手术费 | 546.3 | 860.2 | 362.5 | 260.1 | 559.8 |
| 出院病人日均医药费（元） | 658 | 912 | 489 | 304.6 | 673.4 |

表 9 –49　2011 年五级综合医院收入与支出结构情况

| 项目 | 合计 | 中央属 | 省属 | 地级市属 | 县级市属 | 县属 |
|---|---|---|---|---|---|---|
| 机构数（个） | 4712 | 25 | 231 | 952 | 1546 | 1958 |
| 平均每所医院总收入（万元） | 16916.5 | 214669.7 | 80102.8 | 28301.1 | 10144.4 | 6748.7 |
| 其中：财政补贴收入 | 1313.2 | 16290.8 | 5615.3 | 2079.9 | 775.8 | 665.9 |
| 上级补助收入 | 35.3 | 23.5 | 151.3 | 35.5 | 30.1 | 25.9 |
| 业务收入 | 15568 | 198355.3 | 74336.3 | 26185.8 | 9338.6 | 6056.9 |
| 其中：医疗收入 | 8519 | 108243.3 | 40355.5 | 14487.5 | 5069.3 | 3311.7 |
| 门诊收入 | 2593.6 | 32355 | 11189.8 | 4231.9 | 1761.7 | 1059.7 |
| 内：挂号费 | 46.9 | 916 | 231 | 66.9 | 30.9 | 17.1 |
| 检查收入 | 1067.6 | 11135.2 | 4166.8 | 1728.2 | 738.8 | 511.7 |
| 治疗收入 | 536.9 | 7019.8 | 2455.9 | 918.7 | 362.2 | 180.1 |
| 手术收入 | 98.9 | 1284.7 | 594.7 | 148.3 | 60.9 | 31.3 |
| 住院收入 | 5925.5 | 75888.4 | 29165.7 | 10255.6 | 3307.6 | 2252 |
| 内：床位收入 | 410.2 | 4087.9 | 1675.6 | 697.5 | 274.3 | 181.5 |
| 检查收入 | 777.7 | 8652.8 | 3649.6 | 1433.3 | 441.2 | 285.3 |
| 治疗收入 | 1946.1 | 28672.7 | 9575.4 | 3509 | 994.5 | 696.2 |
| 手术收入 | 834.9 | 11488.6 | 4520.5 | 1260.9 | 486.1 | 332.3 |
| 药品收入 | 6817.3 | 85848 | 32816.2 | 11387.4 | 4104.4 | 2661 |
| 门诊收入 | 2556.3 | 38667.4 | 12407.2 | 4300.1 | 1594.4 | 884.7 |
| 西药收入 | 2056.2 | 31284.9 | 9858.2 | 3399.2 | 1319.5 | 691.2 |
| 中药收入 | 500.1 | 7382.5 | 2549 | 900.9 | 274.9 | 153.5 |
| 住院收入 | 4261 | 47180.6 | 20409 | 7087.3 | 2510.1 | 1816.3 |
| 西药收入 | 4091.9 | 45612.3 | 19634.7 | 6754.3 | 2420.5 | 1753.3 |
| 中药收入 | 169.1 | 1568.2 | 774.3 | 332.9 | 89.6 | 63 |
| 其它收入 | 231.6 | 4264 | 1164.6 | 311 | 164.8 | 84.2 |
| 平均每所医院总支出（万元） | 16316.5 | 213246.3 | 76776.5 | 27363.1 | 9797.9 | 6445.2 |
| 财政专项支出 | 498.8 | 9463.3 | 2533.5 | 754.2 | 239.7 | 244.7 |
| 业务支出 | 15817.7 | 203783.1 | 74243 | 26609 | 9558.2 | 6220.5 |
| 医疗支出 | 9290 | 122144.6 | 43252.8 | 15727.9 | 5602.6 | 3623.5 |
| 药品支出 | 6383.9 | 80068.8 | 30385.1 | 10669.9 | 3862.5 | 2518.5 |
| 内：药品费用 | 5770.8 | 74881.7 | 28388.7 | 9716.2 | 3404.8 | 2169.8 |

| 项目 | 合计 | 中央属 | 省属 | 地级市属 | 县级市属 | 县属 |
|---|---|---|---|---|---|---|
| 西药费 | 5273.4 | 67668.6 | 25779.9 | 8829.9 | 3142.1 | 2011 |
| 中药费 | 497.4 | 7213.1 | 2608.8 | 886.3 | 262.5 | 158.8 |
| 其它支出 | 143.8 | 1569.6 | 605.1 | 211.2 | 93.1 | 78.5 |
| 平均每所医院人员支出（万元） | 3879.3 | 49048 | 17318.5 | 6375.8 | 2496 | 1595.4 |
| 职工人均年业务收入（元） | 292782 | 658812.7 | 473857 | 310869.1 | 230905.6 | 185106.9 |
| 医师人均年业务收入（元） | 1018482.3 | 2400233.9 | 1694244.6 | 1089964.4 | 777375.5 | 645217.1 |
| 门诊病人次均医药费（元） | 186.1 | 341.6 | 272.6 | 192.9 | 149 | 131.8 |
| 内：挂号费 | 1.7 | 4.4 | 2.7 | 1.5 | 1.4 | 1.2 |
| 药费 | 92.4 | 186 | 143.3 | 97.2 | 70.8 | 58.5 |
| 检查费 | 38.6 | 53.6 | 48.1 | 39.1 | 32.8 | 35.4 |
| 治疗费 | 19.4 | 33.8 | 28.4 | 20.8 | 16.1 | 12.5 |
| 出院病人人均医药费（元） | 7027.7 | 17473.7 | 13783 | 8732.5 | 5328.5 | 3549.3 |
| 内：床位费 | 283 | 580.4 | 465.8 | 351.2 | 251.3 | 158.4 |
| 药费 | 2939.7 | 6698.8 | 5674.2 | 3568.6 | 2299 | 1584.6 |
| 检查费 | 536.5 | 1228.5 | 1014.7 | 721.7 | 404.1 | 248.9 |
| 治疗费 | 1342.6 | 4071 | 2662.2 | 1766.8 | 910.9 | 607.4 |
| 手术费 | 576 | 1631.2 | 1256.8 | 634.9 | 445.2 | 289.9 |

2. 医疗机构门诊病人人均医药费用

**表 9－50　2009－2011 年医院门诊病人人均医药费用支出**

| 项目 | 2009 | 2010 | 2011 |
|---|---|---|---|
| 门诊病人人均医药费（元） | 152 | 166.8 | 179.8 |
| 其中：药费 | 78.3 | 85.6 | 90.9 |
| 检查治疗费 | 44.7 | 49.4 | 53.5 |
| 占门诊医药费用% | | | |
| 其中：药费 | 51.5 | 51.3 | 50.5 |
| 检查治疗费 | 29.4 | 29.6 | 29.7 |

表 9－51 2009－2011 年医院出院病人人均医药费用

| 项目 | 2009 | 2010 | 2011 |
| --- | --- | --- | --- |
| 出院病人人均医药费（元） | 5684 | 6193. 9 | 6632. 2 |
| 其中：药费 | 2480. 6 | 2670. 2 | 2770. 5 |
| 检查治疗费 | 1428. 7 | 1589. 8 | 1742. 7 |
| 手术费 | 515 | 536. 9 | 550. 2 |
| 占门诊医药费用% | | | |
| 其中：药费 | 43. 6 | 43. 1 | 41. 8 |
| 检查治疗费 | 25. 1 | 25. 7 | 26. 3 |
| 手术费 | 9. 1 | 8. 7 | 8. 3 |

表 9－52 2009－2011 年社区卫生服务中心门诊和住院病人人均医药费用

| 项目 | 2009 | 2010 | 2011 |
| --- | --- | --- | --- |
| 门诊病人次均医药费（元） | 84 | 82. 8 | 81. 5 |
| 其中：药费 | 60 | 58. 7 | 54. 9 |
| 门诊药费占医药费用% | 71. 5 | 70. 8 | 67. 4 |
| 住院病人人均医药费用（元） | 2317. 4 | 2357. 6 | 2315. 1 |
| 其中：药费 | 1136. 2 | 1162. 4 | 1061. 4 |
| 住院费用占住院医药费% | 49 | 49. 3 | 45. 8 |

表 9－53 2009－2011 年乡镇卫生院门诊和住院病人人均医药费用

| 项目 | 2009 | 2010 | 2011 |
| --- | --- | --- | --- |
| 门诊病人次均医药费（元） | 46. 2 | 47. 5 | 47. 5 |
| 其中：药费 | 28. 8 | 28. 7 | 25. 3 |
| 门诊药费占医药费用% | 62. 3 | 60. 4 | 53. 2 |
| 住院病人人均医药费用（元） | 897. 2 | 1004. 6 | 1051. 3 |
| 其中：药费 | 479. 6 | 531. 1 | 492. 3 |
| 住院费用占住院医药费% | 53. 5 | 52. 9 | 46. 8 |

表 9－54 2009－2011 年公立医院中三级医院门诊病人人均医药费用支出

| 项目 | 2009 | 2010 | 2011 |
| --- | --- | --- | --- |
| 门诊病人人均医药费（元） | 203. 7 | 220. 2 | 231. 8 |
| 其中：药费 | 109. 3 | 117. 6 | 122 |
| 检查治疗费 | 56. 9 | 62. 1 | 66 |
| 占门诊医药费用% | | | |

| 项目 | 2009 | 2010 | 2011 |
|---|---|---|---|
| 其中：药费 | 53.6 | 53.4 | 52.6 |
| 检查治疗费 | 27.9 | 28.2 | 28.5 |
| 出院病人人均医药费（元） | 9753 | 10442.4 | 10935.9 |
| 其中：药费 | 4231.9 | 4440.9 | 4480.4 |
| 检查治疗费 | 2567.2 | 2835.9 | 3061.2 |
| 手术费 | 823.9 | 857 | 860.2 |
| 占门诊医药费用% | | | |
| 其中：药费 | 43.4 | 42.5 | 41 |
| 检查治疗费 | 26.3 | 27.2 | 28 |
| 手术费 | 8.4 | 8.2 | 7.9 |

### 表 9－55　2009－2011 年公立医院中二级医院病人人均医药费用支出

| 项目 | 2009 | 2010 | 2011 |
|---|---|---|---|
| 门诊病人人均医药费（元） | 128 | 139.3 | 147.6 |
| 其中：药费 | 65.1 | 70.5 | 73.6 |
| 检查治疗费 | 39.8 | 43.9 | 46.8 |
| 占门诊医药费用% | | | |
| 其中：药费 | 50.8 | 50.6 | 49.9 |
| 检查治疗费 | 31.1 | 31.5 | 31.7 |
| 出院病人人均医药费（元） | 3973.8 | 4338.6 | 4564.2 |
| 其中：药费 | 1784 | 1944.8 | 1999.2 |
| 检查治疗费 | 952.5 | 1052.8 | 1125.3 |
| 手术费 | 358.4 | 365.4 | 362.5 |
| 占门诊医药费用% | | | |
| 其中：药费 | 44.9 | 44.8 | 43.8 |
| 检查治疗费 | 24 | 24.3 | 24.7 |
| 手术费 | 9 | 8.4 | 7.9 |

### 表 9－56　2009－2011 年公立医院中一级医院病人人均医药费用支出

| 项目 | 2009 | 2010 | 2011 |
|---|---|---|---|
| 门诊病人人均医药费（元） | 83.9 | 93.1 | 103.9 |
| 其中：药费 | 46.3 | 51.6 | 56.1 |

| 项目 | 2009 | 2010 | 2011 |
|---|---|---|---|
| 检查治疗费 | 21.8 | 24.2 | 27.5 |
| 占门诊医药费用% | | | |
| 其中：药费 | 55.1 | 55.4 | 54 |
| 检查治疗费 | 26 | 26 | 26.5 |
| 出院病人人均医药费（元） | 2609.6 | 2844.3 | 3121.3 |
| 其中：药费 | 1128.2 | 1243.7 | 1364.4 |
| 检查治疗费 | 603.8 | 662.8 | 706.7 |
| 手术费 | 253.2 | 251.6 | 260.1 |
| 占门诊医药费用% | | | |
| 其中：药费 | 43.2 | 43.7 | 43.7 |
| 检查治疗费 | 23.1 | 23.3 | 22.6 |
| 手术费 | 9.7 | 8.8 | 8.3 |

**表9－57　2011年全国医院门诊病人平均医药费用支出排前10位地区**

| 地区 | 门诊病人次均医药费（元） | 其中：药费 | 检查治疗费 |
|---|---|---|---|
| 北京 | 352.5 | 223 | 74.1 |
| 天津 | 234.4 | 151.9 | 40.8 |
| 辽宁 | 203.1 | 92.9 | 70.6 |
| 黑龙江 | 189.3 | 80.3 | 69.8 |
| 上海 | 257.7 | 141.9 | 52.7 |
| 江苏 | 190.5 | 97.5 | 54.3 |
| 浙江 | 189.9 | 109.5 | 38.6 |
| 山东 | 174.9 | 86.3 | 58.1 |
| 湖南 | 192.1 | 89.8 | 61.7 |
| 重庆 | 192.2 | 90.9 | 61.1 |

**表9－58　2011年全国医院住院病人平均医药费用支出排前10位地区**

| 地区 | 出院病人人均医药费（元） | 其中：药费 | 检查治疗费 | 手术费 |
|---|---|---|---|---|
| 北京 | 16630.7 | 5948.1 | 5822.5 | 917.8 |
| 天津 | 12428.9 | 4973.7 | 3534.4 | 505.8 |
| 内蒙古 | 6532.4 | 3004.5 | 1930.3 | 340 |
| 辽宁 | 7175.9 | 3086.9 | 1802.3 | 597.6 |
| 吉林 | 6674.6 | 3034.1 | 2025.1 | 504.8 |

| 地区 | 出院病人人均医药费（元） | 其中：药费 | 检查治疗费 | 手术费 |
| --- | --- | --- | --- | --- |
| 黑龙江 | 6760.9 | 3366.8 | 1485.6 | 320 |
| 上海 | 12966.5 | 4737.2 | 1699.1 | 2245.5 |
| 江苏 | 8431.3 | 3892 | 2048.3 | 531.7 |
| 浙江 | 8922.9 | 3977.5 | 1263.3 | 755.6 |
| 广东 | 7853.2 | 2730.1 | 2425.9 | 855.1 |

## 表 9－59　2011 年 30 种疾病平均住院医药费用

| 疾病名称 | 出院人数（人） | 出院者平均住院日 | 出院者人均医药费（元） | 其中：床位费 | 药费（元） | 手术费（元） | 检查治疗费（元） |
| --- | --- | --- | --- | --- | --- | --- | --- |
| 内科 | | | | | | | |
| 病毒性肝炎 | 194220 | 17.9 | 7683.9 | 499.8 | 4847.8 | 453.3 | 823.6 |
| 浸润性肺结核 | 159350 | 14.8 | 6434.8 | 401.5 | 3287.6 | 549.2 | 1178.3 |
| 急性心肌梗塞 | 107261 | 10.1 | 16793.1 | 422.4 | 4736.9 | 6468.4 | 4929.5 |
| 充血性心力衰竭 | 9082 | 10.9 | 6732.1 | 331 | 3357.6 | 225.3 | 1397.1 |
| 细菌性肺炎 | 57190 | 9.7 | 4803.4 | 303.6 | 2495.2 | 268.2 | 861.7 |
| 慢性肺源性心脏病 | 69963 | 11.9 | 6487.6 | 320.1 | 3552.3 | 118.9 | 1360.6 |
| 急性性上消化道出血 | 29687 | 8.4 | 7202.8 | 273.1 | 3564.6 | 1231.7 | 1349.6 |
| 原发性肾病综合症 | 70955 | 13.7 | 6542.2 | 397.2 | 3457.2 | 638.9 | 984.7 |
| 甲状腺功能亢进 | 69779 | 9.9 | 4832.1 | 281.2 | 1867.7 | 2010.2 | 1093 |
| 脑出血 | 357106 | 14.9 | 11802.1 | 502.1 | 5984.6 | 1382.2 | 2686.5 |
| 脑梗塞 | 1351752 | 12.7 | 7325.3 | 365.3 | 4240.7 | 232.6 | 1429.4 |
| 再生障碍性贫血 | 41780 | 9.4 | 6859 | 280.5 | 3231.3 | 1749.5 | 907.6 |
| 急性白血病 | 54198 | 15.9 | 12989.3 | 579.5 | 7447.8 | 824.5 | 1548 |
| 外科 | | | | | | | |
| 结节性甲状腺肿 | 125156 | 8.4 | 8050.1 | 294.9 | 2145.5 | 2214.4 | 1498.6 |
| 急性阑尾炎 | 482386 | 7.3 | 4757.8 | 193.3 | 2020.9 | 991.3 | 740.8 |
| 急生胆囊炎 | 70509 | 9.3 | 6606.4 | 259.1 | 3367.3 | 2026.1 | 1105.5 |
| 腹股沟疝 | 359670 | 7.4 | 4869.1 | 204.4 | 1214.5 | 1273 | 843.4 |
| 胃恶性肿瘤 | 179913 | 14.7 | 15459.2 | 501.3 | 7398.6 | 3255.1 | 2769.6 |
| 肺恶性肿瘤 | 275036 | 14.9 | 11536.4 | 467 | 5933.7 | 1486.8 | 2528.8 |
| 食管恶性肿瘤 | 111004 | 17.3 | 14631.2 | 501.2 | 6442.7 | 2836.1 | 3674.2 |
| 心肌梗塞冠状动脉搭桥 | 4177 | 14.2 | 38802.2 | 489.7 | 7273.2 | 7846.6 | 9177.2 |
| 膀胱恶性肿瘤 | 38030 | 15.2 | 13424 | 526.1 | 5902.4 | 2450.5 | 2620.8 |

| 疾病名称 | 出院人数（人） | 出院者平均住院日 | 出院者人均医药费（元） | 其中：床位费 | 药费（元） | 手术费（元） | 检查治疗费（元） |
|---|---|---|---|---|---|---|---|
| 前列腺增生 | 159156 | 12.8 | 9046 | 392.7 | 3549.4 | 2127.1 | 1726.7 |
| 颅内损伤 | 560106 | 12.7 | 9098.5 | 370.8 | 4707.8 | 1506.4 | 1845.7 |
| 腰椎间盘突出症 | 179075 | 12.5 | 7614.8 | 323 | 2298.2 | 2669.8 | 1940.9 |
| 儿科 | | | | | | | |
| 支气管肺炎 | 1059835 | 7.1 | 2127.4 | 177.8 | 1054.6 | 92.9 | 392 |
| 感染性腹泻 | 26510 | 5.1 | 1824.6 | 129.4 | 834.5 | 200.9 | 319.2 |
| 妇产科 | | | | | | | |
| 子宫平滑肌瘤 | 239212 | 9.8 | 7547 | 314.3 | 2129.9 | 1837.4 | 1419.9 |
| 剖宫产 | 1490895 | 7.1 | 4759.3 | 359.8 | 1257.5 | 1097.2 | 862.2 |
| 眼科 | | | | | | | |
| 老年性白内障 | 281513 | 5 | 5004.3 | 132.8 | 515.9 | 1959.3 | 1104.4 |

3. 我国医疗卫生费用支出情况

**表9－60　2009－2011年全国医疗卫生费用支出情况**

| 项目 | 2009 | 2010 | 2011 |
|---|---|---|---|
| 卫生总费用（亿元） | 17541.92 | 19980.39 | 24268.78 |
| 其中：政府支出 | 4816.26 | 5732.49 | 7378.95 |
| 社会支出 | 6154.49 | 7196.61 | 8424.55 |
| 个人支出 | 6571.16 | 7051.29 | 8465.28 |
| 卫生费用构成% | | | |
| 其中：政府支出 | 27.5 | 28.7 | 30.4 |
| 社会支出 | 35.1 | 36 | 34.7 |
| 个人支出 | 37.5 | 35.3 | 34.9 |
| 城乡卫生费用（亿元） | | | |
| 其中：城市 | 13535.61 | 15508.62 | 18542.37 |
| 农村 | 4006.31 | 4471.77 | 5726.41 |
| 人均卫生费用（元） | 1314.3 | 1490.1 | 1801.2 |
| 城市 | 2176.6 | 2315.5 | 2695.1 |
| 农村 | 562 | 666.3 | 871.6 |
| 卫生费用占GDP% | 5.15 | 4.98 | 5.15 |

### 表 9－61　2009－2011 年政府卫生支出及占比例情况

| 项目 | 2009 | 2010 | 2011 |
|---|---|---|---|
| 政府支出（亿元） | 4816. 26 | 5732. 49 | 7378. 95 |
| 医疗卫生服务支出 | 2081. 09 | 2565. 6 | 3111. 36 |
| 医疗保障支出 | 2001. 51 | 2331. 12 | 3300. 67 |
| 行政管理事务支出 | 217. 88 | 247. 83 | 267. 42 |
| 人口与计划生育事务支出 | 515. 78 | 587. 94 | 699. 51 |
| 占财政支出比例% | 6. 31 | 6. 38 | 6. 77 |
| 占卫生总费用比例% | 27. 46 | 28. 69 | 30. 41 |
| 占国内生产总值比例% | 1. 41 | 1. 43 | 1. 56 |

### 表 9－62　2009－2011 年城乡居民医疗保健支出情况

| 项目 | 2009 | 2010 | 2011 |
|---|---|---|---|
| 城镇居民 | | | |
| 人均年消费支出（元） | 12264. 6 | 13471. 5 | 15160. 9 |
| 其中：人均医疗保健支出（元） | 856. 4 | 871. 8 | 969 |
| 医疗保健支出占消费支出比例% | 7 | 6. 5 | 6. 4 |
| 农村居民 | | | |
| 人均年消费支出（元） | 3993. 5 | 4381. 8 | 5221. 1 |
| 其中：人均医疗保健支出（元） | 287. 5 | 326 | 436. 8 |
| 医疗保健支出占消费支出比例% | 7. 2 | 7. 4 | 8. 4 |

### 表 9－63　2011 年城镇居民人均医疗保健支出排前 10 位省市

| 序号 | 省市 | 人均年消费支出（元） | 其中：人均医疗保健支出（元） | 医疗保健支出占消费支出比例% |
|---|---|---|---|---|
| 1 | 北京 | 19934. 5 | 1327. 2 | 6. 7 |
| 2 | 天津 | 16561. 8 | 1275. 6 | 7. 7 |
| 3 | 内蒙古 | 13994. 6 | 1126 | 8 |
| 4 | 辽宁 | 13280 | 1079. 8 | 8. 1 |
| 5 | 吉林 | 11679 | 1171. 3 | 10 |
| 6 | 上海 | 23200. 4 | 1005. 5 | 4. 3 |
| 7 | 浙江 | 17858. 2 | 1033. 7 | 5. 8 |
| 8 | 河南 | 10838. 5 | 941. 3 | 8. 7 |
| 9 | 重庆 | 13335 | 1021. 5 | 7. 7 |
| 10 | 陕西 | 11821. 9 | 935. 4 | 7. 9 |

表 9－64　2011 年农村居民医疗保健支出排前十位省市

| 序号 | 省市 | 人均年消费支出（元） | 其中：人均医疗保健支出（元） | 医疗保健支出占消费支出比例％ |
|---|---|---|---|---|
| 1 | 北京 | 9254.8 | 840.6 | 9.1 |
| 2 | 内蒙古 | 4460.8 | 468 | 10.5 |
| 3 | 辽宁 | 4489.5 | 413.8 | 9.2 |
| 4 | 吉林 | 4147.4 | 462.4 | 11.1 |
| 5 | 黑龙江 | 4391.2 | 443.2 | 10.1 |
| 6 | 上海 | 10210.5 | 584.5 | 5.7 |
| 7 | 浙江 | 8928.9 | 709.3 | 7.9 |
| 8 | 山东 | 4807.2 | 383.9 | 8 |
| 9 | 陕西 | 3793.8 | 376.2 | 9.9 |
| 10 | 宁夏 | 4013.2 | 417.9 | 9.1 |

4. 我国医疗保障制度构成

表 9－65　1998、2003、2008 年调查地区居民医疗保障制度构成％

| 制度类别 | 合计 | 城市 | | | | 农村 | | |
|---|---|---|---|---|---|---|---|---|
| 1998 | | 小计 | 大 | 中 | 小 | 小计 | 一类 | 四类 |
| 公费医疗 | 4.9 | 16 | 21.7 | 16.4 | 9.2 | 1.2 | 1.1 | 0.3 |
| 劳保医疗 | 6.2 | 22.9 | 30.6 | 28.4 | 9.4 | 0.5 | 1.3 | 0 |
| 半劳保医疗 | 1.6 | 5.8 | 8.5 | 6.2 | 2.4 | 0.2 | 0.6 | 0.1 |
| 医疗保险 | 1.9 | 3.3 | 0.8 | 8.1 | 2.1 | 1.4 | 2.3 | 0.1 |
| 统筹医疗 | 0.4 | 1.4 | 2.8 | 1.1 | 0.1 | 0 | 0.1 | 0 |
| 合作医疗 | 5.6 | 2.7 | 0.1 | 0.1 | 8 | 6.6 | 20.8 | 1.8 |
| 自费医疗 | 76.4 | 44.1 | 34.3 | 38.8 | 60 | 87.3 | 73.4 | 81.5 |
| 其他形式 | 3 | 3.7 | 1.3 | 1.1 | 8.8 | 2.8 | 0.4 | 16.2 |
| 2003 | | | | | | | | |
| 城镇基本医疗保险 | 8.9 | 30.4 | 37.6 | 41.1 | 13.2 | 1.5 | 1.9 | 1.2 |
| 大病医疗保险 | 0.6 | 1.8 | 3.6 | 0.6 | 0.8 | 0.1 | 0.4 | 0 |
| 公费医疗 | 1.2 | 4 | 6.7 | 3.9 | 1.1 | 0.2 | 0.4 | 0.1 |
| 劳保医疗 | 1.3 | 4.6 | 5 | 5 | 3.8 | 0.1 | 0.2 | 0 |
| 合作医疗 | 8.8 | 6.6 | 0.1 | 0 | 19.6 | 9.5 | 17.6 | 24.3 |
| 其他社会医疗保险 | 1.4 | 2.2 | 3.7 | 1 | 1.6 | 1.2 | 2.9 | 0.3 |

| 制度类别 | 合计 | 城市 | | | | 农村 | | |
|---|---|---|---|---|---|---|---|---|
| 商业医疗保险 | 7.6 | 5.6 | 4.8 | 7.3 | 5 | 8.3 | 8.9 | 3.2 |
| 无医疗保险 | 70.3 | 44.8 | 38.5 | 41.2 | 55 | 79 | 67.8 | 70.8 |
| 2008 | | | | | | | | |
| 城镇职工基本医保 | 12.7 | 44.2 | 60 | 53.3 | 18.8 | 1.5 | 3.3 | 0.5 |
| 公费医疗 | 1 | 3 | 4.3 | 2.7 | 1.8 | 0.3 | 0.3 | 0.1 |
| 城镇居民基本医保 | 3.8 | 12.5 | 8.2 | 16.4 | 13.9 | 0.7 | 2 | 0.2 |
| 新型农村合作医疗 | 68.7 | 9.5 | 0.8 | 1.3 | 26.2 | 89.7 | 85.4 | 96 |
| 其他社会医疗保险 | 1 | 2.8 | 3.8 | 2.5 | 1.9 | 0.4 | 0.9 | 0.1 |
| 无社会医疗保险 | 12.9 | 28.1 | 22.9 | 23.8 | 37.5 | 7.5 | 8.1 | 3.2 |

**表 9－66　2009－2011 年新型农村合作医疗情况**

| 项目 | 2009 | 2010 | 2011 |
|---|---|---|---|
| 开展新农合县（市、区）(个) | 2716 | 2678 | 2637 |
| 参加新农合人数（亿人） | 8.33 | 8.36 | 8.32 |
| 参合率（%） | 94.19 | 96 | 97.48 |
| 人均筹资（元） | 113.36 | 156.57 | 246.21 |
| 当年基金支出（亿元） | 922.92 | 1187.84 | 1710.19 |
| 补偿受益人次（亿人次） | 7.59 | 10.87 | 13.15 |

**表 9－67　2009－2011 城镇居民和职工基本医疗保险情况**

| 项目 | 2009 | 2010 | 2011 |
|---|---|---|---|
| 参保人数（万人） | 40147 | 43263 | 47292 |
| 城镇居民基本医保 | 18210 | 19528 | 22066 |
| 城镇职工基本医保 | 21937 | 23735 | 25226 |
| 其中：在职职工 | 16411 | 17791 | – |
| 　　　退休人员 | 5527 | 5944 | – |
| 城镇职工基本医保收支（亿元） | | | |
| 基金收入 | 3671.9 | 3955.4 | – |
| 基金支出 | 2797.4 | 3271.6 | – |
| 累计结存 | 4275.9 | 4741.2 | – |

## 9.5 影响中国人健康的主要疾病

随着人们生活和经济条件改善，影响人们身心健康疾病也在发生着变化，恶性肿瘤、心脏病、脑血管病、呼吸系统疾病、消化系统疾病、内分泌、营养和代谢疾病等疾病成为当今影响我国人体健康主要疾病。

表9－68 2009－2011年城市居民主要疾病死亡率及构成

| 疾病名称 | 2009 | | | 2010 | | | 2011 | | |
|---|---|---|---|---|---|---|---|---|---|
| | 粗死亡率（1/10万） | 构成（%） | 位次 | 粗死亡率（1/10万） | 构成（%） | 位次 | 粗死亡率（1/10万） | 构成（%） | 位次 |
| 传染病（不含呼吸道结核） | 4.27 | 0.67 | 12 | 4.44 | 0.72 | 11 | 3.15 | 0.51 | 11 |
| 呼吸道结核 | 1.69 | 0.27 | 16 | 2.32 | 0.38 | 14 | 2.14 | 0.35 | 14 |
| 寄生虫病 | 0.54 | 0.09 | 19 | 0.13 | 0.02 | 18 | 0.23 | 0.04 | 19 |
| 恶性肿瘤 | 175.84 | 27.63 | 1 | 162.87 | 26.33 | 1 | 172.33 | 27.79 | 1 |
| 血液、造血器官及免疫疾病 | 1.68 | 0.26 | 17 | 1.5 | 0.24 | 17 | 1.44 | 0.23 | 18 |
| 内分泌、营养和代谢疾病 | 22.60 | 3.55 | 6 | 18.13 | 2.93 | 6 | 18.64 | 3.01 | 6 |
| 精神障碍 | 3.93 | 0.62 | 13 | 2.9 | 0.47 | 13 | 2.47 | 0.4 | 13 |
| 神经系统疾病 | 7.22 | 1.14 | 9 | 5.84 | 0.94 | 10 | 7.63 | 1.23 | 9 |
| 心脏病 | 130.03 | 20.43 | 3 | 129.19 | 20.88 | 2 | 132.04 | 21.3 | 2 |
| 脑血管病 | 135.74 | 21.33 | 2 | 125.15 | 20.23 | 3 | 125.37 | 20.22 | 3 |
| 呼吸系统疾病 | 64.25 | 10.10 | 4 | 68.32 | 11.04 | 4 | 65.47 | 10.56 | 4 |
| 消化系统疾病 | 16.99 | 2.67 | 7 | 16.96 | 2.74 | 7 | 16.35 | 2.64 | 7 |
| 肌肉骨骼和结缔组织疾病 | 1.94 | 0.30 | 15 | 1.61 | 0.26 | 16 | 1.51 | 0.24 | 17 |
| 泌尿生殖系统疾病 | 7.16 | 1.12 | 10 | 7.2 | 1.16 | 9 | 6.6 | 1.06 | 10 |
| 妊娠、分娩产褥期并发症 | 0.08 | 0.01 | 20 | 0.11 | 0.02 | 18 | 0.07 | 0.01 | 20 |
| 围生期疾病 | 1.44 | 0.23 | 18 | 2.03 | 0.33 | 15 | 1.89 | 0.3 | 15 |
| 先天畸形、变形和染色体异常 | 2.37 | 0.37 | 14 | 2.02 | 0.33 | 15 | 1.79 | 0.29 | 16 |
| 诊断不明 | 4.65 | 0.73 | 11 | 4.12 | 0.67 | 12 | 2.81 | 0.45 | 12 |
| 其他疾病 | 11.98 | 1.88 | 8 | 9.58 | 1.55 | 8 | 9.93 | 1.6 | 8 |
| 损伤和中毒外部原因 | 32.52 | 5.11 | 5 | 38 | 6.16 | 5 | 33.93 | 5.47 | 5 |

**表 9－69　死亡率前十位恶性肿瘤**

| 序号 | 2004－2005 | | 1990－1992 | | 1973－1975 | |
|---|---|---|---|---|---|---|
| | 疾病名称 | 死亡率（1/10 万） | 疾病名称 | 死亡率（1/10 万） | 疾病名称 | 死亡率（1/10 万） |
| 1 | 肺癌 | 30.83 | 胃病 | 25.16 | 胃癌 | 19.54 |
| 2 | 肝癌 | 26.26 | 肝癌 | 20.37 | 食管癌 | 18.83 |
| 3 | 胃癌 | 24.71 | 肺癌 | 17.54 | 肝癌 | 12.54 |
| 4 | 食管癌 | 15.21 | 食管癌 | 17.38 | 肺癌 | 7.09 |
| 5 | 结直肠癌 | 7.25 | 结直肠癌 | 5.3 | 子宫颈癌 | 5.23 |
| 6 | 白血病 | 3.84 | 白血病 | 3.64 | 结直肠癌 | 4.6 |
| 7 | 脑瘤 | 3.13 | 子宫颈癌 | 1.89 | 白血病 | 2.72 |
| 8 | 女性乳腺癌 | 2.9 | 鼻咽癌 | 1.74 | 鼻咽癌 | 2.32 |
| 9 | 胰腺癌 | 2.62 | 女性乳腺癌 | 1.72 | 女性乳腺癌 | 1.65 |
| 10 | 骨癌 | 1.7 | | | | |
| | 恶性肿瘤总计 | 134.8 | 恶性肿瘤总计 | 108.26 | 恶性肿瘤总计 | 83.65 |

资料来源：1973－1975、1990－1992、2004－2005 年中国恶性肿瘤死亡抽样回顾调查。

## 9.6　世界各国医疗卫生支出情况

**表 9－70　世界部分国家医疗卫生支出情况**

| 国家和地区 | 医疗支出占国内容生产总值的比重（%） | | | 人均医疗支出（美元） | | |
|---|---|---|---|---|---|---|
| 2000 | 2005 | 2009 | 2000 | 2005 | 2009 | |
| 世界 | 9.23 | 9.73 | 10.04 | 486.48 | 685.99 | 863.58 |
| 中国 | 4.62 | 4.73 | 4.57 | 43.72 | 80.58 | 177.15 |
| 印度 | 4.61 | 4.03 | 4.17 | 20.68 | 29.97 | 44.8 |
| 日本 | 7.69 | 8.16 | 8.35 | 2827.45 | 2907.88 | 3321.47 |
| 韩国 | 4.79 | 5.73 | 6.49 | 543.06 | 1005.4 | 1107.95 |
| 南非 | 8.47 | 8.81 | 8.51 | 250.68 | 452.94 | 485.43 |
| 加拿大 | 8.84 | 9.39 | 10.91 | 2082.27 | 3297.81 | 4379.76 |
| 美国 | 13.41 | 14.72 | 16.21 | 4703.47 | 6258.6 | 7410.16 |
| 巴西 | 7.16 | 8.17 | 9.05 | 265.19 | 387.27 | 734.05 |
| 法国 | 10.07 | 11.1 | 11.72 | 2184.26 | 3801.85 | 4797.97 |
| 德国 | 10.29 | 10.69 | 11.33 | 2366.05 | 3635.1 | 4628.77 |
| 意大利 | 8.06 | 8.59 | 9.51 | 1546.86 | 2613.41 | 3327.63 |
| 荷兰 | 7.69 | 9.83 | 10.81 | 1908.71 | 3861.65 | 5163.74 |
| 俄罗斯联邦 | 5.4 | 5.19 | 5.44 | 96.01 | 278.14 | 475.25 |
| 西班牙 | 7.21 | 8.29 | 9.69 | 1030.06 | 2150.71 | 3075.01 |

| 国家和地区 | 医疗支出占国内容生产总值的比重（%） | | | 人均医疗支出（美元） | | |
|---|---|---|---|---|---|---|
| 英国 | 7.05 | 8.26 | 9.34 | 1766.67 | 3115.71 | 3285.05 |
| 澳大利亚 | 8.03 | 8.43 | 8.51 | 1728.46 | 3157.75 | 3867.43 |
| 新西兰 | 7.72 | 8.85 | 9.73 | 1054.71 | 2379.93 | 2633.63 |

# 10 中国医疗器械产业发展情况

本部分主要介绍我国医疗器械产业规模、经济指标完成情况、资产、科研活动及各地区医疗器械规模等情况。

## 10.1 医疗器械产业发展情况

截止 2011 年底我国已注册医疗器械生产企业 14603 家，规模以上企业实现产值 1384.7 亿元，销售收入为 1362.9 亿元。

1. 我国医疗器械生产企业数量

**表 10－1　2009－2011 年我国注册登记医疗器械生产企业、经营数量**

单位：家

| 企业/时间 | 2009 | 2010 | 2011 |
|---|---|---|---|
| 合计 | 13876 | 14337 | 14603 |
| 一类 | 3696 | 4015 | 4051 |
| 二类 | 7869 | 7906 | 8147 |
| 三类 | 2311 | 2416 | 2405 |
| 国家及省级重点监管企业 | 1896 | 1863 | 1893 |
| 注册登记经营单位 | 155765 | 165203 | 168596 |

注：数据来源国家药监局统计年报

**表 10－2　2009－2011 年我国医疗器械产品注册情况**

单位：个

| 注册产品类别 | 2009 | | 2010 | | 2011 | |
|---|---|---|---|---|---|---|
| | 首次注册 | 重新注册 | 首次注册 | 重新注册 | 首次注册 | 重新注册 |
| 一类 | 3156 | 2294 | 3526 | 2493 | 3583 | 2095 |
| 二类 | 2646 | 4473 | 3251 | 4181 | 3350 | 3441 |
| 三类 | 345 | 711 | 374 | 890 | 388 | 701 |
| 港澳台 | 39 | 21 | 46 | 39 | 44 | 110 |
| 进口器械 | 1441 | 1707 | 1626 | 1746 | 1654 | 1336 |
| 合计 | 7627 | 9206 | 8823 | 9349 | 9019 | 7683 |

注：数据来源国家药监局统计年报

2. 我国医疗器械产业规模及经营情况

这里生产企业规模及经营情况数据即指统计规模以上生产企业数量及各经营指标完成情况。而且从2011年开始国家统计局将规模以上企业调整为年销售2000万元以上生产企业。

**表10－3　2009－2011年医疗器械产业经营情况**

| 指标 | 2009 | 2010 | 2011 |
| --- | --- | --- | --- |
| 企业个数 | 1262 | 1310 | 878 |
| 从业人员年平均人数 | 233022 | 253814 | 241674 |
| 产值（亿元） | 973.5 | 1178.4 | 1384.7 |
| 主营业收入（亿元） | 939.3 | 1148.5 | 1362.9 |
| 利润（亿元） | 112.1 | 125.6 | 153.6 |
| 出口交货值（亿元） | 280.6 | 352 | 414.5 |
| 资产总计（亿元） | 280.57 | 996.2 | 1187.4 |

**表10－4　2009－2011年国有及国有控股企业规模及经营情况**

| 指标 | 2009 | 2010 | 2011 |
| --- | --- | --- | --- |
| 企业个数（家人） | 57 | 49 | 27 |
| 从业人员年平均人数（人） | 14052 | 13454 | 10948 |
| 产值（亿元） | 42.4 | 49.4 | 49.1 |
| 主营业收入（亿元） | 43.1 | 54.1 | 59.3 |
| 利润（亿元） | 5.7 | 7.3 | 6.5 |
| 出口交货值（亿元） | 2.6 | 2.7 | 3 |
| 资产总计（亿元） | 2.56 | 97.8 | 91.9 |

**表10－5　2009－2011年内资企业规模及经营情况**

| 指标 | 2009 | 2010 | 2011 |
| --- | --- | --- | --- |
| 企业个数（家） | 883 | 927 | 584 |
| 从业人员年平均人数（人） | 146572 | 158999 | 149747 |
| 产值（亿元） | 543.2 | 686.8 | 835 |
| 主营业收入（亿元） | 519.2 | 662.9 | 817.7 |
| 利润（亿元） | 57.2 | 66.3 | 90.8 |
| 出口交货值（亿元） | 75.7 | 103.4 | 118.4 |
| 资产总计（亿元） | 75.72 | 558.1 | 701.9 |

表 10 –6　2009 –2011 年外资企业规模及经营情况

| 指标 | 2009 | 2010 | 2011 |
| --- | --- | --- | --- |
| 企业个数（家） | 274 | 273 | 212 |
| 从业人员年平均人数（人） | 60517 | 66356 | 66298 |
| 产值（亿元） | 322. 3 | 371. 1 | 419. 4 |
| 主营业收入（亿元） | 312. 5 | 364. 2 | 418. 7 |
| 利润（亿元） | 38 | 41. 1 | 47 |
| 出口交货值（亿元） | 153. 7 | 183. 7 | 221. 2 |
| 资产总计（亿元） | 153. 69 | 319. 9 | 361. 8 |

3. 我国不同规模企业生产经营情况

表 10 –7　2009 –2011 年大型企业生产经营情况

| 指标 | 2009 | 2010 | 2011 |
| --- | --- | --- | --- |
| 企业个数（家） | 7 | 10 | 24 |
| 从业人员年平均人数（人） | 21596 | 31956 | 53261 |
| 产值（亿元） | 111. 11 | 142. 2 | 320. 5 |
| 资产总计（亿元） | 52. 45 | 103. 9 | 234. 7 |
| 主营业收入（亿元） | 114. 56 | 135. 2 | 325. 1 |
| 利润（亿元） | 22. 93 | 11. 8 | 45. 7 |
| 出口交货值（亿元） |  | 83. 3 | 149. 1 |

表 10 –8　2009 –2011 年中型企业生产经营情况

| 指标 | 2009 | 2010 | 2011 |
| --- | --- | --- | --- |
| 企业个数（家） | 132 | 154 | 185 |
| 从业人员年平均人数（人） | 90208 | 98030 | 101458 |
| 产值（亿元） | 371. 98 | 457. 5 | 461. 3 |
| 资产总计（亿元） | 147. 99 | 410. 6 | 438. 4 |
| 主营业收入（亿元） | 361. 38 | 443. 7 | 443. 3 |
| 利润（亿元） | 46. 99 | 61. 1 | 52. 4 |
| 出口交货值（亿元） |  | 186. 5 | 181. 4 |

表 10 –9　2009 –2011 年小型企业生产经营情况

| 指标 | 2009 | 2010 | 2011 |
| --- | --- | --- | --- |
| 企业个数（家） | 1123 | 1146 | 654 |
| 从业人员年平均人数（人） | 121218 | 122828 | 86501 |

| 指标 | 2009 | 2010 | 2011 |
|---|---|---|---|
| 产值（亿元） | 490.39 | 578.8 | 591.4 |
| 资产总计（亿元） | 80.13 | 481.7 | 509.7 |
| 主营业收入（亿元） | 463.39 | 569.7 | 583.1 |
| 利润（亿元） | 42.17 | 52.6 | 55 |
| 出口交货值（亿元） |  | 82.2 | 82.5 |

**表 10－10　2009－2011 年国有企业生产经营情况**

| 指标 | 2009 | 2010 | 2011 |
|---|---|---|---|
| 企业个数（家） | 57 | 26 | 13 |
| 从业人员年平均人数（人） | 14052 | 8099 | 6815 |
| 产值（亿元） | 42.36 | 25.8 | 24.7 |
| 资产总计（亿元） | 2.65 | 41.4 | 38.2 |
| 主营业收入（亿元） | 43.08 | 30.4 | 34 |
| 利润（亿元） | 5.71 | 2 | 1.2 |
| 出口交货值（亿元） |  | 1.1 | 1.3 |

## 10.2　全国各地区医疗器械产业情况

2011 年全国各省市医疗器械产业完成经济指标为规模以上企业完成指标。

**表 10－11　2011 年各省市医疗器械产业规模情况**

| 地区 | 企业数量（家） | 年平均从业人员人数（人） | 资产总计（亿元） | 工业总产值（亿元）（当年价格） |
|---|---|---|---|---|
| 全国 | 878 | 241674 | 1180.00 | 1380.00 |
| 北京市 | 63 | 12915 | 132.94 | 94.96 |
| 天津市 | 21 | 4902 | 23.47 | 17.11 |
| 河北省 | 11 | 3343 | 14.55 | 13.69 |
| 内蒙 | 4 | 357 | 2.32 | 2.20 |
| 辽宁省 | 29 | 8932 | 39.92 | 57.54 |
| 吉林省 | 14 | 1965 | 17.10 | 30.32 |
| 黑龙江省 | 3 | 312 | 1.01 | 1.46 |
| 上海市 | 76 | 18273 | 98.32 | 104.95 |
| 江苏省 | 210 | 51943 | 237.37 | 329.32 |
| 浙江省 | 78 | 18380 | 74.76 | 70.04 |

| 地区 | 企业数量（家） | 年平均从业人员人数（人） | 资产总计（亿元） | 工业总产值（亿元）（当年价格） |
|---|---|---|---|---|
| 安徽省 | 18 | 5196 | 10.37 | 28.43 |
| 福建省 | 20 | 4659 | 15.59 | 31.31 |
| 江西省 | 23 | 16171 | 36.91 | 76.33 |
| 山东省 | 78 | 17527 | 69.97 | 128.54 |
| 河南省 | 30 | 10429 | 106.12 | 69.66 |
| 湖北省 | 11 | 1959 | 12.28 | 7.79 |
| 湖南省 | 22 | 5460 | 12.17 | 31.73 |
| 广东省 | 117 | 47443 | 234.46 | 220.56 |
| 广西 | 11 | 1803 | 9.30 | 18.36 |
| 重庆市 | 11 | 1842 | 8.09 | 12.24 |
| 四川省 | 22 | 5636 | 22.67 | 33.11 |
| 陕西省 | 6 | 2227 | 7.67 | 5.05 |

### 表 10－12　2011 年各省市医疗器械产业经营情况

单位：亿元

| 地区 | 工业销售产值（当年价格） | 主营业务收入 | 利润总额 |
|---|---|---|---|
| 全国 | 1340.00 | 1360.00 | 153.55 |
| 北京市 | 91.40 | 96.08 | 18.60 |
| 天津市 | 15.97 | 16.67 | 1.34 |
| 河北省 | 13.56 | 13.76 | 0.98 |
| 内蒙 | 2.21 | 2.22 | 0.23 |
| 辽宁省 | 57.30 | 56.55 | 3.54 |
| 吉林省 | 29.68 | 29.73 | 1.60 |
| 黑龙江省 | 1.52 | 1.49 | 0.04 |
| 上海市 | 103.20 | 105.18 | 11.60 |
| 江苏省 | 321.84 | 320.82 | 34.68 |
| 浙江省 | 67.68 | 69.23 | 8.06 |
| 安徽省 | 27.23 | 27.39 | 2.41 |
| 福建省 | 30.01 | 29.48 | 2.14 |
| 江西省 | 74.70 | 74.85 | 5.27 |
| 山东省 | 126.53 | 134.67 | 10.32 |
| 河南省 | 68.80 | 71.62 | 8.44 |
| 湖北省 | 7.82 | 8.63 | 0.95 |
| 湖南省 | 30.92 | 29.44 | 4.30 |

| 地区 | 工业销售产值（当年价格） | 主营业务收入 | 利润总额 |
|---|---|---|---|
| 广东省 | 211.98 | 214.73 | 31.12 |
| 广西 | 16.24 | 13.44 | 1.44 |
| 重庆市 | 11.98 | 11.85 | 1.63 |
| 四川省 | 30.55 | 30.04 | 4.27 |
| 陕西省 | 5.18 | 5.06 | 0.59 |

## 10.3 医疗器械产业科研情况

1. 医疗器械产业科研机构情况

**表 10－13　2009－2011 年医疗器械产业研发机构情况**

| 项目 | 2009 | 2010 | 2011 |
|---|---|---|---|
| 有研发机构企业（个） | 205 | 57 | 178 |
| 机构数（个） | 241 | 86 | 224 |
| 机构人员（人） | 9625 | 7374 | 10227 |
| 机构经费支出（万元） | 187117 | 106014 | 209874 |
| 其中仪器设备支出（万元） | 69811 | 56837 | 93703 |

**表 10－14　2009－2011 年医疗器械内资企业研发机构情况**

| 项目 | 2009 | 2010 | 2011 |
|---|---|---|---|
| 有研发机构企业（个） | 139 | 35 | 125 |
| 机构数（个） | 160 | 55 | 160 |
| 机构人员（人） | 6076 | 4738 | 6814 |
| 机构经费支出（万元） | 105408 | 48872 | 102196 |
| 其中仪器设备支出（万元） | 36366 | 26013 | 48567 |

**表 10－15　2009－2011 年医疗器械国有企业研发机构情况**

| 项目 | 2009 | 2010 | 2011 |
|---|---|---|---|
| 有研发机构企业（个） | 3 | 1 | 2 |
| 机构数（个） | 3 | 1 | 2 |
| 机构人员（人） | 220 | 343 | 348 |
| 机构经费支出（万元） | 4817 | 4622 | 4846 |
| 其中仪器设备支出（万元） | 3554 | 9239 | 6753 |

表 10－16　2009－2011 年医疗器械外商投资企业研发机构情况

| 项目 | 2009 | 2010 | 2011 |
|---|---|---|---|
| 有研发机构企业（个） | 48 | 16 | 42 |
| 机构数（个） | 58 | 25 | 52 |
| 机构人员（人） | 2559 | 1895 | 2765 |
| 机构经费支出（万元） | 57895 | 43352 | 100144 |
| 其中仪器设备支出（万元） | 31132 | 20683 | 37913 |

2. 医疗器械产业科研活动情况

表 10－17　2009－2011 年医疗器械产业 R&D 和新产品情况

| 项目 | 2009 | 2010 | 2011 |
|---|---|---|---|
| 有 R&D 活动的企业数（个） | 352 | 76 | 319 |
| R&D 人员（人） | 11547 | 8402 | 14054 |
| 其中：全时人员（人） | 8588 | 6619 | 10928 |
| 研究人员（人） | 2950 | 2817 | 12220 |
| R&D 人员全时当量（人年） | 9193 | 7303 | 11115 |
| R&D 经费内部支出（万元） | 207525 | 148612 | 298445 |
| 其中：人员劳务费 | 83836 | 66831 | 120855 |
| 仪器和设备费 | 15065 | 12422 | 29550 |
| 政府资金 | 8335 | 3579 | 13096 |
| 企业资金 | 194635 | 138902 | 284515 |
| R&D 经费外部支出（万元） | 9131 | 3052 | 13211 |
| 新产品开发数目（项） | 1936 | 743 | 2262 |
| 新产品开发经费（万元） | 280534 | 206115 | 379859 |
| 新产品产值（万元） | 1778833 | 945045 | 1598839 |
| 新产品销售收入（万元） | 1657648 | 880563 | 1499572 |
| 其中：出口 | 341513 | 163903 | 365120 |

3. 医疗器械产业不同类别企业科技活动情况

表 10－18　2009－2011 年医疗器械内资企业 R&D 和新产品情况

| 项目 | 2009 | 2010 | 2011 |
|---|---|---|---|
| 有 R&D 活动的企业数（个） | 258 | 50 | 226 |
| R&D 人员（人） | 7609 | 6090 | 9146 |
| 其中：全时人员（人） | 5643 | 4685 | 6978 |

| 项目 | 2009 | 2010 | 2011 |
| --- | --- | --- | --- |
| 研究人员（人） | 2212 | 2097 | 7960 |
| R&D 人员全时当量（人年） | 6335 | 5375 | 7045 |
| R&D 经费内部支出（万元） | 126051 | 99224 | 169276 |
| 其中：人员劳务费 | 43643 | 43018 | 70307 |
| 仪器和设备费 | 10311 | 7956 | 15730 |
| 政府资金 | 5822 | 2774 | 9184 |
| 企业资金 | 119065 | 95680 | 159441 |
| R&D 经费外部支出（万元） | 5717 | 1941 | 11037 |
| 新产品开发数目（项） | 1257 | 432 | 1466 |
| 新产品开发经费（万元） | 166546 | 119019 | 220626 |
| 新产品产值（万元） | 1016817 | 614833 | 1168692 |
| 新产品销售收入（万元） | 910310 | 581609 | 1098178 |
| 其中：出口 | 108347 | 74502 | 179832 |

**表 10－19　2009－2011 年医疗器械国有企业 R&D 和新产品情况**

| 项目 | 2009 | 2010 | 2011 |
| --- | --- | --- | --- |
| 有 R&D 活动的企业数（个） | 7 | 2 | 6 |
| R&D 人员（人） | 289 | 288 | 475 |
| 其中：全时人员（人） | 136 | 206 | 360 |
| 研究人员（人） | 234 | 187 | 400 |
| R&D 人员全时当量（人年） | 190 | 276 | 395 |
| R&D 经费内部支出（万元） | 7705 | 5955 | 8728 |
| 其中：人员劳务费 | 1654 | 1516 | 2744 |
| 仪器和设备费 | 3239 | 2434 | 1609 |
| 政府资金 | 221 | 287 | 1318 |
| 企业资金 | 7484 | 5668 | 7410 |
| R&D 经费外部支出（万元） | 151 | 241 | 1037 |
| 新产品开发数目（项） | 64 | 46 | 66 |
| 新产品开发经费（万元） | 8967 | 9015 | 10146 |
| 新产品产值（万元） | 74740 | 70387 | 92372 |
| 新产品销售收入（万元） | 13090 | 69660 | 91399 |
| 其中：出口 | 2891 | 4428 | 8004 |

**表 10－20　2009－2011 年医疗器械外商投资企业 R&D 和新产品情况**

| 项目 | 2009 | 2010 | 2011 |
|---|---|---|---|
| 有 R&D 活动的企业数（个） | 68 | 19 | 69 |
| R&D 人员（人） | 2694 | 1622 | 3934 |
| 其中：全时人员（人） | 2123 | 1364 | 3176 |
| 研究人员（人） | 613 | 432 | 3356 |
| R&D 人员全时当量（人年） | 1895 | 1419 | 3213 |
| R&D 经费内部支出（万元） | 57052 | 37026 | 114335 |
| 其中：人员劳务费 | 26649 | 17830 | 46077 |
| 仪器和设备费 | 3369 | 3241 | 12230 |
| 政府资金 | 1617 | 747 | 2828 |
| 企业资金 | 52170 | 32873 | 111325 |
| R&D 经费外部支出（万元） | 2265 | 977 | 1954 |
| 新产品开发数目（项） | 451 | 154 | 481 |
| 新产品开发经费（万元） | 82652 | 65651 | 134151 |
| 新产品产值（万元） | 594651 | 226695 | 322024 |
| 新产品销售收入（万元） | 583754 | 199743 | 301346 |
| 其中：出口 | 213266 | 60173 | 154487 |

4. 医疗器械产业技术获取与技术改造情况

**表 10－21　2009－2011 年医疗器械产业技术获取和技术改造情况**

| 项目 | 2009 | 2010 | 2011 |
|---|---|---|---|
| 技术引进经费支出（万元） | 1005 | 27636 | 33785 |
| 消化吸收经费支出（万元） | 1111 | 423 | 1407 |
| 购买国内技术经费支出（万元） | 1174 | 1015 | 4960 |
| 技术改造经费支出（万元） | 45655 | 60644 | 71673 |

**表 10－22　2009－2011 年医疗器械内资企业技术获取和技术改造情况**

| 项目 | 2009 | 2010 | 2011 |
|---|---|---|---|
| 技术引进经费支出（万元） | 311 | 185 | 456 |
| 消化吸收经费支出（万元） | 830 | 326 | 776 |
| 购买国内技术经费支出（万元） | 951 | 505 | 4900 |
| 技术改造经费支出（万元） | 42020 | 42357 | 62246 |

表 10－23 2009－2011 年医疗器械国有企业技术获取和技术改造情况

| 项目 | 2009 | 2010 | 2011 |
|---|---|---|---|
| 技术引进经费支出（万元） | - | - | - |
| 消化吸收经费支出（万元） | - | 13 | - |
| 购买国内技术经费支出（万元） | 4 | - | 320 |
| 技术改造经费支出（万元） | 7206 | 8300 | 6015 |

表 10－24 2009－2011 年医疗器械外商投资企业技术获取和技术改造情况

| 项目 | 2009 | 2010 | 2011 |
|---|---|---|---|
| 技术引进经费支出（万元） | 544 | 27451 | 33329 |
| 消化吸收经费支出（万元） | 278 | 10 | 631 |
| 购买国内技术经费支出（万元） | 223 | 10 | 59 |
| 技术改造经费支出（万元） | 2769 | 43 | 7077 |

## 10.4 我国医疗器械产业固定资产投资情况

2. 医疗器械产业固定资产投资情况

表 10－25 2009－2011 医疗器械领域固定资产投资情况

| 项目 | 2009 | 2010 | 2011 |
|---|---|---|---|
| 实施项目（个） | 412 | 472 | 626 |
| 新开工项目（个） | 267 | 330 | 414 |
| 建成或投产项目（个） | 232 | 273 | 406 |
| 项目建成投产率（%） | 56. 31 | 57. 84 | 64. 86 |
| 投资额（亿元） | 147. 54 | 209. 68 | 330. 8 |
| 新增固定资产（亿元） | 100. 79 | 132. 09 | 220. 56 |
| 固定资产交付使用率（%） | 68. 31 | 63 | 66. 67 |

3. 医疗器械产业不同类别企业固定资产投资情况

表 10－26 2009－2011 年内资企业固定资产投资情况

| 项目 | 2009 | 2010 | 2011 |
|---|---|---|---|
| 实施项目（个） | 354 | 417 | 562 |
| 新开工项目（个） | 241 | 302 | 378 |

| 项目 | 2009 | 2010 | 2011 |
| --- | --- | --- | --- |
| 建成或投产项目（个） | 201 | 243 | 370 |
| 项目建成投产率（%） | 56.78 | 58.27 | 65.84 |
| 投资额（亿元） | 120.92 | 184.92 | 283.74 |
| 新增固定资产（亿元） | 83.04 | 108.81 | 188.57 |
| 固定资产交付使用率（%） | 68.67 | 58.84 | 66.46 |

**表 10－27　2009－2011 年国有及国有控股企业固定资产投资情况**

| 项目 | 2009 | 2010 | 2011 |
| --- | --- | --- | --- |
| 实施项目（个） | 21 | 33 | 24 |
| 新开工项目（个） | 10 | 15 | 13 |
| 建成或投产项目（个） | 4 | 15 | 10 |
| 项目建成投产率（%） | 19.05 | 45.45 | 41.67 |
| 投资额（亿元） | 8.26 | 28.46 | 15.02 |
| 新增固定资产（亿元） | 3.36 | 6.11 | 8.67 |
| 固定资产交付使用率（%） | 40.7 | 21.47 | 57.72 |

**表 10－28　2009－2011 年外资企业固定资产投资情况**

| 项目 | 2009 | 2010 | 2011 |
| --- | --- | --- | --- |
| 实施项目（个） | 40 | 35 | 38 |
| 新开工项目（个） | 15 | 17 | 25 |
| 建成或投产项目（个） | 24 | 24 | 17 |
| 项目建成投产率（%） | 60 | 68.57 | 44.74 |
| 投资额（亿元） | 19.81 | 14.74 | 31.22 |
| 新增固定资产（亿元） | 14.58 | 16.79 | 19.15 |
| 固定资产交付使用率（%） | 73.6 | 113.91 | 61.34 |

# 11 世界主要国家医疗器械产业情况

本部分主要介绍世界医疗器械发达国家和地区的医疗器械产业规模、市场销售等内容。由于数据来源渠道所限，本部分数据有到2010年，有的到2011年。

## 11.1 美国医疗器械产业情况

美国是医疗器械生产和市场规模最大的国家，也是医疗器械产业最发达的国家，其牢牢掌控着世界医疗器械产业链高端领域。

1. 美国医疗器械产业公司规模情况

**表11-1 2008-2010年美国医疗器械公司规模及数量情况**

单位：家

| 公司雇员人数 | 2008 | 2009 | 2010 |
|---|---|---|---|
| 合计 | 12175 | 11846 | 11733 |
| 500+人 | 297 | 297 | 299 |
| <500人 | 11878 | 11549 | 11434 |
| 其中：100-499人 | 431 | 411 | 371 |
| 20-99人 | 1341 | 1281 | 1253 |
| <20人 | 10106 | 9857 | 9810 |
| 其中：10-19人 | 1282 | 1243 | 1218 |
| 5-9人 | 2192 | 2048 | 2002 |
| 0-4人 | 6632 | 6566 | 6590 |

注：美国医疗器械公司规模按公司雇员人数划分。

**表11-2 2008-2010年美国医疗器械公司数占美国制造业公司总数比例（%）**

| 公司雇员人数 | 2008 | 2009 | 2010 |
|---|---|---|---|
| 合计 | 4.32 | 4.45 | 4.54 |
| 500+人 | 7.29 | 8.13 | 8.67 |
| <500人 | 4.28 | 4.4 | 4.48 |
| 其中：100-499人 | 3.1 | 3.37 | 3.22 |
| 20-99人 | 2.44 | 2.62 | 2.72 |
| <20人 | 4.84 | 4.89 | 4.96 |
| 其中：10-19人 | 2.92 | 3.03 | 3.04 |

| 公司雇员人数 | 2008 | 2009 | 2010 |
|---|---|---|---|
| 5－9 人 | 4.15 | 4.12 | 4.24 |
| 0－4 人 | 5.92 | 5.93 | 5.97 |

2. 美国医疗器械产业不同产品领域公司规模

2.1 体外诊断试剂生产公司规模及数量情况

**表 11－3 2008－2011 年体外诊断试剂生产公司规模及数量**

单位：家

| 公司雇员人数 | 2008 | 2009 | 2010 |
|---|---|---|---|
| 合计 | 197 | 192 | 192 |
| 500＋人 | 26 | 26 | 27 |
| ＜500 人 | 171 | 166 | 165 |
| 其中：100－499 人 | 26 | 20 | 20 |
| 20－99 人 | 51 | 51 | 47 |
| ＜20 人 | 94 | 95 | 98 |
| 其中：10－19 人 | 27 | 30 | 34 |
| 5－9 人 | 29 | 26 | 24 |
| 0－4 人 | 38 | 39 | 40 |

**表 11－4 2008－2010 年体外诊断试剂生产公司数占美国医疗器械公司总数比例（%）**

| 公司雇员人数 | 2008 | 2009 | 2010 |
|---|---|---|---|
| 合计 | 1.62 | 1.62 | 1.64 |
| 500＋人 | 8.75 | 8.75 | 9.03 |
| ＜500 人 | 1.44 | 1.44 | 1.44 |
| 其中：100－499 人 | 6.03 | 4.87 | 5.39 |
| 20－99 人 | 3.8 | 3.98 | 3.75 |
| ＜20 人 | 0.93 | 0.96 | 1 |
| 其中：10－19 人 | 2.11 | 2.41 | 2.79 |
| 5－9 人 | 1.32 | 1.27 | 1.2 |
| 0－4 人 | 0.57 | 0.59 | 0.61 |

**表 11－5 2008－2010 年体外诊断试剂生产公司数占美国化学制造业公司总数比例（%）**

| 公司雇员人数 | 2008 | 2009 | 2010 |
|---|---|---|---|
| 合计 | 1.96 | 1.99 | 2.02 |
| 500＋人 | 4.51 | 4.6 | 4.78 |

| 公司雇员人数 | 2008 | 2009 | 2010 |
|---|---|---|---|
| <500 人 | 1.81 | 1.83 | 1.84 |
| 其中：100－499 人 | 2.97 | 2.36 | 2.45 |
| 20－99 人 | 2.2 | 2.38 | 2.22 |
| <20 人 | 1.5 | 1.57 | 1.63 |
| 其中：10－19 人 | 1.92 | 2.19 | 2.41 |
| 5－9 人 | 1.8 | 1.7 | 1.6 |
| 0－4 人 | 1.17 | 1.23 | 1.29 |

**表 11－6　2008－2010 年体外诊断试剂生产公司数量增长率（%）**

| 公司雇员人数 | 2008 | 2009 | 2010 |
|---|---|---|---|
| 公司合计 | －1.01 | －2.54 | 0 |
| 500＋人 | 4 | 0 | 3.85 |
| <500 人 | －1.72 | －2.92 | －0.6 |
| 其中：100－499 人 | －16.13 | －23.08 | 0 |
| 20－99 人 | 18.6 | 0 | －7.84 |
| <20 人 | －6 | 1.06 | 3.16 |
| 其中：10－19 人 | 0 | 11.11 | 13.33 |
| 5－9 人 | －9.38 | －10.34 | －7.69 |
| 0－4 人 | －7.32 | 2.63 | 2.56 |

2.2　医用电气和电子医疗设备生产公司规模及数量

**表 11－7　2008－2010 年医用电气和电子医疗设备生产公司规模及数量情况**

单位：家

| 公司雇员人数 | 2008 | 2009 | 2010 |
|---|---|---|---|
| 合计 | 595 | 566 | 555 |
| 500＋人 | 57 | 61 | 61 |
| <500 人 | 538 | 505 | 494 |
| 其中：100－499 人 | 53 | 54 | 50 |
| 20－99 人 | 139 | 125 | 120 |
| <20 人 | 346 | 326 | 324 |
| 其中：10－19 人 | 76 | 68 | 80 |

| 公司雇员人数 | 2008 | 2009 | 2010 |
|---|---|---|---|
| 5－9 人 | 89 | 83 | 78 |
| 0－4 人 | 181 | 175 | 166 |

**表 11－8　2008－2010 年医用电气和电子医疗设备生产公司数占医疗器械行业公司总数比例（%）**

| 公司雇员人数 | 2008 | 2009 | 2010 |
|---|---|---|---|
| 合计 | 4.89 | 4.78 | 4.73 |
| 500＋人 | 19.19 | 20.54 | 20.4 |
| <500 人 | 4.53 | 4.37 | 4.32 |
| 其中：100－499 人 | 12.3 | 13.14 | 13.48 |
| 20－99 人 | 10.37 | 9.76 | 9.58 |
| <20 人 | 3.42 | 3.31 | 3.3 |
| 其中：10－19 人 | 5.93 | 5.47 | 6.57 |
| 5－9 人 | 4.06 | 4.05 | 3.9 |
| 0－4 人 | 2.73 | 2.67 | 2.52 |

**表 11－9　2008－2010 年医用电气和电子医疗设备生产公司数占美国导航、测量、医电和控制设备制造业公司总数比例（%）**

| 公司雇员人数 | 2008 | 2009 | 2010 |
|---|---|---|---|
| 合计 | 12.48 | 12.52 | 12.42 |
| 500＋人 | 19.93 | 22.76 | 23.37 |
| <500 人 | 12 | 11.88 | 11.74 |
| 其中：100－499 人 | 16.11 | 17.76 | 17.79 |
| 20－99 人 | 13.44 | 13.37 | 13.32 |
| <20 人 | 11.09 | 10.82 | 10.71 |
| 其中：10－19 人 | 10.56 | 10.49 | 11.9 |
| 5－9 人 | 11.71 | 11.32 | 11.02 |
| 0－4 人 | 11.04 | 10.72 | 10.09 |

**表 11－10　2008－2010 年美国医疗器械行业医用电气和电子医疗设备生产公司数量增长率（%）**

| 公司雇员人数 | 2008 | 2009 | 2010 |
|---|---|---|---|
| 合计 | 14.2 | －4.87 | －1.94 |
| 500＋人 | 0 | 7.02 | 0 |
| <500 人 | 15.95 | －6.13 | －2.18 |
| 其中：100－499 人 | 8.16 | 1.89 | －7.41 |

| 公司雇员人数 | 2008 | 2009 | 2010 |
|---|---|---|---|
| 20－99人 | 13.01 | －10.07 | －4 |
| <20人 | 18.49 | －5.78 | －0.61 |
| 其中：10－19人 | 26.67 | －10.53 | 17.65 |
| 5－9人 | 39.06 | －6.74 | －6.02 |
| 0－4人 | 7.74 | －3.31 | －5.14 |

### 2.3　放射设备生产公司规模及数量

**表11－11　2008－2010年放射设备生产公司规模及数量**

单位：家

| 公司雇员人数 | 2008 | 2009 | 2010 |
|---|---|---|---|
| 合计 | 172 | 164 | 162 |
| 500+人 | 18 | 19 | 20 |
| <500人 | 154 | 145 | 142 |
| 其中：100－499人 | 13 | 10 | 10 |
| 20－99人 | 32 | 37 | 33 |
| <20人 | 109 | 98 | 99 |
| 其中：10－19人 | 32 | 23 | 23 |
| 5－9人 | 27 | 21 | 23 |
| 0－4人 | 50 | 54 | 53 |

**表11－12　2008－2010年放射设备生产公司数占美国医疗器械行业公司总数比例（%）**

| 公司雇员人数 | 2008 | 2009 | 2010 |
|---|---|---|---|
| 合计 | 1.41 | 1.38 | 1.38 |
| 500+人 | 6.06 | 6.4 | 6.69 |
| <500人 | 1.3 | 1.26 | 1.24 |
| 其中：100－499人 | 3.02 | 2.43 | 2.7 |
| 20－99人 | 2.39 | 2.89 | 2.63 |
| <20人 | 1.08 | 0.99 | 1.01 |
| 其中：10－19人 | 2.5 | 1.85 | 1.89 |
| 5－9人 | 1.23 | 1.03 | 1.15 |
| 0－4人 | 0.75 | 0.82 | 0.8 |

表 11 - 13　2008 - 2010 年放射设备不同规模生产公司数量增长率（%）

| 公司雇员人数 | 2008 | 2009 | 2010 |
|---|---|---|---|
| 合计 | 8.18 | -4.65 | -1.22 |
| 500 + 人 | 28.57 | 5.56 | 5.26 |
| <500 人 | 6.21 | -5.84 | -2.07 |
| 其中：100 - 499 人 | -7.14 | -23.08 | 0 |
| 20 - 99 人 | 18.52 | 15.63 | -10.81 |
| <20 人 | 4.81 | -10.09 | 1.02 |
| 其中：10 - 19 人 | 14.29 | -28.13 | 0 |
| 5 - 9 人 | 12.5 | -22.22 | 9.52 |
| 0 - 4 人 | -3.85 | 8 | -1.85 |

2.4　外科手术和内科医疗器械生产公司数量

表 11 - 14　2008 - 2010 年外科和内科器械生产公司规模及数量

单位：家

| 公司雇员人数 | 2008 | 2009 | 2010 |
|---|---|---|---|
| 合计 | 1210 | 1164 | 1167 |
| 500 + 人 | 96 | 96 | 94 |
| <500 人 | 1114 | 1068 | 1073 |
| 其中：100 - 499 人 | 121 | 120 | 109 |
| 20 - 99 人 | 263 | 245 | 235 |
| <20 人 | 730 | 703 | 729 |
| 其中：10 - 19 人 | 167 | 147 | 154 |
| 5 - 9 人 | 204 | 187 | 195 |
| 0 - 4 人 | 359 | 369 | 380 |

表 11 - 15　2008 - 2010 年外科和内科器械生产公司数占美国医疗器械行业公司总数比例（%）

| 公司雇员人数 | 2008 | 2009 | 2010 |
|---|---|---|---|
| 合计 | 9.94 | 9.83 | 9.95 |
| 500 + 人 | 32.32 | 32.32 | 31.44 |
| <500 人 | 9.38 | 9.25 | 9.38 |
| 其中：100 - 499 人 | 28.07 | 29.2 | 29.38 |
| 20 - 99 人 | 19.61 | 19.13 | 18.75 |
| <20 人 | 7.22 | 7.13 | 7.43 |
| 其中：10 - 19 人 | 13.03 | 11.83 | 12.64 |

| 公司雇员人数 | 2008 | 2009 | 2010 |
|---|---|---|---|
| 5－9 人 | 9. 31 | 9. 13 | 9. 74 |
| 0－4 人 | 5. 41 | 5. 62 | 5. 77 |

**表 11－16　2008－2010 年外科和内科器械不同规模生产公司数量增长率（%）**

| 公司雇员人数 | 2008 | 2009 | 2010 |
|---|---|---|---|
| 合计 | －18. 9 | －3. 8 | 0. 26 |
| 500＋人 | －20 | 0 | －2. 08 |
| ＜500 人 | －18. 8 | －4. 13 | 0. 47 |
| 其中：100－499 人 | －18. 24 | －0. 83 | －9. 17 |
| 20－99 人 | －22. 65 | －6. 84 | －4. 08 |
| ＜20 人 | －17. 42 | －3. 7 | 3. 7 |
| 其中：10－19 人 | －21. 6 | －11. 98 | 4. 76 |
| 5－9 人 | －11. 3 | －8. 33 | 4. 28 |
| 0－4 人 | －18. 59 | 2. 79 | 2. 98 |

2.5　外科手术器材及用具产品生产公司数量

**表 11－17　2008－2010 年外科手术器械及用具生产公司规模及数量**

单位：家

| 公司雇员人数 | 2008 | 2009 | 2010 |
|---|---|---|---|
| 合计 | 1916 | 1866 | 1885 |
| 500＋人 | 99 | 94 | 96 |
| ＜500 人 | 1817 | 1772 | 1789 |
| 其中：100－499 人 | 147 | 143 | 129 |
| 20－99 人 | 373 | 365 | 373 |
| ＜20 人 | 1297 | 1264 | 1287 |
| 其中：10－19 人 | 261 | 283 | 289 |
| 5－9 人 | 357 | 344 | 362 |
| 0－4 人 | 679 | 637 | 636 |

**表 11－18　2008－2010 年外科手术器械及用具生产公司数占美国医疗器械行业公司总数比例（%）**

| 公司雇员人数 | 2008 | 2009 | 2010 |
|---|---|---|---|
| 合计 | 15. 74 | 15. 75 | 16. 07 |
| 500＋人 | 33. 33 | 31. 65 | 32. 11 |
| ＜500 人 | 15. 3 | 15. 34 | 15. 65 |

| 公司雇员人数 | 2008 | 2009 | 2010 |
|---|---|---|---|
| 其中：100－499 人 | 34. 11 | 34. 79 | 34. 77 |
| 20－99 人 | 27. 82 | 28. 49 | 29. 77 |
| <20 人 | 12. 83 | 12. 82 | 13. 12 |
| 其中：10－19 人 | 20. 36 | 22. 77 | 23. 73 |
| 5－9 人 | 16. 29 | 16. 8 | 18. 08 |
| 0－4 人 | 10. 24 | 9. 7 | 9. 65 |

**表 11－19　2008－2010 年外科手术器械及用具生产公司数量增长率（%）**

| 公司雇员人数 | 2008 | 2009 | 2010 |
|---|---|---|---|
| 合计 | 11. 4 | －2. 61 | 1. 02 |
| 500＋人 | 7. 61 | －5. 05 | 2. 13 |
| <500 人 | 11. 61 | －2. 48 | 0. 96 |
| 其中：100－499 人 | 11. 36 | －2. 72 | －9. 79 |
| 20－99 人 | 18. 41 | －2. 14 | 2. 19 |
| <20 人 | 9. 82 | －2. 54 | 1. 82 |
| 其中：10－19 人 | 3. 16 | 8. 43 | 2. 12 |
| 5－9 人 | 19 | －3. 64 | 5. 23 |
| 0－4 人 | 8. 12 | －6. 19 | －0. 16 |

## 2.6　口腔设备及用具生产公司情况

**表 11－20　2008－2010 年口腔设备和用具生产公司规模及数量**

单位：家

| 公司雇员人数 | 2008 | 2009 | 2010 |
|---|---|---|---|
| 合计 | 694 | 703 | 674 |
| 500＋人 | 13 | 13 | 11 |
| <500 人 | 681 | 690 | 663 |
| 其中：100－499 人 | 23 | 26 | 26 |
| 20－99 人 | 79 | 71 | 71 |
| <20 人 | 579 | 593 | 566 |
| 其中：10－19 人 | 87 | 89 | 85 |
| 5－9 人 | 169 | 152 | 151 |
| 0－4 人 | 323 | 352 | 330 |

表 11－21 2008－2010 年口腔设备和用具生产公司数占美国医疗器械行业公司总数比例（%）

| 公司雇员人数 | 2008 | 2009 | 2010 |
|---|---|---|---|
| 合计 | 5.7 | 5.93 | 5.74 |
| 500＋人 | 4.38 | 4.38 | 3.68 |
| ＜500 人 | 5.73 | 5.97 | 5.8 |
| 其中：100－499 人 | 5.34 | 6.33 | 7.01 |
| 20－99 人 | 5.89 | 5.54 | 5.67 |
| ＜20 人 | 5.73 | 6.02 | 5.77 |
| 其中：10－19 人 | 6.79 | 7.16 | 6.98 |
| 5－9 人 | 7.71 | 7.42 | 7.54 |
| 0－4 人 | 4.87 | 5.36 | 5.01 |

表 11－22 2008－2010 年口腔设备和用具生产公司数量增长率（%）

| 公司雇员人数 | 2008 | 2009 | 2010 |
|---|---|---|---|
| 合计 | －6.72 | 1.3 | －4.13 |
| 500＋人 | 8.33 | 0 | －15.38 |
| ＜500 人 | －6.97 | 1.32 | －3.91 |
| 其中：100－499 人 | －14.81 | 13.04 | 0 |
| 20－99 人 | －13.19 | －10.13 | 0 |
| ＜20 人 | －5.7 | 2.42 | －4.55 |
| 其中：10－19 人 | －13.86 | 2.3 | －4.49 |
| 5－9 人 | －9.14 | －10.06 | －0.66 |
| 0－4 人 | －1.22 | 8.98 | －6.25 |

### 2.7 眼科设备生产公司情况

表 11－23 2008－2010 年眼科用品生产公司规模及数量

单位：家

| 公司雇员人数 | 2008 | 2009 | 2010 |
|---|---|---|---|
| 合计 | 494 | 468 | 441 |
| 500＋人 | 22 | 23 | 21 |
| ＜500 人 | 472 | 445 | 420 |
| 其中：100－499 人 | 24 | 21 | 16 |
| 20－99 人 | 85 | 83 | 76 |
| ＜20 人 | 363 | 341 | 328 |
| 其中：10－19 人 | 67 | 53 | 45 |

| 公司雇员人数 | 2008 | 2009 | 2010 |
|---|---|---|---|
| 5－9 人 | 74 | 75 | 79 |
| 0－4 人 | 222 | 213 | 204 |

**表 11－24　2008－2010 年眼科用品生产公司数占美国医疗器械行业公司总数比例（%）**

| 公司雇员人数 | 2008 | 2009 | 2010 |
|---|---|---|---|
| 合计 | 4.06 | 3.95 | 3.76 |
| 500＋人 | 7.41 | 7.74 | 7.02 |
| ＜500 人 | 3.97 | 3.85 | 3.67 |
| 其中：100－499 人 | 5.57 | 5.11 | 4.31 |
| 20－99 人 | 6.34 | 6.48 | 6.07 |
| ＜20 人 | 3.59 | 3.46 | 3.34 |
| 其中：10－19 人 | 5.23 | 4.26 | 3.69 |
| 5－9 人 | 3.38 | 3.66 | 3.95 |
| 0－4 人 | 3.35 | 3.24 | 3.1 |

**表 11－25　2008－2010 年眼科用品生产公司数量增长率（%）**

| 公司雇员人数 | 2008 | 2009 | 2010 |
|---|---|---|---|
| 合计 | －3.52 | －5.26 | －5.77 |
| 500＋人 | 4.76 | 4.55 | －8.7 |
| ＜500 人 | －3.87 | －5.72 | －5.62 |
| 其中：100－499 人 | 9.09 | －12.5 | －23.81 |
| 20－99 人 | －5.56 | －2.35 | －8.43 |
| ＜20 人 | －4.22 | －6.06 | －3.81 |
| 其中：10－19 人 | 15.52 | －20.9 | －15.09 |
| 5－9 人 | －6.33 | 1.35 | 5.33 |
| 0－4 人 | －8.26 | －4.05 | －4.23 |

2.8　牙科实验室规模数量情况

**表 11－26　2008－2010 年牙科实验室规模及数量**

单位：家

| 公司雇员人数 | 2008 | 2009 | 2010 |
|---|---|---|---|
| 合计 | 6959 | 6785 | 6718 |
| 500＋人 | 14 | 13 | 15 |
| ＜500 人 | 6945 | 6772 | 6703 |

| 公司雇员人数 | 2008 | 2009 | 2010 |
| --- | --- | --- | --- |
| 其中：100－499 人 | 37 | 29 | 23 |
| 20－99 人 | 320 | 306 | 301 |
| <20 人 | 6588 | 6437 | 6379 |
| 其中：10－19 人 | 565 | 550 | 508 |
| 5－9 人 | 1243 | 1160 | 1090 |
| 0－4 人 | 4780 | 4727 | 4781 |

**表 11－27 2008－2010 年牙科实验室数占美国医疗器械行业公司总数比例（%）**

| 公司雇员人数 | 2008 | 2009 | 2010 |
| --- | --- | --- | --- |
| 合计 | 57.16 | 57.28 | 57.26 |
| 500＋人 | 4.71 | 4.38 | 5.02 |
| <500 人 | 58.47 | 58.64 | 58.62 |
| 其中：100－499 人 | 8.58 | 7.06 | 6.2 |
| 20－99 人 | 23.86 | 23.89 | 24.02 |
| <20 人 | 65.19 | 65.3 | 65.03 |
| 其中：10－19 人 | 44.07 | 44.25 | 41.71 |
| 5－9 人 | 56.71 | 56.64 | 54.45 |
| 0－4 人 | 72.07 | 71.99 | 72.55 |

**表 11－28 2008－2010 年牙科实验室数量增长率（%）**

| 公司雇员人数 | 2008 | 2009 | 2010 |
| --- | --- | --- | --- |
| 合计 | －0.29 | －2.5 | －0.99 |
| 500＋人 | －6.67 | －7.14 | 15.38 |
| <500 人 | －0.27 | －2.49 | －1.02 |
| 其中：100－499 人 | 12.12 | －21.62 | －20.69 |
| 20－99 人 | 3.56 | －4.38 | －1.63 |
| <20 人 | －0.51 | －2.29 | －0.9 |
| 其中：10－19 人 | 0.18 | －2.65 | －7.64 |
| 5－9 人 | 0 | －6.68 | －6.03 |
| 0－4 人 | －0.73 | －1.11 | 1.14 |

3. 美国医疗器械产业经营情况

美国医疗器械销售收入、利润等一直以来都占世界医疗器械销售收入的 40% 以上，美国前销售前 30 位公司，占美国总销售收入 75% 以上。

表 11－29　2009－2011 年美国医疗器械产业总体经济情况

| 年份 | 2009 | 2010 | 2011 |
| --- | --- | --- | --- |
| 雇员人数 | 404388 | 388212 | 387403 |
| 年工资（＄1，000） | 24126609 | 24148931 | 24724732 |
| 福利费用（＄1，000） | 6903575 | 6765203 | 6828810 |
| 材料成本（＄1，000） | 39527141 | 42017923 | 43333213 |
| 总销售收入（＄1，000） | 126206592 | 130670960 | 133439282 |
| 其中：产品销售收入（＄1，000） | 115779357 | 121979918 | 124090233 |
| 销售增加值（＄1，000） | 86976812 | 90029730 | 90298506 |

表 11－30　2009－2011 年美国医疗器械产业总体经济增长率（%）

| 年份 | 2009 | 2010 | 2011 |
| --- | --- | --- | --- |
| 雇员人数 | －4. 38 | －4. 00 | －0. 21 |
| 年工资 | －2. 15 | 0. 09 | 2. 38 |
| 福利费用 | 4. 51 | －2. 00 | 0. 94 |
| 材料成本 | －2. 48 | 6. 30 | 3. 13 |
| 总销售收入 | －2. 08 | 3. 54 | 2. 12 |
| 其中：产品销售收入 | －1. 23 | 5. 36 | 1. 73 |
| 销售增加值 | －2. 67 | 3. 51 | 0. 30 |

表 11－31　2009－2011 年美国医疗器械产业雇员、收入等占美国制造业比例（%）

| 年份 | 2009 | 2010 | 2011 |
| --- | --- | --- | --- |
| 雇员人数 | 3. 71 | 3. 69 | 3. 64 |
| 年工资 | 4. 55 | 4. 48 | 4. 42 |
| 福利费用 | 4. 27 | 4. 03 | 3. 93 |
| 材料成本 | 1. 63 | 1. 51 | 1. 34 |
| 总销售收入 | 2. 86 | 2. 66 | 2. 43 |
| 其中：产品销售收入 | 2. 77 | 2. 62 | 2. 38 |
| 销售增加值 | 4. 40 | 4. 17 | 3. 93 |

表 11－32　2009－2011 年美国医疗器械产业经济指标占美国制造业指标比例增长率（%）

| 年份 | 2009 | 2010 | 2011 |
| --- | --- | --- | --- |
| 雇员人数 | 11. 69 | －0. 28 | －1. 54 |
| 年工资 | 11. 75 | －1. 43 | －1. 47 |

| 年份 | 2009 | 2010 | 2011 |
|---|---|---|---|
| 福利费用 | 15.35 | -5.61 | -2.36 |
| 材料成本 | 28.85 | -7.30 | -11.45 |
| 总销售收入 | 21.15 | -6.72 | -8.90 |
| 其中：产品销售收入 | 21.93 | -5.34 | -9.28 |
| 销售增加值 | 11.62 | -5.33 | -5.58 |

4. 不同产品领域经营情况

4.1 体外诊断试剂产品经营情况

表 11-33 2009-2011 年美国体外诊断试剂产品经营情况

| 年份 | 2007 | 2008 | 2009 | 2010 | 2011 |
|---|---|---|---|---|---|
| 雇员人数 | 29150 | 26825 | 26313 | 24309 | 23875 |
| 年工资（$1，000） | 2332658 | 2155008 | 2167596 | 1882978 | 1962041 |
| 福利费用（$1，000） | 754851 | 641606 | 672557 | 553843 | 579372 |
| 材料成本（$1，000） | 4018183 | 4104730 | 3729277 | 3692513 | 3517803 |
| 总销售收入（$1，000） | 12477755 | 12625245 | 11765005 | 12022704 | 12415045 |
| 其中：产品销售收入（$1，000） | 8830452 | 8605521 | 8254381 | 11096243 | 11508321 |
| 销售增加值（$1，000） | 8619731 | 8634963 | 7999211 | 8348482 | 9067407 |

表 11-34 2009-2011 年体外诊断试剂产品经济指标增长率（%）

| 年份 | 2009 | 2010 | 2011 |
|---|---|---|---|
| 雇员人数 | -1.91 | -7.62 | -1.79 |
| 年工资 | 0.58 | -13.13 | 4.2 |
| 福利费用 | 4.82 | -17.65 | 4.61 |
| 材料成本 | -9.15 | -0.99 | -4.73 |
| 总销售收入 | -6.81 | 2.19 | 3.26 |
| 其中：产品销售收入 | -4.08 | 34.43 | 3.71 |
| 销售增加值 | -7.36 | 4.37 | 8.61 |

表 11－35　2009－2011 年体外诊断试剂产品经济指标占美国医疗器械总指标比例（%）

| 年份 | 2009 | 2010 | 2011 |
|---|---|---|---|
| 雇员人数 | 6.51 | 6.26 | 6.16 |
| 年工资 | 8.98 | 7.8 | 7.94 |
| 福利费用 | 9.74 | 8.19 | 8.48 |
| 材料成本 | 9.43 | 8.79 | 8.12 |
| 总销售收入 | 9.32 | 9.2 | 9.3 |
| 其中：产品销售收入 | 7.13 | 9.1 | 9.27 |
| 销售增加值 | 9.2 | 9.27 | 10.04 |

表 11－36　2009－2011 年体外诊断试剂产品各指标占美国化学制造业总体比例（%）

| 年份 | 2009 | 2010 | 2011 |
|---|---|---|---|
| 雇员人数 | 3.68 | 3.49 | 3.44 |
| 年工资 | 4.5 | 3.88 | 3.94 |
| 福利费用 | 4.56 | 3.59 | 3.66 |
| 材料成本 | 1.25 | 1.04 | 0.86 |
| 总销售收入 | 1.88 | 1.72 | 1.6 |
| 其中：产品销售收入 | 1.45 | 1.73 | 1.6 |
| 销售增加值 | 2.47 | 2.39 | 2.42 |

4.2　医用电子医疗设备

表 11－37　2009－2011 年医用电子医疗设备产品经营情况

| 年份 | 2009 | 2010 | 2011 |
|---|---|---|---|
| 雇员人数 | 62684 | 60582 | 61813 |
| 年工资（＄1，000） | 4754664 | 4728283 | 4825340 |
| 福利费用（＄1，000） | 1443733 | 1413986 | 1360725 |
| 材料成本（＄1，000） | 8170998 | 9136255 | 9110463 |
| 总销售收入（＄1，000） | 23430037 | 25319398 | 25438322 |
| 其中：产品销售值（＄1，000） | 22232008 | 24028752 | 24072394 |
| 销售增加值（＄1，000） | 15283390 | 16301384 | 16276268 |

表 11－38　2009－2011 年医用电子医疗设备产品经济指标增长率（%）

| 年份 | 2009 | 2010 | 2011 |
|---|---|---|---|
| 雇员人数 | －7.4 | －3.35 | 2.03 |
| 年工资 | －4.24 | －0.55 | 2.05 |

| 年份 | 2009 | 2010 | 2011 |
|---|---|---|---|
| 福利费用 | 15.18 | -2.06 | -3.77 |
| 材料成本 | -4.65 | 11.81 | -0.28 |
| 总销售收入 | -8.41 | 8.06 | 0.47 |
| 其中：产品销售收入 | -7.4 | 8.08 | 0.18 |
| 销售增加值 | -9.81 | 6.66 | -0.15 |

**表 11-39　2009-2011 年医用电子医疗设备产品经济指标占医疗器械总体比例（%）**

| 年份 | 2009 | 2010 | 2011 |
|---|---|---|---|
| 雇员人数 | 15.5 | 15.61 | 15.96 |
| 年工资 | 19.71 | 19.58 | 19.52 |
| 福利费用 | 20.91 | 20.9 | 19.93 |
| 材料成本 | 20.67 | 21.74 | 21.02 |
| 总销售收入 | 18.56 | 19.38 | 19.06 |
| 其中：产品销售收入 | 19.2 | 19.7 | 19.4 |
| 销售增加值 | 17.57 | 18.11 | 18.02 |

**表 11-40　2009-2011 年医用电子医疗设备经济指标占制造业总体比例（%）**

| 年份 | 2009 | 2010 | 2011 |
|---|---|---|---|
| 雇员人数 | 0.57 | 0.58 | 0.58 |
| 年工资 | 0.9 | 0.88 | 0.86 |
| 福利费用 | 0.89 | 0.84 | 0.78 |
| 材料成本 | 0.34 | 0.33 | 0.28 |
| 总销售收入 | 0.53 | 0.52 | 0.46 |
| 其中：产品销售收入 | 0.53 | 0.52 | 0.46 |
| 销售增加值 | 0.77 | 0.75 | 0.71 |

4.3　放射装置产品领域

**表 11-41　2009-2011 年放射设备产品经营情况**

| 年份 | 2009 | 2010 | 2011 |
|---|---|---|---|
| 雇员人数 | 14260 | 11749 | 12152 |
| 年工资（$1，000） | 1219351 | 990352 | 1022543 |
| 福利费用（$1，000） | 328550 | 283826 | 270952 |
| 材料成本（$1，000） | 3064064 | 3083554 | 3100668 |

| 年份 | 2009 | 2010 | 2011 |
| --- | --- | --- | --- |
| 总销售收入（$ 1, 000） | 6011228 | 5922284 | 6066418 |
| 其中：产品销售值（$ 1, 000） | 5204200 | 5097801 | 5069225 |
| 销售增加值（$ 1, 000） | 2973042 | 2891873 | 3022416 |

**表 11 - 42　2009 - 2011 年放射设备产品经济指标增长率（%）**

| 年份 | 2009 | 2010 | 2011 |
| --- | --- | --- | --- |
| 雇员人数 | 2. 66 | - 17. 61 | 3. 43 |
| 年工资 | 0. 89 | - 18. 78 | 3. 25 |
| 福利费用 | 22. 5 | - 13. 61 | - 4. 54 |
| 材料成本 | - 3. 49 | 0. 64 | 0. 56 |
| 总销售收入 | - 4. 41 | - 1. 48 | 2. 43 |
| 其中：产品销售收入 | - 5. 56 | - 2. 04 | - 0. 56 |
| 销售增加值 | - 5. 46 | - 2. 73 | 4. 51 |

**表 11 - 43　2009 - 2011 年放射设备产品经济指标占美国医疗器械总体比例（%）**

| 年份 | 2009 | 2010 | 2011 |
| --- | --- | --- | --- |
| 雇员人数 | 3. 53 | 3. 03 | 3. 14 |
| 年工资 | 5. 05 | 4. 1 | 4. 14 |
| 福利费用 | 4. 76 | 4. 2 | 3. 97 |
| 材料成本 | 7. 75 | 7. 34 | 7. 16 |
| 总销售收入 | 4. 76 | 4. 53 | 4. 55 |
| 其中：产品销售收入 | 4. 49 | 4. 18 | 4. 09 |
| 销售增加值 | 3. 42 | 3. 21 | 3. 35 |

**表 11 - 44　2007 - 2011 年放射设备产品经济指标占制造业总指标比例（%）**

| 年份 | 2009 | 2010 | 2011 |
| --- | --- | --- | --- |
| 雇员人数 | 0. 13 | 0. 11 | 0. 11 |
| 年工资 | 0. 23 | 0. 18 | 0. 18 |
| 福利费用 | 0. 2 | 0. 17 | 0. 16 |
| 材料成本 | 0. 13 | 0. 11 | 0. 1 |
| 总销售收入 | 0. 14 | 0. 12 | 0. 11 |
| 其中：产品销售收入 | 0. 12 | 0. 11 | 0. 1 |
| 销售增加值 | 0. 15 | 0. 13 | 0. 13 |

### 4.4 外科及内科器械产品领域

**表 11－45 2009－2011 年外科及内科器械产品经营情况**

| 年份 | 2009 | 2010 | 2011 |
|---|---|---|---|
| 雇员人数 | 109825 | 105646 | 105606 |
| 年工资（＄1，000） | 6272788 | 6446902 | 6632955 |
| 福利费用（＄1，000） | 1799167 | 1901680 | 1920615 |
| 材料成本（＄1，000） | 10090626 | 10402283 | 11155512 |
| 总销售收入（＄1，000） | 34588193 | 35304920 | 36498243 |
| 其中：产品销售值（＄1，000） | 33576204 | 34004009 | 34988542 |
| 销售增加值（＄1，000） | 24702292 | 25222557 | 25318678 |

**表 11－46 2008－2011 年外科及内科器械产品经济指标增长率（%）**

| 年份 | 2009 | 2010 | 2011 |
|---|---|---|---|
| 雇员人数 | －0. 63 | －3. 81 | －0. 04 |
| 年工资 | －0. 35 | 2. 78 | 2. 89 |
| 福利费用 | 1. 74 | 5. 7 | 1 |
| 材料成本 | 3. 23 | 3. 09 | 7. 24 |
| 总销售收入 | 1. 82 | 2. 07 | 3. 38 |
| 其中：产品销售收入 | 2. 43 | 1. 27 | 2. 9 |
| 销售增加值 | 0. 57 | 2. 11 | 0. 38 |

**表 11－47 2009－2011 年外科及内科器械产品经济指标占美国医疗器械总体比例（%）**

| 年份 | 2009 | 2010 | 2011 |
|---|---|---|---|
| 雇员人数 | 27. 16 | 27. 21 | 27. 26 |
| 年工资 | 26 | 26. 7 | 26. 83 |
| 福利费用 | 26. 06 | 28. 11 | 28. 13 |
| 材料成本 | 25. 53 | 24. 76 | 25. 74 |
| 总销售收入 | 27. 41 | 27. 02 | 27. 35 |
| 其中：产品销售收入 | 29 | 27. 88 | 28. 2 |
| 销售增加值 | 28. 4 | 28. 02 | 28. 04 |

**表 11－48　2009－2011 年外科及内科器械产品经济指标占制造业总指标比例（%）**

| 年份 | 2009 | 2010 | 2011 |
|---|---|---|---|
| 雇员人数 | 1.01 | 1.01 | 0.99 |
| 年工资 | 1.18 | 1.2 | 1.19 |
| 福利费用 | 1.11 | 1.13 | 1.11 |
| 材料成本 | 0.42 | 0.37 | 0.34 |
| 总销售收入 | 0.78 | 0.72 | 0.66 |
| 其中：产品销售收入 | 0.8 | 0.73 | 0.67 |
| 销售增加值 | 1.25 | 1.17 | 1.1 |

### 4.5　外科手术器械及用品领域

**表 11－49　2009－2011 年手术器材及用品经营情况**

| 年份 | 2009 | 2010 | 2011 |
|---|---|---|---|
| 雇员人数 | 108944 | 109413 | 106897 |
| 年工资（$1，000） | 6223673 | 6605596 | 6722963 |
| 福利费用（$1，000） | 1793239 | 1685530 | 1779185 |
| 材料成本（$1，000） | 10179317 | 11219108 | 11658475 |
| 总销售收入（$1，000） | 36015521 | 37543451 | 38097205 |
| 其中：产品销售值（$1，000） | 32973063 | 34224498 | 34559768 |
| 销售增加值（$1，000） | 26000209 | 27175030 | 26421353 |

**表 11－50　2009－2011 年手术器材及用品经济指标增长率（%）**

| 年份 | 2009 | 2010 | 2011 |
|---|---|---|---|
| 雇员人数 | －4.88 | 0.43 | －2.3 |
| 年工资 | －2.12 | 6.14 | 1.78 |
| 福利费用 | 0.49 | －6.01 | 5.56 |
| 材料成本 | －4.4 | 10.21 | 3.92 |
| 总销售收入 | 1.57 | 4.24 | 1.47 |
| 其中：产品销售收入 | 2.04 | 3.8 | 0.98 |
| 销售增加值 | 2.53 | 4.52 | －2.77 |

**表 11－51　2009－2011 年手术器材及用品经济指标占美国医疗器械总体比例（%）**

| 年份 | 2009 | 2010 | 2011 |
|---|---|---|---|
| 雇员人数 | 26.94 | 28.18 | 27.59 |
| 年工资 | 25.8 | 27.35 | 27.19 |

| 年份 | 2009 | 2010 | 2011 |
|---|---|---|---|
| 福利费用 | 25.98 | 24.91 | 26.05 |
| 材料成本 | 25.75 | 26.7 | 26.9 |
| 总销售收入 | 28.54 | 28.73 | 28.55 |
| 其中：产品销售收入 | 28.48 | 28.06 | 27.85 |
| 销售增加值 | 29.89 | 30.18 | 29.26 |

**表 11－52　2009－2011 年手术器材及用品领域经济指标占美国制造业总体比例（%）**

| 年份 | 2009 | 2010 | 2011 |
|---|---|---|---|
| 雇员人数 | 1 | 1.04 | 1 |
| 年工资 | 1.17 | 1.23 | 1.2 |
| 福利费用 | 1.11 | 1 | 1.02 |
| 材料成本 | 0.42 | 0.4 | 0.36 |
| 总销售收入 | 0.81 | 0.77 | 0.69 |
| 其中：产品销售收入 | 0.79 | 0.74 | 0.66 |
| 销售增加值 | 1.32 | 1.26 | 1.15 |

### 4.6　口腔器材及用品领域

**表 11－53　2009－2011 年口腔器材及用品领域经营情况**

| 年份 | 2009 | 2010 | 2011 |
|---|---|---|---|
| 雇员人数 | 14717 | 14762 | 15177 |
| 年工资（$ 1，000） | 787464 | 828534 | 844824 |
| 福利费用（$ 1，000） | 208101 | 221872 | 228014 |
| 材料成本（$ 1，000） | 1668571 | 1899524 | 2040324 |
| 总销售收入（$ 1，000） | 4475712 | 4850072 | 5102355 |
| 其中：产品销售值（$ 1，000） | 3911665 | 4159243 | 4429006 |
| 销售增加值（$ 1，000） | 2776929 | 2981029 | 3091907 |

**表 11－54　2009－2011 年口腔器材及用品领域经济指标增长率（%）**

| 年份 | 2009 | 2010 | 2011 |
|---|---|---|---|
| 雇员人数 | －8.6 | 0.31 | 2.81 |
| 年工资 | －7.34 | 5.22 | 1.97 |
| 福利费用 | －9.83 | 6.62 | 2.77 |
| 材料成本 | －0.6 | 13.84 | 7.41 |

| 年份 | 2009 | 2010 | 2011 |
|---|---|---|---|
| 总销售收入 | -5.65 | 8.36 | 5.2 |
| 其中：产品销售收入 | -5.52 | 6.33 | 6.49 |
| 销售增加值 | -10.71 | 7.35 | 3.72 |

表 11-55　2009-2011 年口腔器材及用品占美国医疗器械总体比例（%）

| 年份 | 2009 | 2010 | 2011 |
|---|---|---|---|
| 雇员人数 | 3.64 | 3.8 | 3.92 |
| 年工资 | 3.26 | 3.43 | 3.42 |
| 福利费用 | 3.01 | 3.28 | 3.34 |
| 材料成本 | 4.22 | 4.52 | 4.71 |
| 总销售收入 | 3.55 | 3.71 | 3.82 |
| 其中：产品销售收入 | 3.38 | 3.41 | 3.57 |
| 销售增加值 | 3.19 | 3.31 | 3.42 |

表 11-56　2009-2011 年口腔口腔器材及用品占美国制造业总体比例（%）

| 年份 | 2009 | 2010 | 2011 |
|---|---|---|---|
| 雇员人数 | 0.13 | 0.14 | 0.14 |
| 年工资 | 0.15 | 0.15 | 0.15 |
| 福利费用 | 0.13 | 0.13 | 0.13 |
| 材料成本 | 0.07 | 0.07 | 0.06 |
| 总销售收入 | 0.1 | 0.1 | 0.09 |
| 其中：产品销售收入 | 0.09 | 0.09 | 0.08 |
| 销售增加值 | 0.14 | 0.14 | 0.13 |

### 4.7　眼科设备领域

表 11-57　2009-2011 年眼科用品产品经营情况

| 年份 | 2009 | 2010 | 2011 |
|---|---|---|---|
| 雇员人数 | 21758 | 20554 | 21598 |
| 年工资（$ 1，000） | 986004 | 994628 | 1063123 |
| 福利费用（$ 1，000） | 289297 | 321070 | 322262 |
| 材料成本（$ 1，000） | 1633645 | 1560639 | 1693441 |
| 总销售收入（$ 1，000） | 5679597 | 5500938 | 5562844 |
| 其中：产品销售值（$ 1，000） | 5508217 | 5276410 | 5343679 |
| 销售增加值（$ 1，000） | 4000884 | 3934086 | 3901434 |

表 11 -58 2009 -2011 年眼科用品产品经济指标增长率（%）

| 年份 | 2009 | 2010 | 2011 |
|---|---|---|---|
| 雇员人数 | -7.6 | -5.53 | 5.08 |
| 年工资 | -1.44 | 0.87 | 6.89 |
| 福利费用 | 5.87 | 10.98 | 0.37 |
| 材料成本 | 6.16 | -4.47 | 8.51 |
| 总销售收入 | 2.56 | -3.15 | 1.13 |
| 其中：产品销售收入 | 3.95 | -4.21 | 1.27 |
| 销售增加值 | 0.66 | -1.67 | -0.83 |

表 11 -59 2009 -2011 年眼科用品产品经济指标占美国医疗器械总体比例（%）

| 年份 | 2009 | 2010 | 2011 |
|---|---|---|---|
| 雇员人数 | 5.38 | 5.29 | 5.58 |
| 年工资 | 4.09 | 4.12 | 4.3 |
| 福利费用 | 4.19 | 4.75 | 4.72 |
| 材料成本 | 4.13 | 3.71 | 3.91 |
| 总销售收入 | 4.5 | 4.21 | 4.17 |
| 其中：产品销售收入 | 4.76 | 4.33 | 4.31 |
| 销售增加值 | 4.6 | 4.37 | 4.32 |

表 11 -60 2009 -2011 年眼科用品产品经济指标占美国制造业总体比例（%）

| 年份 | 2009 | 2010 | 2011 |
|---|---|---|---|
| 雇员人数 | 0.2 | 0.2 | 0.2 |
| 年工资 | 0.19 | 0.18 | 0.19 |
| 福利费用 | 0.18 | 0.19 | 0.19 |
| 材料成本 | 0.07 | 0.06 | 0.05 |
| 总销售收入 | 0.13 | 0.11 | 0.1 |
| 其中：产品销售收入 | 0.13 | 0.11 | 0.1 |
| 销售增加值 | 0.2 | 0.18 | 0.17 |

4.8 牙科实验室设备领域

表 11 -61 2009 -2011 年牙科实验室设备领域经营情况

| 年份 | 2009 | 2010 | 2011 |
|---|---|---|---|
| 雇员人数 | 45888 | 41198 | 40285 |
| 年工资（$1，000） | 1715068 | 1671657 | 1650943 |

| 年份 | 2009 | 2010 | 2011 |
| --- | --- | --- | --- |
| 福利费用（＄1，000） | 368932 | 383396 | 367686 |
| 材料成本（＄1，000） | 990643 | 1024048 | 1056527 |
| 总销售收入（＄1，000） | 4241300 | 4207192 | 4258849 |
| 其中：产品销售值（＄1，000） | 4119619 | 4092962 | 4119299 |
| 销售增加值（＄1，000） | 3240855 | 3175288 | 3199043 |

**表 11－62　2009－2011 年牙科实验室设备经济指标增长率（%）**

| 年份 | 2009 | 2010 | 2011 |
| --- | --- | --- | --- |
| 雇员人数 | －7.85 | －10.22 | －2.22 |
| 年工资 | －5.99 | －2.53 | －1.24 |
| 福利费用 | －4.32 | 3.92 | －4.1 |
| 材料成本 | －5.11 | 3.37 | 3.17 |
| 总销售收入 | －9.5 | －0.8 | 1.23 |
| 其中：产品销售收入 | －9.8 | －0.65 | 0.64 |
| 销售增加值 | －10.68 | －2.02 | 0.75 |

**表 11－63　2009－2011 年牙科实验室设备经济指标占美国医疗器械总体比例（%）**

| 年份 | 2009 | 2010 | 2011 |
| --- | --- | --- | --- |
| 雇员人数 | 11.35 | 10.61 | 10.4 |
| 年工资 | 7.11 | 6.92 | 6.68 |
| 福利费用 | 5.34 | 5.67 | 5.38 |
| 材料成本 | 2.51 | 2.44 | 2.44 |
| 总销售收入 | 3.36 | 3.22 | 3.19 |
| 其中：产品销售收入 | 3.56 | 3.36 | 3.32 |
| 销售增加值 | 3.73 | 3.53 | 3.54 |

**表 11－64　2009－2011 年牙科实验室设备经济指标占美国制造业总体比例（%）**

| 年份 | 2009 | 2010 | 2011 |
| --- | --- | --- | --- |
| 雇员人数 | 0.42 | 0.39 | 0.38 |
| 年工资 | 0.32 | 0.31 | 0.3 |
| 福利费用 | 0.23 | 0.23 | 0.21 |
| 材料成本 | 0.04 | 0.04 | 0.03 |
| 总销售收入 | 0.1 | 0.09 | 0.08 |
| 其中：产品销售收入 | 0.1 | 0.09 | 0.08 |
| 销售增加值 | 0.16 | 0.15 | 0.14 |

5. 不同产品领域生产工人工作小时

**表 11－65 美国医疗器械产业不同产品领域生产工人工作小时**

单位：1000

| 产品分类 | 2009 | 2010 | 2011 |
|---|---|---|---|
| 体外诊断物质 | 19，793 | 20，950 | 20，383 |
| 电子医疗设备 | 51，552 | 49，291 | 49，197 |
| 放射设备 | 9，830 | 8，427 | 8，176 |
| 手术和医疗设备 | 126，341 | 124，149 | 124，339 |
| 手术器具及用品 | 120，294 | 114，608 | 114，722 |
| 牙科器材及用品 | 16，009 | 17，404 | 17，095 |
| 眼科用品 | 26，185 | 26，081 | 26，037 |
| 牙科实验室 | 59，270 | 53，628 | 52，576 |

6. 美国医疗器械销售排名前 20 位企业

**表 11－66 2011 年美国医疗器械销售排名前 20 位企业**

| 序号 | 公司名称 |
|---|---|
| 1 | Johnson&Johnson |
| 2 | GE |
| 3 | Medtronic |
| 4 | Abbott |
| 5 | BostonScientific |
| 6 | BectonDickison |
| 7 | Stryker |
| 8 | St. JudeMedical |
| 9 | 3MHealthcare |
| 10 | Zimmer |
| 11 | Hospira |
| 12 | Smith&Nephew |
| 13 | Synthes |
| 14 | BeckmanCoulter |
| 15 | Danaher |
| 16 | Alcon |
| 17 | Biomet |
| 18 | CRBard |

| 序号 | 公司名称 |
| --- | --- |
| 19 | VarianMedical |
| 20 | DentsplyInternational |

## 11.2 欧盟医疗器械产业情况

欧洲约有 22500 家医疗器械生产企业，其中包括供应厂商，同时也包括欧洲以外的大型跨国公司，如强生、泰科等，欧洲医疗器械生产企业大多也是中小型企业。根据欧盟工业贸促联盟会提供数据，在欧洲 80% 的医疗器械企业雇员少于 250 人。未来 40% 的雇员分布在少于 20 人的公司当中。

虽然欧洲公司大多是小公司，但主导欧洲医疗器械市场的则是少数几家大公司。欧洲主要的医疗器械公司有：Fresenius（Germany）、Philips（Netherlands），Siemens（Germany），Smith&Nephew（UnitedKingdom），andSynthes（Switzerland）、Covidien 等。除 siemens、Philips、Fresenius、Covidien 等少数几家在全球市场上有较大份额，其它欧洲医疗器械公司主要市场仍在欧洲。例如膝关节等植介入产品的欧洲市场中主要有 orthopedicfirms，UK-based、Smith&Nephew 公司排在欧洲前 5 位，第四位是美国公司。

欧洲医疗器械公司产品其主导产品有先进的无创护理、心脑血管植介入、影像诊断、透析、体外诊断和整形外科设备。另外在欧洲医疗器械生产企业中，美国企业也发挥着重要作用，不少美国公司在欧洲建立起自己的子公司。美国约有 60% 在 FDA 注册登记的医疗器械母公司中在欧洲建有子公司，其中在爱尔兰建子公司最多，从爱尔兰进口的医疗器械份额也名列前茅。同样美国医疗器械公司的母公司在芬兰（17%）、匈牙利（15%）、英国（12%）、荷兰（11%）、法国（10%）和德国（7%）共享资源建立子公司，相比之下，欧洲仅有 1% 母公司在美国设立子公司。

**表 11－67　欧盟主要医疗器械产品分类和主要公司**

| 产品分组 | 分布的主要公司 |
| --- | --- |
| Advancedwoundcare | 3M（U. S. ），Coloplast（Denmark），Johnson&Johnson（U. S. ），Smith&Nephew（U. K. ） |
| Cardiovascular | Abbott（U. S. ），Biotronik（Germany），BostonScientific（U. S. ），Johnson&Johnson（U. S. ），Medtronic（U. S. ），St. Jude/Guidant（U. S. ），Sorin（Italy） |
| Dentalimplants | AstraZeneca（U. K. ），LifecoreBiomedica（U. S. ），NobelBiocare（Switzerland），Straumann（Switzerland），Zimmer（U. S. ） |
| 影像诊断 | GeneralElectric（U. S. ），Philips（Netherlands），Siemens（Germany） |
| 血液透析 | FreseniusMedicalCare（Germany），Gambro（Sweden） |
| 助听设备 | Amplifon（Italy），GNStoreNord（Denmark），Logitech（U. S. ），Phonak（Switzerland），Plantronics（U. K. ），WilliamDemant（Denmark），Siemens（Germany） |
| 体外诊断 | AbbottLabs（U. S. ），BayerDiagnostics（Germany），BectonDickinson（U. S. ），BeckmanCoulter（U. S. ），BioMerieux（France），Dade-Behring（U. S. ），Ortho-ClinicalDiagnostics（U. S. ），RocheDiagnostics（Switzerland） |

| 产品分组 | 分布的主要公司 |
| --- | --- |
| 实验室设备 | Affymetrix （U. S. ）， AppliedBiosystems （U. S. ）， Biacore （Sweden）， Invitrogen （U. S. ）， Millipore （U. S. ）， Qiagen （Germany） |
| 整形外科及材料 | B. Braun （Germany）， Biomet （U. S. ）， EncoreMedical （U. S. ）， Medtronic （U. S. ）， Smith&Nephew （U. K. ）， Stryker （U. S. ）， Synthes （Switzerland）， WrightMedical （U. S. ）， Zimmer （U. S. ） |

## 11.3 德国医疗器械产业情况

按照德国统计局的行业分类 Klassifikationw2008，医疗技术行业主要包括医疗仪器，牙科仪器及材料制造放射仪器和电子医疗仪器制造两大类。

1. 德国医疗器械产业规模

**表 11 -68 2009 -2011 年德国医疗器械行业从业人员及企业数量情况**

| 项目 | 2009 | 2010 | 2011 |
| --- | --- | --- | --- |
| 从业人员（千人） | 87 | 89. 2 | 92 |
| 销售额/从业人员（千欧元） | 210. 3 | 224. 4 | 232. 4 |
| 企业数（从业人数 50 人以上） | 362 | 375 | 380 |
| 企业数（从业人数 20 人以上） | 1135 | 1138 | 1160 |

**表 11 -69 2009 -2011 年医疗仪器、牙科设备及材料领域企业数量及从业人员情况**

| 项目 | 2009 | 2010 | 2011 |
| --- | --- | --- | --- |
| 从业人员（人） | 91205 | 95388 | 98866 |
| 企业数量（家） | 1078 | 1088 | 1110 |

**表 11 -70 2009 -2011 年医疗仪器，牙科仪器及材料领域不同规模企业数量**

| 企业规模 | 2009 | 2010 | 2011 |
| --- | --- | --- | --- |
| 少于 50 人 | 20 | 17 | 16 |
| 50 -99 人 | 11 | 9 | 11 |
| 100 -249 人 | 12 | 13 | 11 |
| 250 -499 人 | 4 | 3 | 5 |
| 500 -999 人 | 4 | 3 | 2 |
| 1000 人以上 | 6 | 5 | 5 |

表 11 -71　2009 -2011 年放射仪器和电子医疗仪器领域从业人员及企业数量情况

单位：家

| 项目 | 2009 | 2010 | 2011 |
|---|---|---|---|
| 从业人员（人） | 19492 | 17618 | 18133 |
| 企业数 | 57 | 50 | 50 |

表 11 -72　2009 -2011 年放射仪器和电子医疗仪器领域不同规模企业数量情况

单位：家

| 企业规模 | 2009 | 2010 | 2011 |
|---|---|---|---|
| 少于 50 人 | 732 | 737 | 745 |
| 50 -99 人 | 187 | 191 | 190 |
| 100 -249 人 | 103 | 98 | 112 |
| 250 -499 人 | 35 | 37 | 38 |
| 500 -999 人 | 11 | 13 | 12 |
| 1000 人以上 | 10 | 12 | 13 |

2. 德国医疗器械产业经营情况

表 11 -73　2009 -2011 年德国医疗器械行业总体销售情况

| 项目 | 2009 | 2010 | 2011 |
|---|---|---|---|
| 总销售额（亿欧元） | 183 | 200 | 214 |
| 国内销售额（亿欧元） | 68. 6 | 72 | 72 |
| 国外销售额（亿欧元） | 114. 3 | 128 | 142 |
| 出口率（%） | 62. 50% | 64. 00% | 66. 30% |

表 11 -74　2009 -2011 年医疗仪器，牙科仪器及材料领域销售情况

单位：千欧元

| 项目 | 2009 | 2010 | 2011 |
|---|---|---|---|
| 总销售额（千欧元） | 13456023 | 15377889 | 16626583 |
| 国内销售额（千欧元） | 6696334 | 7219734 | 7507192 |
| 国外销售额（千欧元） | 6759689 | 8518156 | 9119391 |

**表 11－75　2009－2011 年医疗仪器，牙科仪器及材料领域不同规模企业销售情况**

单位：千欧元

| 企业规模 | 2009 | 2010 | 2011 |
|---|---|---|---|
| 少于 50 人 | 75294 | 72443 | 75505 |
| 50－99 人 | 121339 | – | 144237 |
| 100－249 人 | 320668 | 506380 | 413221 |
| 250－499 人 | 248715 | – | 182854 |
| 500－999 人 | 800723 | 736386 | – |
| 1000 人以上 | 4966432 | 4841131 | – |

注：表中“－”表示缺数据

**表 11－76　2009－2011 年放射设备和电子医疗仪器领域销售情况**

单位：千欧元

| 项目 | 2009 | 2010 | 2011 |
|---|---|---|---|
| 总销售额 | 6533172 | 6340651 | 6539114 |
| 国内销售额 | – | 1360357 | – |
| 国外销售额 | – | 4980294 | – |

注：表中“－”表示缺数据

**表 11－77　2009－2011 年放射仪器和电子医疗仪器领域不同规模企业销售情况**

单位：千欧元

| 企业规模 | 2009 | 2010 | 2011 |
|---|---|---|---|
| 少于 50 人 | 1493044 | 1572116 | 1641648 |
| 50－99 人 | 1189700 | 1301282 | 1291195 |
| 100－249 人 | 2587652 | 2643360 | 3004601 |
| 250－499 人 | 2646009 | 2646009 | 2870974 |
| 500－999 人 | 1468423 | 1728138 | 1856108 |
| 1000 人以上 | 4072481 | 5486985 | 5962056 |

3. 德国医疗器械产业领域主要企业

**表 11－78　2010 年德国医疗器械销售额排名前 9 位企业**

| 序号 | 公司名称 | 主要产品 |
|---|---|---|
| 1 | Siemens（HealthCare） | 医学影像，实验室仪器设备，医疗信息技术和听力仪等 |
| 2 | FreseniusMed. Care | 血液透析和腹膜透析产品，包括血液透析机，透析仪及相关的一次性产品等 |

| 序号 | 公司名称 | 主要产品 |
|---|---|---|
| 3 | B. Braun | 医用材料及耗材，开放式或微创外科手术设备及外科植入产品等 |
| 4 | Draegerwerke | 呼吸机、麻醉机、医学影像设备等 |
| 5 | PaulHartmann | 一次性医用材料、专业从事伤口护理，手术室风险管理等的生产和销售 |
| 6 | RocheDiagnostics | 体外诊断试剂产品 |
| 7 | KarlStorz | 内窥镜产品 |
| 8 | CarlZeiissMeditec | 眼科诊断及分析设备，手术显微镜和手术可视化解决方案 |
| 9 | OttoBock | 假肢矫形器和康复产品 |

## 11.4 日本医疗器械产业情况

1. 日本医疗器械产业规模

**表 11－79　2009－2011 年日本医疗器械不同规模生产企业数**

单位：家

| 1 个月的生产金额 | 2009 | 2010 | 2011 |
|---|---|---|---|
| 总数 | 1487 | 1441 | 1395 |
| 不足百万日元 | 655 | 617 | 589 |
| 百万日元～不足 5 百万日元 | 251 | 242 | 225 |
| 5 百万日元～不足 1 千万日元 | 109 | 105 | 104 |
| 1 千万日元～不足 5 千万日元 | 233 | 227 | 229 |
| 5 千万日元～不足 1 亿日元 | 78 | 856 | 84 |
| 1 亿日元～不足 5 亿日元 | 113 | 118 | 116 |
| 5 亿日元～不足 10 亿日元 | 25 | 19 | 21 |
| 10 亿日元以上 | 23 | 27 | 27 |

**表 11－80　2009 年－2011 年日本医疗器械不同规模生产企业比例（%）**

| 1 个月的生产金额 | 2009 | 2010 | 2011 |
|---|---|---|---|
| 总数 | 100.0 | 100.0 | 100.0 |
| 不足百万日元 | 44.0 | 42.8 | 42.2 |
| 百万日元～不足 5 百万日元 | 16.9 | 16.8 | 16.1 |
| 5 百万日元～不足 1 千万日元 | 7.4 | 7.3 | 7.5 |
| 1 千万日元～不足 5 千万日元 | 15.7 | 15.8 | 16.4 |
| 5 千万日元～不足 1 亿日元 | 5.3 | 6.0 | 6.0 |
| 1 亿日元～不足 5 亿日元 | 7.6 | 8.2 | 8.3 |

| 1个月的生产金额 | 2009 | 2010 | 2011 |
|---|---|---|---|
| 5亿日元~不足10亿日元 | 1.7 | 1.3 | 1.5 |
| 10亿日元以上 | 1.6 | 1.9 | 1.9 |

2. 日本医疗器械产业经营情况

**表11-81　2009-2011年日本医疗器械生产总值**

单位：百万日元

| 年份 | 生产值 | 增长率% | 指数（%） | 月平均生产值 |
|---|---|---|---|---|
| 2009年 | 1576198 | -6.9 | 104.8 | 131350 |
| 2010年 | 1713439 | 8.7 | 114 | 142787 |
| 2011年 | 1808476 | 5.5 | 120.3 | 150706 |

**表11-82　2009-2011年日本不同规模医疗器械企业生产值**

单位：百万日元

| 1个月的生产金额 | 2009 | 2010 | 2011 |
|---|---|---|---|
| 总数 | 1，440，201 | 1，569，830 | 1，638，439 |
| 不足百万日元 | 983 | 1，006 | 974 |
| 百万日元~不足5百万日元 | 7，666 | 7，405 | 6，746 |
| 5百万日元~不足1千万日元 | 9，400 | 9，192 | 9，067 |
| 1千万日元~不足5千万日元 | 66，832 | 62，693 | 63，411 |
| 5千万日元~不足1亿日元 | 67，428 | 74，541 | 72，751 |
| 1亿日元~不足5亿日元 | 297，158 | 313，783 | 316，974 |
| 5亿日元~不足10亿日元 | 214，871 | 169，455 | 183，584 |
| 10亿日元以上 | 775，862 | 931，754 | 984，932 |

**表11-83　2009年-2011年日本医疗器械不同规模生产企业生产产值构成比例（%）**

| 1个月的生产金额 | 2009 | 2010 | 2011 |
|---|---|---|---|
| 总数 | 100.0 | 100.0 | 100.0 |
| 不足百万日元 | 0.1 | 0.1 | 0.1 |
| 百万日元~不足5百万日元 | 0.5 | 0.5 | 0.4 |
| 5百万日元~不足1千万日元 | 0.7 | 0.6 | 0.6 |
| 1千万日元~不足5千万日元 | 4.6 | 4.0 | 3.9 |
| 5千万日元~不足1亿日元 | 4.7 | 4.7 | 4.4 |
| 1亿日元~不足5亿日元 | 20.6 | 20.0 | 19.3 |

| 1 个月的生产金额 | 2009 | 2010 | 2011 |
| --- | --- | --- | --- |
| 5 亿日元～不足 10 亿日元 | 14.9 | 10.8 | 11.2 |
| 10 亿日元以上 | 53.9 | 59.4 | 60.1 |

3. 日本医疗器械不同产品领域产值

**表 11－84　2009－2011 年不同医疗器械产品领域产值**

单位：百万日元

| 排序 | 大分类 | 2011 | 2010 | 2009 |
| --- | --- | --- | --- | --- |
|  | 总数 | 1，808，476 | 1，713，439 | 1，576，198 |
| 1 | 治疗用器械 | 437，399 | 427，749 | 329，316 |
| 2 | 影像诊断系统 | 268，054 | 274，296 | 297，345 |
| 3 | 康复辅具装置 | 265，944 | 228，771 | 206，870 |
| 4 | 身体状况检查、监视系统 | 227，581 | 209，071 | 175，826 |
| 5 | 医学实验室测试设备 | 145，221 | 103，515 | 95，779 |
| 6 | 牙科材料 | 117，791 | 112，074 | 99，591 |
| 7 | 家用医疗器械 | 89，975 | 94，706 | 110，225 |
| 8 | 放射设备及装置 | 72，782 | 78，595 | 82，679 |
| 9 | 眼科设备及相关产品 | 50，879 | 58，841 | 56，383 |
| 10 | 口腔科器械 | 44，013 | 43，350 | 42，150 |
| 11 | 手术治疗设备 | 42，348 | 41，889 | 34，345 |
| 12 | 基础设施设备 | 26，059 | 22，211 | 21，959 |
| 13 | 钢制器具 | 15，566 | 13，913 | 14，536 |
| 14 | 卫生材料及卫生用品 | 4，864 | 4，459 | 9，196 |

注：大分类的排位，依照 2011 年的生产金额为序

**表 11－85　2009－2011 年日本医疗器械不同产品占总产值比例%**

| 排序 | 大分类 | 2009 | 2010 | 2011 |
| --- | --- | --- | --- | --- |
|  | 总数 | 100 | 100 | 100 |
| 1 | 治疗用器械 | 20.89 | 24.96 | 24.19 |
| 2 | 影像诊断系统 | 18.86 | 16.01 | 14.82 |
| 3 | 康复辅具装置 | 13.12 | 13.35 | 14.71 |
| 4 | 身体状况检查、监护系统 | 11.16 | 12.2 | 12.58 |
| 5 | 医学实验室测试设备 | 6.08 | 6.04 | 8.03 |

| 排序 | 大分类 | 2009 | 2010 | 2011 |
|---|---|---|---|---|
| 6 | 牙科材料 | 6. 32 | 6. 54 | 6. 51 |
| 7 | 家用医疗器械 | 6. 99 | 5. 53 | 4. 98 |
| 8 | 放射设备及装置 | 5. 25 | 4. 59 | 4. 02 |
| 9 | 眼科设备及相关产品 | 3. 58 | 3. 43 | 2. 81 |
| 10 | 口腔科器械 | 2. 67 | 2. 53 | 2. 43 |
| 11 | 手术治疗设备 | 2. 18 | 2. 44 | 2. 34 |
| 12 | 基础治疗设备 | 1. 39 | 1. 3 | 1. 44 |
| 13 | 钢制制品 | 0. 92 | 0. 81 | 0. 86 |
| 14 | 卫生材料及卫生用品 | 0. 58 | 0. 26 | 0. 27 |

**表 11－86　2009－2011 年日本医疗器械不同产品领域产值增长率%**

| 排序 | 大分类 | 2009 | 2010 | 2011 |
|---|---|---|---|---|
|  | 总数 | －6. 9 | 8. 7 | 5. 5 |
| 1 | 治疗用器械 | 20. 1 | 29. 9 | 2. 3 |
| 2 | 影像诊断系统 | －19. 4 | －7. 8 | －2. 3 |
| 3 | 康复辅具装置 | －5. 1 | 10. 6 | 16. 2 |
| 4 | 身体状况检查、监护系统 | －20. 8 | 18. 9 | 8. 9 |
| 5 | 医学实验室测试设备 | －12. 2 | 17 | 40. 3 |
| 6 | 牙科材料 | 5. 8 | －4. 9 | 5. 1 |
| 7 | 家用医疗器械 | －11. 3 | －6. 1 | －5 |
| 8 | 放射设备及装置 | 0 | －4. 9 | －7. 4 |
| 9 | 眼科设备及相关产品 | 0. 4 | 4. 4 | －13. 5 |
| 10 | 口腔科器械 | －4. 9 | 2. 8 | 1. 5 |
| 11 | 手术治疗设备 | －28. 8 | 22 | 1. 1 |
| 12 | 基础治疗设备 | －19. 5 | 1. 1 | 17. 3 |
| 13 | 钢制制品 | 14. 1 | －4. 3 | 11. 9 |
| 14 | 卫生材料及卫生用品 | －9. 1 | －51. 5 | 9. 1 |

4. 体外诊断试剂产值

**表 11－87　2009－2011 年体外诊断试剂产值**

单位：百万日元

| 分类 | 2009 | 2010 | 2011 |
|---|---|---|---|
| 总数 | 205160 | 200128 | 190156 |
| 一般检查用试剂 | 11227 | 9194 | 7732 |

| 分类 | 2009 | 2010 | 2011 |
|---|---|---|---|
| 血液学检查用试剂 | 8575 | 10417 | 10817 |
| 生化学检查用试剂 | 101402 | 103690 | 103403 |
| 免疫血清学检查用试剂 | 79797 | 73864 | 65723 |
| 细菌学检查用试剂 | 3754 | 2512 | 2042 |
| 病理组织检查用试剂 | 404 | 452 | 440 |

**表 11－88　2009－2011 年为同类体外诊断试剂构成比例%**

| 分类 | 2009 | 2010 | 2011 |
|---|---|---|---|
| 总数 | 100 | 100 | 100 |
| 一般检查用试剂 | 5. 5 | 4. 6 | 4. 1 |
| 血液学检查用试剂 | 4. 2 | 5. 2 | 5. 7 |
| 生化学检查用试剂 | 49. 4 | 51. 8 | 54. 4 |
| 免疫血清学检查用试剂 | 38. 9 | 36. 9 | 34. 6 |
| 细菌学检查用试剂 | 1. 8 | 1. 3 | 1. 1 |
| 病理组织检查用试剂 | 0. 2 | 0. 2 | 0. 2 |

**表 11－89　2009－2011 年不同类体外诊断试剂产值增长率%**

| 分类 | 2009 | 2010 | 2011 |
|---|---|---|---|
| 总数 | 6. 6 | －2. 5 | －5 |
| 一般检查用试剂 | 9. 8 | －18. 1 | －15. 9 |
| 血液学检查用试剂 | 26. 9 | 21. 5 | 3. 8 |
| 生化学检查用试剂 | －0. 9 | 2. 3 | －0. 3 |
| 免疫血清学检查用试剂 | 15. 2 | －7. 4 | －11 |
| 细菌学检查用试剂 | 8. 2 | －33. 1 | －18. 7 |
| 病理组织检查用试剂 | 21. 7 | 11. 8 | －2. 6 |

5. 卫生材料生产总值

**表 11－90　2009－2011 年日本卫生材料生产总值**

单位：百万日元

| 年 | 生产金额 | 较上年增减 | | 指数 | 月平均生产金额 |
|---|---|---|---|---|---|
| | | 增减额 | 占比 | | |
| 2009 年 | 53，903 | －314 | －0. 6 | 100. 2 | 4，492 |
| 2010 年 | 52，011 | －1，892 | －3. 5 | 96. 7 | 4，334 |
| 2011 年 | 51，804 | －207 | －0. 4 | 96. 3 | 4，317 |

6. 日本医疗器械领域主要企业

表 11－91 日本医疗器械销售额排名前位企业

| 序号 | 公司名称 | 经营主要产品 |
|---|---|---|
| 1 | 奥林巴斯 | 医用光学镜、内窥镜等 |
| 2 | 东芝 | 影像设备 |
| 3 | 日立 | 影像设备 |
| 4 | 岛津 | 生化分析设备 |
| 5 | 富士能 | 内窥镜 |
| 6 | 宾德（Terumo） | 血液净化与透析 |
| 7 | AsahiMedical | 血液净化与透析 |

# 12 国内外医疗器械产业专利

ThomsonInnovation（TI）数据库共收录来自全球 90 多个国家和地区的 8，000 万篇专利信息，包含题录、全文等专利信息深加工的数据和原始数据，是目前国际上应用最为广泛，最为权威的专利数据库之一。德温特手工代码由专业标引人员对分专利进行标引，以深入揭示专利发明的技术创新点及其应用特征，使用相关手工代码创建详细的检索策略可以显著提高检索的速度和准确性。

医疗器械领域复杂、产品种类多，尽管难以全面涵盖，在 TI 数据库中检索医疗器械相关主要的德温特手工代码，包括 15 项三级手工代码等，限制申请年范围为 2003 - 2012 年，编制检索式，在库中进行检索，返回 68 万余条国际医疗器械专利。

## 12.1 国外医疗器械专利申请与授权情况

在 ThomsonInnovation 数据库中检索出各国/地区在 2003 - 2012 年期间申请的医疗器械专利总数为 680115 件。该领域的专利申请成先增长后下降的总体趋势，从 2003 年的 63404 件增长到 2006 年的 81875 件，之后再逐年下降到 2011 年的 62148 件。受专利申请 18 个月的公布周期及数据库收录时间滞后的限制，2012 年的专利数据尚收录不全，因此呈现快速下降（下同）。

表 12 - 1 2003 - 2012 年全球医疗器械申请专利年度分布趋势

| 序号 | 申请年 | 专利数 |
|---|---|---|
| 1 | 2003 | 63404 |
| 2 | 2004 | 61900 |
| 3 | 2005 | 68758 |
| 4 | 2006 | 81875 |
| 5 | 2007 | 81720 |
| 6 | 2008 | 80959 |
| 7 | 2009 | 76128 |
| 8 | 2010 | 73911 |
| 9 | 2011 | 62148 |
| 10 | 2012 | 29312 |

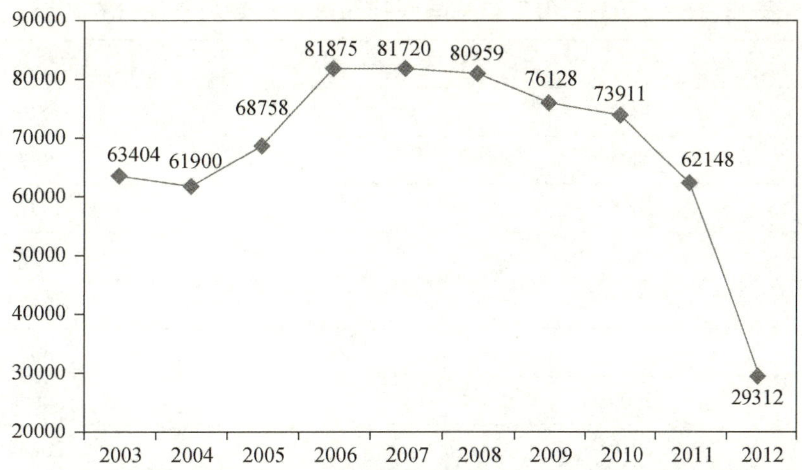


**图 12－1 2003－2012 年全球医疗器械申请专利年度分布趋势**

注：数据来源为 ThomsonInnovation 数据库，受专利申请 18 个月的公布周期及数据库收录时间滞后的限制 2012 年数据尚收录不全

共有 632224 件专利在排名前 10 的优先权国家/地区申请，占所有专利的 93%。其中，美国的优先权专利数排名第一，有 296499 件，占 44%。日本专利的申请量为 120284，排名第二，占 18%；中国的优先权专利数为 72873 件，为美国的 1/4。

**表 12－2 2003－2012 年医疗器械领域优先权国/地区前十位**

| 排名 | 优先权国/地区 | 专利数 | 百分比 |
|---|---|---|---|
| 1 | 美国 | 296499 | 44% |
| 2 | 日本 | 120284 | 18% |
| 3 | 中国 | 72873 | 11% |
| 4 | 德国 | 41241 | 6% |
| 5 | 欧专局 | 31262 | 5% |
| 6 | 韩国 | 28511 | 4% |
| 7 | 英国 | 14645 | 2% |
| 8 | 法国 | 11877 | 2% |
| 9 | 俄罗斯 | 8192 | 1% |
| 10 | 澳大利亚 | 6840 | 1% |

1. 美国医疗器械专利申请与授权情况

2003－2012 年，美国申请的医疗器械专利总数为 296499 件，总体呈现先上升后下降的趋势。美国医疗器械专利申请量从 2003 年的 30961 件，在 2004 年略微下降到 28696 件后又迅速增长到 2006 年的 38787 件，在之后几年逐渐下降到 2011 年的 23780 件。

表 12－3　2003－2012 年美国医疗器械申请专利年度分布趋势

| 序号 | 申请年 | 专利数 |
|---|---|---|
| 1 | 2003 | 30961 |
| 2 | 2004 | 28696 |
| 3 | 2005 | 30913 |
| 4 | 2006 | 38787 |
| 5 | 2007 | 37430 |
| 6 | 2008 | 33826 |
| 7 | 2009 | 30850 |
| 8 | 2010 | 28234 |
| 9 | 2011 | 23780 |
| 10 | 2012 | 13022 |

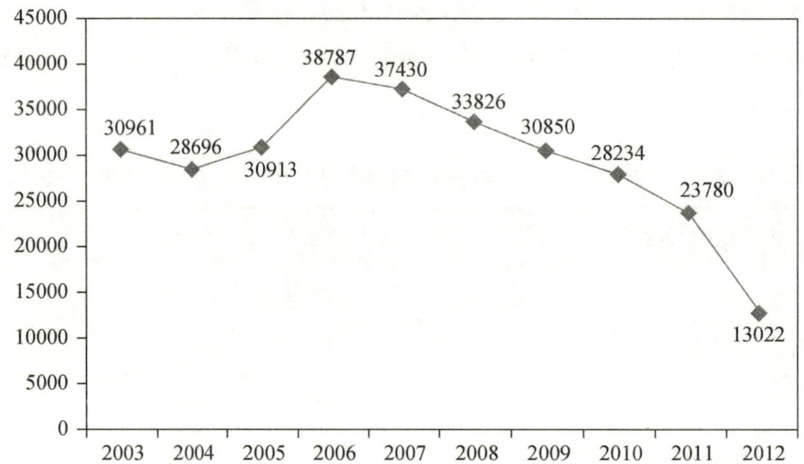


图 12－2　2003－2012 年美国医疗器械申请专利年度分布趋势

注：数据来源为 ThomsonInnovation 数据库，受专利申请 18 个月的公布周期及数据库收录时间滞后的限制 2012 年数据尚收录不全

2. 日本医疗器械专利申请与授权情况

2003－2012 年，日本申请的医疗器械专利总数为 120284 件，总体呈现先上升后下降的趋势。日本医疗器械专利申请量从 2003 年的 12931 件，上升到 2005 年的 16175 件，之后几年逐渐下降到 2011 年的 8552 件。

表 12－4　2003－2012 年日本医疗器械申请专利年度分布趋势

| 序号 | 申请年 | 专利数 |
|---|---|---|
| 1 | 2003 | 12931 |
| 2 | 2004 | 14253 |
| 3 | 2005 | 16175 |
| 4 | 2006 | 14999 |

| 序号 | 申请年 | 专利数 |
| --- | --- | --- |
| 5 | 2007 | 14631 |
| 6 | 2008 | 14099 |
| 7 | 2009 | 10887 |
| 8 | 2010 | 10188 |
| 9 | 2011 | 8552 |
| 10 | 2012 | 3569 |

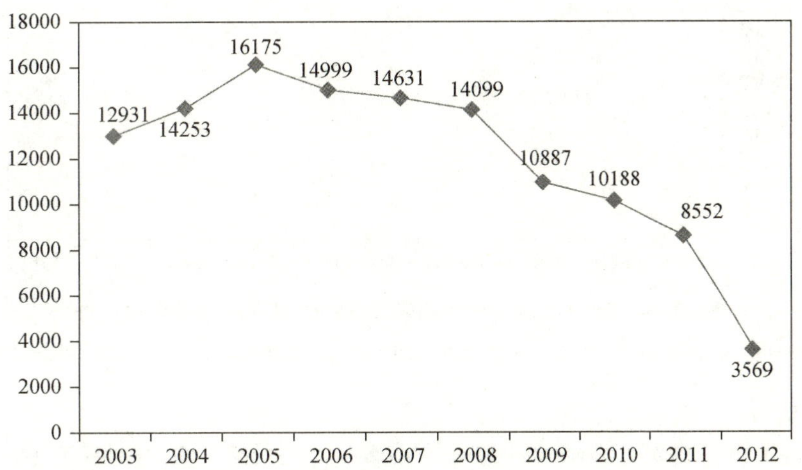


**图 12－3　2003－2012 年日本医疗器械申请专利年度分布趋势**

注：数据来源为 ThomsonInnovation 数据库，受专利申请 18 个月的公布周期及数据库收录时间滞后的限制 2012 年数据尚收录不全

3. 中国医疗器械专利申请与授权

2003－2012 年，中国申请的医疗器械专利总数为 72873 件，总体呈现先逐年上升趋势。中国医疗器械专利申请量从 2003 年的 986 件逐年增加到 2011 年的 14490 件。

**表 12－5　2003－2012 年中国医疗器械申请专利年度分布趋势**

| 序号 | 申请年 | 专利数 |
| --- | --- | --- |
| 1 | 2003 | 986 |
| 2 | 2004 | 1076 |
| 3 | 2005 | 2664 |
| 4 | 2006 | 5637 |
| 5 | 2007 | 7492 |
| 6 | 2008 | 9083 |
| 7 | 2009 | 11442 |
| 8 | 2010 | 13861 |

| 序号 | 申请年 | 专利数 |
|---|---|---|
| 9 | 2011 | 14490 |
| 10 | 2012 | 6142 |

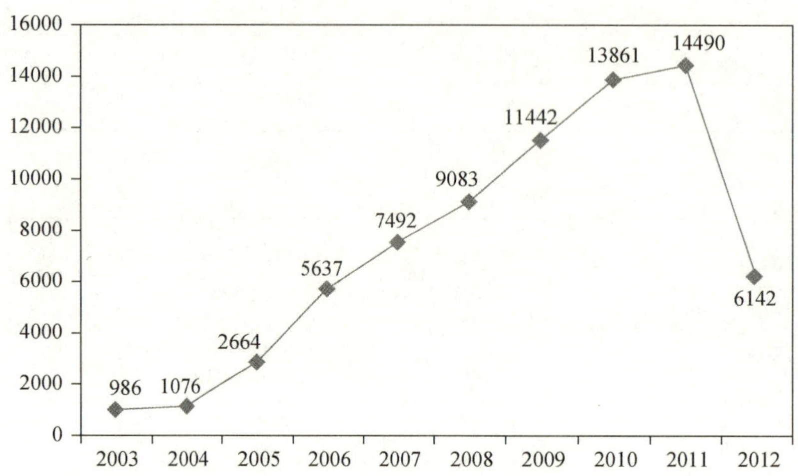


**图 12－4　2003－2012 年中国医疗器械申请专利年度分布趋势**

注：数据来源为 ThomsonInnovation 数据库，受专利申请 18 个月的公布周期及数据库收录时间滞后的限制 2012 年数据尚收录不全

4. 德国医疗器械专利申请与授权情况

2003－2012 年，德国申请的医疗器械专利总数为 41241 件，总体呈现先上升后下降的趋势。德国医疗器械专利申请量从 2003 年的 4781 件，在 2004 年略微下降到 4317 件后又迅速增长到 2006 年的 5177 件，在之后几年逐渐下降到 2011 年的 3077 件。

**表 12－6　2003－2012 年德国医疗器械申请专利年度分布趋势**

| 序号 | 申请年 | 专利数 |
|---|---|---|
| 1 | 2003 | 4781 |
| 2 | 2004 | 4317 |
| 3 | 2005 | 4716 |
| 4 | 2006 | 5177 |
| 5 | 2007 | 4813 |
| 6 | 2008 | 4889 |
| 7 | 2009 | 4214 |
| 8 | 2010 | 3899 |
| 9 | 2011 | 3077 |
| 10 | 2012 | 1358 |

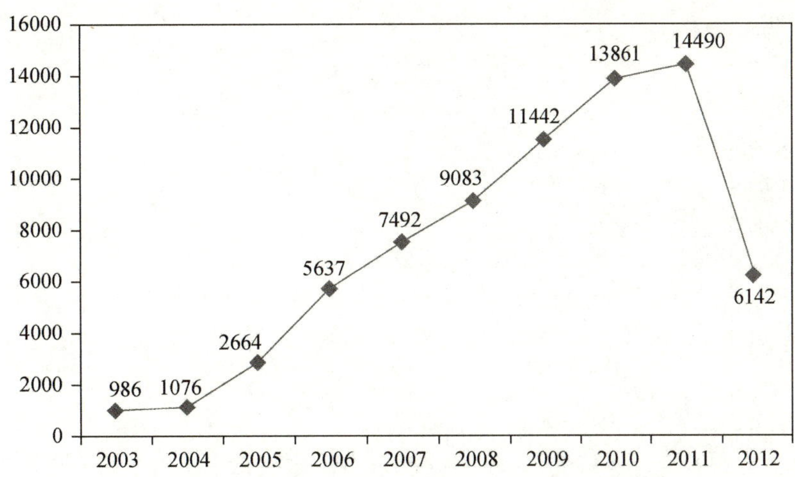


**图 12－5　2003－2012 年德国医疗器械申请专利年度分布趋势**

注：数据来源为 ThomsonInnovation 数据库，受专利申请 18 个月的公布周期及数据库收录时间滞后的限制 2012 年数据尚收录不全

5. 欧洲医疗器械专利申请与授权情况

2003－2012 年，在欧洲专利局申请的医疗器械专利总数为 31262 件，总体呈现先上升后下降的趋势。欧洲专利局医疗器械专利申请量从 2003 年的 2080 件快速增加到 2006 年的 4274 件，之后缓慢下降到 2010 年的 3670 件。

**表 12－7　2003－2012 年欧洲专利局医疗器械申请专利年度分布趋势**

| 序号 | 申请年 | 专利数 |
|---|---|---|
| 1 | 2003 | 2080 |
| 2 | 2004 | 2509 |
| 3 | 2005 | 3133 |
| 4 | 2006 | 4274 |
| 5 | 2007 | 4293 |
| 6 | 2008 | 4155 |
| 7 | 2009 | 3908 |
| 8 | 2010 | 3670 |
| 9 | 2011 | 2185 |
| 10 | 2012 | 1055 |

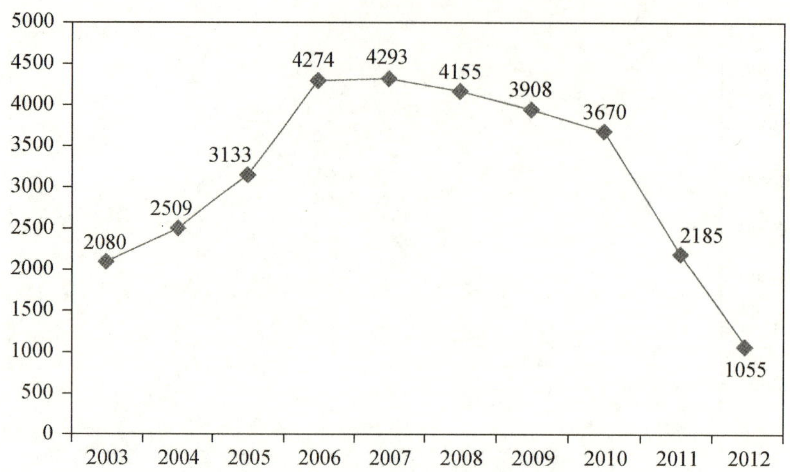


**图 12－6　2003－2012 年欧洲专利局医疗器械申请专利年度分布趋势**

注　数据来源为 ThomsonInnovation 数据库，受专利申请 18 个月的公布周期及数据库收录时间滞后的限制 2012 年数据尚收录不全

6. 英国医疗器械专利申请与授权情况

2003－2012 年，英国申请的医疗器械专利总数为 14645 件，总体呈现下降的趋势。2003－2009 年期间，英国的专利相对比较稳定，在 1543～1893 件之间，之后快速下降到 2011 年的 1014 件。

**表 12－8　2003－2012 年英国医疗器械申请专利年度分布趋势**

| 序号 | 申请年 | 专利数 |
|---|---|---|
| 1 | 2003 | 1828 |
| 2 | 2004 | 1587 |
| 3 | 2005 | 1549 |
| 4 | 2006 | 1708 |
| 5 | 2007 | 1569 |
| 6 | 2008 | 1893 |
| 7 | 2009 | 1543 |
| 8 | 2010 | 1453 |
| 9 | 2011 | 1014 |
| 10 | 2012 | 501 |

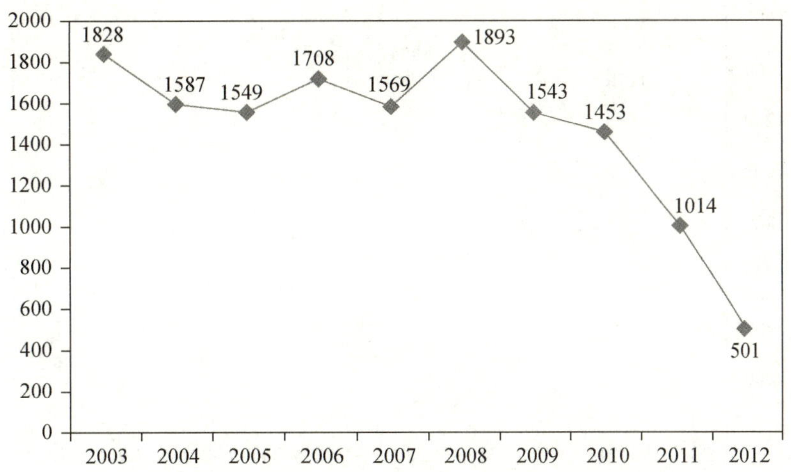


**图 12 -7 2003 -2012 年英国医疗器械申请专利年度分布趋势**

注 数据来源为 ThomsonInnovation 数据库，受专利申请 18 个月的公布周期及数据库收录时间滞后的限制 2012 年数据尚收录不全

7. 法国医疗器械专利申请与授权情况

2003 -2012 年，法国申请的医疗器械专利总数为 11877 件，总体呈现先上升后下降的趋势。法国医疗器械专利申请量从 2003 年的 1251 件，在 2004 年略微上升到 1278 件后又下降到 2005 年的 1195 件，之后几年逐步上升到 2008 年的 1514 件后逐渐下降到 2011 年的 884 件。

**表 12 -9 2003 -2012 年法国医疗器械申请专利年度分布趋势**

| 序号 | 申请年 | 专利数 |
|---|---|---|
| 1 | 2003 | 1251 |
| 2 | 2004 | 1278 |
| 3 | 2005 | 1195 |
| 4 | 2006 | 1251 |
| 5 | 2007 | 1371 |
| 6 | 2008 | 1514 |
| 7 | 2009 | 1456 |
| 8 | 2010 | 1331 |
| 9 | 2011 | 884 |
| 10 | 2012 | 346 |

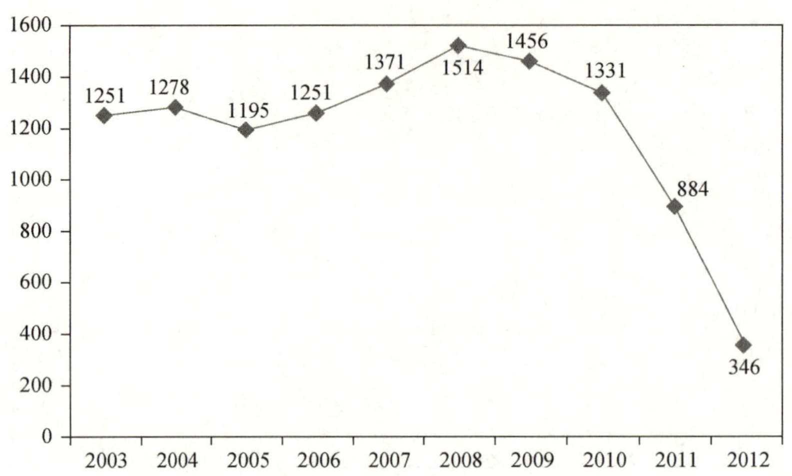


**图 12－8　2003－2012 年法国医疗器械申请专利年度分布趋势**

注 数据来源为 ThomsonInnovation 数据库，受专利申请 18 个月的公布周期及数据库收录时间滞后的限制 2012 年数据尚收录不全

8. 俄罗斯医疗器械专利申请与授权情况

2003－2012 年，俄罗斯申请的医疗器械专利总数为 8192 件，总体呈现先上升后下降的趋势。俄罗斯医疗器械专利申请量从 2003 年的 675 件逐步上升到 2009 年的 1231 件后迅速下降到 2011 年的 690 件。

**表 12－10　2003－2012 年俄罗斯医疗器械申请专利年度分布趋势**

| 序号 | 申请年 | 专利数 |
| --- | --- | --- |
| 1 | 2003 | 675 |
| 2 | 2004 | 709 |
| 3 | 2005 | 847 |
| 4 | 2006 | 863 |
| 5 | 2007 | 866 |
| 6 | 2008 | 1030 |
| 7 | 2009 | 1231 |
| 8 | 2010 | 1182 |
| 9 | 2011 | 690 |
| 10 | 2012 | 99 |

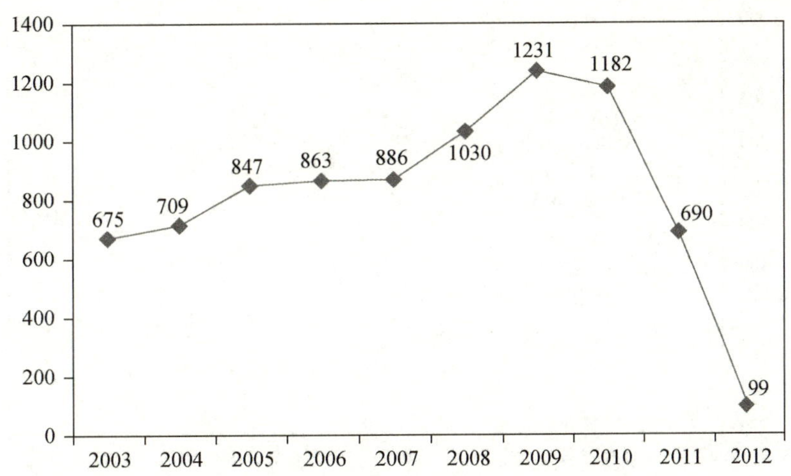


**图 12－9　2003－2012 年俄罗斯医疗器械申请专利年度分布趋势**

注 数据来源为 ThomsonInnovation 数据库，受专利申请 18 个月的公布周期及数据库收录时间滞后的限制 2012 年数据尚收录不全

9. 澳大利亚医疗器械专利申请与授权情况

2003－2012 年，澳大利亚申请的医疗器械专利总数为 6840 件，波动较大，但总体上呈逐年下降趋势。澳大利亚医疗器械专利申请量从 2003 年的 862 件，迅速下降到 2005 年的 613 件后又上升到 2006 年的 893 件，之后在波动中逐渐下降到 2011 年的 484 件。

**表 12－11　2003－2012 年澳大利亚医疗器械申请专利年度分布趋势**

| 序号 | 申请年 | 专利数 |
|---|---|---|
| 1 | 2003 | 862 |
| 2 | 2004 | 723 |
| 3 | 2005 | 613 |
| 4 | 2006 | 893 |
| 5 | 2007 | 715 |
| 6 | 2008 | 683 |
| 7 | 2009 | 757 |
| 8 | 2010 | 640 |
| 9 | 2011 | 484 |
| 10 | 2012 | 470 |

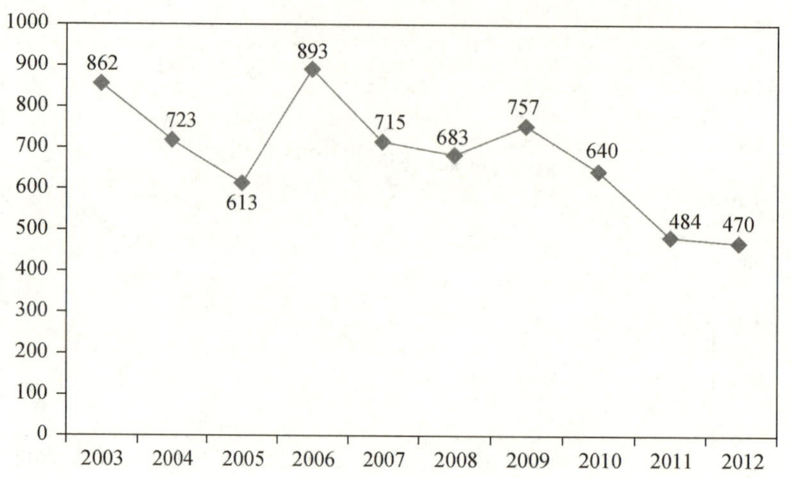


**图 12－10　2003－2012 年澳大利亚医疗器械申请专利年度分布趋势**

注 数据来源为 ThomsonInnovation 数据库，受专利申请 18 个月的公布周期及数据库收录时间滞后的限制 2012 年数据尚收录不全

10. 韩国医疗器械专利申请与授权情况

2003－2012 年，韩国申请的医疗器械专利总数为 28511 件，总体呈现先上升后下降的趋势。韩国医疗器械专利申请量从 2003 年的 1799 件，在 2005 年略微下降到 1778 件后迅速上升到 2009 年的 4684 件，之后几年迅速下降到 2011 年的 3034 件。

**表 12－12　2003－2012 年韩国医疗器械申请专利年度分布趋势**

| 序号 | 申请年 | 专利数 |
|---|---|---|
| 1 | 2003 | 1799 |
| 2 | 2004 | 1841 |
| 3 | 2005 | 1778 |
| 4 | 2006 | 2387 |
| 5 | 2007 | 3327 |
| 6 | 2008 | 4090 |
| 7 | 2009 | 4684 |
| 8 | 2010 | 4613 |
| 9 | 2011 | 3034 |
| 10 | 2012 | 958 |

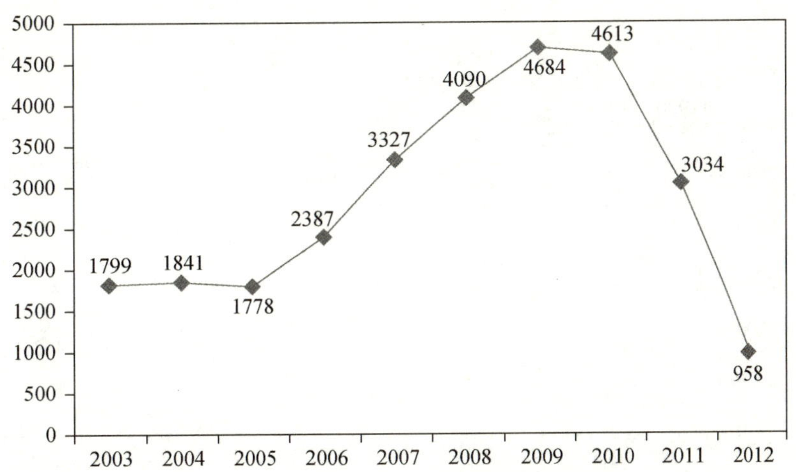


**图 12－11　2003－2012 年韩国医疗器械申请专利年度分布趋势**

注 数据来源为 ThomsonInnovation 数据库，受专利申请 18 个月的公布周期及数据库收录时间滞后的限制 2012 年数据尚收录不全

## 12.2　国外医疗器械不同产品领域专利申请与授权情况

本部分主要对治疗设备类、外科设备类及生化分析仪器等领域的专利申请与授权情况进行介绍。

1. 治疗设备

1.1 专利申请量

2003－2012 年，国际治疗类医疗设备共申请专利 112450 件。国际治疗类医疗设备专利数量从 2003 年的 11920 件，增长到 2006 年的 13812 件后又下降到 2008 年的 10782 件，之后几年有所增长，但是数量相对稳定。

**表 12－13　2003－2012 年治疗类医疗设备申请专利年度分布趋势**

| 序号 | 申请年 | 专利数 |
|---|---|---|
| 1 | 2003 | 11920 |
| 2 | 2004 | 11873 |
| 3 | 2005 | 12250 |
| 4 | 2006 | 13812 |
| 5 | 2007 | 12914 |
| 6 | 2008 | 10782 |
| 7 | 2009 | 12167 |
| 8 | 2010 | 12312 |
| 9 | 2011 | 10084 |
| 10 | 2012 | 4336 |

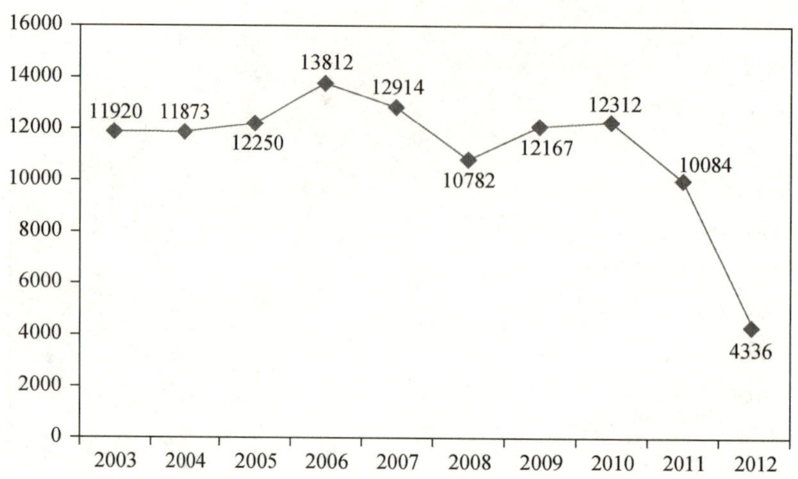


**图 12－12　2003－2012 年治疗类医疗设备申请专利年度分布趋势**

注　数据来源为 ThomsonInnovation 数据库，受专利申请 18 个月的公布周期及数据库收录时间滞后的限制 2012 年数据尚收录不全

1.2 各专利优先权国专利申请量

共有 98404 件治疗设备专利在排名前 15 的优先权国家/地区申请，占全部治疗设备专利数的 87.5%。美国的治疗设备优先权专利数排名第一，有 50066 件，占 2003－2012 年所有专利数 42.52%，亦即从 2003 年开始的十年内，有 42.52% 的治疗设备类专利在美国申请优先权。日本治疗设备专利的申请量为 9060 件，占 8.06%；中国的治疗设备优先权专利数为 15734 件，占 10 年申请总量的 13.99%，排名第二，与美国差距相对较大，但申请量约为排名第五的德国的 3 倍。

**表 12－14　2003－2012 年前 15 个优先权国别/地区治疗设备专利申请量**

| 排名 | 优先权国/地区 | 专利数 | 所占比例（2003－2012） |
|---|---|---|---|
| 1 | 美国 | 50066 | 44.52% |
| 2 | 中国 | 15734 | 13.99% |
| 3 | 日本 | 9060 | 8.06% |
| 4 | 韩国 | 5458 | 4.85% |
| 5 | 德国 | 5147 | 4.58% |
| 6 | 欧专局 | 2948 | 2.62% |
| 7 | 俄罗斯 | 2549 | 2.27% |
| 8 | 英国 | 1908 | 1.70% |
| 9 | 法国 | 1548 | 1.38% |
| 10 | 中国台湾 | 989 | 0.88% |
| 11 | 澳大利亚 | 951 | 0.85% |
| 12 | 瑞典 | 788 | 0.70% |
| 13 | 意大利 | 592 | 0.53% |
| 14 | 以色列 | 339 | 0.30% |
| 15 | 西班牙 | 327 | 0.29% |

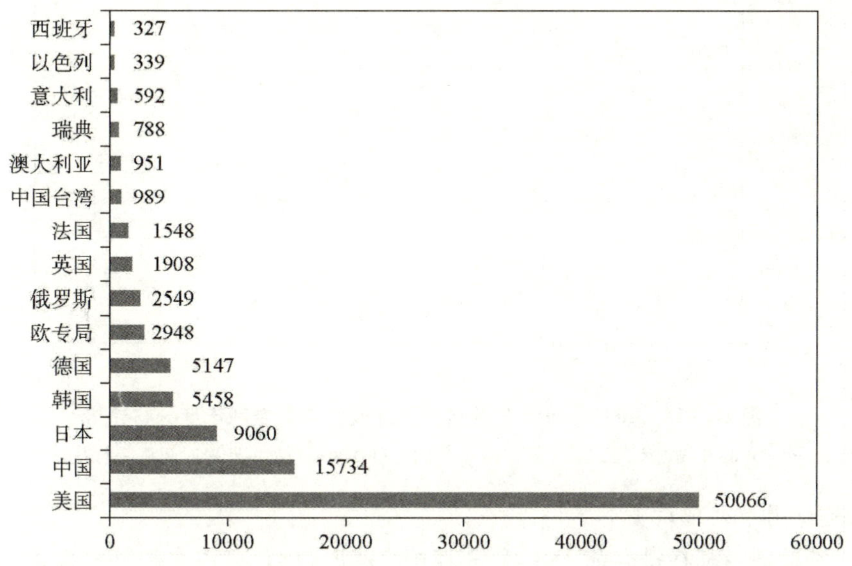


**图 12－13 2003－2012 年前 15 个优先权国别/地区治疗设备专利申请量排名**

2. 外科设备

2.1 专利申请量

2003－2012 年，国际外科类医疗设备共申请专利 64444 件，专利数量有波动，后期下降趋势明显。国际外科类医疗设备专利数量从 2004 年的 7481 件，增长到 2006 年的 10006 件后，迅速下降到 2008 年的 5301 件，之后几年也在逐渐下降，在 2010 年有所增长，但是增长趋势不明显。

**表 12－15 2003－2012 年外科类医疗设备申请专利年度分布趋势**

| 序号 | 申请年 | 专利数 |
|---|---|---|
| 1 | 2003 | 7875 |
| 2 | 2004 | 7481 |
| 3 | 2005 | 8758 |
| 4 | 2006 | 10006 |
| 5 | 2007 | 7849 |
| 6 | 2008 | 5301 |
| 7 | 2009 | 4820 |
| 8 | 2010 | 5070 |
| 9 | 2011 | 4814 |
| 10 | 2012 | 2470 |

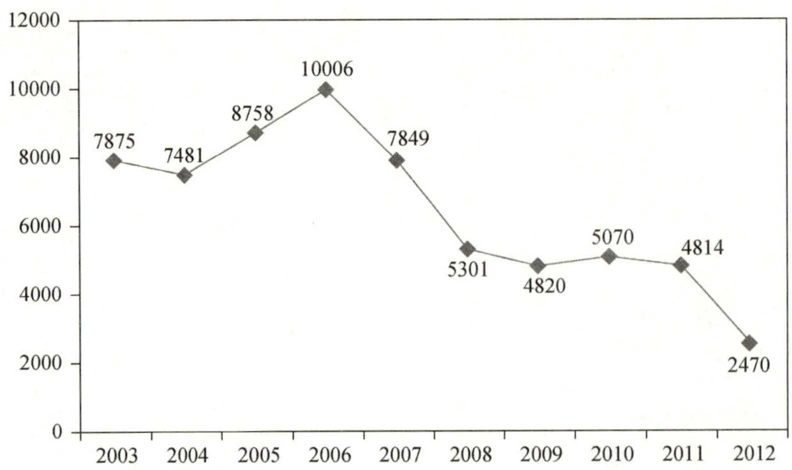


**图 12－14　2003－2012 年外科类医疗设备申请专利年度分布趋势**

注: 数据来源为 ThomsonInnovation 数据库，受专利申请 18 个月的公布周期及数据库收录时间滞后的限制 2012 年数据尚收录不全

2.2　各专利优先权国专利申请量

共有 48574 件外科设备专利在排名前 15 的优先权国家/地区申请，占全部外科设备专利数的 75.4%。美国的外科设备优先权专利数排名第一，有 34096 件，占 2003－2012 年所有专利数 52.91%，亦即从 2003 年开始的十年内，有 52.91% 的外科设备类专利在美国申请优先权。日本外科设备专利的申请量为 4365 件，占 6.77%，排名第二；中国的外科设备优先权专利数为 2244 件，占 10 年申请总量的 3.48%，排名第四，但是与美、日差距相对较大。

**表 12－16　2003－2012 年前 15 个优先权国别/地区外科设备专利申请量**

| 排名 | 优先权国/地区 | 专利数 | 所占比例（2003－2012） |
|---|---|---|---|
| 1 | 美国 | 34096 | 52.91% |
| 2 | 日本 | 4365 | 6.77% |
| 3 | 德国 | 2773 | 4.30% |
| 4 | 中国 | 2244 | 3.48% |
| 5 | 欧专局 | 1132 | 1.76% |
| 6 | 英国 | 979 | 1.52% |
| 7 | 韩国 | 779 | 1.21% |
| 8 | 俄罗斯 | 572 | 0.89% |
| 9 | 澳大利亚 | 438 | 0.68% |
| 10 | 法国 | 359 | 0.56% |
| 11 | 意大利 | 330 | 0.51% |
| 12 | 以色列 | 177 | 0.27% |
| 13 | 瑞典 | 144 | 0.22% |
| 14 | 瑞士 | 99 | 0.15% |
| 15 | 荷兰 | 87 | 0.14% |

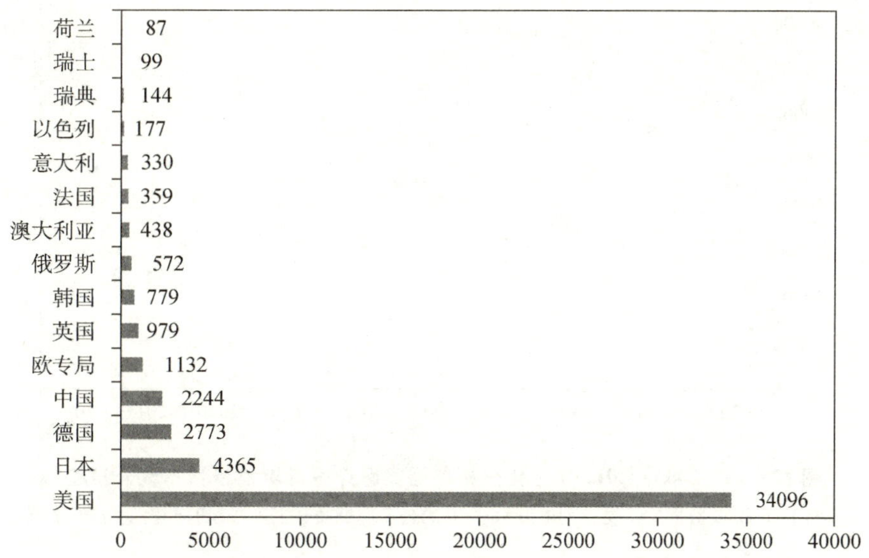


**图 12－15　2003－2012 年前 15 个优先权国别/地区外科设备专利申请量排名**

3. 生化分析仪器

3.1　专利申请量

2003－2012 年，国际生物成分分析仪器类医疗设备共申请专利 22142 件，专利数量有波动，后期呈现下降趋势。国际生物成分分析仪器类医疗设备专利数量从 2004 年的 2846 件，增长到 2006 年的 3903 件后，迅速下降到 2008 年的 1556 件，在 2010 年有所增长，之后几年逐渐下降到 2011 年的 1295 件。

**表 12－17　2003－2012 年生化分析仪器类医疗设备申请专利年度分布趋势**

| 序号 | 申请年 | 专利数 |
|---|---|---|
| 1 | 2003 | 3484 |
| 2 | 2004 | 2846 |
| 3 | 2005 | 3187 |
| 4 | 2006 | 3903 |
| 5 | 2007 | 2090 |
| 6 | 2008 | 1556 |
| 7 | 2009 | 1615 |
| 8 | 2010 | 1489 |
| 9 | 2011 | 1295 |
| 10 | 2012 | 677 |

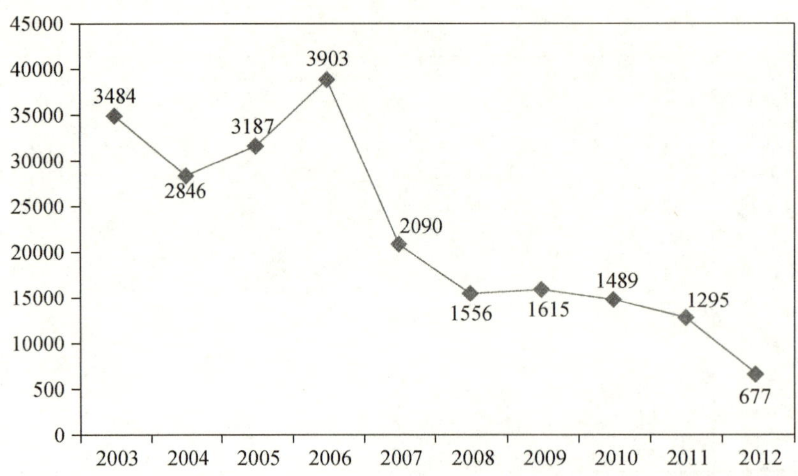


**图 12－16　2003－2012 年生化分析仪器类医疗设备申请专利年度分布趋势**

注：数据来源为 Thomson Innovation 数据库，受专利申请 18 个月的公布周期及数据库收录时间滞后的限制 2012 年数据尚收录不全

3.2　各专利优先权国专利申请量

共有 21539 件生物成分分析仪器设备专利在排名前 15 的优先权国家/地区申请，占全部生物成分分析仪器设备专利数的 97.3%。美国的生物成分分析仪器设备优先权专利数排名第一，有 6144 件，占 2003－2012 年所有专利数 27.75%，亦即从 2003 年开始的十年内，有 27.75% 的生物成分分析仪器设备类专利在美国申请优先权。日本生物成分分析仪器设备专利的申请量为 3507 件，占 15.84%，排名第二；中国的生物成分分析仪器设备优先权专利数为 1685 件，占 10 年申请总量的 7.61%，排名第五，但是与美、日差距相对较大。

**表 12－18　2003－2012 年前 15 个优先权国别/地区生化分析仪器设备专利申请量**

| 排名 | 优先权国/地区 | 专利数 | 所占比例（2003－2012） |
|---|---|---|---|
| 1 | 美国 | 6144 | 27.75% |
| 2 | 日本 | 3507 | 15.84% |
| 3 | 世界知识产权局 | 3427 | 15.48% |
| 4 | 欧专局 | 2428 | 10.97% |
| 5 | 中国 | 1685 | 7.61% |
| 6 | 奥地利 | 1046 | 4.72% |
| 7 | 韩国 | 741 | 3.35% |
| 8 | 德国 | 721 | 3.26% |
| 9 | 加拿大 | 548 | 2.47% |
| 10 | 印度 | 349 | 1.58% |
| 11 | 中国台湾 | 276 | 1.25% |
| 12 | 墨西哥 | 231 | 1.04% |
| 13 | 俄罗斯 | 191 | 0.86% |
| 14 | 西班牙 | 130 | 0.59% |
| 15 | 英国 | 115 | 0.52% |

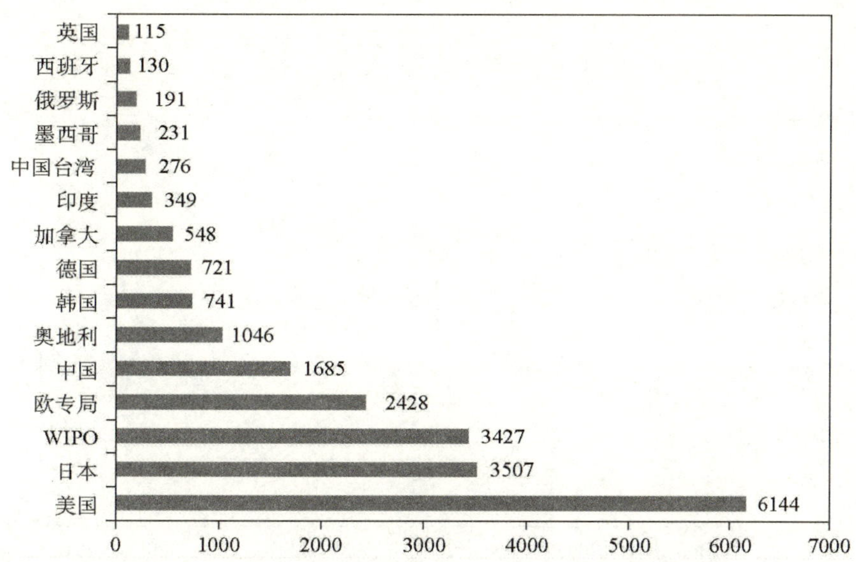


**图 12－17 2003－2012 年前 15 个优先权国别/地区生物成分分析仪器设备专利申请量排名**

## 12.3 我国医疗器械专利申请与授权情况

国内医疗器械专利主要来源于上海知识产权信息平台专利检索数据库，该库共收录 70 多个国家、地区和国际组织的 4000 万余条专利文摘数据，是目前国内数据比较齐全、应用最广泛的专利数据库之一。

在上海知识产权信息平台专利检索数据库中根据相关主要的 IPC 分类代码，包括 9 项三级 IPC 分类代码，限制申请年范围为 2003－2012 年，编制检索式，在库中进行检索，返回约 26 万条国内医疗器械专利。

1. 2003－2012 年我国医疗器械专利申请情况

在上海知识产权信息平台检索到 2003－2012 年期间中国申请的专利总数为 258735 件，总体呈现明显增长趋势。中国医疗器械专利申请量从 2003 年的 13269 件，增长到 2011 年的 41410 件，十年复合增长率为 12%。2012 年可能因数据收录不全，存在一定的滞后而数据有所下降（下同）。

**表 12－19 2003－2012 年中国医疗器械申请专利年度分布趋势**

| 序号 | 申请年 | 专利数 |
|---|---|---|
| 1 | 2003 | 13269 |
| 2 | 2004 | 14769 |
| 3 | 2005 | 17802 |
| 4 | 2006 | 20255 |
| 5 | 2007 | 22950 |
| 6 | 2008 | 25750 |
| 7 | 2009 | 30470 |
| 8 | 2010 | 36246 |
| 9 | 2011 | 41410 |
| 10 | 2012 | 35814 |

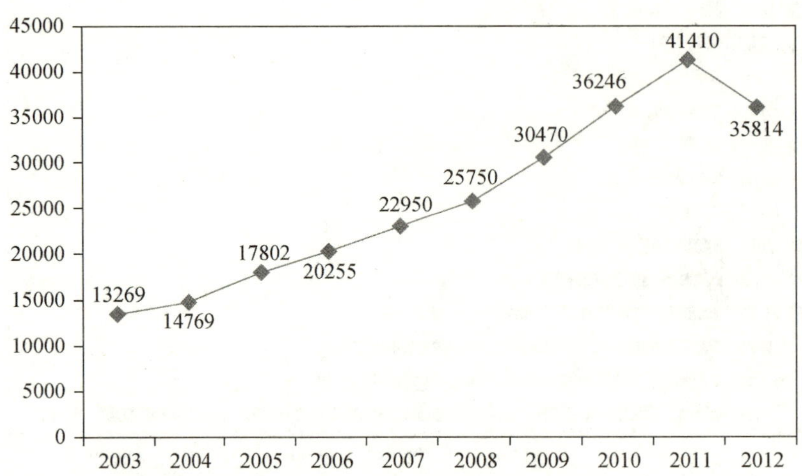


**图 12－18　2003－2012 年中国医疗器械申请专利年度分布趋势**

注　数据来源为 Thomson Innovation 数据库，受专利申请 18 个月的公布周期及数据库收录时间滞后的限制 2012 年数据尚收录不全

2. 2003－2012 年我国医疗器械发明专利申请情况

2003－2012 年，中国医疗器械发明专利数量为 66988 件，总体呈现明显上升的趋势。国内的医疗器械发明专利从 2003 年的 3407 件迅速增长到 2010 年的 9788 件，而 2011 年与 2010 年基本持平，十年复合增长率为 8%。

**表 12－20　2003－2012 年中国医疗器械发明专利年度分布趋势**

| 序号 | 申请年 | 专利数 |
|---|---|---|
| 1 | 2003 | 3407 |
| 2 | 2004 | 4119 |
| 3 | 2005 | 5179 |
| 4 | 2006 | 5950 |
| 5 | 2007 | 6849 |
| 6 | 2008 | 7073 |
| 7 | 2009 | 8075 |
| 8 | 2010 | 9788 |
| 9 | 2011 | 9654 |
| 10 | 2012 | 6894 |

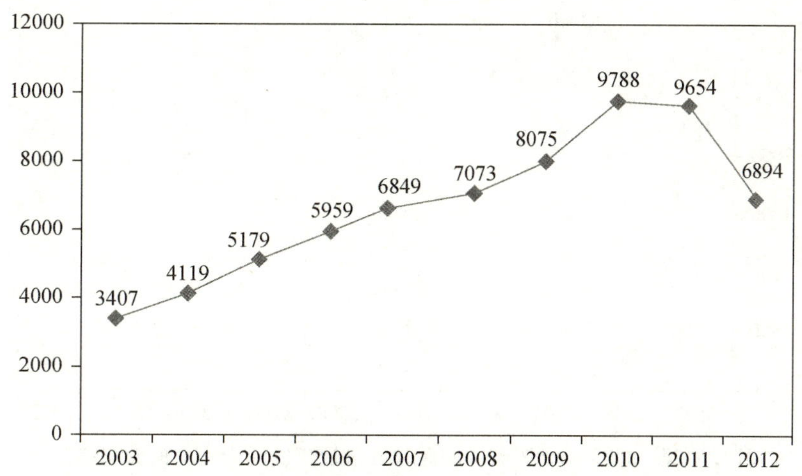


**图 12－19　2003－2012 年中国医疗器械发明专利年度分布趋势**

注：数据来源为上海市知识产权信息平台数据库，受专利申请 18 个月的公布周期及数据库收录时间滞后的限制 2012 年数据尚收录不全

3. 2003－2012 年我国医疗器械领域授权发明专利情况

2003－2012 年，中国医疗器械授权发明专利数量为 21900 件，总体呈现先上升后明显下降的趋势。国内的医疗器械授权发明专利从 2003 年的 2116 件迅速增长到 2007 年的 3315 件，之后又迅速下降到 2011 年的 919 件。

**表 12－21　2003－2012 年中国医疗器械授权发明专利年度分布趋势**

| 序号 | 申请年 | 专利数 |
|---|---|---|
| 1 | 2003 | 2116 |
| 2 | 2004 | 2463 |
| 3 | 2005 | 2990 |
| 4 | 2006 | 3281 |
| 5 | 2007 | 3315 |
| 6 | 2008 | 2874 |
| 7 | 2009 | 2149 |
| 8 | 2010 | 1770 |
| 9 | 2011 | 919 |
| 10 | 2012 | 23 |

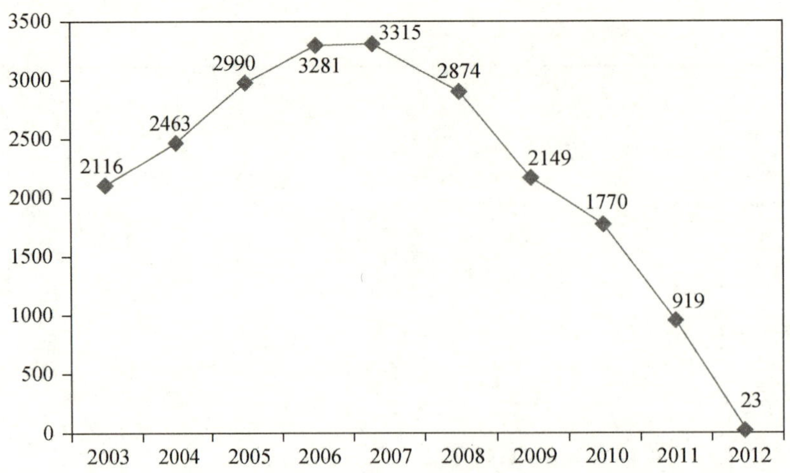


**图 12－20　2003－2012 年中国医疗器械授权发明专利年度分布趋势**

注：数据来源为上海市知识产权信息平台数据库，受专利申请 18 个月的公布周期及数据库收录时间滞后的限制 2012 年数据尚收录不全

4. 2003－2012 年我国医疗器械领域申请专利分布情况

共有 178608 件专利在排名前 15 的地区申请，占国内申请专利数总量的 69. 03%。其中，山东省申请专利数量排名第一，共申请专利数为 54166 件，占 2003－2012 年国内医疗器械申请专利总数（258735）的 20. 93%。即从 2003 年开始的十年内，有 20. 93% 的医疗器械相关专利是山东地区申请的。广东、江苏、浙江、上海和北京分别位于第 2 位到第 5 位，申请专利数量分别为 20790 件、16699 件、16350 件、13414 件和 13384 件，占国内十年内申请专利总数的 8. 04%、6. 45%、6. 32%、5. 18% 和 5. 17%。其他地区申请的专利相对较较少，均不到 7000 件。

**表 12－22　2003－2012 年中国医疗器械专利申请地区排名前 10 位**

| 排名 | 优先权国/地区 | 专利数 | 所占比例（2003－2012） |
|---|---|---|---|
| 1 | 山东 | 54166 | 20. 93% |
| 2 | 广东 | 20790 | 8. 04% |
| 3 | 江苏 | 16699 | 6. 45% |
| 4 | 浙江 | 16350 | 6. 32% |
| 5 | 上海 | 13414 | 5. 18% |
| 6 | 北京 | 13384 | 5. 17% |
| 7 | 黑龙江 | 6436 | 2. 49% |
| 8 | 四川 | 5810 | 2. 25% |
| 9 | 天津 | 5158 | 1. 99% |
| 10 | 辽宁 | 4903 | 1. 89% |
| 11 | 湖北 | 4847 | 1. 87% |
| 12 | 重庆 | 4687 | 1. 81% |
| 13 | 河南 | 4322 | 1. 67% |
| 14 | 陕西 | 3824 | 1. 48% |
| 15 | 福建 | 3818 | 1. 48% |

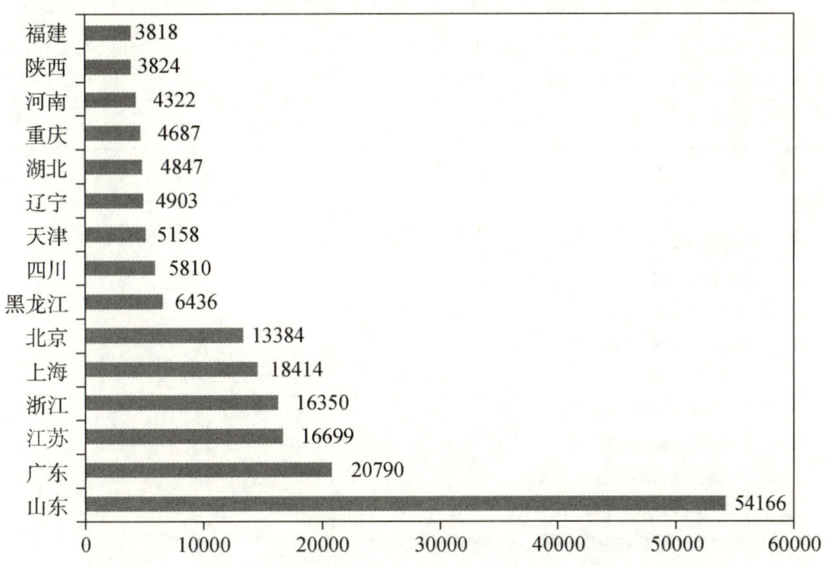


**图 12－21 2003－2012 年中国医疗器械专利申请排名前 10 地区**

注：数据来源为上海市知识产权信息平台数据库，受专利申请 18 个月的公布周期及数据库收录时间滞后的限制 2012 年数据尚收录不全

5. 2003－2012 年我国医疗器械领域申请发明专利分布情况

共有 30468 件发明专利在排名前 15 的地区申请，占国内申请发明专利数总量的 45.48%。其中，江苏省发明专利申请量排名第一，共申请发明专利数为 4493 件，占 2003－2012 年国内医疗器械发明专利的申请总数（66988）的 6.71%。即从 2003 年开始的十年内，有 6.71% 的医疗器械相关发明专利是江苏地区申请的。广东、上海、北京及山东分别位于第 2 位到第 5 位，申请发明专利数量分别为 4355 件、3908 件、3854 件及 3102 件，占国内十年内申请发明专利总数的 6.50%、5.83%、5.75% 及 4.63%。

**表 12－23 2003－2012 年中国医疗器械发明专利申请地区排名前 10 位**

| 排名 | 优先权国/地区 | 专利数 | 所占比例（2003－2012） |
|---|---|---|---|
| 1 | 江苏 | 4493 | 6.71% |
| 2 | 广东 | 4355 | 6.50% |
| 3 | 上海 | 3908 | 5.83% |
| 4 | 北京 | 3854 | 5.75% |
| 5 | 山东 | 3102 | 4.63% |
| 6 | 浙江 | 2551 | 3.81% |
| 7 | 天津 | 1165 | 1.74% |
| 8 | 台湾 | 1162 | 1.73% |
| 9 | 重庆 | 1042 | 1.56% |
| 10 | 陕西 | 1031 | 1.54% |
| 11 | 辽宁 | 1015 | 1.52% |
| 12 | 四川 | 962 | 1.44% |

| 排名 | 优先权国/地区 | 专利数 | 所占比例（2003－2012） |
|---|---|---|---|
| 13 | 湖北 | 666 | 0.99% |
| 14 | 河南 | 596 | 0.89% |
| 15 | 福建 | 566 | 0.84% |

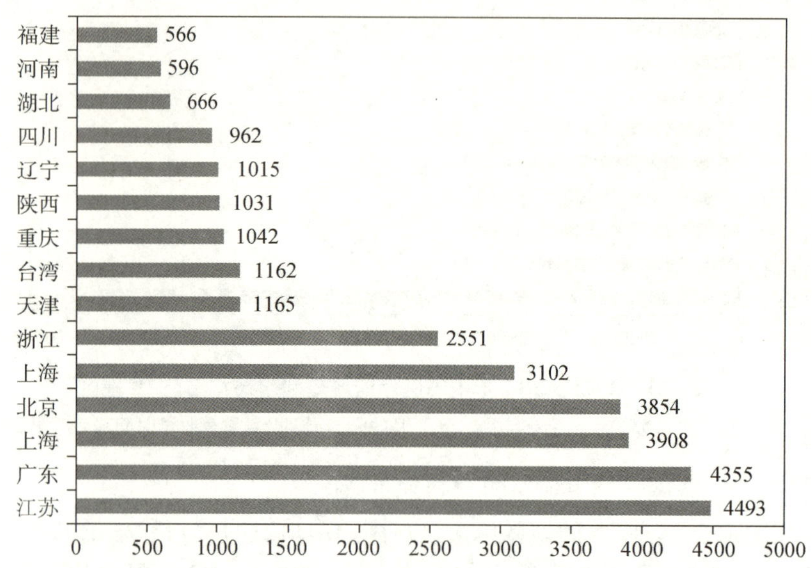


**图 12－22　2003－2012 年中国医疗器械发明专利申请排名前 10 地区**

注：数据来源为上海市知识产权信息平台数据库，受专利申请 18 个月的公布周期及数据库收录时间滞后的限制 2012 年数据尚收录不全

6. 2003－2012 年国内医疗器械授权发明专利分布情况

在中国共有 8982 件授权发明专利在排名前 15 的地区申请，占国内申请发明专利数总量的 41.01%。其中，广东省授权发明专利申请量排名第一，共申请授权发明专利数为 1479 件，占 2003－2012 年国内医疗器械专利的申请授权发明专利数（21900）的 6.75%。即从 2003 年开始的十年内，有 6.75% 的医疗器械相关授权发明专利是广东地区申请的。北京、上海、浙江及江苏分别位于第 2 位到第 5 位，申请授权专利数量分别为 1303 件、1097 件、969 件及 890 件，占国内十年内申请授权发明专利总数的 5.95%、5.01%、4.42% 及 4.06%。

**表 12－24　2003－2012 年中国医疗器械授权发明专利申请地区排名前 10 位**

| 排名 | 优先权国/地区 | 专利数 | 所占比例（2003－2012） |
|---|---|---|---|
| 1 | 广东 | 1479 | 6.75% |
| 2 | 北京 | 1303 | 5.95% |
| 3 | 上海 | 1097 | 5.01% |
| 4 | 浙江 | 969 | 4.42% |
| 5 | 江苏 | 890 | 4.06% |
| 6 | 山东 | 651 | 2.97% |
| 7 | 重庆 | 405 | 1.85% |

| 排名 | 优先权国/地区 | 专利数 | 所占比例（2003－2012） |
|---|---|---|---|
| 8 | 天津 | 351 | 1.60% |
| 9 | 四川 | 334 | 1.53% |
| 10 | 台湾 | 333 | 1.52% |
| 11 | 陕西 | 332 | 1.52% |
| 12 | 辽宁 | 259 | 1.18% |
| 13 | 湖北 | 210 | 0.96% |
| 14 | 福建 | 200 | 0.91% |
| 15 | 黑龙江 | 169 | 0.77% |

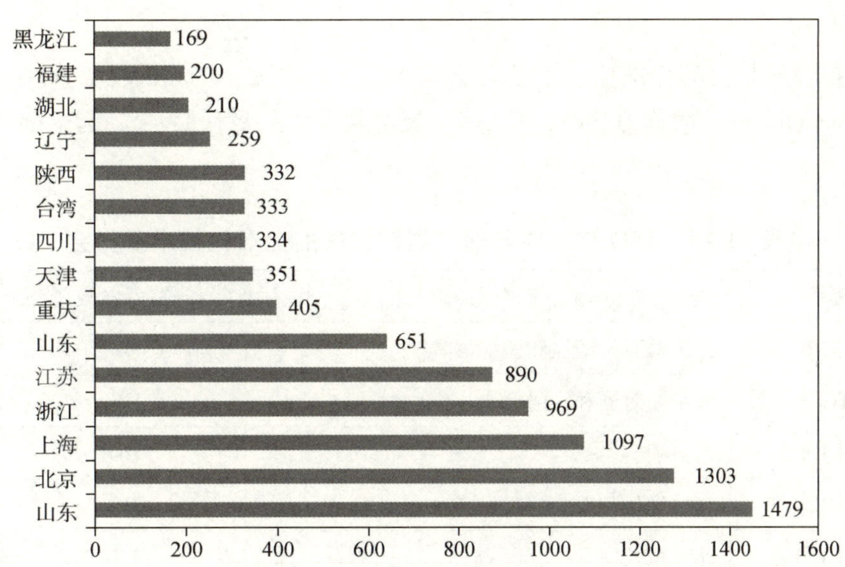


**图 12－23　2003－2012 年中国医疗器械授权发明专利申请排名前 10 地区**

注：数据来源为上海市知识产权信息平台数据库，受专利申请 18 个月的公布周期及数据库收录时间滞后的限制 2012 年数据尚收录不全

# 13 医疗器械相关标准发展概况

## 13.1 国外医疗器械相关标准发展概况

### 13.1.1 医疗器械相关国际标准化组织情况介绍

目前与医疗器械相关的国际标准化组织主要包括 ISO 和 IEC，具体如下：

（1）ISO 组织

ISO 组织中与医疗器械相关的标准化技术委员会有 TC（technical committee，简称为 TC）和分技术委员会 SC（sub-technical committee，简称为 SC），其中 CT 技术委员会主要有 17 个，起草标准的数目和秘书处所在地见表 13－1。

表 13－1 ISO 组织中与医疗器械相关的标准化技术委员会

| 序号 | TC 编号 | TC 中文名称 | 起草标准数量 | 秘书处 |
|---|---|---|---|---|
| 1 | ISO/TC76 | 医用输液、灌注和注射器具 | 62 | 德国 |
| 2 | ISO/TC84 | 医用注射器和注射针头 | 35 | 丹麦 |
| 3 | ISO/TC106 | 牙科学 | 164 | 加拿大 |
| 4 | ISO/TC121 | 麻醉设备和医疗呼吸设备 | 85 | 美国 |
| 5 | ISO/TC150 | 外科植入物 | 136 | 德国 |
| 6 | ISO/TC157 | 非系统性避孕和性病屏障预防性药物 | 13 | 马来西亚 |
| 7 | ISO/TC168 | 假肢与矫形器 | 21 | 德国 |
| 8 | ISO/TC170 | 外科器械 | 6 | 德国 |
| 9 | ISO/TC172/SC7 | 眼科光学与仪器 | 94 | 德国 |
| 10 | ISO/TC173 | 残疾人用辅助设备 | 69 | 瑞典 |
| 11 | ISO/TC194 | 医疗器械的生物学评价 | 30 | 德国 |
| 12 | ISO/TC198 | 保健产品的消毒 | 48 | 美国 |
| 13 | ISO/TC209 | 洁净室和相关受控环境 | 13 | 美国 |
| 14 | ISO/T210 | 医疗器械质量管理和通用要求 | 18 | 美国 |
| 15 | ISO/TC212 | 临床实验室检测和体外诊断系统 | 25 | 美国 |
| 16 | ISO/TC215 | 健康信息学 | 116 | 美国 |
| 17 | ISO/TC249 | 传统中医药学 | 0 | 中国 |

数据来源：IEC 官网：http：//www. iso. ch/

（2）IEC 组织

IEC 组织中与医疗器械相关的 TC 和 SC 主要有 12 个技术委员，其起草标准的数目和秘书处所在地见表 13－2 所示。

**表 13－2　IEC 组织中与医疗器械相关的标准化技术委员会**

| 序号 | TC 编号 | TC 中文名称 | 起草标准数量 | 秘书处 |
|---|---|---|---|---|
| 1 | IEC/TC62 | 医用电气设备 | 3 | 德国 |
| 2 | IEC/SC62A | 医用电气设备通用内容 | 41 | 美国 |
| 3 | IEC/SC62B | 医用诊断成像设备 | 53 | 德国 |
| 4 | IEC/SC62C | 放射治疗、核医学和放射剂量学设备 | 37 | 德国 |
| 5 | IEC/SC62D | 医用电子设备 | 57 | 美国 |
| 6 | IEC/TC76 | 光辐射安全和激光设备 | 29 | 美国 |
| 7 | IEC/TC87 | 超声设备 | 43 | 美国 |
| 8 | IEC/TC106 | 照射人体有关的电的、磁的和电磁领域的评定方法 | 15 | 加拿大 |
| 9 | CISPR | 国际无线电干扰特别委员会 | 0 | 英国 |
| 10 | CIS/A | 无线电干扰测量方法和统计方法 | 43 | 美国 |
| 11 | CIS/B | 工业、科学和医疗射频设备的干扰 | 6 | 日本 |
| 12 | CIS/H | 防护无线电业务的限值 | 13 | 丹麦 |

数据来源：IEC 官网：http：//www. iec. ch/

## 13.1.2　2010－2012 年医疗器械相关国际标准发布情况

2010－2012 年国际标准化组织发布的国际标准见表 13－3 所示。

**表 13－3　2010－2012 年发布的医疗器械国际标准**

| 序号 | 标准号 | 标准英文名称 | 标准中文名称 |
|---|---|---|---|
| 1 | ISO 4802－1－2010 | Glassware-Hydrolytic resistance of the interior surfaces of glass containers-Part 1：Determination by titration method and classification | 玻璃器皿　玻璃容器内表面耐水解作用　第 1 部分：滴定法和分类法测定 |
| 2 | ISO 4802－2－2010 | Glassware-Hydrolytic resistance of the interior surfaces of glass containers-Part 2：Determination by flame spectrometry and classification | 玻璃器皿　玻璃容器内表面耐水解作用　第 2 部分：利用火焰光谱分析和分类法测定 |
| 3 | ISO 7206－4－2010 | Implants for surgery-Partial and total hip joint prostheses-Part 4：Determination of endurance properties and performance of stemmed femoral components | 外科植入物　部分和全髋关节假体　第 4 部分：带柄股骨部件耐久性能测定 |

| 序号 | 标准号 | 标准英文名称 | 标准中文名称 |
|---|---|---|---|
| 4 | ISO 8362－6－2010 | Injection containers and accessories-Part 6：Caps made of aluminium-plastics combinations for injection vials | 注射剂用注射容器及附件　第6部分：铝塑组合注射瓶盖 |
| 5 | ISO 8536－2－2010 | Infusion equipment for medical use-Part 2：Closures for infusion bottles | 医用输液设备　第2部分：输液瓶塞 |
| 6 | ISO 8536－4－2010 | Infusion equipment for medical use-Part 4：Infusion sets for single use，gravity feed | 医用输液器　第4部分：一次性重力输液式输液器 |
| 7 | ISO 8637－2010 | Cardiovascular implants and extracorporeal systems-Haemodialysers，haemodiafilters，haemofilters and haemoconcentrators | 心血管植入物和体外系统　血液透析器、血液透析过滤器、血液过滤器和血液浓缩器 |
| 8 | ISO 8638－2010 | Cardiovascular implants and extracorporeal systems-Extracorporeal blood circuit for haemodialysers，haemodiafilters and haemofilters | 心血管植入物和体外系统　血液透析器、血液透析过滤器和血液过滤器的体外血液回路 |
| 9 | ISO 8835－3 AMD 1－2010 | Inhalational anaesthesia systems-Part 3：Transfer and receiving systems of active anaesthetic gas scavenging systems AMENDMENT 1 | 呼吸麻醉系统　第3部分：活性麻醉气体清除系统的转移和接收系统 |
| 10 | ISO 9173－2－2010 | Dentistry-Extraction forceps-Part 2：Designation | 牙科　拔牙钳　第2部分：名称 |
| 11 | ISO 9187－1－2010 | Injection equipment for medical use-Part 1：Ampoules for injectables | 医用注射设备　第1部分：注射针药瓶 |
| 12 | ISO 9187－2－2010 | Injection equipment for medical use-Part 2：One-point-cut（OPC）ampoules | 医用注射器具　第2部分：色点刻（OPC）安瓿 |
| 13 | ISO 9917－2－2010 | Dentistry-Water-based cements-Part 2：Resin-modified cements | 牙科　水性胶　第2部分：改良松脂粘结剂 |
| 14 | ISO 10342－2010 | Ophthalmic instruments-Eye refractometers | 眼科仪器　眼屈光计 |
| 15 | ISO 10451－2010 | Dentistry-Contents of technical file for dental implant systems | 牙科　牙移植系统用技术文档的目录 |
| 16 | ISO 10993－1 Technical Corrigendum 1－2010 | Biological evaluation of medical devices-Part 1：Evaluation and testing within a risk management process；Technical Corrigendum 1 | 医疗器械的生物评定第1部分：风险管理过程内的试验和评定（技术勘误表1） |
| 17 | ISO 10993－10－2010 | Biological evaluation of medical devices-Part 10：Tests for irritation and skin sensitization | 医疗器械的生物评定第10部分：刺激与持续型过敏症试验 |
| 18 | ISO 10993－13－2010 | Biological evaluation of medical devices-Part 13：Identification and quantification of degradation products from polymeric medical devices | 医疗器械的生物学评价　第13部分：聚合物医疗器械降解产物的鉴定与定量 |
| 19 | ISO 11953－2010 | Dentistry-Implants-Clinical performance of hand torque instruments | 牙科　植入物　手持转矩仪器的临床性能 |

| 序号 | 标准号 | 标准英文名称 | 标准中文名称 |
|---|---|---|---|
| 20 | ISO 11986－2010 | Ophthalmic optics-Contact lenses and contact lens care products-Determination of preservative uptake and release | 眼科光学　接触镜和接触镜保护产品　防护层吸收和释放测定 |
| 21 | ISO 11990－2－2010 | Lasers and laser-related equipment-Determination of laser resistance of tracheal tubes-Part 2：Tracheal tube cuffs | 光学和光学仪器　气管柄激光抗性的测定　第2部分：气管套管袖带 |
| 22 | ISO 12867－2010 | Ophthalmic instruments-Trial frames | 眼科仪器　试镜架 |
| 23 | ISO 13960－2010 | Cardiovascular implants and extracorporeal systems-Plasmafilters | 心血管植入物与人造器官　血浆过滤器 |
| 24 | ISO 14602－2010 | Non-active surgical implants-Implants for osteosynthesis-Particular requirements | 非活性外科植入物　骨接合植入物　详细要求 |
| 25 | ISO 14708－6－2010 | Implants for surgery-Active implantable medical devices-Part 6：Particular requirements for active implantable medical devices intended to treat tachyarrhythmia（including implantable defibrillators） | 外科植入物　有源可植入医疗装置　第6部分：用于治疗快速性心律失常（包括可植入去纤颤器）有源植入式医疗器件的特殊要求） |
| 26 | ISO 14729 AMD 1－2010 | Ophthalmic optics-Contact lens care products-Microbiological requirements and test methods for products and regimens for hygienic management of contact lenses；Amendment 1 | 眼科光学器件　隐形眼镜护理产品　隐形眼镜保健管理产品和养护规则用试验方法和微生物学要求（修改单1） |
| 27 | ISO 15001－2010 | Anaesthetic and respiratory equipment-Compatibility with oxygen | 麻醉和呼吸设备与氧气的兼容性 |
| 28 | ISO 15225－2010 | Medical devices-Quality management-Medical device nomenclature data structure | 医疗设备　质量管理医疗设备命名法数据结构 |
| 29 | ISO 15375－2010 | Medical infusion bottles-Suspension devices for multiple use-Requirements and test methods | 医用输液瓶　多用途悬挂装置试验方法和要求 |
| 30 | ISO 15747－2010 | Plastic containers for intravenous injections | 静脉注射用塑料容器 |
| 31 | ISO 18192－2－2010 | Implants for surgery-Wear of total intervertebral spinal disc prostheses-Part 2：Nucleus replacements | 外科植入物　全椎间盘　假肢的磨损　第2部分：核心替换件 |
| 32 | ISO 20857－2010 | Sterilization of health care products-Dry heat-Requirements for the development，validation and routine control of a sterilization process for medical devices | 保健品消毒　干热　医疗器材消毒步骤的制定、确认和常规控制要求 |
| 33 | ISO 22413－2010 | Transfer sets for pharmaceutical preparations-Requirements and test methods | 药物制备用输送装置要求和试验方法 |
| 34 | ISO 27020－2010 | Dentistry-Brackets and tubes for use in orthodontics | 牙科　供口腔正畸用的支架与导管 |

| 序号 | 标准号 | 标准英文名称 | 标准中文名称 |
| --- | --- | --- | --- |
| 35 | ISO 27186－2010 | Space systems-Programme management-Quality assurance requirements | 有源可植入医疗器械可植入心节律管理装置用四极连接器系统尺寸和试验要求 |
| 36 | ISO 27427－2010 | Anaesthetic and respiratory equipment-Nebulizing systems and components | 麻醉和呼吸设备　雾化系统和组件 |
| 37 | ISO 28319－2010 | Dentistry-Laser welding | 牙科　激光焊接 |
| 38 | ISO 29701－2010 | Nanotechnologies-Endotoxin test on nanomaterial samples for in vitro systems-Limulus amebocyte lysate (LAL) test | 纳米技术　实验室系统条件下纳米材料内毒素的检定内毒素鲎试剂（LAL）测定法 |
| 39 | ISO 29941－2010 | Condoms-Determination of nitrosamines migrating from natural rubber latex condoms | 避孕套　从天然橡胶乳胶避孕套中测定亚硝胺迁移 |
| 40 | ISO 80369－1－2010 | Small-bore connectors for liquids and gases in healthcare applications-Part 1: General requirements | 医疗保健设施中液体与气体用小型孔连接器第1部分：一般要求 |
| 41 | ISO/TR 22442－4－2010 | Medical devices utilizing animal tissues and their derivatives-Part 4: Principles for elimination and/or inactivation of transmissible spongiform encephalopathy (TSE) agents and validation assays for those processes | 使用动物组织以及衍生产品的医疗设备第4部分：传染性海绵状脑病（TSE）试剂的消灭和/或失效的原则以及过程确认试验 |
| 42 | IEC 60526 Corrigendum 1－2010 | High-voltage cable plug and socket connections for medical X-ray equipmen | 医用X射线设备用高压电缆插头和插座连接 |
| 43 | IEC 60601－1－2 Interpretation Sheet 01－2010 | Medical electrical equipment-Part 1－2: General requirements for basic safety and essential performance-Collateral standard: Electromagnetic compatibility-Requirements and tests | 医用电气设备第1－2部分：基本安全和基本性能的通用要求并列标准：电磁兼容要求和试验 |
| 44 | IEC 60601－1－11－2010 | Medical electrical equipment-Part 1－11: General requirements for basic safety and essential performance-Collateral standard: Requirements for medical electrical equipment and medical electrical systems used in the home healthcare environment | 医用电气设备第1－11部分：基本安全性和必要性能的通用要求附属标准：家庭保健用医疗电气设备和医疗电气系统的要求 |
| 45 | IEC 60601－2－4－2010 | Medical electrical equipment-Part 2－4: Particular requirements for basic safety and essential performance of cardiac defibrillators | 医用电气设备第2－4部分：心脏除颤器基本安全性和必要性能的详细要求 |
| 46 | IEC 60601－2－8－2010 | Medical electrical equipment-Part 2－8: Particular requirements for the basic safety and essential performance of therapeutic X-ray equipment operating in the range 10 kV to 1 MV | 医用电气设备第2－8部分：范围为10 kV至1 MV的治疗X射线发生装置的基本安全性和基本性能的详细要求 |

| 序号 | 标准号 | 标准英文名称 | 标准中文名称 |
|---|---|---|---|
| 47 | IEC 60601－2－28－2010 | Medical electrical equipment-Part 2－28：Particular requirements for basic safety and essential performance of X-ray tube assemblies for medical diagnosis | 医用电气设备第 2－28 部分：医疗诊断用 X 射线管组件的基本安全和基本性能用特殊要求 |
| 48 | IEC 60601－2－33－2010 | Medical electrical equipment-Part 2－33：Particular requirements for the basic safety and essential performance of magnetic resonance equipment for medical diagnosis | 医用电气设备第 2－33 部分：医疗诊断用磁共振设备的基本安全和基本性能用特殊要求 |
| 49 | IEC 60601－2－43－2010 | Medical electrical equipment-Part 2－43：Particular requirements for basic safety and essential performance of X-ray equipment for interventional procedures | 医用电气设备第 2－43 部分：介入过程用 X 射线设备的基本安全和基本性能用特殊要求 |
| 50 | IEC 60601 － 2 － 44 Corrigendum 1－2010 | Medical electrical equipment-Part 2－44：Particular requirements for the basic safety and essential performance of X-ray equipment for computed tomography | 医用电气设备第 2－44 部分：计算机断层摄影用 X 射线设备安全性的详细要求 |
| 51 | IEC 60601－2－46－2010 | Medical electrical equipment-Part 2－46：Particular requirements for the basic safety and essential performance of operating tables | 医用电气设备第 2－46 部分：手术台基本安全性和必要性能的详细要求 |
| 52 | IEC 60601 － 2 － 50 Corrigendum 1－2010 | Medical electrical equipment-Part 2－50：Particular requirements for the basic safety and essential performance of infant phototherapy equipment | 医用电气设备第 2－50 部分：婴儿光治疗设备的基本安全性和本质性能用详细要求 |
| 53 | IEC 60601 － 2 － 52 Corrigendum 1－2010 | Medical electrical equipment-Part 2－52：Particular requirements for the basic safety and essential performance of medical beds | 医疗电气设备第 2－52 部分：医用床的基本安全性和基本性能的详细要求 |
| 54 | IEC 60601 － 2 － 54 Corrigendum 1－2010 | Medical electrical equipment-Part 2－54：Particular requirements for the basic safety and essential performance of X-ray equipment for radiography and radioscopy | 医疗电气设备第 2－54 部分：放射线照相术和放射线透视用 X 射线设备的基本安全性和基本性能的详细要求 |
| 55 | IEC 62359－2010 | Ultrasonics-Field characterization-Test methods for the determination of thermal and mechanical indices related to medical diagnostic ultrasonic fields | 声学声场特性与医疗诊断超声场有关的热和机械指数测定的试验方法 |
| 56 | IEC 62464－2－2010 | Magnetic resonance equipment for medical imaging-Part 2：Classification criteria for pulse sequences | 医学成像磁共振设备第 2 部分：脉冲序列的分类标准 |
| 57 | IEC 80001－1－2010 | Application of risk management for IT-networks incorporating medical devices-Part 1：Roles，responsibilities and activities | 并入 IT 网络的医疗设备用风险管理的应用第 1 部分：角色、职责和活动 |

| 序号 | 标准号 | 标准英文名称 | 标准中文名称 |
|---|---|---|---|
| 58 | IEC 80601 - 2 - 30 Corrigendum 1 - 2010 | Medical electrical equipment-Part 2 - 30: Particular requirements for basic safety and essential performance of automated non-invasive sphygnomanometers; Corrigendum 1 | 医用电气设备第 2 - 30 部分：自动非入侵式血压测量计的基本安全和基本性能用特殊要求（勘误表 1） |
| 59 | IEC/TR 62649 - 2010 | Requirements for measurement standards for high intensity therapeutic ultrasound (HITU) devices | 高强度超声波治疗设备（HITU）的测量标准要求 |
| 60 | ISO 6474 - 1 - 2010 | Implants for surgery-Ceramic materials-Part 1: Ceramic materials based on high purity alumina | 外科植入物陶瓷材料第 1 部分：高纯氧化铝基陶瓷材料 |
| 61 | ISO 7396 - 1 AMD 1 - 2010 | Medical gas pipeline systems-Part 1: Pipeline systems for compressed medical gases and vacuum-Amendment 1: Requirements for terminal units for vacuum fitted on medical supply units with operator - adjustable portions and connected to the pipeline through flexible hoses | 医用气体管道系统第 1 部分：压缩的医用气体和真空用管道系统修改单 1：装配于操作者可调部件医疗补给装置和连接于通路弹性软管管道的真空用终端设备要求 |
| 62 | ISO 7396 - 1 AMD 2 - 2010 | Medical gas pipeline systems-Part 1: Pipeline systems for compressed medical gases and vacuum; Amendment 2 | 医用气体管道系统第 1 部分：压缩医用气体和真空用管道系统（修改单 2） |
| 63 | ISO 7885 - 2010 | Dentistry-Sterile injection needles for single use | 牙科　一次性无菌注射针头 |
| 64 | ISO 10936 - 2 - 2010 | Optics and photonics-Operation microscopes-Part 2: Light hazard from operation microscopes used in ocular surgery | 光学和光学仪器　手术显微镜　第 2 部分：眼外科手术用手术显微镜的轻度危险 |
| 65 | ISO 10993 - 16 - 2010 | Biological evaluation of medical devices-Part 16: Toxicokinetic study design for degradation products and leachables | 医疗器械的生物学评估第 16 部分：降解产物和可滤取物的毒物动力学研究设计 |
| 66 | ISO 14708 - 5 - 2010 | Implants for surgery-Active implantable medical devices-Part 5: Circulatory support devices | 外科植入物　有源可植入医疗装置　第 5 部分：循环支撑装置 |
| 67 | ISO 15223 - 2 - 2010 | Medical devices-Symbols to be used with medical device labels, labelling, and information to be supplied-Part 2: Symbol development, selection and validation | 医疗器械　用于医疗器械标签、作标记和提供信息的符号第 2 部分：符号的制定、筛选和批准 |
| 68 | ISO 15752 - 2010 | Ophthalmic instruments-Endoilluminators-Fundamental requirements and test methods for optical radiation safety | 眼科仪器　内发光器光辐射安全的基本要求和试验方法 |
| 69 | ISO 15798 - 2010 | Ophthalmic implants-Ophthalmic viscosurgical devices | 眼科植入物　眼科手术粘接器件 |
| 70 | ISO 28620 - 2010 | Medical devices-Non-electrically driven portable infusion devices | 医疗设备　非电驱动的便携式输液设备 |

| 序号 | 标准号 | 标准英文名称 | 标准中文名称 |
|---|---|---|---|
| 71 | IEC 60318 -4 -2010 | Electroacoustics-Simulators of human head and ear-Part 4: Occluded-ear simulator for the measurement of earphones coupled to the ear by means of ear inserts | 电声学　人的头部和耳朵模拟器第 4 部分：借助耳塞连接耳朵的耳机测量用塞耳模拟器 |
| 72 | IEC 60601 -1 -6 -2010 | Medical electrical equipment-General requirements for basic safety and essential performance-Collateral Standard: Usability | 医用电气设备　基本安全和基本性能的一般要求　平行标准：可用性 |
| 73 | IEC 60613 -2010 | Electrical and loading characteristics of X-ray tube assemblies for medical diagnosis | 医疗诊断用 X 射线管组件的电气和负载特性 |
| 74 | IEC 61391 -2 -2010 | Ultrasonics-Pulse-echo scanners-Part 2: Measurement of maximum depth of penetration and local dynamic range | 超声波学　脉冲回波扫描仪第 2 部分：最大渗透深度和局部动态范围的测定 |
| 75 | IEC 62489 -1 -2010 | Electroacoustics-Audio-frequency induction loop systems for assisted hearing-Part 1: Methods of measuring and specifying the performance of system components | 电声学　助听用音频电磁感应环路系统第 1 部分：系统组件性能的具体说明及测量方法 |
| 76 | ISO 1797 -1 -2011 | Dentistry-Shanks for rotary instruments-Part 1: Shanks made of metals | 牙科学　旋转仪器用直柄　第 1 部分：金属柄 |
| 77 | ISO 3107 -2011 | Dentistry-Zinc oxide/eugenol cements and zinc oxide/non-eugenol cements | 牙科学　氧化锌/丁香酚及不含丁香酚的氧化锌粘固粉 |
| 78 | ISO 3630 -5 -2011 | Dentistry-Endodontic instruments-Part 5: Shaping and cleaning instruments | 牙科　牙髓仪器　第 5 部分：整形和清洁器械 |
| 79 | ISO 5359 AMD 1 -2011 | Low-pressure hose assemblies for use with medical gases; Amendment 1 | 医用气体低压软管组件　修改单 1 |
| 80 | ISO 5834 -2 -2011 | Implants for surgery-Ultra-high-molecular-weight polyethylene-Part 2: Moulded forms | 外科植入物　超高分子量聚乙烯　第 2 部分：模塑型 |
| 81 | ISO 6360 -2 AMD 1 -2011 | Dentistry-Number coding system for rotary instruments-Part 2: Shapes; Amendment 1 | 牙科用旋转器械数字编码体系第 2 部分：形状　修改单 1 |
| 82 | ISO 6875 -2011 | Dentistry-Patient chair | 牙科　病人椅 |
| 83 | ISO 7206 -2 -2011 | Implants for surgery-Partial and total hip joint prostheses-Part 2: Articulating surfaces made of metallic, ceramic and plastics materials | 外科植入体　部分与全部髋关节假体　第 2 部分：金属，陶瓷与塑料制成的关节面 |
| 84 | ISO 7207 -2 -2011 | Implants for surgery-Components for partial and total knee joint prostheses-Part 2: Articulating surfaces made of metal, ceramic and plastics materials | 外科移值　部分与全部膝关节假体用组件　第 2 部分：金属，陶瓷与塑料材料所制的连接面 |
| 85 | ISO 7439 -2011 | Copper-bearing contraceptive intrauterine devices-Requirements and tests | 含铜的宫内节育避孕器具　试验和要求 |

| 序号 | 标准号 | 标准英文名称 | 标准中文名称 |
|---|---|---|---|
| 86 | ISO 7494－1－2011 | Dentistry-Dental units-Part 1：General requirements and test methods | 牙科学　牙科装置　第1部分：一般要求和试验方法 |
| 87 | ISO 7711－2－2011 | Dentistry-Rotary diamond instruments-Part 2：Discs | 牙科　旋转器械　第2部分：磁套 |
| 88 | ISO 8362－4－2011 | Injection containers and accessories-Part 4：Injection vials made of moulded glass | 注射容器和附件　第4部分：模制玻璃注射瓶 |
| 89 | ISO 8536－1－2011 | Infusion equipment for medical use-Part 1：Infusion glass bottles | 医用输液设备　第1部分：输液玻璃瓶 |
| 90 | ISO 8835－7－2011 | Inhalational anaesthesia systems-Part 7：Anaesthetic systems for use in areas with limited logistical supplies of electricity and anaesthetic gases | 吸入性麻醉系统　第7部分：有限后勤电力和麻醉气体供应区所用麻醉系统 |
| 91 | ISO 9999－2011 | Assistive products for persons with disability-Classification and terminology | 残疾人用辅助产品　分类与术语 |
| 92 | ISO 10271－2011 | Dentistry-Corrosion test methods for metallic materials | 牙科　金属材料的腐蚀试验 |
| 93 | ISO 10943－2011 | Ophthalmic instruments-Indirect ophthalmoscopes | 眼科仪器　间接检眼仪 |
| 94 | ISO 11040－2－2011 | Prefilled syringes-Part 2：Plunger stoppers for dental local anaesthetic cartridges | 带药注射器　第2部分：齿科局部麻醉药筒用活塞及垫片 |
| 95 | ISO 11156－2011 | Packaging-Accessible design-General requirements | 包装　共用品　一般要求 |
| 96 | ISO 11979－8 AMD 1－2011 | Ophthalmic implants-Intraocular lenses-Part 8：Fundamental requirements；Amendment 1 | 眼科光学　人工晶状体　第8部分：基本要求　修改单1 |
| 97 | ISO 11990－1－2011 | Lasers and laser-related equipment-Determination of laser resistance of tracheal tubes-Part 1：Tracheal tube shaft | 激光和激光相关设备气管导管耐激光性的测定　第1部分：气管导管柄 |
| 98 | ISO 12891－1－2011 | Implants for surgery-Retrieval and analysis of surgical implants-Part 1：Retrieval and handling | 外科植入物　外科植入物的分析和取出　第1部分：取出和处理 |
| 99 | ISO 13212－2011 | Ophthalmic optics-Contact lens care products-Guidelines for determination of shelf-life | 眼科光学　接触镜保护产品储存寿命的测定指南 |
| 100 | ISO 13926－2－2011 | Pen systems-Part 2：Plunger stoppers for pen-injectors for medical use 笔 | 系统　第2部分：医用注射笔活塞螺旋帽 |
| 101 | ISO 14155－2011 | Clinical investigation of medical devices for human subjects Good clinical practice | 用于人体的医疗器械临床研究良好的临床实践 |
| 102 | ISO 14155 Technical Corrigendum 1－2011 | Clinical investigation of medical devices for human subjects-Good clinical practice；Technical Corrigendum 1 | 用于人体的医疗器械临床研究临床实践（技术勘误表1） |

| 序号 | 标准号 | 标准英文名称 | 标准中文名称 |
| --- | --- | --- | --- |
| 103 | ISO 14160 – 2011 | Sterilization of health care products-Liquid chemical sterilizing agents for single-use medical devices utilizing animal tissues and their derivatives-Requirements for characterization, development, validation and routine control of a sterilization process for medical devices | 保健产品消毒　使用动物组织以及衍生产品的一次性医用器具用液体消毒剂消毒程序特性描述、开发确认以及常规控制的要求 |
| 104 | ISO 14534 – 2011 | Ophthalmic optics—Contact lenses and contact lens care products—Fundamental requirements | 眼科光学　隐形眼镜与隐形眼镜护理产品　基本要求 |
| 105 | ISO 15378 – 2011 | Primary packaging materials for medicinal products-Particular requirements for the application of ISO 9001：2008, with reference to Good Manufacturing Practice (GMP) | 医用制品的包装原材料　根据良好加工规范（GMP）应用 ISO 9001 – 2008 的特殊要求 |
| 106 | ISO 15621 – 2011 | Urine-absorbing aids-General guidelines on evaluation | 尿吸收器　评估总则 |
| 107 | ISO 15883 – 6 – 2011 | Washer-disinfectors-Part 6：Requirements and tests for washer-disinfectors employing thermal disinfection for non-invasive, non-critical medical devices and healthcare equipment | 垫圈 – 消毒器具　第 6 部分：非侵入式，非关键医疗设备和保健设备用的利用热消毒的垫圈 – 消毒器具的试验和要求 |
| 108 | ISO 16037 AMD 1 – 2011 | Rubber condoms for clinical trials-Measurement of physical properties；Amendment 1 | 临床试验用橡胶避孕套　物理性质测量　修改单 1 |
| 109 | ISO 17853 – 2011 | Wear of implant materials-Polymer and metal wear particles-Isolation and characterization | 植入材料磨损　聚合物与金属磨损微粒　隔离与特性描述 |
| 110 | ISO 1135 – 4 – 2012 | Transfusion equipment for medical use-Part 4：Transfusion sets for single use | 医用输血器械　第 4 部分：一次性使用输血器 |
| 111 | ISO 5356 – 2 – 2012 | Anaesthetic and respiratory equipment-Conical connectors-Part 2：Screw-threaded weight-bearing connectors | 麻醉和呼吸设备　圆锥形接头第 2 部分：螺纹承重接头 |
| 112 | ISO 5360 – 2012 | Anaesthetic vaporizers-Agent-specific filling systems | 麻醉蒸发器　专用试剂灌充装置 |
| 113 | ISO 5361 – 2012 | Anaesthetic and respiratory equipment-Tracheal tubes and connectors | |
| 114 | ISO 6474 – 2 – 2012 | Implants for surgery-Ceramic materials-Part 2：Composite materials based on a high-purity alumina matrix with zirconia reinforcement | 外科植入物　陶瓷材料第 2 部分：氧化锆增强的高纯氧化铝基复合材料 |
| 115 | ISO 6876 – 2012 | Dentistry-Root canal sealing materials | 牙科　牙根管充填材料 |
| 116 | ISO 7176 – 3 – 2012 | Wheelchairs-Part 3：Determination of effectiveness of brakes | 轮椅　第 3 部分：制动器效能的测定 |
| 117 | ISO 7176 – 11 – 2012 | Wheelchairs-Part 11：Test dummies | 轮椅　第 11 部分：试验模型 |
| 118 | ISO 7176 – 16 – 2012 | Wheelchairs-Part 16：Resistance to ignition of postural support devices | 轮椅　第 16 部分：软垫部分的耐燃性 |

| 序号 | 标准号 | 标准英文名称 | 标准中文名称 |
|---|---|---|---|
| 119 | ISO 7176－28－2012 | Wheelchairs-Part 28：Requirements and test methods for stair-climbing devices | 轮椅　第 28 部分：登梯设备用要求和试验方法 |
| 120 | ISO 7199 AMD 1－2012 | Cardiovascular implants and artificial organs-Blood-gas exchangers（oxygenators）-Amendment 1：Clarifications for test methodologies，labelling，and sampling schedule | |
| 121 | ISO 8009 AMD 1－2012 | Mechanical contraceptives-Reusable natural and silicone rubber contraceptive diaphragms-Requirements and tests；Amendment 1 | 机械避孕剂　可重复使用的天然和硅胶避孕器具　要求和试验　修改单 1 |
| 122 | ISO 8359 AMD 1－2012 | Oxygen concentrators for medical use-Safety requirements；Amendment 1 | 医用氧气浓缩器　安全性要求修改单 1 |
| 123 | ISO 8536－12 AMD 1－2012 | Infusion equipment for medical use-Part 12：Check valves；Amendment 1 | |
| 124 | ISO 8600－7－2012 | Endoscopes-Medical endoscopes and endotherapy devices-Part 7：Basic requirements for medical endoscopes of water-resistant type | 内窥镜　医用内窥镜和内疗器件　第 7 部分：耐水型医用内窥镜用基本要求 |
| 125 | ISO 9394－2012 | Ophthalmic optics-Contact lenses and contact lens care products-Determination of biocompatibility by ocular study with rabbit eyes | |
| 126 | ISO 9693－1－2012 | Dentistry-Compatibility testing-Part 1：Metal-ceramic systems | 牙科学　适用性测试第 1 部分：金属陶瓷体系 |
| 127 | ISO 9714－1－2012 | Orthopaedic drilling instruments-Part 1：Drill bits，taps and countersink cutters | 整形外科钻孔设备　第 1 部分：钻刃、丝锥和沉头铣刀 |
| 128 | ISO 10341－2012 | Ophthalmic instruments-Refractor heads | 眼科仪器　折射头 |
| 129 | ISO 10542－1－2012 | Technical systems and aids for disabled or handicapped persons-Wheelchair tiedown and occupant-restraint systems-Part 1：Requirements and test methods for all systems | |
| 130 | ISO 10993－12－2012 | Biological evaluation of medical devices-Part 12：Sample preparation and reference materials | 医疗器械的生物学评估　第 12 部分：标准物质和样品制备 |
| 131 | ISO 11040－3－2012 | Prefilled syringes-Part 3：Seals for dental local anaesthetic cartridges | 预灌装注射器　第 3 部分：牙科局部麻醉瓶用铝盖 |
| 132 | ISO 11040－5－2012 | Prefilled syringes-Part 5：Plunger stoppers for injectables | 预灌装注射器　第 5 部分：注射器用保利柱塞 |
| 133 | ISO 11040－6－2012 | Prefilled syringes-Part 6：Plastic barrels for injectables | 预灌装注射器　第 6 部分：注射器用塑料桶 |

| 序号 | 标准号 | 标准英文名称 | 标准中文名称 |
|---|---|---|---|
| 134 | ISO 11193 - 1 AMD 1 - 2012 | Single-use medical examination gloves-Part 1: Specification for gloves made from rubber latex or rubber solution; Amendment 1 | 一次性医用检验手套　第 1 部分：橡胶乳或胶液制手套规格　修改单 1 |
| 135 | ISO 11608 - 1 - 2012 | Needle-based injection systems for medical use-Requirements and test methods-Part 1: Needle-based injection systems | 医用针式注射系统　试验方法和要求　第 1 部分：针式注射系统 |
| 136 | ISO 11608 - 2 - 2012 | Needle-based injection systems for medical use-Requirements and test methods-Part 2: Needles | 医用针式注射系统　试验方法和要求　第 2 部分：针头 |
| 137 | ISO 11608 - 3 - 2012 | Needle-based injection systems for medical use-Requirements and test methods-Part 3: Finished containers | 医用笔试注射器　试验方法和要求　第 3 部分：注射器盒 |
| 138 | ISO 11608 - 5 - 2012 | Needle-based injection systems for medical use-Requirements and test methods-Part 5: Automated functions | |
| 139 | ISO 11658 - 2012 | Cardiovascular implants and extracorporeal systems-Blood/tissue contact surface modifications for extracorporeal perfusion systems | 心血管植入物和体外循环系统　用于体外灌注系统的血液/组织接触表面改质? |
| 140 | ISO 11979 - 1 - 2012 | Ophthalmic implants-Intraocular lenses-Part 1: Vocabulary | |
| 141 | ISO 11979 - 3 - 2012 | Ophthalmic implants-Intraocular lenses-Part 3: Mechanical properties and test methods | 眼科植入物　眼内透镜　第 3 部分：机械特性和测试方法 |
| 142 | ISO 11979 - 4 AMD 1 - 2012 | Ophthalmic implants-Intraocular lenses-Part 4: Labelling and information; Amendment 1 | 眼科植入物　人工晶体　第 4 部分：标签和信息　修改单 1 |
| 143 | ISO 11979 - 7 AMD 1 - 2012 | Ophthalmic implants-Intraocular lenses-Part 7: Clinical investigations; Amendment 1 | 眼科植入物　眼内透镜　第 7 部分：临床检测　修改单 1 |
| 144 | ISO 12836 - 2012 | Dentistry-Digitizing devices for CAD/CAM systems for indirect dental restorations-Test methods for assessing accuracy | 牙科学　间接牙齿修复用计算机辅助设计/计算机辅助制造（CAD/CAM）系统的数字化设备精确性评价用试验方法 |
| 145 | ISO 12870 - 2012 | Ophthalmic optics-Spectacle frames-Requirements and test methods | 眼科光学　眼镜镜架要求和试验方法 |
| 146 | ISO 13017 - 2012 | Dentistry-Magnetic attachments | 牙科　磁性附着体 |
| 147 | ISO 13022 - 2012 | Medical products containing viable human cells-Application of risk management and requirements for processing practices | 含活性人体细胞的医疗产品　风险管理的应用和生产实践要求 |
| 148 | ISO 13175 - 3 - 2012 | Implants for surgery-Calcium phosphates-Part 3: Hydroxyapatite and beta-tricalcium phosphate bone substitutes | |
| 149 | ISO 13397 - 2 AMD 1 - 2012 | Dentistry-Periodontal curettes, dental scalers and excavators-Part 2: Periodontal curettes of Gr-type-Amendment 1: Colour coding | 牙科学　牙周刮匙，牙刮器和牙挖器　第 2 部分：Gr 型牙周刮匙　修改单 1：彩色编码 |

| 序号 | 标准号 | 标准英文名称 | 标准中文名称 |
|---|---|---|---|
| 150 | ISO 13408 -7 -2012 | Aseptic processing of health care products-Part 7: Alternative processes for medical devices and combination products | |
| 151 | ISO 13504 -2012 | Dentistry-General requirements for instruments and related accessories used in dental implant placement and treatment | 牙科学 牙科植体位置和治疗使用仪器和相关配件的通用要求 |
| 152 | ISO 13666 -2012 | Ophthalmic optics-Spectacle lenses-Vocabulary | |
| 153 | ISO 13926 -3 -2012 | Pen systems-Part 3: Seals for pen-injectors for medical use | 针头系列 第3部分：医用针式注射器用密封圈 |
| 154 | ISO 14117 -2012 | Active implantable medical devices-Electromagnetic compatibility-EMC test protocols for implantable cardiac pacemakers, implantable cardioverter defibrillators and cardiac resynchronization devices | 有源可植入医疗装置电磁兼容性 可植入心脏起搏器，可植入心律转复除颤器和心脏再同步治疗设备用电磁兼容性(EMC)测试协议 |
| 155 | ISO 14242 -1 -2012 | Implants for surgery-Wear of total hip - joint prostheses-Part 1: Loading and displacement parameters for wear-testing machines and corresponding environmental conditions for test | 外科植入物 总的髋关节假肢的磨损 第1部分：磨损试验机和相应的试验环境条件用负载和位移参数 |
| 156 | ISO 14457 -2012 | Dentistry-Handpieces and motors | 牙科学 电动牙钻手柄 |
| 157 | ISO 14630 -2012 | Non-active surgical implants-General requirements | 非有源外科植入物 通用要求 |
| 158 | ISO 14708 -2 -2012 | Implants for surgery-Active implantable medical devices-Part 2: Cardiac pacemakers | |
| 159 | ISO 15189 -2012 | Medical laboratories-Requirements for quality and competence | 医学实验室 质量和能力要求 |
| 160 | ISO 15223 -1 -2012 | Medical devices-Symbols to be used with medical device labels, labelling and information to be supplied-Part 1: General requirements | 医疗器械 用于医疗器械标签、作标记和提供信息的符号 第1部分：通用要求 |
| 161 | ISO 16256 -2012 | Clinical laboratory testing and in vitro diagnostic test systems-Reference method for testing the in vitro activity of antimicrobial agents against yeast fungi involved in infectious diseases | 临床实验室测试和体外诊断试验系统 检测体外抗菌剂抗传染病中酵母菌的活性的标准方法 |
| 162 | ISO 19980 -2012 | Ophthalmic instruments-Corneal topographers | 眼科设备 角膜外形测量系统 |
| 163 | ISO 21672 -1 -2012 | Dentistry-Periodontal probes-Part 1: General requirements | 牙科学 牙周探针 第1部分：通用要求 |
| 164 | ISO 21672 -2 -2012 | Dentistry-Periodontal probes-Part 2: Designation | |
| 165 | ISO 22665 -2012 | Ophthalmic optics and instruments-Instruments to measure axial distances in the eye | 眼科光学和仪器 眼镜轴向距离的测量仪器 |

| 序号 | 标准号 | 标准英文名称 | 标准中文名称 |
|---|---|---|---|
| 166 | ISO 23317－2012 | Implants for surgery-In vitro evaluation for apatite-forming ability of implant materials | 外科植入物　植入材料磷灰石形成能力的体外评估 |
| 167 | ISO 23599－2012 | Assistive products for blind and vision-impaired persons-Tactile walking surface indicators | |
| 168 | ISO 23907－2012 | Sharps injury protection-Requirements and test methods-Sharps containers | 锐器损伤防护　试验方法和要求　利器盒 |
| 169 | ISO 25539－2－2012 | Cardiovascular implants-Endovascular devices-Part 2：Vascular stents | 心血管植入物　血管内器械　第2部分：血管支架 |
| 170 | ISO 27185－2012 | Cardiac rhythm management devices-Symbols to be used with cardiac rhythm management device labels，and information to be supplied-General requirements | 心节律管理设备　用于心节律管理设备标签的符号和需提供的信息　一般要求 |
| 171 | ISO/IEC 29136－2012 | Information technology-User interfaces-Accessibility of personal computer hardware | |
| 172 | ISO/TR 15499－2012 | Biological evaluation of medical devices-Guidance on the conduct of biological evaluation within a risk management process | 医疗器械的生物学评价　在一个风险管理程序内进行生物学评价的指南 |
| 173 | ISO/TS 10974－2012 | Assessment of the safety of magnetic resonance imaging for patients with an active implantable medical device | 患者带有有源植入性医疗器械用核磁共振成像的安全性评定 |
| 174 | ISO/TS 19218－2－2012 | Medical devices-Hierarchical coding structure for adverse events-Part 2：Evaluation codes | 医疗设备　医疗设备不良事件的层级编码结构　第1部分：评估编码 |
| 175 | ISO/TS 23810－2012 | Cardiovascular implants and artificial organs-Checklist for preoperative extracorporeal circulation equipment setup | 心血管植入物和人造器官　手术前体外循环设备的调试检查清单 |
| 176 | IEC 87/521/DTS－2012 | IEC/TS 62556：Ultrasonics-Surgical systems-Specification and measurement of field parameters for High Intensity Therapeutic Ultrasound（HITU）transducers and systems | IEC/TS 62556：超声波学　外科装置　高强度超声治疗（HITU）传感器和系统用场参数的测量和规范 |
| 177 | IEC 60601－1－8 AMD 1－2012 | Medical electrical equipment-Part 1－8：General requirements for basic safety and essential performance-Collateral standard：General requirements，tests and guidance for alarm systems in medical electrical equipment and medical electrical systems；Amendment 1 | 医疗电气设备　第1－8部分：基本安全性和必要性能的通用要求附属标准：医疗电气设备和医疗电气系统中报警系统的一般要求、试验和指南　修改单1 |

| 序号 | 标准号 | 标准英文名称 | 标准中文名称 |
| --- | --- | --- | --- |
| 178 | IEC 60601 – 1 – 8 Edition 2. 1 – 2012 | Medical electrical equipment-Part 1 – 8: General requirements for basic safety and essential performance-Collateral standard: General requirements, tests and guidance for alarm systems in medical electrical equipment and medical electrical systems | 医疗电气设备　第 1 – 8 部分：基本安全和重要性能的通用要求　附属标准：医疗电气设备和医疗电子系统的报警系统通用要求，试验和导则 |
| 179 | IEC 60601 – 1 AMD 1 – 2012 | Medical electrical equipment-Part 1: General requirements for basic safety and essential performance; Amendment 1 | 医用电气设备　第 1 部分：基本安全性和必要性能的通用要求修改单 1 |
| 180 | IEC 60601 – 1 Edition 3. 1 – 2012 | Medical electrical equipment-Part 1: General requirements for basic safety and essential performance | 医用电气设备　第 1 部分：设备基本安全性和必要性能的通用要求 |
| 181 | IEC 60601 – 1 Edition 3. 1 Corrigendum 1 – 2012 | Medical electrical equipment-Part 1: General requirements for basic safety and essential performance; Corrigendum 1 | 医用电气设备　第 1 部分：基本安全性和必要性能的通用要求（勘误表 1） |
| 182 | IEC 60601 – 2 – 3 – 2012 | Medical electrical equipment-Part 2 – 3: Particular requirements for the basic safety and essential performance of short-wave therapy equipment | 医用电气设备　第 2 – 3 部分：短波治疗设备基本安全和基本性能专用要求 |
| 183 | IEC 60601 – 2 – 6 – 2012 | Medical electrical equipment-Part 2 – 6: Particular requirements for the basic safety and essential performance of microwave therapy equipment | 医用电气设备　第 2 – 6 部分：微波治疗设备基本安全和基本性能专用要求 |
| 184 | IEC 60601 – 2 – 10 – 2012 | Medical electrical equipment-Part 2 – 10: Particular requirements for the basic safety and essential performance of nerve and muscle stimulators | 医用电气设备　第 2 – 10 部分：神经和肌肉刺激器安全专用要求 |
| 185 | IEC 60601 – 2 – 16 – 2012 | Medical electrical equipment-Part 2 – 16: Particular requirements for basic safety and essential performance of haemodialysis, haemodiafiltration and haemofiltration equipment | 医用电气设备　第 2 – 16 部分：血液透析、血液透析滤过和血液滤过设备的基本安全和主要性能的特殊要求 |
| 186 | IEC 60601 – 2 – 19 Corrigendum 1 – 2012 | Medical electrical equipment-Part 2 – 19: Particular requirements for the basic safety and essential performance of infant incubators; Corrigendum 1 | 医用电气设备　第 2 – 19 部分：婴儿保育箱的基本安全和基本性能的详细要求（勘误表 1） |
| 187 | IEC 60601 – 2 – 20 Corrigendum 1 – 2012 | Medical electrical equipment-Part 2 – 20: Particular requirements for the basic safety and essential performance of infant transport incubators; Corrigendum 1 | 医用电气设备　第 2 – 20 部分：婴儿传送保育箱的基本安全和基本性能的详细要求（勘误表 1） |
| 188 | IEC 60601 – 2 – 22 AMD 1 – 2012 | Medical electrical equipment-Part 2 – 22: Particular requirements for basic safety and essential performance of surgical, cosmetic, therapeutic and diagnostic laser equipment | 医用电气设备　第 2 – 22 部分：诊断和治疗用激光设备安全性的详细要求 |

| 序号 | 标准号 | 标准英文名称 | 标准中文名称 |
|---|---|---|---|
| 189 | IEC 60601 - 2 - 22 Edition 3.1 - 2012 | Medical electrical equipment-Part 2 - 22: Particular requirements for basic safety and essential performance of surgical, cosmetic, therapeutic and diagnostic laser equipment | 医用电气设备　第 2 - 22 部分：外科，美容，治疗和诊断激光设备的基本安全性和必要性能的详细要求 |
| 190 | IEC 60601 - 2 - 24 - 2012 | Medical electrical equipment-Part 2 - 24: Particular requirements for the safety of infusion pumps and controllers | 医用电气设备　第 2 - 24 部分：输液泵及其控制器的安全性详细要求 |
| 191 | IEC 60601 - 2 - 26 - 2012 | Medical electrical equipment-Part 2 - 26: Particular requirements for the basic safety and essential performance of electroencephalographs | 医用电气设备　第 2 - 26 部分：脑电图机基本安全性和必要性能的详细要求 |
| 192 | IEC 60601 - 2 - 27 Corrigendum 1 - 2012 | Medical electrical equipment-Part 2 - 27: Particular requirements for the basic safety and essential performance of electrocardiographic monitoring equipment; Corrigendum 1 | 医用电气设备　第 2 - 27 部分：心电监护设备基本安全性和必要性能的详细要求 |
| 193 | IEC 60601 - 2 - 33 Corrigendum 1 - 2012 | Medical electrical equipment-Part 2 - 33: Particular requirements for the basic safety and essential performance of magnetic resonance equipment for medical diagnosis | 医用电气设备　第 2 - 33 部分：医疗诊断用核磁共振设备的基本安全性和必要性能详细要求 |
| 194 | IEC 60601 - 2 - 44 AMD 1 - 2012 | Medical electrical equipment-Part 2 - 44: Particular requirements for basic safety and essential performance of X-ray equipment for computed tomography | 医用电气设备　第 2 - 44 部分：计算机断层摄影用 X 射线设备安全性特殊要求 |
| 195 | IEC 60601 - 2 - 44 Edition 3.1 - 2012 | Medical electrical equipment-Part 2 - 44: Particular requirements for the basic safety and essential performance of X-ray equipment for computed tomography | 医用电气设备　第 2 - 44 部分：计算机断层扫描用 X 射线基本安全性和必要性能的详细要求 |
| 196 | IEC 60601 - 2 - 47 - 2012 | Medical electrical equipment-Part 2 - 47: Particular requirements for the basic safety and essential performance of ambulatory electrocardiographic systems | 医用电气设备　第 2 - 47 部分：移动式心电描记系统基础安全（主要性能）的特殊要求 |
| 197 | IEC 60601 - 2 - 63 - 2012 | Medical electrical equipment-Part 2 - 63: Particular requirements for the basic safety and essential performance of dental extra-oral X-ray equipment | 医用电气设备　第 2 - 63 部分：牙科口外 X 射线设备的基本安全性和必要性能用详细要求 |
| 198 | IEC 60601 - 2 - 65 - 2012 | Medical electrical equipment-Part 2 - 65: Particular requirements for the basic safety and essential performance of dental intra-oral X-ray equipment | 医用电气设备　第 2 - 65 部分：牙科学口腔内 X 射线设备必要性能和基本安全性详细要求 |
| 199 | IEC 80601 - 2 - 35 Corrigendum 1 - 2012 | Medical electrical equipment-Part 2 - 35: Particular requirements for the basic safety and essential performance of heating devices using blankets, pads and mattresses and intended for heating in medical use | 医疗电气设备　第 2 - 35 部分：应用于加热的毛毯，衬垫或床垫及医用加热装置基本安全性及基本性能的详细规范（勘误表 1） |

| 序号 | 标准号 | 标准英文名称 | 标准中文名称 |
|---|---|---|---|
| 200 | IEC 80601 - 2 - 60 - 2012 | Medical electrical equipment-Part 2 - 60: Particular requirements for basic safety and essential performance of dental equipment | 医用电气设备　第 2 - 60 部分：牙科设备基本安全和基本性能的详细要求 |
| 201 | IEC/TR 62653 - 2012 | Guideline for safe operation of medical equipment used for haemodialysis treatments | 血液透析治疗用医疗设备安全操作导则 |
| 202 | IEC/TR 80001 - 2 - 1 - 2012 | Application of risk management for IT-networks incorporating medical devices-Part 2 - 1: Step by step risk management of medical IT-networks-Practical applications and examples | 包含医疗设备的 IT 网络的风险管理应用第 2 - 1 部分：医疗 IT 网络的逐步风险管理　实践应用和案例 |
| 203 | IEC/TR 80001 - 2 - 2 - 2012 | Application of risk management for IT-networks incorporating medical devices-Part 2 - 2: Guidance for the disclosure and communication of medical device security needs, risks and controls | 包含医疗设备的 IT 网络的风险管理应用　第 2 - 2 部分：医疗设备安全需求，风险和控制的披露和通信用指南 |
| 204 | IEC/TR 80001 - 2 - 3 - 2012 | Application of risk management for IT-networks incorporating medical devices-Part 2 - 3: Guidance for wireless networks | 包含医疗设备的 IT 网络的风险管理应用　第 2 - 3 部分：无线网络导则 |
| 205 | IEC/TR 80001 - 2 - 4 - 2012 | Application of risk management for IT-networks incorporating medical devices-Part 2 - 4: General implementation guidance for healthcare delivery organizations | 包含医疗设备的 IT 网络的风险管理应用　第 2 - 4 部分：医疗护理组织通用实施指南 |

## 13.2　国内的医疗器械相关标准发展

### 13.2.1　国内的医疗器械相关标准化组织

我国与医疗器械相关的标准化技术委员见表 13 - 4 所示。

**表 13 - 4　我国与医疗器械相关的标准化技术委员会及归属单位**

| 序号 | TC 编号 | TC 中文名称 | 起草标准数量 | 归口单位 |
|---|---|---|---|---|
| 1 | SAC/TC10 | 全国医用电器标准化技术委员会（下设 SC1 医用 X 线设备及用具、SC2 医用超声设备、SC3 放射治疗、核医学和放射剂量学设备、SC4 物理治疗设备、SC5 医用电子仪器） | 78 | 上海医疗器械质量监督检验中心 |
| 2 | SAC/TC94 | 全国外科器械标准化技术委员会 | 3 | 上海市医疗器械检测所 |
| 3 | SAC/TC95 | 全国医用注射器（针）标准化技术委员会 | 6 | 上海市医疗器械检测所 |

| 序号 | TC 编号 | TC 中文名称 | 起草标准数量 | 归口单位 |
|---|---|---|---|---|
| 4 | SAC/TC99 | 全国口腔材料和器械设备标准化技术委员会 | 6 | 北京大学口腔医学院、广东医疗器械质检中心 |
| 5 | SAC/TC103/SC1 | 全国光学和光子学标准化技术委员会医用光学和仪器标准化分技术委员会 | 11 | 杭州医疗器械质量监督检验中心 |
| 6 | SAC/TC106 | 全国医用输液器具标准化技术委员会 | 12 | 济南医疗器械质量监督检验中心 |
| 7 | SAC/TC110 | 全国外科植入物和矫形器械标准化技术委员会（含：材料和骨科分技术委员会、心血管植入物分技术委员会） | 20 | 天津市医疗器械质检中心 |
| 8 | SAC/TC116 | 全国麻醉和呼吸设备标准化技术委员会 | 1 | 上海医疗器械质量监督检验中心 |
| 9 | SAC/TC136 | 全国医用临床检验实验室和体外诊断系统标准化技术委员会 | 9 | 北京市医疗器械检验所 |
| 10 | SAC/TC148 | 全国残疾人康复和专用设备标准化技术委员会 | 101 | 民政部北京假肢科学研究所 |
| 11 | SAC/TC158 | 全国医用体外循环设备标准化技术委员会 | 8 | 广州医疗器械质量检测中心 |
| 12 | SAC/TC169 | 全国计划生育器械标准化技术委员会 | 4 | 上海医疗器械质量监督检验中心 |
| 13 | SAC/TC200 | 全国消毒技术与设备标准化技术委员会 | 19 | 广东医疗器械质量检测中心 |
| 14 | SAC/TC221 | 全国医疗器械质量管理和通用要求标准化技术委员会 | 0 | 北京华光认证有限公司 |
| 15 | SAC/TC248 | 全国医疗器械生物学评价标准化技术委员会 | 19 | 济南医疗器械质量监督检验中心 |

### 13.2.2 2010－2012 年医疗器械相关国家标准发布情况

2010－2012 年，我国正式发布的国家标准清单如下表所示。

**表 13－5 2010－2012 年发布的医疗器械国家标准**

| 序号 | 标准号 | 标准中文名称 |
|---|---|---|
| 1 | GB 19083－2010 | 医用防护口罩技术要求 |
| 2 | GB/T 20013.4－2010 | 核医学仪器例行试验第 4 部分：放射性核素校准仪 |
| 3 | GB 23101.3－2010 | 外科植入物羟基磷灰石第 3 部分：结晶度和相纯度的化学分析和表征 |

| 序号 | 标准号 | 标准中文名称 |
|---|---|---|
| 4 | GB/T 25304 - 2010 | 非血管自扩张金属支架专用要求 |
| 5 | GB/T 25440. 1 - 2010 | 外科植入物的取出与分析第 1 部分：取出与处理 |
| 6 | GB/T 25440. 2 - 2010 | 外科植入物的取出与分析第 2 部分：取出金属外科植入物的分析 |
| 7 | GB/T 25440. 3 - 2010 | 外科植入物的取出与分析第 3 部分：取出聚合物外科植入物的分析 |
| 8 | GB/T 26339 - 2010 | 眼科光学与设备电子助视器 |
| 9 | GB/T 26340 - 2010 | 可调式康复训练床 |
| 10 | GB/T 26346 - 2010 | 康复训练器械股四头肌训练椅 |
| 11 | GB 13511. 1 - 2011 | 配装眼镜．第 1 部分：单光和多焦点 |
| 12 | GB 13511. 2 - 2011 | 配装眼镜．第 2 部分：渐变焦 |
| 13 | GB/T 14148 - 2011 | 光学玻璃眼镜片毛坯 |
| 14 | GB 14232. 3 - 2011 | 人体血液及血液成分袋式塑料容器．第 3 部分：含特殊组件的血袋系统 |
| 15 | GB/T 16886. 1 - 2011 | 医疗器械生物学评价．第 1 部分：风险管理过程中的评价与试验 |
| 16 | GB/T 16886. 2 - 2011 | 医疗器械生物学评价．第 2 部分：动物福利要求 |
| 17 | GB/T 16886. 11 - 2011 | 医疗器械生物学评价．第 11 部分：全身毒性试验 |
| 18 | GB/T 16886. 18 - 2011 | 医疗器械生物学评价．第 18 部分：材料化学表征 |
| 19 | GB/T 16886. 19 - 2011 | 医疗器械生物学评价．第 19 部分：材料物理化学、形态学和表面特性表征 |
| 20 | GB 18143 - 2011 | 眼科仪器．试镜架 |
| 21 | GB/T 27949 - 2011 | 医疗器械消毒剂卫生要求 |
| 22 | GB 15982 - 2012 | 医院消毒卫生标准 |
| 23 | GB/T 18029. 21 - 2012 | 轮椅车．第 21 部分：电动轮椅车、电动代步车和电池充电器的电磁兼容性要求和测试方法 |
| 24 | GB/T 18029. 24 - 2012 | 轮椅车．第 24 部分：乘坐者操纵的爬楼梯装置的要求和测试方法 |
| 25 | GB/T 28258 - 2012 | 制药机械产品分类及编码 |
| 26 | GB/T 28538 - 2012 | 眼科光学．接触镜和接触镜护理产品．兔眼相容性研究试验 |
| 27 | GB/T 28539 - 2012 | 眼科光学．接触镜和接触镜护理产品．防腐剂的摄入和释放的测定指南 |
| 28 | GB 28670 - 2012 | 制药机械（设备）实施药品生产质量管理规范的通则 |
| 29 | GB/T 28671 - 2012 | 制药机械（设备）验证导则 |
| 30 | GB/T 28919 - 2012 | 康复训练器械．站立架 |
| 31 | GB/T 28922 - 2012 | 残疾人辅助器具．日常生活的环境控制系统 |

### 13. 2. 3　2010 - 2012 年医疗器械相关行业标准发布情况

2010 - 2012 年，我国正式发布的医疗器械行业标准清单如下表所示。

表 13－6 2010－2012 年发布的医疗器械行业标准

| 序号 | 标准号 | 标准中文名称 |
|---|---|---|
| 1 | YY 0054－2010 | 血液透析设备 |
| 2 | YY/T 0072－2010 | 眼用刀通用技术条件 |
| 3 | YY/T 0173－2010 | 手术器械鳃轴、螺钉和铆钉 |
| 4 | YY/T 0178－2010 | 直肠、乙状结肠活体取样钳 |
| 5 | YY/T 0246－2010 | 鼻咽活体取样钳 |
| 6 | YY 0290. 9－2010 | 眼科光学 人工晶状体 第 9 部分：多焦人工晶状体 |
| 7 | YY 0302. 1－2010 | 牙科旋转器械 车针 第 1 部分：钢质和硬质合金车针 |
| 8 | YY 0333－2010 | 软组织扩张器 |
| 9 | YY 0451－2010 | 一次性使用便携式输注泵 非电驱动 |
| 10 | YY/T 0482－2010 | 医用成像磁共振设备 主要图像质量参数的测定 |
| 11 | YY/T 0487－2010 | 一次性使用无菌脑积水分流器及其组件 |
| 12 | YY 0573. 4－2010 | 一次性使用无菌注射器 第 4 部分：防止重复使用注射器 |
| 13 | YY/T 0590. 2－2010 | 医用电气设备 数字 X 射线成像装置特性 第 1－2 部分：量子探测效率的测定 乳腺 X 射线摄影用探测器 |
| 14 | YY/T 0681. 2－2010 | 无菌医疗器械包装试验方法 第 2 部分：软性屏障材料的密封强度 |
| 15 | YY/T 0681. 3－2010 | 无菌医疗器械包装试验方法 第 3 部分：无约束包装抗内压破坏 |
| 16 | YY/T 0681. 4－2010 | 无菌医疗器械包装试验方法 第 4 部分：染色液穿透法测定透气包装的密封泄漏 |
| 17 | YY/T 0681. 5－2010 | 无菌医疗器械包装试验方法 第 5 部分：内压法检测粗大泄漏（气泡法） |
| 18 | YY/T 0688. 2－2010 | 临床实验室检测和体外诊断系统 感染病原体敏感性试验与抗菌剂敏感性试验设备的性能评价 第 2 部分：抗菌剂敏感性试验设备的性能评价 |
| 19 | YY 0719. 6－2010 | 眼科光学 接触镜护理产品 第 6 部分：有效期测定指南 |
| 20 | YY/T 0735. 2－2010 | 麻醉和呼吸设备 用于加湿人体呼吸气体的热湿交换器（HMEs）第 2 部分：用于气管切开术患者的 250mL 以上潮气量的 HMEs |
| 21 | YY 0773－2010 | 眼科 B 型超声诊断仪通用技术条件 |
| 22 | YY 0774－2010 | 超声骨密度仪 |
| 23 | YY 0775－2010 | 远距离放射治疗计划系统 高能 X（γ）射束剂量计算准确性要求和试验方法 |
| 24 | YY 0776－2010 | 肝脏射频消融治疗设备 |
| 25 | YY 0777－2010 | 射频热疗设备 |
| 26 | YY 0778－2010 | 射频消融导管 |
| 27 | YY 0780－2010 | 电针治疗仪 |
| 28 | YY 0781－2010 | 血压传感器 |
| 29 | YY 0783－2010 | 医用电气设备 第 2－34 部分：有创血压监测设备的安全和基本性能专用要求 |
| 30 | YY 0784－2010 | 医用电气设备 医用脉搏血氧仪设备基本安全和主要性能专用要求 |
| 31 | YY 0785－2010 | 临床体温计 连续测量的电子体温计性能要求 |

| 序号 | 标准号 | 标准中文名称 |
|---|---|---|
| 32 | YY 0786 - 2010 | 医用呼吸道湿化器　呼吸湿化系统的专用要求 |
| 33 | YY 0787 - 2010 | 眼科仪器　角膜地形图仪 |
| 34 | YY 0788 - 2010 | 眼科仪器　微型角膜刀 |
| 35 | YY 0789 - 2010 | Q 开关 Nd：YAG 激光眼科治疗机 |
| 36 | YY 0790 - 2010 | 血液灌流设备 |
| 37 | YY 0791 - 2010 | 医用蒸汽发生器 |
| 38 | YY 0792. 2 - 2010 | 眼科仪器　眼内照明器　第 2 部分：光辐射安全的基本要求和试验方法 |
| 39 | YY 0793. 1 - 2010 | 血液透析和相关治疗用水处理设备技术要求　第 1 部分：用于多床透析 |
| 40 | YY/T 0794 - 2010 | X 射线摄影用影像板成像装置专用技术条件 |
| 41 | YY/T 0795 - 2010 | 口腔 X 射线数字化体层摄影设备专用技术条件 |
| 42 | YY/T 0796. 1 - 2010 | 医用电气设备　数字 X 射线成像系统的曝光指数　第 1 部分：普通 X 射线摄影的定义和要求 |
| 43 | YY/T 0797 - 2010 | 超声　输出试验　超声理疗设备维护指南 |
| 44 | YY/T 0798 - 2010 | 放射治疗计划系统　质量保证指南 |
| 45 | YY/T 0799 - 2010 | 医用气体低压软管组件 |
| 46 | YY 0801. 1 - 2010 | 医用气体管道系统终端　第 1 部分：用于压缩医用气体和真空的终端 |
| 47 | YY 0801. 2 - 2010 | 医用气体管道系统终端　第 2 部分：用于麻醉气体净化系统的终端 |
| 48 | YY/T 0802 - 2010 | 医疗器械的灭菌　制造商提供的处理可重复灭菌医疗器械的信息 |
| 49 | YY 0803. 1 - 2010 | 牙科学　根管器械　第 1 部分：通用要求和试验方法 |
| 50 | YY/T 0803. 2 - 2010 | 牙科学　根管器械　第 2 部分：扩大器 |
| 51 | YY 0804 - 2010 | 药液转移器　要求和试验方法 |
| 52 | YY/T 0805. 3 - 2010 | 牙科学　金刚石旋转器械　第 3 部分：颗粒尺寸、命名和颜色代码 |
| 53 | YY/T 0806 - 2010 | 医用输液、输血、注射及其他医疗器械用聚碳酸酯专用料 |
| 54 | YY/T 0807 - 2010 | 预装在输送系统上的球囊扩张血管支架稳固性能标准测试方法 |
| 55 | YY/T 0808 - 2010 | 血管支架体外脉动耐久性标准测试方法 |
| 56 | YY/T 0809. 1 - 2010 | 外科植入物　部分和全髋关节假体　第 1 部分：分类和尺寸标注 |
| 57 | YY/T 0809. 2 - 2010 | 外科植入物　部分和全髋关节假体　第 2 部分：金属、陶瓷及塑料关节面 |
| 58 | YY/T 0809. 4 - 2010 | 外科植入物　部分和全髋关节假体　第 4 部分：带柄股骨部件疲劳性能的测定 |
| 59 | YY/T 0809. 6 - 2010 | 外科植入物　部分和全髋关节假体　第 6 部分：带柄股骨部件头部和颈部疲劳性能的测定 |
| 60 | YY/T 0809. 8 - 2010 | 外科植入物　部分和全髋关节假体　第 8 部分：有扭矩作用的带柄股骨部件疲劳性能 |
| 61 | YY/T 0810. 1 - 2010 | 外科植入物　全膝关节假体　第 1 部分：胫骨托疲劳性能的测定 |
| 62 | YY/T 0811 - 2010 | 外科植入物用大剂量辐射交联超高分子量聚乙烯制品标准要求 |
| 63 | YY/T 0812 - 2010 | 外科植入物　金属缆线和缆索 |
| 64 | YY/T 0813 - 2010 | 交联超高分子量聚乙烯（UHMWPE）分子网状结构参数的原位测定标准方法 |

| 序号 | 标准号 | 标准中文名称 |
|---|---|---|
| 65 | YY/T 0814－2010 | 红外光谱法评价外科植入物用辐射后超高分子量聚乙烯制品中反式亚乙烯基含量的标准测试方法 |
| 66 | YY/T 0815－2010 | 差示扫描量热法测定超高分子量聚乙烯熔化焓、结晶度和熔点 |
| 67 | YY/T 0816－2010 | 外科植入物　缝合及其他外科用柔性金属丝 |
| 68 | YY/T 0817－2010 | 带定位球囊的肠营养导管物理性能要求及试验方法 |
| 69 | YY/T 0818.1－2010 | 医用有机硅弹性体、凝胶、泡沫标准指南　第1部分：组成和未固化材料 |
| 70 | YY/T 0818.2－2010 | 医用有机硅弹性体、凝胶、泡沫标准指南　第2部分：交联和制作 |
| 71 | YY/T 0819－2010 | 眼科镊 |
| 72 | YY/T 0820－2010 | 牙科筒式注射器 |
| 73 | YY/T 0821－2010 | 一次性使用配药用注射器 |
| 74 | YY 1007－2010 | 立式蒸汽灭菌器 |
| 75 | YY 1045.2－2010 | 牙科手机　第2部分：直手机和弯手机 |
| 76 | YY 1116－2010 | 可吸收性外科缝线 |
| 77 | YY/T 1172－2010 | 医学实验室质量管理术语 |
| 78 | YY/T 1173－2010 | 聚合酶链反应分析仪 |
| 79 | YY/T 1174－2010 | 半自动化学发光免疫分析仪 |
| 80 | YY/T 1175－2010 | 肿瘤标志物定量测定试剂（盒）化学发光免疫分析法 |
| 81 | YY/T 1176－2010 | 癌抗原 CA15－3 定量测定试剂（盒）化学发光免疫分析法 |
| 82 | YY/T 1177－2010 | 癌抗原 CA72－4 定量测定试剂（盒）化学发光免疫分析法 |
| 83 | YY/T 1178－2010 | 糖类抗原 CA19－9 定量测定试剂（盒）化学发光免疫分析法 |
| 84 | YY/T 1179－2010 | 糖类抗原 CA50 定量测定试剂（盒）化学发光免疫分析法 |
| 85 | YY/T 1180－2010 | 人类白细胞抗原（HLA）基因分型试剂盒 SSP 法 |
| 86 | YY/T 1181－2010 | 免疫组织化学试剂盒 |
| 87 | YY/T 1182－2010 | 核酸扩增检测用试剂（盒） |
| 88 | YY/T 1183－2010 | 酶联免疫吸附法检测试剂（盒） |
| 89 | YY/T 1184－2010 | 流式细胞仪用单克隆抗体试剂 |
| 90 | YY/T 1185－2010 | 脑心浸液培养基 |
| 91 | YY/T 1186－2010 | MH 肉汤培养基 |
| 92 | YY/T 1187－2010 | 营养肉汤培养基 |
| 93 | YY/T 1188－2010 | 曙红亚甲蓝琼脂培养基 |
| 94 | YY/T 1189－2010 | 中国蓝琼脂培养基 |
| 95 | YY/T 1190－2010 | 乳糖胆盐发酵培养基 |
| 96 | YY 0270.1—2011 | 牙科学　基托聚合物　第1部分：义齿基托聚合物 |
| 97 | YY 0307—2011 | 连续波掺钕钇铝石榴石激光治疗机 |
| 98 | YY 0332—2011 | 植入式给药装置 |

| 序号 | 标准号 | 标准中文名称 |
|---|---|---|
| 99 | YY 0455—2011 | 医用电气设备　第 2 部分：婴儿辐射保暖台安全专用要求 |
| 100 | YY 0469—2011 | 医用外科口罩 |
| 101 | YY 0485—2011 | 一次性使用心脏停跳液灌注器 |
| 102 | YY 0493—2011 | 牙科学　弹性体印模材料 |
| 103 | YY 0569—2011 | Ⅱ级　生物安全柜 |
| 104 | YY 0580—2011 | 心血管植入物及人工器官　心肺转流系统 动脉管路血液过滤器 |
| 105 | YY 0581.1—2011 | 输液连接件　第 1 部分：穿刺式连接件（肝素帽） |
| 106 | YY 0581.2—2011 | 输液连接件　第 2 部分：无针连接件 |
| 107 | YY 0600.5—2011 | 医用呼吸机　基本安全和主要性能专用要求 第 5 部分：气动急救复苏器 |
| 108 | YY 0671.2—2011 | 睡眠呼吸暂停治疗　第 2 部分：面罩和应用附件 |
| 109 | YY 0672.2—2011 | 内镜器械　第 2 部分：腹腔镜用剪 |
| 110 | YY 0719.7—2011 | 眼科光学　接触镜和接触镜护理产品　第 7 部分：生物学评价试验方法 |
| 111 | YY 0793.2—2011 | 血液透析和相关治疗用水处理设备技术要求　第 2 部分：用于单床透析 |
| 112 | YY 0827—2011 | 医用电气设备　第 2 部分：转运培养箱安全专用要求 |
| 113 | YY 0828—2011 | 心电监护仪电缆和导联线 |
| 114 | YY 0830—2011 | 浅表组织超声治疗设备 |
| 115 | YY 0831.1—2011 | γ 射束立体定向放射治疗系统　第 1 部分：头部多源 γ 射束立体定向放射治疗系统 |
| 116 | YY 0832.1—2011 | X 射线放射治疗立体定向及计划系统　第 1 部分：头部 X 射线放射治疗立体定向及计划系统 |
| 117 | YY 0833—2011 | 肢体加压理疗设备 |
| 118 | YY 0834—2011 | 医用电气设备　第二部分：医用电热毯、电热垫和电热床垫　安全专用要求 |
| 119 | YY 0835—2011 | 牙科学　银汞合金分离器 |
| 120 | YY 0836—2011 | 牙科手机　牙科低压电动马达 |
| 121 | YY 0837—2011 | 牙科手机　牙科气动马达 |
| 122 | YY 0838—2011 | 微波热凝设备 |
| 123 | YY 0839—2011 | 微波热疗设备 |
| 124 | YY 0843—2011 | 医用内窥镜　内窥镜功能供给装置　气腹机 |
| 125 | YY 0844—2011 | 激光治疗设备　脉冲二氧化碳激光治疗机 |
| 126 | YY 0845—2011 | 激光治疗设备　半导体激光光动力治疗机 |
| 127 | YY 0846—2011 | 激光治疗设备　掺钕钇铝石榴石激光治疗机 |
| 128 | YY 0847—2011 | 医用内窥镜　内窥镜器械　取石网篮 |
| 129 | YY 0849—2011 | 眼科高频超声诊断仪 |
| 130 | YY 0852—2011 | 一次性使用无菌手术膜 |
| 131 | YY 0854.1—2011 | 全棉非织造布外科敷料性能要求　第 1 部分：敷料生产用非织造布 |
| 132 | YY 0854.2—2011 | 全棉非织造布外科敷料性能要求　第 2 部分：成品敷料 |

| 序号 | 标准号 | 标准中文名称 |
|---|---|---|
| 133 | YY 0860—2011 | 心脏射频消融治疗设备 |
| 134 | YY 0861—2011 | 眼科光学　眼用粘弹剂 |
| 135 | YY 0862—2011 | 眼科光学　眼内填充物 |
| 136 | YY 0868—2011 | 神经和肌肉刺激器用电极 |
| 137 | YY 1042—2011 | 牙科学　聚合物基修复材料 |
| 138 | YY 1081—2011 | 医用内窥镜　内窥镜功能供给装置　冷光源 |
| 139 | YY/T 0019. 1—2011 | 外科植入物　髓内钉系统　第 1 部分：横截面为三叶形或 V 形髓内钉 |
| 140 | YY/T 0019. 2—2011 | 外科植入物　髓内钉系统　第 2 部分：髓内针 |
| 141 | YY/T 0170—2011 | 牙挺 |
| 142 | YY/T 0176. 9—2011 | 眼用剪 |
| 143 | YY/T 0191—2011 | 腹腔吸引管 |
| 144 | YY/T 0270. 2—2011 | 牙科学　基托聚合物　第 2 部分：正畸基托聚合物 |
| 145 | YY/T 0274—2011 | 刮牙器 |
| 146 | YY/T 0275—2011 | 牙用充填器 |
| 147 | YY/T 0345. 1—2011 | 外科植入物　金属骨针　第 1 部分：材料和力学性能要求 |
| 148 | YY/T 0463—2011 | 牙科学　铸造包埋材料和耐火代型材料 |
| 149 | YY/T 0475—2011 | 干化学尿液分析仪 |
| 150 | YY/T 0478—2011 | 尿液分析试纸条 |
| 151 | YY/T 0567. 3—2011 | 医疗保健产品的无菌加工　第 3 部分：冻干法 |
| 152 | YY/T 0567. 4—2011 | 医疗保健产品的无菌加工　第 4 部分：在线清洗技术 |
| 153 | YY/T 0567. 5—2011 | 医疗保健产品的无菌加工　第 5 部分：在线灭菌 |
| 154 | YY/T 0567. 6—2011 | 医疗保健产品的无菌加工　第 6 部分：隔离器系统 |
| 155 | YY/T 0590. 3—2011 | 医用电气设备　数字 X 射线成像装置特性　第 1－3 部分：量子探测效率的测定动态成像用探测器 |
| 156 | YY/T 0591—2011 | 骨接合植入物　金属带锁髓内钉 |
| 157 | YY/T 0681. 10—2011 | 无菌医疗器械包装试验方法　第 10 部分：透气包装材料微生物屏障分等试验 |
| 158 | YY/T 0681. 6—2011 | 无菌医疗器械包装试验方法　第 6 部分：软包装材料上印墨和涂层抗化学性评价 |
| 159 | YY/T 0681. 7—2011 | 无菌医疗器械包装试验方法　第 7 部分：用胶带评价软包装材料上印墨或涂层附着性 |
| 160 | YY/T 0681. 8—2011 | 无菌医疗器械包装试验方法　第 8 部分：涂胶层重量的测定 |
| 161 | YY/T 0681. 9—2011 | 无菌医疗器械包装试验方法　第 9 部分：约束板内部气压法软包装密封胀破试验 |
| 162 | YY/T 0698. 1—2011 | 最终灭菌医疗器械包装材料　第 1 部分：吸塑包装共挤塑料膜 要求和试验方法 |
| 163 | YY/T 0822—2011 | 灭菌用环氧乙烷液化气体 |
| 164 | YY/T 0823—2011 | 牙科氟化物防龋材料 |
| 165 | YY/T 0824—2011 | 牙科氢氧化钙盖髓、垫底材料 |
| 166 | YY/T 0825—2011 | 牙科学　牙齿外漂白产品 |

| 序号 | 标准号 | 标准中文名称 |
|---|---|---|
| 167 | YY/T 0826—2011 | 牙科临时聚合物基冠桥材料 |
| 168 | YY/T 0829—2011 | 正电子发射及 X 射线计算机断层成像系统性能和试验方法 |
| 169 | YY/T 0840—2011 | 医用电气设备　放射性核素校准仪　描述性能的专用方法 |
| 170 | YY/T 0841—2011 | 医用电气设备　医用电气设备周期性测试和修理后测试 |
| 171 | YY/T 0842—2011 | 医用内窥镜　内窥镜附件　镜鞘 |
| 172 | YY/T 0848—2011 | 血液辐照仪 |
| 173 | YY/T 0850—2011 | 超声诊断和监护设备声输出参数测量不确定度评定指南 |
| 174 | YY/T 0851—2011 | 医用防血栓袜 |
| 175 | YY/T 0853—2011 | 医用静脉曲张压缩袜 |
| 176 | YY/T 0855. 1—2011 | 手术单和/或病人防护覆盖物抗激光试验方法和分类　第 1 部分：初级点燃和穿透 |
| 177 | YY/T 0855. 2—2011 | 手术单和/或病人防护覆盖物抗激光试验方法和分类　第 2 部分：次级点燃 |
| 178 | YY/T 0856—2011 | 骨接合植入物　金属角度固定器 |
| 179 | YY/T 0857—2011 | 椎体切除模型中脊柱植入物试验方法 |
| 180 | YY/T 0858—2011 | 球囊扩张血管支架和支架系统三点弯曲试验方法 |
| 181 | YY/T 0859—2011 | 均匀径向载荷下金属血管支架有限元分析方法指南 |
| 182 | YY/T 0863—2011 | 医用内窥镜　内窥镜功能供给装置　滚压式冲洗吸引器 |
| 183 | YY/T 0864—2011 | 医用内窥镜　内窥镜功能供给装置　液体膨宫泵 |
| 184 | YY/T 0865—2011 | 超声　水听器　第一部分：40MHz　以下医用超声场的测量和特征描绘 |
| 185 | YY/T 0866—2011 | 医用防护口罩总泄漏率测试方法 |
| 186 | YY/T 0867—2011 | 非织造布静电衰减时间的测试方法 |
| 187 | YY/T 1191—2011 | 抗菌剂药敏纸片 |
| 188 | YY/T 1192—2011 | 人绒毛膜促性腺激素（HCG）定量测定试剂盒（化学发光免疫分析法） |
| 189 | YY/T 1193—2011 | 促卵泡生成激素（FSH）定量测定试剂盒（化学发光免疫分析法） |
| 190 | YY/T 1194—2011 | α－淀粉酶测定试剂（盒）（连续监测法） |
| 191 | YY/T 1195—2011 | 血清总蛋白参考测量程序 |

## 13. 3　医用超声诊断相关标准

### 13. 3. 1　医用超声相关国际标准情况

截止到 2012 年年底，国际标准化组织 ISO、IEC 正式发布的与医用超声相关的国际标准明细见表 13－7 所示。

表 13 –7 医用超声相关国际标准

| 序号 | 标准号 | 标准英文名称 | 标准中文名称 |
|---|---|---|---|
| 1 | IEC 87/521/DTS – 2012 | IEC/TS 62556：Ultrasonics-Surgical systems-Specification and measurement of field parameters for High Intensity Therapeutic Ultrasound（HITU）transducers and systems | IEC/TS 62556：超声波学 外科装置 高强度超声治疗（HITU）传感器和系统用场参数的测量和规范 |
| 2 | IEC 87/526/CD – 2013 | IEC/TS 62791：Ultrasonics-Pulse-echo scanners-Low-echo sphere phantoms for performance testing of gray-scale medical ultrasound scanners applicable to a broad range of transducer types | IEC/TS 62791：超声波脉冲反射波扫描器 传感器类型的宽频灰阶医用超声波扫描器的性能测试用低回声球体幻影 |
| 3 | IEC 60601 – 2 – 5 – 2009 | Medical electrical equipment-Part 2 – 5：Particular requirements for basic safety and essential performance of ultrasonic physiotherapy equipment | 医用电气设备 第 2 – 5 部分：超声波理疗设备基本安全性和必要性能的详细要求 |
| 4 | IEC 60601 – 2 – 37 – 2007 | Medical electrical equipment-Part 2 – 37：Particular requirements for the basic safety and essential performance of ultrasonic medical diagnostic and monitoring equipment | 医疗电气设备 第 2 – 37 部分：超声波医疗诊断和监测设备的基本安全和基本性能用特殊要求 |
| 5 | IEC 61157 – 2007 | Standard means for the reporting of the acoustic output of medical diagnostic ultrasonic equipment | 医疗诊断超声波设备声输出的报告用标准方法 |
| 6 | IEC 61157 AMD 1 – 2013 | Standard means for the reporting of the acoustic output of medical diagnostic ultrasonic equipment；Amendment 1 | 医疗诊断超声波设备的声学输出报告的标准平均值（修改单 1） |
| 7 | IEC 61157 Edition 2. 1 – 2013 | Standard means for the reporting of the acoustic output of medical diagnostic ultrasonic equipment | 医用超声诊断设备的声学输出报告用标准平均值 |
| 8 | IEC 61205 – 1993 | Ultrasonics；dental descaler systems；measurement and declaration of the output characteristics | 超声学 牙齿除垢系统输出特性的测量和标示 |
| 9 | IEC 61266 – 1994 | Ultrasonics-Hand-held probe Doppler foetal heartbeat detectors-Performance requirements and methods of measurement and reporting | 超声学 手持探头式多普勒胎儿心音检测仪性能要求及测量和报告方法 |
| 10 | IEC 61391 – 1 – 2006 | Ultrasonics-Pulse echo scanners-Part 1：Techniques for calibrating spatial measurement systems and measurement of system point-spread function response | 超音波学 脉冲反射扫描仪 第 1 部分：系统点传播功能响应的校准空间测量系统和测量 |
| 11 | IEC 61391 – 2 – 2010 | Ultrasonics-Pulse-echo scanners-Part 2：Measurement of maximum depth of penetration and local dynamic range | 超声波学 脉冲回波扫描仪 第 2 部分：最大渗透深度和局部动态范围的测定 |
| 12 | IEC 61689 – 2013 | Ultrasonics-Physiotherapy systems-Field specifications and methods of measurement in the frequency range 0，5 MHz to 5 MHz | 超音波学 物理疗法系统 频率范围 0. 5 MHz 至 5 MHz 的现场规范和测量方法 |

| 序号 | 标准号 | 标准英文名称 | 标准中文名称 |
|---|---|---|---|
| 13 | IEC 61846 - 1998 | Ultrasonics-Pressure pulse lithotripters-Characteristics of fields | 超音波学　压力脉冲碎石器声场特性 |
| 14 | IEC 61847 - 1998 | Ultrasonics-Surgical systems-Measurement and declaration of the basic output characteristics | 超声学　外科装置　基本输出特性的测量和标示 |
| 15 | IEC 62359 - 2010 | Ultrasonics-Field characterization-Test methods for the determination of thermal and mechanical indices related to medical diagnostic ultrasonic fields | 声学　声场特性与医疗诊断超声场有关的热和机械指数测定的试验方法 |
| 16 | IEC 62359 Corrigendum 1 - 2011 | Ultrasonics-Field characterization-Test methods for the determination of thermal and mechanical indices related to medical diagnostic ultrasonic fields | 超声波学　场特性　有关医学诊断超声波场的机械目录和热量测定用试验方法 |
| 17 | IEC/TR 62649 - 2010 | Requirements for measurement standards for high intensity therapeutic ultrasound（HITU）devices | 高强度超声波治疗设备（HITU）的测量标准要求 |
| 18 | IEC/TS 62306 - 2006 | Ultrasonics-Field characterisation-Test objects for determination temperature elevation in diagnostic ultrasonic fields | 超声波学　野外特性　在诊断超声波场内测定温度上升的试验目标 |
| 19 | IEC/TS 62462 - 2007 | Ultrasonics-Output test-Guide for the maintenance of ultrasound physiotherapy systems | 超音波学　输出试验　超频率音响理疗设备的维护指南 |
| 20 | IEC/TS 62558 - 2011 | Ultrasonics-Real-time pulse-echo scanners-Phantom with cylindical, artificial cysts in tissue-mimikring material and method for automated evaluation and periodic testing of 3-D distributions of void-detectability ratio（VDR） | 超声波学　实时脉冲反射波扫描器仿薄纱材质外圆人造囊仿真模型及其 VDR（空鉴别比率）的三维分布定期试验和自动化求值方法 |

## 13.3.2　医用超声相关国家标准和行业标准

截止到 2012 年年底，我国正式发布的与医用超声相关的国家标准和行业标准明细见表 13 - 8 所示。

**表 13 - 8　我国已颁布的医用超声相关国家标准和行业标准**

| 序号 | 标准编号 | 标准名称 |
|---|---|---|
| 1 | GB 9706.7 - 2008 | 医用电气设备　第 2 - 5 部分：超声理疗设备安全专用要求 |
| 2 | GB 9706.9 - 2008 | 医用电气设备　第 2 - 37 部分：超声诊断和监护设备安全专用要求 |
| 3 | GB 10152 - 2009 | B 型超声诊断设备 |
| 4 | GB/T 15214 - 2008 | 超声诊断设备可靠性试验要求和方法 |
| 5 | GB/T 15261 - 2008 | 超声仿组织材料声学特性的测量方法 |
| 6 | GB/T 16846 - 2008 | 医用超声诊断设备声输出公布要求 |
| 7 | GB/T 20249 - 2006 | 声学　聚焦超声换能器发射场特性的定义与测量方法 |

| 序号 | 标准编号 | 标准名称 |
|---|---|---|
| 8 | JB/T 20002. 2 – 2011 | 安瓿立式超声波清洗机 |
| 9 | JB/T 20007. 2 – 2009 | 口服液玻璃瓶超声波洗瓶机 |
| 10 | JB/T 20092 – 2007 | 抗生素瓶立式超声波洗瓶机 |
| 11 | JB/T 20126 – 2009 | 超声提取设备　术语和超声性能试验方法 |
| 12 | JB/T 20127 – 2009 | 管道式连续逆流超声提取机 |
| 13 | JB/T 20128 – 2009 | 罐式超声循环提取机 |
| 14 | YY 0107 – 2005 | 眼科 A 型超声测量仪 |
| 15 | YY/T 0108 – 2008 | 超声诊断设备 M 模式试验方法 |
| 16 | YY 0109 – 2003 | 医用超声雾化器 |
| 17 | YY/T 0110 – 2009 | 医用超声压电陶瓷材料 |
| 18 | YY/T 0111 – 2005 | 超声多普勒换能器技术要求和试验方法 |
| 19 | YY/T 0162. 1 – 2009 | 医用超声设备档次系列　第 1 部分：B 型超声诊断设备 |
| 20 | YY/T 0163 – 2005 | 医用超声测量水听器特性和校准 |
| 21 | YY 0299 – 2008 | 医用超声耦合剂 |
| 22 | YY 0448 – 2009 | 超声多普勒胎儿心率仪 |
| 23 | YY 0449 – 2009 | 超声多普勒胎儿监护仪 |
| 24 | YY/T 0458 – 2003 | 超声多普勒仿血流体模的技术要求 |
| 25 | YY 0460 – 2009 | 超声洁牙设备 |
| 26 | YY 0592 – 2005 | 高强度聚焦超声（HIFU）治疗系统 |
| 27 | YY 0593 – 2005 | 超声经颅多普勒血流分析仪 |
| 28 | YY/T 0642 – 2008 | 超声　声场特性　确定医用诊断超声场热和机械指数的试验方法 |
| 29 | YY/T 0643 – 2008 | 超声脉冲回波诊断设备性能测试方法 |
| 30 | YY/T 0644 – 2008 | 超声外科手术系统基本输出特性的测量和公布 |
| 31 | YY/T 0703 – 2008 | 超声实时脉冲回波系统性能试验方法 |
| 32 | YY/T 0704 – 2008 | 超声脉冲多普勒诊断系统性能试验方法 |
| 33 | YY/T 0705 – 2008 | 超声连续波多普勒系统试验方法 |
| 34 | YY/T 0748. 1 – 2009 | 超声脉冲回波扫描仪　第 1 部分：校准空间测量系统和系统点扩展函数响应测量的技术方法 |
| 35 | YY/T 0749 – 2009 | 超声　手持探头式多普勒胎儿心率检测仪　性能要求及测量和报告方法 |
| 36 | YY/T 0750 – 2009 | 超声理疗设备　0. 5MHz ~ 5MHz 频率范围内声场要求和测量方法 |
| 37 | YY/T 0751 – 2009 | 超声洁牙设备　输出特性的测量和公布 |
| 38 | YY 0766 – 2009 | 眼科晶状体超声摘除和玻璃体切除设备 |
| 39 | YY 0767 – 2009 | 超声彩色血流成像系统 |
| 40 | YY 0773 – 2010 | 眼科 B 型超声诊断仪通用技术条件 |
| 41 | YY 0774 – 2010 | 超声骨密度仪 |

| 序号 | 标准编号 | 标准名称 |
|---|---|---|
| 42 | YY/T 0797 - 2010 | 超声　输出试验　超声理疗设备维护指南 |
| 43 | YY 0830 - 2011 | 浅表组织超声治疗设备 |
| 44 | YY 0849 - 2011 | 眼科高频超声诊断仪 |
| 45 | YY/T 0850 - 2011 | 超声诊断和监护设备声输出参数测量不确定度评定指南 |
| 46 | YY/T 0865 - 2011 | 超声　水听器　第一部分：40MHz 以下医用超声场的测量和特征描绘 |
| 47 | YY/T 1084 - 2007 | 医用超声诊断设备声输出功率的测量方法 |
| 48 | YY/T 1085 - 2007 | 毫瓦级超声源 |
| 49 | YY/T 1088 - 2007 | 在 0.5MHz 至 15MHz 频率范围内采用水听器测量与表征医用超声设备声场特性的导则 |
| 50 | YY/T 1089 - 2007 | 单元式脉冲回波超声换能器的基本电声特性和测量方法 |
| 51 | YY 1090 - 2009 | 超声理疗设备 |
| 52 | YY/T 1142 - 2003 | 医用超声诊断和监护设备　频率特性的测试方法 |
| 53 | JJG 893 - 2007 | 超声多普勒胎心仪超声源检定规程 |
| 54 | SN/T 14301 - 2004 | 进口医疗器械检验规程　医用超声诊断和治疗设备 |
| 55 | SN/T 16724 - 2005 | 进出口医用设备检验规程　第 4 部分：B 型超声诊断设备 |
| 56 | YY/T 91085 - 1999 | 毫瓦级超声源 |
| 57 | YY 91091 - 1999 | 超声妊娠检查仪 |
| 58 | YY 0460 - 2003 | 超声洁牙设备 |
| 59 | YY/T 91084 - 1999 | 医用超声诊断仪器声功率的测试方法 |
| 60 | YY 91086 - 1999 | 超短波治疗设备技术条件 |
| 61 | YY 91087 - 1999 | 超短波治疗设备专用安全要求 |
| 62 | YY/T 91088 - 1999 | 医用超声诊断仪的脉冲声强测量方法 |
| 63 | YY/T 91089 - 1999 | 单元脉冲　回波超声换能器　一般技术要求和测量方法 |

# 14 政府部门“十二五”产业规划

## 14.1 科技部医疗器械科技产业“十二五”专项规划主要内容

**1. 指导思想和发展原则**

（1）指导思想

贯彻落实科学发展观，按照《国家中长期科学和技术发展规划纲要（2006－2020年）》确定的发展重点，落实《国务院关于加快培育和发展战略性新兴产业的决定》，紧密围绕全民健康保障需求和医疗卫生体制改革需要，以需求为导向，以企业为主体，以创新为动力，以整合为手段，统筹项目、人才、基地、联盟、平台和示范的布局，加强多学科交叉，大力推进产学研医结合，积极探索市场机制下的优化组织模式，高效推进医疗器械领域的关键技术、核心部件和重大产品创新，大幅提高医疗器械产业核心竞争力，有效支撑医疗卫生服务体系建设。

（2）发展原则

政府推进和市场机制相结合。突出市场需求，以企业为主体，加强引导性科技投入支持和组织模式优化，加快推进技术创新、产品开发和产业发展。对于基础研究、共性关键技术、核心部件和重大产品的创新开发，予以重点投入支持。

系统布局和重点突破相结合。系统布局医疗器械创新链、产品链、产业链和人才链，整体优化创新体系和发展环境；着力突破一批严重制约产业发展的共性关键技术和核心部件，重点开发一批配置需求迫切、市场容量大、临床价值突出的基础装备和创新产品。

当前急需和未来发展相结合。重点发展基层卫生体系建设急需的普及型先进实用产品，以及临床诊疗必需、严重依赖进口的中高端医疗器械。把握前沿技术发展趋势，加强技术储备，加快发展围绕疾病早期发现与预警、精确/智能诊断、微/无创治疗以及与未来医学模式变革相适应的创新医疗器械产品。

创新驱动和需求拉动相结合。立足自主创新，着力突破一批重大技术瓶颈，创制一批重大产品，改变以仿为主的局面，让创新真正成为产业发展的重要驱动力；大力优化应用环境和完善配套政策，加强创新产品的示范应用，积极扩大内需市场，以基本配置、基层医疗和基础装备的需求为牵引，促进医疗器械产业快速发展。

立足国内与面向国际相结合。统筹国内国际两种资源、两个市场，加强国际科技合作和开放创新，在全球范围内配置研发资源，加快重大产品的创新突破；积极开拓国际市场，加快把中国制造、中国创新的产品推向全球，促进医疗器械产品的国际化发展。

**2. 发展目标**

（1）总体目标

到2015年，初步建立医疗器械研发创新链，医疗器械产业技术创新能力显著提升；突破一批共性关键技术和核心部件，重点开发一批具有自主知识产权的、高性能、高品质、低成本和主要依赖进口的基本医疗器械产品，满足我国基层医疗卫生体系建设需要和临床常规诊疗需求；进一步完善科技创新和产业发展的政策环境，培育一批创新品牌，大幅提高产业竞争力，医疗器械科技产业发展实现快速跨越。

（2）具体目标

技术目标：突破20－30项关键技术和核心部件，形成核心专利200项；在若干前沿技术领域取得重要突破，并形成产业优势。

产品目标：创制50－80项临床急需的新型预防、诊断、治疗、康复、急救医疗器械产品，重点开发需求量大、应用面广以及主要依赖进口的基础装备和医用材料，积极发展慢病筛查、微创诊疗、再生修复、数字医疗、康复护理等新型医疗器械产品。

产业目标：重点支持10－15家大型医疗器械企业集团，扶持40－50家创新型高技术企业，建立8－10个医疗器械科技产业基地和10个国家级创新医疗器械产品示范应用基地，完善产业链条，优化产业结构，提高市场占有率，显著提升医疗器械产业的国际竞争力。

能力目标：大幅提升我国医疗器械创新和产业化能力，培育和引进一批学科带头人和创新团队，建立20－30个技术研发平台，新建10个国家工程技术研究中心和国家重点实验室，完善我国医疗器械标准、测试和评价体系，发挥产业技术创新战略联盟的作用，推动产学研医深度结合，切实保障我国医疗器械产业的可持续发展。

**3. 发展重点**

（1）基础研究重点

研究力、光、声、电、磁等物理作用的生物学效应，重点开展生物电子学、生物力学、生物光子学、生物声学、生物磁学研究，尤其是分子、细胞、组织、器官、系统、人体等不同层次生命活动中物理－化学－生物学之间耦合作用的规律和机制研究，以及不同层次生命现象的建模与模拟；研究不同物质的生物学效应，重点开展生物材料与细胞组织相互作用机制，以及不同尺度特别是纳米尺度的生物学效应研究等。

加强新理论、新方法、新材料、新技术应用于医疗器械的基础研究；重点开展新型的生物医学成像，医学图像处理，生理信号获取，生化、免疫和微生物检测，组织修复和再生，医学神经工程等基础研究。

（2）关键技术发展重点

满足医学诊疗、健康服务和产业发展需要，围绕医疗器械数字化、智能化、自动化、精准化、无/微创、低负荷、个性化、网络化、协同化等发展趋势，重点发展以下技术：

原理方法类：充分利用基础医学、生物化学、信息科学、电子科学、材料科学、高能物理等领域的最新进展，加强新原理、新方法的应用研究，重点开展多模态融合成像、生物传感、微弱信号检测、神经接口及刺激、高能粒子与射线治疗、高通量/微量/快速体外检测、生物医用材料改性等技术研究。

设计制造类：充分利用先进制造、微纳技术、生物力学、人机工程、计算机科学等领域的最新进展，重点开展精密传动与控制、精密加工与组装、生物医用材料改性、个性化设计与制造等技术研究，着力突破计算机断层扫描仪（CT）、磁共振成像仪（MRI）、正电子发射断层扫描仪（PET）、PET－CT、医用加速器等大型诊疗装备整机及核心部件，微型泵阀、微型传感器、微型光学镜头等高精密零件，以及介入支架、人工关节、骨修复等新型医用材料的设计、制备、制造等技术瓶颈。

应用服务类：充分利用信息技术、生物信息学、网络通信、物联网、云计算等领域的最新进展，积极推进医学影像技术与手术规划、放射治疗、导航定位、医用机器人等技术的结合，加快发展数字化医疗、移动医疗、远程诊疗等新型服务技术。

1）重大前沿技术

重点突破神经接口及刺激、低剂量光子探测成像、精准定位与导航、动态适形调强、电阻抗功能成像、微弱光电信号检测、电化学/生化传感、无创生理信号获取及参数辨识技术、细胞组织诱导材料和植介入体的个性化设计与制造等技术。储备发展多模态融合成像、分子成像、太赫兹（THz）波检测、微流控等前沿技术。

2）共性关键技术

重点发展数字化医疗、医学虚拟现实、人机交互设计、生物医用材料加工与制备、精密制造、电磁兼容、可靠性设计等共性技术。积极推进与医疗器械发展和应用密切相关的支撑技术研究，包括工程物理技术、光学技术、无线通信技术、移动计算技术、物联网技术、先进制造技术等。

（3）产品发展重点方向

“十二五”期间，围绕重大疾病防治和临床诊疗需求，重点开发一批适宜基层的先进实用产品和主要依赖进口的中高端产品，积极发展适应医学模式转变的创新产品，显著提升医疗器械产业的市场竞争力。

在预防领域，根据预防为主、战略前移和重心下移的发展要求，重点支持血压、血糖、血脂等生理生化指标的无/微创检测产品，以及恶性肿瘤、心脑血管疾病、出生缺陷等重大疾病筛查产品，积极发展不同状态下的低负荷生理参数检测与监护设备，个人健康指标检测和功能状态评价装置，移动体检系统等产品，满足农村基层/社区和个体/家庭对预防类医疗器械的需要。

在诊断领域，针对疾病诊断无创、早期、精确、低负荷、定量化等要求的发展趋势，重点支持超导MRI、高性能彩色超声成像仪、高分辨内窥镜、多排螺旋CT、PET、PET-CT、数字化平板X射线机、低剂量数字减影血管造影（DSA）系统、高性能免疫分析系统、全自动高通量生化分析仪、高性能五分类血细胞分析仪、自动化微生物检测分析仪等重点产品、核心部件以及新型诊断试剂；积极发展生物芯片、现场快速检测仪器（POCT）、弹性超声成像等新产品，力求改变我国高端产品依赖进口、国产产品可靠性差、长期跟踪仿造的情况。

在治疗领域，根据微/无创治疗、精确治疗以及智能化、个性化等新的治疗技术发展趋势，重点支持影像导航辅助系统、实时适形调强放射治疗系统、血液透析系统、神经刺激器、高强度超声聚焦治疗系统、高频/激光等手术治疗设备、射频消融系统、新型介入支架、人工关节、骨修复材料、人工血管、口腔种植系统等重点产品；发展手术机器人、人工心脏辅助装置等产品，切实改变高性能治疗产品被国外垄断、治疗费用高的现状。

在康复领域，围绕我国“人人享有康复”的需求，根据普惠化、智能化、个性化等发展趋势，研究结构替代、功能代偿、技能训练、环境改造等技术产品，积极发展肌电及神经控制等智能假肢、人工耳蜗等智能助行/助听/助视辅具，老年人行为功能训练系统，脑卒中病人及运动功能缺失病人的康复训练系统等产品，加快智能化、低成本的先进康复辅具的研发，提高康复设备普及率。

在应急救援领域，围绕灾难医学救援、公共卫生事件应急、战创伤救治和基层医疗急救等不同需要，研发伤员搜寻、现场急救、转运救治、院内急救等应急医学救援链装备及系统，积极发展移动式重症监护救治系统、除颤仪、生命支持呼吸机、快速止血输血设备等产品，保障城乡急救体系、公共卫生应急体系建设需求。

1）基本医疗器械产品

紧密围绕基层医疗和常规诊疗需求，重点发展低成本、高性能、普惠型的数字X射线机、彩色超声成像仪、生化分析仪、血液分析仪、微生物分析仪、心电图机、监护仪、除颤仪、呼吸/麻醉机、血液净化设备等当前基层配置急需的基础装备，加快突破螺旋CT、MRI、PET-CT、内窥镜、医用加速器、免疫分析系统等主要依赖进口的中高端主流装备和血管支架、人工关节等常用高值耗材，促进普及应用。

2）新型医疗器械产品

紧密围绕疾病预防、临床诊疗、健康促进的需要，突出融合成像、无创检测、动态监测、微创治疗、精确治疗等新的技术发展方向，积极发展新型医学成像、无/微创动态生理参数检测与监护、分子生物分析仪器、现场快速检测仪器（POCT）、新型微创治疗、术中监测/定位/导航、药械结合产品、医疗机器人、新型中医诊疗等医疗器械产品和系统，以及数字医疗、远程医疗、移动医疗等新型产品，不断提高医学诊疗水平和服务能力。

**4. “十二五”重点任务布局**

“十二五”期间，力求技术突破、产品创新、能力建设和应用普及，重点实施基础装备升级、高端产品突破、前沿方向创新、创新能力提升以及应用示范工程五项任务。

（1）基础装备升级

紧密结合县级、乡镇、社区等基层医疗卫生机构建设和医疗器械配置升级的紧迫需求，重点支持一批适宜基层、高可靠性、低成本、先进实用的医疗器械产品，提高基层医疗机构装备水平和服务保障能力。

重点发展适宜基层的数字化 X 射线机、彩色超声成像仪、免疫分析仪、血液分析仪、生化分析仪、心电图机、多参数监护仪、除颤仪、呼吸/麻醉机、血液净化设备等基础装备、耗材及应用解决方案，提高产品可靠性、安全性、易用性，降低成本，满足基层医疗机构的基本装备需求；加快适宜基层的慢病筛查、全科医疗、健康管理、中医诊疗、康复保健、家庭护理等新产品的开发，以及数字化医疗、移动医疗、远程医疗等应用技术发展。

（2）高端产品突破

着力突破高端装备及核心部件国产化的瓶颈问题，实现高端主流装备、核心部件及医用高值材料等产品的自主制造，打破进口垄断，降低医疗费用，提高产业竞争力。

重点研制 64 排螺旋 CT、1.5/3.0T 超导 MRI、PET－CT、实时三维彩色超声成像仪、高清内窥镜等高端影像设备；研制全自动管式化学发光免疫分析系统、全自动高通量生化分析仪等体外诊断系统与试剂；研制影像导航辅助治疗系统、实时适形调强放射治疗系统和神经电刺激器等先进治疗装备；开发介入支架、人工关节、人工血管、骨修复材料和口腔材料等高值医用材料。重点突破超导磁体、多通道磁共振谱仪、高分辨率 PET 探测器、大热容量 CT 球管、X 射线平板探测器、超声换能器等核心部件，以及精准定位与导航技术、微弱信号检测技术、电化学/生化传感技术、可再生修复材料技术等关键技术。

（3）前沿方向创新

加强新原理、新材料、新方法和新工艺的研究，加快前沿技术突破和创新产品开发，抢占未来科技产业竞争的制高点。

积极发展多模态融合成像、分子成像、太赫兹波检测、低剂量光子探测成像、电阻抗功能成像、体内光学相干成像、超声聚焦治疗、神经接口与刺激、微弱生理信号采集、微流控和微纳制造等前沿技术；加快发展精准手术机器人、碳纳米管 CT、无创血糖、全降解血管支架、细胞组织诱导性生物材料、中枢神经再生修复材料、新型中医诊疗器械等前沿创新产品。积极推进人体传感器网络、云计算、物联网相结合的全民健康感知、管理和促进等新型服务技术的发展和应用。

（4）创新能力提升

统筹布局项目、人才、联盟、平台、基地，大力加强体制、机制和管理创新，通过产学研医技术创新联盟等多种形式，有效整合优势科技资源，系统构建国家医疗器械创新体系，大幅提升我国医疗器械行业的自主创新能力。

一是重点培养和引进一批具有世界前沿水平的战略科学家、学术带头人、高级工程技术人才和中青年专家等领军人才与创新团队。二是加强产业技术创新战略联盟的建设，建立完善重大产品、核心部件的研发联盟等。三是加强医疗器械共性技术平台建设，重点建设医用电子、医学成像、物理治疗、体外诊断、医用材料、个性化设计和制造、可靠性保障等20－30个技术研发平台，建成10个国家工程技术研究中心和国家重点实验室，加强医疗器械战略研究体系的建设。四是加强区域创新和产业化基地建设，重点推进8－10个国家科技产业基地建设。

（5）应用示范工程

以“创新发展，惠及民生”为宗旨，实施“创新医疗器械产品应用示范工程”和“数字化医疗示范工程”，加快创新医疗器械产品的应用推广，优化医疗资源配置，让科技创新成果更好地服务于医疗卫生体系建设和惠及广大人民群众。

一是实施创新医疗器械产品应用示范工程。遴选一批创新医疗器械产品，在科学评价的基础上普及推广，大力优化创新医疗器械产品的应用环境，打造创新医疗器械产品示范应用和普及推广的平台，实现创新驱动和需求拉动的合力发展。二是实施数字化医疗示范工程。在大型综合性医院、专科医院以及不同区域建设一批大型数字化医院和区域医疗服务协同示范工程，提高医疗机构的诊疗水平和服务能力，促进不同医疗机构间的医疗信息共享、协同医疗和整合服务。

## 14.2 工信部医药工业“十二五”发展规划主要内容

医药工业是关系国计民生的重要产业，是培育发展战略性新兴产业的重点领域，主要包括化学药、中药、生物技术药物、医疗器械、药用辅料和包装材料、制药设备等。“十一五”期间，我国医药工业快速发展，在保护和增进人民健康、应对自然灾害和公共卫生事件、促进经济社会发展等方面发挥了重要作用。为更好地满足人民群众日益增长的健康需要，落实深化医药卫生体制改革任务，加快结构调整和转型升级，促进医药工业由大变强，根据《国民经济和社会发展第十二个五年规划纲要》、《中共中央国务院关于深化医药卫生体制改革的意见》、《国务院关于加快培育和发展战略性新兴产业的决定》和《工业转型升级规划（2011—2015年）》，编制本规划。规划期为2011～2015年。

**1. 指导思想、基本原则和发展目标**

（1）指导思想

以邓小平理论和“三个代表”重要思想为指导，深入贯彻落实科学发展观，以转变发展方式为主线，以结构调整和转型升级为主攻方向，加强自主创新，大力发展生物医药，改造提升传统医药，增强产业核心竞争力和可持续发展能力，深化医药卫生体制改革，加快建立以国家基本药物制度为基础的药品供应保障体系，不断满足人民群众日益增长的健康需求，促进我国医药工业由大到强的转变。

（2）基本原则

坚持发挥市场机制作用与加强政策引导相结合。发挥市场配置资源的基础作用，规范市场秩序，促进公平竞争和优胜劣汰。加强和创新医药行业管理，发挥行业规划、产业政策、招标采购、质量监管以及价格等政策的引导和调控作用。

坚持技术创新与技术改造相结合。把技术创新作为医药工业结构调整的关键环节，切实提高企业创新能力，大力推动新产品研发和产业化。鼓励企业采用新技术、新工艺、新装备进行技术改造，不断提升医药工业生产技术水平。

坚持立足国内市场与国际化发展相结合。把握国内疾病防治形势，大力发展适应临床需求的医药产品，为人民群众生命健康提供保障。加快医药生产与国际接轨，推动有条件的企业“走出去”，带动医药产业转型升级。

**2. 重点领域**

抓住国内外医药需求快速增长和全球市场结构调整的重大机遇，落实培育和发展战略性新兴产业的总体要求，大力发展生物技术药物、化学药新品种、现代中药、先进医疗器械、新型药用辅料包装材料和制药设备，加快推进各领域新技术的开发和应用，促进医药工业转型升级和快速发展。

针对需求量大、应用面广的医学影像设备、体外诊断仪器、急救及外科手术设备、专科医疗设备等，大力推进核心部件、关键技术的开发，提高设备的国产化水平。发展基层医疗卫生机构及家庭用普及型医疗器械，提高产品的可靠性、安全性和数字化、信息化水平。大力发展人工器官、组织工程产品以及体内植入物和治疗用医用材料，提高生物医学材料发展水平。

**专栏 4：医疗器械产品和技术发展重点**

（1）产品医学影像设备：重点开发数字化 X 射线机、多层螺旋 CT 机、超导磁共振成像系统、核医学影像设备、超声成像设备、医学影像后处理与分析系统等。体外诊断仪器及试剂：重点开发用于血细胞、生化、免疫、基因、蛋白质、药敏等分析的自动化临床检测系统及配套试剂。急救及外科手术设备：重点开发普外及专科手术室成套设备和高性能麻醉工作站、无创呼吸机、除颤器、起搏器、高分辨率的软硬内窥镜系统、手术显微系统、电外科手术设备、外科动力系统等。专科用医疗设备：重点开发介入治疗、放疗、心脑血管治疗、口腔治疗、眼科治疗、血液净化、超声治疗等设备。基层医疗卫生机构及家庭用普及型医疗器械：重点开发安全性和可靠性高，应用数字化和信息化技术的普及型医疗器械。康复医疗器械：重点开发人工耳蜗、助听器、智能康复辅具、智能康复训练系统等。人工器官和组织工程产品：重点开发人工心脏辅助系统、氧合器、透析器、血浆分离器、人工骨、眼科植入物、组织工程皮肤和软骨等。体内植入物和治疗用医用材料：重点开发心血管系统植入物、诊断治疗用导管和医用粘接剂等。

（2）技术重点开发医学影像设备所需的数字化探测器、高频 X 线发生器、超声探头、超导磁体、X 线球管等关键技术部件，医用影像的数据采集、后处理和分析技术，微系统和医用传感器，体外诊断仪器所需的光谱分析、流式细胞分析等技术，植入、介入、人工器官和组织工程产品制备技术、表面改性技术以及相应的生物医学材料等。

## 14.3 国家药监局国家药品安全“十二五”规划主要内容

**1. 指导思想、基本原则与发展目标**

（1）指导思想。

以邓小平理论和“三个代表”重要思想为指导，深入贯彻落实科学发展观，结合深化医药卫生体制改革，全面提高药品标准，进一步提高药品质量，完善药品监管体系，规范药品研制、生产、流通和使用，落实药品安全责任，加强技术支撑体系建设，提升药品安全保障能力，降低药品安全风险，确保人民群众用药安全。

（2）基本原则。

坚持安全第一，科学监管。以确保人民群众用药安全为根本目的，以提高药品标准和药品质量为工作重心，完善监管体制，创新监管机制，依法科学实施监管。

坚持从严执法，规范秩序。建立健全科学、公正、公开、高效的药品安全执法体系，严厉打击制售假劣药品行为，严肃追究药品安全责任，促进药品市场秩序和安全形势持续向好。

坚持强化基础，提升能力。加强药品安全保障基础建设，健全药品监管技术支撑体系，充实监管力量，提升队伍素质，提高监管效能。

坚持统一协调，分工负责。强化各级政府药品安全责任，落实部门职责分工，建立统一协调的部门联动机制，联合执法，齐抓共管，实现药品安全各领域、各环节的全面有效监管。

（3）发展目标。

总体目标：经过5年努力，药品标准和药品质量大幅提高，药品监管体系进一步完善，药品研制、生产、流通秩序和使用行为进一步规范，药品安全保障能力整体接近国际先进水平，药品安全水平和人民群众用药安全满意度显著提升。

规划指标：无菌和植入性医疗器械生产100%符合《医疗器械生产质量管理规范》要求。

**2. 主要任务与重点项目**

（1）全面提高国家药品标准

实施国家医疗器械标准提高行动计划。优先提高医疗器械基础通用标准，提高高风险产品及市场使用量大产品的标准。加强医疗器械检测技术和方法研究，增强标准的科学性。加快医疗器械标准物质研究和参考测量实验室建设。

制修订药品、医疗器械标准管理办法，健全药品、医疗器械标准制定、修订、发布、实施、废止程序，建立标准评估、淘汰机制。加强医疗器械标准管理机构建设。建立政府主导，企业、检验机构、高校和科研机构共同参与的标准提高机制，引导和鼓励企业通过技术进步提升质量标准。

| 专栏一：国家药品、医疗器械标准提高行动计划 |
| --- |
| 完善医疗器械标准：完成医用电气设备标准150项、无源医疗器械产品标准250项、诊断试剂类产品标准100项。完成对医用电气设备通用安全性标准（第三版）、电磁兼容标准的制（修）订工作。完善标准物质研究工作机制，研制15项医疗器械标准物质。 |

（2）强化全过程质量监管。

加强医疗器械临床试验管理，制订质量管理规范。加强医疗器械产品注册技术审查指导原则制订工作，统一医疗器械审评标准，提高审评能力。

完善医疗器械质量管理体系，编制重点品种医疗器械质量管理规范实施指南。加强对药品、医疗器械生产企业执行生产质量管理规范情况的经常性检查，建立和完善进出口医疗器械分类管理、出入境验证和风险管理制度。

制订实施高风险医疗器械经营质量管理规范，提高医疗器械经营企业准入门槛，完善退出机制。

加强在用医疗器械监管工作，完善在用医疗器械管理制度。

（3）健全药品检验检测体系。

提高医疗器械检测能力，重点提高植入性医疗器械等高风险产品和电气安全、电磁兼容、生物安全性的检测能力。加强医疗器械检测机构资格认可和监督评审，建立退出机制。到“十二五”末，国家级医疗器械检测机构具备对所有归口产品的检测能力，省级医疗器械检测机构具备对95%以上常用医疗器械的检测能力。

（4）提升药品安全监测预警水平。

加强基层药品不良反应监测，健全重点监测与日常监测相结合的监测机制，强化对药品不良反应和医疗器械不良事件的评价与预警。完善药品安全新闻发布制度，及时发布药品安全预警信息。

加强特殊药品滥用监测。完善监测网络和制度，建立敏感人群用药调查监测机制，为特殊药品监管提供技术服务和保障。

健全药品上市后再评价制度。开展药品安全风险分析和评价，重点加强基本药物、中药注射剂、高风险药品的安全性评价。完善药品再评价的技术支撑体系。经再评价认定疗效不确切、存在严重不良反应、风险大于临床效益危及公众健康的药品，一律注销药品批准证明文件。建立医疗器械再评价制度，组织开展高风险医疗器械再评价工作。

| 专栏二：药品上市后不良反应监测和安全性再评价工程 |
| --- |
| 医疗器械不良事件监测与再评价：选取100个品种，开展重点监测，制订监测技术规范，完成上市后安全风险分析报告。<br>健全药品医疗器械监测机构：加强市级和县级监测机构建设。药品不良反应病例县（市、区）报告比例达到80%以上，药品不良反应报告数达到400份/百万人。医疗器械不良事件县（市、区）报告比例达到70%以上，医疗器械不良事件报告数达到100份/百万人。 |

（5）完善药品安全应急处置体系。完善药品、医疗器械突发事件应急预案，规范处置程序。强化应急平台、应急检验等技术支撑体系建设，加强国家药品安全应急演练基地和国家食品药品监督管理局投诉举报中心建设，强化应急管理培训，提高应急处置能力和水平。健全重大突发事件应急药品扩产改造和申报审批工作机制，保障应急药品的及时有效供应。

| 专栏三：应急管理体系建设工程 |
| --- |
| 应急演练基地建设：加强国家级药品、医疗器械安全应急演练基地建设，开展应急知识和技能培训，组织应急演练。<br>配备应急处置装备：为国家级、省级应急队伍配备必要的应急装备。 |

（6）加强药品监管基础设施建设。加快实施药品安全基础设施建设工程，加强技术审评、检查认证、监测预警基础设施建设，进一步改善国家、省、市三级药品检验机构实验室条件，加强省级医疗器械检测中心基础设施建设。按标准建设药品行政监管机构办公业务用房，配备执法装备。加快推进药品快速检验技术在基层的应用，配置快速检验设备。

| 专栏四：药品安全基础设施建设工程 |
| --- |
| 加强基础设施建设：加强药品行政监管机构业务用房建设，改善国家、省级（含口岸）、市级药品检验机构实验室条件，配备检验设备，提升基层快速检验能力。建设省级医疗器械检测机构、市级药品不良反应监测机构基础设施。<br>加强执法装备配备：按照配备标准，为市、县两级药品行政监管机构配备必要的执法装备。 |

（7）加快监管信息化建设。推进国家药品电子监管系统建设，完善覆盖全品种、全过程、可追溯的药品电子监管体系。整合信息资源，统一信息标准，提高共享水平，逐步实现国家药品电子监管系统与有关部门以及企业信息化系统对接。采取信息化手段实现药品研究和生产过程的非现场监管。建立健全医疗器械监管信息系统，启动高风险医疗器械国家统一编码工作。完成国家药品监管信息系统一期工程，启动二期工程建设。

| 专栏五：国家药品监管信息系统二期工程 |
| --- |
| 应用平台建设：扩建行政执法、监测分析、政务公开、社会应急、内部管理等五类应用平台，建设数据中心，增建辅助决策信息平台。<br>信息系统建设：建立药物非临床研究、药物临床试验、药品生产质量管理监管信息系统，开展广告监督、医疗机构合理用药监督、药品安全性评估以及医疗器械监管试点。<br>信息资源安全建设：完善药品监管信息资源保障和配套环境建设。 |

（8）提升人才队伍素质。制订药品监管中长期人才发展规划，建立严格的人员准入、培训和管理制度。加强药品监管部门专业技术人员培训，加快高层次监管人才和急需紧缺专门人才培养，形成一支规模适当、结构合理、素质优良的药品监管专业队伍。建设国家食品药品监督管理局高级研修学院，逐步形成国家和省两级培训架构，建设覆盖全系统的网络教育培训平台。加强药品监管部门领导干部和基层一把手培训，提高监管水平。到“十二五”末，各级药品监管队伍大学本科以上学历人员达到75%以上，药学、医疗器械、医学、法学等相关专业人员达到75%以上。

| 专栏六：人才队伍素质提高工程 |
| --- |
| 人才队伍基础工程：加强国家食品药品监督管理局高级研修学院基础设施建设。分批确认符合条件的机构作为全国食品药品监管系统干部教育培训基地。建设药品监管学科、课程、师资、网络培训体系。<br>专业技术人员培训工程：加强技术审评、检查认证、检验检测、监测预警、应急管理、政策研究队伍建设和人员培训，完成新一轮省、市两级技术支撑机构主要负责人国家级轮训。<br>行政监管人员培训工程：完成新一轮省级食品药品监管机构领导班子成员和市、县两级行政监管机构主要负责人国家级轮训。 |

## 14.4 卫生部卫生事业发展“十二五”规划

**1. 指导思想、基本原则和主要目标**

（1）指导思想。

以邓小平理论和“三个代表”重要思想为指导，深入贯彻落实科学发展观，以维护人民健康为中心，以深化医药卫生体制改革为动力，坚持卫生事业的公益性，坚持预防为主、以农村和基层为重点、中西医并重、依靠科技与人才，保基本、强基层、建机制，转变卫生发展方式，把基本医疗卫生制度作为公共产品向全民提供，促进卫生事业与经济社会协调发展，不断提高人民群众的健康水平。

（2）基本原则。

——坚持统筹兼顾。统筹公共卫生、医疗服务、医疗保障、药品供应保障四个体系，加快推进基本医疗卫生制度建设；统筹城乡、区域卫生事业发展，不断缩小人群之间卫生服务利用和健康水平差异。坚持中西医并重，充分发挥中医药特色优势。

——坚持科学发展。平衡局部利益与整体利益、当前利益与长远利益，推动卫生发展方式从注重疾病治疗向注重健康促进转变，从注重个体服务向注重家庭和社会群体服务转变；优化资源配置，重点发展公共卫生、基层卫生等薄弱领域及医学模式转变要求的新领域，实现医疗卫生工作关口前移和重心下沉。

——坚持政府主导、全社会参与。强化政府保障基本医疗卫生服务的主导地位，加大投入力度；广泛动员社会力量参与，加快形成多元化办医格局；切实调动医务人员的积极性，充分发挥其改革主力军作用；通过健康教育等多种方式积极引导广大群众形成健康的生活方式，促进健康产业发展。

——坚持强化能力建设。以医药卫生人才队伍和信息化建设为战略重点，强化人才资源是第一资源的理念，加快实施人才强卫战略，改革人才培养和使用体制机制，优先培育高素质卫生人才；大力加强信息化建设，提升医疗卫生服务能力和管理水平。

（3）发展目标。

到2015年，初步建立覆盖城乡居民的基本医疗卫生制度，使全体居民人人享有基本医疗保障，人人享有基本公共卫生服务，医疗卫生服务可及性、服务质量、服务效率和群众满意度显著提高，个人就医费用负担明显减轻，地区间卫生资源配置和人群间健康状况差异不断缩小，基本实现全体人民病有所医，人均预期寿命在2010年基础上提高1岁。

——分工明确、信息互通、资源共享、协调互动的公共卫生服务体系基本建立，促进城乡居民享有均等化的基本公共卫生服务。

——规范有序、结构合理、覆盖城乡的医疗服务体系基本建立，为群众提供安全、有效、方便、价廉的基本医疗服务。

——以基本医疗保障为主体、其他多种形式补充医疗保险和商业健康保险为补充、覆盖城乡居民的多层次医疗保障体系基本建立，个人医药费用负担进一步减轻。

——以国家基本药物制度为基础的药品器械供应保障体系进一步规范，确保基本药物安全有效、公平可及、合理使用。

——支撑卫生事业全面、协调、可持续发展的各项体制机制更加健全，有效保障医药卫生体系规范运转。

**2. 加快医药卫生体系建设**

（1）加强公共卫生服务体系建设。

加强重大疾病防控体系建设。开展重点疾病监测，加强传染病网络直报系统建设和管理，完善疾病监测系统和信息管理制度。建立覆盖城乡的慢性病防控体系。建立健全覆盖城乡、功能完善的重性精神疾病管理治疗网络。加强疾病防控实验室检测网络系统建设。建立传染病实验室质量管理体系。落实疾病预防控制机构人员编制，优化人员和设备配置，重点支持中西部地区提高工作能力。

完善卫生监督体系。加强基层卫生监督网络建设。加强卫生监督监测能力建设，完善监测网络直报系统。建立健全食品安全风险监测评估预警、食品安全标准和事故应急处置与调查处理体系。充分利用现有资源，建立比较完整的职业病防治体系，提高防治能力。加强环境卫生、放射卫生、学校卫生、传染病防治、医疗执法等卫生监督能力建设。

加强妇幼卫生和健康教育能力建设。加强市、县级妇幼保健机构能力建设。建立健全省、市、县三级健康教育工作网络，重点加强省、市级健康教育能力建设，提升乡镇卫生院、社区卫生服务中心健康教育能力，完善健康素养监测体系。

加快突发公共事件卫生应急体系建设。完善突发公共卫生事件综合监测预警制度，建立风险评估机制。加强国家级、省级紧急医学救援和实验室应急检测能力建设，支持中西部地区加强卫生应急队伍建设，到2015年，形成指挥统一、布局合理、反应灵敏、运转高效、保障有力的突发公共事件卫生应急体系。加强院前急救体系建设，重点提高农村地区急救医疗服务能力。

加强采供血服务能力建设。完善无偿献血服务体系，加强血站血液安全保障能力建设，积极推进血站核酸检测工作，提高血站实验室检测能力。到2015年，血液筛查核酸检测基本覆盖全国。

建立专业公共卫生机构、城乡基层医疗卫生机构和医院之间分工协作的工作机制，确保信息互通和资源共享，实现防治结合。加强专业公共卫生机构对医院和基层医疗卫生机构开展公共卫生服务的指导、培训和监管。通过多种措施，增强医院公共卫生服务能力，提高公共卫生机构的医疗技术水平。

**专栏2 公共卫生服务体系建设重点工程**

重大疾病防控体系建设：一是针对严重威胁群众健康的传染病、地方病等重大疾病，加强防控能力建设，支持承担重大疾病防控任务的各级公共卫生机构建设；二是重点加强国家级鼠疫菌毒种保藏中心建设。

卫生监督体系建设：支持基层卫生监督机构业务用房建设和基本设备购置。完善饮用水卫生监测网络。

农村急救体系建设：改扩建县级急救机构业务用房，配置必要的急救设备和救护车。进一步完善突发公共卫生事件应急救治网络。

食品安全风险监测体系建设：为省级、地市级疾病预防控制机构配置实验室检验检测设备。

（2）加强医疗服务体系建设。

优化配置医疗资源。坚持非营利性医疗机构为主体、营利性医疗机构为补充，公立医疗机构为主导、非公立医疗机构共同发展，以群众实际需求为导向编制区域卫生规划和医疗机构设置规划，按人口分布和流动趋势调整医疗资源布局与结构，合理确定公立医院功能、数量、规模、结构和布局。遏制公立医院盲目扩张，每千常住人口医疗卫生机构床位数达到4张的，原则上不再扩大公立医院规模。切实保障边远地区、新区、郊区、卫星城区等区域的医疗资源需求，重点加强儿科、妇产、精神卫生、肿瘤、传染病、老年护理、康复医疗、中医等领域的医疗服务能力建设，新增医疗卫生资源重点投向农村和城市社区等薄弱环节，保证基本医疗服务的可及性。大力发展康复医院、护理院（站）等延续性医疗机构，提高康复医学服务能力和护理水平，到2015年，初步实现急慢分治。加强妇幼医疗服务体系建设，提高妇女儿童医疗服务水平。严格控制大型医疗设备配置，鼓励共建共享，提高医疗卫生资源利用效率。引导患者合理就医，保障群众就近获得高质量的医疗服务。

大力发展非公立医疗机构。在区域卫生规划和医疗机构设置规划中，为非公立医疗机构留出足够空间。需要调整和新增医疗卫生资源时，在符合准入标准的条件下，优先考虑社会资本。放宽社会资本举办医疗机构的准入范围，鼓励有实力的企业、慈善机构、基金会、商业保险机构等社会力量及境外投资者举办医疗机构，鼓励具有资质的人员（包括港、澳、台地区人员）依法开办私人诊所。公立医院资源丰富的城市，可引导社会资本以多种方式参与包括国有企业所办医院在内的部分公立医院改制重组，积极稳妥地把部分公立医院转制为非公立医疗机构，适度降低公立医院的比重，促进公立医院合理布局，形成多元化办医格局。到2015年，非公立医疗机构床位数和服务量均达到医疗机构总数的20%左右。

加强农村三级卫生服务网络建设。优先建设发展县级医院，提高服务能力和水平，使90%的常见病、多发病、危急重症和部分疑难复杂疾病的诊治、康复能够在县域内基本解决。继续加强乡镇卫生院和村卫生室建设。积极推进乡镇卫生院和村卫生室一体化管理。到2015年，基本实现每个乡镇有1所政府举办的卫生院，每个行政村有村卫生室，提高乡、村卫生机构设备配备水平。

完善以社区卫生服务为基础的城市医疗卫生服务体系。进一步健全社区卫生服务体系，充分利用社区综合服务设施，继续加强社区卫生服务中心（站）能力建设，完善社区卫生服务功能，逐步建立社区首诊、分级诊疗和双向转诊制度。到2015年，努力建成机构设置合理、服务功能健全、人员素质较高、运行机制科学、监督管理规范的社区卫生服务体系，原则上每个街道办事处或3万－10万居民设置1所社区卫生服务中心；建立起社区卫生服务机构与大医院、专业公共卫生服务机构上下联动、分工明确、协作密切的城市医疗卫生服务体系。

加强区域医学中心和临床重点专科能力建设。充分利用现有资源，在中央和省级可以设置少量承担医学科研、教学功能的医学中心或区域医疗中心。加强业务用房短缺、基础设施较差的地市级综合医院建设。加强临床重点专科建设，支持薄弱和急需医学学科发展，提升医疗技术水平和临床服务辐射能力。

加强城乡医院对口支援。继续实施以“万名医师支援农村卫生工程”为主要形式的城乡医院对口支援。组织协调东西部地区医院省际对口支援。巩固完善城市三级医院与县级医院间的对口支援和协作关系。开展二级以上医疗机构对口支援乡镇卫生院工作，建立城市医院支农的长效机制。落实城市医院医生晋升中高级职称前到农村服务1年以上的政策。加强对口支援的管理和考核评估，调动支援医院和受援医院双方的积极性，建立合作双赢的运行机制。

**专栏 3 医疗服务体系建设重点工程**

地市级综合医院建设：支持业务用房短缺、基础设施较差的地市级综合医院业务用房建设和设备配置。

临床重点专科建设：支持国家级、省级和地市级临床重点专科建设。

儿童医疗服务体系建设：加强省级妇儿专科医院建设。支持省、地市级医院儿科（专科医院）以及县级医院妇儿科建设。

完善基层医疗卫生服务体系：一是支持县级医院、乡镇卫生院改善基础设施条件；二是为边远贫困地区配置流动医疗服务车，并装备基本医疗、急救设施设备等。

（3）健全医疗保障体系。

加快建立和完善覆盖城乡居民的多层次医疗保障体系。逐步提高政府对新农合和城镇居民医保的补助标准，到2015 年，达到每人每年360 元以上，个人缴费水平相应提高。逐步提高基本医疗保险最高支付限额和费用支付比例。做好职工医保、城镇居民医保和新农合待遇水平的衔接，三项基本医保政策范围内住院费用支付比例均达到75%左右，明显缩小与实际支付比例的差距。普遍开展城镇居民医保、新农合门诊医疗费用统筹，支付比例提高到50%以上，稳步推进职工医保门诊统筹。坚持城乡统筹，逐步提高统筹层次，缩小城乡、地区间保障水平差距，落实医疗保险关系转移接续办法，有条件的地区探索建立城乡统筹的居民基本医保制度。

继续巩固发展新农合制度，参合率保持在95%以上，建立长期稳定的筹资增长机制，不断提高新农合筹资水平，逐步缩小城乡医保筹资水平和保障水平的差距，为实现城乡统一的医疗保障制度奠定基础。逐步扩大保障范围，到2015 年，实现普通门诊统筹全覆盖。扩大大额门诊慢性病、特殊病种补偿的病种范围。继续开展重大疾病保障工作，在全国全面推开提高儿童白血病和先天性心脏病、尿毒症等大病医疗保障水平工作，将肺癌等大病纳入保障和救助试点范围，并适当扩大病种，提高补偿水平。

进一步完善职工医保和城镇居民医保制度，巩固扩大覆盖面，逐步提高保障水平。进一步完善城乡医疗救助制度，全面提高医疗救助水平，对救助对象参保及其难以负担的医疗费用提供补助，筑牢医疗保障底线。

探索建立重特大疾病保障机制，切实解决重特大疾病患者的因病致贫问题。积极开展城乡居民大病保险工作，利用基本医保基金向商业保险机构购买大病保险，减轻参保（合）人的高额医疗费用负担。发挥基本医保、大病保险、医疗救助、多种形式补充保险和公益慈善的协同互补作用，统筹协调基本医保、大病保险和商业健康保险政策，有效提高保障水平。

加强基本医保基金监管，健全管理经办机构。规范基金管理，控制基金累计结余率，提高基金使用效果，确保基金安全。建立医疗费用全国异地协查机制，全面实现统筹区域内和省内医疗费用异地即时结算，初步实现跨省医疗费用异地即时结算。积极探索委托具有资质的商业保险机构经办各类医疗保障管理服务。

全面推进支付方式改革，结合基金收支预算管理和疾病临床路径管理，在全国范围内积极推行按病种付费、按人头付费、总额预付等多种支付方式。鼓励优先使用基本医保药品目录内药品，建立医保对医疗费用增长的制约机制，控制医药费用不合理增长。

积极发展商业健康保险，完善补充医疗保险制度。完善商业健康保险产业政策，鼓励商业保险机构发展基本医保之外的健康保险产品，满足多样化的健康需求。鼓励企业、个人参加商业健康保险及多种形式的补充保险。

# 15 2012 年《中华医学杂志》刊载医疗器械技术专业文章摘要

## 胸部 CT 联合 VEGF—C 检测在 NSCLC 肺门和纵隔淋巴结转移诊断中的价值

李少雷 郑庆锋 陈晋峰 吴楠 阎石 王宇昭 吕超 张力建 杨跃

**【摘要】** 目的观察胸部增强计算机断层显像（CT）联合血管内皮生长因子 C（VEGF—C）的表达检测对肺门和（或）纵隔淋巴结转移的诊断价值。方法 2008 年 3 月至 2010 年 3 月北京大学肿瘤医院胸外二科 87 例非小细胞肺癌（NSCLC）患者，术前行胸部增强 CT 扫描，并接受标准肺癌根治手术及系统性淋巴结清扫，术后病理检查为判断淋巴结是否转移金标准。术后采用免疫组化方法检测 VEGF—C 在癌组织中的表达。回顾性分析 CT 和 VEGF—C 对淋巴结转移的预测作用，并比较其灵敏度、特异度和准确性等。结果对淋巴结转移的诊断，CT 的灵敏度为 75.0%，特异度为 59.6%，准确性 66.7%。肺癌组织中 VEGF—C 的表达阳性率为 78.2%（68/87），其中强阳性占 13.8%（12/87），其对淋巴结转移的诊断灵敏度为 97.5%，特异度为 38.3%，准确性为 65.5%。当 CT 联合 VEGF. C 诊断时，其灵敏度为 80.0%，特异度为 70.2%，准确性为 74.7%。结论 CT 检查联合 VEGF—C 表达检测能提高 NSCLC 肺门及纵隔淋巴结转移诊断的特异性和准确性，优于 CT 或 VEGF. C 单独应用，提示应用 CT 扫描进行临床 N 分期时，如能同时对癌组织进行 VEGF—C 检测，可能会提高分期的准确性。

**【关键词】** 体层摄影术，x 线计算机；血管内皮生长因子 C；癌，非小细胞肺
中华医学杂志第 92 卷 37 期

## 磁共振氢质子波谱评价阿尔茨海默病的价值

张炜 王培军

**【节选】** 阿尔茨海默病（Alzheimer7S disease，AD）亦称老年性痴呆，是以进行性痴呆为特征的大脑退行性疾病。该病常见于老年人，其发病率随年龄增长而逐渐上升，65～74 岁发病率为 3.0%，75～84 岁为 18.7%，85 岁以上为 47.2%。预计到 2025 年全球将有 2200 万 AD 患者，到 2050 年 AD 患者将增加到 4500 万，AD 在发达国家已经成为仅次于心血管病、肿瘤和卒中而位居第 4 位的致死原因。目前我国 60 岁以上老年人中 AD 患者人数已达 300—400 万，其带来的巨大社会负担，已成为不可忽视的公共卫生问题，因而对 AD 的研究已成为目前老年性疾病的研究热点之一。近年来神经影像学的迅速发展促使医疗成像模式发生了巨大的变化，磁共振波谱（magnetic resonance spectroscopy，MRS）作为一种无创性研究活体组织器官代谢物水平变化的影像方法，为 AD 的早期诊断及治疗后疗效的评估带来了希望。

中华医学杂志第 92 卷 9 期

## 射频消融治疗中晚期肝细胞癌患者疗效及影响因素分析

吴洁 陈敏华 严昆 吴薇 杨薇

**【摘要】** 目的评价超声引导经皮射频消融（RFA）治疗中晚期肝细胞癌（HCC）的疗效，并分析影响预后因素。方法 2000 年 7 月至 2011 年 6 月在北京大学肿瘤医院行超声引导下 RFA 并长期随访的 90 例非手术

适应期中晚期 HCC 患者为对象，男 78 例，女 12 例，年龄 24—87（59±12）岁，Ⅲ期 80 例，Ⅳ期 lO 例。肿瘤大小（直径）1.5—8.0（4.5±1.4）cm；>3.0 cm 肿瘤 73 例（81.1%）；多发（2—4 灶）肿瘤 31 例（34.4%）；肝功能 Child - Pugh B、C 级 32 例（35.6%）。RFA 后规律随访，用增强 CT 结合甲胎蛋白（AFP）评价疗效。影响预后的单因素分析采用 Kaplan. Meier 方法及 Log. rank 检验，多因素分析采用 Cox 逐步回归方法。P<0.05 为差异有统计学意义。结果肿瘤彻底灭活率 90.9%（120/132 灶），严重并发症 2 例（2.2%），无相关死亡病例。随访 3—129 个月，局部复发率 15.2%（20/132 灶），1、3、5 年总生存率分别为 83.3%、48.3%、21.9%，中位生存期 35 个月，平均（46 4 -6）个月。单因素分析显示 Child - Pu【sh A 级、肿瘤≤3.0 cm、应用超声造影（CEUS）、行规范化治疗、初次治疗获彻底灭活、肿瘤无复发新生的患者生存率更高，差异有统计学意义（P<0.05）；多因素分析肝功能分级及规范化治疗为独立预后因素（P=0.OOl，P<0.001）。结论中晚期 HCC RFA 治疗需重视 CEUS 检查指导并采取规范化治疗，初次治疗使肿瘤彻底灭活，重视保肝治疗等因素有助于延长生存期。

【关键词】癌，肝细胞；治疗结果；预后；射频消融
中华医学杂志第 92 卷 11 期

## 自体 CIK 细胞回输在 TACE 联合射频消融治疗肝细胞癌患远期生存中的作用及预后分析

王健鹏　李旺　黄子林　吴沛宏　李西山　魏元东　周启明　潘长穿　夏建川　赵明

【摘要】目的观察自体细胞因子诱导的杀伤（CIK）细胞回输治疗在肝动脉化疗栓塞（TACE）联合射频消融（RFA）序贯治疗肝细胞癌（HCC）中的临床获益情况并进行相关因素分析。方法收集 2004 年 9 月 1 日至 2006 年 12 月 31 日在中山大学肿瘤防治中心影像介入中心就诊的 95 例 HCC 患者，接受 TACE 联合 RFA 治疗，在临床评价获得完全缓解的患者中，48 例接受 6 次以上的 CIK 回输治疗（研究组），其余 47 例不接受其他治疗（对照组）。随访期限不少于 3 年，首要观察终点为患者的生存期限（0s）；次要观察终点为无疾病生存期（DFS）。结果共有 76 例患者完成全部治疗及随访（研究组 38 例，对照组 38 例），平均随访时长 44 个月（10~88 个月）。两组患者未出现因治疗死亡病例和严重并发症。研究组 DFS 为 1、2 及 3 年的比例为 79%、26% 及 16%，中位 DFS 为 28 个月，平均为 32 个月（9~58 个月）；对照组相应数据为 71%、21% 及 8%，中位 DFS 为 22 个月，平均 23 个月（6~53 个月），两组比较差异有统计学意义（P=0.001）。生存期限，研究组中位牛存期为 38 个月，平均生存期为 42 个月（12~88 个月），1、3 及 5 年生存率分别为 92%、53% 及 26%；对照组为 35、37 个月（10~71 个月），89%、42%、24%，两组比较差异无统计学意义（P=0.099）。美国东部肿瘤协作组（ECOG）评分、治疗方式和乙肝病毒（HBV）感染是影响 DFS 的预后因素；影响 0s 的预后因素仅有 ECOG 评分。结论在 TACE 联合 RFA 的序贯治疗模式基础之上再联合 CIK 细胞回输治疗 HCC，延长了 DFS，减少复发 HCC 的 TACE 和消融治疗干预次数。

【关键词】肝肿瘤；细胞因子诱导杀伤细胞；化学栓塞，治疗性；射频消融
中华医学杂志第 92 卷 43 期

## 小儿常见血液病的骨髓 MRI 与磁共振氢质子波谱分析

徐丽　陈裕　马言旭　何家维　严志汉　叶信健　白光辉　张弦　虞志康

【摘要】目的探讨小儿常见血液病骨髓受侵的 MRI 与磁共振氢质子波谱（1H. MRS）表现。方法收集温州医学院附属第二医院 2007 年 9 月至 2010 年 9 月儿童血液科收治的初发血液病 35 例，年龄 2—14 岁，男 16 例、女 19 例，包括经骨髓穿刺活检证实的急性白血病 26 例、再生障碍性贫血 6 例、其他类型长期贫血 3 例

（地中海贫血2例、自身免疫性溶血性贫血1例）及正常对照组30名，均行腰椎、髂骨骨髓MRI及1 H—MRS检查。扫描序列包括T，WI、T：WI、脂肪抑制短时反转恢复脉冲序列（STIR）及1H—MRS。分析各组椎体、髂骨的骨髓信号及波谱特征，计算感兴趣区相对脂肪含量（FF%）。结果所有病例依据骨髓增生状态分为2种类型：I型骨髓增生活跃型29例（包括急性白血病及其他类型长期贫血），表现为T，wI呈均匀低信号，T2WI呈均匀等低信号，STIR呈均匀高或稍高信号，1H. MRS特征为水峰高耸，脂峰低平或消失；急性白血病组L4椎体FF%值为0%，左侧髂骨FF%值0%，其他类型长期贫血组L4椎体FF%值为5.02%，左侧髂骨FF%值为3.70%。1I型骨髓增生抑制型6例（再生障碍性贫血），表现为T，WI呈均匀或不均匀高信号，T：WI呈均匀或不均匀高信号，STIR呈均匀或不均匀低信号，1H—MRS特征为脂峰高耸，水峰低平或消失；L4椎体FF%值74.69%，左侧髂骨FF%值91.5l%。结论骨髓MRI及1 H. MRS可作为评价d，JL常见血液病骨髓增生状态的无创伤检查方法。

**【关键词】**磁共振波谱学；白血病；贫血，再生障碍性
中华医学杂志第92卷9期

## 早期乳腺癌微钙化的超声检测价值及其与病理相关性分析

韩秀婕　任俊红　马娜　谭庆婷　王思宇

**【摘要】**目的探讨超声对早期乳腺痛微钙化的检测作用及其与病理的相关性。方法收集卫生部北京医院2005年9月至2011年5月经病理证实的早期乳腺癌165例患者178个病灶，其中原位癌和微浸润癌32例39个病灶（I组），TMN分期I期浸润性乳腺癌133例139个病灶（Ⅱ组），均经超声检查并记录病灶有无微钙化，分析超声检测早期乳腺癌微钙化敏感性及其与其病理类型和分化级别相关性。结果超声对早期乳腺癌微钙化检测敏感性为81，6%，I、Ⅱ组问微钙化的检出差异无统计学意义（P＝0.217）；Ⅱ组早期乳腺癌微钙化在不同病理类型间差异无统计学意义（P＞0.05），二组病灶微钙化与病理分化级别差异均无统计学意义（I组：P＝0.202，1I组：P＝0.415）；I组超声表现为实性肿块病灶的微钙化与其病理分化级别间差异有统计学意义（P＝0，029）。结论超声对早期乳腺癌微钙化的检测具有较高的敏感性和诊断价值，超声对早期乳腺癌微钙化的检测与其病理分化关系不密切。

**【关键词】**乳腺肿瘤；钙质沉着症；超声检查；病理学
中华医学杂志第92卷33期

## 超声引导下髂腹股沟及髂腹下神经阻滞在小儿麻醉中的应用

南洋　周俊　马千　李挺　连庆泉　李军

**【摘要】**目的评价超声引导下髂腹股沟/髂腹下神经阻滞在小儿腹股沟区手术中的应用效果。方法经医院伦理委员会审核通过，选取2010年7—9月间在温州医学院附属第二医院行单侧腹股沟区手术患儿100例，美国麻醉医师协会（ASA）I级、年龄4—8岁，按随机数余数分组法分为超声组（u组）和传统组（T组），每组50例，均采用七氟烷一笑气诱导并维持、喉罩一自主呼吸的麻醉方法。u组行超声引导下神经阻滞并注入0.8%利多卡因＋0.25%左布比卡因混合液0.2 mL/Kg，T组按解剖定位法行神经阻滞并注入相同局麻药0.3 ml/kg。记录两组患儿在各观察时点心率、呼吸频率、氧饱和度、呼气末二氧化碳及七氟烷呼气末浓度，记录术中因镇痛不足而增加七氟烷浓度的例数。采用疼痛行为评估量表对患儿苏醒时、术后2及4 h行疼痛评分，评分＞3分为镇痛无效并予对乙酰氨基酚栓剂直肠给药，记录两绀镇痛无效的例数。术后2及4 h对患儿家长行满意度调查。结果u组患儿在切皮、牵拉疝囊时心率明显低于T组（P＜0.05），术中需提高七氟

烷浓度的例数（6 例）明显少于 T 组（17 例，P＜0.05）；u 组在术后恢复室、术后 2 及 4 h 的疼痛评分均低于 T 组（P＜0.05），且镇痛无效例数（4 例）明显少于 T 组（13 例，P＜0.05）。u 组患儿家长术后 2 h 满意度高于 T 组（P＜0.05）。T 组发生 1 例神经阻滞时误穿血管，两组患儿术中及术后均无其他不良反应发生。结论超声引导下小儿髂腹股沟/髂腹下神经阻滞是一种安全有效的方法，可减少局麻药用量、提高神经阻滞及术后镇痛效果。

【关键词】超声检查；儿童；麻醉；神经阻滞
中华医学杂志第 92 卷 13 期

## 超声引导联合体表定位肉毒毒素注射治疗脑卒中后下肢痉挛

姜丽　卫小梅　窦祖林　李鑫　王巧缘　兰月　胡昔权　郑海清

【摘要】目的评价超声引导联合体表定位技术注射肉毒毒素治疗脑卒中后肌痉挛的效果。方法选择 2009 年 1 月至 2011 年 1 月在中山大学附属第三医院住院的脑卒中下肢痉挛患者 18 例，在超声引导联合体表定位技术引导下，将 BTXA 准确注入靶肌。注射后进行常规康复训练。在注射前、注射后 3 d? 1 2 4 及 12 周时，分别采用改良 Ashwonh 评分、踝关节被动活动度测量、10 m 步行测试、Berg 平衡量表进行相关评价。结果治疗组在注射后 1、2、4 及 12 周．肌张力［治疗前（2.6±0.5）分，治疗后 12 周（1.05－4－0.29）分］、踝关节被动活动度［治疗前（7.2 4－2.4）。，治疗后 12 周（18.6 4－2.2）。］、10 m 步行时间［治疗前（55±5）s，治疗后 12 周（43±4）s］、Berg 平衡量表评分［治疗前（34.7±5.1）分，治疗后 12 周（45.8±2，1）分］均较注射前明显改善（P＜0.05）。结论采用超声引导联合体表定位的肉毒毒素注射技术治疗脑卒中后肌痉挛，定位准确，治疗效果显著。

【关键词】肌痉挛状态；超声检查；肉毒杆菌毒素，A 犁
中华医学杂志第 92 卷 15 期

## 术中超声造影在不同级别胶质瘤中的应用

王寅千　于书卿　王集生　季楠　任同　李德岭　康建磊　李慧展

【摘要】目的探讨术中超声造影在不同级别胶质瘤中的应用及价值。方法本研究选取 2010 年 3 月至 201 1 年 9 月首都医科大学附属北京天坛医院神经外科胶质瘤患者 46 例。按肿瘤级别分为 3 组，分别行术中超声造影。结果 46 例胶质瘤病人经过术中超声造影后，内部均有不同程度的强化．肿瘤边界更易分辨，不同级别的胶质瘤造影特点有所不同。结论术中超声造影有助于术中确认肿瘤方位及边界，判断肿瘤切除程度，初步判断肿瘤级别，有效提高肿瘤切除率。对于Ⅳ级，内部伴囊变坏死，瘤边水肿明显的胶质瘤，造影效果更佳。

【关键词】术中超声；造影剂；神经胶质肿瘤
中华医学杂志第 92 卷 21 期

## 能量多普勒超声对急性肾损伤的评估价值

陈秀凯　黄立锋　王小亭　邱占军　张宏民　牵文雄

【摘要】目的探讨能量多普勒超声（PDU）对急性肾损伤（AKI）的评估价值。方法应用能量多普勒超声监测 40 例 AKI 患者的肾脏血流，并采用 4 级半定量法进行评分，按照 PDU 评分结果对患者进行分组，对

比不同组间 AKl 分期、AKI 持续时问的差异，并以患者是否死亡或 CRRT 时间 >3 d 为应变量应用多因素 Logistic回归进行分析。结果 40 例 AKI 患者中 PDU 评分分别为 l、2、3 分，无 0 分患者。1、2 和 3 分组分别有 12、15、13 例，3 分组的 ICU 病死率和 28 d 病死率均低于 2 分组和 1 分组；3 分组中 AKl 分期 3 期人数少于 2 分组和 1 分组（分别为 I、4、9 例）[，=16. 103，自由度（df）=4. P=0. 003]；3 分组中持久性 AKl 人数少于 2 分组和 1 分组（分别为 3、9、10 例），差异有统计学意义（P<0. 05）；AKI 患者年龄、APA-CHEII 评分及肾脏能量多普勒超声评分（<3 分）与死产结局密切相关（P（0. 05）；年龄、血肌酐值、APACHE Ⅱ评分及肾脏能量多普勒超声评分（<3 分）与行长期持续肾脏替代治疗（CRRT）（>3 d）结局密切相关（P<0. 05）。结论 PDU 可用于 AKI 患者的肾脏血流动力学监测，并可根据 PDU 评分评估 AKI 的严重程度和预后。

【关键词】超声检查，多普勒；肾功能不全，急性；血流动力学
中华医学杂志第 92 卷 47 期

## 新型超声空化技术毁损大鼠 Walker. 256 肿瘤微血管的研究

钟渝　刘政　朱梅　高顺记　高文宏　乔璐　吴盛正　刘青　谭开彬

【摘要】目的探讨新型超声空化技术物理毁损肿瘤微血管的可行性并分析其病理机制。方法将 24 只皮下荷 Walker－256 肿瘤的 SD 雄性大鼠随机分成 3 组，超声微泡组（n=8）、单纯超声组（n=8）、假照组（n=8）。实验中，在静脉注射剂量为 0. 2 ml/kg 的脂质微泡超声造影剂配合下，同时用新型超声空化治疗仪辐照肿瘤 3 min；单纯超声组以等量生理盐水代替微泡；假照组注射微泡而超声假照。各组治疗前、治疗后 0 min 对肿瘤进行高分辨力超声造影检查和分析。最后，获取肿瘤标本进行病理检查。结果超声微泡组治疗后，Walker－256 肿瘤血流灌注完全消失，肿瘤造影平均灰阶值（GSV）由治疗前的 121 4－12 降为 81 ±9（P<0. 01）；而假照组和单纯超声组治疗前后视觉血流灌注无明显变化，造影灰阶值分别为 112 ±14 和 111 ±12，治疗后分别为（113 ±14）GSV 和（103 ±13）GSV，两组治疗前后差异均无统计学意义（均 P>0. 05）。微泡超声空化治疗后，肿瘤微血管扩张、管壁结构崩解，弥漫性出血和组织水肿和局部血肿血栓形成。结论新型超声空化治疗技术能够毁损大鼠 Walker－256 肿瘤的微血管、阻断其微循环，可能成为一种新型的物理抗肿瘤血管生成方法。

【关键词】超声疗法；肿瘤，血管组织；微泡
中华医学杂志第 92 卷 7 期

## 实时三维多巴酚丁胺超声心动图负荷试验评估冠心病的临床观察

徐勇　刘峻松　智光　王晶　欧书　林杨波　周肖　陈光辉

【摘要】目的探讨实时三维多巴酚丁胺超声心动图负荷试验评估冠心病的安全性、有效性和应用价值。方法选取 2011 年 9 至 11 月在解放军总医院心内科住院临床初诊为冠心病的患者 14 例，进行实时三维多巴酚丁胺超声心动图负荷试验，多巴酚丁胺以 5 斗 g · kg ~ · rain。1 为初始剂量，间隔 3 rain 依次增加剂量至 10 · g · kg ~ －min “和峰值剂量 20 斗 g · kg ~ · min ~，于静息状态、各剂量负荷阶段和试验结束后 3 min 时采集全容积实时三维超声图像，应用室壁运动计分指数（WMSI）和节段射血分数（rEF）和对各阶段图像分析，两种方法评估结果与冠脉造影术（CAG）进行对比和统计学分析，试验中观察不良反应。结果所有研究对象均顺利完成负荷试验。WMSI 和节段 EF 评估冠心病病变血管结果和冠脉造影术结果比较差异无统计学意义（P>0. 05），两种方法和 CAG 有满意的一致性（K 系数分别为 0. 704 和 0. 759），两种方法诊断参数结果：

敏感性78%比89%，特异性92%比88%，阳性预测价值（PPV）88%比84%，阴性预测价值（NPV）85%比9l%，诊断准确率86%比88%。结论初步研究表明实时三维多巴酚丁胺超声心动负荷试验是一种快捷，安全、有效的评估冠心病冠脉病变的检查方法，具有重要临床意义，值得推广。

【关键词】超声心动描记术，三维；多巴酚丁胺；冠状动脉疾病

中华医学杂志第 92 卷 39 期

## 同步辐射微血管成像技术检测大鼠肢体微循环的观察

卢伟锋　董智慧　符伟国　张祥满　彭屹峰　陈绍亮　肖体乔　谢红兰　杜国浩　邓彪

【摘要】目的采用同步辐射光源和微血管成像技术对大鼠后肢的微循环进行成像观察。方法分别采用欧乃派克和硫酸钡作为对比剂，对大鼠后肢的微循环进行同步辐射活体吸收成像和离体相位衬度成像观察，并对图像进行三维重建。结果同步辐射微血管成像可清晰显示大鼠髂动脉的 4 级以上分支，活体和离体成像可观察到直径为 40 ttm 和 9¨肌的血管，j 维成像可显示和定位大鼠后肢中微米级别的微血管。结论应用同步辐射成像技术以及合适的对比剂可清晰显示大鼠后肢的微循环，为研究肢体微血管形态结构和功能提供了新的思路。

【关键词】同步辐射；微血管成像；相位衬度成像；微 CT

中华医学杂志第 92 卷 11 期

## 豚鼠耳蜗的显微 CT 技术影像学研究

孙程　成蒋子　栋张凯

【摘要】目的使用显微 CT（micro-CT）设备研究耳蜗的无损三维成像，探讨该技术在内耳形态学方面的应用。方法戊巴比妥钠麻醉豚鼠，处死后剥离耳蜗，戊二醛固定后使用 micro. CT 扫描，获得 2D 图像并 3D 建模重构。结果获得了清晰的 2D 图像，耳蜗前庭阶、中阶、鼓阶形态完整，前庭膜、盖膜、Corti 器、螺旋神经节等内耳微结构显像，3D 图像立体透视良好，可做任意轴旋转。结论使用 micro-CT 成像设备对豚鼠耳蜗进行无损成像，相较于传统的组织病理学方法，不但节省了标本，而且所获阁像分辨率高，操作简便，比基于同步辐射光源的无搅成像方法更易荐及。

【关键词】耳蜗；成像，j 维；体层摄影术，x 线计算机；无损成像

中华医学杂志第 92 卷 48 期

## 夜间持续气道正压通气治疗对 OSAHS 合并 2 型糖尿病患者血糖的改善作用

魏翠英　王慧敏　王云枝　魏枫　薛晔霞　张柱　纪立农　韩芳

【摘要】目的评估短期持续正压通气治疗对阻塞性睡眠呼吸暂停低通气综合征（OSAHS）合并 2 型糖尿病患者（OWD）血糖波动以及胰岛素抵抗的作用。方法 23 例 OWD 患者，给予持续 6 d 动态血糖监测（CGM），后给予持续气道正压通气（CPAP）治疗。配对比较治疗前后治疗时段（6 h，0:00～6:00）和非治疗时段（14 h，6:00～22:00）动态血糖水平和平均血糖波动幅度（MAGE）。CPAP 治疗前和治疗 2 d 后测定空腹血糖（FBG）、空腹胰岛素（FINS），以稳态模型分析法（HOMA）评估稳态模型的胰岛素抵抗指数（HOMA—IR）。结果 CPAP 治疗后，治疗时段的动态血糖水平和 MAGE 均明显低十治疗前［（7.07±2.02）mmoL/L 比（6.34±1.57）mmoL/L，（0.41 4－0.24）比（0.29±0.18），均 $P<0.05$］；非治疗时段血糖水

平和MAGE亦明显低于治疗前［（8.04±1.99）mmoL/L比（7.64 4－1.81）mmol/L.（1.02 4－0.50）比（0.78±0.45），均P<0.05］；HOMA—IR较治疗前明显降低（4.02±2.07比3.08±1.58，P<0.05）。结论短期CPAP治疗能改善OWD患者治疗日寸段的血糖水平和MAGE，并且此作用能够延及非治疗时段血糖；并能改善患者的胰岛素抵抗。

【关键词】连续气道正压通气；血糖；胰岛素抗药性

中华医学杂志第92卷16期

## 海洛因成瘾者冲动性决策行为的功能磁共振成像研究

林彬　钱若兵　傅先明　季学兵　魏祥品　牛朝诗　汪业汉

【摘要】目的探讨海洛因成瘾者与冲动性决策行为相关的脑区功能定位，从决策行为角度来解释海洛因成瘾和复吸的神经机制。方法运用神经心理学实验范式，对海洛因成瘾组（HA组）和健康对照组（HC组），两组各20例。在执行爱荷华赌博任务（IGT）时同步进行功能磁共振成像（fMRI）扫描，数据采集后使用SPM5软件进行分析，对与冲动性决策行为相关的脑区进行功能定位，并了解其功能变化。结果IGT的行为学结果发现，随决策次数递增，HC组被试的净分数逐渐提高，而HA组被试的净分数无增加（始终保持在一1～0）。fMRI发现两组被试执行IG'I'时右侧前额叶眶部（OFC）、右侧额叶背外侧郡（DI. PFC）、左侧前额叶腹内侧部（VMPFC）和前扣带回（ACC）均有激活；HA组的右侧OFC的激活程度强于HC组，但右侧DLPFC和左侧MPFC的激活强度低于HC组；同时HA组的右侧豆状核、右侧丘脑、右侧岛叶、海马、左侧尾状核亦出现激活。结论海洛因成瘾者在行为学上存在冲动性决策障碍，前额叶等冲动性决策行为相关的脑区存在功能异常，这可能是其成瘾行为的产生、维持和复吸的原因之一。

【关键词】海洛因依赖；冲动行为；决策；额叶前皮质

中华医学杂志第92卷15期

## 枫糖尿病患者临床表现及质谱检测结果分析

杨楠　韩连书　叶军　邱文娟　张惠文　高晓岚　王瑜　李筱燕　许浩　顾学范

【摘要】目的探讨枫糖尿病（MSUD）患者临床特点及早期诊断方法。方法于2003年1月至2011年12月对全国送检的1.4万临床遗传代谢病疑似患者进行检测，并对上海多家医院出生的41万名新生儿进行筛查。利用串联质谱检测血中亮氨酸和缬氨酸水平，利用气相色谱．质谱检测尿中支链仅一酮酸水平，诊断MSUD依据为血亮氨酸、缬氨酸水平增高及尿支链d. 酮酸水平增高。结果确诊33例MSUD患者，首诊年龄中位值为0.17岁（7 d～30岁），发病高峰年龄段为2～30 d，其中新生儿期发病者28例（84.8%）；首诊症状主要为喂养困难（14例）、反应差、嗜睡、抽搐等，确诊为经典型。经典型患者血亮氨酸水平及缬氨酸水平中位数（范同）分别为1901（458～5804）txmol/L及600（315～1617）ixmoL/L显著高于正常参考值（50～300 txmol/L、60～250 Immol/L，均P<0.01）。尿2. 羟基异戊酸、2一酮一异戊酸、2一酮一3一甲基戊酸、2一酮一异己酸、乙酰甘氨酸水平分别为262.5（5.4—624.3）、35.8（1.9～156.0）、133.8（7.4—611.5）、518.7（17.2～2121.2）及280.5（11.0～1087.9）均显著高于正常参考值（0、<0.1、0、0及<0.1）（均P<0.01）。5例间歇型患者血亮氨酸、缬氨酸水平分别为402（348—958）Ixmol/L及556（322～808）斗mol/L显著高于正常参考值（均P<0.01），尿2一羟基异戊酸水平显著高于正常参考值（P<0.01），其余支链a一酮酸水平稍升高。结论MSUD发病早、病情危重、临床表现缺乏特异性，_IflL串联质谱氨基酸检测及尿气相色谱一质谱有机酸检测有助于此病的早期诊断。

【关键词】枫糖尿病；串联质谱法；气相色谱一质谱法；诊断
中华医学杂志第 92 卷 40 期

## 小儿常见血液病的骨髓 MRI 与磁共振氢质子波谱分析

徐丽　陈裕　马言旭　何家维　严志汉　叶信健　白光辉　张弦　虞志康

【摘要】目的探讨小儿常见血液病骨髓受侵的 MRI 与磁共振氢质子波谱（1H. MRS）表现。方法收集温州医学院附属第二医院 2007 年 9 月至 2010 年 9 月儿童血液科收治的初发血液病 35 例，年龄 2—14 岁，男 16 例、女 19 例，包括经骨髓穿刺活检证实的急性白血病 26 例、再生障碍性贫血 6 例、其他类型长期贫血 3 例（地中海贫血 2 例、自身免疫性溶血性贫血 1 例）及正常对照组 30 名，均行腰椎、髂骨骨髓 MRI 及 1 H—MRS 检查。扫描序列包括 T，WI、T：WI、脂肪抑制短时反转恢复脉冲序列（STIR）及 1H—MRS。分析各组椎体、髂骨的骨髓信号及波谱特征，计算感兴趣区相对脂肪含量（FF%）。结果所有病例依据骨髓增生状态分为 2 种类型：I 型骨髓增生活跃型 29 例（包括急性白血病及其他类型长期贫血），表现为 T，wI 呈均匀低信号，T2WI 呈均匀等低信号，STIR 呈均匀高或稍高信号，1H. MRS 特征为水峰高耸，脂峰低平或消失；急性白血病组 L4 椎体 FF% 值为 0%，左侧髂骨 FF% 值 0%，其他类型长期贫血组 L4 椎体 FF% 值为 5. 02%，左侧髂骨 FF% 值为 3. 70%。1I 型骨髓增生抑制型 6 例（再生障碍性贫血），表现为 T，WI 呈均匀或不均匀高信号，T：WI 呈均匀或不均匀高信号，STIR 呈均匀或不均匀低信号，1H—MRS 特征为脂峰高耸，水峰低平或消失；L4 椎体 FF% 值 74. 69%，左侧髂骨 FF% 值 91. 5l%。结论骨髓 MRI 及 1 H. MRS 可作为评价 d，JL 常见血液病骨髓增生状态的无创伤检查方法。

【关键词】磁共振波谱学；白血病；贫血，再生障碍性
中华医学杂志第 92 卷 9 期

## 术中磁共振及神经导航在脑深部微小病变手术中的应用

宋志军　陈晓雷　许百男　孙正辉　孙国臣　赵岩　王飞　王宇博　周定标

【摘要】目的评价术中磁共振（iMRI）及神经导航辅助切除脑深部微小病变的效果。方法解放军总医院从 2009 年 2 月至 2011 年 1 月应用（iMRI）及神经导航系统切除脑深部微小病变（病灶与皮层距离≥2 cm，病灶最大直径≤30 mm）切除术 42 例，当术中难以找到病变时中止手术，放置骨蜡进行参照，进行（iMRI），采用更新的术中影像进行导航，指导手术进一步切除病变。结果 42 例病变均成功找到病灶，40 例进行影像学意义卜的全切，2 例因病变过于靠近重要功能区行次全切，无死亡病例，术后早期 3 例患者出现低于术前的功能障碍，随访 3 个月，2 例恢复至等于或高于术前水平。结论（iMRl）能及时采用最新的影像发现残余病灶和纠正脑移位，神经导航定位精确度高，二者结合切除颅内深部微小病变效果佳。

【关键词】磁共振成像；神经导航；神经外科；脑
中华医学杂志第 92 卷 1 期

## 胰腺神经内分泌癌患者的磁共振影像诊断特征分析

王佳　钟燕　王海屹　王英伟　王鑫坤　袁静　叶慧义

【摘要】目的探讨胰腺神经内分泌癌的 MRI 影像特征。方法回顾性分析 2008 年 11 月至 2010 年 11 月解放军总医院放射诊断科核磁室 7 例经病理证实的胰腺神经内分泌癌的临床和 MRI 资料并结合文献复习讨论。

结果 7 例胰腺神经内分泌癌患者中，5 例位于胰体尾部，2 例位于胰头部；病变形态呈分叶状或不规则形态。MRI：T，w17 例均呈低信号；T2WI 上信号不均匀，DWI 上均以高信号为主；动态增强扫描动脉期 2 例呈轻度强化，5 例呈中度至明显不均匀强化，实质期及延迟期 2 例逐渐强化，5 例强化程度略低于胰腺实质。7 例中 4 例均表现出对周围组织的侵犯：1 例为腹膜后淋巴结转移，1 例侵犯脾门，1 例包绕脾血管，1 例出现肝转移；3 例侵犯胰腺被膜。结论胰腺神经内分泌癌非常少见，其 MRI 表现具有一定的特征性：体积大，分叶状，富血供，常见远处转移和对邻近组织侵犯等，确诊依赖于病理和免疫组化。

【关键词】胰腺肿瘤；癌，神经内分泌；诊断；磁共振成像
中华医学杂志第 92 卷 7 期

## 弥散加权磁共振联合经直肠超声定位的前列腺穿刺活检的初步运用

王进有　沈益君　刘小航　张海梁　叶定伟　姚旭东　张世林　戴波　朱耀　周良平

【摘要】目的检测弥散加权磁共振（MRDWI）诊断前列腺癌的敏感度和特异度。方法回顾性分析 2009 年 1 月至 2010 年 12 月在复旦大学附属肿瘤医院泌尿外科行 MRDWI 联合经直肠超声（TRUS）定位下前列腺穿刺的 141 例患者资料，按前列腺特异抗原（PSA）＜10 μg/L、10μg/L≤PSA＜20μg/L、20μg/L≤PSA＜50μg/L 和 PSAI＞50μg/L 将可疑患者分为 4 组（A～D），按照前列腺 6 分区法将所得图像数据分区测量，统计各区的影像学诊断及对应穿刺标本的病理，并分别计算 MRDWI 和 TRUS 的敏感度和特异度。结果 A、B、C、D 4 组的穿刺诊断率分别为 23. 7%、35. 5%、66. 7% 和 96. 3%。MRDWI 敏感度显著优于 TRUS，以患者为研究单位时，MRDWI 在 PSA＜10μg/L、10μg/L≤PSA＜20μg/L、20μg/L≤PSA＜50μg/L 和 PSA≥50μg/L 的患者中诊断敏感度分别为 85. 7%、72. 7%、97. 8% 和 100. 0%，TRUS 在各组对应的诊断敏感度为 35. 7%、36. 4%、43. 8% 和 65. 4%。以穿刺标本为研究单位时，MRDWI 在各组的诊断敏感度分别为 85. 5%、71. 9%、91. 5% 和 94. 4%，TRUS 在各组对应的敏感度为 23. 4%、34. 5%、68. 9% 和 89. 3%。结论 MR 弥散加权成像诊断前列腺癌的初步结果显示其敏感度显著优于 TRUS，且临床操作便捷、高效。对于前列腺癌可疑患者，建议行 MRDWI 及 TRUS 联合定位的可疑病灶加系统穿刺法。

【关键词】前列腺肿瘤；磁共振成像；超声检查
中华医学杂志第 92 卷 8 期

## 长期单侧耳聋患者大脑皮层功能 MRI 的重组

刘斌　杨明　滕皋军　黄志纯　季慧　王士杰　刘秋容　冯旭　王坚

【摘要】目的研究长期单侧耳聋患者听觉皮层及相应脑区的功能活动，判断可能存在的功能重组。方法收集 2008 年 6 月至 2009 年 12 月东南大学附属中大医院单侧重度耳聋患者 23 例（左、右侧聋各为 15 和 8 例）；匹配正常对照组 15 名。用健侧耳听觉任务的 fMRI 观察单（健）耳听觉任务下初级听觉皮层（PAC）激活体素的偏侧性指数（LI）及其他相关脑区的功能活动。结果 3 例左耳聋及 1 名对照头动超过限度，数据舍去。对照组分析图表现为对侧听觉皮层激活优势，L1 分别为 97、100。单侧耳聋组分析图显示两侧 PAC 激活较为均衡，对侧优势减弱，u 分别为 21. 9、52. 4。与正常对照组比较在 PAC 以外，单侧聋人还表现左侧额叶、双侧顶下小叶及左侧枕叶/楔前叶等脑区的激活增强，但也存在左侧颞上回的激活减弱。结论长期单侧耳聋患者听觉皮层对侧优势的减弱和其他脑区的激活可提示两侧半球交叉抑制的减弱以及脑兴奋的泛化，可能是大脑适应性功能重组的表现；而左侧颞上回的活动减弱可能与其语言理解能力的下降有关。

【关键词】磁共振成像；听觉丧失，感音神经性；听觉皮层
中华医学杂志第 92 卷 9 期

## VX2 兔肿瘤转移性及炎性增生性淋巴结的动态增强磁共振成像实验研究

张卫东 李传行 罗荣光 吴沛宏

【摘要】目的评价动态增强磁共振成像在 VX2 兔肿瘤转移性、炎性增生性淋巴结鉴别诊断中的价值。方法 20 只健康新西兰大白兔随机分为肿瘤转移性淋巴结组、炎性增生性淋巴结组，每组 10 只。对两组淋巴结分别进行动态增强磁共振成像。结果 9 个肿瘤转移性淋巴结及 9 个炎性增生性淋巴结成功进行动态增强磁共振成像。肿瘤转移性淋巴结组时间信号曲线以速升平台型为主，峰值增强率、峰值时间、最大强化速率分别为 284% ±125%、(118 ±47) S 和 (6.5 士 2.7)%/s；而炎性增生性淋巴结组时间信号曲线以持续上升型为主，峰值增强率、峰值时间、最大强化速率分别为 199% ±109%、(143 ±40) S 和 (3.6 ±1.5)%/s，二者比较差异有统计学意义 (P <0.05)。结论动态增强磁共振成像可准确反映 VX2 兔肿瘤转移性及炎性增生性淋巴结的血流动力学特征并对其进行鉴别诊断。

【关键词】磁共振成像；肿瘤转移；淋巴结；炎症
中华医学杂志第 92 卷 9 期

## 可移动高场强术中 MRI 导航辅助切除咽旁间隙恶性肿瘤与传统手术的临床疗效对比

崔江涛 张海钟 布静秋 陈鹏 席庆 步荣发

【摘要】目的对比评价可移动高场强术中 MRl 导航辅助咽旁间隙恶性肿瘤手术和常规手术的临床疗效。方法对解放军总医院 121 腔颌面外科 2010 年 2 月—2011 年 2 月的 29 例被确认为咽旁同隙恶性肿瘤患者应用 1.5 T 术中 MRI 导航辅助手术，并回顾性分析 42 例常规手术行恶性肿瘤切除，比较手术疗效指标。结果两组患者的年龄、性别、肿瘤最大直径、肿瘤分期、手术人路、病理诊断差异无统计学意义 (P >0.05)，而两组的疗效指标：手术时间导航组多于常规组 [ (3.1 ±0.6) b 比 (2.7 ±0.7) h]，差异有统计学意义 (P < 0.05)；而术中出血［导航组比常规组，下同：(185 4 –20) rnl 比 (230 ±22) Illl]、术后 72 h 内引流量、首次手术切缘阳性率、术后住院时间 [ (9.1 ±2.1) d 比 (10.3 ±2.3) d] 和并发症发生率 (3.4% 比 9.5%)，导航组均少于常规组，差异均有统计学意义 (均 P < O.05)。结论可移动高场强术中 MRI 导航辅助手术与传统手术相比，具有较好的手术临床疗效。

【关键词】磁共振成像；外科手术，计算机辅助；肿瘤；咽旁间隙
中华医学杂志第 92 卷 20 期

## 高场强术中磁共振对低级别胶质瘤切除程度的影响

张家墅 陈晓雷 李防晔 李晋江 郑刚 张挺 胡深 许百男

【摘要】目的评价高场强术中磁共振 (iMRI) 对低级别胶质瘤切除程度的影响。方法 59 例低级别胶质瘤患者接受高场强 iMRI 联合功能神经导航下显微手术，分别于首次和末次 iMRI 扫描后计算肿瘤切除率和切除程度。于术前、术后及随访时评估神经功能。结果所有病例均成功实施 iMRI 与功能神经导航。首次 iMRI 发现术者对 21 例 (35.6%) 肿瘤的全切率发生误判。首次 iMRI 发现 17 例 (28.8%) 肿瘤残留，继续切除使 8 例 (13.6%) 得到全切。iMRI 使切除程度从首次扫描后的 (90.4 –15)% 提高到末次扫描后的 (94 ±12)% (P <0. 叽)。在肿瘤继续切除的 17 例患者中，切除程度从 (78 –4 –17)% 提高至 (91 ±12)% (P <0.01)。3 个月随访时 2 例 (3.4%) 遗留神经功能障碍。结论 iMRI 联合功能神经导航有助子低级别胶质瘤最大限度

的安全切除。

**【关键词】** 磁共振成像；神经导航；神经胶质瘤；外科手术

中华医学杂志第 92 卷 25 期

## 18F－FDG PET/CT 在肝门部胆管癌术前评估中的应用

谷鑫金　王保富　刘荣

**【摘要】** 目的探讨”F. FDG PET/CT 显像在肝门胆管癌术前评估中的作用。方法回顾性分析 32 例肝门胆管癌患者资料（男 18 例，女 14 例，平均年龄 56 岁），均经手术和病理或 II 缶床等综合手段证实，术前均行 PET/CT 显像，观察肝门部胆管癌患者的 PET/CT 表现，并与手术及病理对照分析。结果 32 例肝门部胆管癌患者中，按照 Bismuth. Coflette 分型，I 型、Ⅱ型、Ⅲa 型、Ⅲb 型和Ⅳ型分别为 3？2 4 8 和 15 例。16 例行根治性切除术，其中 I 型、Ⅱ型、Ⅲa 型、11Ib 型和Ⅳ型分别为 3、2、1、7 和 3 例，7 例行姑息性手术，9 例仅行剖腹探查术。PET/CT 判断原发肿瘤部位及 Bismuth—Corlette 分型的准确率达 81. 2%（26/32）。PET/cI′检测肝门部胆管痛淋巴结转移的敏感度、特异度和准确度分别为 64. 7%、86. 7% 及 75. 0%，检测肝门部胆管癌远处转移方面的敏感度、特异度和准确度分别为 41. 7%、95. O% 及 75. O%。PET/CT 术前可切除性评价与术中评价一致率为 75. O%（24/32），其对肝门胆管癌术前可切除性评价与术中评价结果对照差异无统计学意义（x2 =0. 125，P >0. 05）。结论 PET/CT 显像在诊断肝门胆管癌及检测淋巴结转移和远处转移方面具有重要价值，可作为肿瘤术前可切除性判断的重要依据。

**【关键词】** 胆管肿瘤；正电子发射断层显像术；诊断；肿瘤转移；可切除性

中华医学杂志第 92 卷 20 期

## 三维电解剖标测指导下左冠窦室性心律失常的射频消融治疗

王洪　洪浪　周元凤　赖珩莉　陈再华　邱替

**【摘要】** 目的探讨三维电解剖标测（Carlo）指导下对起源于主动脉左冠窦室性心律失常（空早）的射频消融的疗效及安全性。方法对 15 例起源于主动脉左冠窦频发室早的患者在 carto 标测指导下行射频消融治疗。左冠状动脉造影，观察室早最早激动点距箱状动脉左主干丌 1：3 的距离，在最早激动部位消融。结果 15 例患者室早的心电图表现为Ⅱ、m、avF 导联 R 波直立，I 导联 QRS 波早 rS、rs 和 mr 型，avL 导联 QRS 波呈 Qs 型，V1 导联 QRs 波呈 Rs、Rs、rs 型，V，导联 R/S >1，V;、V。导联为 R 波，均无 s 波。术中标测到最早激动点：7 例患者在主动脉窦左主干开 El 后下方，3 例位丁左主干开 n 前下方，5 例位于左主干开口下方，距左主干开口约 8 ~15 mm。最早激动点较体表心电图 QRS 波局部激动时间提前 86 ~120 ms，在最早激动点及附近消融成功，室早消失，与术前同样条件点滴异丙肾上腺素不能诱发室早，术中及术后无并发症发生。结论 Carlo 指导下经导管射频消融起源于主动脉左冠窦的室早安全、有效。

**【关键词】** 心律失常；导管消融术；心动过速，室性

中华医学杂志第 92 卷 14 期

## 经导管射频消融肾交感神经治疗难治性高血压的近期疗效和安全性

蒋雄京　梁拓　董徽　彭猛　马文君　关婷　张慧敏　卞谨　徐波　高润霖

**【摘要】** 目的评估用 Simplicity 肾动脉专用导管射频消融肾交感神经治疗难治性高血压的近期疗效及安全

性。方法 2012 年 2 至 4 月对 8 例难治性高血压患者用肾动脉射频消融专用导管实施射频消融肾交感神经术，其中男 6 例，女 2 例，并于术后 1、3 个月进行随访，观察血压、用药水平、肾功能变化以及并发症的发生情况。结果术后 1、3 个月时，24 h 动态血压检测示平均收缩压和舒张压分别较术前下降了 10（0—18）mm Hg、13（3 ~ 19）mm Hg 和 8（一2—15）mm Hg、9（2 ~ 16）mm Hg（$P<0.05$），服用降压药物的种类从术前的（4.3 ±0.5）种降至术后 1、3 个月时的（2.8 ±0.9）和（2.5 -4 -0.7）种（$P<0.01$）。术后肾功能与术前比较差异无统计学意义（$P>0.05$）。8 例患者均成功实施手术操作，未发生围手术期并发症。结论用 Simplicity 肾动脉专用导管射频消融肾交感神经治疗难治性高血压安全，近期降压疗效肯定，但需要更大样本量和长期随访予以验证。

【关键词】导管消融术；高血压，恶性；去肾交感神经
中华医学杂志第 92 卷 46 期

## 第四脑室出口闭锁的神经内镜治疗

胡志强　关峰　黄辉　朱广通　毛贝贝　王劭恒　康庄

【摘要】目的探讨应用神经内镜治疗第四脑室出口闭锁（FVOO）的疗效。方法 30 例患者行第一脑窜底造瘘术（ETV）。术中观察第三脑窄底和基底池的情况。经扩张的导水管行第四脑室探查及出口膜性闭锁穿刺造瘘术。术后脑脊液电影成像（Cine. MR）检查评价导水管、第四脑窜出口和第 i 脑室底造瘘 u 处的流量和流速变化。结果本组 28 例成功行 ETV。6 例经扩大的中脑导水管行第四脑室探查，其中 2 例行出口膜性闭锁穿刺造瘘术。随访时间 0.5—4.0 年。手术成功率是 78.6%（22/28）。结论 ETV 是治疗第四脑室出口闭锁的有效方法。第四脑室出口膜性闭锁穿刺造瘘术的疗效尚需进一步观察。

【关键词】第四脑室出口闭锁；神经内镜；第三脑室底造瘘术
中华医学杂志第 92 卷 3 期

## PET 结合视频脑电图对 MRI 阴性难治性癫痫致痫灶的术前定位

白新苹　杨卫东　毓青　陈旨娟　蔡莉　王增光　刘阳　张广健

【摘要】目的评价正电子发射计算机断层（PET）在 MRI 阴性致痫灶定位诊断中的意义。方法对 61 例癫痫患者行头 MRI、视频脑电图（VEEG）和发作间期“F. FDG 联合”N—NH,？H：O. PET 检查，将 MRI 阴性手术患者术前定位与术后疗效比较，并对 MRI 阳性与 MRI 阴性两组间 PET、VEEG 结果进行比较。结果 MRI 阴性组 26 例，阳性组 35 例；VEEG 定位致痫灶提示：脑区性 12 例，多脑区性 16 例，半球性 13 例，不能定位 20 例；PET 显像 61 例均有异常改变：脑区性 23 例，多脑区性 28 例，半球性 5 例，不能定位 6 例。17 例 MRI 阴性患者术后 Engels 标准达 I ~ Ⅱ级的 12 例占 70.59%，对两组间 PET、VEEG 定位分别进行比较，差异均无统计学意义；分别对两组的 PET 与 VEEG 比较，差异均有统计学意义。结论 PET 是一种对致痫灶定位敏感性、准确性较高的功能影像检查技术，特别在 MRI 阴性时，PET 是定位致痫灶必不可少的检查手段。

【关键词】癫痫；定位；正电子发射断层显像；脑电描记术；核磁共振成像
中华医学杂志第 92 卷 9 期

## 通过 Gamma 频段能量分析进行大脑皮层功能区定位

潘鑫　钱天翼　韩宏彦　周文静　孙朝晖　王东明　左焕琮

【摘要】目的通过分析颅内脑电中 Gamma 频段能量变化来实现大脑皮层感觉运动区定位。方法利用

Gamma 频段能量分析法、诱发电位（SEP）和皮层电刺激（CES）等电生理检查对 8 例因难治性癫痫而行颅内电极植入术的患者进行大脑皮层感觉运动区定位，以减少术后功能缺失等并发症。将 Gamma 频段能量分析方法的定位结果与 SEP 与 CES 进行比较。结果通过统计对比，Gamma 频段能量分析所得上肢感觉运动区电极编号与 CES 和 SEP 所得感觉运动区电极编号完全重合的占 80.7%，完全重合或者紧邻的达 92.3%。结论 Gamma 频段能量分析方法是一种敏感件高、结果准确的大脑皮层功能区定位的新方法。

**【关键词】**诱发电位；电刺激；癫痫

中华医学杂志第 92 卷 13 期

## 经皮电刺激耳神门穴对剖宫产术后恶心呕吐发生率及镇痛效果的影响

李井柱　李晓征　王明山　李界平　时飞　于海芳

**【摘要】**目的探讨经皮电刺激耳神门穴对剖宫产术后恶心呕吐发生率及镇痛效果的影响。方法经医院伦理学委员会同意并与患者签署知情同意书，选择 2011 年 11 月至 2012 年 3 月在青岛市市立医院东院与青岛市海慈医疗集团产科 180 例腰硬联合阻滞麻醉下择期剖宫产产妇，术后均采用自控硬膜外镇痛（PCEA），随机数字法分为 3 组（每组 60 例）：经皮电刺激耳神门穴组（A 组）、经皮电刺激耳眼点穴组（B 组）及对照组（C 组）。A 组产妇术前即行电刺激耳神门穴，强度由产妇自己控制，持续刺激 30 min 后麻醉，术后 4、10、22 h 各重复刺激 1 次；B 组刺激耳眼点穴；C 组夹穴连线等与 A 组相同，不行电刺激。观察指标：术后 48 h 内恶心及呕吐发生率；胃复安使用率；术后 6、12、24、48 h（T1、T2、T3、T4）静息痛、宫缩痛及动态痛的视觉模拟评分（VAS）；硬膜外镇痛复合液用量；PCEA 总按压次数及有效按压次数；肛门首次排气时间及术后 6h 出血量；其他并发症情况。结果与 B 组及 C 组比较，A 组术后 48 h 恶心发生率（25.0% 比 46.7%、53.3%）及呕吐发生率（10.0% 比 25.0%、28.3%）降低（$P < 0.05$），胃复安使用率（16.7% 比 41.7%、46.7%）降低（$P < 0.05$），T1、T2、T3、T4 时静息痛（2.2 ±0.9、2.6 ±1.1、1.6 ±0.6、1.4 ±0.6，2.4 ±1.1、2.8 ±1.2、1.8 ±0.7、1.5 ±0.5 比 0.9 ±0.4、1.1 ±0.5、0.8 ±0.4、0.5 ±0.3）、宫缩痛（3.7 ±1.8、3.6 ±2.1、2.1 ±1.1、1.8 ±0.7，4.2 ±2.0、3.9 ±1.9、2.3 ±1.1、1.9 ±1.0 比 2.1 ±0.9、1.9 ±0.8、1.2 ±0.8、0.9 ±0.5）及动态痛（4.7 ±2.2、4.5 ±2.0、2.3 ±1.0、2.0 ±0.8，5.1 ±2.1、5.3 ±1.8、2.4 ±0.8、2.2 ±1.1 比 1.9 ±0.8、1.7 ±0.6、1.0 ±0.5、0.9 ±0.4）VAS 评分、PCEA 按压总次数（13.1 ±5.2、14.3 ±6.3 比 4.1 ±1.8）、有效按压次数（9.5 ±3.9、10.1 ±4.1 比 3.8 ±1.6）、总按压次数与有效按压次数的比值（1.4 ±0.5、1.4 ±0.6 比 1.1 ±0.4）及镇痛复合液用量（120 ±8、121 ±8 比 108 ±3 ml）降低（$P < 0.05$）。B 较 C 组上述指标差异 $P > 0.05$。肛门排气时间及术后 6h 出血量 3 组之间差异无统计学意义（$P > 0.05$）；未发现其他相关不良反应。结论经皮电刺激耳神门穴降低剖宫产术后恶心呕吐发生率并改善镇痛效果。

**【关键词】**针刺，耳；电刺激疗法；剖宫产术；术后恶心呕吐；镇痛，硬膜外

中华医学杂志第 92 卷 27 期

## 丘脑前核电刺激对癫痫大鼠海马细胞外谷氨酸和1 一氨基丁酸含量的影响

陈宁　孟凡刚　张建国　杨岸超　刘焕光　胡文瀚　孟大伟　张鑫　刘崇　葛燕

**【摘要】**目的通过电刺激癫痫模型大鼠双侧丘脑前核，观察海马细胞外液中谷氨酸、γ－氨基丁酸（GA-BA）含量的变化，探讨双侧丘脑前核电刺激治疗癫痫的机制。方法应用立体定向技术建立大鼠海人酸癫痫模型，应用刺激电极对双侧丘脑前核进行电刺激，同时收集海马细胞外液，用高压液相色谱法检测细胞外液

谷氨酸和 GABA 的含量。结果癫痫大鼠海马细胞外谷氨酸［（2.10 ±1.12）μmol/L］明显高于对照组大鼠［（1.05 ±0.38）μmol/L］，而 GABA 的含量［（0.28 ±0.21）μmol/L］低于对照组大鼠［（0.75 ±0.27）μmol/L］。癫痫组大鼠在电刺激后，海马细胞外液中谷氨酸明显减少，GABA 明显增加。而对照组大鼠海马细胞外谷氨酸和 GABA 在刺激前后未见明显变化。结论海马细胞外液谷氨酸下降及 GABA 升高在丘脑前核电刺激治疗中起重要作用。

**【关键词】**电刺激；丘脑前核；氨基酸类；癫痫

中华医学杂志第 92 卷 47 期

## 无抽搐电休克治疗对精神分裂症患者脑质子波谱的影响

甘景梨　李晓琼　段惠峰　杨家明　王长虹　杨秀双　高存友　蒋战魁

**【摘要】**目的探讨无抽搐电休克治疗（MECT）对精神分裂症患者前额叶和丘脑神经生化代谢物质的影响。方法 2010 年 11 月至 2011 年 6 月期间在解放军第九十一中心医院全军精神疾病防治研究所住院的 31 例精神分裂症患者，给予 8 次 MECT。治疗前和治疗后采用多体素磁共振质子波谱（1H—MRS）分析指标为 N 一乙酰基天冬氨酸/肌酸复合物（NAA/Cr）、胆碱复合物/肌酸复合物（Cho/Cr），同时进行阳性与阴性症状量表（PANSS）评定。结果（1）治疗后左侧前额叶、左侧和右侧丘脑 NAA/Cr 值，均显著高于治疗前（1.50 ±0.31 比 1.35 ±0.30，t =2.07，P <0.05；1.53.4 -0.31 比 1.38 ±0.27，t =2.03，P <0.05；1.51 4 -0.29比 1.36 ±0.26，t =2.14，P <0.05）。（2）影响左侧前额叶 NAA/Cr 变化值的主要因素是发病年龄、PANSS 减分率、治疗前 PANSS 总分和病程；影响左侧丘脑 NAA/Cr 变化值的主要因素是发病年龄、病程；影响右侧丘脑 NAA/Cr 变化值的主要因素是治疗前 PANSS 总分。结论无抽搐电休克治疗对精神分裂症患者前额叶和丘脑可能具有增加 NAA 相对浓度、修复神经元功能等作用，而这些作用可能主要与患者的发病年龄大小、病程长短和病情严重程度等有关。

**【关键词】**精神分裂症；电休克治疗；磁共振波谱学

中华医学杂志第 92 卷 29 期

## 神经内镜结合锁孔对鞍区解剖的观察和手术应用进展

李季林　陈仁辉　盛罗平　兰青

**【节选】**鞍区常见微创手术入路主要有颞下锁孔人路、翼点锁孔人路、眉弓锁孔人路、额外侧锁孔人路、经鼻腔蝶窦入路、额底纵裂锁孔入路等……。神经内镜辅助下的显微神经外科手术已越来越趋向成熟，具有不牵拉脑组织、视野广阔优点。

中华医学杂志第 92 卷 43 期

## 裸支架联合弹簧圈治疗远端破口位于腹腔干主动脉夹层的临床效果

赵珺　赛力克　郇学华

**【摘要】**目的探讨裸支架联合弹簧圈治疗远端破口位于腹腔干的主动脉夹层的新方法。方法上海交通大学附属第六人民医院血管外科 2007 年 4 月至 2010 年 8 月，2 例 Stanford B 型主动脉夹层近端破口以覆膜支架封闭后，确认远端破 13 位于腹腔干且难以自愈，采用裸支架植入腹腔干，跨过破口，并以导管经支架网孑 L 穿过破口进入假腔，将适当数量的弹簧圈植入假腔，在阻断进入假腔的血流的同时保持腹腔干动脉通畅。结果手术均成功，术后造影假腔不显影，腹腔干通畅。无并发症发生。分别随访 5 年和 2 年，假腔消失，腹腔干通畅。结论裸支架联合弹簧圈，技术简单，仅需穿刺即可完成，避免了开放手术、杂交手术的巨大创伤，理论上可以用于破口位于腹腔各个大分支动脉的情形，作为腔内修复术的补充技术，使部分复杂 Stanford B 型夹层达到“根治”效果。

**【关键词】** 夹层，主动脉；腹腔干；支架；弹簧圈
中华医学杂志第 92 卷 47 期

## 血管内超声评价国产瑞舒伐他汀对冠状动脉轻中度狭窄病变的影响

杨海波　赵晓燕　赵荫涛　张金盈　李凌

**【摘要】** 目的应用虚拟组织学一血管内超声（VH. IVUS）评价国产瑞舒伐他汀对急性冠脉综合征患者冠状动脉轻中度狭窄病变斑块进展及成分的影响。方法选择经冠状动脉造影（CAG）和 VH-IVUS 检查无需介入治疗的冠脉轻中度狭窄病变患者 83 例，分为试验组 42 例和对照组 41 例，试验组给予国产瑞舒伐他汀（瑞旨 10 mg，每晚 1 次），对照组给予进口瑞舒伐他汀（可定 10 mg，每晚 1 次），治疗 6 个月后复查血脂、CAG 及 VH-IVUS，比较两组间血脂变化、定量冠脉造影分析靶病变处直径狭窄（DS）变化，VH. IVUS 分析靶病变处斑块负荷、最小管腔面积（MLA）和斑块成分变化。结果瑞舒伐他汀干预 6 个月后，VH-IVUS 分析显示，两组患者斑块坏死核心比例比治疗前明显减少（试验组：14. 8% ±7. 0% 比 22. 6% 士 7. 5%，P < 0. 05，对照组：14. 9% ±7. 1% 比 23. 1% ±7. 7%. P < 0. 05）、纤维组织比例明显增加（试验组：51，5% ±9，9% 比 44. 5% 土 9. 7%，P < 0. 05，对照组：51. 4% ±10. 1% 比 44. 3% ±9. 8%，P < 0. 05），两组患者血脂水平明显改善（P < 0. 05），而 Ds、斑块负荷、MLA、纤维脂质组织比例、钙化组织比例无明艋变化（JD > O. 05）。结论国产瑞舒伐他汀治疗冠脉轻中度狭窄病变可稳定斑块．并延缓斑块进一步发展。

**【关键词】** 冠状动脉疾病；动脉粥样硬化；超声检查；瑞舒伐他汀
中华医学杂志第 92 卷 22 期

## 动态监测正常糖耐量者日常血糖的变化特点

许雯　朱延华　严晋华　杨旭斌　张国超　曾龙驿　翁建平

**【摘要】** 目的揭示正常糖耐量（NGT）人群在日常生活状态下的血糖变化情况。方法采用动态血糖监测系统（CGMS）对加例经口服葡萄糖耐量试验诊断的 NGT 者进行连续 3 d 的血糖监测。结果 CGMS 监测平均血糖水平（MBG）（6. 0 士 0. 7）mmol/L、血糖水平标准差（SDBG）（0. 9 ±0. 1）mmol/L、日内平均血糖波动幅度（MAGE）（1. 9 士 0. 8）mmol/L，最大血糖波动幅度（LAcE）（2. 9 ±1. 4）mmoL/L 及口间平均血糖波动幅度（MODD）（1. 1 ±0. 1）mmol/L。其中 2 例受试者经历了无症状的低血糖（血糖 < 2. 8 mmoL/L）；血糖≥7. 8 mmol/L 者 29 例（72. 5%）。与 CGMS 监测全天血糖均 < 7. 8mmoL/L 者相比，血糖≥7. 8 mmoFL 者除血糖高外，反映血糖漂移的指标也升高［SDBG：（1. 1 ± o. 3）比（0. 6 ±0. 2）mmol/L，MAGE：（2. 3 ±1. 1）比（1. 1 士 0. 3）mmoVL，LAGE：（3. 3 ±1. 2）比（2. 0 ±1. 0）mmol/L，MODD：（1. 2 ±0. 4）比（0. 9 4 -0. 3）mmoVL］。结论 CGMS 监测发现 NGT 人群在日常生活状态下可出现皿糖升高（可达到糖调节受损及糖尿病水平）。出现血糖升高的 NGT 受试者血糖漂移更大。

**【关键词】** 血糖；动态血糖监测；血糖漂移
中华医学杂志第 92 卷 26 期

## 育龄期多囊卵巢综合征患者卵巢超声影像学特征及诊断初探

谢梦　李昕　周毓青　赵耐青　林金芳

【摘要】目的解育龄期多囊卵巢综合征（PCOS）患者的卵巢超声影像学特征。方法 PCOS 患者为2004 年 6 月至 2009 年 1 月在复旦大学附属妇产科医院门诊就诊者，年龄 18～35 岁，共 396 例，其中肥胖型（OB—PCOS 组）153 例、非肥胖型（NOB—PCOS 组）241 例。另选择 635 例月经正常的 18～35 岁育龄期女性为对照组，其中肥胖（OB—CON 绢）72 例，非肥胖（NOB—CON 组）563 例。研究手段采用问卷调查月经史，经阴道或直肠二维超声测定卵巢的卵泡数（FN）和卵巢体积（OV）；并对进行临床体征评分及内分泌、代谢指标测定。结果（1）对照组卵巢 FN 和 OV 的 95% 位点值为牛理高限值分别是 10 个和 9.5 ml。（2）PCOS 患者卵巢体积和卵泡数显著高于对照组，P < 0.01。（3）90.4% 的患者符合 OV > 9.5 mJ 和（或）FN ≥10 个，其中只有 66.9% 的育龄期 PCOS 患者卵巢超声影像多囊性改变符合鹿特丹共识的诊断标准。结论台？龄期 PCOS 患者的卵巢超声影像学特征为卵巢体积增大和卵泡数目增多；本研究初步提出适合我国育龄期 PCOS 患者卵巢超声影像学诊断界定值。

【关键词】生育；多囊卵巢综合征；卵巢；超声影像学；诊断
中华医学杂志第 92 卷 33 期

## 双源 CT 前瞻性心电门控心胸联合扫描在儿童先天性心脏病诊断中的应用

段艳华　王锡明　程召平　乌大尉　武乐斌

【摘要】目的与经胸多普勒超声比较，评价双源 CT 前瞻性心电门控心胸联合扫描在 4qL 复杂先心病诊断中的临床应用价值。方法回顾分析 2008 年 12 月至 2010 年 9 月山东大学医学院临床疑诊或确诊为先天性心脏病的 87 例患儿资料，男 46 例、女 41 例；年龄 3 个月～6 岁，平均年龄 28 个月；平均体重 15 kg。临床疑诊先心病（CHD），同时于本单位行经胸多普勒超声（1TE）和双源 cT（DSCT）前瞻性心电门控心胸联合扫描。其中，54 例患儿行手术治疗。由 2 名经验丰富的放射科医师以 4 分法评价整体图像质量，kappa 检验评价两种检查方法的一致性。与手术结果对照分析，比较 DSCT 前瞻性心电『】控心胸联合扫描与 1TrE 对复杂先心病的诊断准确率；计算所有患儿的有效辐射剂量（ED）。结果 87 例患儿均成功完成 DSCT—fi，胸联合扫描。DSCT 共发现心内外结构畸形 267 处，CDFI 共发现畸形 231 处。2 名影像科医师对所有患儿的图像质量评分一致性好（kappa 值 0.78）；54 例行手术治疗的患者共发现畸形 173 处，DSCT 诊断正确 169 处，诊断准确率为 97.69%；CDFI 诊断 jF 确 142 处。诊断准确率为 82.08%。87 例患儿的平均有效剂量为（0.40 ± 0.08）roSy。结论与经胸超声对比，DSCT 前瞻性心电门控心胸联合扫描能清晰显示复杂性先天性心脏病患儿的心内外结构畸形．对先心病的术前评估有重要的价值。

【关键词】放射摄影术，双能扫描投影；心脏病；辐射剂量；儿童
中华医学杂志第 92 卷 3 期

## 应用支架成形治疗源于静脉窦狭窄的顽固搏动性耳鸣

李宝民　曹向宇　王秋菊　王君　葛爱莉　刘新峰　李倩　李生

【摘要】目的探讨经血管内应用支架成形治疗源于静脉窦狭窄的搏动性耳鸣的有效性和安全性。方法对解放军总医院神经外科 2010 年 1 月至 2011 年 7 月收治的 12 例源于静脉窦狭窄的搏动性耳鸣进行支架成形治疗，全部患者经数字减影血管造影检查确诊，均表现为与耳鸣同侧的横窦、乙状窦交界处狭窄；并接受横

窦、乙状窦狭窄处静脉窦支架植入术。结果术后 12 例患者的搏动性耳鸣症状屯即消失；没有发生相关并发症。随访 l 一 20 个月，搏动性耳鸣均无复发。结论应用支架成形治疗难治性源于静脉窭狭窄的搏动性耳鸣是一种安全有效的方式。

【关键词】耳鸣；静脉窦狭窄；支架成形
中华医学杂志第 92 卷 17 期

## 人工耳蜗植入对成人语后聋患者同侧耳鸣的影响

陶朵朵　陈兵

【摘要】目的观察人工耳蜗植人者手术前后同侧耳鸣变化情况，评估人工耳蜗植入对耳鸣的影响。方法对 48 例在国内 5 个三甲医院行 REZ—1 人工耳蜗植入者进行手术前后耳鸣程度评估，根据疗效评定标准评价人工耳蜗植入对耳鸣的干预作用，并对可能影响干预作用的相关因素进行统计分析。结果 48 例人工耳蜗植入者中，术前耳鸣 16 例（33.3%），术后痊愈 6 例（37.5%），有效 1 例（6.3%），无效 9 例（56.3%），总有效率 43.8%；术前无耳鸣 32 例，术后 2 例出现耳鸣。统计分析发现人工耳蜗植入对耳鸣的干预作用与耳鸣病程呈负相关。结论人工耳蜗植入对同侧耳鸣有一定治疗效果，耳鸣病程较短者效果较好，但单纯为治疗耳鸣植入人工耳蜗仍缺乏足够证据。

【关键词】耳蜗植入术；耳鸣；聋
中华医学杂志第 92 卷 25 期

## 介入治疗巨块型肺动脉栓塞的疗效观察

刘凤永　王茂强　段峰　王志军　宋鹏　王燕　阎洁羽

【摘要】目的对临床应用介入微创疗法治疗深静脉血栓及其并发症．巨块型肺动脉血栓的疗效和安全性进行探讨。方法对解放军总医院 2000 年 lO 月至 2010 年 3 月收治的 20 例巨块型肺动脉栓塞患者，在经过下肢盆腔多普勒超声波检查、胸部增强 cT 以及血管造影确诊后，使用介入微创疗法对患者开展治疗，这 20 例患者部分是深静脉血栓（DVT）合并肺动脉血栓栓塞，且有 8 例为急性巨块型肺动脉栓塞。治疗期间，有 11 例次行经导管血栓抽吸、捣碎；有 7 例次行保留导管溶栓术；有 11 例次行下腔静脉过滤器置入术；有 4 例次行金属支架开通髂静脉阻塞术。所有患者在术后都给予低剂量溶栓和肝素治疗，在 1 周后改为长期口服抗凝剂治疗。术后随访 6—24 个月，患者复诊胸部 x 片、超声波以及增强 cr。结果血栓抽吸、捣碎成功率 100%，髂静脉支架置入术成功率 100%，患者无重大并发症发生；巨块型肺动脉栓塞病情均累及患者的肺主干以及分支，患者动脉血压、氧饱和度均低于正常值，经过介入治疗后患者临床症状以及动脉血管造影主要结果均有明显改善。结论在治疗深静脉血栓及其并发症——巨块型肺动脉栓塞时介入方法有着重要的意义，可以较为安全、有效的对深静脉血栓及巨块型血栓进行治疗。

【关键词】放射学，介人性；肺栓塞；溶栓
中华医学杂志第 92 卷 19 期

## 蚓激酶雾化吸入对博来霉素诱发的大鼠肺纤维化的作用及其机制

薛熠　代华平　崔瑷　牛淑洁　虎宝森

【摘要】目的观察蚓激酶雾化吸人是否减轻博来霉素诱发的大鼠肺纤维化及其机制。方法健康雄性 sD 大鼠72只，随机分为对照组、博来霉素组、蚓激酶组。障来霉素组和蚓激酶组用博来霉索制备肺纤维化模型，对照组以生理盐水代替博来霉素。制模后第1天起，蚓激酶组每天1次雾化吸人蚓激酶，博来霉索组及对照组吸人等量的生理盐水。第7、14、28天分别处死3组大鼠各8只，行肺组织常规病理及免疫组化检查；测定肺组织匀浆羟脯氨酸含量；测定肺组织匀浆及血浆尿激酶型纤溶酶原激活物（u—PA）、组织型纤溶酶原激活物（t-PA）、纤溶酶原激活物抑制因子1（PAI一1含量。结果与博来霉素组相比，蚓激酶组肺泡炎和纤维化程度减轻，肺转化生长因子一β1（TGF-β1,）表达减少（P<O.01）。蚓激酶组与博来霉素组相比，第7、14、28天肺组织羟脯氨酸分别为（5 8±2 5）比（9 6±1.3）、(6.7±1.4）比（9.7±1.5）、(7.5±1.2）比（9 7±1.4）mg/L.（均P<0.01）；第7、14天肺组织匀浆u-PA含量分别为（1.04±0.36）比（0.72±0.11）、(0.90±0.09）比（0.75±0.08）μg/L，第14、28天血浆u—PA分别为（0 32±0 04）比（0 25±0.02）、(0.36±0.05）比（0.28±0 04）μg/L（均P<0.05）；第7、14、28天肺匀浆t-PA分别为（4.70±0.87）比（3.01±0.62）、(5.72±0.37）比（3.00±0.51）、(6.73±1.12）比（3.18±0.38）μg/L，血浆t—PA分别为（3.40±0.36）比（1.79±0.38）、(3.17±O 37）比（2.18±0.17）、(3.85±0.56）比（2.80±1.06）μg/L（均P<0.01）；肺匀浆PAl一1分别为（6.04±0.81）比（8.52±1.01）、(6.78±0，81）比（9.81±1.73）、(7.63+0 .99）比（11.44±2.54）μg/L，血浆PAl一1分别为（4.82±0 .42）比（6.89±0.84）、(5.73±0.40）比（7.30±1.09）、(5.64±0.87）比（7.98±l.10）μg/L（均P<0.05）。结论蚓激酶雾化吸入可减轻博来霉素诱发的大鼠肺纤维化，其机制可能是减少了纤溶和抗纤溶的失常。

**【关键词】**纤溶酶；肺纤维化；博来霉素；大鼠

中华医学杂志第92卷48期

## 无创机械通气对伴高碳酸血症的稳定期慢性阻塞性肺疾病患者的治疗作用

陆鹏　吴晓梅　李兆国　阳成成

**【摘要】**目的评估家庭无创正压机械通气（HNIPPV）在治疗伴高碳酸血症的稳定期重度慢性阻塞性肺疾病（COPD）患者中的效果及安全性。方法回顾性分析2009年1月至2010年12月在哈尔滨医科大学附属第二医院呼吸内科经住院治疗处于稳定期而出院的106例重度COPD患者中动脉血二氧化碳分压（PaCO2）≥55 mmHg的44例患者的临床资料（男30例，女14例，年龄60一80岁，平均68.5岁）。其中20例（HNIPPV组）采用多索茶碱片口服+噻托溴铵吸入+HNIPPV治疗，24例（对照组）采用多索茶碱片口服+噻托溴铵吸入+持续低流量吸氧治疗，总观察时间为6个月。对治疗前、治疗6个月后两组患者的肺功能、6 min步行距离（6MWD）、动脉血氧分压（PaO2）、PaCO2。呼吸困难分级评分、心理情绪评分及平均肺动脉压（mPAP）进行对比分析。结果两组基线资料比较差异无统计学意义。治疗前两组第1秒用力呼气容积（FEV,）、用力肺活量（FVC）、深吸气量（IC）、6MWD、PaO2、PaC02、呼吸困难分级评分、住院率、焦虑评分、抑郁评分、mPAP差异均无统计学意义（均P>0.05）。治疗6个月后HNIPPV组IC、6MWD、PaO2、PaC02、呼吸困难分级评分、焦虑评分、抑郁评分、mPAP分别为（1.80±0.14）L、（266±24）m、(62.6±4.6）mm Hg（1 mm Hg=0.133 kPa）、（46.8±2.2）mmHg、（2.2±0.5）分、（6.5±2.4）分、(6.0±1.6）分、(33.8±2.4）mm Hg，与对照组［（1.62 土0.14）L、(194.4-23）m、(56.2±3.8）mm Hg、(55.6.4-3.O）mm Hg、(3.2 4-0.6）分、(10.6±2.8）分、(10.2±2.4）分、(36.6 4-2.4）mm-Hg］比较差异均有统计学意义（P值分别为0.031、0.018、0.025、0.026、0.001、0.013、0.002、0.014）；HNIPPV组FEV1、FVC改善均优于对照组，但差异均无统计学意义（均P>0.05）。对照组在治疗过程中有2例发生急性加重住院，住院率高于HNIPPV组，但差异无统计学意义（P>0.05）。HNIPPV组患者机械通气耐受性、依从性较好，无肺气压伤。结论HNPPV联合噻托溴铵及多索茶碱片治疗伴高碳酸血症的稳定期重度 COPD 安全有效。

**【关键词】** 肺疾病，慢性阻塞性；间歇正压通气；高碳酸血

中华医学杂志第 92 卷 6 期

## CT 肺动脉造影在肺栓塞诊断中的应用评价

陈起航

**【节选】** 肺栓塞在欧美地区是一种常见病，它是在心肌梗死和脑卒中之后，位列第 3 位的最常见的急性心血管疾病；未经治疗的肺栓塞患者致死率高达 30%，如能及时诊断和治疗，其病死率降为 2%—10%。长期以来，该病一直被认为是我国的少见病，目前我国尚无其准确的流行病学资料；但随着临床医师对肺栓塞诊断意识的提高和影像检查技术的快速发展，根据国内部分医院的经验和初步统计，大多数大型医院肺栓塞诊断数量较 10 年前明显增加。

中华医学杂志第 92 卷 26 期

## 肺通气灌注显像在肺栓塞临床处理过程中的应用价值

姚稚明　王展

**【节选】** 肺通气灌注（V/Q）显像子 20 世纪 60 年代末进入临床，是成熟的诊断肺栓塞影像学检查。它通过直接显示肺动脉阻塞导致的肺组织血流灌注缺损而诊断肺栓塞，确定肺栓塞的部位、范围。和传统平面 V/Q 显像相比，新近发展的 V/Q 断层显像（V/QSPECT）诊断肺栓塞的准确性更高，定位、定量更精确，可发现更多的外周型肺栓塞病灶；其诊断肺栓塞的敏感度为 96% ~99%，特异度为 91%—98%。

中华医学杂志第 92 卷 26 期

## 影像学技术在肺栓塞确诊中的临床应用选择

杨媛华

**【节选】** 肺栓塞的确诊检查主要包括 CT 肺动脉造影（CTPA）、核素肺通气灌注（V/Q）显像、磁共振肺动脉造影（MRPA）和直接肺动脉造影等方法。各种检查方法均有其自身的特点和不足，临床医师只有明确各种检查自身的特点和优劣，才能更好地选择相应的检查为临床服务，并且能够更加准确迅速地明确疾病的诊断。

中华医学杂志第 92 卷 28 期

## 光动力疗法在肺癌治疗中的应用

邹盛昌　李强

**【节选】** 随着介入肺脏病学的发展，介入疗法因其创伤小、特异性高，在肺癌治疗中的应用范围变得越来越广泛。光动力疗法是指将可选择性聚集于病灶的光敏剂注人人体，再利用一定波长的激发光，激发光化学反应，对疾病进行治疗的一种新兴介入疗法。其在各种自然腔道恶性肿瘤（如肺癌、食管癌及泌尿生殖道肿瘤）的治疗中，发挥着越来越重要的作用。1982 年 Hayata 等口。报道在支气管镜下使用光动力疗法，治疗了 1 例因心肺功能较差不适宜外科手术的中央型肺癌患者，开始了光动力疗法对腔内肿瘤的治疗。本文现对各种常用光敏剂及其作用机制和在肺癌治疗中的应用现状进行概述。

中华医学杂志第 92 卷 40 期

## 18F－FDG PET/CT 联合肿瘤标志物对肺癌的诊断价值及 SUVmax 的临床意义

张铁梅　张连民　刘洋　张真发　王长利

【摘要】目的评价 18 氟脱氧葡萄糖（18F－FDG）PET/CT 显像联合肿瘤标志物测定对肺部肿块良恶性鉴别的诊断价值，并进一步探讨临床病理因素与 18F—FDG PET/CT 最大标准摄取值（SUVmax）之间的关系。方法对 2006 年 1 月至 2010 年 12 月天津医科大学附属肿瘤医院 177 例 x 线或 CT 怀疑肺癌的初诊患者行 18F—FDG PET/CT 及癌胚抗原（CEA）、细胞角蛋白片段（CYFR21—1）和神经元特异性烯醇化酶（NSE）检测，所有检测在 1 周内完成，并与病理诊断结果作对照分析，分别计算出几种检测方法的敏感性、特异性及准确性；并分析病变大小，T、N、M 分期，病理类型对 SUVmax 的影响及相互之间的关系。结果在 177 例患者中，145 例患者确诊为肺癌，32 例为肺部良性病变。18F－FDGPET/CT 诊断肺癌的敏感性、特异性和准确性分别为 89.7%，78.1% 和 87.6%，肿瘤标志物联合诊断分别为 82.1%，68.8% 和 79.7%，二者联合诊断分别是 96.6%，56.3% 和 89.3%。应用 McNemar 检验显示，18F－FDG PET/CT 联合肿瘤标志物的敏感性显著优于肿瘤标志物并联及 18F—FDG PET/CT 单项检测（P 值分别为 0.000 和 0.002）；其准确性显著高于肿瘤标志物并联（$P<0.05$），而与单独的 18F－FDG PET/CT 诊断相比，虽然准确性高于 18F—FDG PET/CT 诊断，但差异无统计学意义（$P>0.05$）。在 T 分期、不同大小肿瘤组（≤3cm 比 >3cm）及病理类型分组中，SUVmax 差异有统计学意义（$F=8.444$，$P=0.000$；$F=21.938$，$P=0.000$ 和 $F=14.017$，$P=0.000$），而在 N 分期、M 分期中，其差异无统计学意义；且 SUVmax 与原发肿瘤大小呈正相关（$R=0.447$，$P=0.000$）。结论 18F—FDG PET/CT 显像结合肿瘤标志物测定有助于提高肺癌诊断的阳性率；SUVmax 可以作为评价 T 分期的辅助手段且对病理类型也有一定的指导意义。

【关键词】肺肿瘤；正电子发射断层显像术；肿瘤标记，生物学
中华医学杂志第 92 卷 41 期

## 治疗前 18F—FDG PET/CT 最大标准摄取值在弥漫大 B 细胞淋巴瘤中的意义

应志涛　王雪鹍　宋玉琴　郑文　王小沛　谢彦　林宁晶　涂梅峰
平凌燕　刘卫平　邓丽娟　张晨　杨志　朱军

【摘要】目的探讨弥漫大 B 细胞淋巴瘤（DLBCL）患者治疗前“氟脱氧葡萄糖正电子发射成像（18F－FDG PET）/CT 最大标准摄取值（SUVmax）的预后意义。方法回顾性分析 2009 年 12 月至 2011 年 l0 月北京大学肿瘤医院诊治的 39 例 DLBCL 患者资料。所有患者治疗前均接受 18F－FDGPET/CT 检查，采用 SPSS 13.0 软件评价 SUVmax 与预后幽子、近期疗效及远期生存的关系。结果生发中心来源和非牛发中心来源的 DLBCL 患者的中位 SUVmax 分别为 11，6（5.3—18.7）和 18.0（2.2—40.5），两组之间的差异有统计学意义（$P=0.039$）。有大肿块与无大肿块患者的中位 SUVmax 差异无统计学意义（$P=0.539$）。SUVmax 与国际预后指数（IPI）、年龄、分期、体力状态 ECOG 评分、乳酸脱氢酶（LDH）、结外病变个数及肿瘤细胞增殖相关抗原 Ki—67 之间无相关性（均 $P>0.05$）。完全缓解和末完伞缓解患者的中位 SUVmax 差异无统计学意义（$P=0.312$）。有效患者（完全缓解＋部分缓解）与无效患者（疾病稳定＋疾病进展）的中位 SUVmax 差异也无统计学意义（$P=0.243$）。分别设定 10、15、20 为 SUVmax 界限值，SUVmax 低者与高者的完夸缓解率差异均无统计学意义（$P=0.155$、0.450、0.481），有效率的差异亦均无统计学意义（$P=0.250$、0.465、0.338）；SUVmax 低者与高者的 2 年无进展牛存率差异均无统计学意义（$P=0.226$、0.441、0.623），2 年总牛存率差异亦均无统计学意义（$P=0.367$、0.123、0.362）。结论 DLBCL 疗前 PET/CT 的 SUVmax 预测预后

意义在本组患者中不明确，目前还不能通过其来判断患者预后或指导治疗。

【关键词】淋巴瘤，大 B－细胞，弥漫性；氟脱氧葡萄糖 F18；预后；标准摄取值
中华医学杂志第 92 卷 46 期

## 低剂量 X 线照射幼鼠对海马神经元形态及微管相关蛋白 2 的影响

张炜　王培军　李萍　李铭华　高晓龙

【摘要】目的探讨连续低剂量 x 线照射对幼年 Sprague－Dawley（SD）大鼠海马神经元形态及微管相关蛋白 2（MAP－2）表达的影响及其相互关系。方法出生后 35 d 的 sD 大鼠 18 只随机分为照射组和对照组，照射组分别连续 7 d 接受 0. 2、1. 0 mGy 剂量的 x 线照射（0. 2 mGy 组和 1. 0 mGy 组）及对照组（接受假照射），通过 HE 染色观察海马 CAl 区锥体细胞形态学变化，通过免疫组织化学法对大鼠海马 CAl 区 MAP－2 表达进行检测，Western 印迹检测海马总 MAP－2 表达，并通过电镜观察海马 CAl 区超微结构的变化。结果（1）1. 0 mGy 组海马 CAl 区可见神经元核固缩，0. 2 mGy 组与对照组海马 CAl 区锥体细胞形态未见异常；（2）1. 0 mGy 组海马 CAl 区 MAP－2 阳性细胞平均吸光度（A）值（O. 242 ±0. 017）低于对照组（0. 282 ±0. 016），差异有统计学意义（F =14. 419，P =0. 005），0. 2mGy 组 MAP－2 阳性细胞平均 A 值（O. 331 ±0. 017）高于对照组，差异有统计学意义（F =21. 700，P =0. 002）；1. 0 mGy 组海马总 MAP－2 表达（0. 332 ±0. 001）低于对照组（0. 370 {0. 012），（F =28. 055，P =0. 000），而 0. 2 mGy 组（O. 455 ±0. 018）高于对照组，（F = 61. 974，P =0. 002）；。（3）电镜下 1. 0 mGy 组海马 CAl 区微管减少，结构紊乱，部分突触后膜致密物（PSD）增多、不均匀，0. 2 mGy 组神经元结构完整，微管增生，排列整齐，PSD 均匀。结论幼年 SD 大鼠连续受低剂量 x 线照射后海马神经元形态改变与 MAP－2 表达强弱相关，其中 1. 0mGy 组神经元受损，导致 MAP－2 表达减弱，而 0. 2mGy 组通过低剂量 x 线兴奋效应促进微管增生，增生的微管结构正常，促使 MAP－2表达增强。

【关键词】辐射，电离；微管相关蛋白质类；海马
中华医学杂志第 92 卷 5 期

## 腹腔镜中下段直肠癌根治手术的近期疗效及安全性分析

葛磊　王海江　赵泽亮　杨新辉　赵为民　帕尔哈提　刘林

【摘要】目的探讨腹腔镜中下段直肠癌手术的安伞性、可行性及近期疗效。方法 2008 年 1 月至 2010 年 1 月新疆医科大学附属肿瘤医院胃肠外科收治 108 例中下段直肠癌患者，按照手术方式分为腹腔镜组（63 例）及开腹组（45 例）进行手术；回顾性分析比较两组患者手术及术后恢复情况。结果腹腔镜组中有 7 例（11. 1%）中转开腹，腹腔镜组手术时间与开腹组比较差异无统计学意义［（246 ±57）min 比（229 4 －53）min，P >O. 05］；腹腔镜组平均术中出帆量更少，肠道功能恢复时间更短［（51 ±20）ml 比（110 ±41）ml，（3. 0 4 －0. 8）d 比（3. 7 ±1. 3）d，均 P <0. 05］；在切除标本长度、肿块下缘距离及术后并发症方面，两组比较差异均无统计学意义（均 P >0. 05）；每例患者手术清扫淋巴结中位数腹腔镜组为 13 枚，开腹组为 12 枚，差异无统计学意义（P >0. 05）。两组均无切口肿瘤种植、局部复发及近期死 f 病例，腹腔镜组肺转移 2 例，开腹组肝转移 l 例、肺转移 1 例。结论腹腔镜中下段卣肠癌根治术安伞、可行、微创、根治度好，近期疗效满意，具有较好的应用前景。

【关键词】直肠肿瘤；腹腔镜检查；治疗结果
中华医学杂志第 92 卷 2 期

## 经脐切口单孔 L 腹腔镜和标准腹腔镜治疗肾囊肿的比较

张耀光　朱刚　朱生才　刘明　张亚群　金滨　魏东　万奔　王建业

【摘要】目的比较经脐切口单孔腹腔镜（NOTES）和标准腹腔镜治疗肾囊肿的安伞性及可行性。方法收集自 2010 年 5 月至 2011 年 8 月经脐切口单孔 3 通道（Triport）腹腔镜治疗 8 例肾囊肿（A 组），应用标准腹腔镜治疗肾囊肿 14 例（B 组）。记录患者年龄、囊肿大小、手术时间、估计术中出血量、术中并发症、留置引流管时间、术后疼痛指数（VAPS）、术后住院时间等临床资料，并对结果进行分析。结果 A 组、B 组患者囊肿的平均直径分别是：(6.6 ±2.4)、(7.0 ±2.5) cm，两组患者均无转为开放手术完成的病例，NOTES 组亦无转为标准腹腔镜的病例。A 组、B 组平均手术操作时间分别为 49、35 min，估计术中出血量分别为 12、10 ml。患者术后留置引流时间分别各为 1 d，术后第 l 天 VAPS 分别为 0、1 分，术后住院时间分别为 4、5 d。两组手术无术中严重并发症，术后无继发性出血和切口感染病例。术者和患者均认为经脐切口手术瘢痕明显较标准腹腔镜 3 个切口美观。结论 NOTES 治疗肾囊肿的安全性和可行性和标准腹腔镜相当，比标准腹腔镜更加符合微创美观的现代手术要求。

【关键词】腹腔镜手术；单孔腹腔镜手术；肾囊肿
中华医学杂志第 92 卷 4 期

## 肾上腺节细胞神经瘤腹腔镜手术治疗经验

张争　何睿　李学松　周利群

【摘要】目的总结肾上腺节细胞神经瘤的腹腔镜手术治疗经验，探讨手术方式的选择。方法总结北京大学第一医院泌尿外科 2002 年 2 月至 2010 年 8 月收治的 12 例行腹腔镜切除的肾上腺节细胞神经瘤的临床病例资料，对手术相关数据进行分析。结果 12 例肿瘤均无内分泌功能，肿瘤长径平均 6.5 cm（1.5—16.8 cm），其中腹膜后镜切除 10 例，平均长径 6.0 cm，经腹腹腔镜切除 2 例，长径分别为 7.5 和 10.7 cm。12 例肿瘤中，3 例肿瘤包绕肾蒂血管，1 例肿瘤与肾粘连紧密。平均手术时间 144 min，平均出血量 194 ml，术后平均住院日 5.4 d。术后平均随访 45 个月，均无复发或转移。结论多数肾上腺节细胞神经瘤体积较大，如能选择适当的手术人路并注意保护肾血管，腹腔镜仍是一种安全、有效的手术方式。

【关键词】腹腔镜；肾上腺节细胞神经瘤
中华医学杂志第 92 卷 8 期

## 高选择性肾动脉分支阻断术在腹腔镜肾部分切除术中的应用

邢念增　王明帅

【摘要】目的探讨一种新的肾血管阻断技术在腹腔镜肾部分切除术中的应用及临床价值。方法 2011 年 3—6月，对 lO 例肾脏小肿瘤患者应用高选择性肾动脉分支阻断技术，行腹腔镜肾部分切除术。男 6 例，女 4 例，平均年龄（47 士 13）岁，平均肿瘤直径约（2.8 ±0.9）cm。观察手术时间、术中出血量、高选择性肾动脉分支阻断时间、引流管留置时间、术后住院天数、并发症及手术效果。结果手术均顺利完成，平均手术时网（101 ±23）min，术中中位出血量 112 谢，术中平均高选择性肾动脉分支阻断时间（28 ±6）rain，无输血、中转开放手术病例。术中及术后无并发症，肾周引流管平均留置时间为（5.0 ±1.3）d，平均术后住院时间（8.0 4 -0.8）d，术后随访时间（4.0 ±1.1）个月。病理回报 4 例肾血管平滑肌脂肪瘤；5 例肾透明细胞癌，切缘阴性；1 例肾乳头状细胞癌，切缘阴性。结论高选择性肾动脉分支阻断技术是一种新的肾血管阻断技术，在肾部分切除术中安全有效，但需要长期随访及大宗病例研究。

【关键词】腹腔镜；肾切除术；热缺血；肾肿瘤

中华医学杂志第 92 卷 18 期

## 使用传统腹腔镜器械的经阴道阑尾切除术

田雨　吴硕东　王丹渡　陈英汉

【摘要】目的探索和建立使用传统腹腔镜手术器械的经阴道阑尾切除术的技术和方法。方法选择中国医科大学附属盛京医院妇科 2010 年 11 月至 2011 年 11 月 3 例既往有反复发作的慢性阑尾炎病史的子宫肌瘤患者在阴式子宫切除术完成后暂不闭合阴道断端，经阴道断端置人 Trocar，导入腹腔镜和传统腹腔镜手术器械施行经阴道阑尾切除，手术结束闭合阴道断端。收集分析手术时间、出血量、术后并发症发生率、出院对阎等临床资料。结果 3 例经阴道人路手术均成功完成。阑尾切除部分手术时间分别为 34、23 和 26 min，术中均无明显失血，术后均无阑尾残端瘘等并发症发生，术后 3 d 痊愈出院，与传统多孑 L 法和经脐单孔法腹腔镜阑尾切除术相比无明显差异且腹部无任何瘢痕。结论成功建立了经阴式子宫切除后的阴道断端施行阑尾切除术的技术和方法，且该术式安全可行，是经自然腔道内镜手术在临床上的新探索。

【关键词】阑尾切除术；阴道；内窥镜；自然腔道

中华医学杂志第 92 卷 30 期

## 腹腔镜巨大肾癌根治性切除加下腔静脉 II 级瘤栓取出术一例

邢念增　王明帅　牛亦农　平浩　张军晖

【节选】患者女，55 岁。体检超声发现左肾肿瘤，伴发热及重度贫血，无肉眼血尿。左上腹部可触及肿块，质地硬。腹部增强 CT 提示左肾肿瘤，大小约 14 cm X 10 cm×8 cm，增强扫描呈明显不均匀强化，左肾静脉及下腔静脉内可见瘤栓（图 1）。核磁共振腹部大血管成像提示下腔静脉瘤栓长约 6. 9 cm，左肾静脉瘤栓长约 9 cm。实验室检查血红蛋白 67 g/L，肝功、肾功及凝血无明显异常。肺部 CT 及全身骨扫描未见转移。诊断为左肾癌合并下腔静脉Ⅱ级瘤栓。

中华医学杂志第 92 卷 36 期

## 腹腔镜胰体尾切除术 25 例临床观察

吕少诚　史宪杰　王宏光　纪文斌　万涛　徐明月　张雯雯　刘同友

【摘要】目的总结腹腔镜胰体尾切除术在肝胆外科中的临床应用经验。方法回顾性分析解放军总医院 25 例腹腔镜胰体尾切除术患者的临床资料，其中 9 例患者行腹腔镜胰体尾联合脾脏切除术，16 例患者行腹腔镜保留脾脏的胰体尾切除术，将同期我院行开腹胰体尾切除的 42 例患者临床资料作为对照组进行比较。结果腹腔镜组患者在术后胃肠功能恢复、切 1：3 长度、住院时间、并发症发生率等方面要明显优于开腹组［腹腔镜组患者平均拔除胃管时间（1. 5 ±0. 9）h，平均术中出血量（256 ± 188）ml，平均切口长度（4. 6 ± 0. 9）em，术后住院时间（7. 1 ±1. 9）d；开腹组拔除胃管时间（2. 7 ±0. 7）h，平均术中出血量（305 4 － 288）ml，平均切 El 长度（20. 1 4 －4. 2）cm，术后住院时间（11. 2 4 －3. 2）d］差异具有统计学意义（P < 0. 05）。腹腔镜组 4 例患者术后发生胰瘘（A 级 3 例、B 级 1 例），均经保守治疗后治愈，无临床死亡患者。

结论腹腔镜胰体尾切除术是安全可行的，值得在临床进一步推广。

【关键词】腹腔镜检查；胰腺切除术；手术；治疗
中华医学杂志第 92 卷 36 期

## 腹腔镜解剖性右半肝切除治疗肝肿瘤 16 例分析

原春辉　修典荣　贾易木　熊经伟　陶明　张同琳

【摘要】目的探讨腹腔镜解剖性右半肝切除术在治疗肝脏肿瘤中的价值。方法回顾性分析 2007 年 10 月至 2011 年 10 月问在北京大学第三医院住院的 16 例肝肿瘤患者，因肝脏肿瘤行腹腔镜解剖性右半肝切除术，观察患者手术时间、术中失血量、术后并发症等。断肝方式为超声刀 + LigaSure 联合分离法，结合腔镜下切割缝合器。结果术后病理证实原发性肝癌（PLC）7 例，肝血管瘤 6 例，结肠癌肝转移 2 例，胰腺无功能神经内分泌癌肝转移 1 例。平均手术耗时 310（260 ~ 450）min，术中出血量约 550（220—1550）ml。3 例术后发生胆漏，经充分引流 2—3 周治愈。平均术后住院时间为 7（5—14）d。对肝脏恶性肿瘤患者术后随访 15（12—52）个月，肿瘤复发 4 例，其中 2 例因肿瘤复发转移死亡。结论腹腔镜下解剖性右半肝切除术是一种安全、有效、微创的手术。其不但适用于良性肿瘤，也适用于恶性肿瘤，能达到根治要求。

【关键词】腹腔镜检查；肝切除术；肝肿瘤
中华医学杂志第 92 卷 44 期

## CT 引导下射频消融治疗肝癌腹膜后转移性淋巴结的临床价值

高飞　顾仰葵　黄金华　赵明　吴沛宏

【摘要】目的探讨 CT 引导下原发性肝癌腹膜后转移性淋巴结射频消融治疗的临床价值。方法收集 2004 年 3 月至 2010 年 7 月中山大学附属肿瘤医院医学影像与介人中心 32 例原发性肝癌并腹膜后淋巴结转移的患者。根据治疗方式将分为两组：A 组 19 例，在 CT 引导下行腹膜后转移性淋巴结射频消融治疗（肝/肺单发转移灶行射频消融治疗）；B 组 13 例，仅行肝/肺单发转移灶的射频消融而未行淋巴结治疗。采用增强 CT 或 PET/CT 对两组患者进行随访，评价 A 组疗效并对两组患者进行 Kaplan—Meier 生存分析。结果 A 组患者 3、6、10、15 个月的局部控制率分别为 78.9%、73.3%、41.7%、25.o%。Kaplan—Meier 生存分析显示 A 组的 1 年生存率为 26.3%，明显高于 B 组的 7.7%（P = 0.029）。A 组患者未发生胃肠道或胆道热损伤等并发症。结论射频消融是治疗肝癌腹膜后转移性淋巴结安全、有效的微创治疗手段。

【关键词】淋巴转移；肝肿瘤；腹膜后肿瘤；射频消融
中华医学杂志第 92 卷 41 期

## 通过脾脏形态及其侧支循环的影像学改变评估肝移植对门脉高压脾大的作用

梁莹莹　王劲　单鸿　颜荣华　胡冰　姜在波　何炳均　刘静静　任泠斓　邵硕

【摘要】目的观察肝硬化门脉高压脾大患者肝移植术前后脾脏及其侧支循环的影像学变化，进而探讨肝移植对门脉高压的疗效及作用。方法选取 2005 年 4 月至 2011 年 5 月在中山大学附属第三医院 56 例因门脉高压症行肝移植的患者，根据术后随访时间分为 5 组：A 组（≤3 个月）；B 组（ > 3 ~ 6 个月）；C 组（ > 6 ~ 12 个月）；D 组（ > 12—24 个月）；E 组（ > 24 个月）。同时选取 20 名健康人作为正常对照组（F 组）。分别测量及观察 6 组患者肝移植术前后脾脏的宽度、厚度、长径、体积、门静脉直径、脾静脉直径及侧支循环开放情况。结果肝移植术后 A ~ E 组脾脏体积的缩小幅度分别为 25.4%、27.8%、21.9%、25.2%、27.7%，且与正常组比较仍处于肿大状态（P < 0.05）。肝移植术后 31 例（81.6%，31/36）患者食管胃底静脉曲张恢复正常；10 例开放的附脐静脉消失；5 例腹膜后静脉曲张持续存在。结论肝移植能有效的治疗肝硬化门脉高压脾大及侧支循环开放，移植术后前 3 个月内脾脏体积缩小约 25%，之后变化不大。肝移植术后多数食管胃底静脉曲张恢复正常，脾大与脾静脉、腹膜后静脉曲张可平行存在。正确了解盯移植术后脾脏及其侧支循环的变化，可评估肝移植对门脉高压的疗效，有助于提高患者的远期生存质量。

**【关键词】** 肝移植；脾大；侧支循环

中华医学杂志第 92 卷 43 期

## 肘外侧人路空心拉力钉内固定治疗肱骨小头 I 型骨折

贾英伟　尹芸生　韦健

**【节选】** 肱骨小头骨折 I 临床少见，好发于青少年，属于关节内骨折；在解剖时称之为肱骨盘状骨突骨折（fracture rotulihumeri），也称 Kocher 骨折。在小儿骨科，多称之肱骨外髁骨骺冠状面骨折，因其少见，在临床上极易漏诊，导致治疗延误，肘关节功能受限。因本病关注度低报道较少，在临床上缺乏有效、系统、规范的手术治疗方法。我们采用切开复位空心拉力钉内固定治疗肱骨小头 I 型骨折并获得完全随访，疗效满意，现将治疗经验总结如下。

中华医学杂志第 92 卷 41 期

## 超声 X 线联合与 CT 诊断宫内节育器异位的比较分析

钟兰萍　黄丽丽　邹燕　徐克惠　董白桦　吴尚纯　罗恋梅

**【摘要】** 目的比较超声 x 线联合检杳与 x 线计算机体层摄影术（cT）检查在诊断宫内节育器（IUD）异位中的应用价值，并进行成本．效果比（C/E）分析，为选择适宜的 IUD 异位诊断方法提供科学依据。方法 2009 年在浙江大学医学院附属妇产科医院和山东大学齐鲁医院纳入 70 例研究对象，根据超声 x 线联合和 CT 分别得到初步诊断，以取 f“IUD 手术作为评价宫内节育器异位的诊断金标准，比较以上两种诊断方法在灵敏度、特异度、诊断指数、符合率等的差别，以及 C/E 的差别。用 SPSS 13.0 统计分析软件进行数据分析和处理。结果最后纳入 65 例资料进行统计分析。超声 X 线联合诊断灵敏度为 82.1%，特异度为 88.9%，诊断指数为 171.O%，符合率为 83.1%，C/E 为 137.3。CT 检查灵敏度为 96，4%，特异度为 55.6%，诊断指数为 152.0%，符合率为 90.8%，C/E 为 170.7。结论超声 X 线联合诊断在特异度、诊断指数，以及 C/E 等方面均优于 CT 诊断，因此其宜于作为 I 艋床诊断官内节育器异位的首选，尤其可在基层计划牛育服务机构中推广使用。

**【关键词】** 宫内避孕器；超声；放射摄影术；X 线计算机体层摄影术；成本 - 效果比

中华医学杂志第 92 卷 1 期

## VCu 与 TCu380A 宫内节育器用于有剖宫产史妇女的临床研究

唐元红　冯贞洁

**【摘要】** 目的比较 VCu 与 TCu380A 两种宫内节育器在有剖宫产史妇女中使用的效果和各自的特点，为育龄妇女知情选择避孕方法提供依据。方法 2008 年 2 月至 2009 年 8 月广东省阳江市计划生育服务中心对自愿要求放置宫内节育器（IUD）、身体健康且无上环禁忌证并有剖官产史妇女 400 例，随机放置了 VCu 与 TCu380A，其中放置 VCu 环 200 例，放置 TCu380A 200 例，于放置后 3、6、12 个月进行随访。结果在 12 个月末 VCu 和 TCu380A 带器妊娠率分别为 I. 02%（2/196）和 4. 64%（9/194）。脱落率分别为 O（o/196）和 3. 1%（6/194），因症取出率分别为 1. 02%（2/196）和 4. 13%（8/196）。两种 IUD 妊娠率比较，差异有统计学意义（$P<0.05$）；VCu 脱落率和因症取出率均低于 TCu380A，差异有统计学意义（P < o. 05）；VCu 的累积续用率高于 TCu3SOA（$P<0.05$）。结论 VCu 避孕效果优于 TCu380A，放置 12 个月时 VCu 未发生明显的不良反应，且具有放置方法灵活简便、脱落率低、因症取出率低、累积续用率高等优点，值得临床推广。

【关键词】Vcu；TCu380A；宫内节育器
中华医学杂志第 92 卷 17 期

## 同种异体皮质骨锚钉结合缝线桥技术修复肩袖损伤

王明新　刘玉杰　何蔚　李海峰　安佰京

【摘要】目的观察异体皮质骨锚钉结合缝线桥技术修复肩袖损伤的临床疗效。方法 2006 年 6 月至 2009 年 6 月，共收治肩袖损伤患者 18 例，男 7 例，女 ll 例，年龄 34—65 岁，平均 45. 2 岁。左肩 11 例，右肩 7 例。在关节镜下使用异体皮质骨锚钉结合缝线桥技术修复肩袖。采用加利福尼亚大学洛杉矶分校（uCLA）标准评分评判疗效。结果随访平均 17. 6 个月（12—36 个月）。治疗优良率 100%，所有患者肩袖损伤均愈合，有 2 例外展活动轻微痛，无明显关节活动受限。术后 3 个月骨锚钉与受区完全融合。结论采用同种异体皮质骨锚钉结合缝线桥技术修复肩袖损伤，创伤小，腱骨结合面积大，固定牢固，费用低，是一种较好的肩袖损伤治疗方法。

【关键词】肩袖；骨钉；缝线；移植，同种
中华医学杂志第 92 卷 25 期

## 关节镜清理成形术治疗肘骨关节炎伴肘后撞击症

刘玉杰　王俊良　李海峰　齐玮　王宁

【摘要】目的探讨肘关节镜清理成形术治疗尺骨鹰嘴撞击征的疗效。方法 1999 年 3 月至 2008 年 3 月期间，治疗肘关节骨关节炎伴肘关节尺骨鹰嘴撞击征 21 例。男 15 例，女 6 例；右侧 16 例，左侧 5 例，均为优势手侧。患者均为体育爱好者，其中排球爱好者 7 例，网球运动爱好者 7 例，高尔夫球爱好者 4 例，专业击剑运动员 3 例。发病到手术时间平均 3. 5 年（2. 5 ~ 8 年）。关节镜探查发现肘关节滑膜组织增生肥厚，尺骨鹰嘴及鹰嘴窝软骨退变、骨赘增生伴鹰嘴窝变形。行关节镜下肘关节滑膜和软骨创面清理，取出游离体，尺骨鹰嘴和鹰嘴窝骨赘磨削，鹰嘴窝成型，动态观察撞击解除情况。结果术后获得随访 19 例，失访 2 例，平均随访 25. 3 个月（18 ~ 42 个月）。术后患者肘关节肿胀和疼痛解除，运动及生活功能恢复正常，肘关节屈伸与旋转活动度明显改善。关节活动度根据拍摄的肘关节最大屈曲和最大伸直侧位 X 光片的测量值为准，术前平均 90. 5°，术后为 130°，术后较术前提高了 35°。术后按照肘关节功能评价标准进行关节功能评价。本组优 12 例，良 7 例，可 2 例。结论关节镜下肘关节清理、骨赘磨削、尺骨鹰嘴窝成型术可显著改善肘关节屈伸运动度与术后功能。

【关键词】肘关节；关节不稳性；骨关节炎；运动损伤；关节镜检查
中华医学杂志第 92 卷 27 期

## 微创可扩张球囊技术制备活体山羊急性脊髓压迫损伤模型

郑月焕　方洲　曹鹏　郑涛　孙长惠　陆炯　史日异

【摘要】目的建立一种科学性、可重复性及可操作性较高的大型哺乳动物的急性脊髓压迫损伤模型，为脊柱、脊髓损伤的发生及修复重建等相关研究提供技术和实验平台。方法选用成年雄性山羊，体重质量35—45 kg，经静脉麻醉后采用椎体后凸成形术时使用的球囊系统，经椎板间有限开窗人路制备活体山羊的急性脊髓压迫模型，然后按步骤将球囊置于欲研究的靶脊髓节段并加以扩张。共将动物数字表法随机分为4组：假手术组A（3只）（仅行靶节段的椎板切除，并不置人球囊）；假手术组8（4只）（行靶节段的椎板切除，并置入球囊但不予扩张）；靶脊髓节段部分受压组C（4只）（扩张球囊占椎管前后径约30%）；靶脊髓节段完全受压组D（4只）（扩张球囊占椎管前后径约90%）。术中和术后采用x线和Cr重建技术记录球囊所处的脊柱节段位置、球囊扩张后椎管的占位程度；记录球囊扩张时达到椎管占位程度目的时的球囊压强值、容量值及所需时间；采用改良Tadov运动功能评分记录术前及术后第7天动物的后肢活动状况，测量体感诱发电位（sSEP）图形和数值变化。结果应用x线及cT成像测得：当球囊内注人造影剂0、（1.3±0.2）、（2.8士0.2）ml时，相对应的椎管占位率分别为0%、33%4-2%、89%±4%，分别对应轻度压迫损伤组、中度压迫损伤组、重度压迫损伤组。损伤模型术后第7天SSEP及运动功能受损的记录分析显示，各组损伤程度一致性较高且与剂量有关。结论微创可扩张球囊技术制备的活体山羊急性脊髓压迫损伤模型，可模拟临床急性脊髓压迫损伤状态。经椎板间有限开窗技术能基本满足目前的模型制备需要。

【关键词】脊髓损伤；脊髓压迫症；扩张球囊

中华医学杂志第92卷23期

## 应用AO微型钛板治疗掌指关节周围骨折

张冰　张英泽　邵新中　田德虎　张经岐　韩金豹　张克亮

【摘要】目的评估切开复位，应用AO微型钛板螺钉治疗不稳定掌指关节周嗣骨折的治疗效果。方法2006年4月至2010年8月间经微型接骨板螺钉治疗掌指骨关节周围骨折302例。患者均随访8周以上，在末次随访时，根据TAM评分标准、平均掌指关节PROM、quick. DASH评分、握力、捏力和Kapandji评分等对治疗效果进行评定。应用伞关节主被动活动优良率、掌指关节被动活动度、并发症发生率、quick. DASH评分等4项评估指标，在功能效果方面，将AO钛板同定与以前应用手法整复，石膏托固定，切开复位克氏针固定等传统治疗方法进行比较。结果术后平均随访4.6个月。x线显示骨折线基本消失时间平均8.2周。103例（34.1%）掌指关节功能完全恢复。掌骨头合并近节指骨基底骨折术后并发症发生率及肌腱粘连发生率均高于单纯掌骨头骨折或近节指骨基底骨折。与以前应用传统治疗方法进行对比，AO钛板治疗组各项指标均优（握力恢复94.5%，捏力恢复88.6%，Kapandji评分90%，$P<0.01$）。结论掌指关节周围骨折解剖部位复杂，术后易产生肌腱粘连，关节僵硬及创伤性关节炎等并发症，传统方法治疗效果较差。AO微型接骨板螺钉系统可明显提高其治疗效果。

【关键词】手；骨折；内固定器

中华医学杂志第92卷3期

## 椎弓根螺钉短节段固定治疗寰枢椎复合骨折

王雷　田纪伟　柳超　赵庆　华袁文

【摘要】目的探讨经后路寰枢椎椎弓根螺钉内固定治疗寰枢椎复合骨折的临床疗效。方法本组共纳入

2005 年 6 月至 201 1 年 l 1 月上海交通大学附属第一人民医院骨科、第二军医大学长征医院骨科治疗的 17 例患者，其中 Anderson II 型齿突骨折合并寰椎骨折 lO 例，Hangman 骨折合并寰椎骨折 7 例。术前脊髓损伤按 Frankel 分级：C 级 2 例，D 级 5 例，E 级 10 例。采用经寰枢椎椎弓根螺钉进行固定，其中 8 例并在寰枢椎后弓间植入同种异体颗粒状骨。其余 4 例未做植骨融合。结果 17 例患者全部得到随访，平均随访 24 个月，所有患者螺钉植入位置和复位均满意。寰枢椎植骨于术后 3 ~6 个月达骨性融合。术后 D 级 6 例和 C 级 1 例均恢复至 E 级。所有患者颈部运动功能恢复良好，但轴向旋转活动部分丧失。结论应用寰枢椎椎弓根螺钉内同定治疗寰枢椎复合骨折可使寰枢椎获得即刻的坚强固定，有利于寰枢椎稳定性，有利于骨折愈合，疗效满意。

**【关键词】**骨折固定术，内；脊柱骨折；寰椎；枢椎

中华医学杂志第 92 卷 11 期

## 人工全髋关节假体聚乙烯磨损的测量

兰天　肖军　史占军

**【节选】**人工全髋关节置换术作为治疗髋关节终末期疾病最成功的手段，20 年的生存率超过 80%，影响人工关节远期效果主要是假体周围骨溶解造成的无菌性松动。引发骨溶解的主要原因是假体磨损颗粒（尤其是聚乙烯颗粒）诱导的生物学反应，所以界面磨损一直都是关节外科医生和器械制造商关心的重要问题?。金属对聚乙烯摩擦界面的假体设计，以及高交联超高分子聚乙烯材料的出现和陶瓷对聚乙烯、金属对金属、陶瓷对陶瓷摩擦界面组合，显著降低了磨损颗粒的产生以及由此诱发的假体周围骨溶解口 o。但金属对金属摩擦界面假体造成的血中金属离子升高带来的晚期影响尚存在争议口]，陶瓷对陶瓷摩擦界面出现的陶瓷内衬碎裂问题目前仍难以完全解决，况且金属和陶瓷内衬无法制作拥有防脱位高边的外形，对手术技术要求高，此外昂贵的价格也限制其进一步推广，金属对聚乙烯摩擦界面假体仍是应用的主流。因此，监测并准确方便的评估假体聚乙烯磨损具有重要意义。我们对人工髋关节假体聚乙烯磨损的测量方法进行综述，旨在合理的评估人工髋关节假体磨损。

中华医学杂志第 92 卷 9 期

## 实时 CT 扫描与光纤内镜技术对阻塞性睡眠呼吸暂停低通气综合征上气道阻塞定位的对比研究

闰智强　孙建军　陈曦　袁伟　林勇生　孙玉梅　章榕

**【摘要】**目的比较睡眠状态下 256 层螺旋 cT 扫描与光纤内镜技术在阻塞性睡眠呼吸暂停低通气综合征（OSAHS）卜气道定位诊断的符合率及优缺点．探讨其临床应用价值。方法对海军总医院耳鼻咽喉头颈外科 201 1 年 4 月至 2012 年 7 月收治的 59 例经多导睡眠监测确诊的 OSAHS 患者分别行清醒、诱导睡眠状态 F 上气道螺旋 cT 扫描及清醒状态下光纤内镜检查，判定 OSAHS 患者的上气道阻塞部位，行前瞻性研究。结果所有患者均顺利完成实时 cT 扫描。(1) 发现单纯软腭后区阻塞或狭窄者，实时 cT 26 例，光纤内镜检查 34 倒；发现软腭后区 + 舌后区阻塞或狭窄者，实时 cT19 例，光纤内镜检查 10 例；发现软腭后厩 + 会厌后厌阻塞或狭窄者，实时 CT 6 例，光纤内镜检查 2 例；发现软腭后区十舌后区 + 会厌后区阻塞或狭窄者，实时 cT 7 例，光纤内镜检查 3 例；软腭后区 + 舌后区 + 会厌后均未见阻塞或狭窄者．实时 CTl 例，光纤内镜检查 10 例；实时 cT 与光纤内镜检查均未发现单纯舌后区及会厌后区狭窄或阻塞者。(2) 对比两种方法判定 OSAHS 患者软腭后区、舌后区、会厌后区阻塞或狭窄阳性率，实时 cT 扫描阳性率均高于光纤内镜检查，差异均有统计学意义（均 P <0. 05）[ 软腭后医：98. 3% （58 例）比 81. 4% （48 例），f = 5. 82，P <0. 05t 舌后区：44 . 1%

（26 例）比 22.0%（13 例），f = 9.60，P < 0.01；会厌后区：22 .0%（13 例）比 8.5%（5 例），x2 = 4.90，P < O.05 J。结论药物诱导睡眠实时 CT 扫描较之光纤内镜检查可获得更多 E 气道解剖学信息，可为 OSAHS 诊治提供更为全面、客观的形态学依据。

【关键词】睡眠呼吸暂停，阻塞性；喉镜检查；体层摄影术，X 线计算机
中华医学杂志第 92 卷 48 期

## 寰枢椎椎弓根螺钉治疗横韧带损伤致寰枢椎不稳的生物力学观察

田纪伟　王震　赵庆华　王雷　董双海　夏天　刘铖讳

【摘要】目的观察正常情况下横韧带断裂后及行后路寰枢椎椎弓根内固定后标本寰枢关节的三维运动变化。方法新鲜尸体含完整上颈椎标本 6 例，均死于急性颅脑损伤，均为男性，年龄 26—57 岁，平均 39.7 岁。标本分为 3 组：标本完整状态组（intact 组）、寰椎横韧带离断组（destabilized 组）、寰枢椎椎弓根内固定组（夙组）。通过脊柱三维运动加载系统对标本施加 2.5 kg · m – 2 · s – 2。纯力偶矩，首先对正常标本进行测试，然后再制成横韧带损伤梗型进行测试，最后对标本行后路寰枢椎椎弓根内固定术进行测试。结果在寰椎横韧带离断后，前屈、后伸的运动范周增大，与 intact 组相比较差异有统计学意义（7.80 比 3.50，P < 0.05），而左/右侧屈、左/右轴向旋转与 intact 组相比差异无有统计学意义。行后路寰枢椎椎弓根内固定后，标本 6 个方向的运动范围较完整标本均明显减小，差异均有统计学意义（1.3 ± o.2 比 15.1 ± 2.7，0.6 ± O.0 比 1.1 ± 2.4，均 P < O.05）。结论当横韧带断裂后，寰枢关节前屈及后伸运动范闹显著变大，尤其前屈范同变化最为显著，侧屈和轴位旋转运动范围的增大与完整标本差异无有统计学意义。采取寰枢椎椎弓根内固定后，寰枢关节的前屈、后伸、侧屈及轴位旋转范围较上 I 三常情况均减小，其中左/右轴向旋转功能的丧失尤其明显。

【关键词】寰枢关节；韧带；生物力学；内固定器
中华医学杂志第 92 卷 17 期

## 达芬奇机器人手术系统在泌尿外科领域的应用现状

沈周俊　王先进

【节选】机器人手术系统经历了伊索系统（AESOP，1994 年）、宙斯 . 系统（Zeus，1999 年）、达芬奇系统（DaVinci，2000 年）3 代的发展。达芬奇机器人手术系统（DVSS）属于主仆机器人系统，它是美国食品和药物管理局（FDA）批准的第 1 个可在手术室使用的机器人手术系统，也是目前世界上最成熟、应用最广泛的机器人手术系统。迄今，全球已有 1750 多台 DVSS 服务于临床，广泛应用于泌尿外科、普外科、心脏外科、普胸外科、妇科等，其中前列腺癌根治术、冠状动脉旁路移植术和二尖瓣成形术是外科领域的应用代表。泌尿外科是 DVSS 应用的主要阵地之一，开展范围较广，技术较为成熟。现将应用的现状和有关问题阐述如下。

中华医学杂志第 92 卷 8 期

## 机器人辅助先天性心脏病矫正术的临床经验

杨明　高长青　肖苍松　王刚　王加利　吴扬

【摘要】目的总结机器人手术系统在先天性心脏病矫正术中应用的临床经验。方法回顾性分析 2007 年 1

月至 2012 年 5 月解放军总医院心血管外科 160 例接受机器人辅助下、先天性心脏病（简称先心病）矫正术患者的临床资料，其中男 74 例，女 86 例；年龄 11 ~62（35 ±12）岁。继发孔型房间隔缺损 130 例，原发孑L 型房问隔缺损 1 例，膜周部室间隔缺损 21 例，二尖瓣前叶裂 7 例，二尖瓣前叶裂 + 左房黏液瘤 1 例。采用外周体外循环技术；于右侧胸壁打 3 个直径为 0. 8 ca、1 个直径 1. 5 cm 的小孔后，机器人辅助下完成心内畸形矫正。术中食管超声引导建立体外循环及评估手术效果，术后常规随访。收集手术时间、体外循环时间、术后复查和随访资料并进行统计学分析。结果全组患者成功接受机器人辅助下心脏手术，无术式转化。其中 76 例房间隔缺损于心脏不停跳下完成。心脏停跳下房缺修补术的主动脉阻断时间随手术例数增加明显下降；心脏不停跳下房缺修补术手术时间随手术例数的增加逐步缩短。随访 1 ~61 个月，平均（29 ±16）个月，未见残余分流和恶性心律失常等并发症的发生。结论机器人技术可安全地应用于部分简单先心病矫正，是一种可供选择的微创术式。

【关键词】机器人；微创手术；心脏缺损，先天性
中华医学杂志第 92 卷 32 期

## 下肢康复机器人系统对卒中偏瘫患者运动功能的影响

吴华　顾旭东　傅建明　姚云海　李建华　许志生

【摘要】目的探讨应用下肢康复机器人系统对卒中偏瘫患者运动功能的影响。方法选取浙江省嘉兴市第二医院康复医学中心住院 2010 年 1 月至 2012 年 1 月间确诊的 48 例卒中偏瘫患者，随机数字表法分为治疗组（24 例）和对照组（24 例），对照组给予神经促通技术，治疗组在此基础上给予下肢机器人系统训练，每次 10 ~ 20 rain，每周 6 次，共 8 周，治疗前后采用下肢 Fugl—Meyer 评分（FMA）、10 m 最大步行速度（MWS）、功能性步行能力分级（FAC）及改良 Barthel 指数（MBI）对 2 组患者进行评定。结果治疗前 2 组患者下肢 FMA 评分、MWS、FAC 分级及 MBI 评分组间差异均无统计学意义（均 $P>0.05$）。治疗 8 周后治疗组患者 FMA 评分（25. 7 ±3. 5）、MWS（52 ±16）、FAC 分级（4. 3 4 –1. 4）及 MBI 评分（82 4 –17）较对照组 FMA 评分（22. 8 4 –3. 7）、MWS（40 4 –17）、FAC 分级（3. 4 4 –1. 3）及 MBI 评分（72 ±14）均有明显改善（$P<0.05$），且治疗组上述评分优于对照组（$P<0.05$）。结论下肢康复机器人系统可以更有效地改善卒中偏瘫患者的下肢运动功能，提高步行能力及日常生活活动能力。

【关键词】机器人；卒中；功能恢复
中华医学杂志第 92 卷 37

# 附　录

# 附录1　2012年医疗器械行业分地区统计数据

2012年医疗器械行业分地区统计数据

单位：亿元，个，家

| | 全部从业人员年平均人数 | 资产总计 | 负债合计 | 销售收入 | 利润额 | 企业单位数 | 亏损企业单位数 |
|---|---|---|---|---|---|---|---|
| **全国** | **250584** | **1291.13** | **486.39** | **1564.51** | **135.89** | **901** | **95** |
| 北京 | 14524 | 152.54 | 51.80 | 104.09 | 16.36 | 64 | 9 |
| 天津 | 5325 | 35.44 | 16.64 | 23.67 | 1.24 | 23 | 3 |
| 河北 | 4451 | 13.40 | 7.07 | 15.83 | 0.87 | 12 | 2 |
| 内蒙 | 482 | 5.94 | 0.41 | 2.40 | 0.05 | 4 | 2 |
| 辽宁 | 9967 | 46.61 | 12.39 | 77.48 | 3.62 | 38 | 2 |
| 吉林 | 1675 | 15.45 | 6.08 | 33.61 | 1.78 | 13 | 0 |
| 黑龙江 | 290 | 1.07 | 0.67 | 4.55 | 0.04 | 3 | 1 |
| 上海 | 18206 | 112.81 | 41.90 | 109.76 | 11.84 | 76 | 15 |
| 江苏 | 52102 | 258.12 | 103.79 | 358.78 | 28.91 | 209 | 20 |
| 浙江 | 18556 | 79.83 | 31.56 | 70.40 | 7.53 | 82 | 9 |
| 安徽 | 5549 | 12.73 | 7.02 | 34.93 | 2.37 | 18 | 1 |
| 福建 | 5405 | 16.95 | 6.50 | 32.41 | 2.09 | 20 | 2 |
| 江西 | 15699 | 40.17 | 16.53 | 88.72 | 5.34 | 21 | 0 |
| 山东 | 18849 | 98.47 | 49.88 | 189.52 | 10.46 | 76 | 6 |
| 河南 | 13637 | 38.73 | 11.35 | 86.40 | 7.78 | 40 | 1 |
| 湖北 | 2194 | 10.33 | 4.48 | 12.34 | 0.66 | 13 | 0 |
| 湖南 | 5444 | 20.10 | 5.27 | 39.33 | 1.54 | 24 | 3 |
| 广东 | 45804 | 271.78 | 86.59 | 213.22 | 27.11 | 111 | 14 |
| 广西 | 2289 | 10.40 | 4.56 | 17.55 | 0.72 | 11 | 2 |
| 重庆 | 2151 | 10.52 | 3.79 | 14.08 | 1.61 | 11 | 0 |
| 四川 | 6165 | 31.60 | 14.45 | 30.71 | 3.42 | 27 | 2 |
| 陕西 | 1820 | 8.12 | 3.68 | 4.73 | 0.54 | 5 | 1 |

数据来源：国家统计局

# 附录 2　2012 年中国医疗器械主要产品进口数据

## 2012 年中国医疗器械主要产品进口情况

单位:%，万美元

| 序号 | 商品名称 | 单位 | 进口数量 | 数量同比 | 进口金额 | 金额同比 |
|---|---|---|---|---|---|---|
| 1 | 彩色超声波诊断仪 | 台/千克 | 10648 | 15.33 | 85865.32 | 18.51 |
| 2 | X 射线断层检查仪 | 台 | 875 | 9.38 | 74375.98 | 8.08 |
| 3 | 核磁共振成像装置 | – | 431 | – | 51677.44 | – |
| 4 | 内窥镜 | 台/千克 | 26647 | 28.29 | 35718.08 | 25.62 |
| 5 | 矫形或骨折用器具 | 千克 | 378215 | 49.95 | 28799.76 | 72.59 |
| 6 | 显微镜，但光学显微镜除外；衍射设备 | 台 | 1284 | –30.56 | 28297.49 | 3.86 |
| 7 | 医用直线加速器 | 台 | 150 | 7.14 | 27383.7 | 20.84 |
| 8 | 血管支架 | – | 79388 | – | 27253.76 | – |
| 9 | 眼科用其他仪器及器具 | 千克 | 649640 | 22.8 | 25338.26 | 11.08 |
| 10 | X 射线管 | 个 | 18891 | 5.4 | 23680.5 | 16.18 |
| 11 | 臭氧治疗器、氧气治疗器、喷雾治疗器、人工呼吸器及其他治疗用呼吸器具 | 台/千克 | 468303 | –34.81 | 22666.39 | 18.03 |
| 12 | 人造关节 | 千克/套 | 220381 | 44.37 | 20179.14 | 53.6 |
| 13 | 核磁共振成像装置零件 | – | 262748 | – | 18661.23 | – |
| 14 | 肾脏透析设备（人工肾） | 台/千克 | 16429 | 16.97 | 18525.96 | 19.89 |
| 15 | 监护仪 | 台/千克 | 35758 | 8.4 | 15788.35 | –2.47 |
| 16 | 注射器 | 个/千克 | 214856598 | 115.81 | 13626.55 | 7.72 |
| 17 | 无菌外科肠线、类似的无菌缝合材料 | 千克 | 431393 | 8.43 | 12958.79 | 11.97 |
| 18 | X 光检查造影剂；用于病人的诊断试剂 | 千克 | 871598 | 40.89 | 11667.84 | 47.98 |
| 19 | 心脏起搏器，不包括零件、附件 | 个 | 73951 | 9.95 | 11192.43 | 20.06 |
| 20 | 管状金属针头 | 千克 | 1124992 | 8.12 | 7952.74 | 6.21 |
| 21 | 麻醉设备 | 台/千克 | 3963 | –34.78 | 7926.74 | 31.95 |
| 22 | 医用或实验室用消毒器具 | 台 | 6207 | 2.97 | 6877.22 | 33.25 |
| 23 | 助听器（不包括零件、附件） | 个 | 911763 | –0.68 | 5005.76 | 1.21 |
| 24 | 牙科粘固剂及其他牙科填料；骨骼粘固剂 | 千克 | 335151 | 12.46 | 4976.02 | 24.57 |
| 25 | 牙钻机 | 台/千克 | 370769 | –14.34 | 4332.47 | –11.16 |
| 26 | 血压测量仪器及器具 | 个/千克 | 339322 | 24.67 | 3497.65 | 29.8 |
| 27 | 按摩器具 | 台/千克 | 851120 | 36.43 | 3296.24 | –11.69 |
| 28 | 血型试剂 | 千克 | 83236 | 77.91 | 3091.42 | 48.67 |

| 序号 | 商品名称 | 单位 | 进口数量 | 数量同比 | 进口金额 | 金额同比 |
|---|---|---|---|---|---|---|
| 29 | 医疗、外科、牙科或兽用α射线、β射线、γ射线的应用设备 | 台 | 57 | -14.93 | 2869.21 | -25.14 |
| 30 | B型超声波诊断仪 | 台/千克 | 446 | -33.43 | 2006.79 | -24.36 |
| 31 | 心电图记录仪 | 台/千克 | 8005 | -11.76 | 1877.47 | 14.42 |
| 32 | 药棉、纱布、绷带 | 千克 | 1597918 | -7.43 | 1804.55 | -10.88 |
| 33 | 透热疗法设备 | 台/千克 | 2453 | 80.1 | 1501.88 | 29.74 |
| 34 | X射线影像增强器 | 个/千克 | 1463 | 0.07 | 1223.3 | -6.93 |
| 35 | 硫化橡胶制外科用手套 | 双/千克 | 1431771 | 25.59 | 1122.7 | 50.1 |
| 36 | 装有牙科设备的牙科用椅 | 台/千克 | 1154 | -10.4 | 1080.35 | 5 |
| 37 | 紫外线及红外线装置 | 台/千克 | 8952 | -31.69 | 1079.67 | 40.44 |
| 38 | 可确定用于造口术的用具 | 千克 | 151290 | 17.58 | 842.31 | 37.77 |
| 39 | 牙科用蜡及造型膏 | 千克 | 794011 | 12.89 | 698.28 | 20.16 |
| 40 | 缝合用针 | 千克 | 8038 | 7.81 | 663.75 | 6.97 |
| 41 | 输血设备 | 台/千克 | 1195 | -72.06 | 482.74 | -5 |
| 42 | 假牙 | 千克 | 18142 | 1.3 | 387.24 | 1.4 |
| 43 | 液体温度计 | 个 | 789891 | 181.07 | 355.1 | -19.69 |
| 44 | 急救药箱、药包 | 千克 | 101948 | 15.31 | 331.97 | 22.47 |
| 45 | 听力计 | 台/千克 | 1455 | -1.15 | 317.11 | -2.18 |
| 46 | 非机械驱动残疾人用车 | 辆 | 28736 | 149.36 | 309.12 | 45.81 |
| 47 | 未漂白全棉医用纱布（每平方米重≤100g，含棉量≥85%） | 米/千克 | 24693265 | 14.13 | 295.74 | -35.95 |
| 48 | 医疗车 | 辆 | 15 | 200 | 249.58 | 1129.36 |
| 49 | 清洁牙缝用纱线（牙线） | 千克 | 236702 | 10.5 | 247.68 | 31.11 |
| 50 | 体重计，包括婴儿秤；家用秤 | 千克 | 103703 | -14.06 | 144.07 | 6.36 |
| 51 | 橡皮膏 | 千克 | 64343 | 572.2 | 114.02 | 104.12 |
| 52 | 红外线人体测温仪 | 个 | 209593 | 306.94 | 103.72 | -25.87 |
| 53 | 化纤制一次性或医用无纺织物服装 | 件/千克 | 3073447 | 484.37 | 82.93 | 457.54 |
| 54 | 棉制手术用巾及其他毛巾 | 千克 | 88788 | -32.65 | 34.5 | -37.33 |
| 55 | 听诊器 | 个/千克 | 5899 | -45.51 | 29.92 | -2.78 |
| 56 | 科研、医疗专用其他白炽灯泡 | 只 | 21059 | 63.46 | 26.99 | -41.69 |
| 57 | 科研、医疗专用热阴极荧光灯 | 只 | 11868 | -62.75 | 26.22 | -26.27 |
| 58 | 视力矫正眼镜用变色镜片坯件 | 千克 | 5643 | 41.82 | 15.26 | 61.86 |
| 59 | 宫内节育器 | 个/千克 | 31700 | 604.44 | 1.21 | 366.19 |
| 60 | 棉或麻一次性或医用无纺织物服装 | 件/千克 | 3418 | 37.32 | 0.7 | 7.09 |
| 61 | 漂白全棉医用纱布（每平方米重≤100g，含棉量≥85%） | 米/千克 | 1350 | 440 | 0.17 | 1132.12 |

数据来源：中国医保商会根据中国海关数据整理

# 附录 3　2012 年中国医疗器械主要产品出口数据

## 2012 年中国医疗器械主要产品出口情况

单位:%，万美元

| 序号 | 商品名称 | 单位 | 出口数量 | 数量同比 | 出口金额 | 金额同比 |
|---|---|---|---|---|---|---|
| 1 | 按摩器具 | 台/千克 | 81213181 | 0.64 | 133869.89 | 8.76 |
| 2 | 药棉、纱布、绷带 | 千克 | 119055902 | -1.39 | 87479.34 | -2.33 |
| 3 | 化纤制一次性或医用无纺织物服装 | 件/千克 | 1384200096 | 10.95 | 60975.82 | 11.06 |
| 4 | 注射器 | 个/千克 | 9925140019 | -0.66 | 45349.03 | 11.84 |
| 5 | 体重计 | 千克 | 89425894 | -4.1 | 44705.86 | -0.52 |
| 6 | 其他医疗、外科、牙科或兽医用家具（例如手术台、检查台、带机械装置的病床、牙科用椅） | 千克 | 2907068 | -15.37 | 43793.34 | 26.09 |
| 7 | 臭氧治疗器、氧气治疗器、喷雾治疗器、人工呼吸器及其他治疗用呼吸器具 | 台/千克 | 33919315 | 36.22 | 43057.21 | 31.15 |
| 8 | 彩色超声波诊断仪 | 台/千克 | 22759 | 11.52 | 42845.53 | 17.39 |
| 9 | 矫形或骨折用器具 | 千克 | 8039329 | 6.41 | 41505.51 | 210.66 |
| 10 | 助听器，不包括零件、附件 | 个 | 7975727 | 5.95 | 37013.94 | 27.21 |
| 11 | X 光检查造影剂；用于病人的诊断试剂 | 千克 | 4907906 | 16.97 | 36358.83 | 30.99 |
| 12 | 非机械驱动残疾人用车 | 辆 | 4389972 | 6.38 | 32998.72 | 10.2 |
| 13 | 病员监护仪 | 台/千克 | 186131 | 18.5 | 32805.95 | 9.03 |
| 14 | X 射线断层检查仪 | 台 | 2063 | 7.73 | 32003.64 | -2.1 |
| 15 | 血压测量仪器及器具 | 个/千克 | 33456669 | -3.59 | 31656.81 | -4.47 |
| 16 | 铜制卫生器具及其零件 | 千克 | 24595072 | -2.37 | 30397.54 | 2.06 |
| 17 | 硫化橡胶制其他分指、连指及露指手套 | 双/千克 | 44147643 | 9.51 | 28832.78 | 11.2 |
| 18 | 硫化橡胶制外科用手套 | 双/千克 | 30743218 | 0.94 | 21866.82 | -2.84 |
| 19 | 棉制手术用巾及其他毛巾 | 千克 | 32728063 | 2.41 | 19069.13 | -1.51 |
| 20 | 核磁共振成像装置 | - | 572 | - | 17631.61 | - |
| 21 | B 型超声波诊断仪 | 台/千克 | 33201 | -0.44 | 16315.57 | -1.29 |
| 22 | 假牙 | 千克 | 843659 | 14.83 | 12699.7 | 22.52 |
| 23 | 核磁共振成像装置零件 | - | 207248 | - | 11528.09 | - |
| 24 | 附于衬背上的诊断或实验用试剂 | 千克 | 4043956 | 5.38 | 10782.01 | 10.13 |
| 25 | 管状金属针头 | 千克 | 9280727 | -9.46 | 10322.9 | -0.69 |
| 26 | 急救药箱、药包 | 千克 | 15301185 | 9.76 | 10257.45 | 16.71 |
| 27 | 使用光学射线（紫外线、可见光、红外线）的分光仪、分光光度计及摄谱仪 | 台 | 258549 | -10.1 | 10131.15 | 21.58 |

| 序号 | 商品名称 | 单位 | 出口数量 | 数量同比 | 出口金额 | 金额同比 |
|---|---|---|---|---|---|---|
| 28 | 人造关节 | 千克/套 | 127160 | 119.18 | 9630.58 | 86.17 |
| 29 | 麻醉设备 | 台/千克 | 48230 | 72.31 | 9102.62 | 3.82 |
| 30 | 复式光学显微镜零件、附件 | 千克 | 1664642 | 22.41 | 7879.24 | 22.23 |
| 31 | 漂白全棉医用纱布（每平方米重≤100g，含棉量≥85%） | 米/千克 | 455294015 | 10.24 | 6751.47 | -0.62 |
| 32 | 装有牙科设备的牙科用椅 | 台/千克 | 44229 | 8.05 | 6654.84 | 9.9 |
| 33 | 使用光学射线（紫外线、可见光、红外线）的其他仪器及装置 | 台 | 2397697 | -8.68 | 6513.53 | 16.78 |
| 34 | 铝制卫生器具及其零件 | 千克 | 9476246 | -0.97 | 6325.72 | 5.41 |
| 35 | 心电图记录仪 | 台/千克 | 275589 | 341.23 | 5891.64 | 11.08 |
| 36 | 红外线人体测温仪 | 个 | 6614910 | 4.13 | 5629.61 | 15.03 |
| 37 | 液体温度计 | 个 | 131666467 | -12.02 | 5377.5 | -0.78 |
| 38 | 橡皮膏 | 千克 | 6387947 | 20.09 | 4955.8 | 25.6 |
| 39 | 医用或实验室用消毒器具 | 台 | 476438 | -65.51 | 4601.61 | 22.04 |
| 40 | 牙钻机 | 台/千克 | 461634 | 4.56 | 4541.86 | 9.81 |
| 41 | 医用直线加速器 | 台 | 55 | 48.65 | 3712.12 | 104.29 |
| 42 | 清洁牙缝用纱线（牙线） | 千克 | 4621391 | 4.67 | 3598.8 | 17.07 |
| 43 | 内窥镜 | 台/千克 | 187352 | 490.81 | 3363.59 | 10.79 |
| 44 | 缝合用针 | 千克 | 587262 | -1.91 | 2961.86 | 19.43 |
| 45 | X 射线管 | 个 | 54933 | 9.87 | 2385.86 | 48.59 |
| 46 | 立体显微镜 | 台 | 153694 | -19.53 | 2173.1 | -5.55 |
| 47 | 牙科粘固剂及其他牙科填料；骨骼粘固剂 | 千克 | 423215 | 21 | 1974.87 | 3.89 |
| 48 | 听诊器 | 个/千克 | 13527408 | 6.62 | 1922.88 | 0.13 |
| 49 | 显微镜零件、附件，但光学显微镜除外 | 千克 | 373836 | 16.04 | 1520.2 | 7.12 |
| 50 | 未漂白全棉医用纱布（每平方米重≤100g，含棉量≥85%） | 米/千克 | 83402063 | 56.63 | 1242.4 | 31.08 |
| 51 | 紫外线及红外线装置 | 台/千克 | 456513 | -1.18 | 1224.83 | 40.65 |
| 52 | 可确定用于造口术的用具 | 千克 | 320388 | -46.54 | 1002.24 | -40.43 |
| 53 | 血管支架 | - | 6077 | - | 977.8 | - |
| 54 | 无菌外科肠线、类似的无菌缝合材料 | 千克 | 191654 | -34.95 | 962.65 | -9.34 |
| 55 | 医疗、外科、牙科或兽用 α 射线、β 射线、γ 射线的应用设备（包括射线照相或射线治疗设备） | 台 | 52 | -50.48 | 862.04 | -27.26 |
| 56 | 以熟石膏为基本成分的牙科用其他制品 | 千克 | 359166 | 0.08 | 855.58 | 12.45 |

| 序号 | 商品名称 | 单位 | 出口数量 | 数量同比 | 出口金额 | 金额同比 |
|---|---|---|---|---|---|---|
| 57 | 医疗车 | 辆 | 390 | 55.38 | 708.67 | -40.8 |
| 58 | 专用于人类或作兽药用的凝胶制品，作为外科手术或体检时躯体部位的润滑剂，或者作为躯体和医疗器械之间的耦合剂 | 千克 | 1175908 | 9.44 | 613.06 | 7.9 |
| 59 | 肾脏透析设备（人工肾） | 台/千克 | 16550 | 4655.75 | 566.97 | 3.29 |
| 60 | 输血设备 | 台/千克 | 955132 | -41.45 | 525.61 | 106.63 |
| 61 | 牙科用蜡及造型膏 | 千克 | 856759 | 99.87 | 372.58 | 76 |
| 62 | 显微镜，但光学显微镜除外；衍射设备 | 台 | 28014 | -58.58 | 344.07 | 61.71 |
| 63 | 宫内节育器 | 个/千克 | 1651151 | 8.69 | 274.68 | 26.98 |
| 64 | 其他科研、医疗专用放电灯管，但紫外线灯管除外 | 只 | 634887 | 720.99 | 272.96 | 45.8 |
| 65 | 透热疗法设备 | 台/千克 | 15345 | -70.93 | 146.28 | -29.83 |
| 66 | 棉或麻一次性或医用无纺织物服装 | 件/千克 | 2654366 | -44.78 | 115.74 | -18.46 |
| 67 | X 射线影像增强器 | 个/千克 | 1303 | 395.44 | 97.94 | 241.42 |
| 68 | 医用消毒剂 | 千克 | 252703 | -5.93 | 76.53 | -17.37 |
| 69 | 硫化橡胶制医疗用衣着用品及附件 | 千克 | 71522 | -46.34 | 71.57 | -23.54 |
| 70 | 血型试剂 | 千克 | 344465 | 115.25 | 50.19 | -28.01 |
| 71 | 闪烁摄影装置 | 台/千克 | 11 | -68.57 | 20.72 | -58.04 |
| 72 | 听力计 | 台/千克 | 8907 | - | 2.95 | 303.96 |
| 73 | 心脏起搏器（不包括零件、附件） | 个 | 9 | -40 | 0.32 | -92.12 |

数据来源：中国医保商会根据中国海关数据整理

# 附录4　2012年中国医疗器械出口金额超过千万美元企业排名

表附录4－1　2012年中国医疗器械出口金额超过千万美元企业排名

| 序号 | 企业名称 | 序号 | 企业名称 |
|---|---|---|---|
| 1 | 通用电气药业（上海）有限公司 | 34 | 飞利浦医疗（苏州）有限公司 |
| 2 | 航卫通用电气医疗系统有限公司 | 35 | 鸿邦电子（深圳）有限公司 |
| 3 | 深圳迈瑞生物医疗电子股份有限公司 | 36 | 诺和诺德（中国）制药有限公司 |
| 4 | 捷普科技（上海）有限公司 | 37 | 爱安德电子（深圳）有限公司 |
| 5 | 中国医药保健品股份有限公司 | 38 | 常州宝利医疗用品有限公司 |
| 6 | 欧姆龙（大连）有限公司 | 39 | 安徽久工科技实业有限公司 |
| 7 | 厦门蒙发利科技（集团）股份有限公司 | 40 | 保赫曼（青岛）医用器材有限公司 |
| 8 | 通用电气医疗系统（中国）有限公司 | 41 | 广州宝洁有限公司 |
| 9 | 厦门瑞欣冠物流有限公司 | 42 | 施乐辉医用产品（苏州）有限责任公司 |
| 10 | 上海盟通物流有限公司 | 43 | 康乐保（中国）有限公司 |
| 11 | 海关编码为4403042108的公司 | 44 | 尼普洛（上海）有限公司 |
| 12 | 优利康听力技术（苏州）有限公司 | 45 | 深圳市开立科技有限公司 |
| 13 | 上海西门子医疗器械有限公司 | 46 | 嘉兴市舒福德电动床有限公司 |
| 14 | 泰尔茂医疗产品（杭州）有限公司 | 47 | 浙江飞神车业有限公司 |
| 15 | 稳健实业（深圳）有限公司 | 48 | 常州巴奥米特医疗器械有限公司 |
| 16 | 大东傲胜保健器（苏州）有限公司 | 49 | 东芝大连有限公司 |
| 17 | 绍兴振德医用敷料有限公司 | 50 | 山东淄博山川医用器材有限公司 |
| 18 | 枝江奥美医疗用品有限公司 | 51 | 中山佳维电子有限公司 |
| 19 | 北京通用电气华伦医疗设备有限公司 | 52 | 旭电（苏州）科技有限公司 |
| 20 | 杭州侨资纸业有限公司 | 53 | 浙江巴奥米特医药产品有限公司 |
| 21 | 上海松下电工有限公司 | 54 | 库克（中国）医疗贸易有限公司 |
| 22 | 深圳龙岗区对外经济发展有限公司 | 55 | 上海翔茂企业有限公司 |
| 23 | 江苏省健尔康医用敷料有限公司 | 56 | 合世医疗电子（苏州）有限公司 |
| 24 | 海关编码为3204561008的公司 | 57 | 海关编码为4403046106的公司 |
| 25 | 深圳中外运物流有限公司 | 58 | 佛山市顺德区保税公司 |
| 26 | 深圳长城开发科技股份有限公司 | 59 | 北京华腾橡塑乳胶制品有限公司 |
| 27 | 石家庄鸿欣橡胶制品有限公司 | 60 | 日立医疗系统（苏州）有限公司 |
| 28 | 伟创力实业（深圳）有限公司 | 61 | 北京东方天旭国际贸易有限公司 |
| 29 | 强生（苏州）医疗器材有限公司 | 62 | 浙江豪中豪健康产品有限公司 |
| 30 | 北京金佰利个人卫生用品有限公司 | 63 | 河北鸿泽塑胶科技有限公司 |
| 31 | 发美利健康器械（上海）有限公司 | 64 | 佛山市南海凯洋医疗设备有限公司 |
| 32 | 东软飞利浦医疗设备系统有限责任公司 | 65 | 浙江省医药保健品进出口有限责任公司 |
| 33 | 深圳市奥美迪贸易发展有限公司 | 66 | 瓦里安医疗设备（北京）有限公司 |

| 序号 | 企业名称 | 序号 | 企业名称 |
|---|---|---|---|
| 67 | 深圳市理邦精密仪器有限公司 | 104 | 河源万盟医保用品有限公司 |
| 68 | 瑞声达听力技术（中国）有限公司 | 105 | 绍兴港峰医用品有限公司 |
| 69 | 青岛伦敦杜蕾斯有限公司 | 106 | 纽迪希亚制药（无锡）有限公司 |
| 70 | 上海康德莱企业发展集团有限公司 | 107 | 杭州珍琦卫生用品有限公司 |
| 71 | 安徽华文国际经贸股份有限公司 | 108 | 江苏广达医用材料有限公司 |
| 72 | 江苏康华医疗器材有限公司 | 109 | 上海亚澳医用保健品有限公司 |
| 73 | 深圳市金运达国际物流有限公司 | 110 | 沈阳东软医疗系统进出口有限公司 |
| 74 | 温州五洲进出口有限公司 | 111 | 镇江苏惠乳胶制品有限公司 |
| 75 | 美欣医用材料（苏州）有限公司 | 112 | 江门市新恒星厨房用品有限公司 |
| 76 | 克林尼科医疗器械（南昌）有限公司 | 113 | 贝恩医疗设备（广州）有限公司 |
| 77 | 天津九安医疗电子股份有限公司 | 114 | 上海顺隆康复器材有限公司 |
| 78 | 佰电科技（苏州）有限公司 | 115 | 大连库利艾特医疗制品有限公司 |
| 79 | 英维康康复器械（苏州）有限公司 | 116 | 常州华联保健敷料有限公司 |
| 80 | 中山市创源电子有限公司 | 117 | 施洁医疗技术（上海）有限公司 |
| 81 | 深圳市宝安外经发展有限公司 | 118 | 广州万孚生物技术有限公司 |
| 82 | 东莞欣意医疗保健制品厂 | 119 | 上海德尔格医疗器械有限公司 |
| 83 | 西门子听力仪器（苏州）有限公司 | 120 | 山东威高集团医用高分子制品股份有限公司 |
| 84 | 美佳爽（福建）卫生用品有限公司 | 121 | 佛山市顺德区安爱工业有限公司 |
| 85 | 新美亚电子（深圳）有限公司 | 122 | 浦城县闽城光学眼镜有限责任公司 |
| 86 | 上海英伯肯医学生物技术有限公司 | 123 | 大连 JMS 医疗器具有限公司 |
| 87 | 安保（厦门）塑胶工业有限公司 | 124 | 蔡司显微成像（苏州）有限公司 |
| 88 | 天津哈娜好医材有限公司 | 125 | 上海市医药保健品进出口公司 |
| 89 | 连云港柏兴无纺布制品有限公司 | 126 | 上海荣泰健身科技发展有限公司 |
| 90 | 海关编码为 3204560010 的公司 | 127 | 连云港艾业无纺布制品有限公司 |
| 91 | 福建中天生活用品有限公司 | 128 | 上海强生有限公司 |
| 92 | 青岛奥技科光学有限公司 | 129 | 迈柯唯医疗设备（苏州）有限公司 |
| 93 | 东芝物流（大连）有限公司 | 130 | 麦克奥迪实业集团有限公司 |
| 94 | 医科达北研（北京）医疗器械有限公司 | 131 | 深圳市华南国际物流有限公司 |
| 95 | 武汉杰怡工贸有限公司 | 132 | 奥林巴斯（广州）工业有限公司 |
| 96 | 福建恒安集团厦门商贸有限公司 | 133 | 松永福利器具制造（上海）有限公司 |
| 97 | 上海昌军进出口贸易有限公司 | 134 | 江苏利康进出口有限公司 |
| 98 | 八乐梦床业（中国）有限公司 | 135 | 苏州恒祥进出口有限公司 |
| 99 | 上海爱培克电子科技有限公司 | 136 | 赛默飞世尔（上海）仪器有限公司 |
| 100 | 北京超思电子技术有限责任公司 | 137 | 深圳市一达通企业服务有限公司 |
| 101 | 张家港大裕橡胶制品有限公司 | 138 | 广东省东原厨具实业有限公司 |
| 102 | 上海阿洛卡医用仪器有限公司 | 139 | 江苏鱼跃医疗设备股份有限公司 |
| 103 | 绍兴福清卫生用品有限公司 | 140 | 美利驰医疗器械（苏州）有限公司 |

| 序号 | 企业名称 | 序号 | 企业名称 |
|---|---|---|---|
| 141 | 佛山市南海昭盈进出口贸易有限公司 | 178 | 天惠有机硅（深圳）有限公司 |
| 142 | 徕卡显微系统（上海）有限公司 | 179 | 上海铃兰卫生用品有限公司 |
| 143 | 福建莆田佳通纸制品有限公司 | 180 | 崇仁（厦门）医疗器械有限公司 |
| 144 | 中国医药保健品股份有限公司 | 181 | 优盛医疗电子（上海）有限公司 |
| 145 | 欣意企业（平湖）有限公司 | 182 | 常州好利医用品有限公司 |
| 146 | 广州市大新光电珠宝有限公司 | 183 | 乐金（杭州）记录媒体有限公司 |
| 147 | 佛山市南海建泰铝制品有限公司 | 184 | 上海维力医疗用品进出口有限公司 |
| 148 | 北京松下电工有限公司 | 185 | 台州市埃飞灵卫浴有限公司 |
| 149 | 上海科勒有限公司 | 186 | 珠海普乐美厨卫有限公司 |
| 150 | 石狮市外商投资服务中心 | 187 | 佛山市创玮经贸有限公司 |
| 151 | 仙桃新发塑料制品有限公司 | 188 | 佛山市东方医疗设备厂有限公司 |
| 152 | 宁波柯泰医疗器械有限公司 | 189 | 上海光电医用电子仪器有限公司 |
| 153 | 三贵康复器材（上海）有限公司 | 190 | 丹阳圣西诺眼镜有限公司 |
| 154 | 深圳百胜医疗科技有限公司 | 191 | 青岛宝库光学有限公司 |
| 155 | 秦皇岛市康泰医学系统有限公司 | 192 | 麦克罗加（厦门）防护用品有限公司 |
| 156 | 河源固德机械科技有限公司 | 193 | 西门子爱克斯射线真空技术（无锡）有限公司 |
| 157 | 深圳日立电线有限公司 | 194 | 大连爱丽思生活用品有限公司 |
| 158 | 江西洪达医疗器械集团有限公司进出口公司 | 195 | 中山康健医疗用品有限公司 |
| 159 | 海关编码为 4419949991 的公司 | 196 | 美迪希实验仪器（上海）有限公司 |
| 160 | 东宁县鑫澳经济贸易有限责任公司 | 197 | 石狮市龙整进出口贸易有限公司 |
| 161 | 张家港宏裕乳胶手套有限公司 | 198 | 四洲义齿（深圳）有限公司 |
| 162 | 深圳市凯得克科技有限公司 | 199 | 广东樱奥厨具有限公司 |
| 163 | 海关编码为 3119966780 的公司 | 200 | 广州市韦士泰医疗器械有限公司 |
| 164 | 海关编码为 3301965940 的公司 | 201 | 漳州立泰医疗康复器材有限公司 |
| 165 | 深圳市汇思科电子科技有限公司 | 202 | 尤妮佳生活用品（中国）有限公司 |
| 166 | 苏州铃兰卫生用品有限公司 | 203 | 东莞百利达健康器材有限公司 |
| 167 | 湖北裕民防护用品有限公司 | 204 | 贝莱胜电子（厦门）有限公司 |
| 168 | 丹阳市巨贸康健器材有限公司 | 205 | 广州阳普医疗科技股份有限公司 |
| 169 | 无锡市宇寿医疗器械有限公司 | 206 | 中山市新达经贸有限公司 |
| 170 | 江阴妙洁胶乳有限公司 | 207 | 法福来（厦门）医疗器具有限公司 |
| 171 | 先涛光学科技（深圳）有限公司 | 208 | 弗兰卡（中国）厨房系统有限公司 |
| 172 | 中山荣杰医疗器材工业有限公司 | 209 | 深圳市东迪欣科技有限公司 |
| 173 | 同方威视技术股份有限公司 | 210 | 绍兴易邦医用品有限公司 |
| 174 | 上海美华医疗器具股份有限公司 | 211 | 积美实业（深圳）有限公司 |
| 175 | 邦深电子（深圳）有限公司 | 212 | 江苏邦特生物科技有限公司 |
| 176 | 苏州艾兴无纺布制品有限公司 | 213 | 武汉帝元医用材料有限公司 |
| 177 | 业聚医疗器械（深圳）有限公司 | 214 | 广东宝莱特医用科技股份有限公司 |

| 序号 | 企业名称 | 序号 | 企业名称 |
|---|---|---|---|
| 215 | 深圳市顺安外资实业发展有限公司 | 252 | 常州市回春医疗器材有限公司 |
| 216 | 深圳信隆实业股份有限公司 | 253 | 汕头市超声仪器研究所有限公司 |
| 217 | 山东康泰实业有限公司 | 254 | 杭州豪悦实业有限公司 |
| 218 | 石家庄鸿业塑胶制品有限公司 | 255 | 常州市南方卫生器材厂有限公司 |
| 219 | 南通佳景休闲洁具有限公司 | 256 | 广东省顺德纺织品进出口有限公司 |
| 220 | 芜湖悠派生活用品有限公司 | 257 | 宁波普天信息产业有限公司 |
| 221 | 世源科技（嘉兴）医疗电子有限公司 | 258 | 临沂宝泉实业有限公司 |
| 222 | 苏州舜康商贸有限公司 | 259 | 江西海轮商业贸易有限公司 |
| 223 | 宁波恩博铜品制造有限公司 | 260 | 镇江艾康医疗器械有限公司 |
| 224 | 福安市博捷电子有限公司 | 261 | 深圳市新海神实业有限公司 |
| 225 | 江苏省医药保健品进出口（集团）公司 | 262 | 安泰士卫生用品（扬州）有限公司 |
| 226 | 宁波康福特健身器械有限公司 | 263 | 安徽豪杰塑胶制品有限公司 |
| 227 | 昆山得意塑胶有限公司 | 264 | 安徽亿维医疗用品有限公司 |
| 228 | 广东省南海轻工业品进出口有限公司 | 265 | 苏州提托工贸有限公司 |
| 229 | 泉州蓝蜻蜓卫生用品有限公司 | 266 | 海关编码为 3604960674 的公司 |
| 230 | 河北普康医疗设备有限公司 | 267 | 浠水稳健医用纺织品有限公司 |
| 231 | 厦门纬嘉运动器材有限公司 | 268 | 中轻日用百货进出口公司 |
| 232 | 深圳招商局海运物流有限公司 | 269 | 豪展医疗科技（吴江）有限公司 |
| 233 | 武汉必凯尔救助用品有限公司 | 270 | 北京倍舒特妇幼用品有限公司 |
| 234 | 安吉特克能电器有限公司 | 271 | 安徽进出口股份有限公司 |
| 235 | 查氏电子实业（深圳）有限公司 | 272 | 西铁城精电科技（江门）有限公司 |
| 236 | 卫美恒（苏州）医疗器械有限公司 | 273 | 中山立辉金属制品有限公司 |
| 237 | 东莞市对外加工装配服务公司 | 274 | 江西中捷厨卫实业有限公司 |
| 238 | 合肥普尔德医疗用品有限公司 | 275 | 江西三鑫医疗器械集团有限公司 |
| 239 | 昆山金利商标股份有限公司 | 276 | 青岛双蝶集团股份有限公司 |
| 240 | 浙江拱东医用塑料厂 | 277 | 无锡祥生医学影像有限责任公司 |
| 241 | 西安商泰机械制造有限公司 | 278 | 东莞永胜医疗制品有限公司 |
| 242 | 温州市五机化医外贸有限公司 | 279 | 温州市朗盛国际贸易有限公司 |
| 243 | 湖北福好医疗用品有限公司 | 280 | 湖北唯美医疗用品有限公司 |
| 244 | 得泰医疗卫生用品（苏州）有限公司 | 281 | 绍兴申美医疗用品有限公司 |
| 245 | 常州大华进出口（集团）有限公司 | 282 | 四海电子（昆山）有限公司 |
| 246 | 仙桃市宏祥无纺布有限责任公司 | 283 | 阿波罗（中国）有限公司 |
| 247 | 江西云鸽橡塑有限公司 | 284 | 宁波舜宇仪器有限公司 |
| 248 | 苏州碧迪医疗器械有限公司 | 285 | 宁波冠克贸易有限公司 |
| 249 | 海关编码为 1302961555 的公司 | 286 | 深圳市盐田港出口货物监管仓有限公司 |
| 250 | 苏州艾旺纺织品有限公司 | 287 | 中山市金日经贸发展有限公司 |
| 251 | 扬明实业（浙江）有限公司 | 288 | 上海柯安憬国际贸易有限公司 |

| 序号 | 企业名称 | 序号 | 企业名称 |
|---|---|---|---|
| 289 | 苏州施莱医疗器械有限公司 | 299 | 浙江优特格尔医疗用品有限公司 |
| 290 | 珠海三木电子有限公司 | 300 | 东莞堤摩讯传动科技有限公司 |
| 291 | 南京尼康江南光学仪器有限公司 | 301 | 金佰利（南京）个人卫生用品有限公司 |
| 292 | 浙江奥锐工贸有限公司 | 302 | 富利凯医疗用品（东莞）有限公司 |
| 293 | 珠海维登国际义齿研发制造有限公司 | 303 | 挪度医疗器械（苏州）有限公司 |
| 294 | 苏州市好护理医疗用品有限公司 | 304 | 海关编码为4422961690的公司 |
| 295 | 南京微创医学科技有限公司 | 305 | 安徽安粮国际发展股份有限公司 |
| 296 | 北京谊安医疗系统股份有限公司 | 306 | 奥林巴斯贸易（上海）有限公司 |
| 297 | 浦单达（上海）口腔医疗器材有限公司 | 307 | 东莞瑞麒婴儿用品有限公司 |
| 298 | 湛江嘉力手套制品有限公司 | 308 | 厦门兴翔天电子有限公司 |

数据来源：中国海关

### 表附录4－2　2012年中国医疗器械进口金额超过千万美元企业排名

| 排名 | 企业名称 | 排名 | 企业名称 |
|---|---|---|---|
| 1 | 美敦力医疗用品技术服务（上海）有限公司 | 24 | 中外运·敦豪保税仓储（北京）有限公司 |
| 2 | 上海东松国际贸易有限公司 | 25 | 深圳市怡亚通供应链股份有限公司 |
| 3 | 概腾国际贸易（上海）有限公司 | 26 | 宁波康导进出口有限公司 |
| 4 | 强生（上海）医疗器材有限公司 | 27 | 海关编码为5005260088的公司 |
| 5 | 金佰利（中国）有限公司 | 28 | 德尔格医疗设备（上海）有限公司 |
| 6 | 罗氏诊断产品（上海）有限公司 | 29 | 中国仪器进出口（集团）公司 |
| 7 | 上海益联进出口有限公司 | 30 | 航卫通用电气医疗系统有限公司 |
| 8 | 中建材集团进出口公司 | 31 | 库克（中国）医疗贸易有限公司 |
| 9 | 奥林巴斯贸易（上海）有限公司 | 32 | 安徽亚美亚进出口贸易有限公司 |
| 10 | 中国医疗器械技术服务公司 | 33 | 江苏省科技发展有限公司 |
| 11 | 海关编码为111166K001的公司 | 34 | 通用电气医疗系统贸易发展（上海）有限公司 |
| 12 | 青岛美赫尔国际贸易有限公司 | 35 | 上海西门子医疗器械有限公司 |
| 13 | 广东省中科进出口有限公司 | 36 | 广东省医药保健品进出口公司 |
| 14 | 中国科学器材进出口总公司 | 37 | 海关编码为3204561008的公司 |
| 15 | 泰科医疗器材国际贸易（上海）有限公司 | 38 | 上海工业投资（集团）有限公司 |
| 16 | 永裕（上海）医药物流营运有限公司 | 39 | 大昌洋行（上海）有限公司 |
| 17 | 上海三凯进出口有限公司 | 40 | 爱尔康（中国）眼科产品有限公司 |
| 18 | 碧迪医疗器械（上海）有限公司 | 41 | 黑龙江省西麦克国际贸易有限公司 |
| 19 | 波科国际医疗贸易（上海）有限公司 | 42 | 海关编码为1113240355的公司 |
| 20 | 中国医药对外贸易公司 | 43 | 江苏苏美达国际技术贸易有限公司 |
| 21 | 北京东方天旭国际贸易有限公司 | 44 | 山东东岳国际经贸合作股份有限公司 |
| 22 | 圣犹达医疗用品（上海）有限公司 | 45 | 北京中润伟业投资有限公司 |
| 23 | 费森尤斯医药用品（上海）有限公司 | 46 | 捷迈（上海）医疗国际贸易有限公司 |

| 排名 | 企业名称 | 排名 | 企业名称 |
|---|---|---|---|
| 47 | 巴德医疗科技（上海）有限公司 | 84 | 北京智源信和科技发展有限责任公司 |
| 48 | 江苏舜天国际集团机械进出口股份有限公司 | 85 | 北京普路达国际贸易有限公司 |
| 49 | 蔡司光学仪器（上海）国际贸易有限公司 | 86 | 海关编码为 1111660033 的公司 |
| 50 | 飞利浦医疗（苏州）有限公司 | 87 | 富士胶片（上海）贸易有限公司 |
| 51 | 东方科学仪器进出口集团有限公司 | 88 | 海关编码为 3204560010 的公司 |
| 52 | 海关编码为 1108930900 的公司 | 89 | 东方科学仪器上海进出口有限公司 |
| 53 | 北京威联德骨科技术有限公司 | 90 | 佛山市顺德区保税公司 |
| 54 | 河南润通贸易有限公司 | 91 | 浙江中大技术进口有限公司 |
| 55 | 贝朗医疗（上海）国际贸易有限公司 | 92 | 大连凯美进出口集团有限公司 |
| 56 | 中国医药保健品股份有限公司 | 93 | 福建中航技经贸发展有限公司 |
| 57 | 上海铁联国际储运有限公司 | 94 | 西诺德牙科设备商贸（上海）有限公司 |
| 58 | 明尼苏达矿业制造（上海）国际贸易有限公司 | 95 | 迈柯唯（上海）医疗设备有限公司 |
| 59 | 泰科医疗器材制造（上海）有限公司 | 96 | 东芝大连有限公司 |
| 60 | 河南博奥贸易有限公司 | 97 | 北京拓普康商贸有限公司 |
| 61 | 国义招标股份有限公司 | 98 | 北京汉华荣欣经贸有限公司 |
| 62 | 金宝肾护理产品（上海）有限公司 | 99 | 爱德华（上海）医疗用品有限公司 |
| 63 | 吉林省机械电子进出口长春有限公司 | 100 | 中招国际招标公司 |
| 64 | 施乐辉医用产品国际贸易（上海）有限公司 | 101 | 浙江信盛实业有限公司 |
| 65 | 中国医药保健品股份有限公司 | 102 | 瓦里安医疗设备（北京）有限公司 |
| 66 | 贝朗爱敦（上海）贸易有限公司 | 103 | 北京空港嘉里大通物流有限公司 |
| 67 | 泰尔茂医疗产品（上海）有限公司 | 104 | 三运物流（上海）有限公司 |
| 68 | 北京通用电气华伦医疗设备有限公司 | 105 | 陕西信华国际贸易有限公司 |
| 69 | 东软飞利浦医疗设备系统有限责任公司 | 106 | 海关编码为 3122461162 的公司 |
| 70 | 北京空港宏远物流有限公司 | 107 | 北方国际集团天津康兴医药保健品进出口有限公司 |
| 71 | 上海金桥（集团）有限公司 | 108 | 中国教学仪器设备总公司 |
| 72 | 海关编码为 3302430168 的公司 | 109 | 中仪国际招标公司 |
| 73 | 海关编码为 4403042108 的公司 | 110 | 中技国际招标公司 |
| 74 | 广州华炜实业有限公司 | 111 | 柯尼卡美能达（中国）投资有限公司 |
| 75 | 江苏海外集团国际技术工程有限公司 | 112 | 科园信海（北京）医疗用品贸易有限公司 |
| 76 | 深圳市格尚科技发展有限公司 | 113 | 湖北国展慧德贸易有限公司 |
| 77 | 深圳市普路通供应链管理股份有限公司 | 114 | 成都佳士实业进出口贸易有限公司 |
| 78 | 新疆嘉润国际贸易发展有限公司 | 115 | 西安金易达商贸有限公司 |
| 79 | 诺和诺德（中国）制药有限公司 | 116 | 上海建发实业有限公司 |
| 80 | 东方国际招标有限责任公司 | 117 | 湖北桦升国际贸易有限公司 |
| 81 | 阿洛卡国际贸易（上海）有限公司 | 118 | 强生视力健商贸（上海）有限公司 |
| 82 | 中国牧工商（集团）总公司 | 119 | 弘图盛大（天津）科技发展有限公司 |
| 83 | 重庆市中基进出口有限公司 | 120 | 伟创力实业（深圳）有限公司 |

| 排名 | 企业名称 | 排名 | 企业名称 |
|---|---|---|---|
| 121 | 中科器进出口武汉有限公司 | 158 | 上海慧明仓储有限公司 |
| 122 | 海关编码为312261K002的公司 | 159 | 宁波悦基进出口有限公司 |
| 123 | 航天长城贸易有限责任公司 | 160 | 云南卓宏进出口有限公司 |
| 124 | 富泰华工业（深圳）有限公司 | 161 | 海关编码为4451965519的公司 |
| 125 | 希森美康医用电子（上海）有限公司 | 162 | 海关编码为4453166577的公司 |
| 126 | 通用电气药业（上海）有限公司 | 163 | 深圳市信利康实业有限公司 |
| 127 | 广东南方富达进出口有限公司 | 164 | 史赛克（北京）医疗器械有限公司 |
| 128 | 上海协源国际贸易有限公司 | 165 | 北京合众汇美国际贸易有限公司 |
| 129 | 郑州睿智医药科技有限公司 | 166 | 上海国药外高桥医药有限公司 |
| 130 | 北京协和医药进出口有限公司 | 167 | 黑龙江省天祥贸易有限公司 |
| 131 | 北京博士伦眼睛护理产品有限公司 | 168 | 麦瑞通医疗器械（北京）有限公司 |
| 132 | 武汉杰士邦卫生用品有限公司 | 169 | 赛尔网络有限公司 |
| 133 | 北京天芮星际投资有限公司 | 170 | 江苏苏美达仪器设备有限公司 |
| 134 | 莱凯医疗器械（北京）有限公司 | 171 | 昌硕科技（上海）有限公司 |
| 135 | 安徽省技术进出口股份有限公司 | 172 | 瓦里安医疗器械贸易（北京）有限公司 |
| 136 | 德灵诊断产品（上海）有限公司 | 173 | 江苏省苏科国际技术贸易有限公司 |
| 137 | 五矿国际招标有限责任公司 | 174 | 通用电气医疗系统（中国）有限公司 |
| 138 | 通化东宝进出口有限公司 | 175 | 百特医疗用品贸易（上海）有限公司 |
| 139 | 上海派慈进出口有限公司 | 176 | 海关编码为3103915093的公司 |
| 140 | 中国技术进出口总公司 | 177 | 山东益佳进出口有限公司 |
| 141 | 优利康听力技术（苏州）有限公司 | 178 | 登士柏（天津）国际贸易有限公司 |
| 142 | 海关编码为3104941152的公司 | 179 | 山东吉威医疗制品有限公司 |
| 143 | 同科林医疗仪器（上海）有限公司 | 180 | 康乐保（中国）医疗用品有限公司 |
| 144 | 上海中智科技应用发展公司 | 181 | 中国石油物资装备（集团）总公司 |
| 145 | 宁波东诚进出口有限公司 | 182 | 海关编码为4403042368的公司 |
| 146 | 西门子听力仪器（苏州）有限公司 | 183 | 北京高视远望科技有限责任公司 |
| 147 | 北京航济国际物流有限公司 | 184 | 中国上海外经（集团）有限公司 |
| 148 | 深圳迈瑞生物医疗电子股份有限公司 | 185 | 科安比司特血液技术产品贸易（上海）有限公司 |
| 149 | 厦门建益达有限公司 | 186 | 北京国际贸易公司 |
| 150 | 上海科学器材有限公司 | 187 | 阳光对外贸易发展有限公司 |
| 151 | 泰尔茂医疗产品（杭州）有限公司 | 188 | 百胜（深圳）医疗设备有限公司 |
| 152 | 江西华盛贸易有限公司 | 189 | 四川迈克生物科技股份有限公司 |
| 153 | 南京华硕科技有限公司 | 190 | 云南圣麒经贸有限公司 |
| 154 | 深圳市锐讯实业发展有限公司 | 191 | 东方国际集团上海荣恒国际贸易有限公司 |
| 155 | 广州宝洁有限公司 | 192 | 博泰（珠海保税区）仓储贸易有限公司 |
| 156 | 上海通贸进出口有限公司 | 193 | 欧姆龙（大连）有限公司 |
| 157 | 海关编码为5007360706的公司 | 194 | 海关编码为3108965680的公司 |

| 排名 | 企业名称 | 排名 | 企业名称 |
| --- | --- | --- | --- |
| 195 | 理治（北京）国际仓储有限公司 | 223 | 拜耳医药保健有限公司 |
| 196 | 山东省瀚森国际经贸合作有限公司 | 224 | 新疆环宇瑞通国际贸易有限公司 |
| 197 | 强生（苏州）医疗器材有限公司 | 225 | 海关编码为 1101960973 的公司 |
| 198 | 中国电工设备总公司 | 226 | 上海中艺励安进出口有限公司 |
| 199 | 上海阿洛卡医用仪器有限公司 | 227 | 深圳市业聚实业有限公司 |
| 200 | 浙江省科学器材进出口有限责任公司 | 228 | 北京金瑞恒基国际贸易有限公司 |
| 201 | 贝克曼库尔特商贸（中国）有限公司 | 229 | 上海易恒国际贸易有限公司 |
| 202 | 上海光电医用电子仪器有限公司 | 230 | 江苏新海天国际贸易有限公司 |
| 203 | 北京美至奕成科技发展有限公司 | 231 | 深圳市金科威实业有限公司 |
| 204 | 深圳市东方嘉盛商贸物流有限公司 | 232 | 奥齿泰（北京）商贸有限公司 |
| 205 | 广东卓华医疗设备有限公司 | 233 | 天津金泓基进出口贸易有限公司 |
| 206 | 北京市海森医药进出口有限公司 | 234 | 尤妮佳生活用品（中国）有限公司 |
| 207 | 上海市机械设备成套（集团）有限公司 | 235 | 东莞市对外加工装配服务公司 |
| 208 | 爱尔博（上海）医疗器械有限公司 | 236 | 赛默飞世尔科技（上海）有限公司 |
| 209 | 上海华力微电子有限公司 | 237 | 达功（上海）电脑有限公司 |
| 210 | 海关编码为 3202530050 的公司 | 238 | 厦门建发股份有限公司 |
| 211 | 中安集团经贸有限责任公司 | 239 | 河北机械进出口有限公司 |
| 212 | 珠海市保亚美有限公司 | 240 | 长沙新时代医药有限公司 |
| 213 | 北京嘉合馨泰国际贸易有限公司 | 241 | 中国电子国际经济贸易公司 |
| 214 | 北京诚茂兴业生物技术有限公司 | 242 | 苏州市卫康招投标咨询服务有限公司 |
| 215 | 利科仓储物流（上海）有限公司 | 243 | 湖南省粮油食品进出口集团有限公司 |
| 216 | 北京中陆天意物流有限公司 | 244 | 华展鑫荣国际招标代理（北京）有限公司 |
| 217 | 博士伦（上海）贸易有限公司 | 245 | 北京科苑新创技术有限公司 |
| 218 | 浙江省对外服务公司 | 246 | 上海中致仪器设备有限公司 |
| 219 | 高玛医疗器械（北京）有限公司 | 247 | 湖南省华翔进出口有限公司 |
| 220 | 宁波康乐医疗器械进出口有限公司 | 248 | 上海培森物流有限公司 |
| 221 | 北京中成海达进出口有限公司 | 249 | 中仪英斯泰克进出口公司 |
| 222 | 深圳市今健科技有限公司 | 250 | 珠海市星远科技有限公司 |

数据来源：中国海关

# 附录 5　中国医疗器械行业主要工业企业名单

中国医疗器械行业主要工业企业名单

| 序号 | 企业名称 | 序号 | 企业名称 |
|---|---|---|---|
| 1 | 阿尔珐科技（厦门）有限公司 | 34 | 宝鸡市渭滨区双缝氧气厂 |
| 2 | 艾健医疗器械有限公司 | 35 | 保定康能生物医学工程有限公司 |
| 3 | 艾森生物（杭州）有限公司 | 36 | 北京艾可罗医疗器材有限公司 |
| 4 | 爱安德电子（深圳）有限公司 | 37 | 北京爱康宜诚医疗器材有限公司 |
| 5 | 爱德（杭州）牙科设备有限公司 | 38 | 北京爱生科贸有限公司 |
| 6 | 爱德检测科技有限公司 | 39 | 北京安必信家庭购物网络技术有限责任公司 |
| 7 | 爱科来医疗电子（上海）有限公司 | 40 | 北京安力斯环保设备有限公司 |
| 8 | 安固（连云港）科技有限公司 | 41 | 北京奥吉科技发展有限公司 |
| 9 | 安徽赫尔生物医学检验科技有限公司 | 42 | 北京奥托博克假肢矫形器工业有限公司 |
| 10 | 安徽华安医疗用品进出口有限公司 | 43 | 北京佰仁医疗科技有限公司 |
| 11 | 安徽尼普洛医疗器械（合肥）有限公司 | 44 | 北京北辰亚奥科技有限公司 |
| 12 | 安徽省九华山华森针灸针厂 | 45 | 北京贝林电子有限公司 |
| 13 | 安徽省双科药业有限公司 | 46 | 北京博晖创新光电技术股份有限公司 |
| 14 | 安徽省小山卫生材料有限公司 | 47 | 北京昌航精铸技术有限公司 |
| 15 | 安徽万邦医药科技有限公司 | 48 | 北京长峰科威光电技术有限公司 |
| 16 | 安徽中威医疗设备科技开发有限公司 | 49 | 北京超思电子技术股份有限公司 |
| 17 | 安徽众康药械有限公司 | 50 | 北京创博科技有限责任公司 |
| 18 | 安吉长江卫生材料有限责任公司 | 51 | 北京达康仪器有限公司 |
| 19 | 安吉宏德医疗用品有限公司 | 52 | 北京达雅鼎医疗器械有限公司 |
| 20 | 安吉吉祥医疗用品有限公司 | 53 | 北京大金医疗设备有限公司 |
| 21 | 安吉县慧峰医用敷料有限责任公司 | 54 | 北京岛津医疗器械有限公司 |
| 22 | 安科生物制品（上海）有限公司 | 55 | 北京德海尔医疗技术有限公司 |
| 23 | 安平县鑫伟医疗用品有限公司 | 56 | 北京鼎瑞医疗装备有限责任公司 |
| 24 | 安丘奥宗麦克斯设备有限公司 | 57 | 北京东方神健医疗器械有限公司 |
| 25 | 安图实验仪器（郑州）有限公司 | 58 | 北京东方医用气体有限公司 |
| 26 | 安阳市翔宇医疗设备有限责任公司 | 59 | 北京丰瑞祥合医疗器械有限公司 |
| 27 | 鞍山爱母医疗科技有限公司 | 60 | 北京福尔娜医用器材有限公司 |
| 28 | 奥泰医疗系统有限责任公司 | 61 | 北京福田电子医疗仪器有限公司 |
| 29 | 奥星意科思制药装备（上海）有限公司 | 62 | 北京高能大恒加速器技术有限公司 |
| 30 | 霸州市康复医用设备厂 | 63 | 北京耿氏有限公司 |
| 31 | 霸州市民利康医疗器械有限公司 | 64 | 北京谷山丰生物医学技术有限公司 |
| 32 | 宝贝恩医疗设备（广州）有限公司 | 65 | 北京国马斯尔福实验室设备有限责任公司 |
| 33 | 宝鸡市光华医疗用品有限责任公司 | 66 | 北京国药恒瑞美联信息技术有限公司 |

| 序号 | 企业名称 | 序号 | 企业名称 |
| --- | --- | --- | --- |
| 67 | 北京海恩康科技有限公司 | 103 | 北京蒙太因医疗器械有限公司 |
| 68 | 北京海吉雅医疗器材有限公司 | 104 | 北京米道斯医疗器械有限公司 |
| 69 | 北京海利赢医疗科技有限公司 | 105 | 北京米伦压铸厂 |
| 70 | 北京航天长峰股份有限公司 | 106 | 北京普利生仪器有限公司 |
| 71 | 北京航天中兴医疗系统有限公司 | 107 | 北京清大德人健康科技有限公司 |
| 72 | 北京核海高技术开发公司 | 108 | 北京清源伟业生物组织工程科技有限公司 |
| 73 | 北京赫之源医疗器械制品有限公司 | 109 | 北京荣瑞世纪科技有限公司 |
| 74 | 北京恒邦科技开发有限责任公司 | 110 | 北京融恒科技发展有限公司 |
| 75 | 北京恒升生活用品有限公司 | 111 | 北京瑞佳美科技有限公司 |
| 76 | 北京宏润达科技发展有限公司 | 112 | 北京圣林医疗康复器具有限公司 |
| 77 | 北京华亘安邦科技有限公司 | 113 | 北京盛通元科技发展有限公司 |
| 78 | 北京华海医疗信息技术股份有限公司 | 114 | 北京市波姆红外技术公司 |
| 79 | 北京积水创格医疗科技有限公司 | 115 | 北京市春立正达科技发展有限公司 |
| 80 | 北京健铭利源科技有限公司 | 116 | 北京市富乐科技开发有限公司 |
| 81 | 北京金秋果实电子科技有限公司 | 117 | 北京市六一仪器厂 |
| 82 | 北京京精医疗设备有限公司 | 118 | 北京市通州京东医疗仪器有限公司 |
| 83 | 北京九强生物技术有限公司 | 119 | 北京瞬康医用胶有限公司 |
| 84 | 北京巨龙三优科技有限公司 | 120 | 北京思路高医疗科技有限公司 |
| 85 | 北京康达五洲医疗器械中心 | 121 | 北京斯诺尔生物技术有限责任公司 |
| 86 | 北京康乐劳动防护用品厂 | 122 | 北京斯泰迪克医药技术发展有限责任公司 |
| 87 | 北京康思润业生物技术有限公司 | 123 | 北京四环科学仪器厂 |
| 88 | 北京康拓医疗仪器有限公司 | 124 | 北京四环卫生药械厂有限公司 |
| 89 | 北京科迪信生物技术开发中心 | 125 | 北京太阳电子科技有限公司 |
| 90 | 北京科利达医疗设备发展有限公司 | 126 | 北京泰富瑞泽科技有限公司 |
| 91 | 北京科霖众医学技术研究所 | 127 | 北京天长福医疗设备制造有限公司 |
| 92 | 北京乐普医疗设备股份有限公司 | 128 | 北京天成北光科学仪器有限公司 |
| 93 | 北京联袂义齿技术有限公司 | 129 | 北京天惠华数字技术有限公司 |
| 94 | 北京量真科技有限公司 | 130 | 北京天拓义齿科技有限公司 |
| 95 | 北京灵泽医药技术开发有限公司 | 131 | 北京天新福医疗器材有限公司 |
| 96 | 北京羚锐卫生材料有限公司 | 132 | 北京天行健医疗科技有限公司 |
| 97 | 北京龙慧珩医疗科技发展有限公司 | 133 | 北京天佑科仪科技有限公司 |
| 98 | 北京龙森医疗器械有限公司 | 134 | 北京天元科汇自动化设备研发有限公司 |
| 99 | 北京迈瑞隆科技有限公司 | 135 | 北京拓殖智业科技有限公司 |
| 100 | 北京麦邦光电仪器有限公司 | 136 | 北京万东鼎立医疗设备有限公司 |
| 101 | 北京麦迪克斯科贸有限公司（北京麦迪克斯科技有限公司） | 137 | 北京万东康源科技开发有限公司 |
| 102 | 北京美后科学仪器有限责任公司 | 138 | 北京望升伟业科技发展有限公司 |

| 序号 | 企业名称 | 序号 | 企业名称 |
|---|---|---|---|
| 139 | 北京威高亚华人工关节开发有限公司 | 173 | 贝朗医疗（苏州）有限公司 |
| 140 | 北京威联德骨科技术有限公司 | 174 | 碧迪快速诊断产品（苏州）有限公司 |
| 141 | 北京为尔福电子公司 | 175 | 碧盈医疗器材有限公司 |
| 142 | 北京新锐创想医疗科技信息咨询有限公司 | 176 | 泊头市海润医疗器械有限公司 |
| 143 | 北京鑫晨光生物技术有限公司 | 177 | 博能（广州）电子有限公司 |
| 144 | 北京鑫护神航天医学工程技术有限公司 | 178 | 博兴向阳金属器械有限责任公司 |
| 145 | 北京星辰万有科技有限公司 | 179 | 博义医疗器材（上海）有限公司 |
| 146 | 北京雅智生化技术研究所 | 180 | 曹县华鲁卫生材料有限公司 |
| 147 | 北京亚科宏泰科技有限公司 | 181 | 昌邑市第二卫生材料厂 |
| 148 | 北京耀洋康达医疗仪器有限公司 | 182 | 昌邑市恒兴锦纶纺织有限公司 |
| 149 | 北京一来康科技中心 | 183 | 长春赛诺迈德医学技术有限责任公司 |
| 150 | 北京医疗设备厂有限责任公司 | 184 | 长春市福康医疗保健品有限责任公司 |
| 151 | 北京医模科技有限公司 | 185 | 长春市亿利丰医疗器械有限公司 |
| 152 | 北京怡成生物电子技术有限公司 | 186 | 长沙健力客假肢矫形康复器材有限公司 |
| 153 | 北京怡和嘉业医疗科技有限公司 | 187 | 长沙三诺生物传感技术有限公司 |
| 154 | 北京亿仁赛博医疗科技研发中心有限公司 | 188 | 长沙市岳麓区中南制药机械厂 |
| 155 | 北京亿仁赛博医疗设备有限公司 | 189 | 常德美华尼龙有限公司 |
| 156 | 北京益而康生物工程开发中心 | 190 | 常州澳联医疗器械有限公司 |
| 157 | 北京谊安医疗系统股份有限公司 | 191 | 常州巴奥米特医疗器械有限公司 |
| 158 | 北京盈佳伟业医疗用品有限公司 | 192 | 常州华联保健敷料有限公司 |
| 159 | 北京又加一科技有限公司 | 193 | 常州华森医疗器械有限公司 |
| 160 | 北京禹神医疗器材有限责任公司 | 194 | 常州联合工具厂 |
| 161 | 北京裕恒佳科技有限公司 | 195 | 常州美杰医疗用品有限公司 |
| 162 | 北京源德生物医学工程有限公司 | 196 | 常州市恒源电力机械有限公司 |
| 163 | 北京浙大中控数字医疗技术有限公司杭州分公司 | 197 | 常州市华伟医疗用品有限公司 |
| 164 | 北京质子科技开发有限公司 | 198 | 常州市建本医疗康复器材有限公司 |
| 165 | 北京智立医学技术股份有限公司（原：北京智立医学仪器有限公司） | 199 | 常州市京林医疗器械有限公司 |
| 166 | 北京中北博健科贸有限公司 | 200 | 常州市康辉医疗器械有限公司 |
| 167 | 北京中科健安医用技术公司 | 201 | 常州市利康医疗用品有限公司 |
| 168 | 北京中勤世帝科学仪器有限公司 | 202 | 常州市南方器材厂有限公司 |
| 169 | 北京庄志医疗设备有限公司 | 203 | 常州市钱璟康复器材有限公司 |
| 170 | 北票市靓马实验室装备有限公司 | 204 | 常州市双马医疗器材有限公司 |
| 171 | 北票市亿科实验室设备有限公司 | 205 | 常州市中天卫生材料有限公司 |
| 172 | 贝恩医疗设备（广州）有限公司 | 206 | 常州新区大平超声波仪器有限公司 |

| 序号 | 企业名称 | 序号 | 企业名称 |
|---|---|---|---|
| 207 | 常州雅思医疗器械有限公司 | 242 | 大龙医疗设备（上海）有限公司 |
| 208 | 常州伊沃特医疗器械有限公司 | 243 | 大卫医疗产品（苏州）有限公司 |
| 209 | 巢湖市宾雄医疗器械有限责任公司 | 244 | 丹东市金丸药用胶囊有限公司 |
| 210 | 朝阳福瑞达实验室装备有限公司 | 245 | 丹阳假肢厂有限公司 |
| 211 | 潮州凯普生物仪器有限公司 | 246 | 丹阳市健陵医疗器械有限公司 |
| 212 | 潮州市强基制药厂 | 247 | 丹阳市康恩宁医疗器械有限公司 |
| 213 | 成都艾贝特血液技术有限责任公司 | 248 | 丹阳市温度计厂 |
| 214 | 成都迪康中科生物医学材料有限公司 | 249 | 丹阳市远燕医疗器械有限公司 |
| 215 | 成都华美牙科技有限责任公司 | 250 | 丹阳真辉康复设备有限公司 |
| 216 | 成都金瑞药用胶囊有限责任公司 | 251 | 得泰医疗卫生用品（苏州）有限公司 |
| 217 | 成都康普森数字医疗系统有限公司 | 252 | 德安县丰林南伟医用材料厂 |
| 218 | 成都联帮氧气工程有限公司 | 253 | 德利医用材料有限公司 |
| 219 | 成都瑞琦科技实业有限责任公司 | 254 | 德林义肢矫型器（北京）有限公司 |
| 220 | 成都润兴消毒药业有限公司 | 255 | 德林义肢康复器材（成都）有限公司 |
| 221 | 成都神农高技术开发有限责任公司 | 256 | 德迈特医学技术（北京）有限公司 |
| 222 | 成都市佳颖医用制品有限公司 | 257 | 德清爱德乐卫生材料有限公司 |
| 223 | 成都市科卫医疗器件有限公司 | 258 | 德维比斯保建设备（山东）有限公司 |
| 224 | 成都市双流双陆医疗器械有限公司 | 259 | 德壹医疗用品（上海）有限公司 |
| 225 | 成都市新津事丰医疗器械有限公司 | 260 | 德真会齿科制作（上海）有限公司 |
| 226 | 成都阳光生物科技有限责任公司 | 261 | 登士柏牙科（天津）有限公司 |
| 227 | 成都铸信企业（集团）有限公司 | 262 | 东北大学机械厂 |
| 228 | 茌平医光医疗器械有限公司 | 263 | 东丰制药一厂 |
| 229 | 赤壁市鄂东南医用氧有限公司 | 264 | 东海固洁医疗器械有限公司 |
| 230 | 赤壁市康华药用包装有限公司 | 265 | 东台市威尔安全装备有限公司 |
| 231 | 崇仁（厦门）医疗器械有限公司 | 266 | 东莞安信医用包装有限公司 |
| 232 | 创生医疗器械（江苏）有限公司 | 267 | 东莞奥美医疗用品有限公司 |
| 233 | 达科为生物技术有限公司 | 268 | 东莞保康电子科技有限公司 |
| 234 | 大连 JMS 医疗器具有限公司 | 269 | 东莞椿田医用包装材料有限公司 |
| 235 | 大连保税区佐藤总研工贸有限公司 | 270 | 东莞得康医疗制品有限公司 |
| 236 | 大连光彩制药有限公司 | 271 | 东莞港星电器制品有限公司 |
| 237 | 大连库利艾特医疗制品有限公司 | 272 | 东莞嘉豪磁性制品有限公司 |
| 238 | 大连龙威医疗设备有限公司 | 273 | 东莞科威医疗器械有限公司 |
| 239 | 大连山木医疗器械厂 | 274 | 东莞沛佳医疗保健科技有限公司 |
| 240 | 大连四方成套教学设备有限公司 | 275 | 东莞市爱嘉义齿有限公司 |
| 241 | 大连雪奥生物工程医药技术有限公司 | 276 | 东莞市大岭山定远陶齿制品厂 |

| 序号 | 企业名称 | 序号 | 企业名称 |
|---|---|---|---|
| 277 | 东莞市虎门机械厂（4801） | 311 | 福建省顺昌闽一胶囊有限公司 |
| 278 | 东莞市万江天和日用品厂 | 312 | 福建武夷山卧龙保健用品厂 |
| 279 | 东莞塘厦林村富士达电子厂 | 313 | 福尼亚医疗设备有限公司 |
| 280 | 东莞永胜医疗制品有限公司 | 314 | 福州阿多拉制药有限公司 |
| 281 | 东阳市医药卫生用品有限公司 | 315 | 福州博美安医疗器械有限公司 |
| 282 | 恩杜罗生物技术（苏州工业园区）有限公司 | 316 | 福州昌晖自动化系统有限公司 |
| 283 | 而至齿科（苏州）有限公司 | 317 | 福州康利特集团有限公司 |
| 284 | 泛太医疗器械（珠海）有限公司 | 318 | 阜宁荣兴纺织有限公司 |
| 285 | 肥西县兰叶医用氧气有限公司 | 319 | 甘肃省金羚集团药业有限公司 |
| 286 | 奉化市康家乐医疗器械有限公司 | 320 | 甘肃永利医疗器械有限公司 |
| 287 | 佛冈快康明胶有限公司 | 321 | 赣州市宇航医疗器械设备有限公司 |
| 288 | 佛山市爱普克斯环保科技有限公司 | 322 | 赣州雅佛生物医材有限公司 |
| 289 | 佛山市安乐医疗器械有限公司 | 323 | 港龙生物技术（深圳）有限公司 |
| 290 | 佛山市东方医疗设备厂有限公司 | 324 | 高密彩虹分析仪器有限公司 |
| 291 | 佛山市康复医疗设备厂 | 325 | 高山卫生用品（上海）有限公司 |
| 292 | 佛山市利强医疗设备有限公司 | 326 | 高邮市日星药用辅料有限公司 |
| 293 | 佛山市南海建泰铝制品有限公司 | 327 | 广东百合医疗科技有限公司 |
| 294 | 佛山市南海康得福医疗用品有限公司 | 328 | 广东宝莱特医用科技股份有限公司 |
| 295 | 佛山市南海良润医疗运动器材有限公司 | 329 | 广东冠昊生物科技股份有限公司 |
| 296 | 佛山市南海勤联医疗器械厂 | 330 | 广东凯普生物科技有限公司 |
| 297 | 佛山市南海区海跃口腔医疗设备厂 | 331 | 广东凯洋医疗科技集团有限公司（佛山市南海凯洋医疗设备有限公司） |
| 298 | 佛山市南海区康健泰康复器材有限公司 | 332 | 广东科艺普实验室设备研制有限公司 |
| 299 | 佛山市三水佳桥医疗卫生用品有限公司 | 333 | 广东灵镜医疗实业有限公司 |
| 300 | 佛山市杉山大唐医疗科技有限公司 | 334 | 广东龙心医疗器械有限公司 |
| 301 | 佛山市顺德区大良妇康卫生用品有限公司 | 335 | 广东皮宝制药股份有限公司 |
| 302 | 佛山市顺德区平安医疗设备科技有限公司 | 336 | 广东顺峰药业有限公司 |
| 303 | 佛山市顺德区中强医疗器械有限公司 | 337 | 广东逸舒制药有限公司 |
| 304 | 佛山市雅博士医疗设备有限公司 | 338 | 广东因特圣医疗器械有限公司 |
| 305 | 佛山市怡创生化科技有限公司 | 339 | 广东粤诚牙科技术开发中心 |
| 306 | 佛山市玉玄宫科技开发有限公司 | 340 | 广东紫薇星实业有限公司 |
| 307 | 弗雷德里克森（苏州）精密机械加工有限公司 | 341 | 广西桂平市白龙药酒厂 |
| 308 | 扶桑帝药青岛有限公司 | 342 | 广西巨龙医疗器械有限公司 |
| 309 | 福建梅生医疗科技股份有限公司 | 343 | 广西南宁市维晶美医疗器械有限公司 |
| 310 | 福建莆田仁德医疗器械有限公司 | 344 | 广西南宁市颖佳医疗器械有限公司 |

| 序号 | 企业名称 | 序号 | 企业名称 |
|---|---|---|---|
| 345 | 广元市康康医疗器械有限公司 | 379 | 广州耀远实业有限公司 |
| 346 | 广州安必平医药科技有限公司 | 380 | 广州众桦医疗科技有限公司 |
| 347 | 广州奥科维电子有限公司 | 381 | 贵阳市同济堂医药有限公司 |
| 348 | 广州奥迈医疗科技有限公司 | 382 | 贵阳贤隆医疗器械有限公司 |
| 349 | 广州白云蓝天电子科技有限公司医疗设备制造厂 | 383 | 贵州千叶塑胶有限公司 |
| 350 | 广州保瑞医疗技术有限公司 | 384 | 桂林康兴医疗器械有限公司 |
| 351 | 广州达辰医疗器械有限公司 | 385 | 桂林康兴医学科技有限责任公司 |
| 352 | 广州迪克医疗器械有限公司 | 386 | 桂林市华通医用仪器有限公司 |
| 353 | 广州健福医疗科技有限公司 | 387 | 桂林市科健医疗设备有限责任公司 |
| 354 | 广州骏丰医疗器械有限公司 | 388 | 桂林市斯高医疗器械有限公司 |
| 355 | 广州康盛生物科技有限公司 | 389 | 桂林市医疗电子仪器厂 |
| 356 | 广州龙之杰科技有限公司 | 390 | 桂林市优利特医疗电子（集团）有限公司 |
| 357 | 广州隆宇生物科技有限公司 | 391 | 桂林市啄木鸟医疗器械有限公司 |
| 358 | 广州祺康医疗科技有限公司 | 392 | 桂林天和伊维材料厂（原：桂林天和卫生材料厂） |
| 359 | 广州市爱穗科技有限公司 | 393 | 国营松辽电子仪器厂 |
| 360 | 广州市番禺区成诚试验设备厂 | 394 | 哈尔滨宏立药用胶囊有限公司 |
| 361 | 广州市番禺区华鑫科技有限公司 | 395 | 哈尔滨口罩厂 |
| 362 | 广州市番禺万福卫生用品有限公司 | 396 | 海门市恒盛供氧设备有限公司 |
| 363 | 广州市丰华生物工程有限公司 | 397 | 邯郸市恒永防护洁净用品有限公司 |
| 364 | 广州市富泓医疗用品有限公司 | 398 | 杭州艾力康医药科技有限公司 |
| 365 | 广州市国惠电子设备有限公司 | 399 | 杭州博日科技有限公司 |
| 366 | 广州市华南医疗器械有限公司 | 400 | 杭州大力神医疗器械有限公司 |
| 367 | 广州市科鹏电子有限公司 | 401 | 杭州顿力医疗器械股份有限公司 |
| 368 | 广州市凌捷医疗器械有限公司 | 402 | 杭州傅天雾化机械制造有限公司 |
| 369 | 广州市宁雅医疗器械有限公司 | 403 | 杭州高联医疗设备厂 |
| 370 | 广州市侨鑫医疗器械科技发展有限公司 | 404 | 杭州古一医疗器械有限公司 |
| 371 | 广州市誓必好机电电子产品装配有限公司 | 405 | 杭州光典医疗器械有限公司 |
| 372 | 广州市托恩诺医疗设备有限公司 | 406 | 杭州好克光电仪器有限公司 |
| 373 | 广州市威利豪医疗器械有限公司 | 407 | 杭州嘉华义齿有限公司 |
| 374 | 广州市韦士泰医疗器械有限公司 | 408 | 杭州健群医疗器械有限公司 |
| 375 | 广州市卫信工贸有限公司 | 409 | 杭州江南世家药业有限公司 |
| 376 | 广州市正宏医疗器械设备有限公司（原：番禺钟村正鸿医疗器械公司） | 410 | 杭州京泠医疗器械有限公司 |
| 377 | 广州阳普医疗科技股份有限公司 | 411 | 杭州龙德医用器械有限公司 |
| 378 | 广州阳普医疗用品有限公司 | 412 | 杭州申生消毒设备有限公司 |

| 序号 | 企业名称 | 序号 | 企业名称 |
|---|---|---|---|
| 413 | 杭州市桐庐医疗光学仪器总厂/杭州裕华医用光学技术有限公司 | 445 | 衡阳博尔康医疗器械有限公司 |
| 414 | 杭州舒友电子科技有限公司 | 446 | 鸿邦电子深圳有限公司 |
| 415 | 杭州坦帕医疗科技有限公司 | 447 | 鸿图医疗器材制造有限公司 |
| 416 | 杭州雅致齿科制品厂 | 448 | 湖北迪康医疗器械有限公司 |
| 417 | 杭州远华激光设备制造有限公司 | 449 | 湖北福好医疗用品有限公司 |
| 418 | 航卫通用电气医疗系统有限公司 | 450 | 湖北福鑫医疗器械有限公司 |
| 419 | 豪孚迪医疗器械（上海）有限公司 | 451 | 湖北金仕达医用产品有限公司 |
| 420 | 禾珥医疗器械（北京）有限公司 | 452 | 湖北金杏科技发展有限公司 |
| 421 | 合肥华悦电子有限公司 | 453 | 湖北凯佳卫生材料有限公司 |
| 422 | 合肥健桥科技发展有限公司 | 454 | 湖北科益药业股份有限公司 |
| 423 | 合肥健桥医疗电子有限责任公司 | 455 | 湖北琪美医疗科技有限公司 |
| 424 | 合肥科瑞达激光设备有限公司 | 456 | 湖北天力医药医疗器械有限公司 |
| 425 | 合世医疗电子（苏州）有限公司 | 457 | 湖北天兴医用包装材料有限公司 |
| 426 | 河北白杨床业制造厂 | 458 | 湖北致霖医用材料有限公司 |
| 427 | 河北百强医用设备制造有限公司 | 459 | 湖南埃普特医疗器械有限公司 |
| 428 | 河北健宁医药化工厂 | 460 | 湖南安信医用高分子材料有限公司 |
| 429 | 河北凯普威医疗器材有限公司 | 461 | 湖南方盛制药有限公司 |
| 430 | 河北路德医疗器械有限公司 | 462 | 湖南汉森科技发展有限公司（原：湖南泰诺医疗器械有限公司） |
| 431 | 河北普康医疗设备有限公司 | 463 | 湖南恒天生物科技有限公司 |
| 432 | 河北省霸州市长城医用设备有限责任公司 | 464 | 湖南汇智科技发展有限公司 |
| 433 | 河北优利科电气有限公司 | 465 | 湖南康利来医疗器械有限公司 |
| 434 | 河南德宝恒生医疗器械有限公司 | 466 | 湖南六合医疗保健用品有限公司 |
| 435 | 河南华南医电有限公司 | 467 | 湖南全洲医药食品物流配送有限公司 |
| 436 | 河南辉瑞生物医电技术有限公司（河南辉瑞医疗器械有限公司） | 468 | 湖南三九唯康药业有限公司 |
| 437 | 河南慧超医疗器械有限公司 | 469 | 湖南省浏阳市医用仪具厂 |
| 438 | 河南康迪药业有限公司（原：淮阳县康迪卫生材料厂） | 470 | 湖南天龙制药有限公司 |
| 439 | 河南新乡市宇安医用卫材有限公司 | 471 | 湖南紫光南岳制药有限公司 |
| 440 | 河南旭昊医疗科技有限公司 | 472 | 湖州安吉县阳光医药用品有限公司 |
| 441 | 河南英泰医疗科技有限公司 | 473 | 湖州展望天明药业有限公司 |
| 442 | 河南宇宙人工晶状体研制有限公司 | 474 | 花园集团东阳化工有限公司 |
| 443 | 菏泽市泰光医疗器械有限公司 | 475 | 华略电子（深圳）有限公司 |
| 444 | 贺利氏古莎齿科有限公司 | 476 | 华润万东医疗装备股份有限公司（原名：北京万东医疗装备股份有限公司） |

| 序号 | 企业名称 | 序号 | 企业名称 |
|---|---|---|---|
| 477 | 华翔医药包装技术有限公司 | 512 | 江苏洁乐医用敷料有限公司 |
| 478 | 淮安安洁医疗用品有限公司 | 513 | 江苏凯寿医用器材有限公司 |
| 479 | 淮安博泰化工有限公司 | 514 | 江苏凯泰医疗设备有限公司 |
| 480 | 淮安康和医用材料有限公司 | 515 | 江苏康宝医疗器械有限公司 |
| 481 | 淮安中远制药设备有限公司 | 516 | 江苏康尔臭氧有限公司 |
| 482 | 淮阴医疗器械有限公司 | 517 | 江苏康健用品有限公司 |
| 483 | 环球日用品（东莞）有限公司 | 518 | 江苏康进医疗器材有限公司 |
| 484 | 皇基（厦门）塑胶工业有限公司 | 519 | 江苏康诺医疗器械有限公司 |
| 485 | 黄冈市黄州祥辉纺织 | 520 | 江苏康欣医疗设备有限公司 |
| 486 | 黄石恒丰医疗器械有限公司 | 521 | 江苏康友医用器械有限公司 |
| 487 | 黄石市华发义齿制作厂 | 522 | 江苏科凌医疗器械有限公司 |
| 488 | 惠氏百宫制药有限公司 | 523 | 江苏力凡胶囊有限公司 |
| 489 | 惠州安东五金塑胶电子有限公司 | 524 | 江苏利康医疗用品有限公司 |
| 490 | 霍邱县龙潭镇宏达针炙厂 | 525 | 江苏默乐生物科技有限公司 |
| 491 | 吉林省华通制药设备有限公司 | 526 | 江苏能建机电实业有限公司 |
| 492 | 吉林省文龙医具有限公司 | 527 | 江苏磐宇生物科技有限公司 |
| 493 | 济南长清振华消毒剂厂 | 528 | 江苏亲和力生物技术有限公司 |
| 494 | 济南汉磁生物科技有限公司 | 529 | 江苏瑞上医疗器械有限公司 |
| 495 | 济南丽尔美牙科技术有限公司 | 530 | 江苏省安泰教学设备有限公司 |
| 496 | 济南市长清区顺风医疗卫生用品厂 | 531 | 江苏省华星医疗器械实业有限公司 |
| 497 | 济宁健达医疗器械科技有限公司 | 532 | 江苏省健尔康医用敷料有限公司 |
| 498 | 济宁同济化工有限责任公司 | 533 | 江苏省通宝实业有限公司 |
| 499 | 冀州市国泰骨科医疗器械有限公司 | 534 | 江苏省徐州市创新医学仪器有限公司 |
| 500 | 冀州市吉星医用包装材料有限公司 | 535 | 江苏双羊医疗器械有限公司 |
| 501 | 冀州市冀南医疗器械厂 | 536 | 江苏苏云医疗器材有限公司 |
| 502 | 佳华医用材料有限公司 | 537 | 江苏泰州江华药用包装制造有限公司 |
| 503 | 嘉兴市辰和医疗设备有限公司 | 538 | 江苏天马高科技有限责任公司 |
| 504 | 嘉兴市中新医疗仪器有限公司 | 539 | 江苏天一时制药有限公司 |
| 505 | 健之友（滁州）医疗科技有限公司 | 540 | 江苏先声药业有限公司 |
| 506 | 江都环球医疗器械厂 | 541 | 江苏永泰大唐医用材料有限公司 |
| 507 | 江都市麾村医教仪器厂 | 542 | 江苏鱼跃医疗设备股份有限公司 |
| 508 | 江苏奥迪康医学科技有限公司 | 543 | 江苏中惠医疗科技股份有限公司 |
| 509 | 江苏博生医用新材料股份有限公司 | 544 | 江西 3L 医用制品集团有限公司 |
| 510 | 江苏费森尤斯医药用品有限公司 | 545 | 江西丰临医用器械有限公司 |
| 511 | 江苏海明医疗器械有限公司 | 546 | 江西富尔康医科工业有限公司 |

| 序号 | 企业名称 | 序号 | 企业名称 |
| --- | --- | --- | --- |
| 547 | 江西国药华利医疗器械有限公司（原：江西华利医疗器械有限公司） | 581 | 金坛市剑云医疗器材厂 |
| 548 | 江西洪达医疗器械集团有限公司 | 582 | 金同（广州）医疗保健品有限公司 |
| 549 | 江西锦胜医疗器械有限公司 | 583 | 津东希翼医疗器械厂 |
| 550 | 江西庐乐医疗器械有限公司 | 584 | 九江昂泰胶囊有限公司 |
| 551 | 江西美宝利医用敷料有限公司 | 585 | 九江华达医用材料有限公司 |
| 552 | 江西三鑫医疗科技股份有限公司 | 586 | 九江市丰林医用材料有限公司 |
| 553 | 江西神你药业有限公司 | 587 | 句容市白兔镇新兴温度计厂 |
| 554 | 江西省科星生物工程有限公司 | 588 | 卡塞尔（无锡）科技有限公司 |
| 555 | 江西省特力麻醉呼吸设备有限公司 | 589 | 开封市高压氧医用设备厂 |
| 556 | 江西省章光 101 红豆杉生物工程有限公司 | 590 | 开封市康复医用设备厂 |
| 557 | 江西特康科技有限公司 | 591 | 凯欧弼（青岛）医用器材有限公司 |
| 558 | 江西医疗器械厂 | 592 | 柯惠医疗器材制造（上海）有限公司 |
| 559 | 江阴采纳科技有限公司 | 593 | 科诺医学仪器设备有限公司 |
| 560 | 江阴巨光光电仪器有限公司 | 594 | 克林尼科医疗器械（南昌）有限公司 |
| 561 | 江阴市保利科研器械有限公司 | 595 | 快保医学试剂（苏州）有限公司 |
| 562 | 江阴市惠尔医疗器械有限公司 | 596 | 昆明德臣华兴义齿制作有限公司 |
| 563 | 江阴市健仕福器械有限公司 | 597 | 昆明好合义齿制作有限公司 |
| 564 | 江阴市三合医疗器械有限公司 | 598 | 昆明华赛科工贸有限公司 |
| 565 | 江阴市新盛医疗器材设备有限公司 | 599 | 昆明家鸿义齿制作有限公司 |
| 566 | 江阴市医疗器械有限公司 | 600 | 昆明康迪尔医疗器械有限公司驻成都经济联络处 |
| 567 | 姜堰市健华医疗器械有限公司 | 601 | 昆明美丽好妇幼卫生用品有限公司 |
| 568 | 姜堰市天力医疗器械有限公司 | 602 | 昆明市好自然义齿配制有限公司 |
| 569 | 姜堰市新康医疗器械有限公司 | 603 | 昆山洁宏无纺布制品有限公司 |
| 570 | 姜堰市新苏医疗器械有限公司 | 604 | 昆山市超声仪器有限公司 |
| 571 | 胶南市华青卫生材料有限公司 | 605 | 昆山元成机械有限公司 |
| 572 | 焦作市瑞康卫生材料有限公司 | 606 | 莱州市来通达医疗保健用品厂 |
| 573 | 焦作同仁医疗实业有限公司 | 607 | 兰溪市中莙有限公司 |
| 574 | 揭阳市康美日用制品有限公司 | 608 | 兰州辰宇医疗器械有限公司 |
| 575 | 杰普莱斯医疗器械（北京）有限公司 | 609 | 兰州正源联合医疗设备有限公司 |
| 576 | 洁定医疗器械（苏州）有限公司 | 610 | 蓝孚生物医学工程技术（山东）有限公司 |
| 577 | 界首市超洁洗片机厂 | 611 | 廊坊市爱尔血液净化器材厂 |
| 578 | 界首市鑫诺医疗设备有限公司 | 612 | 廊坊新奥博为技术有限公司 |
| 579 | 金华市开元射防护工程有限公司 | 613 | 乐陵市信诺医疗器械有限公司 |
| 580 | 金马医疗器械（无锡）有限公司 | 614 | 乐清市吉康输液加温器有限公司 |

| 序号 | 企业名称 | 序号 | 企业名称 |
|---|---|---|---|
| 615 | 雷柏特（上海）实验室设备有限公司 | 650 | 美耐宝齿科（上海）有限公司 |
| 616 | 力纳克传动系统（深圳）有限公司 | 651 | 美昕医疗器械（昆山）有限公司 |
| 617 | 丽声助听器（福州）有限公司 | 652 | 绵阳美科医学信息技术有限公司 |
| 618 | 连云港贝斯特机械设备有限公司 | 653 | 绵阳市富安民医疗器械有限责任公司 |
| 619 | 连云港国鑫医药设备有限公司 | 654 | 牡丹江等离子体物理应用科技有限公司 |
| 620 | 连云港千樱医疗设备有限公司 | 655 | 纳通医疗集团 |
| 621 | 连云港瑞康卫生敷料有限公司 | 656 | 耐固医疗设备（北京）有限公司 |
| 622 | 连云港市一明医疗科技有限公司 | 657 | 南安市官桥鸿利义齿有限公司 |
| 623 | 连云港天诺光学仪器有限公司 | 658 | 南昌爱博医疗器械有限公司 |
| 624 | 涟水县德康喜来健医疗器械有限公司 | 659 | 南昌百特生物高新技术有限公司 |
| 625 | 梁山金通医疗器械有限公司 | 660 | 南昌贝欧特医疗设备有限公司 |
| 626 | 辽宁开宇经络灸导仪发展有限公司 | 661 | 南昌富昌科技有限公司 |
| 627 | 辽宁沈阳铁西区胶囊厂 | 662 | 南昌岚湖医用器材厂 |
| 628 | 辽宁生物医学材料研发中心有限公司 | 663 | 南昌市江广医疗设备有限公司 |
| 629 | 辽宁泰科医学科学有限公司 | 664 | 南昌市益民医用卫生材料有限公司 |
| 630 | 聊城市福和机械制造有限公司 | 665 | 南昌伟达医疗器械有限公司 |
| 631 | 临海市康乐医疗用品厂 | 666 | 南京安诚医疗设备有限公司 |
| 632 | 临沂市兰山区永成义齿加工厂 | 667 | 南京奥佳化工有限公司 |
| 633 | 灵镜医疗净化工程（广东）有限公司 | 668 | 南京博宇医疗设备有限公司 |
| 634 | 浏阳市三力实业有限公司 | 669 | 南京大渊生物技术工程有限责任公司 |
| 635 | 柳州医疗器械厂 | 670 | 南京东大迪艾基因技术有限公司 |
| 636 | 龙口科特乐经贸有限公司 | 671 | 南京国力臭氧应用设备有限公司 |
| 637 | 楼氏电子（苏州）有限公司 | 672 | 南京昊扬化工装备有限公司 |
| 638 | 罗赛洛（广东）明胶有限公司 | 673 | 南京嘉禾防腐设备有限公司 |
| 639 | 漯河市曙光医疗器械有限公司 | 674 | 南京锦卓生活用品有限公司 |
| 640 | 玛西普医学科技发展（深圳）有限公司 | 675 | 南京康科诺德医药科技有限责任公司 |
| 641 | 迈柯唯医疗设备（苏州）有限公司 | 676 | 南京康龙威科技实业有限公司 |
| 642 | 满城县玻璃制品厂 | 677 | 南京乐普敦医疗仪器制造有限公司 |
| 643 | 茂名市消毒用品厂有限公司 | 678 | 南京黎明生物制品有限公司 |
| 644 | 美迪康医用材料（上海）有限公司 | 679 | 南京迈创医疗器械有限公司 |
| 645 | 美迪科（上海）包装材料有限公司 | 680 | 南京迈迪欣医疗器械有限公司 |
| 646 | 美迪森（上海）医疗器械有限公司 | 681 | 南京宁创医疗设备有限公司 |
| 647 | 美敦力（上海）有限公司 | 682 | 南京欧赛尔齿业有限公司 |
| 648 | 美国博奥生物国际有限公司 | 683 | 南京攀事达电子仪器有限公司 |
| 649 | 美利驰医疗器械（苏州）有限公司 | 684 | 南京普爱射线影像设备有限公司 |

| 序号 | 企业名称 | 序号 | 企业名称 |
|---|---|---|---|
| 685 | 南京锐马医药化工有限公司 | 720 | 宁波舒安尔医疗设备有限公司 |
| 686 | 南京赛尔金生物医学有限公司 | 721 | 宁波四方医疗器械有限公司 |
| 687 | 南京神奇科技开发有限公司 | 722 | 宁波天益医疗器械有限公司 |
| 688 | 南京神州英诺华医疗科技有限公司 | 723 | 宁波新芝生物科技股份有限公司 |
| 689 | 南京斯瑞奇医疗用品有限公司 | 724 | 宁波鑫高益磁材有限公司 |
| 690 | 南京天奥医疗仪器制造有限公司 | 725 | 宁夏康复假肢矫形器有限公司 |
| 691 | 南京天任行科技实业有限公司 | 726 | 宁夏佑安医疗器械有限公司 |
| 692 | 南京微创医学科技有限公司 | 727 | 宁阳县金泰劳动防护用品有限公司 |
| 693 | 南宁好邦通用医疗设备有限责任公司 | 728 | 挪度医疗器械（苏州）有限公司 |
| 694 | 南宁双健医疗器械有限责任公司 | 729 | 欧姆龙（大连）有限公司 |
| 695 | 南平市杰鑫医疗器械有限公司化玻分公司 | 730 | 欧特（中国）医疗科技有限公司 |
| 696 | 南通爱普医疗器械有限公司 | 731 | 莆田仁德医疗器械厂 |
| 697 | 南通安琪医用品有限公司 | 732 | 濮阳市华雄玻璃有限公司 |
| 698 | 南通布莱斯特工业有限公司 | 733 | 浦单达（上海）口腔医疗器材有限公司 |
| 699 | 南通昌盛医用材料有限公司 | 734 | 普健医用设备制造有限公司 |
| 700 | 南通富利来医疗器材有限公司 | 735 | 普兰梅卡医疗设备（上海）有限公司 |
| 701 | 南通恒力医药设备有限公司 | 736 | 强生（中国）医疗器材有限公司 |
| 702 | 南通杰西电器有限公司 | 737 | 秦皇岛百欧泰克电子设备有限公司 |
| 703 | 南通市医用卫生材料厂 | 738 | 秦皇岛康泰医学系统有限公司 |
| 704 | 南通斯瑞医用有限公司 | 739 | 青岛东海药业有限公司 |
| 705 | 南通医疗器械有限公司 | 740 | 青岛海诺生物工程有限公司 |
| 706 | 南通中卫医疗器材有限公司 | 741 | 青岛华德医用器材有限公司 |
| 707 | 尼普洛（上海）有限公司 | 742 | 青岛勒康防护用品有限公司 |
| 708 | 宁安市佑全医疗器具有限公司 | 743 | 青岛丽可医疗器械有限公司 |
| 709 | 宁波佰医行医疗器械科技有限公司 | 744 | 青岛明和高分子材料有限公司 |
| 710 | 宁波贝斯美德医用器械有限公司 | 745 | 青岛平度锅炉辅机厂 |
| 711 | 宁波博奥医疗科技有限公司 | 746 | 青岛祺安医疗器械有限公司 |
| 712 | 宁波戴维医疗器械有限公司 | 747 | 青岛市平度高压氧舱设备厂 |
| 713 | 宁波奉天海供氧成套设备有限公司 | 748 | 青岛颐中生物工程有限公司 |
| 714 | 宁波海曙金达超声波设备有限公司 | 749 | 青岛益青药用胶囊有限公司 |
| 715 | 宁波禾采医疗器械有限公司 | 750 | 青海明诺胶囊有限公司 |
| 716 | 宁波江北华盛医疗器械有限公司 | 751 | 青浦尼康齿科材料有限公司 |
| 717 | 宁波蓝野医疗器械有限公司 | 752 | 曲阜市华康医疗器械有限公司 |
| 718 | 宁波迈达医疗仪器有限公司 | 753 | 曲阜市华仁技贸有限公司 |
| 719 | 宁波普瑞柏生物技术有限公司 | 754 | 曲阜市天利药用辅料有限公司 |

| 序号 | 企业名称 | 序号 | 企业名称 |
|---|---|---|---|
| 755 | 曲阜市益昇康医疗设备制造有限公司（原：曲阜鑫康医疗设备制造有限公司） | 788 | 山东汉兴医药科技有限公司 |
| 756 | 衢州市康保医疗器材厂 | 789 | 山东基德医药化工科技有限公司 |
| 757 | 衢州喜来健医疗机械有限公司衢州分公司 | 790 | 山东吉威医疗制品有限公司 |
| 758 | 任丘市华泰医疗器械有限公司 | 791 | 山东康力医疗器械科技有限公司 |
| 759 | 日进齿科材料（昆山）有限公司 | 792 | 山东康利莱医疗器材有限公司 |
| 760 | 日立医疗系统（苏州）有限公司 | 793 | 山东柯华健康科技有限公司 |
| 761 | 日照沪鸽齿科工业有限公司 | 794 | 山东梁山三利树脂有限公司 |
| 762 | 日照三奇医疗卫生用品有限公司 | 795 | 山东侨牌集团有限公司 |
| 763 | 如皋市贝康医疗器材有限公司 | 796 | 山东省潍坊市航维医疗器械有限公司 |
| 764 | 如皋市达生医疗器械科技有限公司 | 797 | 山东省汶上县卫生材料厂 |
| 765 | 锐珂医疗器材 | 798 | 山东盛宏医药科技有限公司 |
| 766 | 瑞安市南方药用包装材料厂 | 799 | 山东双球防护器材有限公司 |
| 767 | 瑞安市振华医用器械厂 | 800 | 山东万东技术服务有限公司 |
| 768 | 瑞金眼科中心 | 801 | 山东威高骨科材料有限公司 |
| 769 | 瑞欣实业有限公司 | 802 | 山东潍坊精鹰医疗器械有限公司 |
| 770 | 润和生物医药科技（汕头）有限公司 | 803 | 山东新华安得医疗用品有限公司 |
| 771 | 赛德科医疗设备有限公司 | 804 | 山东新华医疗器械集团 |
| 772 | 赛康医用度量系统（杭州）有限公司 | 805 | 山东玉华电气有限公司 |
| 773 | 赛诺医疗科学技术有限公司 | 806 | 山东中杰医疗器械有限公司 |
| 774 | 三丰医疗器材（苏州）有限公司 | 807 | 山东淄博光大医疗用品有限公司 |
| 775 | 森田医疗器械（上海）有限公司 | 808 | 山东淄博山川医用器材有限公司 |
| 776 | 森星医药耗材（北京）有限公司 | 809 | 山西广生胶囊有限公司 |
| 777 | 山八齿材工业（常熟）有限公司 | 810 | 山西美原齿科器械有限责任公司 |
| 778 | 山本真牙科技术（深圳）有限公司 | 811 | 山西美源医药科技有限公司 |
| 779 | 山东百多安医疗器械有限公司（山东瑞安泰医疗技术有限公司） | 812 | 山西省荣军假肢服务中心 |
| 780 | 山东博达医疗用品有限公司 | 813 | 山西省榆社县广生包装材料有限公司 |
| 781 | 山东博特医疗产品有限公司 | 814 | 山西太原医用高分子制品有限公司 |
| 782 | 山东东阿阿胶阿华医疗器械有限公司 | 815 | 山西威高华鼎医疗器械制造有限公司 |
| 783 | 山东东华医疗科技有限公司 | 816 | 山西唯美齿科器械有限公司 |
| 784 | 山东福瑞达医疗器械有限公司 | 817 | 陕西邦胜医疗器材有限责任公司 |
| 785 | 山东冠龙医疗用品有限公司 | 818 | 陕西邦盛医疗器材有限责任公司 |
| 786 | 山东广顺医疗科技有限公司 | 819 | 陕西恒康药品包装材料有限公司 |
| 787 | 山东广威消毒剂有限公司 | 820 | 陕西华昌亚美医疗科技有限公司 |

| 序号 | 企业名称 | 序号 | 企业名称 |
|---|---|---|---|
| 821 | 陕西康健医药连锁有限公司 | 856 | 上海贝敦克医疗电子有限公司 |
| 822 | 陕西蒲城芳花医药卫材有限责任公司 | 857 | 上海贝津洋珩医用品有限公司 |
| 823 | 陕西秦明电子（集团）有限公司 | 858 | 上海贝特医疗器械有限公司 |
| 824 | 陕西秦明医学仪器股份有限公司 | 859 | 上海伯迪克医疗医器有限公司 |
| 825 | 陕西三八妇乐科技股份有限公司 | 860 | 上海博达医疗仪器有限公司 |
| 826 | 陕西省宏达医疗器械有限公司 | 861 | 上海博进电子仪表设备工贸有限公司 |
| 827 | 陕西省万安药业有限公司 | 862 | 上海博普生物技术有限公司 |
| 828 | 陕西省医疗仪器厂 | 863 | 上海博迅实业有限公司 |
| 829 | 陕西维德医疗器械有限公司 | 864 | 上海布康医疗器械有限公司 |
| 830 | 陕西咸阳 505 医药保健总公司 | 865 | 上海超奇实业有限公司 |
| 831 | 陕西兴茂实业有限责任公司 | 866 | 上海陈信医疗器械有限公司 |
| 832 | 陕西远大天诚医疗科技有限公司 | 867 | 上海成旺软胶丸制药机械有限公司 |
| 833 | 汕头超声仪器研究所 | 868 | 上海成运内窥镜设备有限公司 |
| 834 | 汕头高新区欧美科技保健有限公司 | 869 | 上海齿亚工贸有限公司 |
| 835 | 汕头市福利医疗器械厂 | 870 | 上海齿研齿科技术有限公司 |
| 836 | 汕头市润康医疗用品有限公司 | 871 | 上海川本卫生材料有限公司 |
| 837 | 善德仕医疗科技（北京）有限公司 | 872 | 上海大和医学科技公司 |
| 838 | 上海阿洛卡医用仪器有限公司 | 873 | 上海迪比医疗器械有限公司 |
| 839 | 上海埃尔顿医疗器械有限公司 | 874 | 上海第二医科大学杜行医用器械厂 |
| 840 | 上海埃蒙迪材料科技有限公司 | 875 | 上海东湖机械厂 |
| 841 | 上海埃斯埃医械塑料制品有限公司 | 876 | 上海菲曼特医疗器械有限公司 |
| 842 | 上海爱蓓儿医用仪器有限公司 | 877 | 上海菲士康隐形眼镜有限公司 |
| 843 | 上海爱培克电子科技有限公司 | 878 | 上海复弘科技发展有限公司 |
| 844 | 上海爱申科技发展股份有限公司 | 879 | 上海高科放疗装备有限公司 |
| 845 | 上海爱升医疗电子有限公司 | 880 | 上海光电医用电子仪器有限公司 |
| 846 | 上海安洁电子设备有限公司 | 881 | 上海光谊医疗器械厂 |
| 847 | 上海安益兴医疗器械有限公司 | 882 | 上海光正医疗仪器有限公司 |
| 848 | 上海奥普生物医药有限公司 | 883 | 上海广得利胶囊有限公司 |
| 849 | 上海澳华光电内窥镜有限公司 | 884 | 上海宏立医疗制品有限公司 |
| 850 | 上海宝岛医用器材有限公司 | 885 | 上海沪南医用包装合作公司 |
| 851 | 上海宝马投资有限公司 | 886 | 上海沪通电子有限公司 |
| 852 | 上海宝山宝康医疗电子仪器厂 | 887 | 上海华登医疗器械有限公司 |
| 853 | 上海豹翎针织品有限公司 | 888 | 上海华光仪器仪表厂 |
| 854 | 上海贝奥路生物材料有限公司 | 889 | 上海华线医用核子仪器有限公司 |
| 855 | 上海贝奥路医疗器械有限公司 | 890 | 上海华舟压敏胶制品有限公司 |

| 序号 | 企业名称 | 序号 | 企业名称 |
|---|---|---|---|
| 891 | 上海汇丰医疗器械有限公司 | 925 | 上海美华医疗器具股份有限公司 |
| 892 | 上海惠远工贸有限公司 | 926 | 上海米沙瓦医科工业有限公司 |
| 893 | 上海慧丰牙科技术有限公司 | 927 | 上海民发医疗器械附件厂 |
| 894 | 上海慧龙医用材料卫生有限公司 | 928 | 上海敏华医疗器材配套有限公司 |
| 895 | 上海吉顺医疗器械制造有限公司 | 929 | 上海名邦橡胶制品有限公司 |
| 896 | 上海嘉迪安医疗器械有限公司 | 930 | 上海鸣励实验室科技发展有限公司（原：上海天环机电设备有限公司） |
| 897 | 上海假肢厂有限公司 | 931 | 上海南洋医用材料有限公司 |
| 898 | 上海建中医疗器械包装有限公司 | 932 | 上海诺城电气有限公司 |
| 899 | 上海健保医疗电子有限公司 | 933 | 上海佩尼医疗科技发展有限公司 |
| 900 | 上海交大南洋医疗器械有限公司 | 934 | 上海品兴科技有限公司 |
| 901 | 上海锦泽夏本医疗器械有限公司 | 935 | 上海浦东金环医疗用品有限公司 |
| 902 | 上海精功齿轮科技术有限公司 | 936 | 上海浦卫医疗器械厂 |
| 903 | 上海卡勒幅磁共振技术有限公司 | 937 | 上海普益医疗器械有限公司 |
| 904 | 上海康德莱企业发展集团有限公司 | 938 | 上海祁鑫医疗器械厂（原上海医用吸引器厂） |
| 905 | 上海康德莱手岛制管有限公司 | 939 | 上海强生有限公司 |
| 906 | 上海康寿医疗器械有限公司 | 940 | 上海秋雨医疗器械有限公司 |
| 907 | 上海康泰医疗器械厂 | 941 | 上海三埃弗电子有限公司 |
| 908 | 上海科邦医用乳胶器材有限公司 | 942 | 上海三申医疗器械有限公司 |
| 909 | 上海科华实验系统有限公司 | 943 | 上海三赢医疗器械有限公司 |
| 910 | 上海科伟达超声波科技有限公司 | 944 | 上海森德科技发展有限公司 |
| 911 | 上海匡复医疗设备发展有限公司 | 945 | 上海山塬齿科材料有限公司 |
| 912 | 上海徕卡仪器有限公司 | 946 | 上海上医康鸽医用器材有限责任公司 |
| 913 | 上海蓝豹试验设备有限公司 | 947 | 上海上远义齿有限公司 |
| 914 | 上海蓝怡科技有限公司 | 948 | 上海申安医疗器械厂 |
| 915 | 上海乐派特运动器材有限公司 | 949 | 上海申风医疗保健用品有限公司 |
| 916 | 上海雷恩医疗器械有限公司 | 950 | 上海生标科技有限公司 |
| 917 | 上海力邦医疗器械有限公司 | 951 | 上海市德林义肢康复器材有限公司 |
| 918 | 上海力申科学仪器有限公司 | 952 | 上海市科生假肢有限公司 |
| 919 | 上海立珂医疗器械有限公司 | 953 | 上海输血技术有限公司 |
| 920 | 上海利康消毒高科技有限公司 | 954 | 上海双鸽实业有限公司 |
| 921 | 上海励图医疗器材有限公司 | 955 | 上海双申医疗器械有限公司 |
| 922 | 上海联辉医疗用品有限公司 | 956 | 上海顺隆康复器材有限公司 |
| 923 | 上海林静医疗器械有限公司 | 957 | 上海硕创生物医药科技有限公司 |
| 924 | 上海麦迪逊医疗器械有限公司 | 958 | 上海四菱医疗器械厂（原：上海医用恒温设备有限公司） |

| 序号 | 企业名称 | 序号 | 企业名称 |
|---|---|---|---|
| 959 | 上海松力生物技术有限公司 | 992 | 上海医疗器械股份有限公司齿科材料厂 |
| 960 | 上海泰事达华东制药设备有限公司 | 993 | 上海医疗器械股份有限公司医疗设备厂 |
| 961 | 上海天凡药机制造厂 | 994 | 上海医疗器械九厂 |
| 962 | 上海天恒医疗器械有限公司 | 995 | 上海医用缝合针厂 |
| 963 | 上海天清生物材料有限公司 | 996 | 上海医用恒温设备厂 |
| 964 | 上海天祥健台制药机械有限公司 | 997 | 上海怡新医疗设备有限责任公司 |
| 965 | 上海天圆药品包装材料厂 | 998 | 上海轶德医疗设备有限公司 |
| 966 | 上海天照实业有限公司 | 999 | 上海银德医疗器械有限公司 |
| 967 | 上海同安医疗用品制造有限公司 | 1000 | 上海银翔公共安全设备有限公司（原：上海公共安全器材厂） |
| 968 | 上海万德福医疗器械自动化研究所有限公司 | 1001 | 上海影易医学影像设备有限公司 |
| 969 | 上海稳健医疗器械有限公司 | 1002 | 上海永良医疗用品有限公司 |
| 970 | 上海西门子医疗器械有限公司 | 1003 | 上海优加医疗用品有限公司 |
| 971 | 上海希格玛高技术有限公司 | 1004 | 上海优盛医学科技股份有限公司 |
| 972 | 上海骁博科技发展有限公司 | 1005 | 上海跃进医用光学器械厂 |
| 973 | 上海协民医用敷料厂 | 1006 | 上海韵和音医学科技有限公司 |
| 974 | 上海辛菖医疗器械有限公司 | 1007 | 上海正午义齿制作有限公司 |
| 975 | 上海昕昌记忆合金科技有限公司 | 1008 | 上海正雅齿科科技有限公司 |
| 976 | 上海欣美义齿有限公司 | 1009 | 上海质恒贸易有限公司 |
| 977 | 上海新波生物技术有限公司 | 1010 | 上海中联制药装备有限公司 |
| 978 | 上海新苗医疗器械制造有限公司 | 1011 | 绍兴福清卫生用品有限公司 |
| 979 | 上海信晟光电技术有限公司 | 1012 | 绍兴港峰医用品有限公司 |
| 980 | 上海信晟医疗制品有限公司 | 1013 | 绍兴强生纺织有限公司 |
| 981 | 上海亚澳医用保健品有限公司 | 1014 | 绍兴市锦兴医疗器械有限公司 |
| 982 | 上海亚医科技开发有限公司 | 1015 | 绍兴市欧蜜克医疗设备有限公司 |
| 983 | 上海扬起实验室设备有限公司 | 1016 | 绍兴市卫星医疗设备制造有限公司 |
| 984 | 上海医科达放疗设备有限公司 | 1017 | 绍兴万佳器械有限公司（原：上海医用分析仪器厂绍兴县兽医器械分厂） |
| 985 | 上海医疗器械（集团）有限公司 | 1018 | 绍兴新昌区天龙胶丸厂 |
| 986 | 上海医疗器械（集团）有限公司上海华辰医用仪表有限公司 | 1019 | 绍兴易邦医用品有限公司 |
| 987 | 上海医疗器械（集团）有限公司手术器械厂 | 1020 | 绍兴永得利胶囊有限公司 |
| 988 | 上海医疗器械（集团）有限公司卫生材料厂 | 1021 | 绍兴振德医用敷料有限公司 |
| 989 | 上海医疗器械厂有限公司 | 1022 | 绍兴中亚胶囊有限公司 |
| 990 | 上海医疗器械高技术公司 | 1023 | 深圳安科高技术股份有限公司 |
| 991 | 上海医疗器械股份有限公司 | 1024 | 深圳百胜医疗科技有限公司 |

| 序号 | 企业名称 | 序号 | 企业名称 |
|---|---|---|---|
| 1025 | 深圳晨伟电子有限公司 | 1060 | 深圳市技搏电子有限公司 |
| 1026 | 深圳得法牙科制品有限公司 | 1061 | 深圳市佳泰药业股份有限公司 |
| 1027 | 深圳迪美泰数字医学技术有限公司 | 1062 | 深圳市家鸿义齿技术有限公司 |
| 1028 | 深圳东美医疗设备有限公司 | 1063 | 深圳市建恒工业自控系统有限公司 |
| 1029 | 深圳京柏医疗设备有限公司 | 1064 | 深圳市建新义齿技术有限公司 |
| 1030 | 深圳乐夫科技有限公司 | 1065 | 深圳市江友科学仪器有限公司 |
| 1031 | 深圳雷杜生命科学股份有限公司 | 1066 | 深圳市杰纳瑞医疗仪器有限公司 |
| 1032 | 深圳力合高科技有限公司 | 1067 | 深圳市金科威实业有限公司 |
| 1033 | 深圳南山区顺安现代牙模来料加工厂 | 1068 | 深圳市金亿帝科技有限公司 |
| 1034 | 深圳纽泰克电子有限公司 | 1069 | 深圳市金悠然科技有限公司 |
| 1035 | 深圳圣诺机电有限公司 | 1070 | 深圳市井田医电技术有限公司 |
| 1036 | 深圳市埃顿实业有限公司 | 1071 | 深圳市敬航电子制品有限公司 |
| 1037 | 深圳市艾克瑞电气有限公司 | 1072 | 深圳市开立科技有限公司 |
| 1038 | 深圳市安保科技有限公司 | 1073 | 深圳市凯特生物医疗电子科技有限公司 |
| 1039 | 深圳市安特高科实业有限公司 | 1074 | 深圳市凯沃尔电子有限公司 |
| 1040 | 深圳市奥瑞那实验室装备有限公司 | 1075 | 深圳市康益生物科技有限公司 |
| 1041 | 深圳市邦健电子有限公司 | 1076 | 深圳市康益医疗器械有限公司 |
| 1042 | 深圳市宝安区公明互赢机电有限公司 | 1077 | 深圳市科达超声自动设备有限公司 |
| 1043 | 深圳市保安医疗用品有限公司 | 1078 | 深圳市科曼医疗设备有限公司 |
| 1044 | 深圳市贝斯达医疗器械有限公司 | 1079 | 深圳市科瑞康实业有限公司 |
| 1045 | 深圳市贝斯曼精密仪器有限公司 | 1080 | 深圳市莱康宁科技有限公司 |
| 1046 | 深圳市比特科技有限公司 | 1081 | 深圳市蓝韵实业有限公司 |
| 1047 | 深圳市博恩医疗器材有限公司 | 1082 | 深圳市理邦精密仪器有限公司 |
| 1048 | 深圳市长科连通电子公司 | 1083 | 深圳市联特实业发展有限公司 |
| 1049 | 深圳市大族医疗设备有限公司 | 1084 | 深圳市亮睛医疗设备有限公司 |
| 1050 | 深圳市德力凯电子有限公司 | 1085 | 深圳市迈德科技有限公司 |
| 1051 | 深圳市恩普电子技术有限公司 | 1086 | 深圳市迈瑞生物医疗电子公司 |
| 1052 | 深圳市尔康医疗科技有限公司 | 1087 | 深圳市美的连电子科技有限公司 |
| 1053 | 深圳市国赛生物技术有限公司 | 1088 | 深圳市美冠达牙科技术有限公司 |
| 1054 | 深圳市海德医疗设备有限公司 | 1089 | 深圳市美侨医疗科技有限公司 |
| 1055 | 深圳市航创医疗设备有限公司 | 1090 | 深圳市普罗惠仁医学科技有限公司 |
| 1056 | 深圳市华科瑞科技有限公司 | 1091 | 深圳市清华源兴纳米医药科技有限公司 |
| 1057 | 深圳市汇松科技发展有限公司 | 1092 | 深圳市赛得立实业有限公司 |
| 1058 | 深圳市惠泰医疗器械有限公司 | 1093 | 深圳市赛维生物技术有限公司 |
| 1059 | 深圳市慧康医疗器械有限公司 | 1094 | 深圳市尚荣医疗股份有限公司 |

| 序号 | 企业名称 | 序号 | 企业名称 |
|---|---|---|---|
| 1095 | 深圳市申一科技有限公司 | 1130 | 沈阳津浩科技有限公司 |
| 1096 | 深圳市深科医疗器械技术开发有限公司 | 1131 | 沈阳康宁兴华假肢厂 |
| 1097 | 深圳市深图医学影像设备有限公司 | 1132 | 沈阳科友真空技术有限公司 |
| 1098 | 深圳市胜福陶齿技术有限公司 | 1133 | 沈阳科远诊断设备有限公司 |
| 1099 | 深圳市盛力康实业发展有限公司 | 1134 | 沈阳瑞富医用材料厂 |
| 1100 | 深圳市施博瑞科技实业有限公司 | 1135 | 沈阳沈大内窥镜有限公司 |
| 1101 | 深圳市索莱瑞医疗技术有限公司 | 1136 | 沈阳市北华医材有限公司 |
| 1102 | 深圳市威尔德电子有限公司 | 1137 | 沈阳市航宇医疗气体设备厂 |
| 1103 | 深圳市威尔德医疗电子股份有限公司 | 1138 | 沈阳市威灵医用电子有限公司 |
| 1104 | 深圳市沃尔德外科医疗器械技术有限公司 | 1139 | 沈阳双益医用器械制造有限公司 |
| 1105 | 深圳市五洋实业发展有限公司 | 1140 | 沈阳希姆设备制造有限公司 |
| 1106 | 深圳市翔和科技开发有限公司 | 1141 | 沈阳新进医疗器械有限公司 |
| 1107 | 深圳市昕力医疗设备开发有限公司 | 1142 | 沈阳新圳医用电子仪器公司 |
| 1108 | 深圳市新产业生物医学工程有限公司 | 1143 | 狮莱恩精密器械（昆山）有限公司 |
| 1109 | 深圳市新元素医疗技术开发有限公司 | 1144 | 石家庄华行医疗器械有限公司 |
| 1110 | 深圳市兴旺实业有限公司 | 1145 | 石家庄市德力医疗器械有限公司 |
| 1111 | 深圳市讯威实业有限公司 | 1146 | 石家庄市宏运卫生材料厂 |
| 1112 | 深圳市一体医疗科技有限公司 | 1147 | 石家庄市宏泽卫生用品厂 |
| 1113 | 深圳市亿贝康医疗设备有限公司 | 1148 | 石家庄市满友医疗器械实业有限公司 |
| 1114 | 深圳市益心达医学新技术有限公司 | 1149 | 士隆医疗器材（上海）有限公司 |
| 1115 | 深圳市致历宝牙科配制公司 | 1150 | 顺泰医疗器材（深圳）有限公司 |
| 1116 | 深圳市中豪生物电子有限公司 | 1151 | 斯达克助听器（苏州）有限公司 |
| 1117 | 深圳市中微泽电子有限公司 | 1152 | 四川阿可贝尔科技有限公司 |
| 1118 | 深圳市卓马医疗器械有限公司 | 1153 | 四川安瑞信医疗设备有限公司 |
| 1119 | 深圳益生堂生物企业有限公司 | 1154 | 四川国纳科技有限公司 |
| 1120 | 深圳致君制药有限公司 | 1155 | 四川简阳港通集团有限公司 |
| 1121 | 沈阳安姆医疗技术发展有限责任公司 | 1156 | 四川迈克生物科技股份有限公司 |
| 1122 | 沈阳柏森医疗器械有限公司 | 1157 | 四川美生科技有限公司 |
| 1123 | 沈阳北斗星制冷设备有限公司 | 1158 | 四川南格尔生物医学股份有限公司医用器具厂 |
| 1124 | 沈阳长江源科技有限公司 | 1159 | 四川三和医用材料有限公司 |
| 1125 | 沈阳德龙电子有限公司 | 1160 | 四川省乐至县贵均卫生材料有限公司 |
| 1126 | 沈阳东软飞利浦医疗设备系统有限责任公司 | 1161 | 四川省肢体伤残康复中心 |
| 1127 | 沈阳东软派斯通医疗系统有限公司 | 1162 | 四川微迪数字技术有限公司 |
| 1128 | 沈阳东软医疗系统有限公司 | 1163 | 四川新都科伦药业有限责任公司 |
| 1129 | 沈阳汇德医疗器械制造有限公司 | 1164 | 四洲义齿深圳有限公司 |

| 序号 | 企业名称 | 序号 | 企业名称 |
|---|---|---|---|
| 1165 | 泗洪县视卓医疗器械有限公司 | 1200 | 苏州针灸用品有限公司 |
| 1166 | 苏斯帕（南京）减震系统有限公司 | 1201 | 宿迁市春明医疗器械有限公司 |
| 1167 | 苏州艾旺纺织品有限公司 | 1202 | 台山市福肯科研设备工业有限公司 |
| 1168 | 苏州艾兴无纺布制品有限公司 | 1203 | 台州京环医疗用品有限公司 |
| 1169 | 苏州百特医疗用品有限公司 | 1204 | 台州市正康医保设备有限公司 |
| 1170 | 苏州贝诺医疗器械有限公司 | 1205 | 太仓市华利达实验设备有限公司 |
| 1171 | 苏州碧迪医疗器械有限公司 | 1206 | 太仓市康挥科技发展有限公司 |
| 1172 | 苏州法兰克曼医疗器械有限公司 | 1207 | 太谷华星医疗设备有限公司 |
| 1173 | 苏州工业园区德尼培橡胶科技有限公司 | 1208 | 太原世乐药业有限公司 |
| 1174 | 苏州工业园区天华超净科技有限公司 | 1209 | 太原市川至生物工程有限公司 |
| 1175 | 苏州公里福医疗器械有限公司 | 1210 | 泰安市恒昌劳动防护用品有限公司 |
| 1176 | 苏州华佗医疗器械有限公司 | 1211 | 泰安市迈迪医疗电子有限公司 |
| 1177 | 苏州胶囊公司 | 1212 | 泰尔茂医疗产品（杭州）有限公司 |
| 1178 | 苏州敬业医药化工有限公司 | 1213 | 泰兴市达力医疗器材厂 |
| 1179 | 苏州力康皮肤药业技术开发有限公司 | 1214 | 泰兴市康复护理设备有限公司 |
| 1180 | 苏州亮睛医疗器械有限公司 | 1215 | 泰亿格电子（上海）有限公司 |
| 1181 | 苏州林华医疗器械有限公司 | 1216 | 泰州康霖保健用品有限公司 |
| 1182 | 苏州六六视觉科技股份有限公司 | 1217 | 泰州市华锦医疗用品有限公司 |
| 1183 | 苏州奇天输血技术有限公司 | 1218 | 泰州市凯宏医用敷料有限公司 |
| 1184 | 苏州乔阳医学科技有限公司 | 1219 | 泰州市泰瑞医用品有限公司 |
| 1185 | 苏州日精仪器有限公司 | 1220 | 天津邦盛医疗装备有限公司 |
| 1186 | 苏州施莱医疗器械有限公司 | 1221 | 天津博安医用有限公司 |
| 1187 | 苏州市奥健医卫用品有限公司 | 1222 | 天津达雅鼎医疗器械有限公司 |
| 1188 | 苏州市百世康医疗器械有限公司 | 1223 | 天津东华医疗系统有限公司 |
| 1189 | 苏州市好护理医疗用品有限公司 | 1224 | 天津哈娜好兴达医用制品有限公司 |
| 1190 | 苏州市晶乐高分子医疗器械有限公司 | 1225 | 天津哈娜好医材有限公司 |
| 1191 | 苏州市力得医疗器械设备厂 | 1226 | 天津汇康医用设备有限公司 |
| 1192 | 苏州市兴达医械制造有限公司 | 1227 | 天津加发医疗器械有限公司 |
| 1193 | 苏州市伊斯顿医疗器械有限公司 | 1228 | 天津九安医疗电子股份有限公司 |
| 1194 | 苏州苏勋医疗用品有限公司 | 1229 | 天津康乐产业有限公司 |
| 1195 | 苏州五胜智能化工程技术有限公司 | 1230 | 天津力天医药包装材料有限责任公司 |
| 1196 | 苏州新区明基高分子医疗器械有限公司 | 1231 | 天津美德太平洋科技有限公司 |
| 1197 | 苏州新区伟康医疗机械厂 | 1232 | 天津美迪斯医疗用品有限公司 |
| 1198 | 苏州新区伟康医疗器械有限公司 | 1233 | 天津世纪金辉医用设备有限公司 |
| 1199 | 苏州医疗用品厂有限公司 | 1234 | 天津市安贝医疗设备技术有限公司 |

| 序号 | 企业名称 | 序号 | 企业名称 |
|---|---|---|---|
| 1235 | 天津市杰冠医疗科技有限公司 | 1270 | 稳健医疗集团有限公司 |
| 1236 | 天津市精工医疗设备技术有限公司 | 1271 | 无锡长江胶囊有限公司 |
| 1237 | 天津市康利民医疗器械有限公司 | 1272 | 无锡红光医疗器械有限公司 |
| 1238 | 天津市兰标电子科技发展有限公司 | 1273 | 无锡康达医用听诊器厂 |
| 1239 | 天津市鹏志医疗设备厂 | 1274 | 无锡市博阳超声电器有限公司 |
| 1240 | 天津市普光医用有限公司 | 1275 | 无锡市美景医用设备有限公司 |
| 1241 | 天津市桥鋆祥不锈钢制品有限公司 | 1276 | 无锡市明珠医疗器械有限公司 |
| 1242 | 天津市人立骨科器械有限公司 | 1277 | 无锡市诺贝实验装备有限公司 |
| 1243 | 天津市威曼生物材料有限公司 | 1278 | 无锡市中健科仪有限公司 |
| 1244 | 天津市兴宏制药机械有限公司 | 1279 | 无锡祥生医学影像有限责任公司 |
| 1245 | 天津市医疗器械工业公司 | 1280 | 无锡医用仪表厂 |
| 1246 | 天津市中亚医疗仪器科技开发有限公司 | 1281 | 吴江美欣医用材料有限公司 |
| 1247 | 天津维智精细化工有限公司 | 1282 | 吴江市华鑫医疗用品有限公司 |
| 1248 | 天津新技术产业园区利德医用设备有限公司 | 1283 | 吴江市康洁医用材料有限公司 |
| 1249 | 天津正天医疗器械有限公司 | 1284 | 吴江市神力医疗卫生材料有限公司 |
| 1250 | 天水市飞鸿医疗电器有限公司 | 1285 | 吴江市云龙医疗器械有限公司 |
| 1251 | 天水市福音医疗电器厂 | 1286 | 芜湖德云医用材料有限公司 |
| 1252 | 天台县医疗仪器厂 | 1287 | 武汉半边天医疗技术发展有限公司 |
| 1253 | 通化市海恩达高科技有限公司 | 1288 | 武汉博奥泰克科技有限公司 |
| 1254 | 通州兴扬药用玻璃制品有限公司 | 1289 | 武汉楚天激光（集团）股份有限公司 |
| 1255 | 桐庐康尔医疗器械有限公司 | 1290 | 武汉船舶设计研究院 |
| 1256 | 托博正畸器械（无锡）有限公司 | 1291 | 武汉德骼拜尔外科植入物有限公司 |
| 1257 | 威海威高集团有限公司 | 1292 | 武汉德生医疗投资有限公司 |
| 1258 | 微创医疗器械（上海）有限公司 | 1293 | 武汉非凡科技有限责任公司 |
| 1259 | 维康医药 | 1294 | 武汉格瑞生物工程有限公司 |
| 1260 | 潍坊市康华生物技术有限公司 | 1295 | 武汉哈福科技有限公司 |
| 1261 | 伟康医疗产品（深圳）有限公司 | 1296 | 武汉华科大生命科技有限公司 |
| 1262 | 卫美恒（苏州）医疗器械有限公司 | 1297 | 武汉江汉医疗制药设备有限公司 |
| 1263 | 温州耐斯康护用品有限公司 | 1298 | 武汉杰士邦卫生用品公司咸宁分公司 |
| 1264 | 温州市博康仪表有限公司 | 1299 | 武汉康本龙医疗器械有限公司 |
| 1265 | 温州市康聚医疗仪表有限公司 | 1300 | 武汉科前动物生物制品有限责任公司 |
| 1266 | 温州市强龙医疗用品有限公司 | 1301 | 武汉诺佳药业设备安装工程有限责任公司 |
| 1267 | 温州致美义齿有限公司 | 1302 | 武汉同辉医疗器械有限公司（沙市） |
| 1268 | 文一科技有限公司 | 1303 | 武汉万艺行电子机械有限责任公司 |
| 1269 | 稳健医辽（黄冈）有限公司 | 1304 | 武汉一海数字工程有限公司 |

| 序号 | 企业名称 | 序号 | 企业名称 |
|---|---|---|---|
| 1305 | 武汉致远医疗科技有限公司 | 1340 | 新昌县药峰胶囊有限公司 |
| 1306 | 武汉中旗电子有限责任公司 | 1341 | 新疆昱峰医疗器械有限公司 |
| 1307 | 西安风华制药厂 | 1342 | 新康医疗器械有限公司 |
| 1308 | 西安海虹假肢矫形器有限公司 | 1343 | 新普锐斯（宁波）仪表有限公司 |
| 1309 | 西安华亚电子公司 | 1344 | 新泰市鑫洋卫生材料厂 |
| 1310 | 西安吉丰医药包装有限公司 | 1345 | 新乡华青医药卫生材料有限公司 |
| 1311 | 西安交大辰方科技有限公司 | 1346 | 新乡市超群卫村有限公司 |
| 1312 | 西安蓝港数字医疗科技股份有限公司 | 1347 | 新乡市恒宇医疗器械有限公司 |
| 1313 | 西安三才电子有限公司 | 1348 | 新乡市宏达卫材有限公司 |
| 1314 | 西安天隆科技有限公司 | 1349 | 新乡市康佳医疗器械有限公司 |
| 1315 | 西安同享医疗科技有限公司 | 1350 | 新乡市康民卫材开发有限公司 |
| 1316 | 西安威美医疗器械有限公司 | 1351 | 新乡市驼人医疗器械有限公司 |
| 1317 | 西安西川医疗器械有限公司 | 1352 | 新乡市亚都医疗器械有限公司 |
| 1318 | 西安西京医疗用品有限公司 | 1353 | 新野县方正纸业有限公司 |
| 1319 | 西安祥润医疗器械有限公司 | 1354 | 新医科技（上海）有限公司 |
| 1320 | 西安怡达电子有限公司 | 1355 | 信利仪器（汕尾）有限公司 |
| 1321 | 西尔欧（中国）医疗设备有限公司 | 1356 | 盱眙蔚百世医疗器械有限公司 |
| 1322 | 西门子爱克斯射线真空技术无锡有限公司 | 1357 | 盱眙县康宁医疗用品有限公司 |
| 1323 | 西门子迈迪特（深圳）磁共振有限公司 | 1358 | 徐州富山医疗制品有限公司 |
| 1324 | 西门子听力技术有限公司 | 1359 | 徐州海德医疗设备科技有限公司 |
| 1325 | 西门子医疗系统集团 | 1360 | 徐州恒伟医疗电子机箱厂 |
| 1326 | 西诺德牙科设备（佛山）有限公司 | 1361 | 徐州宏达医疗设备有限公司 |
| 1327 | 希盟（中国）科技有限公司 | 1362 | 徐州开泰医疗器械有限公司 |
| 1328 | 厦门康福拓工艺有限公司 | 1363 | 徐州凯信电子设备有限公司 |
| 1329 | 厦门迈科听力配件有限公司 | 1364 | 徐州雷奥医疗设备有限公司 |
| 1330 | 厦门瑞声达听力技术中国有限公司 | 1365 | 徐州诺万医疗设备有限公司 |
| 1331 | 厦门天众达科技股份有限公司 | 1366 | 徐州市金伟医疗电子设备有限公司 |
| 1332 | 仙居药城医疗器械有限公司 | 1367 | 徐州市人从众科技发展有限公司 |
| 1333 | 仙桃市宏成卫生用品有限责任公司 | 1368 | 徐州市圣普医疗设备技术有限公司 |
| 1334 | 仙桃市佳凌医用材料用品有限公司 | 1369 | 徐州市圣普医疗设备有限公司 |
| 1335 | 先健科技（深圳）股份有限公司 | 1370 | 徐州天荣医疗通讯设备有限公司 |
| 1336 | 象山光太医疗器械有限公司 | 1371 | 徐州卫生材料有限公司 |
| 1337 | 辛迪思（苏州）医疗器械有限公司 | 1372 | 徐州众杰电子科技有限公司 |
| 1338 | 新昌县宝龙机械厂 | 1373 | 许昌振德医用敷料有限公司 |
| 1339 | 新昌县捷昌医疗设备有限公司 | 1374 | 旭化成医疗器械（杭州）有限公司 |

| 序号 | 企业名称 | 序号 | 企业名称 |
|---|---|---|---|
| 1375 | 旭日牙科器材（深圳）有限公司 | 1410 | 业聚医疗器械（深圳）有限公司 |
| 1376 | 宣城市双凤医用设备制造有限公司 | 1411 | 医科达北研（北京）医疗器械有限公司 |
| 1377 | 雅博（昆山）医疗器械有限公司 | 1412 | 宜昌奥美医疗用品有限公司 |
| 1378 | 亚克医用制品（北京）有限公司 | 1413 | 义乌捷康医疗用品有限公司 |
| 1379 | 烟台艾德康生物科技有限公司 | 1414 | 义乌市和成牙科器材有限公司 |
| 1380 | 烟台爱仁斯医疗器械有限公司 | 1415 | 义乌市仁康医药用品有限公司 |
| 1381 | 烟台冰科集团有限公司 | 1416 | 英华格假肢（厦门）企业有限公司 |
| 1382 | 烟台高新区三得医学科技有限公司 | 1417 | 英维康医疗器械（苏州）有限公司 |
| 1383 | 烟台开发区宝威生物技术有限公司 | 1418 | 英维利斯医疗器械（北京）有限公司上海分公司 |
| 1384 | 烟台肯达尔医用品有限公司 | 1419 | 营口市贵东医疗器械制造有限公司 |
| 1385 | 烟台市嘉美义齿有限公司 | 1420 | 优利康听力技术（苏州）有限公司 |
| 1386 | 烟台市康贝尔医疗器械有限公司 | 1421 | 余姚市吉康医疗器械厂 |
| 1387 | 烟台通用纺织卫生材料有限公司 | 1422 | 玉环求精医用仪器厂 |
| 1388 | 烟台亚利朗医疗器械有限公司 | 1423 | 玉环县东美塑机有限公司 |
| 1389 | 延吉华阳医疗器械有限公司 | 1424 | 玉环县天来机械设备有限公司 |
| 1390 | 延吉喜来健实业有限公司 | 1425 | 玉林市好邦医疗设备有限责任公司 |
| 1391 | 盐城宝尔医疗器械有限公司 | 1426 | 沅江市卫联医学标本厂 |
| 1392 | 盐城市汇泰医疗器械制造有限公司 | 1427 | 云南白药集团无锡药业有限公司 |
| 1393 | 盐城市金环华志医疗用品有限公司 | 1428 | 运城市康丽声医疗器械有限公司 |
| 1394 | 扬州美德莱医疗用品有限公司 | 1429 | 枣庄润华医疗器械有限公司 |
| 1395 | 扬州市长丰卫生器械有限公司 | 1430 | 增城市镇龙制药厂 |
| 1396 | 扬州市邗江晨程医疗用品厂 | 1431 | 湛江海滨医疗器械有限公司 |
| 1397 | 扬州市华光永日器械有限公司 | 1432 | 湛江市事达实业有限公司 |
| 1398 | 扬州市江洲医疗器械有限公司 | 1433 | 张家港市德丰医疗设备有限公司 |
| 1399 | 扬州市客乐医用器械厂 | 1434 | 张家港市华恒医药包装有限公司 |
| 1400 | 扬州市联康医用器材有限公司 | 1435 | 张家港市华菱医疗设备制造有限公司 |
| 1401 | 扬州市龙虎医疗器械厂 | 1436 | 张家港市华美医疗器械有限公司 |
| 1402 | 扬州市明星医塑器材有限公司 | 1437 | 张家港市锦洲医械制造有限公司 |
| 1403 | 扬州市润芝科技有限公司 | 1438 | 张家港市强宇医用设备厂 |
| 1404 | 扬州市五洋医疗器械有限公司 | 1439 | 张家港市赛康医疗设备有限公司 |
| 1405 | 扬州市亚光医疗器械有限公司 | 1440 | 张家港市神农药机有限公司 |
| 1406 | 扬州通达卫生器械有限公司 | 1441 | 张家港市欣荣医疗器械有限公司 |
| 1407 | 扬州亚达实业有限公司 | 1442 | 张家港市新意饮料机械有限公司 |
| 1408 | 洋紫荆牙科器材（深圳）有限公司 | 1443 | 张家港市悦来医疗器械有限公司 |
| 1409 | 养和医疗器械设备有限公司 | 1444 | 招远市理疗电器厂 |

| 序号 | 企业名称 | 序号 | 企业名称 |
|---|---|---|---|
| 1445 | 浙江安吉县万德医疗用品有限公司 | 1478 | 浙江远欣科技有限公司 |
| 1446 | 浙江巴奥米特医药产品有限公司 | 1479 | 浙江正德医疗用品有限公司 |
| 1447 | 浙江广慈医疗器械有限公司 | 1480 | 镇江高冠医疗器械有限公司 |
| 1448 | 浙江海圣医疗器械有限公司 | 1481 | 镇江欧森臭氧设备有限公司 |
| 1449 | 浙江恒诚胶囊有限公司 | 1482 | 镇江市康洁义齿制作有限公司 |
| 1450 | 浙江华福医用器材有限公司 | 1483 | 镇江天翔电子技术有限公司 |
| 1451 | 浙江华光胶囊有限公司 | 1484 | 正安（北京）医疗设备有限公司 |
| 1452 | 浙江凯德医疗器械有限公司 | 1485 | 正达医药卫生用品厂 |
| 1453 | 浙江康德莱医疗器械股份有限公司 | 1486 | 郑州安图绿科生物工程有限公司 |
| 1454 | 浙江康康医疗器械有限公司 | 1487 | 郑州安图生物技术有限公司 |
| 1455 | 浙江康力迪医疗用品有限公司 | 1488 | 枝江奥美医疗用品有限公司 |
| 1456 | 浙江康泰医疗器械有限公司 | 1489 | 中国建筑第七工程局郑州医疗器械厂 |
| 1457 | 浙江科惠医疗器械有限公司 | 1490 | 中山厚福应用技术有限公司 |
| 1458 | 浙江林峰胶囊有限公司 | 1491 | 中山荣杰医疗器材工业有限公司 |
| 1459 | 浙江龙飞实业股份有限公司 | 1492 | 中山荣南机械工业有限公司 |
| 1460 | 浙江欧健医用器材有限公司 | 1493 | 中山世纪牙科器材有限公司 |
| 1461 | 浙江强盛医用工程有限公司 | 1494 | 中山市福佑医疗器材有限公司 |
| 1462 | 浙江省金华市益迪医疗设备厂 | 1495 | 中山市厚福护理床业有限公司 |
| 1463 | 浙江省浦江县恩尔康胶囊有限公司 | 1496 | 中外合资平顶山市圣光医用制品有限公司 |
| 1464 | 浙江省绍兴市幸运胶囊化学有限公司 | 1497 | 重庆博恩富克医疗设备有限公司 |
| 1465 | 浙江省天松医疗器械股份有限公司（原：杭州桐庐尖端内窥镜有限公司） | 1498 | 重庆华伦医疗器械有限公司 |
| 1466 | 浙江省新昌县华星胶丸厂 | 1499 | 重庆汇祥胶囊有限公司 |
| 1467 | 浙江省永康市惠康医疗器械厂 | 1500 | 重庆金山科技（集团）有限公司 |
| 1468 | 浙江史密斯医学仪器有限公司 | 1501 | 重庆茂业化学试剂有限公司 |
| 1469 | 浙江史密斯医学仪器有限公司（原：浙江浙大医学仪器有限公司） | 1502 | 重庆日月温度计有限责任公司 |
| 1470 | 浙江曙光科技有限公司 | 1503 | 重庆升辉渝冠义齿制作有限公司 |
| 1471 | 浙江双鹰胶囊有限公司 | 1504 | 重庆天海医疗设备有限公司 |
| 1472 | 浙江苏嘉医疗器械股份有限公司 | 1505 | 重庆沃翰机电有限公司 |
| 1473 | 浙江天宇医药化工有限公司 | 1506 | 重庆医用设备厂有限责任公司 |
| 1474 | 浙江桐庐三和医疗器械厂 | 1507 | 舟山久意达机械有限公司 |
| 1475 | 浙江温州鹿城万福数控电器厂 | 1508 | 舟山统新仪表有限公司 |
| 1476 | 浙江药联胶丸有限公司 | 1509 | 周林频谱科技有限公司 |
| 1477 | 浙江玉升医疗器械股份有限公司 | 1510 | 株洲佳满假肢矫形技术开发有限公司 |

| 序号 | 企业名称 | 序号 | 企业名称 |
| --- | --- | --- | --- |
| 1511 | 株洲市民晨人保健品有限公司 | 1523 | 珠海市精钰科技设备有限公司 |
| 1512 | 株洲市瑞邦医疗器材制品有限公司 | 1524 | 珠海市司迈科技有限公司 |
| 1513 | 株洲亚尔康医疗器械有限公司 | 1525 | 珠海市维登陶齿有限公司 |
| 1514 | 珠海艾格医疗科技开发有限公司 | 1526 | 珠海市纬地技术有限公司 |
| 1515 | 珠海伯轩医疗科仪有限公司 | 1527 | 珠海维登国际义齿研发制造有限公司 |
| 1516 | 珠海和佳医疗设备股份有限公司 | 1528 | 珠海西格医疗设备有限公司 |
| 1517 | 珠海黑马医学仪器有限公司 | 1529 | 珠海亚士腾义齿科技有限公司 |
| 1518 | 珠海康嘉医疗器械有限公司 | 1530 | 珠海伊思威科技有限公司 |
| 1519 | 珠海丽维泽医疗器械有限公司（武汉） | 1531 | 诸暨市鹏天医疗器械有限公司 |
| 1520 | 珠海丽珠医用生物材料有限公司 | 1532 | 淄博海瑞林医疗器械有限公司 |
| 1521 | 珠海市国佳高分子新材料有限公司 | 1533 | 淄博茂盛医药包装材料有限公司 |
| 1522 | 珠海市嘉润亚新医用电子科技有限公司 | | |

# 附录 6　中国上市医疗器械企业名录

中国上市医疗器械企业名录

| 序号 | 企业名称 | 股票代码 | 主营业务 | 上市时间 |
|---|---|---|---|---|
| 1 | 铭源医疗 | 00233HK | 蛋白晶片、体检中心管理、医疗保健业务 | 1986 |
| 2 | 新黄浦 | 600638 | 数字化医用诊断 X 射线机、医用 X 射线摄片机 | 1993 |
| 3 | 新南洋 | 600661 | 体外冲击波碎石机、氩气高频电刀、微波前列捎热疗仪、YAG 激光眼科治疗仪、激光手术刀 | 1993 |
| 4 | 航天长峰 | 600855 | 手术室产品 | 1993 |
| 5 | 海南海药 | 000566 | 人工耳蜗 | 1994 |
| 6 | 东软集团 | 600718 | 医学影像设备、数字化医院解决方案、区域医疗、个人健康服务 | 1996 |
| 7 | 思达高科 | 000676 | 医学影像 | 1996 |
| 8 | 东阿阿胶 | 000423 | 玻璃体温计、玻套体温计、电子体温计、电子血压计 | 1996 |
| 9 | ST 盛达 | 000603 | 诊断与治疗肿瘤、心脑血管病等恶性疾病的医疗器械产品 | 1996 |
| 10 | 领先科技 | 000669 | 血压计、听诊器、心电诊断仪器、医用刺激器、超声理疗设备、磁疗仪器 | 1996 |
| 11 | 华润万东 | 600055 | 放射影像设备 | 1997 |
| 12 | 中国医药 | 600056 | 手术室、急救室、诊疗室设备及器具，医用缝合材料及粘合剂，医用高分子材料和制品，医用电子仪器设备，临床检验分析仪器 | 1997 |
| 13 | 复星医药 | 600196 | 医用带线缝合针、医用手术刀片、钛合金眼科器械、尿袋、保健刀等 | 1998 |
| 14 | 大恒科技 | 600288 | 放疗系统 | 2000 |
| 15 | 金卫医疗 | 00801HK | | 2001 |
| 16 | 新华医疗 | 600587 | 消毒灭菌设备、放射治疗设备、医用环保设备 | 2002 |
| 17 | 国药股份 | 600511 | 院内感染控制、临床检验、病理诊断、护理、外科、药房自动化等方面的仪器设备 | 2002 |
| 18 | 科华生物 | 002022 | 体外诊断试剂、医疗检验仪器、真空采血系统 | 2004 |
| 19 | 达安基因 | 002030 | 基因诊断试剂、荧光 PCR 检测试剂盒 | 2004 |
| 20 | 威高股份 | 08199. HK | 一次性使用输液器、注射器、输血器、血袋、卫生材料等 | 2004 |
| 21 | 深圳迈瑞 | MR | 生命信息与支持、临床检验及试剂、数字超声、放射影像产品 | 2006 |
| 22 | 宏达高科 | 002144 | 收购深圳威尔德，B 超设备 | 2007 |
| 23 | 鱼跃医疗 | 002223 | 供氧设备、康复护理系列 | 2008 |

| 序号 | 企业名称 | 股票代码 | 主营业务 | 上市时间 |
|---|---|---|---|---|
| 24 | 乐普医疗 | 300003 | 药物支架、冠状动脉介入医疗器械 | 2009 |
| 25 | 红日药业 | 300026 | 收购汶河医疗，吸氧相关产品 | 2009 |
| 26 | 阳普医疗 | 300030 | 真空采血系统 | 2009 |
| 27 | 九安医疗 | 002432 | 家用医疗电子健康产品 | 2010 |
| 28 | 康耐特 | 300061 | 三类光学医疗器械（含角膜接触镜），眼睛保健产品 | 2010 |
| 29 | 上海医药 | 601607 | 医疗器械、制药设备等的生产、销售及进出口业务 | 2010 |
| 30 | 创生控股 | 0325. HK | 骨科医疗器械 | 2010 |
| 31 | 微创医疗 | 00853. HK | 治疗血管疾病及病变的微创介入产品 | 2010 |
| 32 | 康辉医疗 | KH | 创伤、脊柱和手术器械等产品 | 2010 |
| 33 | 稳健医疗 | WWIN | 医用卫生材料、医用敷料及高端全棉生活用品 | 2010 |
| 34 | 理邦仪器 | 300206 | 医用超声仪器及有关设备、医用 X 射线设备，临床检验分析仪，医用电子仪器设备 | 2011 |
| 35 | 尚荣医疗 | 002551 | 医疗设备及医疗系统工程、医疗设施的设计、生产，销售和安装 | 2011 |
| 36 | 和佳股份 | 300273 | 肿瘤微创治疗设备、医用分子筛制氧设备及工程、常规诊疗设备 | 2011 |
| 37 | 宝莱特 | 300246 | 医疗监护仪器 | 2011 |
| 38 | 冠昊生物 | 300238 | 再生医学材料及再生型医用植入器械研发、生产及销售 | 2011 |
| 39 | 迪安诊断 | 300244 | 诊断设备 | 2011 |
| 40 | 冠昊生物 | 300238 | 再生医学材料及再生型医用植入器械研发、生产及销售 | 2011 |
| 41 | 蒙发利 | 002614 | 按摩器具产品的设计、研发、生产和销售 | 2011 |
| 42 | 千山药机 | 300216 | 制药专用设备制造和注射剂生产设备的制造 | 2011 |
| 43 | 博晖创新 | 300318 | 体外诊断设备 | 2012 |
| 44 | 利德曼 | 300289 | 体外诊断试剂 | 2012 |
| 45 | 戴维医疗 | 300314 | 婴儿培养箱、运输用培养箱、婴儿辐射保暖台、新生儿黄疸治疗系列设备 | 2012 |
| 46 | 三诺生物 | 300298 | 微量血快速血糖测试仪及配套血糖检测试条 | 2012 |
| 47 | 凯利泰 | 300326 | KMC 椎体扩张球囊导管系列 | 2012 |

# 附录 7　2012 年通过美国 FDA 上市前通告的中国产品

2012 年通过 FDA 上市前通告的中国产品

| | Device Name | 510（K）No | Owner | Date |
|---|---|---|---|---|
| 1 | U-Right Td – 1240 Thermometer | K113159 | Taidoc Technology Corporation | 2012. 1. 6 |
| 2 | Ap – 1000 Blood Glucose Monitoring System, Model Ap – 1000, Major Glucose Control Solution | K100437 | Bestgen Biotech Corp | 2012. 1. 12 |
| 3 | Autosure Voice Ii Plus, Autosure Plus Blood Glucose Test Strips, Contrex Plus Iii | K113098 | Apex Biotechnology Corp | 2012. 1. 17 |
| 4 | Gal-1a Blood Glucose Monitoring System | K113208 | Apex Biotechnology Corp | 2012. 1. 26 |
| 5 | Fingertip Pulse Oximeter | K112804 | Guangdong Biolight Meditech Co, L | 2012. 1. 27 |
| 6 | Fora Diamond Prima Blood Glucose Monitoring System, Fora Diamond Mini Blood Glucose Monitoring System | K111890 | Taidoc Technology Corporation | 2012. 2. 6 |
| 7 | Diacheck Smart/Superior Blood Glucose Monitoring System | K113343 | Delbio Incorporation | 2012. 2. 8 |
| 8 | Yomura Safety I. V. Catheter | K112542 | Yomura Technologies Inc | 2012. 2. 9 |
| 9 | Ap – 1010 And Ap – 1020 Blood Glucose Monitoring System, Major Glucose Control Solution | K103044 | Bestgen Biotech Corp | 2012. 2. 10 |
| 10 | Kingyield Wrist Blood Pressure Monitor | K112042 | Shenzhen Kingyield Technology Co | 2012. 2. 10 |
| 11 | Bever Unocated / Coated, Paediatric / Male / Female Nelaton-Tip / Tiemann-Tip Intermittent Catheter | K111405 | Hangzhou Bever Medical Devices Co | 2012. 2. 13 |
| 12 | Full Automatic (Nibp) Blood Pressue Monitor | K113238 | Health & Life Co. , Ltd. | 2012. 3. 1 |
| 13 | Ap – 2000, Ap – 2010, And Ap – 2020 Blood Glucose Monitoring System | K103116 | Bestgen Biotech Corp | 2012. 3. 13 |
| 14 | Diatrue Plus Blood Glucose Monitoring System; Diatrue Plus Blood Glucose Test Strip; Diatrue Glucose Control | K103329 | Delbio Incorporation | 2012. 3. 13 |
| 15 | Full Automatic (Nibp) Blood Pressure Monitor (Model Hl168kf) | K113239 | Health & Life Co. , Ltd | 2012. 3. 16 |
| 16 | Hivox Biotek Inc | K112392 | Hivox Biotek, Inc | 2012. 3. 19 |
| 17 | Ezsleep Sleep Quality Recorder | K112573 | Platinum Team Co. , Ltd | 2012. 3. 22 |
| 18 | Jiangsu Healthy Way Mechanical Wheelchair | K112948 | Ngsu Healthy Way Medical Equipm | 2012. 3. 28 |

| | Device Name | 510（K）No | Owner | Date |
|---|---|---|---|---|
| 19 | Jiangsu Healthy Way Mechanicl Wheelchair | K112950 | Jiangsu Healthy Medical E-quipment | 2012. 3. 28 |
| 20 | Gal-1e Blood Glucose Monitoring System Gal－1e Blood Glucose Test Strips Gal－1e Multi Blood Glucose Monito-ring System Gal | K113547 | Apex Biotechnology Corp. | 2012. 3. 28 |
| 21 | Em50 Self Monitoring Blood Glucose System | K113243 | Eps Bio Technology Corp | 2012. 3. 28 |
| 22 | Plaxtron Suction Unit, Model 88aa 51/88 aa61 Series | K120065 | Plaxtron Industrial (M) Sdn. Bhd. | 2012. 4. 3 |
| 23 | Power Wheelchair | K113463 | Suzhou Kd Medical Appli-ance Co. L | 2012. 4. 6 |
| 24 | U-Right Td－4280 Blood Glucose Monitoring System | K113768 | Taidoc Technology Corpora-tion | 2012. 4. 12 |
| 25 | Aquamax（Etafilcon A）Disposable Soft Contact Lenses | K120028 | Pegavision Corporation | 2012. 4. 17 |
| 26 | Vigor A Low Speed Air Motor, Vigor C Low Speed Contra-Angle Handpieces, Vigor S Low Speed Straight Handpieces | K112305 | Thunder Tiger Corp | 2012. 4. 17 |
| 27 | Zhenjiang Asure Mechanical Wheelchair | K112816 | Zhenjiang Assure Medical Equipment | 2012. 4. 18 |
| 28 | Ap－3000 Blood Glucose Monitoring System, Major Glu-cose Control Solution | K103230 | Bestgen Biotech Corp | 2012. 4. 24 |
| 29 | Aplan A. V. Fistula Needle Set | K112734 | Aplan Well Enterprise Co., Ltd | 2012. 4. 24 |
| 30 | "United" U2 Femoral Component, Ps, #7 | K120507 | United Orthopedic Corpora-tion | 2012. 5. 4 |
| 31 | Merits Model R Series Positioning System For Powered Wheelchair | K113577 | Merits Health Products Co., Ltd. | 2012. 5. 8 |
| 32 | Advocate Redi-Code + Bmb-Ea001s Blood Glucose Moni-toring System | K120183 | Broadmaster Biotech Cor-peration | 2012. 5. 11 |
| 33 | Easymax Mu Self Monitoring Blood Glucose System, Easy-max Mu Pro Self Monitoring Blood Glucose System | K121207 | Eps Bio Technology Corp | 2012. 5. 18 |
| 34 | Td－4268 Blood Glucose Monitoring System Td－4268 Multi Blood Glucose Monitoring System | K120042 | Taidoc Technology Corpora-tion | 2012. 5. 22 |
| 35 | Push-On Needle 30gx8mm | K120191 | Scandinavian Health Limit-ed | 2012. 5. 23 |
| 36 | Hl 568 Self Monitoring Blood Glucose System, Hl 568ba Self-Moniroting Blood Glucose System | K110074 | Health & Life Co., Ltd. | 2012. 5. 25 |

| | Device Name | 510（K）No | Owner | Date |
|---|---|---|---|---|
| 37 | Reach Surgical Staplers | K120179 | Reach Surgical, Inc | 2012. 5. 23 |
| 38 | Fora Comfortscan Ear Thermometer | K120712 | Taidoc Technology Corporation | 2012. 6. 6 |
| 39 | Fully Automatic Wireless Blood Pressure Wrist Monitor | K121470 | Andon Health Co. , Ltd | 2012. 6. 14 |
| 40 | Fora Comfortscan Ear Thermometer | K121118 | Taidoc Technology Corporation | 2012. 6. 15 |
| 41 | U-Right Td – 3124 Blood Pressure Monitoring System | K120634 | Taidoc Technology Corporation | 2012. 7. 3 |
| 42 | Non-Contact Clinical Thermometer | K121428 | Radiant Innovation Inc. | 2012. 7. 17 |
| 43 | U2 Acetabular Cup, Plasma Spray | K121777 | United Orthopedic Corp. | 2012. 7. 18 |
| 44 | Bever Endotracheal Tube, Bever Eva Endotracheal Tube | K111401 | Hangzhou Bever Medical Devices Co. 510 | 2012. 7. 19 |
| 45 | Handheld Ecg Monitor | K112622 | Beijing Choice Electronic Technolo | 2012. 7. 19 |
| 46 | Bever Reinforced Endotracheal Tube With Cuff ( Oral/Nasal ) , Bever Reinforced Endotracheal Tube Without Cuff ( Oral/Nasal | K111406 | Hangzhou Bever Medical Devices Co | 2012. 7. 19 |
| 47 | Hc-Bios Dental Implant | K110425 | Hung Chun Bio-S Co. , Ltd | 2012. 7. 27 |
| 48 | Gl Goodlife Series Blood Glucose Monitoring Sysmtem | K113307 | Hmd Biomedical, Inc | 2012. 7. 27 |
| 49 | Bioland G – 423 Glood Glucose Monitoring System | K113077 | Taidoc Technology Corporation | 2012. 8. 3 |
| 50 | A-V Foot Pump | K121718 | Dalian Labtek Science & Developmen | 2012. 8. 17 |
| 51 | Ya Horng Blood Pressure Monitor, Ya Horng Blood Pressure Monitor, Bluetooth Transmission | K121025 | Ya Horng Electronic Co. , Ltd. | 2012. 8. 17 |
| 52 | Tysonbio Md100 Blood Glucse Monitoring, Tysonbio Md100 Pro Blood Glucise Monitoring System | K112916 | Tyson Bioresearch, Inc | 2012. 8. 21 |
| 53 | System, X-Ray, Stationary | K121854 | Beijing Sinopharm Hundric Mediline | 2012. 8. 22 |
| 54 | Test, Blood Glucose System | K120064 | Hmd Biomedical, Inc | 2012. 9. 5 |
| 55 | Mini Patch | K121353 | Well-Life Healthcare Limited | 2012. 9. 7 |
| 56 | Kdl Disposable Infusion Set | K112204 | Shanghai Kindly Ent. Development G | 2012. 9. 10 |

| | Device Name | 510 (K) No | Owner | Date |
|---|---|---|---|---|
| 57 | Bicera (Tm) Resorbable Bone Substitute | K110949 | Wiltrom Corporation Limited | 2012. 9. 18 |
| 58 | Genesis Health Technologies Blood Glucose Monitoring System | K121224 | Taidoc Technology Corporation | 2012. 9. 19 |
| 59 | Digital Eye-Fundus Camera | K120982 | Medimaging Integrated Solutions, I | 2012. 9. 28 |
| 60 | Shanghai Kindly Ent. Development | K122843 | Prodigy Technology Consultant Co. , | 2012. 10. 5 |
| 61 | Fingertip Pulse Oximeter | K121697 | Andon Health Co. , Ltd | 2012. 10. 15 |
| 62 | Digital Electrocardiograph | K122712 | Shenzhen Biocare Electronics Co. , | 2012. 10. 25 |
| 63 | Savie-Aqua 55uv (Methafilcon A) Tinnted Blue Soft (Hydrophilic) Contact Lens | K121201 | St. Shine Optical Co. , Ltd | 2012. 10. 26 |
| 64 | Voltera Powered Suction Pump | K112853 | Suzric Enterprise Co. , Ltd. | 2012. 11. 9 |
| 65 | Precichek Ns – 101 Poct Professional Blood Glucose Monitoring System | K113314 | Hmd Biomedical, Inc | 2012. 11. 9 |
| 66 | Non-Contact Thermometer | K120711 | K-Jump Health Co. , Ltd. | 2012. 11. 19 |
| 67 | Powder Free Vinyl Patient Examination Gloves, Colored (Yellow) | K122920 | Hebei Leader Plastic Co. , Ltd | 2012. 11. 30 |
| 68 | Apex Medical Xt Auto Cpap With Compliance Improvement Algorithm 9s – 005720 | K112079 | Apex Medical Corp | 2012. 12. 6 |
| 69 | Da01 Blood Glucose Monitoring System | K120866 | Delbio Incorporation | 2012. 12. 11 |
| 70 | Apollo V + Medical Platform, Apollo Iv + Medical Platform, Nice Station Light Based Platform | K113018 | Beijing Syntech Laser Co. , Ltd | 2012. 12. 12 |
| 71 | Dc-N3/Dc-Ns3 Diagnostic Ultrasound System | K123503 | Shenzhen Mindray Bio-Medical Elect | 2012. 12. 13 |
| 72 | Syntec Dental Implant | K111189 | Syntec Scientific Corp | 2012. 12. 20 |
| 73 | Oxicare Fingertip Pulse Oximeter | K122927 | Delbio Incorporated | 2012. 12. 20 |
| 74 | Portable Ultrasonic Diagnostic System | K123616 | Sonoscape Company Limited | 2012. 12. 21 |
| 75 | Face Mask, Surgical Mask, Procedure Mask, Surgical Face Mask | K122717 | Tiger Medical Products Ltd | 2012. 12. 21 |
| 76 | Prestige-Mobie | K122749 | Prestige Sporting Goods Co. Ltd. | 2012. 12. 27 |

# 索　引

## 产品索引

## 公司索引

# 图目录

# 表目录

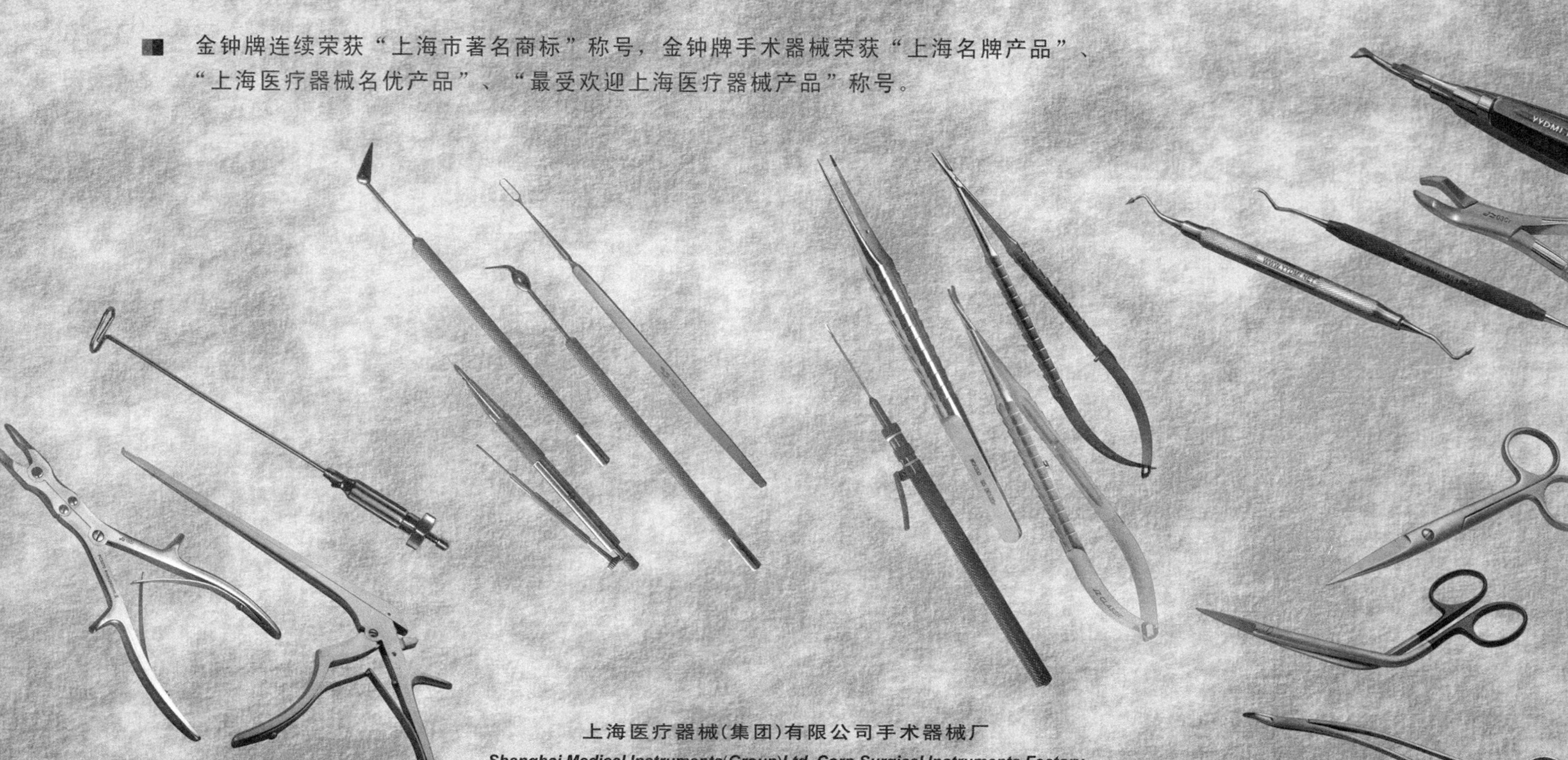
JZ® 金钟手术器械
拥有金钟品牌的上海医疗器械(集团)有限公司手术器械厂，具有80多年的悠久历史，是中国最大的手术器械专业制造厂。几十年来，金钟手术器械成功地覆盖国内市场，并出口40多个国家和地区。金钟手术器械通过国家医疗器械认证中心的ISO-9001认证。
金钟牌连续荣获“上海市著名商标”称号，金钟牌手术器械荣获“上海名牌产品”、“上海医疗器械名优产品”、“最受欢迎上海医疗器械产品”称号。
上海医疗器械(集团)有限公司手术器械厂
Shanghai Medical Instruments(Group)Ltd.,Corp.Surgical Instruments Factory
网 址: http://www.jzsf.com 电子邮件: sccs@jzsf.com 免费客服热线: 8008206771

# 广州保科力医药保健品进出口有限公司成简介

广州保科力医药保健品进出口有限公司成立于1985年，前身是“广州医药保健品进出口公司”，2001年曾改名为“广州市保科力贸易公司”，现为广州纺织工贸企业集团有限公司属下的一家大型国有专业进出口公司。公司集国际贸易、国内贸易、仓储服务为一体，具有丰富的国际营销经验和良好商誉，并在香港设立海外公司参与国际化运营。

公司总资产超过2亿人民币，年进出口规模接近2亿美元。拥有超过3,000多平方米的办公大楼，20,000多平方米的仓库，其中配备中型企业GSP专业认证的仓库，库区面积超过1000平方米，可存放中药材、中成药、生化药品、生物制品、抗生素制剂等。

公司主要经营医药保健品、医疗器械、纺织服装、轻工机电、家居日用品等进出口及内销业务，是中国进出口六大商会（医保、纺织、轻工工艺、机电、五矿化工、食土商会）的会员，任中国医药保健品进出口商会常务理事。公司是海关和税局A类管理企业，享受绿色通关及退税便利。连续十二年获得由广州市工商局颁发的“重合同、守信用”荣誉称号，2012年被评为“广东省企业500强”、“广东省服务业百强企业”。公司先后通过GSP（药品质量管理规范）认证，ISO9001: 2008质量管理体系认证。持有药品经营许可证、医疗器械经营企业许可证、食品流通许可证（已获得中国食品土畜进出口商会进口乳制品备案登记资格），拥有“Begol”、“五羊牌”、“双鹅牌”等商标，其中“五羊牌”商标是广东省重点培育品牌。

公司注册商标“五羊牌”，品牌注册始于1988年，是以中国为注册地的商标，拥有鸡精、跌打止痛膏系列产品。“五羊牌”系列产品主要销往香港、新加坡、加拿大等国家和地区，信誉良好。公司

在香港、马来西亚、新加坡、印度尼西亚、美国等地进行了商标注册，具备较强的竞争力，具有较高的用户满意度和认知度；该系列产品市场发展潜力好，具有较强的可持续发展能力。公司一直致力于品牌建设，“五羊牌”经广东省对外贸易经济合作厅认定，被评为“2009-2011年度重点培育和发展的广东省出口名牌”。公司产品均符合国家的产业、安全、卫生、环保以及有关社会责任等法律法规规定。

企业文化是企业最为重要的无形资产，是企业的战略资源。公司在拓展业务的同时，一直致力于企业文化的建设，倡导以人为本。公司通过“洋葱文化”的建设活动，全面推进建设“和谐幸福保科力”的企业文化工程。组织员工参加户外拓展活动、趣味运动会、文艺表演等活动，组建了篮球队等丰富职工业余生活，并在参加广州纺织工贸企业集团有限公司组织的拔河比赛中取得全集团冠军的好成绩。通过这些活动让员工有归属感、集体荣誉感，提高公司凝聚力和战斗力。

在公司领导班子带领下，公司上下牢固树立科学发展观，积极参与和推进集团“转型升级、快速发展”战略的实施，组织开展解放思想大讨论和深入学习的活动， 聚焦和破解影响制约公司改革发展的“瓶颈”问题，集思广益，开拓进取，建立健全了促进公司可持续发展的机制。加强党建及党风廉政建设，为企业的发展保驾护航。加强工会和团组织联系群众的桥梁纽带作用，群策群力，推动企业的健康和谐发展。把思想政治工作渗透、融合到安全、生产、经营、管理之中，党政穿插，密切配合。公司在党员干部中积极开展廉洁从业教育，增强廉洁从业的自觉性，提高政治素质，真正在思想上筑牢拒腐防线，为公司生产经营的健康发展提供保障。

目前，我司已与100多个国家和地区客户建立了良好的贸易关系，产品远销欧洲、美洲及港澳台、东盟、中东、大洋洲等地区。秉承“优质服务，互利共赢”的宗旨，我司诚挚邀请各届人士，共创美好明天！

# 成都瑞琦科技实业有限责任公司简介

- 成都瑞琦科技实业有限责任公司是政府认定的高新技术企业，成立于1998年，总投资额1500万元，占地面积2.2万平方米。
- 公司总部位于成都高新技术产业开发区，公司以科学的管理、强有力的技术研发能力，迅速成为开发区医疗器械行业领先示范企业，是成都高新技术产业开发区的“纳税大户”。
- 人才培养是确保产品质量和服务水平的关键。成都瑞琦实行严格的员工培训制度，重视员工技术和专业水平的整体提升，这是企业整体在国内外同行中保持较高水平的关键。瑞琦人本着：“瑞琦科技 人人受益”的宗旨，以“诚信、感恩、服从、创新”的企业准则为社会大众提供合法安全、准确可靠、简单快捷、方便经济的医学标本采集产品。
- 提高自主创新能力是我们培育企业核心竞争力的关键。公司根据创新要求建立项目攻关小组，承担技术改进和产品创新工作，不断加大研发投入。目前成都瑞琦拥有多项自主知识产权的产品和技术，拥有20余项专利及30余项专有技术，是国家卫生部标本采集规范技术的依托单位之一。公司拥有独家知识产权技术的 “一次性封闭式采血快速分血技术”获得四川省卫生厅科技进步二等奖、四川省人民政府科技进步三等奖，并分别被列入四川省卫生厅“十年百项”科技推广项目，四川省科技厅(科委)重点科技成果推广项目，及国家卫生部“十年百项”科技推广项目。
- 成都瑞琦拥有一支高水平的技术研发团队，绝大部分生产设备都是自主研发设计，并采用了的相关行业的尖端技术，体现了成都瑞琦在同行业中“技术领先”的战略。
- 成都瑞琦的质量保证体系不仅符合国内及世界主要国家和地区的GMP标准，而且还相继于2004年1月和2005年4月通过了标志着质量保证国际标准的ISO9001：2000、ISO 13485：2003以及CE认证。确保产品符合用户的需要。
- 只有严格的质量管理才能制造出高质量的产品。产品的超声清洗、部件自动复合、安全灭菌都是确保产品质量的关键环节，生产过程中各种形式的检验和严格的性能测试进一步提升了产品的安全系数。
- 成都瑞琦现有按GMP标准建立的生产厂房15000平方米，其中10万级和万级净化车间4000平方米，实验及技术研发中心230平方米。公司产能在两年内将达到生产真空采血管4亿支、真空采血针1亿支，标本采集杯（瓶）1千万个及微生物系列产品800万套的规模。是国内为数不多的针、管同时配套生产的企业之一，真正体现了标本采集系统的概念。

- 成都瑞琦可以为用户提供：真空采血系统、大小便标本采集系统、微生物培养、鉴定系统以及生物

  信息技术、实验仪器、实验试剂及标准品等。产品广泛用于医院、疾病控制、卫生保健、药械制造、科研、教学、军事等诸多领域。特别是主导产品真空采血系统，自投放市场以来，深受国内外广大用户的认可和赞誉。
- 成都瑞琦依托与知名医疗机构、科研院所的合作，共同建立了多个临床实验基地，通过大量的研究、试验为瑞琦产品的各项技术革新提供了极其宝贵、丰富的资料，这种战略性合作使成都瑞琦始终保持着国内行业领先的水平。
- 成都瑞琦已建立高效的销售队伍和全国销售网点，目前在全国已有长期稳定的客户300余家，其中大中型医院有100余家。公司于2004年进军国际市场，目前已销售到70余个国家和地区，产品已批量出口，在亚洲、非洲、欧洲和南美等地享有盛誉。
- 成都瑞琦将立足中国，放眼世界，因为我们从事的是给全人类带来健康与幸福的高尚事业。我们将一如既往地本着"瑞琦科技，人人受益"的宗旨，通过坚持不懈地努力，用我们的聪明才智和辛勤汗水，为全球提供性价比最优的产品和服务，让我们携手同行，共同为人类造福，切实为保障医护人员安全、人类健康与医疗事业的发展贡献力量。

## 立足国内市场、引进优质产品、提升健康水平

### 上海市医药保健品进出口有限公司部分进口产品简介

随着上世纪九十年代中国的外贸体制改革,越来越多的生产企业加入自营外贸大军,传统专业外贸公司的市场角色和业务功能悄然发生着改变。面对变化的市场环境,上海市医药保健品进出口有限公司一方面努力寻找具有自身优势和技术特色的产品巩固外销市场,另一方面积极响应国家扩大内需的经济战略,千方百计寻求国内市场的突破。自二十一世纪以来,公司花大力气推动和培养医疗器械产品的进口业务,力图将一批性能优异、质量上乘、特色显著、价格合理的国外医疗器械精品引入国内市场,满足国内市场日益增长的消费需求。经过十多年的努力,进口医疗器械战略收到了一定的效果,借此在医疗器械年鉴刊文的机会,我们十分荣幸地将部分正在经营的国外优秀医疗器械类产品及其生产商介绍给国内医疗器械业界,希望相关领导和业界同仁多提宝贵意见和建议,帮助我们改进和提高。

**德国万曼呼吸机**

德国万曼(WEIMANN)医疗器械有限公司成立于1874年, 长期以来一直致力于在通气治疗、睡眠诊断、睡眠治疗与生命援救等领域的研发和制造,专注于满足患者和医护人员的需求,为医生与患者提供最高品质的医疗设备与系统解决方案。 以产品质量是立足之本的理念,万曼公司在每款新产品正式上市前,都必须按照标准化和体系化的要求对其进行功能性和安全性测试。这些要求贯穿于研发、采购、生产与质量控制等每一个重要环节,通过这些测试,确保每台产品的高质量与高性能。

万曼医疗器械公司早期凭借着 Quick-02-MED 急救包, ULM 急救箱和 MEDUMAT Transport 系列呼吸机等创新设备在急救医学领域独树一帜。20世纪80年代末,万曼开始扩张其产品线,并成为德国第一家 CPAP 睡眠治疗呼吸机的制作商。目前,万曼有 Emergency 和 Homecare 为主的两条成熟的产品线。

德国万曼急救产品始终坚持以客户需求为导向、以创新研发为驱动，其急救产品凭借“可靠便携、灵活易用”等特点赢得市场认可，目前急救产品已经遍布全球，在德国的市场占有率达到90%，在中国国内也已经陆续装配于各大急救中心、医院及总后卫生部。万曼急救产品由急救转运呼吸机（MEDUMAT Easy/CPR， MEDUMAT Standard a 和MEDUMAT Transport），吸引器（ACCUVAC Basic/Rescue）及急救箱包组成。MEDUAMT系列呼吸机具有坚固耐用、小巧便携及操作简单等特点，并能在极端环境下使用；首创中文语音提示、参数设置快速引导功能及平台式便携理念；MEDUMAT Transport是目前全球最高端的重症转运呼吸机，除具有便携方便，坚固耐用特点外，还配有强大的参数设置及监测功能：该款呼吸机具有BiLevel/SIMV/PRVC等7种容量/压力控制通气模式；可设置氧浓度、压力/流量坡度、流量波形、平台比例、吸气/呼气触发灵敏度等高级参数，可监测包括etCO2在内的十几种呼吸参数，用于ICU及急诊科床边治疗、长途转运及重症转运。ACCUVC系列电动吸引器主要用于气道清理，广泛使用于急救中心及医院相关科室。

万曼的睡眠治疗产品线提供了市面上最为安静的睡眠呼吸机系列，产品线的主力型号SOMNObalance-e是全球范围内工作噪音最低的呼吸机，其工作时噪音仅为21db，过去5年内，万曼从刚进中国到现在全国各省均有专业的代理商团队，SOMNObalance-e作为市面上性价比最高的自动单水平呼吸机，每年的销量都以50%左右增长。万曼的无创机械通气产品线具有多项世界领先的专利技术，其中的气体陷闭控制，触发窗锁定，呼气压力下降坡度等独创技术，表明着呼吸机从此迈入了智能化治疗时代，帮助医生更好的对病人治疗，节约了治疗成本，搭载有这些最新技术的VENTImotion 2呼吸机在上海的市场占有率也已达到60%以上。

万曼产品自生产和销售以来，在全国各大医院和部分省、市、自治区的医疗部门得到了广泛的应用，经过临床使用产品的质量和可靠性已经得到使用者的认可和高度评价。在上海是医药保健品进出口公司的支持和深度参与下，万曼在中国拥有完善的咨询、物流和售后服务网络，随时准备为客户提供任何帮助，保持最高的质量标准。

## 法国 SOGAD 医用清洁剂

SOGAD 公司及其品牌由 Beretta 博士、Quentin 博士在 1901 年创立。一百多年来，SOGAD 公司潜心致力于消毒清洁领域产品的研制和开发。根据不同的市场需求，SOGAD 公司精心推出了清洁产品、消毒产品、芳香产品等系列，应用范围遍布日常生活诸多领域，被社会大众广泛接受，成为法国家喻户晓的明星产品，在法国获得 Auchan（欧尚）、Carrefour（家乐福）等各大商超卖场、机场、火车站、医院等高度认可。SOGAD 产品由法国三大知名经销商 PLG、Adelya、Hygial 专业代理，销售网络覆盖欧洲。

SOGAD 产品之所以受到青睐缘于其鲜明的特性和超前的理念：专业、环保、宜居和持久。SOGAD 公司长期与法国消毒清洁方面的权威机构 IRFAQ（Institute of Formulation Analysis and Quality Control Research 欧洲理化分析标准所）保持紧密的合作和技术交流，确保 SOGAD 产品的质量、性能以及安全性始终保持专业的领先地位。其中以 Sapo 医用系列产品的消毒性能尤为突出，历经百年一直沿用至今。有关产品的性能测试数据，详见附件。

SOGAD 公司一贯秉持环保和安全的理念，努力使其产品对环境和人类安全的影响降低到最小程度。SOGAD 公司精心选择生产清洁剂所需的各类原料，力争采用天然植物提取物，确保产品质量和效能符合欧洲现行最高标准，对人温和无刺激。产品的包装均采用无污染、可回收或可生物降解的环保材料，以减少对环境的破坏和影响。

在严格确保产品的消毒清洁性能以外，SOGAD 公司还十分注重其产品对使用者的亲和力和宜居性。通过与法国香水之都格拉斯地区的香水工厂合作，制造出香气怡人的高级芳香清洁剂，一改以往消毒剂刺鼻气味的形象，倍受市场好评。其中 Sapoclean 系列产品提供的顶级芬芳感受尤为引人入胜。

SOGAD 医用清洁剂的显著特点是消毒作用持续时间很长，由于其独特的产品配方设计，可以让使用过后任何表面形成一层保护膜，有效地预防短期内再次污染，延长了消毒效能，从而降低产品使用的频率，减少了对环境的负面影响。

SOGAD 医用清洁剂集除垢、净味、消毒等三项功能于一身，是

SOGAD 公司的荣誉产品，他能有效杀除环境中细菌、霉菌、真菌及病毒等有害微生物，适用于医院、诊所等医疗机构以及体育馆、游泳池、卫生间、学校、餐厅等其他普通场所的表面消毒和清洁，清洁完成后，留下自然香味，清新洁净，舒适怡人。

SOGAD 医用清洁剂符合欧洲标准和法国标准协会 AFNOR 相关标准，可有效抑制大肠杆菌、沙门氏菌、链球菌、葡萄球菌等病原菌的繁殖。其主要成分为聚乙氧基化脂肪醇、二癸基二甲基氯化铵、异丙醇、碳酸钠、乙二胺四乙酸钠。其配方中的杀菌消毒成分由瑞士医药企业 Lonza 供应，百分之百由法国 SOGAD 原厂生产，确保生产工艺和产品质量符合欧盟标准。产品的配方经进行严格筛选和反复实验，不含醛类和氯制剂，安全性大大提升。为了防止不慎被摄入人体，SOGAD 公司还在配方中独具匠心地加入了 Bitrex 苦味剂，体现了细致入微的人文关怀。

医用清洁剂卓越的功能表现得到了欧洲广大消费者的认可和支持，特别是在法国巴黎周边有着极高的市场覆盖率和大众口碑，产品销售覆盖整个欧洲，被民用社区、政府办事厅、公会、幼儿园、养老院、学校、餐厅等单位竞相使用。法国 Lariboisi è re 医院、法国蓬皮杜医院、圣旺市政府、蓬图瓦兹市政府、古尔奈叙尔马恩市政府、叙西昂布里养老院等法国知名机构都在使用该产品。

通过一段时间的市场工作，我们越来越感觉到在中国广阔的市场中这些性能可靠质量上乘的优质产品有着相当的需求，只要我们市场基础工作和服务到位，一定可以取得丰硕的收获。藉此年鉴出版之际，我们荣幸地撷取部分进口产品信息，奉献给国内广大业界同仁一同分享，希望能得到大家的支持和指点，欢迎惠顾。

上海市医药保健品进出口有限公司

2013 年 6 月 13 日